Begrenzung der Haftungsrisiken des Geschäftsführers einer GmbH gegenüber der Gesellschaft bei Ausführung wirtschaftlich nachteiliger Weisungen der Gesellschafter

Europäische Hochschulschriften
Publications Universitaires Européennes
European University Studies

Reihe II
Rechtswissenschaft

Série II Series II
Droit
Law

Bd./Vol. 3099

PETER LANG
Frankfurt am Main · Berlin · Bern · Bruxelles · New York · Oxford · Wien

Patrick Kaffiné

Begrenzung der Haftungsrisiken des Geschäftsführers einer GmbH gegenüber der Gesellschaft bei Ausführung wirtschaftlich nachteiliger Weisungen der Gesellschafter

PETER LANG
Europäischer Verlag der Wissenschaften

Die Deutsche Bibliothek - CIP-Einheitsaufnahme

Kaffiné, Patrick:

Begrenzung der Haftungsrisiken des Geschäftsführers einer GmbH gegenüber der Gesellschaft bei Ausführung wirtschaftlich nachteiliger Weisungen der Gesellschafter / Patrick Kaffiné. - Frankfurt am Main ; Berlin ; Bern ; Bruxelles ; New York ; Oxford ; Wien : Lang, 2001
(Europäische Hochschulschriften : Reihe 2, Rechtswissenschaft ; Bd. 3099)
Zugl.: Mainz, Univ., Diss., 2000
ISBN 3-631-36467-9

D 77
ISSN 0531-7312
ISBN 3-631-36467-9

Für

Michaela

Vorwort

Die Arbeit wurde im Frühjahr 1999 abgeschlossen und hat im Wintersemester 1999/2000 der juristischen Fakultät der Johannes Gutenberg Universität Mainz als Dissertation vorgelegen. Rechtsprechung und Literatur sind bis Mai 1999 weitgehend berücksichtigt.

Die Arbeit wurde angeregt und betreut von meinem Doktorvater Prof. Dr. Horst Konzen, dem ich ebenso danke wie dem Zweitberichterstatter Herrn Prof. Dr. Walther Hadding.

Besonders bedanken möchte ich mich bei meinen Eltern für ihre dauernde und großzügige Unterstützung, die mich während meiner gesamten Ausbildung begleitete und mir sowohl Studium als auch Promotion ermöglichte. Ferner danke ich meinen Schwiegereltern, die sich unermüdlich den Mühen des Korrekturlesens unterzogen haben.

Der größte Dank gebührt jedoch meiner Frau Michaela, die mich während der gesamten Promotionszeit in jeder erdenklichen Weise motiviert, unterstützt und gefördert hat. Ohne sie wäre diese Arbeit nicht entstanden.

Wiesbaden, im Dezember 2000 Patrick Kaffiné

INHALTSVERZEICHNIS

EINLEITUNG

A. Problemstellung

Die Haftung des Geschäftsführers einer GmbH steht regelmäßig im Blickfeld gerichtlicher und wissenschaftlicher Untersuchungen[1]. Dies ist zum einen auf die hohe Zahl von Insolvenzen dieser Unternehmensform[2] und das damit einhergehende Interesse von Konkursverwaltern und Gläubigern zurückzuführen, entstandene Forderungsausfälle durch Inanspruchnahme des Geschäftsführers zu kompensieren. Zum anderen ist der Geschäftsführer im Rahmen seiner Tätigkeit einer kaum überschaubaren Zahl an Pflichten ausgesetzt[3], die innerhalb eines an Komplexität und Wettbewerb zunehmenden Wirtschaftslebens ein normgerechtes Verhalten zusehends erschweren.

Im Rahmen dieser Arbeit soll der Blick auf einen Bereich gelenkt werden, der unter der Vielzahl von Haftungskonstellationen eine Sonderstellung einnimmt, da der Geschäftsführer für die Herbeiführung eines Schadens nicht alleine verantwortlich zeichnet: die Haftung gegenüber der GmbH bei Ausführung von Weisungen der Gesellschafter, die für das Unternehmen wirtschaftlich nachteilige Folgen hervorrufen. Der Geschäftsführer einer GmbH ist im Gegensatz zum Vorstand einer AG[4] in der Ausübung seiner Tätigkeit den Weisungen der Anteilseigner unterworfen, die regelmäßig in Form von Gesellschafterbeschlüssen

---

1 Die Zahl an Urteilen, die sich mit der Haftung des Geschäftsführers befaßt, hat in den letzten Jahren stetig zugenommen. Im selben Maße hat sich das Interesse der Literatur an diesem Thema erhöht. Vgl. nur *Goette*, BGH-Rechtsprechung, Rz. 106 mit einer Darstellung der aktuellen Rechtsprechung zur GmbH-Geschäftsführerhaftung. Zur Illustration mag auch ein Vergleich der in den NJW-Fundheften zitierten BGH-Entscheidungen allein zur Haftung aus §§ 43, 64 GmbHG dienen. In den Jahren 1984-1986 belief sich die Zahl der Urteile auf 15 und die der Aufsätze auf 7. In den Jahren 1994-1996 stieg die Zahl der Urteile hingegen auf 30 und die der Aufsätze auf 21.

2 Die GmbH führt seit geraumer Zeit die Insolvenzstatistik an. Allein im Jahr 1996 entfielen auf insgesamt ca. 22000 Konkurse von Unternehmen etwa 14000 auf GmbH, vgl. Statistisches Jahrbuch 1996, S. 137. Im folgenden Jahr betrug das Verhältnis ca. 25000:16000, vgl. Statistisches Jahrbuch 1997, S. 138, wodurch eine Steigerungsrate von etwa 15% zu verzeichnen war. Im vergangenen Jahr lag das Verhältnis bei ca. 27000:16000, vgl. Statistisches Jahrbuch 1998, S. 138.

3 *Scholz/Schneider*, § 43 Rz. 11 führt aus, der Geschäftsführer sei einer „Überlast an öffentlich-rechtlichen Pflichten“ ausgesetzt. *Gieseke*, GmbHR 1996, 486 betont zutreffend, der Geschäftsführer sei „immer im Dienst“. *Lutter*, GmbHR 1997, 329 weist auf die Tendenz der Rechtsprechung hin, den Geschäftsführer für alles verantwortlich zu machen, „was in einer GmbH schief gelaufen ist“. *Dahnz*, Berufsrisiko, Vorwort, weist überdies auf den „publizistischen Pranger“ hin, dem die Geschäftsführer bei jedweden Unternehmensmißerfolgen ausgesetzt werden. Vgl. ferner zu den Risiken der Außenhaftung *Medicus*, GmbHR 1998, 9, 11ff. sowie vor allem *Sandberger*, Außenhaftung, S.117ff., 305ff., der anhand einer „Pflichtenkreistheorie einen einheitlichen Haftungsgrund für die Vielzahl von allgemein-zivilrechtlichen und spezialgesetzlichen Anspruchsgrundlagen erarbeitet.

4 Der Vorstand einer AG agiert bis auf die Ausführung bestimmter Hauptversammlungsbeschlüsse, die jedoch grundsätzlich nicht die Geschäftsführung betreffen können, im Grunde unabhängig, vgl. §§ 83 II, 119 II AktG. Gleichwohl gibt es im Fall der Fehlerhaftigkeit dieser Beschlüsse zumindest ähnliche Probleme, vgl. *Volhard*, ZGR 1996, 55ff. zur Frage der Eigenverantwortlichkeit und Folgepflicht des Vorstands im Rahmen anfechtbarer oder angefochtener Hauptversammlungsbeschlüsse.

erteilt werden. Dabei ist er verpflichtet, verbindliche Weisungen auszuführen[5], wird jedoch im Gegenzug bei Schädigungen der Gesellschaft von einer Haftung freigestellt[6]. Sofern die Weisung hingegen fehlerhaft ist und ihre Ausführung wirtschaftlich nachteilige Folgen zeitigt, gerät der Geschäftsführer in ein Haftungsrisiko aus § 43 II, III GmbHG, da diese Maßnahme als Verletzung der ihm gegenüber der GmbH obliegenden Sorgfaltspflichten eines ordentlichen Geschäftsmannes qualifiziert werden könnte. Dieses Risiko ist für ihn aus den folgenden Gründen nur schwer kalkulierbar.

Zunächst sind die formellen und materiellen Voraussetzungen einer verbindlichen Weisung zum Teil höchst umstritten. Im Hinblick auf formelle Gesichtspunkte ist insbesondere fraglich, welchen Einfluß Aufsichts- bzw. Beiräte auf das Weisungsrecht nehmen können und ob dem Geschäftsführer ein Mindestbereich eigenverantwortlicher Geschäftsführung zusteht, den das Weisungsrecht der Gesellschafter nicht zu erfassen vermag. Materiellrechtliche Schwierigkeiten ergeben sich durch die Bedeutung des Gesellschafterbeschlußmängelrechts, das infolge seiner Vielfalt und Komplexität die Feststellung und Einordnung etwaiger Beschlußfehler erschwert. In diesem Zusammenhang ist entscheidend, daß die verschiedenen Mängel einer Weisung zu ebenso verschiedenen Handlungspflichten des Geschäftsführers führen, die von Rechtsprechung und Literatur wiederum regelmäßig unterschiedlich beurteilt werden[7]. Dies ist um so mißlicher, als der Geschäftsführer nicht nur bei Ausführung fehlerhafter Weisungen, sondern auch im Fall der Weigerung, eine verbindliche Weisung auszuführen, mit schwerwiegenden Sanktionen rechnen muß. Diese reichen von seiner Abberufung über die Kündigung[8] bis hin zum Schadensersatz wegen entgangenen Gewinns. Der Geschäftsführer befindet sich somit stetig auf einer Gratwanderung zwischen Folgepflicht und Haftungsrisiko. Erschwerend kommt hinzu, daß er selbst bei korrekter Einschätzung der Weisung und ihrer Handlungspflichten von den Gesellschaftern oder der Gesellschaftermehrheit häufig unter Druck gesetzt wird, die Weisung entgegen seinen rechtlichen Bedenken auszuführen[9]. Diesem Druck wird der Geschäftsführer nicht selten aus Angst um den Erhalt seiner Stellung nachgeben, da er nach der gesetzlichen Grundkonzeption des § 38 I GmbHG jederzeit ohne besonderen Grund abberufen werden kann[10]. Sei-

---

5 BGHZ 31, 258, 278; BGH, GmbHR 1974, 130, 132; *Baumbach/Hueck/Zöllner*, § 37 Rz. 12; *Lutter/Hommelhoff*, § 37 Rz. 1, 17; *Konzen*, NJW 1989, 2977, 2978; *Hucke*, Geschäftsführer, S. 65.

6 BGHZ 31, 258, 278; BGH, GmbHR 1974, 130, 132; *Hachenburg/Mertens*; § 43 Rz. 69; *Scholz/Schneider*, § 43 Rz. 95; *Reese*, DStR 1995, 532, 535; *Konzen*, NJW 1989, 2977, 2979; *Fleck*, GmbHR 1974, 224, 227.

7 So werden die Handlungspflichten beispielsweise im Rahmen unzweckmäßiger, formell nichtiger, anfechtbarer oder unklarer Weisungen kontrovers diskutiert, vgl. nur *Hachenburg/Mertens*, § 43 Rz. 69ff.

8 Vgl. dazu ein jüngst ergangenes Urteil des OLG Frankfurt, ZIP 1997, 450, 451f.

9 Plakativ jedoch treffend ist die Formulierung von *Baumbach/Hueck/Zöllner*, § 37 Rz. 12, der Geschäftsführer agiere zwischen der „Scylla des Mehrheitswillens“ und der „Charybdis eventueller Haftung“.

10 Selbst bei einer Beschränkung der Abberufung auf wichtige Gründe kann ein solcher Grund auch in einem tiefgreifenden Zerwürfnis zwischen Gesellschaftern und Geschäftsführern oder im Entzug der Vertrauens durch die Gesellschafterversammlung liegen, vgl. dazu *Scholz/Schneider*, § 38 Rz. 43, 52.

ne Haftung erscheint dabei vielfach unbillig, da er häufig lediglich als verlängerter Arm der Gesellschafter tätig wird.

Ferner ist unklar, inwieweit Weisungen Einfluß auf die Verwirklichung des Haftungstatbestands, etwaiger Erlöschensgründe, Einwendungen und Einreden nehmen können, obgleich sie ihre grundsätzlich haftungsbefreiende Wirkung eingebüßt haben. In diesem Zusammenhang ist eine Anwendung von § 254 BGB äußerst problematisch, da die Weisung von den Gesellschaftern ausgeht, die GmbH allerdings als Geschädigte im Sinne der Norm gilt. Wenig konturiert ist der mögliche Einwand unzulässiger Rechtsausübung, dessen Anwendung zwar allgemein befürwortet wird, ohne hingegen auf dessen konkrete Ausgestaltung einzugehen. Vor allem jedoch bleibt die spezifische Bedeutung der Weisungsproblematik für mögliche Haftungsvereinbarungen im Rahmen des Verschuldens, einer Begrenzung der Haftungssumme, einer Abkürzung der Verjährungsfristen sowie einer etwaigen Beweislastumkehr völlig unbeachtet, obgleich sich in diesen Bereichen besondere Anknüpfungspunkte für eine Haftungsreduzierung ergeben können.

Letztlich sollte nicht unerwähnt bleiben, daß dem Geschäftsführer im Rahmen eines derartigen „Weisungs-Haftungskonflikts" auch eine Vermögenshaftpflichtversicherung[11] nur selten einen adäquaten Schutz bieten wird. Da Versicherungsnehmerin in der Regel die GmbH und versicherte Person der Geschäftsführer ist, bestehen insbesondere im Rahmen von Ansprüchen der Gesellschaft gegen das Organ infolge ausgeführter Gesellschafterweisungen beachtliche Mißbrauchsgefahren. Um diesen Gefahren vorzubeugen, schließen Gesellschaften vielfach die Haftung im Innenverhältnis oder zumindest die Haftung aufgrund ausgeführter Weisungen der Gesellschafter von einer Deckung aus[12].

Obgleich das Weisungsrecht der Gesellschafter und das daraus resultierende Haftungsrisiko des Geschäftsführers regelmäßig Gegenstand wissenschaftlicher Untersuchungen sind, beziehen sich die Ausführungen zumeist auf punktuelle Probleme in diesem Bereich. Eine Analyse, die auf die einzelnen Voraussetzungen einer verbindlichen Weisung eingeht, daran anknüpfend den allgemeinen Haftungstatbestand des § 43 II GmbHG erörtert und vor allem mögliche Haftungsbeschränkungen analysiert, fehlt hingegen[13].

---

11 Die in den USA bereits seit Anfang der 70er Jahre angebotene „Directors and Officers Liability Insurance" wurde Ende der 80er Jahre auch nach Deutschland importiert. Dabei sind die aufsichtsbehördliche Genehmigungspflicht des Bundesaufsichtsamts für das Versicherungswesen und die damit verbundenen rechtlichen Hindernisse aus § 4 Nr. 7 der Allgemeinen Versicherungsbedingungen zur Haftpflichtversicherung, der einen Versicherungsschutz für Geschäftsführertätigkeiten ausschließt, am 01.07.1994 weggefallen. Derartige Policen werden heute von deutschen und ausländischen Anbietern vermarktet, vgl. dazu im Einzelnen *Thümmel/Sparberg*, DB 1995, 1013, 1016f.; *Jula*, Haftung, S. 138ff.; *Dahnz*, Berufsrisiko, S. 269ff.; *Frisch*, Haftungserleichterungen, S. 67ff.

12 *Thümmel/Sparberg*, DB 1995, 1013, 1018f.; *Schneider/Ihlas*, DB 1994, 1123, 1125ff.; *Frisch*, Haftungserleichterungen, S. 70.

13 Einzig *Ziemons*, Einflußnahme, S. 7ff. stellt im ersten Kapitel ihrer Arbeit zur Haftung der Gesellschafter für Einflußnahmen auf die Geschäftsführung der GmbH das Wei-

Die Ziele dieser Arbeit sind daher:

1. die genauen Voraussetzungen einer verbindlichen Weisung der Gesellschafter festzulegen;
2. die möglichen Haftungsrisiken gegenüber der GmbH bei Ausführung wirtschaftlich nachteiliger Weisungen zu konkretisieren und
3. für diese Konstellationen Möglichkeiten zu erarbeiten, das bestehende Risikopotential zu begrenzen.

B. Themenkonkretisierung

Personell betrifft die Untersuchung weitgehend Fremd- und Minderheitsgesellschaftergeschäftsführer, da in aller Regel nur sie als Opfer der angesprochenen Risiken in Frage kommen[14]. Sachlich analysiert die Arbeit die Voraussetzungen des aus § 37 I GmbHG abgeleiteten Weisungsrechts der Gesellschafter einer GmbH, inwieweit Haftungsrisiken des Geschäftsführers aus § 43 II GmbHG bei Ausführung wirtschaftlich nachteiliger Weisungen bestehen und wie diese begrenzt werden können. Daraus ergibt sich folgende Themenkonkretisierung.

Risiken im Zusammenhang mit der Weigerung, eine Weisung auszuführen sind ebensowenig Gegenstand der Untersuchung wie die Risiken eines die Weisung nicht ausführenden Mitgeschäftsführers, sofern sein Kollege der Weisung nachkommt. Ferner beschränkt sich die Arbeit im wesentlichen auf den allgemeinen Haftungstatbestand des § 43 II GmbHG und läßt mit Ausnahme der besonderen Haftung aus § 43 III, 1 GmbHG etwaige vertragliche, deliktische und spezialgesetzliche Ansprüche außer acht. Im Hinblick auf die Gesellschaftsform bleiben sowohl die GmbH & Co KG als auch Besonderheiten im Rahmen konzernrechtlicher Gestaltungen, sei es mit Bezug zum Weisungsrecht oder zur Haftung der Gesellschafter, unberücksichtigt. Letztlich werden die Möglichkeiten, das Weisungsrecht auf einen fakultativen oder obligatorischen Aufsichtsrat, Beirat oder gesellschaftsfremde Dritte zu übertragen und die damit in Zusammenhang stehenden Probleme ausgenommen.

---

sungsrecht der Gesellschafter, die Folgepflichten und Haftung aus § 43 II GmbHG im Überblick dar.

14 Der Allein- oder Mehrheitsgesellschaftergeschäftsführer einer GmbH kann aufgrund seiner herrschenden Stellung im Unternehmen nur in zwei Fällen in einen ähnlichen Konflikt geraten. Zum einen wäre dies denkbar, wenn er das Weisungsrecht auf ein anderes Organ übertragen hat - eine Möglichkeit, die in dieser Arbeit nicht berücksichtigt wird, da sie auf fehlerhafte Weisungen der Gesellschafter beschränkt ist. Zum anderen besteht die Alternative, daß die Mehrheit der Geschäftsanteile dem Allein- oder Mehrheitsgesellschaftergeschäftsführer aufgrund einer entsprechenden Satzungsbestimmung keine oder nur eingeschränkte Stimmrechte gewährt. Dieser Fall wird in der Praxis jedoch nur selten vorkommen, da die Gründe für den Entzug des Stimmrechts regelmäßig in einer Machtbegrenzung des herrschenden Gesellschafters liegen werden, der in einem solchen Fall wohl selten Geschäftsführer ist. Nicht in diesen Komplex fällt die in der Praxis häufiger vorkommende Sperrminorität, die einer Kapitalminderheit zwar ermöglicht, einen Beschluß des Mehrheitsgesellschafters zu verhindern, nicht jedoch Beschlüsse gegen dessen Willen zu fassen. Sofern dennoch ein Allein- oder Mehrheitsgesellschaftergeschäftsführer den beschriebenen Stimmrechtsbeschränkungen unterliegt, finden die Ergebnisse dieser Untersuchung auch auf ihn Anwendung, da er in diesem Fall gleichermaßen schutzbedürftig ist.

C. Gang der Untersuchung

Der erste Teil der Arbeit[15] analysiert die Anforderungen, die an eine verbindliche Weisung der Gesellschafter zu stellen sind und gliedert sich in deren Grundlagen, formelle Voraussetzungen, Umfang und rechtliche Grenzen. Im zweiten Teil[16] werden anhand des Haftungstatbestands aus § 43 II, III GmbHG[17] die Haftungsrisiken und Haftungsbegrenzungsmöglichkeiten auf der Tatbestandsebene analysiert. Gegenstand dieser dogmatisch aufgebauten Anspruchsprüfung des Haftungstatbestands ist die Pflichtwidrigkeit, das Verschulden, die kausale Herbeiführung des Schadens sowie das Mitverschulden der Gesellschafter. Die Teile drei bis fünf untersuchen hingegen die Möglichkeiten einer „tatbestandsexternen" Haftungsbegrenzung. Dabei geht die Arbeit in Teil drei[18] von der Erteilung der Weisung aus und analysiert in deren Rahmen eine mögliche Formpflicht für die Erteilung von Weisungen sowie eine Pflicht der Gesellschafter zur Einräumung eines Teilnahmerechts an der beschlußfassenden Gesellschafterversammlung. Des weiteren werden mit dem Verzicht, Vergleich und der Entlastung etwaige Erlöschensgründe in Teil vier[19] und denkbare Einwendungen in Form einer Haftungssummenbegrenzung, des Einwands unzulässiger Rechtsausübung und einer Verjährungsabkürzung in Teil fünf[20] einer Prüfung unterzogen. Der sechste Teil[21] beschäftigt sich mit der Verteilung der prozessualen Beweis- und Darlegungslast für die zuvor ausgeführten Tatbestandsmerkmale, Erlöschensgründe, Einwendungen und Einreden. Der siebte und letzte Teil[22] beinhaltet eine thesenartige Zusammenfassung der wesentlichen Untersuchungsergebnisse.

---

15 Vgl. unten S. 6ff.

16 Vgl. unten S. 65ff.

17 Dabei werden aus Gründen der Übersichtlichkeit die Haftungstatbestände aus § 43 II und III, 1 GmbHG gemeinsam erörtert.

18 Vgl. unten S. 178ff.

19 Vgl. unten S. 233ff.

20 Vgl. unten S. 260ff.

21 Vgl. unten S. 290ff.

22 Vgl. unten S. 302ff.

1. TEIL: DAS WEISUNGSRECHT DER GESELLSCHAFTER

§ 1 GRUNDLAGEN DES WEISUNGSRECHTS

A. Begriff und Herleitung des Weisungsrechts

Das Recht der Gesellschafter einer GmbH, dem Geschäftsführer Weisungen zu erteilen, ergibt sich aus § 37 I GmbHG. Es ist als Beschränkung der Geschäftsführervertretungsbefugnis geregelt und hat seinen Ursprung überdies in dem Prinzip, daß die Anteilseigner einer GmbH als „Herren der Gesellschaft" anzusehen sind[1]. Dogmatisch handelt es sich um ein Recht organschaftlichen Charakters, da es sich aus der Organstellung des Geschäftsführers und nicht aus seinem Anstellungsverhältnis ergibt[2]. Dies zeigt sich vor allem darin, daß es auch ohne Abschluß eines Anstellungsvertrags besteht. Das Weisungsrecht wird vornehmlich zur Organisation der Leitungsmacht und Sicherung des Gesellschaftereinflusses genutzt[3] und erstreckt sich auf den Inhalt und die Ausübung von Geschäftsführung und Vertretung der Gesellschaft. Dem Weisungsrecht kommt vor allem eine unternehmerische Zielrichtung zu.

B. Praktische Bedeutung des Weisungsrechts

Das Weisungsrecht kennzeichnet in besonderem Maße das Organisationsstatut der GmbH. Ausgestaltet mit der Möglichkeit einer Drittorganschaft[4] ist der Gesellschafterversammlung als oberstem Willensorgan das Recht verliehen, das Handeln des Geschäftsführers und damit der GmbH zu steuern. Eine derartige Möglichkeit steht der Hauptversammlung einer AG nur in sehr begrenztem Umfang zu[5].

---

1 *Baumbach/Hueck/Zöllner*, § 37 Rz. 10 betont, daß die dominierende Stellung der Gesellschafter seit Erlaß des GmbHG nie zweifelhaft war. *Lutter/Hommelhoff*, § 37 Rz. 1 führt die hierarchische Struktur der GmbH an und *Hachenburg/Mertens*, § 37 Rz. 14 die Dispositionsbefugnis der Gesellschafter. *Roth/Altmeppen*, § 37 Rz. 3 leitet das Weisungsrecht über § 37 I GmbHG hinaus mittelbar aus den §§ 6 III, 38 I, 46 Nr. 5 und 6 GmbHG ab. Aus diesen Begründungen lassen sich bereits Schlußfolgerungen auf eine extensive Ausgestaltung des Weisungsrechts in Umfang und rechtliche Grenzen ziehen, vgl. dazu unten S. 35ff., 51ff.

2 *Köhl*, DB 1996, 2597, 2602; *Hohlfeld*, GmbHR 1987, 225, 257; *Eckhardt*, ZfA 1987, 467, 472; *Hueck*, FS Hilger/Stumpf, S. 365, 377. Dies zeigt sich auch darin, daß Weisungsverbote im Anstellungsvertrag lediglich schuldrechtlich, nicht gesellschaftsrechtlich wirken, vgl. *Rowedder/Koppensteiner*, § 37 Rz. 27.

3 Vgl. *Köhl*, DB 1996, 2597, 2602; *Hueck*, ZfA 1985, 25, 30; *Konzen*, NJW 1989, 2977, 2978.

4 Diese Möglichkeit steht nur einer Körperschaft zur Verfügung und läßt sich als Korrelat zur kapitalmäßigen Beschränkung der Haftung verstehen. Das Prinzip der Selbstorganschaft im Rahmen der Personengesellschaften wird hingegen als „zwingendes Prinzip gesamthänderischer Bindung bezeichnet, da es als notwendige Legitimation sämtlicher Machtbefugnisse und Beschränkung der mitgliedschaftlichen Legitimation auf die persönlich haftenden Gesellschafter dient", vgl. *Schmidt*, Gesellschaftsrecht, § 14 II, 2 a) sowie BGHZ 26, 330, 332f.; 41, 367, 369.

5 Gemäß § 83 II AktG ist der Vorstand zwar verpflichtet, Beschlüsse der Hauptversammlung auszuführen, die von dieser im Rahmen ihrer Zuständigkeit gefaßt wurden, jedoch gehören dazu im Gegensatz zur Gesellschafterversammlung der GmbH gerade nicht die Fragen der Geschäftsführung, die gemäß § 119 II AktG nur Gegenstand der

Die Möglichkeit einer umfassenden Einflußnahme erlaubt den Gesellschaftern, dem Geschäftsführer sowohl in spezifischen Fällen einzelne Weisungen zu erteilen, als auch Einfluß auf die gesamte Unternehmensplanung zu nehmen oder bestimmte Strategien umzusetzen. Dadurch können beispielsweise Mitarbeiter, die dem Unternehmen besondere Dienste geleistet haben und somit unverzichtbar geworden sind, durch eine Berufung in die Geschäftsführung stärker integriert, jedoch gleichzeitig ihre Einflußmöglichkeiten begrenzt werden. Ferner ist es denkbar, die eigentliche Geschäftsführung durch den Einsatz eines „Strohmanns" zu verschleiern. Überdies können Familiengesellschaften, die nach dem Tode der Unternehmensgründer einen Fremdgeschäftsführer bestellen, einzelne Familiengruppen mit Sonderrechten ausstatten, um damit eine abgestimmte Unternehmenspolitik zu gewährleisten[6].

C. Potentielle Inhalte von Weisungen

Das Weisungsrecht wird daher häufig eingesetzt, um in beträchtlichem Umfang die Geschäftsführung der GmbH zu beeinflussen. Dabei wird der Geschäftsführer mitunter zu Maßnahmen angehalten, die nachteiligen oder gar schädigenden Charakter aufweisen. Als Beispiele mögen Weisungen dienen, die den Geschäftsführer verpflichten, Grundstücke oder sonstiges Anlagevermögen weit unter Buchwert zu veräußern[7]; illiquide Schuldner gegen Stundung des Kaufpreises weiter mit Waren zu beliefern[8]; sich in Märkte zu begeben, die weder ökonomisch erfolgversprechend, noch mit dem Unternehmenszweck vereinbar sind; risikoreiche Börsentermingeschäfte zu tätigen; von gewinnträchtigen Geschäften Abstand zu nehmen; Warenzeichen einem Drittunternehmen unentgeltlich zur Verfügung zu stellen[9]; bestimmte Mitarbeiter weiterzubeschäftigen, obgleich sie das Unternehmen finanziell geschädigt haben; gewinnträchtige Geschäftsbereiche zu veräußern; wichtige Geschäftsbereiche trotz finanzieller Nachteile outzusourcen oder von der Einleitung gerichtlicher Schritte gegen Mitbewerber abzusehen, die sich grob wettbewerbswidrig verhalten und dem Unternehmen bereits schweren Schaden zugefügt haben[10].

Beschlußfassung sein können, wenn es der Vorstand verlangt. Über die Vorlage entscheidet der Vorstand in freiem Ermessen. Zu den Einzelheiten der Rechte der Hauptversammlung im Rahmen der Geschäftsführung vgl. insbesondere *Hüffer*, § 83 Rz. 4ff.; § 119 Rz. 11ff.; *Geßler/Hefermehl/Eckardt*, § 119 Rz. 28; *Kölner Kommentar/Zöllner*, § 119 Rz. 23f.

6 *Konzen*, NJW 1989, 2977, 2978, der ausdrücklich betont, daß es sich nicht nur um ein theoretisches Problem handelt, sondern eine Vielzahl von Geschäftsführern diesen Restriktionen in ihrer täglichen Praxis ausgesetzt ist, ebenso *Ziemons*, Einflußnahme, S. 2ff.

7 Vgl. auch *Hachenburg/Ulmer*, Anh. § 77 Rz. 84 zu ähnlichen Maßnahmen.

8 BGH, WM 1981, 440ff., in dem ein Generalbevollmächtigter der Gesellschafter den Geschäftsführer dazu drängte, „Umsatz zu machen".

9 BGHZ 119, 257, 258 zum Einfluß des treuhänderisch vertretenen Alleingesellschafters auf die Geschäftsleitung.

10 Vgl. auch die instruktive Aufzählung bei *Ziemons*, Einflußnahme, S. 1ff.

D. Arten unterschiedlicher Weisungsabhängigkeit

Da sich die Ausübung dieses Rechts in der Praxis nicht allein auf die Erteilung einzelner Weisungen beschränkt, sondern zum Teil wesentlich darüber hinaus geht[11], lassen sich verschiedene Ausgestaltungen einer Einflußnahme der Gesellschafter auf die Geschäftsführer unterscheiden. Im Folgenden werden daher vier Arten einer möglichen Einflußnahme dargestellt. Diese Einordnung soll zunächst dem besseren Verständnis der Position des Geschäftsführers dienen, da sie verdeutlicht, in welchem qualitativen und quantitativen Umfang er von den Gesellschaftern abhängig sein kann. Überdies werden die Kategorien im Rahmen der weiteren Untersuchung von Bedeutung sein. Eine steigende Intensität der Weisungsabhängigkeit und Einflußnahme der Gesellschafter bestimmt das Schutzbedürfnis des Geschäftsführers und wirkt sich damit auf die Entwicklung und den Inhalt einzelner Haftungsbegrenzungsmöglichkeiten aus[12].

I. Singuläre Weisungsabhängigkeit

Zunächst ist die Grundform der Einflußnahme auf den Geschäftsführer darzustellen. Sie wird für den Unternehmensleiter im Laufe der Untersuchung als „singuläre Weisungsabhängigkeit“ bezeichnet. Dieser Begriff bezieht sich auf das Leitbild des normal abhängigen, von den Gesellschaftern im üblichen Maß angewiesenen Geschäftsführers. Seine Unternehmensführung wird mitunter durch Einzelweisungen, spezifische Konzepte oder Unternehmensstrategien der Gesellschafter gesteuert, ohne daß sie jedoch massiv ins Tagesgeschäft eingreifen. Dadurch wird der Geschäftsführer in seinen Handlungsspielräumen und Kompetenzen nicht außergewöhnlich beschränkt.

Sofern die Gesellschafter jedoch intensiver in die Geschäftsführung eingreifen, sinkt die Eigenkompetenz des Geschäftsführers. Dadurch entspricht er zusehends weniger dem Leitbild des unternehmensführenden Organs einer Kapitalgesellschaft[13]. Ihren Höhepunkt erreicht eine derartige Einflußnahme, sobald die Gesellschafter durch eine Vielzahl von Weisungen bis in das allgemeine Tagesgeschäft der Geschäftsleitung „hineinregieren“, die Geschäftsführung faktisch selbst übernehmen und der Geschäftsführer aus seiner Position im Grunde verdrängt wird. Eine derart intensive Einflußnahme muß sich jedoch nicht stets auf die gesamte Tätigkeit des Geschäftsführers beziehen, sondern kann sich lediglich auf einzelne Projekte oder bestimmte Bereiche der Geschäftsführung erstrecken. Daher sollen im Folgenden drei weitere, sich daran orientierende Arten der Weisungsabhängigkeit unterschieden werden.

---

11 Zur rein faktischen Einflußnahme, vgl. auch eine empirische Studie von *Hucke*, Geschäftsführer, S. 74f., die ausführt, daß die befragten Geschäftsführer einer GmbH mindestens einmal pro Woche Kontakt zu den Gesellschaftern haben und bei umfassenden Beschränkungen im Innenverhältnis sogar täglich mit ihnen telefonieren um entsprechende Genehmigungen einzuholen.

12 Vgl. dazu unten S. 158f., S. 163ff., S. 279ff.

13 Vgl. dazu *Konzen*, NJW 1989, 2977, 2978.

II. Projektspezifische Weisungsabhängigkeit

Zunächst ist eine Form der Einflußnahme anzuführen, die den Geschäftsführer lediglich im Rahmen bestimmter Projekte trifft. Sie soll daher als „projektspezifische Weisungsabhängigkeit“ bezeichnet werden und bezieht sich auf Geschäftsführer, die im Rahmen eines konkreten unternehmerischen Vorhabens vollständig weisungsgebunden sind, so daß die Gesellschafter sich ihrer nur als ein planungsausführendes Organ bedienen. Im Hinblick auf ihren verbleibenden Tätigkeitsbereich sind sie hingegen keinen besonderen Einschränkungen unterworfen[14]. In Abgrenzung zur singulären Weisungsabhängigkeit sind die Art der Projekte sowie das Maß an Einflußnahme entscheidend.

Das in Rede stehende Projekt muß im Vergleich zu sonstigen Vorhaben des Unternehmens eine besondere Bedeutung aufweisen, die sich aus rechtlichen und tatsächlichen Gesichtspunkten ergeben kann.

Im Hinblick auf rechtliche Kriterien handelt es sich dabei um Maßnahmen, deren Durchführung grundsätzlich oder durch eine entsprechende Satzungsregelung in den Zuständigkeitsbereich der Gesellschafter bzw. eines Aufsichts- oder Beirats fällt[15]. Diese Projekte sind entweder gemäß der gesetzgeberischen Wertung oder nach dem Willen der Gesellschafter bzw. des Aufsichts- bzw. Beirats derart außergewöhnlich, daß sie nicht von der Geschäftsführung alleine durchgeführt werden sollen. Daraus ergibt sich ihre im Vergleich zu sonstigen Projekten besondere Bedeutung. Die satzungsmäßig festgelegten Zustimmungspflichten leiten sich unproblematisch aus dem Gesellschaftsvertrag her. Im Hinblick auf weitere Zustimmungspflichten sind vor allem Projekte zu nennen, die nicht dem gemäß § 3 I Nr. 2 GmbHG ins Handelsregister eingetragenen Unternehmensgegenstand entsprechen[16]; Projekte, die im Gegensatz zu der bisherigen Geschäftspolitik stehen[17] sowie außergewöhnliche Maßnahmen[18], die infolge der mit ihnen verbundenen Risikofaktoren als Ausnahme anzusehen sind[19]. Sofern

---

14 Als Beispiel mag die Konzeption eines „joint ventures“ dienen, das durch die Gesellschafter eines beteiligten Unternehmens strategisch en detail entworfen und in Form eines differenziert ausgearbeiteten Ablaufplans von der Geschäftsleitung ausgeführt wird, so daß ihr im Grunde keine eigene Entscheidungskompetenz verbleibt. Diese Beschränkung mag im Einzelfall auch aus unternehmerischen und nicht nur rein persönlichen Gründen indiziert sein, so z.B. wenn eine beteiligte Partei nicht mit dem Geschäftsführer des Unternehmens kooperieren will oder der Geschäftsführer aus Geheimhaltungsgründen nicht in bestimmte Abläufe Einblick erhalten soll.

15 Vgl. *Rowedder/Koppensteiner*, § 37 Rz. 5ff.; *Scholz/Schneider*, § 37 Rz. 12ff.; *Baumbach/Hueck/Zöllner*, § 37 Rz. 6ff.

16 Vgl. dazu LG Berlin, WM 1992, 22; *Baumbach/Hueck/Zöllner*, § 37 Rz. 6b; *Lutter/Hommelhoff*, § 37 Rz. 11; *Kort*, ZIP 1991, 1274, 1278.

17 So die h.M. BGH, GmbHR 1991, 197; *Rowedder/Koppensteiner*, § 37 Rz. 8; Hommelhoff, ZGR 1978, 119, 124ff.; *Scholz/Schneider*, § 37 Rz. 14; a.A. *Baumbach/Hueck/Zöllner*, § 37 Rz. 6a; *Kort*, ZIP 1991, 1274, 1278.

18 So wiederum die h.M. BGH, DB 1984, 661; OLG Frankfurt, AG 1988, 335, 336; *Scholz/Schneider*, § 37 Rz. 15; *Rowedder/Koppensteiner*, § 37 Rz. 10ff.; a.A. erneut *Baumbach/Hueck/Zöllner*, § 37 Rz. 6a.

19 Vgl. *Scholz/Schneider*, § 37 Rz. 15, der als Beispiele u.a. den Verkauf eines bedeutenden Betriebes oder Betriebsteils, die Gewährung eines großen Kredits anführt.

eines dieser Kriterien erfüllt ist, muß das Projekt grundsätzlich als bedeutsam angesehen werden.

Hinsichtlich faktischer Kriterien sind hingegen diejenigen Projekte als wesentlich zu bezeichnen, die sich nach Art, Inhalt oder Umfang unter besonderer Berücksichtigung der Unternehmensverhältnisse und Zeitumstände von üblichen Projekten der Gesellschaft unterscheiden. Dabei sind finanzielle Gesichtspunkte in besonderem Maße geeignet als Abgrenzungskriterien herangezogen zu werden, da Aufwand und Ertrag aussagekräftige Kennzahlen der Unternehmens- bzw. Projektbeurteilung darstellen.

In dieser Hinsicht sind vor allem die Kosten der Durchführung, der erwartete Umsatz, die prozentuale Umsatzsteigerung sowie die Inanspruchnahme von Fremdmitteln in Form von Krediten und/oder Subventionen anzuführen. Dabei ist der durchschnittliche finanzielle Aufwand, Ertrag und die Inanspruchnahme von Fremdmitteln zu ermitteln und in Verhältnis zu den konkreten Daten des einzelnen Projekts zu setzen. Sofern dabei einzelne oder gar sämtliche Werte die Durchschnittsbeträge deutlich übersteigen, kann von der Besonderheit des Projekts ausgegangen werden. Soweit ein Vorhaben nach dieser Analyse als bedeutsam angesehen werden kann, gilt es als Projekt im Sinne der projektspezifischen Weisungsabhängigkeit.

Im Hinblick auf das erforderliche Maß an Einflußnahme der Gesellschafter auf den Geschäftsführer sind die einzelnen Abläufe und konkreten Ausgestaltungen der Geschäftsführerkompetenzen während der Dauer des Projekts zu analysieren. Mit einer Abstraktion der Abgrenzungsparameter geht naturgemäß ein Definitionsspielraum einher, der die exakte Bestimmbarkeit mitunter erschwert. Dabei ist vom Leitbild des geschäftsführenden Organs einer Gesellschaft auszugehen, das sowohl im Rahmen der wesentlichen geschäftlichen Aktivitäten des Unternehmens als auch in der täglichen Praxis eigenständige Entscheidungen trifft. Maßgebliches Abgrenzungskriterium ist somit, ob die Gesellschafter derart auf die Geschäftsführung Einfluß nehmen, daß der Geschäftsführer für die Leitung des Unternehmens im Rahmen des entsprechenden Projekts faktisch überflüssig ist. Anders gewendet: sofern die Weisungen der Gesellschafter ausreichen, um den Ablauf des Projekts zu gewährleisten, ohne daß es eines Geschäftsführers bedarf bzw. er lediglich unbedeutende Aufgaben rein administrativer Natur wahrnimmt, haben die Anteilseigner die entsprechende Schwelle überschritten.

III. Bereichsspezifische Weisungsabhängigkeit

Ferner kann sich diese Art der Einflußnahme auf einen oder mehrere Tätigkeits- bzw. Ressortbereiche des Geschäftsführers beziehen. Sie wird für den Geschäftsführer als „bereichsspezifische Weisungsabhängigkeit“ bezeichnet und betrifft Organe, denen lediglich im Rahmen abgrenzbarer Bereiche der Geschäftsführung die eigenverantwortlichen Kompetenzen entzogen und sie faktisch als reines Exekutivorgan des/der Gesellschafter(s) tätig werden. In den übrigen Ressorts der Unternehmensführung fungieren sie hingegen als ein mit üblichen Kompetenzen ausgestattetes Vertretungsorgan der Gesellschaft.

So könnte dem Alleingeschäftsführer beispielsweise die Verantwortung für die gesamte technische Entwicklung des Unternehmens entzogen werden, da einer der Gesellschafter diesen Bereich eigenständig leiten will, ohne jedoch nach außen in Erscheinung zu treten. In Abgrenzung zur singulären Weisungsabhängigkeit muß es sich dabei um einen selbständigen Ressortbereich des Unternehmens handeln. Als Maßstab können die Grundsätze einer möglichen Geschäftsverteilung unter mehreren Geschäftsführern dienen. Als abgrenzbares Ressort im Sinne einer bereichsspezifischen Weisungsabhängigkeit gilt daher jedes auch im Rahmen einer Geschäftsverteilung bestimmbares Tätigkeitsfeld[20]. Dabei kann es sich um eine Aufteilung nach Unternehmensfunktionen (z.B. Marketing, Vertrieb, Controlling, Steuern, Personal, Recht, Marken und Patentverwaltung, Import, Export, Forschung und Entwicklung, Produktion) oder nach bestimmten Produkt- oder Dienstleistungsdivisionen des Unternehmens handeln[21].

Die Schwelle der notwendigen Einflußnahme auf die Geschäftsführung überschreiten die Gesellschafter wiederum gemäß den im Rahmen der projektspezifischen Weisungsabhängigkeit beschriebenen Grundsätzen. Der einzige Unterschied besteht darin, daß sich die Einflußnahme nicht auf ein bestimmtes Projekt sondern auf den entsprechenden Unternehmensbereich bezieht.

IV. Degradierende Weisungsabhängigkeit

Letztlich kann die Einflußnahme der Gesellschafter ein derart umfassendes Maß annehmen, daß dem Geschäftsführer sämtliche Kompetenzen in seinem gesamten Tätigkeitsbereich entzogen werden[22]. Diese Form an Einflußnahme soll für den Geschäftsführer als „degradierende Weisungsabhängigkeit" bezeichnet werden, da er im Wege einer immensen Weisungsdichte zu einem reinen Exekutivorgan degradiert wird, ohne daß ihm ein Restbereich eigenverantwortlicher Mindestkompetenz verbleibt und die Gesellschafter das Unternehmen bis auf unwesentliche Verwaltungsaufgaben faktisch allein leiten. Derartige Konstellationen sind häufig bei Geschäftsführern mit reiner „Strohmannfunktion" sowie bei Mitarbeitern anzutreffen, die man ohne Einräumung von eigentlich mit der Position verbundenen Kompetenzen stärker an das Unternehmen binden möchte.

---

20 Vgl. zur Darstellung verschiedener Modelle *v. Werder*, DB 1987, 2267ff.; *Wiedemann*, Gesellschaftsrecht I, § 6 III 1 c).

21 Vgl. *Würdinger*, Aktienrecht, § 25 III; *Münchener Handbuch Gesellschaftsrecht/Wiesner*, Band 4, § 22 Rz. 11.

22 Die Zulässigkeit dieser Form der Weisungsabhängigkeit ist in der Regel der Anknüpfungspunkt für Untersuchungen einer möglichen Haftungsbegrenzung. Die Zulässigkeit einer derart weitgehenden Abhängigkeit wird erwartungsgemäß äußerst kontrovers diskutiert. Die vorliegende Arbeit wird auf diese Frage im weiteren Verlauf ausführlich eingehen.

E. Ausgangslage

Die Tatsache, daß die Ausübung des Weisungsrechts der Gesellschafter teilweise „exzessive" Formen annimmt, ja sogar die wirtschaftliche Praxis mitbestimmt[23], besagt noch nichts über seinen gesetzlich zulässigen Umfang. Dieser ergibt sich vielmehr aus den einzelnen Wirksamkeitsvoraussetzungen. Dabei wird sich im Folgenden zeigen, daß eines der Hauptprobleme für den Geschäftsführer bereits in der eindeutigen Darstellung dieser Voraussetzungen liegt.

§ 2 ZUSTÄNDIGKEIT FÜR DIE ERTEILUNG VON WEISUNGEN

A. Grundsätzliche Zuständigkeit

Das Weisungsrecht steht infolge der Zuweisung gemäß § 37 I GmbHG grundsätzlich der Gesellschafterversammlung als Gesamtorgan zu[24].

Weisungen einzelner Gesellschafter, selbst wenn sie über eine Mehrheit verfügen, die ihnen jederzeit die stimmenmäßige Durchsetzung in der Gesellschafterversammlung erlauben würde, sind aus Gründen des Minderheitenschutzes unwirksam[25]. Der Minderheitsgesellschafter muß die Möglichkeit haben, gegen den Beschluß durch Anfechtungs- oder Nichtigkeitsklage gemäß §§ 246, 248 AktG analog vorzugehen[26]. Anderslautende Tendenzen, die einer Weisung durch den Mehrheitsgesellschafter ohne Gesellschaftsbeschluß nicht grundsätzlich die Wirksamkeit verwehren, sondern vielmehr bei einer späteren Haftungsentlastung für den Geschäftsführer die Mehrheit gemäß § 47 IV GmbHG von ihrem Stimmrecht ausschließen wollen[27], sind abzulehnen. Dabei scheitert diese Sichtweise zunächst an ihrem unvollkommenen Schutz für die Minderheitsgesellschafter. Sie würden eines Mitspracherechts in der Gesellschafterversammlung verlustig gehen, und somit auch der Möglichkeit, einer ihren Interessen widersprechenden Weisung argumentativ entgegenzuwirken[28]. Durch den Verlust der gesellschaftsrechtlichen Mittel von Anfechtungs- und Nichtigkeitsklage wären sie auf direkte Maßnahmen gegen die drohende Ausführung in Form einer einstweiligen Verfügung verwiesen[29].

---

23 *Konzen*, NJW 1989, 2977, 2978; *Gieseke*, GmbHR 1996, 486; vgl. auch *Ziemons*, Einflußnahme, S. 2ff.

24 *Scholz/Schneider*, § 37 Rz. 30; *Lutter/Hommelhoff*, § 43 Rz. 18; *Rowedder/Koppensteiner*, § 37 Rz. 25ff.; *Hachenburg/Mertens*, § 43 Rz. 70ff.

25 *Baumbach/Hueck/Zöllner*, § 43 Rz. 22; *Fleck*, GmbHR 1974, 224, 226; *Hachenburg/Mertens*, § 43 Rz. 71.

26 *Baumbach/Hueck/Zöllner*, § 43 Rz. 22; *Scholz/Schneider*, § 37 Rz. 91.

27 So noch *Roth*, GmbHG, 2. Aufl., § 43 Anm. 5.1, der betont, dieses Problem sei „eher formeller Natur". Daher müsse der Schwerpunkt auf die Entlastung gelegt werden. Klarer offenbar nun *Roth/Altmeppen*, § 43 Rz. 52, der bereits die Weisung für unwirksam hält.

28 *Hachenburg/Mertens*, § 43 Rz. 71, der insbesondere darauf abhebt, daß durch eine Gegenvorstellung der Gesellschafterminderheit eine andere Entscheidung getroffen werden könnte.

29 So auch *Konzen*, NJW 1989, 2977, 2979; *Fleck*, ZHR 149 (1985), 387, 407f. Überdies ist zu berücksichtigen, daß der Nachweis der Voraussetzungen sowie die Durchführung

Eine Ausnahme vom Erfordernis eines Gesellschaftsbeschlusses ist somit nur dort möglich, wo die Willensbildung selbst keines förmlichen Beschlusses bedarf[30], schutzwürdige Interessen einer Minderheit nicht entgegenstehen und keine den Geschäftsführer beeinträchtigende Personendivergenz besteht - in der Einmann-GmbH[31]. Entgegenstehende Argumente ergeben sich auch nicht aus § 48 III GmbHG, der eine Niederschrift des Alleingesellschafters im Rahmen seiner Beschlüsse fordert[32].

Insofern bleibt zu konstatieren, daß die Weisungsbefugnis grundsätzlich der Gesellschafterversammlung durch Beschlußfassung bzw. dem Alleingesellschafter durch einfache Anordnung zusteht.

B. Grundlagen eines Einflusses fakultativer oder obligatorischer Aufsichts- oder Beiräte

I. Mögliche Anwendung und Problemstellung des § 111 IV AktG

Trotz grundsätzlicher Zuständigkeit der Gesellschafter könnte das Weisungsrecht durch einen fakultativen oder obligatorischen Aufsichtsrat oder einen fakultativen Beirat eingeschränkt werden.

Als Grundlage dieser Einschränkung kommt § 111 IV 2 AktG in Betracht, der entweder gemäß § 77 I 2 BetrVG 1952 oder § 25 I Nr. 2 MitbestG im Fall eines obligatorischen oder gemäß § 52 I GmbHG bei einem fakultativen Aufsichtsrat ohne Bestehen einer anderweitigen Satzungsregelung Anwendung findet. Nach dieser Vorschrift können die Satzung oder der Aufsichtsrat selbst die Ausführung bestimmter Geschäfte von dessen Zustimmung abhängig machen. Im Fall einer Zustimmungsverweigerung kann die Hauptversammlung eine Ausführung der Maßnahmen auf Verlangen des Vorstands durch einen mit dreiviertel Mehrheit gefaßten Beschluß erzwingen. In diesem Zusammenhang ist das Kompetenzverhältnis zwischen der Gesellschafterversammlung und dem Aufsichtsrat problematisch, soweit zustimmungspflichtige Weisungen vom Aufsichtsrat abgelehnt werden. § 111 IV 3 und 4 AktG bestimmen insoweit, daß sich die Gesellschafterversammlung nur im Wege eines mit qualifizierter Mehrheit gefaßten Beschlusses auf Verlangen der Geschäftsführung darüber hinwegsetzen kann - im GmbH-Recht könnte gleichwohl eine einfache Mehrheit angezeigt sein.

Die Beantwortung dieser Fragen bestimmt sich maßgeblich nach dem Zweck des jeweiligen Aufsichtsrats, da trotz einheitlicher Verweisung auf aktienrechtli-

---

von Maßnahmen im einstweiligen Rechtsschutz wegen der Dringlichkeit der Maßnahme häufig problematisch sind.

30 BGH, LM GmbHG § 46 Nr. 9; BGH, NJW 1968, 396, 397.

31 *Fleck*, ZHR 149 (1985), 387, 407; *ders.*, GmbHR 1974, 224, 226; BGHZ 31, 258, 278; *Hachenburg/Mertens*, § 43 Rz. 71.

32 *Scholz/Schmidt*, § 48 Rz. 78, wonach eine Verletzung dieser Norm allenfalls dazu führen kann, daß sich der Gesellschafter mangels Dokumentation eventuell nicht auf eigene Vorteile aus dem Beschluß berufen kann, z.B. bei der bilanziellen Anerkennung von Pensionsrückstellungen, die nur im Fall einer verbindlichen Pensionsvereinbarung zwischen Gesellschafter und Gesellschaft möglich sind.

che Vorschriften die strukturellen Unterschiede zwischen GmbH und AG nicht ignoriert werden dürfen[33]. Insofern ist zwischen den verschiedenen Aufsichtsratstypen zu differenzieren. Da vor allem das MitbestG besonders einschneidende Veränderungen in der Organverfassung und im Kompetenzgefüge der GmbH vornimmt, werden die angeführten Problemstellungen vorrangig in dessen Anwendungsbereich virulent.

II. Drei Fallgruppen potentieller Einflußnahme auf das Weisungsrecht

Eine mögliche Anwendung des § 111 IV 3, 4 AktG wirkt sich in unterschiedlichen Konstellationen auf die Kompetenzen der Gesellschafter aus. Die vorliegende Arbeit untersucht jedoch allein den Einfluß dieser Norm auf das Weisungsrecht gegenüber dem Geschäftsführer. Aus dessen Perspektive lassen sich drei Fallgruppen differenzieren, innerhalb derer sich jeweils die Frage stellt, ob und inwieweit die Mitwirkung des jeweiligen Aufsichts- bzw. Beirats erforderlich ist, um eine für den Geschäftsführer wirksame Weisung herbeizuführen. Nur durch die Beantwortung dieser Fragen läßt sich für den Geschäftsführer ermitteln, welchen Wirksamkeitsvoraussetzungen eine Weisung von Gesellschaftern unterliegt, deren Kompetenzen durch einen Aufsichts- oder Beirat beeinflußt werden.

1. Fallgruppe 1: mit einfacher Mehrheit erteilte Weisung, die in den Zustimmungsbereich des Aufsichtsrats fällt und bereits verweigert wurde

In diesem Zusammenhang ist fraglich, ob zur Überwindung der Aufsichtsratsverweigerung ein weiterer Beschluß erforderlich ist und ein derartiger Beschluß im Fall seiner Notwendigkeit einfache oder qualifizierte Mehrheit verlangt.

2. Fallgruppe 2: mit einfacher Mehrheit erteilte Weisung, die in den Zustimmungsbereich des Aufsichtsrats fällt und noch nicht verweigert wurde

Dabei ist problematisch, ob ein erneuter Beschluß erforderlich ist, sofern der Aufsichtsrat seine Zustimmung verweigert und ein derartiger Beschluß im Fall seiner Notwendigkeit einfache oder qualifizierte Mehrheit verlangt.

3. Fallgruppe 3: mit einfacher Mehrheit erteilte Weisung, die nicht in den Zustimmungsbereich des Aufsichtsrats fällt

In diesem Fall stellt sich die Frage, ob der Aufsichtsrat berechtigt ist, die Ausführung der Weisung an seine Zustimmung zu binden und ob ein erneuter Beschluß erforderlich ist, sofern der Aufsichtsrat die Maßnahme durch einen adhoc Beschluß an seine Zustimmung binden kann und dessen Ausführung gleichzeitig verweigert. Überdies ist zu klären, ob ein derartiger Beschluß im Fall seiner Notwendigkeit einfache oder qualifizierte Mehrheit verlangt.

---

[33] In der Notwendigkeit, diese Aspekte berücksichtigen zu müssen, sind sich die Vertreter der unterschiedlichen Auffassungen einig, vgl. *Scholz/Schneider*, § 52 Rz. 42f., 77ff.; *Rowedder/Koppensteiner*, § 52 Rz. 43ff.; *Härer*, Erscheinungsformen, S. 116ff., 133ff. zu den Zielsetzungen und Techniken der jeweiligen Regelung.

Die letzte Fallgruppe erlangt ihre besondere Bedeutung vor allem im Zusammenhang mit den mitbestimmungsrechtlichen Regeln.

C. Einfluß eines fakultativen Aufsichts- oder Beirats gemäß § 52 GmbHG

I. Zwecksetzung eines fakultativen Aufsichts- oder Beirats

Die wirtschaftliche Praxis zeigt, daß es eine Vielzahl von fakultativen Aufsichts- bzw. Beiräten gibt, die sich sowohl in ihrer Zusammensetzung als auch in ihrer Funktion unterscheiden[34]. Für die vorliegende Fragestellung kommen dabei nur die Gremien in Betracht, die von den Gesellschaftern als Organ i.S.v. § 52 GmbHG ausgestaltet werden, da ansonsten mangels Verweisung auf § 111 II, IV, 3, 4 AktG das angesprochene Problem nicht auftreten kann. Die Bandbreite möglicher Motivationen ist dabei ebenso umfangreich wie die der verschiedenen Typen der Aufsichts- bzw. Beiräte[35]. Sie übernehmen zum Teil rein beratende, überwachende oder strategische Aufgaben[36]. Darüber hinaus werden ihnen bisweilen originäre Funktionen der Gesellschafter übertragen[37], mitunter fungieren sie auch als Schiedsgericht[38].

II. Auswirkungen auf das Weisungsrecht der Gesellschafter

Das Gesetz räumt den Gesellschaftern außerhalb des BetrVG 1952 und MitbestG 1976 in der Ausgestaltung der Funktionen und Rechte der Mitglieder weitestgehende Freiheit ein, da sie diese Aspekte gemäß § 52 I GmbHG selbständig in der Satzung regeln können. Insofern ist der Ausschluß des Zustimmungsvorbehalts durch die Satzung gesetzlich vorgesehen und kann keine Probleme aufwerfen. Sofern eine kompetenzregelnde Vorschrift in der Satzung fehlt, müssen trotz einer entsprechenden Verweisung auf die aktienrechtlichen Vorschriften in § 52 I GmbHG die angesprochenen Beweggründe und Funktionen für eine Anwendung des § 111 AktG herangezogen werden[39].

Die Gründe dafür sind offensichtlich. § 111 AktG schränkt die Rechte der Gesellschafter erheblich ein, da ihr Einfluß auf die Geschäftsführung deutlich redu-

---

34 Vgl. dazu insbesondere: *Voormann*, Beirat, S. 5ff.; *Hölters*, Beirat, S. 8; *Härer*, Erscheinungsformen, S. 26f.; *Fleischer*, Zusatzorgan, S. 3ff.; *Großmann/Brondics*, AG 1987, 293, 295ff.; *Hennerkes/Binz/May*, DB 1987, 469f.; *Scholz/Schneider*, § 52 Rz. 5f.

35 *Voormann*, Beirat, differenziert den Beirat als „Aushängeschild und Beratungsorgan", S. 6ff.; als „Geschäftsführer und Aufsichtsorgan", S 12ff.; als „Repräsentativorgan", S. 28ff.; als „Schiedsrichter und Schiedsgutachter", S. 35ff. und als „Mittel zur Bestandssicherung bei der Gesellschafternachfolge", S. 39ff.

36 *Hölters*, Beirat, S. 7; *ders.*, BB 1977, 105 sowie *Fleischer*, Zusatzorgan, S. 3ff. typisieren gar die unterschiedlichen Formen von Beiräten. Letzterer führt unter anderem Sachverständigenbeiräte, Informations- und Kontaktpflegebeiräte sowie Prominentenbeiräte an, von denen jedoch nicht alle Organfunktion i.S.v. § 52 GmbHG aufweisen.

37 Dabei werden ihnen zuweilen sogar weitgehende Leitungsfunktionen übertragen, *Hennerkes/Binz/May*, DB 1987, 469, 471f.

38 BGHZ 43, 261, 264.

39 *Scholz/Schneider*, § 52 Rz. 78ff.; *Hachenburg/Raiser*, § 52 Rz. 111; *Rowedder/Koppensteiner*, § 52 Rz. 13; *Lutter/Hommelhoff*, § 52 Rz. 10; *Baumbach/Hueck/Zöllner*, § 52 Rz. 65.

ziert wird. Eine derartige Einschränkung erfordert entweder eine gesetzliche Notwendigkeit, die strukturelle und unternehmenspolitische Unterschiede zwischen der AG und der GmbH einerseits sowie fakultativen und obligatorischen Aufsichtsräten andererseits berücksichtigt oder einen entsprechenden Willen der Gesellschafter. An einer gesetzlichen Notwendigkeit dieses Charakters fehlt es. Betriebsverfassungs- und mitbestimmungsrechtliche Erwägungen spielen im Rahmen fakultativer Aufsichts-/Beiräte keine Rolle. Die Errichtung des zusätzlichen Organs selbst stellt ebenfalls kein rechtliches Bedürfnis dar, sondern dokumentiert vielmehr die schlichte Anwendungsvoraussetzung des § 52 GmbHG. Es wird daher richtigerweise angeführt, der Zustimmungsvorbehalt diene weder dazu, die Zuständigkeit der Gesellschafterversammlung zu beschränken noch dazu, erhöhte Beschlußanforderungen i.S.v. § 111 AktG zu implementieren[40]. Eine andere Beurteilung würde der dominierenden Stellung der Gesellschafter nicht gerecht[41].

Mithin ist lediglich ein entsprechender Wille der Gesellschafter geeignet, ihre eigenen Rechte derart zu beschneiden[42]. Ein solcher Wille läßt sich jedoch kaum allein der Existenz eines weiteren Organs entnehmen, dessen Errichtung auf unterschiedlichste Gründe zurückzuführen sein mag. Die Anwendung dieser Norm muß von den Gesellschaftern vielmehr bei Errichtung der Gesellschaft beabsichtigt gewesen sein[43]. Sofern es an einer derartigen Absicht fehlt, kann sich der Zustimmungsvorbehalt nicht auf Maßnahmen erstrecken, die in den Zuständigkeitsbereich der Gesellschafter fallen. Daher können die Gesellschafter dem Geschäftsführer ungeachtet der Existenz des Aufsichtsrats Weisungen erteilen[44]. Verweigert der Aufsichtsrat die Zustimmung zu einer Maßnahme, die der Geschäftsführer ihm freiwillig vorlegt, hat dies auf die Ausführung der Weisung ebenfalls keine Auswirkungen[45]. Der Aufsichtsrat kann daher die zustimmungspflichtigen Maßnahmen allenfalls im Hinblick auf ihre unternehmerische Zweckmäßigkeit überprüfen und Empfehlungen aussprechen[46].

---

40 So insbesondere *Scholz/Schneider*, § 52 Rz. 78; *Geßler/Hefermehl*, § 111 Rz. 62, bezeichnet § 111 IV, 4 AktG gar als „Krücke", da diese Norm vom Wortlaut her den Eindruck erwecke, die dem deutschen Aktienrecht zugrundeliegende Trennung zwischen Geschäftsführung und Überwachung solle beseitigt werden. Die Vorschrift diene daher nur der Erleichterung der Überwachung des Vorstands durch den Aufsichtsrat; vgl. auch *Rowedder/Koppensteiner*, § 52 Rz. 11.

41 *Baumbach/Hueck/Zöllner*, § 52 Rz. 65.

42 So auch *Voormann*, Beirat, S. 21.

43 So vor allem OLG Koblenz, GmbHR 1991, 264, 267f., wonach die fehlende Zustimmung des Aufsichtsrats nur mit qualifizierter Mehrheit der Gesellschafterversammlung ersetzt werden konnte, weil dies von den Gesellschaftern bei Errichtung der GmbH beabsichtigt war, und vor allem weil das Stimmenverhältnis in der Gesellschafterversammlung ein anderes war als im Aufsichtsrat.

44 A.A. *Roth*, 2. Aufl. 1987, § 52 Anm. 2.2, der für den zustimmungsersetzenden Beschluß dreiviertel Mehrheit verlangte, anders nun *Roth/Altmeppen*, § 52 Rz. 17, der einfache Mehrheit genügen läßt.

45 Allg. Meinung: *Raiser*, Kapitalgesellschaften, S. 425; *Baumbach/Hueck/Zöllner*, § 52 Rz. 65; *Scholz/Schneider*, § 52 Rz. 80; *Rowedder/Koppensteiner*, § 52 Rz. 13; *Lutter/Hommelhoff*, § 52 Rz. 10; *Ballerstedt*, GmbHR 1952, 177, 179; *Roth/Altmeppen*, § 52 Rz. 17.

46 *Scholz/Schneider*, § 52 Rz. 79; ähnlich zur KGaA *Kallmeyer*, ZGR 1983, 57, 63f.

D. Einfluß eines obligatorischen Aufsichtsrats nach § 77 I 2 BetrVG 1952

I. Zwecksetzung und Rolle des obligatorischen Aufsichtsrats nach § 77 I 2 BetrVG 1952

Soweit es sich nicht um ein Tendenzunternehmen[47] handelt und die Gesellschaft regelmäßig zwischen 500 und 2000 Arbeitnehmern beschäftigt, ist gemäß § 77 I BetrVG 1952 ein Aufsichtsrat zu bilden[48]. Mit dieser Regelung hat der Gesetzgeber die Unternehmensverfassung der GmbH verändert[49]. Das zusätzliche Organ wurde geschaffen, um den Arbeitnehmern einen gewissen Einfluß auf die unternehmerische Ausrichtung der Gesellschaft zu gewähren. Ihnen ist mittels eines Aufsichtsrats, der zu einem Drittel aus Arbeitnehmer- und zwei Dritteln aus Arbeitgebervertretern zusammengesetzt ist, ein Mitspracherecht in arbeitsplatzrelevanten Entscheidungen einzuräumen[50]. Zu diesem Zweck lehnt sich die gesetzliche Regelung an der aktienrechtlichen Struktur des Aufsichtsrats an.

Die Verweisung auf die aktienrechtlichen Vorschriften sind nahezu umfassend und gehen somit deutlich über die des § 52 GmbHG hinaus[51]. Ferner wird ihre Anwendbarkeit der Satzungsautonomie entzogen, da § 77 BetrVG 1952 nicht dispositiv ist[52]. Gleichwohl sind die Normen des AktG nicht unreflektiert zu übernehmen, sondern an den strukturellen Unterschieden beider Gesellschafts-

---

47 Dabei handelt es sich um Unternehmen, die politischen, gewerkschaftlichen, konfessionellen, karitativen, erzieherischen, wissenschaftlichen, künstlerischen oder ähnlichen Charakter haben, vgl. § 81 BetrVG 1952.

48 Gemäß § 129 BetrVG 1972 bleiben die Regelungen des BetrVG hinsichtlich der aufsichtsratsrechtlichen Bestimmungen ausdrücklich in Kraft, da sich das neue Gesetz auf die Betriebsverfassung im echten Sinne beschränkt; vgl. *Baumbach/Hueck/Zöllner*, § 52 Rz. 75; *Fitting/Kaiser/Heither/Engels*, BetrVG, Anh. 2, Vorbem. 1.

49 *Neumann-Duesberg*, Betriebsverfassungsrecht, S. 601 bezeichnet die Regelung als Einbruch des Arbeitsrechts in das Gesellschaftsrecht; *Dietz*, Juristische Studiengesellschaft 1958, 39, S. 12 spricht gar von einem Umbau des Gesellschaftsrechts.

50 Zu den Aufgaben gehören u.a. das Teilnahmerecht an Gesellschafterversammlungen (§ 118 II AktG), die Prüfung des Jahresabschlusses und der Gewinnverwendung (§ 171 AktG) und die Überwachung der Abwickler (§ 268 III AktG); vgl. genauer *Härer*, Erscheinungsformen, S. 119 ff.; *Rowedder/Koppensteiner*, § 52 Rz. 43; *Hachenburg/Raiser*, § 52 Rz. 221.

51 Insbesondere sind die gesamten Regelungen der §§ 95-114 AktG im Gegensatz zu § 52 GmbHG anwendbar.

52 *Hachenburg/Raiser*, § 52 Rz. 150, wobei die privatautonome Erweiterung der Zahl der Arbeitnehmervertreter umstritten ist. Dies wird teilweise für zulässig gehalten, da eine entsprechende Satzungsregelung weder durch aktienrechtliche Vorschriften noch durch ordnungspolitische Gesichtspunkte ausgeschlossen sei, vgl. OLG Bremen, NJW 1977, 1153; *Biedenkopf/Säcker*, ZfA 1971, 211, 262ff.; *Hommelhoff*, ZHR 148 (1984), 118, 129ff.; *Hensche*, AuR 1971, 33, 41; *Raiser*, ZGR 1976, 105, 108; *Hachenburg/Raiser*, § 52 Rz. 150; A.A. *Meyer-Landrut/Miller/Niehus*, § 52 Rz. 50; Differenzierend *Scholz/Schneider*, § 52 Rz. 128f., der eine Erhöhung der Arbeitnehmervertreter nur unter Beibehaltung des Zahlenverhältnisses zwischen den Gesellschafter- und Arbeitnehmervertretern zuläßt.

formen auszurichten[53]. Insofern ist auf abweichende Besonderheiten des GmbH-Rechts Rücksicht zu nehmen.

Die Organverfassung der AG sieht unabhängig von der Arbeitnehmerzahl einen Aufsichtsrat als festen Bestandteil der Unternehmensstruktur vor. Dieses Bedürfnis resultiert zum einen aus der weisungsfreien und daher außerordentlich unabhängigen Position des Vorstands sowie der als Publikumsgesellschaft geführten und konzipierten anonymeren und vielschichtigeren Anteilseignerstruktur, die ein eingeschränktes Maß an Mitwirkungsrechten bedingt[54]. Diese Aspekte erfordern ein zusätzliches Organ, das den Vorstand entsprechend kontrolliert[55]. In der regelmäßig mitunternehmerbestimmten GmbH weist das Gesetz hingegen den Anteilseignern den dominierenden Einfluß auf die Gesellschaft zu. Die Einführung des Aufsichtsrats begrenzt lediglich die uneingeschränkte Kontrollbefugnis der Gesellschafter über die Geschäftsführung. Ansonsten bleiben die Zuständigkeiten der Gesellschafter unberührt[56]. Insbesondere wird die Geschäftsführung nach wie vor durch die Gesellschafterversammlung bestellt.

Daraus ist ersichtlich, daß das BetrVG nicht darauf ausgerichtet wurde, das für die Weisungsbefugnis entscheidende Kompetenzgefüge der GmbH anzutasten[57].

II. Auswirkungen auf das Weisungsrecht der Gesellschafter im Rahmen der drei Fallgruppen

Vor diesem Hintergrund lassen sich die Auswirkungen auf das Weisungsrecht der Gesellschafter bestimmen.

Die dominierende Stellung des Weisungsrechts in der Organverfassung der GmbH steht einer uneingeschränkten Anwendung des § 111 IV AktG im Wege[58]. Überdies hat der Gesetzgeber den Bestimmungen des BetrVG 1952 gegenüber den allgemeinen Regeln des Gesellschaftsrechts keinen Vorrang eingeräumt[59]. Der überwiegende Teil der Literatur spricht sich infolge dieser Gründe dafür aus, daß die Gesellschafterversammlung entgegen dem Wortlaut des § 111

---

53 Darin besteht Einigkeit, vgl. *Scholz/Schneider*, § 52 Rz. 45; *Lutter/Hommelhoff*, § 52 Rz. 2; *Hachenburg/Raiser*, § 52 Rz. 149; *Baumbach/Hueck*, § 52 Rz. 19; *Roth/Altmeppen*, § 52 Rz. 29.

54 Selbst in der „kleinen AG", die auf eine eher personalistische Organisationsstruktur zugeschnitten ist, sind die strukturellen Unterschiede noch deutlich erkennbar, vgl. zu den einzelnen Vereinfachungen *Planck*, GmbHR 1994, 501ff.

55 Dazu: *Semler*, Leitung und Überwachung, Rz. 183ff.; *Kölner Kommentar/Mertens*, § 111 Rz. 11ff.

56 Selbst in diesem Rahmen ist zu berücksichtigen, daß die Maßregeln zur Prüfung und Überwachung der Geschäftsführung aus § 46 Nr. 6 GmbHG nicht angetastet wurden, vgl. auch *Härer*, Erscheinungsformen, S. 119.

57 So auch *Theisen*, Aufgabenverteilung, S. 9.

58 *Härer*, Erscheinungsformen, S. 118; *Baumbach/Hueck/Zöllner*, § 52 Rz. 155; *Hoffmann/Neumann*, GmbHR 1978, 56, 63.

59 *Härer*, Erscheinungsformen, S. 118; *Scholz/Schneider*, § 52 Rz. 80a.

IV 4 AktG eine Zustimmungsverweigerung des Aufsichtsrats mit einfacher Mehrheit überstimmen kann[60].

Gegenläufige Stimmen erschöpfen sich in der Regel in einer reinen Wiederholung des Gesetzeswortlauts[61] oder stützen ihre Ausführung weitgehend auf die im MitbestG gleichermaßen bestehende Problematik, ohne jedoch auf die Unterschiede einzugehen[62]. Ein differenzierter Lösungsansatz von *Raiser* stellt darauf ab, ob der Geschäftsführer mit qualifizierter Mehrheit und nur aus wichtigem Grund abberufen werden kann, da es inkonsequent sei, für Weisungen eine dreiviertel und für die Abberufung eine einfache Mehrheit zu verlangen[63]. In den verbleibenden Fällen, in denen sich zumindest einige der Arbeitgebervertreter im Aufsichtsrat gegen eine Maßnahme der Gesellschafter richten müssen, da das BetrVG 1952 lediglich einen drittelparitätisch besetzten Aufsichtsrat erfordert, entspräche es durchaus der vom Gesetz vorgesehenen Mitbestimmung, Einwände des Aufsichtsrats nur mittels einer dreiviertel Mehrheit zu überwinden[64].

Obgleich der von *Raiser* angesprochene Einwand der Inkonsequenz zunächst nachvollziehbar ist, läßt sich die Anwendung des § 111 IV AktG in den verbleibenden Fällen nicht überzeugend begründen. Die vom BetrVG 1952 unberührte Kompetenzverteilung der GmbH wird durch das Verhalten der Arbeitgebervertreter im Aufsichtsrat nicht verändert. Die Stellung der Gesellschafterversammlung bleibt vor allem im Hinblick auf die Bestellung und Abberufung des Geschäftsführers unangetastet. Zur erneuten Beschlußfassung der Gesellschafterversammlung ist daher keine Vorlage des Geschäftsführers notwendig. Die Gesellschafter können einen derartigen Beschluß aus eigener Initiative fassen. Überdies reicht ein mit einfacher Mehrheit gefaßter Beschluß aus, die Zustimmungsverweigerung des Aufsichtsrats zu überwinden[65]. Für den Geschäftsführer ergeben sich im Rahmen der drei Fallgruppen daraus folgende Konsequenzen.

---

60 *Fleischer*, Zusatzorgan, S. 23; *Baumbach/Hueck/Zöllner*; § 52 Rz. 155; *Meyer-Landrut/Miller/Niehus*, § 52 Rz. 24; *Scholz/Schneider*, § 52 Rz. 80f.; *Fabricius/Kraft/Wiese/Kreutz*, GK-BetrVG, § 77 BetrVG 1952 Rz. 37; *Hueck*, BB 1953, 325, 327; *Härer*, Erscheinungsformen, S. 122; *Hoffmann/Neumann*, GmbHR 1978, 56, 63.

61 So insbesondere *Fitting/Kaiser/Heither/Engels*, BetrVG, § 77 BertVG 1952 Rz. 18, der in Ermangelung einer zusätzlichen Kommentierung den Eindruck erweckt, es bestünde gar kein Problem.

62 So unter anderem *Hommelhoff*, ZGR 1978, 119, 153; *Raiser*, MitbestG, § 25 Rz. 81 sowie *Säcker*, DB 1977, 1845, 1848, der im Rahmen seiner Erörterung zu § 25 MitbestG lediglich darauf hinweist, daß die Anwendung des § 111 IV AktG im Hinblick auf § 77 BetrVG 1952 übereinstimme.

63 *Hachenburg/Raiser*, § 52 Rz. 232.

64 Insoweit: *Hachenburg/Raiser*, § 52 Rz. 232, der für die Anwendung der dreiviertel Mehrheit überdies fordert, daß es sich um eine Entscheidung handelt, die nach der Satzung in den eigenen Zuständigkeitsbereich des Geschäftsführers fällt und er nicht lediglich eine von den Gesellschaftern beschlossene Maßnahme ausführt.

65 Ebenso: *Fleischer*, Zusatzorgan, S. 23; *Baumbach/Hueck/Zöllner*, § 52 Rz. 155; *Meyer-Landrut/Miller/Niehus*, § 52 Rz. 24; *Fabricius/Kraft/Wiese/Kreutz*, GK-BetrVG, § 77 BetrVG 1952 Rz. 37; *Hueck*, BB 1953, 325, 327; *Härer*, Erscheinungsformen, S. 122; *Scholz/Schneider*, § 52 Rz. 80f.; *Hoffmann/Neumann*, GmbHR 1978, 56, 63.

1. Fallgruppe 1: mit einfacher Mehrheit erteilte Weisung, die in den Zustimmungsbereich des Aufsichtsrats fällt und bereits verweigert wurde

Sofern die Gesellschafter den Geschäftsführer mit einfacher Mehrheit anweisen, eine in den Zuständigkeitsbereich des Aufsichtsrats fallende Maßnahme auszuführen, deren Zustimmung der Aufsichtsrat bereits verweigert hat, ist er gleichwohl verpflichtet, diese Weisung auszuführen.

2. Fallgruppe 2: mit einfacher Mehrheit erteilte Weisung, die in den Zustimmungsbereich des Aufsichtsrats fällt und noch nicht verweigert wurde

Soweit es sich um eine Weisung handelt, die in den Zustimmungskatalog des Aufsichtsrats fällt, ohne daß bislang eine Entscheidung getroffen wurde, ist fraglich, ob der Geschäftsführer zunächst eine Entscheidung des Aufsichtsrats herbeiführen muß. Dabei erschöpft sich ein nochmaliger Beschluß der Gesellschafterversammlung im Grunde in der Einhaltung purer Formalien, da die Weisung auch als antizipierte Überwindung einer eventuellen Zustimmungsverweigerung ausgelegt werden könnte. Gleichwohl ist in diesem Zusammenhang die Funktion des Aufsichtsrats zu berücksichtigen. Als Kontrollgremium muß ihm zumindest im Rahmen der Fälle die Möglichkeit verbleiben, den Gesellschaftern seine Einwände im Rahmen von Maßnahmen darzulegen, bei denen die Gesellschafter von vornherein wußten, daß der Aufsichtsrat sie als wesentlich ansieht[66]. Ihre Freiheit zur eigenverantwortlichen Entscheidung muß insoweit zurücktreten, da sie durch die Kenntnis der Zustimmungspflicht bereits etwaige Einwände des Aufsichtsrats in ihren Gedankenprozeß hätten einbeziehen können. Damit kann der Aufsichtsrat die Gesellschafter zumindest veranlassen, die fragliche Weisung nochmals zu überdenken[67]. Einen daraufhin mit einfacher Mehrheit gefaßten Beschluß hat der Geschäftsführer auszuführen.

3. Fallgruppe 3: mit einfacher Mehrheit erteilte Weisung, die nicht in den Zu-stimmungsbereich des Aufsichtsrats fällt

Sofern die Weisung hingegen nicht in den zustimmungspflichtigen Maßnahmenkatalog des Aufsichtsrats fällt, hat er diese unverzüglich auszuführen. Der Aufsichtsrat ist nicht berechtigt, eine Maßnahme gemäß § 111 IV 2 AktG an

---

66 Etwas anderes mag jedoch gelten, wenn die sofortige Ausführung der Weisung im Interesse der Gesellschaft erforderlich ist, da der Geschäftsführer ansonsten sogar in Konflikt mit seinen normalen Geschäftsleiterpflichten aus § 43 I GmbHG geraten könnte. Bereits aus den Regeln der Geschäftsführung ohne Auftrag - §§ 677, 681 S. 1 BGB, dem Auftragsrecht - § 665 S. 1, 2 BGB und aus dem Recht der Gemeinschaft gemäß § 744 I BGB ist der allgemeine Rechtsgedanke zu entnehmen, daß eine unzuständige bzw. nicht für diese Art von Maßnahmen zuständige Person handeln kann, wenn dies im Interesse des Geschäftsherrn oder der Gemeinschaft nötig ist, vgl. dazu *Münchener Kommentar/Seiler*, Vor § 677 Rz. 1ff.; *Münchener Kommentar/Schmidt*, §§ 744, 745 Rz. 34 sowie *Ziemons*, Einflußnahme, S. 30, wenn auch im Zusammenhang mit der Ausführung formell nichtiger Weisungen. Zum Teil wird das Prinzip der GoA „negotiorum gestio“ auch aus dem Gedanken altruistischer Hilfe für die Mitmenschen abgeleitet, vgl. *Larenz*, Schuldrecht II, § 57 I, a).

67 Ansonsten würde auch die Überprüfung der Weisung im Hinblick auf ihre unternehmerische Zweckmäßigkeit unterlaufen, vgl. *Scholz/Schneider*, § 52 Rz. 79.

seine Zustimmung zu binden, nachdem die Gesellschafter den Geschäftsführer bereits zu deren Durchführung angewiesen haben. Dies würde der im Anwendungsbereich des BetrVG 1952 immer noch dominierenden Stellung der Gesellschafter widersprechen[68]. Damit soll dem Aufsichtsrat nicht das Recht abgesprochen werden, in anderen Fällen eine Zustimmungspflicht für Maßnahmen der Geschäftsführung ad-hoc zu beschließen[69], da in diesem Zusammenhang die Stellung der Gesellschafter nicht berührt wird. Soweit jedoch dem Geschäftsführer eine Weisung erteilt wird, die nicht in den Zustimmungskatalog des Aufsichtsrats fällt, würden diese, als oberstes Organ der GmbH, zu sehr in ihrer unternehmerischen Freiheit beschränkt, wenn sie zunächst eine eventuelle Reaktion des Aufsichtsrats abwarten müßten. Dabei könnte es im Einzelfall überdies zu erheblichen zeitlichen und damit auch rechtlichen Unsicherheiten kommen.

An dieser Stelle sei darauf hingewiesen, daß die dritte Fallgruppe jedoch erst im Anwendungsbereich des MitbestG ihre besondere Bedeutung erhält, da die Rechte der Gesellschafter in diesem Zusammenhang wesentlich eingeschränkt und damit die Position des Aufsichtsrats deutlich gestärkt werden[70].

E. Einfluß eines obligatorischen Aufsichtsrats nach §§ 1 I, 25 I Nr.1 MitbestG

I. Zwecksetzung und Rolle des obligatorischen Aufsichtsrats nach §§ 1 I, 25 I Nr. 1 MitbestG

Besonderes Gewicht gewinnt § 111 IV 3, 4 AktG im Rahmen des MitbestG 1976. Dessen Anwendungsbereich ist gemäß § 1 I, II MitbestG eröffnet, wenn die GmbH in der Regel mehr als 2000 Arbeitnehmer beschäftigt und nicht unter die Sonderregeln des MontanMitbestG oder MitbestErgG fällt[71]. Die stärkere Berücksichtigung von Arbeitnehmerinteressen als grundsätzliche Zielsetzung des MitbestG 1976[72] entspricht der des BetrVG 1952. Gleichwohl kommt diesen Interessen im Rahmen der mitbestimmungsrechtlichen Regeln eine noch stärkere Bedeutung zu. Dies zeigt sich vorrangig an zwei wesentlichen Unterschieden. Zum einen ist der Aufsichtsrat im Anwendungsbereich des MitbestG zu gleichen Teilen mit Vertretern der Arbeitgeber- und Arbeitnehmerbank besetzt, wodurch der Einfluß der Arbeitnehmerinteressen deutlich zunimmt[73] - zum anderen wird

68 Vgl. dazu oben S. 18f.

69 Vgl. dazu grundsätzlich *Hachenburg/Raiser*, § 52 Rz. 231.

70 Vgl. dazu die ausführliche Stellungnahme unten S. 27ff.

71 Ausgenommen sind überdies Tendenzunternehmen gemäß § 1 IV MitbestG, vgl. dazu *Hachenburg/Mertens*, § 52 Rz. 159ff. und § 81 BetrVG 1952.

72 Vgl. dazu die Begründung zum RegE, BT-DruckS. 7/2172 S. 17 sowie *Hanau/Ulmer*, MitbestG, Einl Rz. 1ff., 4ff.; *Raiser*, MitbestG, Einl Rz. 24ff.; *Fitting/Wlotzke/Wißmann*, MitbestG, Vorb Rz. 3ff.; *Ensch*, Mitbestimmung, S. 76ff.; *Theisen*, Aufgabenverteilung, S. 10ff.; *Hoffmann/Leh-mann/Weinmann*, MitbestG, Einl. Rz 2 betont, daß die Gründe für eine paritätische Mitbestimmung von politischen, sozialpolitischen, religiösen über wirtschaftspolitische bis hin zu gesellschaftspolitischen Motiven reichen und sich kaum scharf voneinander abgrenzen lassen.

73 *Raiser*, MitbestG, Einl. Rz. 63 geht von einem intendierten Programm einer gleichberechtigten und gleichgewichtigen Teilnahme von Anteilseignern und Arbeitnehmern an

den Normen des MitbestG gemäß § 25 II der Vorrang gegenüber der Satzung und den allgemeinen Bestimmungen des Gesellschaftsrechts eingeräumt. Dennoch beabsichtigte der Gesetzgeber mit dem MitbestG nicht, bestehende gesellschaftsrechtliche Kompetenzgefüge zu ignorieren. Nach der amtlichen Begründung des Regierungsentwurfs soll vielmehr „den besonderen Erfordernissen, die sich aus den unterschiedlichen Rechtsformen der Unternehmen ergeben, Rechnung getragen werden, daß sich der Aufsichtsrat auch weiterhin in das rechtliche Gefüge des jeweiligen Unternehmens einpaßt"[74]. In diesem Spannungsverhältnis bewegt sich demgemäß die gesamte Fragestellung zum Einfluß des § 111 IV 3, 4 AktG auf das Weisungsrecht der Gesellschafter.

Das erhöhte Machtpotential des paritätisch besetzten Aufsichtsrats gegenüber der Gesellschafterversammlung resultiert maßgeblich aus seiner in § 31 MitbestG normierten Zuständigkeit zur Bestellung und Abberufung der Geschäftsführung[75]. Das Weisungsrecht der Gesellschafter bleibt hingegen unangetastet. Gleichwohl ist die Regelung des § 111 IV 3, 4 AktG insbesondere vor dem Hintergrund dieser Kompetenzverschiebung zu sehen. Soweit den Gesellschaftern mit der Zuständigkeit zur Bestellung und Abberufung des Geschäftsführers eine für die Stellung der Anteilseigner wesentliche Kompetenz entzogen wird, läßt sich im Folgenden zumindest schwerlich mit dem Argument, sie seien die „Herren der Gesellschaft", eine ebenso klare Lösung finden wie im Rahmen des § 52 GmbHG und § 77 BetrVG 1952.

II. Darstellung und Stellungnahme zum Meinungsstand der Auswirkungen auf das Weisungsrecht der Gesellschafter

Die Frage nach der Bedeutung des § 111 IV 4 AktG ist Gegenstand heftiger Kontroversen. Die Bandbreite angebotener Lösungen reicht vom gänzlichen Ausschluß des Weisungsrechts[76] über die strenge wortlautgetreue Anwendung des § 111 IV 4 AktG, der im Fall einer Zustimmungsverweigerung des Auf für einen ersetzenden Gesellschafterbeschluß eine qualifizierte Mehrheit voraus-

---

den Entscheidungsprozessen im Unternehmen auS. *Fitting/Wlotzke/Wißmann*, MitbestG, Vorbemerkung Rz. 3 betont, es handele sich um eine institutionelle Absicherung der sozialen Komponente in der Unternehmenspolitik.

74 Begründung zum RegE, BT-DruckS. 7/2172, S. 27 zu § 23.

75 Obgleich der Wortlaut des § 31 MitbestG den Abschluß und die Beendigung des Anstellungsvertrags mit dem Geschäftsführer nicht erfaßt, nimmt die herrschende Auffassung in Literatur und Rechtsprechung infolge der sachlich engen Verknüpfung zwischen Bestellung und Anstellungsvertrag eine Annexkompetenz des Aufsichtsrats an, BGHZ 89, 48, 52ff.; *Hachenburg/Raiser*, § 52 Rz. 293; *Rowedder/Koppensteiner*, § 52 Rz. 43; *Baumbach/Hueck/Zöllner*, § 52 Rz. 185; *Raiser*, MitbestG, § 31 Rz. 24f.; *Hanau/Ulmer*, MitbestG, § 31 Rz. 38f.; *Konzen*, GmbHR 1983, 92, 95; *Krieger*, Personalentscheidungen, S. 280ff.; a.A. hingegen OLG Hamburg, DB 1983, 330f.; *Rittner*, DB 1979, 973, 978, der nach Anwendung aller in Betracht kommender Auslegungsmethoden eine analoge Erstreckung des § 31 MitbestG auf den Anstellungsvertrag des Geschäftsführers ablehnt.

76 Ähnlich *Naendrup*, ArbuR 1977, 225, 232; *Reich/Lewerenz*, ArbuR 1976, 261, 264, wobei erwähnt werden sollte, daß diese Ansicht heute nicht mehr vertreten wird.

setzt[77], über vermittelnde Ansätze[78] bis hin zur Möglichkeit, im Fall einer Zustimmungsverweigerung für den ersetzenden Gesellschafterbeschluß lediglich einfache Mehrheit zu verlangen[79] bzw. § 111 IV 4 AktG auf Weisungen gar nicht anzuwenden[80].

Der Vollständigkeit wegen sei auch der das Weisungsrecht gänzlich negierende Lösungsansatz erwähnt, der im Zuge strikter Anwendung und Geltung aktienrechtlicher Aufsichtsratsvorschriften die GmbH-rechtliche Allzuständigkeit der Gesellschafterversammlung abschaffen will[81]. Dieser Auffassung steht nicht nur die amtliche Begründung des Regierungsentwurfs entgegen, nach der gesellschaftsspezifische Besonderheiten der einzelnen Unternehmensformen weiterhin berücksichtigt werden sollten[82], sondern ferner die Tatsache, daß der Gesetzgeber die Abschaffung eines derart weitreichenden Rechtsinstituts wie das des Weisungsrechts der GmbH-Gesellschafter kaum mittels eines eher „versteckten Hinweises" auf die Geltung aktienrechtlicher Vorschriften vorgenommen hätte[83].

Dieser Auffassung diametral entgegengesetzt ist der Lösungsansatz, der die Anwendbarkeit von § 111 IV 3, 4 AktG auf Gesellschafterweisungen gänzlich leugnet[84]. Die Vertreter dieser Lösung führen an, die fragliche Norm sei nicht auf einen Konflikt zwischen Aufsichtsrat und Anteilseignern zugeschnitten, sondern regele lediglich das Verhältnis zwischen Aufsichtsrat und Geschäftsführung[85]. Im Rahmen von Konflikten über die Durchführung einer Maßnahme weise § 111 IV 3 AktG den Gesellschaftern eine Art „Schiedsrichterfunktion" zu. Soweit hingegen direkte Weisungen durch die Gesellschafterversammlung im Widerspruch zu einer Zustimmungsverweigerung des Aufsichtsrats erteilt würden, sei der Konflikt eher mit dem in § 308 I AktG geregelten „Konzernkonflikt" vergleichbar, der in der beherrschten AG entsteht, sofern der Aufsichtsrat

---

77 *Hommelhoff*, ZGR 1978, 119, 153; *v. Mettenheim*, DB 1977, 447, 450; *Ballerstedt*, ZGR 1977, 133, 153; *Baumann*, ZHR 142 (1978), 557, 576f.; *Mertens*, ZGR 1977, 270, 282; *Säcker*, DB 1977, 1845, 1848; *Hanau/Ulmer*, MitbestG, § 25 Rz. 64; *Raiser*, § 25 Rz. 81; *Fitting/Wlotzke/Wißmann*, MitbestG, § 25 Rz. 69; *Rowedder/Koppensteiner*, § 37 Rz. 32; *Hachenburg/Raiser*, § 52 Rz. 287; differenzierter: *Hachenburg/Schilling*, Vorauflage 11, § 52 Rz. 11ff.; *Härer*, Erscheinungsformen, S. 138ff.; *Fleischer*, Zusatzorgan, S. 74.

78 Insbesondere *Wank*, GmbHR 1980, 121, 126f.

79 *Hoffmann/Neumann*, GmbHR 1978, 56, 63; *Lutter/Krieger*, Rechte und Pflichten, S. 86; *Meyer-Landrut/Miller/Niehus*, § 52 Rz. 24; *Scholz/Schneider*, § 52 Rz. 84.

80 *Hoffmann/Lehmann/Weinmann*, MitbestG, § 25 Rz. 92; *Baumbach/Hueck/Zöllner*, § 52 Rz. 205 i.V.m. 155. Vom Grundsatz her ebenso Zöllner, ZGR 1977, 319, 327f., der jedoch eine Ausnahme macht, sofern die Weisung nicht strikter Natur ist, sondern verschiedene Möglichkeiten einer Durchführung beläßt.

81 *Reich/Lewerenz*, ArbuR 1976, 261, 264 sowie *Naendrup*, ArbuR 1977, 252, 232, der eine an der gewöhnlichen Gesellschaftsstruktur orientierte Wahrnehmung der Zuständigkeiten für ausschließliche Interessen des „Kapitals als exegetisch unvertretbar" ansieht.

82 RegE MitbestG 1976, BT-DruckS. 7/2172, S. 27 zu § 23.

83 So vor allem *Härer*, Erscheinungsformen, S. 139.

84 *Hoffmann/Lehmann/Weinman*, MitbestG, Rz. 92; *Baumbach/Hueck/Zöllner*, § 52 Rz. 205 i.V.m. 155.

85 *Hoffmann/Lehmann/Weinmann*, MitbestG, § 25 Rz. 92.

die Zustimmung zu einer Weisung der herrschenden Gesellschaft verweigert hat[86]. Bei Wiederholung der Weisung setzt sich in diesem Fall gemäß § 308 III 2 AktG die herrschende Gesellschaft durch. Gleichwohl sei § 308 III 2 AktG nicht ohne weiteres auf die GmbH anwendbar, da diese Norm die Wiederholung der Weisung an die Zustimmung des eigenen Aufsichtsrats bindet[87]. Eine derartige Zustimmung könne bei einer GmbH häufig gar nicht eingeholt werden, da die Gesellschafter - als mit dem herrschenden Unternehmen zu vergleichendes Organ - vielfach keine juristischen Personen sind und keinen zur Zustimmung berufenen Aufsichtsrat haben. Daher sei weder das Verfahren nach § 308 III AktG noch jenes gemäß § 111 IV 3, 4 AktG anwendbar. Das Weisungsrecht der Gesellschafter werde durch die Existenz des Aufsichtsrats mithin nicht berührt[88].

Diese Meinung geht von der zweifelhaften Prämisse aus, § 111 IV 3, 4 AktG regele lediglich einen Konflikt zwischen Aufsichtsrat und Geschäftsführung. § 111 IV AktG differenziert jedoch bei der Berechtigung des Aufsichtsrats, bestimmte Geschäfte an seine Zustimmung zu binden, nicht zwischen Maßnahmen, die auf Weisung der Anteilseigner oder auf Eigeninitiative der Geschäftsführer vorgenommen werden. Es werden lediglich Maßnahmen mit und ohne Zustimmungsvorbehalt unterschieden. Die Unterscheidung, durch welches Organ die Durchführung des Geschäfts veranlaßt wurde, kann daher allenfalls im Zusammenhang mit der Frage relevant werden, welche Pflichten für den Geschäftsführer nach einer Zustimmungsverweigerung des Aufsichtsrats entstehen[89]. Im übrigen vernachlässigt diese Lösung, daß das MitbestG mit der Zuständigkeit des Aufsichtsrats zur Bestellung und Abberufung der Geschäftsführer deutlich tiefer in die Organisationsstruktur der GmbH eingreift als das BetrVG 1952[90].

Ein weiterer Ansatz plädiert für die Anwendung des Verfahrens aus § 111 IV 3 AktG, sofern eine Weisung dem Zustimmungsvorbehalt unterfällt, räumt der Gesellschafterversammlung im Fall seiner Verweigerung entgegen dem Wortlaut des § 111 IV 4 AktG jedoch die Möglichkeit ein, die Maßnahme im Wege nochmaliger Beschlußfassung mit einfacher Mehrheit durchzusetzen. Dabei könne die Gesellschafterversammlung die Weisung auch ohne eine entsprechende Initiative des Geschäftsführers aufgreifen[91]. Diese Lösung wird teilweise ebenfalls auf die vermeintliche Parallele zu § 308 III 2 AktG gestützt[92]. Ihr sind

86 *Hoffmann/Lehmann/Weinmann*, MitbestG, § 25 Rz. 92.

87 *Hoffmann/Lehmann/Weinmann*, MitbestG, § 25 Rz. 92.

88 *Hoffmann/Lehmann/Weinmann*, MitbestG, § 25 Rz. 92.

89 *Scholz/Schneider*, § 52 Rz. 83 betont, daß der Geschäftsführer im Rahmen einer durch ihn selbst initiierten Maßnahme diese nach ihrer Verweigerung durch den Aufsichtsrat auf sich beruhen lassen könne.

90 So auch *Härer*, Erscheinungsformen, S. 137.

91 *Scholz/Schneider*, § 52 Rz. 83; *Meyer-Landrut/Miller/Niehus*, § 52 Rz. 24; *Lutter/Krieger*, Rechte und Pflichten, S. 86.

92 Dabei wird notwendigerweise nur auf die Möglichkeit abgestellt, den die Zustimmungsverweigerung ersetzenden Beschluß mit einfacher Mehrheit zu fassen, nicht hingegen das gesamte Verfahren wegzulassen.

daher die bereits angeführten Einwände entgegenzuhalten. Überwiegend wird jedoch als Begründung angegeben, im MitbestG fehle es an Anhaltspunkten für eine stärkere Berücksichtigung des Aufsichtsrats in der Geschäftsführung[93]. Die dominante Stellung der Gesellschafter in der GmbH stehe im Gegensatz zu dem Erfordernis einer qualifizierten Mehrheit im Fall der Zustimmungsverweigerung durch den Aufsichtsrat.

Diese Ansicht ist schwerlich mit den zuvor erarbeiteten Zielsetzungen und Aufgaben des zusätzlichen Organs[94] vereinbar. Das Zustimmungserfordernis dient einer effizienten Überwachung der Geschäftsführung, die durch die Zuständigkeit des Aufsichtsrats zur Bestellung und Abberufung der Geschäftsführung gemäß § 31 MitbestG gegenüber dem Anwendungsbereich des BetrVG 1952 an Schärfe gewinnt. Damit geht gleichzeitig eine Kompetenzeinbuße der Gesellschafter einher, die im Rahmen von § 111 IV 3, 4 AktG zu berücksichtigen ist. Der „Nimbus" uneingeschränkter Dominanz als bislang entscheidendes Argument für eine korrigierende Auslegung des § 111 IV 4 AktG wird der Diskussion damit entzogen.

Aus diesen Gründen muß der Verweis auf die aktienrechtliche Regelung zumindest im Hinblick auf die Mehrheitserfordernisse eines die Zustimmungsverweigerung ersetzenden Gesellschafterbeschlusses wortlautgetreu angewendet werden. Ein derartiger Beschluß bedarf daher qualifizierter Mehrheit[95]. Dieses Verständnis der aktienrechtlichen Verweisung spaltet mithin das Weisungsrecht der Gesellschafter[96] in Beschlüsse mit qualifizierter Mehrheit im Rahmen der beschriebenen Zustimmungsverweigerung und in Beschlüsse, die auch weiterhin mit einfacher Mehrheit gefaßt werden können, sofern ihrer Maßnahme kein Zustimmungsvorbehalt zugrunde liegt[97].

Als Zwischenergebnis bleibt demgemäß zu konstatieren, daß im Anwendungsbereich des MitbestG das Weisungsrecht der Gesellschafter unter dem Vorbehalt der beschriebenen Einschränkungen weiterhin besteht.

Fraglich ist jedoch, ob diese Lösung sich auch bei Übertragung in die zu Beginn entwickelten Fallgruppen unter Berücksichtigung der Interessen des Geschäftsführers als tragfähig erweist.

---

93 Vor allem *Scholz/Schneider*, § 52 Rz. 81.

94 Vgl. oben S. 21f.

95 Ebenso *Raiser*, MitbestG, § 25 Rz. 81; *Hanau/Ulmer*, MitbestG, § 25 Rz. 64; *Rowedder/Koppensteiner*, § 37 Rz. 32; *Hommelhoff*, ZGR 1978, 119, 153; *Säcker*, DB 1977, 1845, 1848; *Ballerstedt*, ZGR 1977, 133, 153; *Mertens*, ZGR 1977, 270, 282; *v. Mettenheim*, DB 1977, 447, 450; *Baumann*, ZHR 142 (1978), 557, 576.

96 *Härer*, Erscheinungsformen, S. 142f.; *Fleischer*, Zusatzorgan, S. 45.

97 Ebenso *Raiser*, MitbestG, § 25 Rz. 81; *Hanau/Ulmer*, MitbestG, § 25 Rz. 64; *Rowedder/Koppensteiner*, § 37 Rz. 32; *Hommelhoff*, ZGR 1978, 119, 153; *Säcker*, DB 1977, 1845, 1848; *Ballerstedt*, ZGR 1977, 133, 153; *Mertens*, ZGR 1977, 270, 282; *v. Mettenheim*, DB 1977, 447, 450; *Baumann*, ZHR 142 (1978), 557, 576.

III. Besondere Berücksichtigung des Geschäftsführers im Rahmen der drei Fallgruppen

Bislang wurde die Fragestellung vornehmlich aus dem Blickwinkel der Gesellschafter- und Aufsichtsratsinteressen beleuchtet, da der Kompetenzkonflikt im Rahmen von Weisungen lediglich zwischen ihnen besteht. Gleichwohl ist der Geschäftsführer der einzige Adressat der Weisungen. Seine Position als ausführendes Organ ändert sich, da die Verbindlichkeit der Weisung nunmehr von einer weiteren Entscheidung abhängt. Insofern sollten seine Interessen zumindest in jene Fallgruppen miteinbezogen werden, in denen seine Stellung im Vergleich zur nicht mitbestimmten GmbH betroffen ist.

1. Fallgruppe 1: mit einfacher Mehrheit erteilte Weisung, die in den Zustimmungsbereich des Aufsichtsrats fällt und bereits verweigert wurde

Sofern eine den Zustimmungsbereich des Aufsichtsrats betreffende Weisung mit einfacher Mehrheit ergeht, obwohl der Aufsichtsrat die Maßnahme bereits verweigert hat, ist es dem Geschäftsführer verwehrt, sie auszuführen. Um die Weisung dennoch durchzusetzen, ist die Gesellschafterversammlung gezwungen, über die Maßnahme erneut zu beschließen. Dieser Beschluß ist für den Geschäftsführer jedoch nur verbindlich, sofern er mit qualifizierter Mehrheit gefaßt wird. Der Geschäftsführer ist hingegen nicht verpflichtet, den Gesellschaftern die Weisung zur erneuten Beschlußfassung vorzulegen. Mit dieser Regelung wird der Geschäftsführer keinen zusätzlichen Risiken ausgesetzt, da die Rechtslage für ihn eindeutig ist[98].

2. Fallgruppe 2: mit einfacher Mehrheit erteilte Weisung, die in den Zustimmungsbereich des Aufsichtsrats fällt und noch nicht verweigert wurde

Hat der Aufsichtsrat über eine mit einfacher Mehrheit gefaßte Weisung, die in seinen Zustimmungsbereich fällt, bislang noch nicht entschieden, ist der Geschäftsführer ebenfalls daran gehindert, sie auszuführen. Vielmehr ist er verpflichtet, die Maßnahme dem Aufsichtsrat zur Beschlußfassung vorzulegen. Sofern der Aufsichtsrat der Weisung zustimmt, muß der Geschäftsführer sie ausführen. Im Fall einer Zustimmungsverweigerung ist er berechtigt, nicht jedoch verpflichtet, die Angelegenheit der Gesellschafterversammlung erneut vorzulegen. Eine daraufhin mit qualifizierter Mehrheit wiederholte Weisung muß der Geschäftsführer unverzüglich ausführen[99]. Durch diese Pflichten erhöht sich das Risiko des Geschäftsführers ebenfalls nicht, da die Rechtslage auch in diesem Fall transparent ist.

---

98 Damit wird § 111 IV 3, 4 AktG wortlautgetreu angewandt.

99 Auch dies entspricht einer wortlautgetreuen Anwendung des § 111 IV 3, 4 AktG.

3. Fallgruppe 3: mit einfacher Mehrheit erteilte Weisung, die nicht in den Zustimmungsbereich des Aufsichtsrats fällt

Problematischer gestaltet sich die letzte Fallkonstellation, in der die Gesellschafterversammlung mit einfacher Mehrheit eine Weisung erteilt, die bislang noch nicht der Zustimmungspflicht des Aufsichtsrats unterliegt. Gemäß § 111 IV 2 AktG ist der Aufsichtsrat berechtigt, Geschäfte durch einen ad-hoc Beschluß an seine Zustimmung zu binden. Die wortlautgetreue Anwendung dieser Regelung auf die GmbH hätte jedoch für den Geschäftsführer folgenschwere Konsequenzen.

a) Unzumutbare Folgen einer wortlautgetreuen Anwendung des § 111 IV 2 AktG

Sofern ihm die Gesellschafter eine zustimmungsfreie Weisung erteilen, müßte der Geschäftsführer bis zu ihrer Ausführung damit rechnen, daß der Aufsichtsrat sie noch an seine Zustimmung bindet. Es stellt sich damit zwangsläufig die Frage, wann der Geschäftsführer die Weisung auszuführen hat bzw. ob ihm zusätzliche Pflichten gegenüber dem Aufsichtsrat obliegen, damit dieser von seiner Möglichkeit nach § 111 IV 2 AktG Gebrauch machen kann. In diesem Zusammenhang ist insbesondere der in § 25 I Nr. 2 MitbestG fehlende Verweis auf § 90 I, II AktG zu berücksichtigen, der für den Vorstand einer AG die Pflicht begründet, den Aufsichtsrat über sämtliche wichtigen Angelegenheiten des Unternehmens zu informieren[100]. Dabei gilt ein besonderes Augenmerk § 90 II Nr. 4 AktG, der den Vorstand im Rahmen von Geschäften, die für die Rentabilität oder Liquidität von erheblicher Bedeutung sein können, verpflichtet, den Aufsichtsrat so frühzeitig zu benachrichtigen, daß dieser vor Ausführung der Geschäfte Gelegenheit hat, zu ihnen Stellung zu nehmen[101]. Für die mitbestimmte GmbH gilt hingegen lediglich § 90 III AktG entsprechend, der dem Aufsichtsrat bzw. einzelnen Mitgliedern nur das Recht einräumt, vom Geschäftsführer jederzeit einen Bericht über die Angelegenheiten des Unternehmens zu verlangen[102].

Die Beantwortung der Ausgangsfrage läßt sich, im Gegensatz zu den bisherigen Konstellationen, nicht ohne Einbeziehung der Interessen des Geschäftsführers vornehmen. Er wird in einen Organkonflikt „gedrängt", der sich noch verschärft, sofern die Gesellschafter auf einer zügigen Ausführung der Weisung bestehen. Diese haben gegebenenfalls ein großes Interesse daran, daß der Aufsichtsrat die Maßnahme nicht an seine Zustimmung bindet und setzen den Geschäftsführer

---

100 § 90 I 1 Nr. 1-4 AktG nennt unter anderem die beabsichtigte Geschäftspolitik, den Umsatz, den Gang der Geschäfte, die Rentabilität und Aspekte, die für diese von erheblicher Bedeutung sein können. In Satz 2 werden darüber hinaus sonstige wichtige Anlässe angeführt.

101 Vgl. *Hüffer*, § 90 Rz. 10; *Kölner Kommentar/Mertens*, § 90 Rz. 37f. Dabei ist die Informationspflicht nicht auf Geschäfte beschränkt, die in den Zustimmungskatalog des Aufsichtsrats fallen, vgl. *Lutter*, Information, S. 15.

102 Vgl. zu den Einzelheiten *Kölner Kommentar/Mertens*, § 90 Rz. 41ff. Das dem einzelnen Aufsichtsratsmitglied zustehende Recht auf Berichterstattung umfaßt jedoch nicht das Recht auf Einsichtnahme in Bücher und Schriften, da es sich dabei lediglich um ein Recht des Aufsichtsrats als Ganzes handelt.

eventuell zusätzlich unter Druck, sämtliche Maßnahmen zu unterlassen, die den Aufsichtsrat zu einem entsprechenden Beschluß veranlassen könnten, unabhängig davon ob der Geschäftsführer im Einzelfall dazu verpflichtet sein könnte. Diese Situation würde zwangsläufig dazu führen, daß der Geschäftsführer versuchen wird, die Weisung so schnell wie möglich auszuführen und der Aufsichtsrat im Gegenzug bestrebt ist, die Maßnahme vor der Ausführung noch an seine Zustimmung zu binden. Ein derartiger Fall kann und darf jedoch nicht Sinn der gesetzlichen Regelung sein. Infolgedessen bedarf es klarer Handlungsmaßstäbe. Zum einen muß der Geschäftsführer vor einem Entscheidungsrisiko bewahrt werden, das sich auf seine potentielle Haftungsgefahr auswirken könnte. Er wäre in einem derartigen Fall nicht nur verpflichtet, die Rechtmäßigkeit der Weisung zu überprüfen, wodurch er bereits einer Vielzahl kaum überschaubarer Risiken ausgesetzt ist; er müßte ferner abwägen, zu welchem Zeitpunkt sie auszuführen ist. Zum anderen ist es notwendig zu verhindern, daß durch unterschiedliche Interessen von Geschäftsführer und Aufsichtsrat die Zulässigkeit der Weisungsausführung an die Schnelligkeit der Durchführung und nicht an deren Rechtmäßigkeit geknüpft wird.

b) Lösungsmöglichkeiten

In dieser Konstellation stehen drei Lösungsansätze zur Disposition. Zunächst könnte dem Geschäftsführer ein Ermessensspielraum eingeräumt werden, innerhalb dessen er auf eigene Gefahr entscheiden müßte, ob ein „zustimmungsbindender Aufsichtsratsbeschluß" mit einer entsprechenden Verweigerung zu erwarten ist oder er den Aufsichtsrat aus eigener Initiative über die angewiesene Maßnahme informieren sollte. Diese Alternative eröffnet dem Geschäftsführer zwar einen Handlungsspielraum, setzt ihn jedoch einem Entscheidungsrisiko aus, das sich auf seine potentielle Haftungsgefahr auswirken würde. Er wäre in einem derartigen Fall nicht nur verpflichtet, die Rechtmäßigkeit der Weisung zu überprüfen, sondern müßte überdies abwägen, zu welchem Zeitpunkt sie auszuführen ist.

Ferner wäre denkbar, den Geschäftsführer in entsprechender Anwendung des § 90 I, II AktG zu verpflichten, den Aufsichtsrat über jede Weisung zu informieren und abzuwarten, ob er die Maßnahme an seine Zustimmung bindet. Die zweite Alternative ist Gegenstand einer Kontroverse. Dabei konzentriert sich die Diskussion nicht auf den speziellen Fall einer Berichtspflicht im Rahmen von Gesellschafterweisungen, sondern auf eine grundsätzliche Pflicht des Geschäftsführers, den Aufsichtsrat entsprechend § 90 I, II AktG zu unterrichten. Die wohl überwiegende Meinung lehnt eine solche Berichtspflicht ab[103]. Die Befürworter einer derartigen Pflicht[104] berufen sich im wesentlichen auf folgende Aspekte.

---

103 *Baumbach/Hueck/Zöllner*, § 52 Rz. 188 i.V.m. 68ff.; *Meyer-Landrut/Miller/Niehus*, § 52 Rz. 26; *Lutter/Hommelhoff*, § 52 Rz. 31 i.V.m. 16; *Lutter*, Information, S. 233; *Overlack*, ZHR 141 (1977), 125, 139; *Hommelhoff*, ZGR 1978, 119, 154; *Hoffmann/Lehmann/Weinmann*, MitbestG, § 25 Rz. 6.

104 *Duden*, ZHR 141 (1977), 145, 177 zur konzernabhängigen GmbH; *Rowedder/Koppensteiner*, § 52 Rz. 44 i.V.m. 11; *Raiser*, MitbestG, § 25 Rz. 48. In diesem Zusammenhang kann das Urteil des LG Hannover, WM 1989, 1727, 1728 erwähnt werden, das über § 90 AktG hinaus eine Informationspflicht des Vorstands einer AG ange-

Zunächst wird ins Feld geführt, der fehlende Verweis auf die aktienrechtliche Regelung sei ein Redaktionsversehen des Gesetzgebers, der auf eine schematische, unreflektierte Übernahme des in etwa gleichlautenden § 77 I BetrVG 1952 zurückgeführt werden müsse[105]. Ohne entsprechende Berichtspflicht sei weder eine ordnungsgemäße Geschäftsführung möglich, noch könne der Aufsichtsrat seinen Überwachungsaufgaben gerecht werden[106]. Aus diesen Gründen ergebe sich eine derartige Pflicht bereits aus § 43 GmbHG[107]. Dieser Auffassung stehen jedoch entscheidende Einwände entgegen. Wenngleich der Wortlaut[108] nicht alleine ausschlaggebend sein kann, da auch die Anwendung des § 111 IV AktG trotz der expliziten Verweisung in § 25 I Nr. 2 MitbestG zumindest als problematisch angesehen wird, so erlangt er doch in Verbindung mit der Organisationsstruktur einer GmbH entscheidende Bedeutung. Der Aufsichtsrat der GmbH teilt sich die Überwachung der Geschäftsführung mit den Gesellschaftern[109], die überdies im Gegensatz zur Hauptversammlung der AG gegenüber dem Geschäftsführer weisungsbefugt sind. Vor diesem Hintergrund erscheint der fehlende Verweis auf die Berichtspflicht des Vorstands gesetzlich beabsichtigt[110]. Die Legislative bringt damit gerade einen signifikanten Unterschied zwischen dem Aufsichtsrat einer GmbH und dem einer AG zum Ausdruck[111]. Insbesondere im Rahmen von Gesellschafterweisungen, die nicht dem zustimmungspflichtigen Bereich des Aufsichtsrats unterliegen, könnte eine Berichtspflicht zum Scheitern unternehmerischer Konzepte oder Einzelmaßnahmen beitragen, die eventuell eine zügige Durchführung voraussetzen. Letztlich würde diese Berichtspflicht nicht einem eventuell auf den Geschäftsführer ausgeübten Druck

nommen hat, den Aufsichtsrat stets so zu informieren, daß dieser ausreichend Gelegenheit erhält, zu den Gegenständen der Beschlußfassung bei einer Hauptversammlung Stellung zu nehmen; ähnlich OLG Celle, NJW 1990, 582ff.; für eine Informationspflicht wohl auch *Roth/Altmeppen*, § 52 Rz. 34, der ausführt, der fehlende Zustimmungsvorbehalt des Aufsichtsrats wandele sich in ein Informationsrecht.

105 Vgl. insbesondere *Duden*, ZHR 141 (1977), 145, 177, der von der Weiterverwendung einer talatizitischen GmbH-Rechts-Formulierung spricht und ferner darauf hinweist, daß § 124 II, III des RegE GmbHG, BT-Drucksache VI/3088 vom 31.01.1972 eine derartige Berichtspflicht vorsah - wenngleich diese weder in das MitbestG noch in das GmbHG Eingang fand.

106 *Rowedder/Koppensteiner*, § 52 Rz. 44 i.V.m. 11; *Duden*, ZHR 141 (1977), 145, 177; ähnlich *Roth/Altmeppen*, § 52 Rz. 34.

107 *Hachenburg/Raiser*, § 52 Rz. 224; vgl. ebenso die Vorauflage *Hachenburg/Schilling*, § 52 Rz. 55f., in der anführt wird, die Rechtsentwicklung im GmbH-Recht sei seit 1892 in starkem Maße fortgeschritten, wodurch nicht die damaligen, sondern die heutigen Verhältnisse als Maßstab herangezogen werden müßten - ein nur schwer nachvollziehbares Argument, da der Gesetzgeber offensichtlich auch in den Jahren 1952 und 1976, auf die es vorliegend alleine ankommt, da es sich um mitbestimmungsrechtliche Regelungen handelt, keine Notwendigkeit zur Aufnahme dieser Berichtspflicht gesehen hat.

108 *Hommelhoff*, ZGR 1978, 119, 154 beruft sich auf den klaren Gesetzeswortlaut, stellt jedoch überdies auf die unterschiedlichen Verfassungsstrukturen von AG und GmbH ab.

109 Darauf verweist insbesondere *Hoffmann/Lehmann/Weinmann*, MitbestG, § 25 Rz. 6.

110 *Hommelhoff*, ZGR 1978, 119, 155 betont, der fehlende Verweis auf § 90 I, II AktG sei nicht als „Informationsblockade" konzipiert, da es dem Aufsichtsrat unbenommen bliebe, sein Berichterstattungsverlangen aus § 25 I Nr. 2 MitbestG i.V.m. § 90 III AktG so auszugestalten, daß er die notwendigen Informationen erhält.

111 *Scholz/Schneider*, § 52 Rz. 67a betont, das Informationssystem der GmbH unterscheide sich von dem der AG, da eine Initiative des Aufsichtsrats erforderlich ist.

der Gesellschafter entgegenwirken, die Weisung so schnell wie möglich auszuführen, um einem potentiellen zustimmungsbindenden Beschluß des Aufsichtsrats zuvorzukommen. Zwar wäre der Geschäftsführer verpflichtet, zunächst die Reaktion des Aufsichtsrats abzuwarten, faktisch könnte er jedoch gezwungen werden, den Wünschen der Gesellschafter zu entsprechen. In der Regel nimmt das Gesetz auf derartige faktische Zwänge keine Rücksicht, da normgerechtes Verhalten für den Geschäftsführer stets Vorrang genießen muß. Bieten sich hingegen, wie im vorliegenden Fall, mehrere Alternativen zur Lösung eines Problems, dürfen praktische Elemente, die den Alltag der betroffenen Rechtssubjekte determinieren, nicht unberücksichtigt bleiben. Eine Berichtspflicht im Rahmen von erteilten Weisungen scheidet mithin aus[112]. Eine als Mittelweg denkbare Differenzierung von wesentlicher und unwesentlicher Bedeutung der Weisung scheitert an der fehlenden rechtssicheren Abgrenzung dieser beiden Begriffe, die damit gerade nicht das potentielle Haftungsrisiko des Geschäftsführers reduzieren.

Letztlich verbleibt die Alternative, dem Aufsichtsrat das Recht zu verwehren, nach erteilter Weisung die Maßnahme an seine Zustimmung zu binden. Dieser Ansatz ist vorzugswürdig, da er einen interessengerechten Ausgleich der betroffenen Rechtskreise ermöglicht.

Zunächst wird damit dem Bedürfnis des Geschäftsführers nach einer klaren, transparenten Rechtslage entsprochen. Das Risiko, einerseits dem Druck der Gesellschafter nach unverzüglicher Ausführung der Weisung und andererseits der Gefahr eines zwischenzeitlich zustimmungsbindenden Aufsichtsratsbeschlusses ausgesetzt zu werden, läßt sich mit dieser Lösung im Gegensatz zur vorgenannten Alternative gänzlich vermeiden. Die Weisung der Gesellschafter wird für den Geschäftsführer mangels Eingriffsmöglichkeiten des Aufsichtsrats sofort verbindlich - ihre inhaltliche Rechtmäßigkeit vorausgesetzt. Dadurch wird den zuvor angeführten faktischen Zwängen die Grundlage entzogen und überdies vermieden, daß nicht die Schnelligkeit der Durchführung sondern die Rechtmäßigkeit der Weisung die Zulässigkeit der Ausführung bestimmt.

Ferner werden die Interessen der Gesellschafter nach einer möglichst vorausschauenden Unternehmensplanung berücksichtigt, die durch unverhoffte Eingriffe des Aufsichtsrats konterkariert werden könnte. Die Einbeziehung dieser Interessen entspricht der bereits mehrfach betonten Grundkonzeption des GmbH-Rechts, nach dem die Gesellschafter selbst in der mitbestimmten GmbH das maßgebende Organ der Gesellschaft bleiben.

Der Aufsichtsrat wird durch diese Lösung in seinen Rechten beschnitten. Gleichwohl ist er nicht gehindert, durch entsprechende Beschlüsse im voraus Kontrollmöglichkeiten seinen Wünschen gemäß auszubauen. Dabei ist jedoch

---

112 Ebenso *Raiser*, MitbestG, § 25 Rz. 61f.; *Fitting/Wlotzke/Wißmann*, MitbestG, § 25 Rz. 71; *Baumbach/Hueck/Zöllner*, § 52 Rz. 188 i.V.m. 68ff.; *Lutter*, Information, S. 233; *Meyer-Landrut/Miller/Niehus*, § 52 Rz. 26; *Lutter/Hommelhoff*, § 52 Rz. 31 i.V.m. 16; *Hommelhoff*, ZGR 1978, 119, 154f.; *Hoffmann/Lehmann/Weinmann*, MitbestG, § 25 Rz. 6.

anzumerken, daß dem Aufsichtsrat nicht das Recht zugebilligt werden kann, einen Beschluß zu fassen, nachdem jede Weisung der Gesellschafter grundsätzlich seiner Zustimmung bedarf, da der Zustimmungsvorbehalt sich gemäß § 111 IV 2 AktG lediglich auf bestimmte Arten von Geschäften beziehen kann[113].

Mithin bleibt festzustellen, daß im Rahmen der gemäß §§ 1, 25 I Nr. 2 MitbestG mitbestimmten GmbH § 111 IV AktG grundsätzlich Anwendung findet - der Aufsichtsrat entgegen § 111 IV 2 2. Alt. AktG nach einer durch die Gesellschafterversammlung erteilten Weisung jedoch nicht mehr die Möglichkeit hat, die Maßnahme(n) an seine Zustimmung zu binden.

F. Einfluß einer Drittanstellung des Geschäftsführers

Einschränkungen des umfassenden Weisungsrechts der Gesellschafter könnten sich letztlich in den Fällen ergeben, in denen der Geschäftsführer den Anstellungsvertrag nicht mit der GmbH, sondern mit einem Dritten abgeschlossen hat. In dieser als „Drittanstellung" bezeichneten Konstellation[114] entstehen durch das Anstellungsverhältnis mit dem Dritten zwar keine organschaftlichen, jedoch anstellungsvertragliche Weisungsrechte. Diese könnten eine Zuständigkeit der Gesellschafterversammlung für Weisungen beeinträchtigen oder zumindest Kollisionsprobleme hervorrufen. Aus diesem Grund sind im Fall einer Drittanstellung dem Anstellenden lediglich Weisungen im Hinblick auf die persönliche Rechtsstellung des Geschäftsführers zulässig, nicht jedoch hinsichtlich der Angelegenheiten der Geschäftsführung. Entsprechende Weisungen darf der Geschäftsführer nicht ausführen, es sei denn, die Gesellschafterversammlung stimmt einer derartigen Weisung ebenfalls zu. Dadurch wird nicht nur das Weisungsrecht der Gesellschafterversammlung umfassend gewahrt, sondern vor allem der Geschäftsführer vor mitunter unlösbaren Interessenkonflikten geschützt[115].

---

113 Der Zustimmungsvorbehalt muß demgemäß dem Bestimmtheitsgebot genügen. Dazu *Kölner Kommentar/Mertens*, § 111 Rz. 65 und *Hüffer*, § 111 Rz. 18, wonach die Generalklausel „alle wesentlichen Geschäfte" mit diesem Gebot nicht vereinbar wäre. Zulässig wären allenfalls Vorbehalte für z.B. Errichtung neuer Betriebsstätten, Erwerb von Beteiligungen, Grundstücksgeschäfte, Kreditaufnahmen, die einen bestimmten Rahmen überschreiten.

114 Nach ganz überwiegender Auffassung ist die Drittanstellung bei einer nicht mitbestimmten GmbH zulässig, selbst wenn dem Dritten nicht auch gleichzeitig das Recht zur Bestellung zusteht, vgl. BGHZ 75, 209, 210; BGH, GmbHR 1965, 194, 195; *Scholz/Schneider*, § 35 Rz. 167ff.; *Baumbach/Hueck/Zöllner*, § 35 Rz. 93; *Rowedder/Koppensteiner*, § 35 Rz. 66; *Henssler*, RdA 1992, 289, 301; *Fleck*, ZHR 149 (1985), 387, 388f.; a.A. *Teichmann*, Gestaltungsfreiheit, S. 197, der die Gefahr einer Fremdsteuerung der Gesellschaft befürchtet. Dieser Gefahr läßt sich jedoch auch im Rahmen der Ausgestaltung der Einflußmöglichkeit begegnen. Im Rahmen einer mitbestimmten GmbH wird die Möglichkeit einer Drittanstellung im Hinblick auf den Sinn und Zweck der Bestellungskompetenz des Aufsichtsrats aus § 31 MitbestG 1976 und dem engen Sachzusammenhang zwischen Bestellung und Anstellung hingegen abgelehnt. Es bestehe die Gefahr, daß die Kompetenzen des Aufsichtsrats unterlaufen werden, vgl. BGHZ 89, 48, 52f.; *Fleck*, ZHR 149 (1985), 387, 389.

115 Etwas anderes kann sich allenfalls durch eine Übertragung des Weisungsrechts durch die Gesellschafterversammlung ergeben. In diesem Fall entscheiden die Zuständigen jedoch in eigener Verantwortung, ob sie sich dieser Form der Einflußnahme begeben wollen.

G. Ergebnis

Als Gesamtergebnis läßt sich daher festhalten, daß die Gesellschafter unabhängig vom Bestehen eines fakultativen bzw. obligatorischen Aufsichtsrats oder eines fakultativen Beirats oder einer etwaigen Drittanstellung für die Erteilung von Weisungen zuständig sind. Lediglich im Rahmen der paritätisch mitbestimmten GmbH bedürfen einfach mehrheitlich gefaßte Weisungen, die einem im voraus feststehenden Zustimmungskatalog des Aufsichtsrats unterliegen, im Fall der Zustimmungsverweigerung eines erneuten, mit dreiviertel Mehrheit gefaßten Beschlusses. Mit dieser Regelung lassen sich sowohl das Bedürfnis des Geschäftsführers nach einer eindeutigen Rechtslage berücksichtigen, als auch Organkonflikte zwischen Aufsichtsrat und Gesellschaftern sowie ein Konflikt zwischen Aufsichtsrat und Geschäftsführer im Hinblick auf die Schnelligkeit der Durchführung vermeiden.

§ 3 ART DER ERTEILUNG VON WEISUNGEN

Im Weiteren ist zu erörtern, auf welche Art Weisungsbeschlüsse gefaßt werden. Dabei lassen sich Beschlußfassungen in der Mehrpersonen- und in der Einmann-GmbH unterscheiden.

A. Beschlußfassung in der Mehrpersonen-GmbH

I. Beschlußfassung im Rahmen von Gesellschafterversammlungen

Üblicherweise werden Beschlüsse im Rahmen von Gesellschafterversammlungen gefaßt, die gemäß § 49 I GmbHG vom Geschäftsführer sowie in der mitbestimmten GmbH überdies vom Aufsichtsrat gemäß § 25 I Nr. 2 MitbestG, § 111 III S. 1 AktG einzuberufen[116] sind. In bestimmten Ausnahmefällen kann auch ein Gesellschafter mit zehnprozentigem Kapitalanteil gemäß § 50 III GmbHG die Einberufung veranlassen. Häufig sieht auch die Satzung Einberufungsrechte für die Gesellschafter vor[117]. Die Einberufung muß den Formvorschriften der §§ 49-51 GmbHG bzw. den Bestimmungen der Satzung genügen. Ort[118] und Zeit[119] der Versammlung sind im Gesetz nicht geregelt, ergeben sich jedoch

---

116 Die Frage, ob auch einem fakultativen Aufsichtsrat ein solches Recht zukommt, hängt von der Auslegung der Satzung ab, respektive einer eventuellen Anwendung des § 52 i.V.m. den aktienrechtlichen Regelungen, vgl. *Baumbach/Hueck/Zöllner*, § 49 Rz. 5f.

117 Dennoch kann die Satzung ein Einberufungsrecht für die Gesellschafter vorsehen, vgl. *Münchener Handbuch Gesellschaftsrecht/Heidenhain/Meister*, IV. 19 Anm. 31; abweichende Regelungen zum Nachteil der Minderheit sind hingegen nach h.M. ausgeschlossen, dazu *Hachenburg/Hüffer*, Anh. § 49 Rz. 30.

118 Im Zweifel ist der Versammlungsort der Ort des statutarischen Sitzes der Gesellschaft gemäß § 3 I S.1 GmbHG, *Sudhoff*, Rechte und Pflichten, S. 93; *Lutter/Hommelhoff*, § 48 Rz. 7.

119 Hinsichtlich der Zeit gibt es keine einheitlichen Regeln, unzulässig sind lediglich bewußt gewählte Unzeiten, die für bestimmte Teilnehmer eine unzumutbare Belastung darstellen, vgl. *Scholz/Schmidt*, § 48 Rz. 9.

gewöhnlich aus dem Gesellschaftsvertrag. Die Organisation der Versammlung ist ebenfalls regelungsfrei[120].

Der Weisungsbeschluß wird grundsätzlich mit einfacher Mehrheit gefaßt[121], sofern nicht die Satzung oder bestimmte gesetzliche Ausnahmevorschriften eine andere Mehrheit vorsehen[122].

II. Beschlußfassung auf sonstige Weise

Darüber hinaus enthält das Gesetz in § 48 II GmbHG die Möglichkeit, Beschlüsse außerhalb einer förmlich abgehaltenen Gesellschafterversammlung zu fassen.

Zum einen können sich sämtliche Gesellschafter schriftlich mit der zu treffenden Bestimmung einverstanden erklären[123]. Zum anderen ist es möglich, daß alle Gesellschafter der schriftlichen Abgabe der Stimmen zustimmen. Dabei muß lediglich das Einverständnis zur schriftlichen Stimmabgabe einstimmig erfolgen. Die Abstimmung selbst ist hingegen eine reine Mehrheitsentscheidung.

Die Satzung mag beide Möglichkeiten durch zusätzliche Voraussetzungen erschweren oder gar ausschließen[124]. Außerdem können die Gesellschafter durch entsprechende Satzungsregelungen Erleichterungen[125] bzw. Erweiterungen für die schriftliche Beschlußfassung vorsehen[126].

---

120 Bei fehlender Satzungsregelung sollte gleichwohl die Organisation gewisse organisatorische Formalien für einen ordnungsgemäßen Ablauf wahren, vgl. *Langenfeld*, Vertragspraktikum, Rz. 66.

121 Im Fall einer Stimmengleichheit gilt der zur Abstimmung gestellte Beschlußantrag als abgewiesen, vgl. *Roth/Altmeppen*, § 47 Rz. 3. Stimmenthaltungen haben keinen Einfluß auf das Beschlußergebnis, vgl. BGHZ 83, 35, 36.

122 Qualifizierende Mehrheiten fordert das Gesetz u.a. bei Satzungsänderungen (§ 53 II GmbHG), Verschmelzung einer GmbH in eine AG (§§ 355 II, 356 AktG), Verschmelzung mehrerer GmbH (§ 50 I UmwG).

123 Für die stimmberechtigten Gesellschafter fallen Einverständnis und Stimmabgabe zusammen, wohingegen für die nicht stimmberechtigten Gesellschafter dies lediglich das Einverständnis zur schriftlichen Stimmabgabe bedeutet. Schwierigkeiten können auftreten, wenn sich nicht genau feststellen läßt, ob tatsächlich bereits von einer Stimmabgabe oder erst von einer Meinungsäußerung auszugehen ist, vgl. insoweit BGHZ 15, 324, 329, wonach der Beschluß erst nach Ausräumung sämtlicher Zweifel wirksam wird.

124 Allg. Meinung: *Meyer-Landrut/Miller/Niehus*, § 48 Rz. 23; *Lutter/Hommelhoff*, § 48, Rz. 10. Dazu reicht jedoch die Formulierung, daß Beschlüsse nur in Versammlungen gefaßt werden, noch nicht aus, da die Gesellschafter sich über eine derartige Regelung hinwegsetzen können, ohne eine Satzungsdurchbrechung zu begehen, vgl. BGHZ 15, 324, 328f.; *Scholz/Schmidt*, § 48 Rz. 69; *Roth/Altmeppen*, § 48 Rz. 24. Die Satzungsregelung muß vielmehr unmißverständlich gefaßt werden.

125 Die Satzung kann insoweit sogar mündliche Beschlußfassung vorsehen, vgl. *Scholz/Schmidt*, § 48 Rz. 70; *Baumbach/Hueck/Zöllner*, § 48 Rz. 27; *Meyer-Landrut/Miller/Niehus*, § 48 Rz. 23.

126 Umstritten ist, ob Beschlüsse außerhalb gesetzlicher Formvorschriften ohne eine entsprechende Satzungsregelung auch ohne Durchführung einer Versammlung oder schriftlicher Abstimmung mündlich gefaßt werden können, indem sich die Gesellschafter beispielsweise im Wege eines telefonischen Rundrufs oder einer Konferenz-

B. Beschlußfassung in der Einmann-GmbH

Für die GmbH, in der alle Geschäftsanteile von einem Gesellschafter oder daneben nur von der Gesellschaft selbst gehalten werden, sieht das GmbHG in § 48 III die Verpflichtung des einzigen Gesellschafters vor, „unverzüglich nach der Beschlußfassung eine Niederschrift aufzunehmen und zu unterschreiben“[127]. Der Alleingesellschafter ist jedoch nicht verpflichtet, seine Weisungen im Wege von Gesellschafterbeschlüssen zu fassen, sondern kann dem Geschäftsführer jederzeit eine beliebige Weisung erteilen. Damit ist es ihm möglich, Weisungen ohne Einhaltung der Schriftform zu erteilen.

Im übrigen ist zu berücksichtigen, daß selbst ein Verstoß gegen § 48 III GmbHG keine Nichtigkeit des Beschlusses zur Folge hat. Obgleich die Nichtigkeitsfolge in § 48 III 5 RegE 1977[128] vorgesehen war, wurde sie auf Anregung des Rechtsausschusses herausgenommen[129]. Ein derartiger Verstoß bleibt dennoch nicht gänzlich folgenlos, da der Alleingesellschafter in bestimmten Situationen der Nachweis eines entsprechenden Beschlusses verwehrt wird, sollte er nicht schriftlich gefaßt worden sein[130]. Dem Geschäftsführer, der eine nicht schriftliche Weisung erhalten hat, ist diese Rechtsfolge jedoch wenig dienlich, da es im Konfliktfall kaum dem Alleingesellschafter, sondern dem Geschäftsführer um den Nachweis des Beschlusses geht. Obgleich dieser sich zu Recht sämtlicher Beweismöglichkeiten bedienen kann[131], wird der genaue Nachweis im Einzelfall häufig schwer zu führen sein. Dies gilt vornehmlich für Fälle, in denen dem Alleingesellschafter an einer Verheimlichung bestimmter Umstände gelegen ist, die ihm zum Nachteil gereichen können.

---

schaltung über den zu fassenden Beschluß einigen. Dafür: *Baumbach/Hueck/Zöllner*, § 48 Rz. 26; *Hachenburg/Hüffer*, § 48 Rz. 57f. Dagegen: *Rowedder/Koppensteiner*, § 48 Rz. 3; *Roth/Altmeppen*, § 48 Rz. 29; *Scholz/Schmidt*, § 48 Rz. 71. Kombinierte Beschlußfassungen werden ohne Satzungsregelung von der h.M. abgelehnt: OLG München, BB 1978, 471, 472; *Hachenburg/Hüffer*, § 48 Rz. 57; *Lutter/Hommelhoff*, § 48 Rz. 14; *Rowedder/Koppensteiner*, § 48 Rz. 3. Selbst die Gegenmeinung rät aus Gründen der Rechtssicherheit von dieser Handhabung ab, vgl. *Scholz/Schmidt*, § 48 Rz. 72.

127 Eine analoge Anwendung dieser Regelung auf Beschlüsse in der Mehrpersonen-GmbH, die allein aufgrund eines einzigen Gesellschafters gefaßt werden, lehnt die herrschende Meinung ab, vgl. *Hachenburg/Hüffer*, § 48 Rz. 65; *Scholz/Schmidt*, § 48 Rz. 79; *Lutter/Hommelhoff*, § 48 Rz. 14. Dem Einwand von *Rowedder/Koppensteiner*, § 48 Rz. 24, auf diese Fälle sei aus Gründen des Gesellschafterschutzes das Formerfordernis anzuwenden wird zu Recht mit der Eigenverantwortung der Gesellschafter begegnet.

128 BT-DruckS. 8/1347, S. 11.

129 Dieser verwies auf die Gefahr, daß durch eine Nichtigkeitsfolge der eigentliche Zweck der Regelung, die Sicherheit über Beschlüsse des Gesellschafters in der Einmann-GmbH, unterlaufen werden könne. Durch Berufung auf die Nichtigkeit sei es möglich, sich der Bindungswirkung in Fällen zu entziehen, in deren Rahmen sich der Beschluß nachträglich als unzweckmäßig bzw. schädlich erweist oder Dritte geschädigt wurden, vgl. BT-DruckS. 8/3908, S. 75. Diese Ansicht wird vom Schrifttum geteilt, vgl. dazu *Rowedder/Koppensteiner*, § 48 Rz. 23; *Scholz/Schmidt*, § 48 Rz. 78; *Hachenburg/Hüffer*, § 48 Rz. 67; *Baumbach/Hueck/Zöllner*, § 48 Rz. 29.

130 Vgl. *Scholz/Schmidt*, § 48 Rz. 78. Dies kann beispielsweise bei rückwirkenden Gehaltszahlungen relevant werden, sofern deren steuerliche Anerkennung als Betriebsausgabe in Frage steht.

131 *Scholz/Schmidt*, § 48 Rz. 78; *Hachenburg/Hüffer*, § 48 Rz. 67.

Die GmbH bietet den Gesellschaftern einer Mehrpersonen-GmbH und dem Alleingesellschafter einer Einmann-GmbH somit ein breites Spektrum an Möglichkeiten, dem Geschäftsführer Weisungen zu erteilen.

§ 4 UMFANG DES WEISUNGSRECHTS

Der in der Praxis häufig nur sehr begrenzte oder im Einzelfall gänzlich entzogene Kompetenzrahmen des Geschäftsführers[132] wirft die Frage nach dem gesetzlichen Umfang des Weisungsrechts auf. Obwohl die Organisation der GmbH unbestritten in hohem Maße zur Disposition der Gesellschafter steht[133] ist fraglich, ob dem Geschäftsführer zumindest ein Restbereich an eigenverantwortlicher Entscheidungskompetenz eingeräumt werden muß, der dem Einfluß der Gesellschafter vorenthalten bleibt oder ob ihm die Geschäftsführungsbefugnis vollständig entzogen werden kann. Diese Fragestellung wurde nicht erst durch die in der heutigen Praxis stark zunehmende Weisungsdichte aufgeworfen, sondern beschäftigte die Literatur schon wesentlich früher. Bereits in der Kommentierung von *Parisius/Crüger* aus dem Jahre 1983 wurden Zweifel an der Möglichkeit eines Gesellschaftereinflusses geäußert, der dem vertretungsberechtigten Organ faktisch die Geschäftsführung entzieht. Damit würde insbesondere gegen § 35 GmbHG verstoßen[134].

A. Ausschließliche Zuständigkeiten des Geschäftsführers

Dem Geschäftsführer könnte durch die gesetzliche Zuständigkeitsverteilung zunächst ein Bereich zustehen, den die Gesellschaftern unabhängig vom jeweiligen Organisationsstatut nicht antasten dürfen. Die Freiheit der Anteilseigner, die Aufgaben und Kompetenzen in ihrem Unternehmen nach Belieben zu verteilen, muß auf Grenzen stoßen, sobald Kompetenzzuweisungen tangiert werden, die gesetzlich eindeutig dem Geschäftsführer zugewiesen sind.

Unzweifelhaft kann dem Geschäftsführer durch eine Weisung nicht die ihm gemäß § 35 I GmbHG obliegende Vertretungsmacht entzogen werden[135]. Ansonsten würde der Grundsatz unbeschränkter Vertretungsmacht ausgehöhlt. Darüber hinaus existiert eine Vielzahl von Pflichten im Interesse der Öffentlichkeit und Gläubiger, deren Wahrnehmung dem Geschäftsführer ausdrücklich zugewiesen und der Disposition der Anteilseigner entzogen ist[136]. Dazu gehören insbesondere die Pflicht zur Kapitalerhaltung gemäß §§ 30, 33 GmbHG, die Konkurs- und Vergleichsantragspflichten aus § 64 GmbHG, notwendige Anmeldungen beim Handelsregister gemäß §§ 40, 78 GmbHG, die Pflicht zur Gewährleistung einer ordnungsgemäßen Buchführung aus §§ 40, 41 GmbHG, die Beachtung von § 34

---

132 *Konzen*, NJW 1989, 2977; *Ziemons*, Einflußnahme, S. 1ff.

133 Vgl. *Hommelhoff*, ZGR 1978, 119, 121.

134 *Parisius/Crüger*, GmbHG, § 37 Rz. 1.

135 *Hachenburg/Mertens*, § 37 Rz. 15; *Konzen*, NJW 1989, 2277, 2979; *Scholz/Schneider*, § 35 Rz. 22; *Baumbach/Hueck/Zöllner*, § 35 Rz. 36a.

136 OLG Düsseldorf, ZIP 1984, 1476, 1478; *Scholz/Schneider*, § 37 Rz. 37; *Baumbach/Hueck/Zöllner*, § 37 Rz. 8; *Hachenburg/Mertens*, § 37 Rz. 15; *Eisenhardt*, FS Pfeiffer, S. 839, 844; *Thöni*, GmbHR 1989, 187, 188; *Gieseke*, GmbHR 1996, 486, 488.

AO[137] sowie die Einberufung der Gesellschafterversammlung aus § 49 II GmbHG[138]. Der Gesetzgeber hat der Einhaltung dieser Grundsätze eine den persönlichen Interessen der Gesellschaftern übergeordnete Bedeutung beigemessen. Die gesetzlich vorgesehene Kompetenzverteilung dient sowohl der Rechtssicherheit[139], da die Aufgaben einem konkreten Organ zugewiesen werden, als auch der Gewährleistung eines Gläubiger und Öffentlichkeit schützenden Haftungssystems. Da die Gesellschafter aufgrund des Trennungsprinzips gemäß § 13 II GmbHG grundsätzlich keiner persönlichen Haftung unterliegen, würde eine Disponibilität dieser Zuständigkeiten das gesetzliche Haftungskonzept konterkarieren[140]. Insofern ist dem Geschäftsführer ein Mindestbereich eigenverantwortlicher Geschäftsführung zugewiesen.

Die Existenz eines über die gesetzlich nicht disponiblen Zuständigkeiten hinausgehenden Kernbereichs wird hingegen kontrovers diskutiert. Dabei ist im Folgenden wiederum eine Differenzierung zwischen mitbestimmungsfreier und mitbestimmter GmbH vorzunehmen, da die Organisationsstruktur der mitbestimmten GmbH mit der Schaffung eines obligatorischen oder fakultativen Aufsichts- oder Beirats ein zusätzliches Organ erhält, das auf die innergesellschaftliche Kompetenzverteilung Einfluß nimmt.

B. Weisungsfreier Mindestbereich in der mitbestimmungsfreien GmbH

In der mitbestimmungsfreien GmbH dominiert die Satzungsautonomie, da die Gesellschaftermehrheit als oberstes Willensorgan[141] die Unternehmensverfassung nach dem Prinzip der Selbstverwaltung organisiert[142]. Vor diesem Hintergrund muß die gesamte Fragestellung in der mitbestimmungsfreien GmbH gesehen werden. Bei einer Analyse der in diesem Rahmen vertretenen Auffassungen zur Begründung eines weisungsfreien Mindestbereichs lassen sich zwei methodische Ansätze unterscheiden. Zum einen wird versucht, diesen Bereich auf der Grundlage punktueller Einzelargumente zu begründen. Zum anderen wird eine systematische Problemanalyse gewählt.

---

137 Vgl. dazu *Klein/Orlopp*, AbgabenO, § 34 Anm. 1.

138 Über die Bedeutung dieser Pflichten herrscht Einigkeit, vgl. u.a. *Rowedder/Koppensteiner*, § 37 Rz. 18ff.; *Baumbach/Hueck/Zöllner*, § 37 Rz. 8; *Scholz/Schneider*, § 37 Rz. 37.

139 Gerade bei Aufgaben und Pflichten, die nicht nur gesellschaftsinterne Aspekte betreffen, ist der Gesichtspunkt einer rechtssicheren Kompetenzzuweisung wesentlich, da der allgemeine Rechtsverkehr keine Einblicke in die konkrete Organisationsstruktur der Gesellschaft erhält. Selbst über das Einsichtsrecht ins Handelsregister aus § 9 HGB ergeben sich keine entsprechenden Informationen, da die einzureichenden Unterlagen darauf nicht abstellen, vgl. zum Umfang der Anmeldungsdokumentation: § 8 GmbHG als lex specialis zu § 29 HGB.

140 Von dieser gesetzlichen Regelung gibt es zwar im Wege der „Durchgriffshaftung“ unterschiedlichste Ausnahmen, deren Umfang und Voraussetzungen jedoch vielfach umstritten sind; vgl. zum Ganzen *Rowedder/Koppensteiner*, § 13 Rz. 22ff.; *Lehmann*, ZGR 1986, 345ff.; *Ziemons*, Einflußnahme, S. 57ff.

141 Vgl. bereits RGZ 169, 65, 80.

142 Vgl. ebenfalls schon RGZ 137, 305, 308.

I. Keine Begründung eines weisungsfreien Mindestbereichs auf der Grundlage von Einzelargumenten

Ein Teil des Schrifttums führt in diesem Zusammenhang an, die Geschäftsführer würden zu reinen „Vertretungsmarionetten" ohne jede Autorität gegenüber dem Personal, wodurch die Erfüllung ihrer Aufgaben gefährdet werde[143]. Die Weisungsgebundenheit sei nicht mit den sich aus §§ 43 III, 30, 31 GmbHG ergebenden Pflichten vereinbar[144]. Dieser Einwand ist jedoch ein eher unternehmenspolitisches denn juristisches Argument. Ein etwaiger Status- oder Prestigeverlust des Geschäftsführers verändert nicht dessen rechtliche Position. Es muß vielmehr den Gesellschaftern überlassen bleiben, wie sie ihr Unternehmen hierarchisch strukturieren und einen Geschäftsführer mit mehr oder weniger Autorität gegenüber dem Personal ausstatten.

In diesem Zusammenhang kann auch die Ansicht von *Immenga* angeführt werden, nach der ein Geschäftsführer ohne Geschäftsführungsbefugnis begrifflich gar nicht denkbar sei[145]. Dieser eher terminologischen Begründung läßt sich entgegenhalten, daß dem Geschäftsführer im Rahmen der gesetzlichen Zuständigkeitsverteilung ein Bereich verbleibt, dessen Zugang den Gesellschaftern unabhängig vom jeweiligen Organisationsstatut verwehrt ist[146]. Ferner spricht *Immenga* dem Problem die praktische Bedeutung ab[147]. Seiner Auffassung nach bestellen sich die Gesellschafter bei derart starkem Interesse an Verwaltungsaufgaben selbst zu Geschäftsführern. Diese Annahme widerspricht jedoch eindeutig der Praxis. Eine betriebswirtschaftliche Analyse aus dem Jahr 1987[148] belegt, daß die Gesellschafter ausgiebig von ihren umfassenden Weisungsrechten Gebrauch machen und den Geschäftsführer häufig zum reinen Exekutivorgan degradieren.

Überdies wird von *Wiedemann* die Zuständigkeitsverteilung des § 46 GmbHG sowie die sich aus § 49 II GmbHG ergebende Pflicht des Geschäftsführers zur Einberufung der Gesellschafterversammlung als Begründung für einen weisungsfreien Kernbereich herangezogen. Den Gesellschaftern stehe in diesen Be-

---

143 OLG Düsseldorf, ZIP 1984, 1476, 1478; *Baumbach/Hueck/Zöllner*, § 37 Rz. 9; *Zöllner*, ZGR 1977, 319, 324ff.; *Wiedemann*, Gesellschaftsrecht Bd. I, S. 336; *Immenga*, Kapitalgesellschaft, S. 93.

144 So *Baumbach/Hueck/Zöllner*, § 37 Rz. 9, der seine Ausführungen noch mit der pathetisch anmutenden Anmerkung versieht, durch die Anerkennung eines unbeschränkten Weisungsrechts der Gesellschafter würde die GmbH-Verfassung „pervertiert".

145 *Immenga*, Kapitalgesellschaft, S. 93 hebt damit auf die ethymologische Bedeutung des Wortes ab und bedient sich insoweit der Wortlautauslegung. Ein Argument, das auch von *Härer*, Erscheinungsformen, S.92 in etwas abgewandelter Formulierung aufgegriffen wird.

146 Vgl. zu den Mindestzuständigkeiten, die dem Geschäftsführer nicht entzogen werden können, oben S. 35f.

147 *Immenga*, Kapitalgesellschaft, S. 93.

148 *v. Werder*, DBW 1987, 151ff. Vgl. überdies bereits die Ausführungen zur praktischen Ausgestaltung des Weisungsrechts oben S. 6f. sowie *Konzen*, NJW 1989, 2977, 2978.

reichen lediglich eine Richtlinienkompetenz zu. Andernfalls verlöre der Zuständigkeitskatalog des § 46 GmbHG seinen Sinn[149].

Dieser Argumentation können ebenfalls entscheidende Einwände entgegengehalten werden, da die klare Zuständigkeitsverteilung der laufenden Geschäftsführung an die Geschäftsführer unter Berufung auf eine fehlende Bestimmung im GmbHG nicht korrekt ist. Unbestritten dominiert im GmbH-Recht die Satzungsautonomie[150]. Diese räumt den Gesellschaftern das Recht ein, überall dort eine eigene Regelung zu treffen, wo das Gesetz schweigt[151]. Der Einwand, § 46 GmbHG erfülle bei einer anderen Zuständigkeitsverteilung keinen Sinn, läßt unberücksichtigt, daß gerade diese Norm im Zusammenhang mit der Satzungsautonomie zu verstehen ist. Die Funktion des Zuständigkeitskatalogs besteht gerade darin, die Kompetenzbereiche der Gesellschafterversammlung zu bestimmen, die ihr bereits ohne einen entsprechenden Beschluß zugewiesen sind[152]. Auch das Argument einer sich aus § 49 II GmbHG ergebenden Einberufungspflicht verfängt nicht. Es handelt sich dabei schlicht um die Konkretisierung der Sorgfaltspflichten eines ordentlichen Geschäftsleiters aus § 43 I GmbHG, nach der die Anteilseignerversammlung einzuberufen ist, sofern es das Unternehmensinteresse gebietet[153].

Letztlich erheben *Lutter/Hommelhoff* einen Einwand, der das Interesse des Minderheitsgesellschafters einbezieht. Eine exzessive, bis ins Tagesgeschäft reichende Ausnutzung des Weisungsrechts, beeinträchtige den Minderheitsgesellschafter in seinen Rechten, der kein Interesse an einer Einmischung der Gesellschafter ins Tagesgeschäft hat aber dennoch gezwungen werde, an den häufig erforderlichen Gesellschafterversammlungen teilzunehmen[154].

Dieses Argument ist jedoch ebensowenig stichhaltig. Zu Recht wird auf die Möglichkeit verwiesen, den entsprechenden Beschluß gemäß § 48 II GmbHG schriftlich zu fassen[155]. Ferner kann der betreffende Gesellschafter einen Mitge-

---

149 *Wiedemann*, Gesellschaftsrecht I, S. 336, der schlußfolgert, die Gesellschafter dürften eine Entscheidung über einzelne Geschäftsführungsmaßnahmen nur dann vornehmen, wenn der Geschäftsführer sie dazu auffordert. Er weist ferner darauf hin, daß im GmbHG eine Differenzierung zwischen laufender und außergewöhnlicher Geschäftsführung bzw. grundsätzlichen Maßnahmen entgegen den Ausführungen von *Hommelhoff*, ZGR 1978, 119, 120; *Säcker*, DB 1977, 1845 Anm. 4 nicht enthalten sei, vgl. *Wiedemann*, Gesellschaftsrecht I, S. 336 Fn. 24.

150 *Scholz/Westermann*, Einl. Rz. 22ff.; *Wiedemann*, JZ 1970, 593, 594.

151 Vgl. *Schmidt*, Gesellschaftsrecht, § 5 I, 3 zur Satzungsautonomie im Verband.

152 *Hachenburg/Mertens*, § 37, 20, der sich ausdrücklich gegen die Argumente von *Hommelhoff*, ZGR 1978, 119, 127ff., 136, wendet.

153 Zu dem allgemeinen Pflichtenkatalog des Geschäftsführers vgl. *Hachenburg/Mertens*, § 43 Rz. 22, in den auch die Sorge um die Rechtmäßigkeit der Organisation und der Entscheidungsprozesse innerhalb der Gesellschaft eingegliedert ist.

154 So führen *Lutter/Hommelhoff*, § 37 Rz. 18 einen in der Tat außergewöhnlichen Gesichtspunkt an, da das Gesellschafterinteresse in der Regel gegenteilig ausgelegt wird.

155 *Ziemons*, Einflußnahme, S. 23, die jedoch einschränkend hinzufügt, auch die schriftliche Beschlußfassung erfordere einen gewissen Zeitaufwand. Gleichwohl betont sie, der Gesellschafter sei nicht verpflichtet, sich mit der Beschlußfassung intensiv zu beschäftigen.

sellschafter oder Dritten zur Wahrnehmung seiner Interessen, d.h. einer Teilnahme an der Gesellschafterversammlung sowie entsprechender Abstimmung bevollmächtigen[156]. Vor allem ist jedoch zu berücksichtigen, daß es sich bei der fehlenden Lust oder Zeit eines Gesellschafters, sich mit bestimmten Aspekten der Geschäftsführung zu befassen, um ein persönliches Problem eines jeden Anteilseigners handelt. Er hat sich insoweit der demokratischen Struktur einer an Mehrheitsverhältnissen ausgerichteten Organisation der GmbH unterzuordnen.

Als Zwischenergebnis bleibt zu konstatieren, daß sich ein weisungsfreier Mindestbereich nicht lediglich aufgrund von punktuellen Argumenten begründen läßt. Insofern ist auf eine systematische Problemanalyse einzugehen.

II. Notwendigkeit einer systematischen Problemanalyse

1. Auslegung des § 37 I GmbHG als Grundlage der Problemanalyse

In diesem Rahmen kann auf die Analyse von *Härer* zurückgegriffen werden, der § 37 I GmbHG unter Heranziehung der klassischen Auslegungsmethoden untersucht und dabei zur Annahme eines weisungsfreien Mindestbereichs gelangt[157].

Seiner Ansicht zufolge ergeben sich weder im Rahmen der Wortlautauslegung noch der Regelungsabsicht des Gesetzgebers zwingende Argumente für oder gegen einen Mindestbereich. So führt er aus, der Wortlaut sei mehrdeutig, da zwar einerseits die Geschäftsführer gemäß § 37 I GmbHG verpflichtet sind, die Beschränkungen durch Beschlüsse und Satzung einzuhalten, Beschränkungen jedoch nur Sinn machten, wenn überhaupt ein Freiraum existiere. Unter Bezugnahme auf die Begründung zum Entwurf des GmbHG stellt er weiterhin dar, daß diesem im Grunde nicht mehr Informationen als dem Gesetzestext selbst zu entnehmen wären, da der Wortlaut nahezu übereinstimme. Insofern führe auch die Regelungsabsicht des historischen Gesetzgebers nicht zu zwingenden Ergebnissen[158].

Die Gesetzessystematik lasse ebenfalls keine eindeutigen Rückschlüsse auf eine Eingrenzung der Gesellschafterbefugnisse zu. *Härer* bezeichnet die Geschäftsführungsbefugnis als „wesentliche Facette" der Vertretungsmacht, die bei unbeschränktem Umfang im Innenverhältnis durch die Geschäftsführungsbefugnis begrenzt werde. Da letztere im Gesetz jedoch nicht abschließend geregelt sei, sondern von der Ausgestaltung der Satzung und den Gesellschafterbeschlüssen

---

156 Ein solches Recht ergibt sich konkludent aus § 47 III GmbHG. Die Person des Bevollmächtigten ist allerdings gesetzlich nicht festgelegt. Sofern die Satzung keinerlei Beschränkungen enthält, kann es sich um einen Mitgesellschafter oder jeden beliebigen Dritten handeln. Ausnahmen bestehen lediglich in den Fällen treuwidriger Bevollmächtigung, die insbesondere Personen von einer Bevollmächtigung ausschließen, die der Gesellschaft aufgrund der gewonnenen Erkenntnisse schaden könnten, wie z. B. Wettbewerber; vgl. insoweit: *Scholz/Schmidt*, § 47 Rz. 84; § 48 Rz. 20; *Baumbach/Hueck/Zöllner*, § 47 Rz. 32.

157 *Härer*, Erscheinungsformen, S. 88ff.

158 *Härer*, Erscheinungsformen, S. 88f.

abhänge, könnten keine eindeutigen Rückschlüsse auf einen Mindestbereich gezogen werden. Diese Schlußfolgerung ist den Ausführungen zwar nicht explizit zu entnehmen, ergibt sich jedoch aus der Einordnung der Vertretungsbefugnis, als „Facette" der Geschäftsführungsbefugnis.

Die eigentliche Begründung für einen Mindestbereich wird vielmehr der teleologischen Auslegung entnommen, die im Zuge des Spannungsfeldes zwischen Gesellschafterinteressen einerseits und Geschäftsführerinteressen andererseits zu einer möglichst ausgewogenen Abwägung führen müsse[159]. § 37 I GmbHG stelle eine Art Korrektiv gegenüber einer „überschießenden Tendenz unbeschränkter Geschäftsführermacht" dar, die auf den berechtigten Interessen der Gesellschafter beruhe, im Wege rechtzeitiger Weisungen, präventiv auf eventuell schadensträchtige Maßnahmen des Geschäftsführers Einfluß zu nehmen[160]. Allerdings müsse der Geschäftsführer als immerhin vertretungsberechtigtes Organ nicht ständig mit der Bevormundung der Anteilseigner rechnen. Der Gesetzgeber hätte ansonsten an seiner Stelle auch das Amt eines „Generalvertretungsbefugten" vorsehen können[161]. Letztlich spreche die Natur der Sache für einen Mindestbereich, da ansonsten dem Wortteil „Führung" im Begriff Geschäftsführung nicht mehr Rechnung getragen werde. Diese Formulierung impliziere ein gewisses Maß an Unabhängigkeit[162].

2. Interessenabwägung als maßgebliches Entscheidungskriterium der Analyse im Rahmen der teleologischen Auslegung

Härer gründet die Notwendigkeit eines weisungsfreien Mindestbereichs somit auf teleologische Erwägungen, in dessen Rahmen er versucht, einen möglichst ausgewogenen Interessenausgleich zwischen den Kompetenzen der Gesellschaftern und denen des Geschäftsführers zu finden[163]. Wenngleich diese Analyse systematisch vorbildlich durchgeführt wird, so vermag das Abwägungsergebnis nicht zu überzeugen. Um eine tatsächlich interessengerechte Abwägung vorzunehmen, müssen zunächst die in den Abwägungsvorgang einzubringenden Interessen festgelegt werden.

a) Auswahl der entscheidenden Interessenssphären

Zuzustimmen ist *Härer* insoweit, als die Interessen der Öffentlichkeit und der Gläubiger keine Rolle spielen können. Durch die §§ 30, 33, 64 GmbHG werden

159 *Härer*, Erscheinungsformen, S. 92.

160 *Härer*, Erscheinungsformen, S. 92.

161 *Härer*, Erscheinungsformen, S. 92f.

162 In diesem Zusammenhang weist *Härer*, Erscheinungsformen, S. 93, auf *Baumbach/Hueck/Zöllner*, § 37 Rz. 9 hin und pflichtet ihm in der Verwendung seiner Formulierung der „pervertierten GmbH-Verfassung" bei.

163 *Härer*, Erscheinungsformen, S. 92, der nach Ausschöpfung der sonstigen Auslegungsregeln, die zu keinem befriedigenden Ergebnis führten, seine Untersuchung letztlich darauf stützt.

sowohl die außenstehenden Gläubiger als auch die Allgemeinheit ausreichend geschützt[164].

Ein in diesem Zusammenhang von *Hommelhoff*[165], *Zöllner*[166] und *Wiedemann*[167] angeführter Einwand, ein Mindestbereich sei aus Publizitäts- bzw. Gläubigerschutzgründen nötig, vermag nicht zu überzeugen. Dabei ist weniger relevant, daß Gläubiger sich selten der Mühe unterziehen werden, vor Abschluß eines Geschäfts das Handelsregister einzusehen. Vor allem wird der juristische Laie, infolge der Komplexität der Problemstellung kaum in der Lage sein, die Unterschiede zwischen einer Satzung mit und ohne entsprechender Regelung in seiner tatsächlichen Bedeutung zu erfassen. Letztlich müssen die Geschäftspartner sowieso mit einer umfassenden Einflußnahme der Gesellschafter rechnen, da die Beliebtheit der GmbH als Gesellschaftsform des Mittelstands vor allem auch auf die dem Rechtsverkehr allgemein bekannten Einflußmöglichkeiten der Anteilseigner zurückzuführen ist[168].

Entscheidend sind daher lediglich die Interessen der Gesellschafter und des Geschäftsführers.

b) Ermittlung der Interessen der Gesellschafter und des Geschäftsführers

aa) Interesse der Gesellschafter

Das Interesse der Gesellschafter an umfassenden Einflußmöglichkeiten auf die Geschäftsführung liegt auf der Hand. Damit wird sowohl ihre Dominanz im Hinblick auf die gesamte Unternehmensführung als auch eine Präventivkontrolle gegenüber dem Geschäftsführer gewährleistet, um potentiellen Regreßansprüchen vorzubeugen.

bb) Interesse des Geschäftsführers

Obgleich die verschiedenen Ansätze Gegenteiliges vermuten lassen, ist das für den Abwägungsprozeß ebenso wichtige Interesse des Geschäftsführers weit schwieriger zu bestimmen. Sowohl die Befürworter eines weisungsfreien Mindestbereichs als auch dessen Gegner betonen stets, das Interesse des Geschäftsführers sei auf einen Bereich gerichtet, der sich einer Einflußnahme der Gesellschafter entzieht[169]. Dieser Ansatz ist jedoch zu undifferenziert. Es wird versäumt, das Interesse des Geschäftsführers im Hinblick auf die Qualität des jeweils zu den Gesellschaftern bestehenden Verhältnisses sowie eventuell bestehende Risikofaktoren zu untersuchen. Dabei ist es denkbar, daß sich die Interes-

---

164 *Wank*, GmbHR 1980, 121, 123.

165 *Hommelhoff*, ZGR 1978, 119, 128.

166 *Baumbach/Hueck/Zöllner*, § 37 Rz. 11.

167 *Wiedemann*, Gesellschaftsrecht I, S. 336.

168 Vgl. dazu auch *Schmidt*, Gesellschaftsrecht, § 33 II.

169 Explizit oder sich sonst aus dem Zusammenhang ergebend: *Härer*, Erscheinungsformen, S. 92; *Hommelhoff*, ZGR 1978, 119, 128f.; *Immenga*, Kapitalgesellschaft, S. 93; *Gieseke*, GmbHR 1996, 486, 491.

sen des Geschäftsführers unterschiedlich gestalten, je nachdem, ob es sich um konflikt- und haftungsfreie Normalsituationen handelt, in der ein harmonisches Verhältnis zu den Gesellschaftern besteht oder um Konflikt- oder Haftungssituationen, in denen das Verhältnis zu den Gesellschaftern gestört ist bzw. der Geschäftsführer eventuellen Schadensersatzansprüchen ausgesetzt wird.

(1) Interesse des Geschäftsführers in konflikt- und haftungsfreien Normalsituationen

Zugegebenermaßen wird das Interesse des Geschäftsführers im Rahmen derartiger Konstellationen auf einen weisungsfreien Mindestbereich gerichtet sein. Den Verfechtern eines weisungsfreien Mindestbereichs ist zuzugestehen, daß ein Geschäftsführer im Rahmen eines harmonischen Verhältnisses zwischen ihm und den Gesellschaftern bestrebt sein wird, unternehmerische Freiräume zu erhalten und eigene Konzepte der Unternehmensführung zu verfolgen, mit deren Hilfe er die ihm gewöhnlich zugedachte Rolle eines Leiters der Gesellschaft wahrnehmen kann[170]. Demnach wird er in der Regel daran interessiert sein, das Unternehmen nicht nur theoretisch, sondern auch faktisch zu leiten und für diese Aufgaben entsprechende Kompetenzen zu erhalten[171]. In derartigen Situationen ist sein Interesse mithin auf das Bestehen eines weisungsfreien Mindestbereichs gerichtet, wodurch nachfolgend eine Interessenabwägung erforderlich ist[172].

(2) Interesse des Geschäftsführers in Konflikt- und Haftungssituationen

Mit diesem Ergebnis wird jedoch nur das „Normalfallinteresse" erfaßt, welches ein harmonisches Verhältnis zwischen Geschäftsführung und Anteilseignern voraussetzt. Sofern es hingegen zu Kompetenzkonflikten kommt, die sowohl aus strategischen und ökonomisch-finanziellen als auch aus persönlichen Differenzen resultieren können und daher nicht minder zum wirtschaftlichen Alltag gehören, stellt sich die Interessenlage des Geschäftsführers anders dar. Dies beruht auf einem nicht korrigierbaren Defizit eines weisungsfreien Mindestbereichs.

(a) Fehlende Kriterien zur rechtssicheren Bestimmung eines weisungsfreien Mindestbereichs

Die Verfechter eines weisungsfreien Mindestbereichs sind nicht in der Lage, eindeutig zu bestimmen, auf welche Weise sich eine unzulässige, in den weisungsfreien Mindestbereich eingreifende Weisung von einer zulässigen, sich noch im Kompetenzrahmen der Gesellschafter bewegenden Weisung abgrenzen läßt[173]. Einige der Auffassungen bieten gar keine Abgrenzungskriterien an[174].

---

170 Darauf stellen insbesondere *Härer*, Erscheinungsformen, S. 92f. und *Hommelhoff*, ZGR 1978, 128f. aber auch *Immenga*, Kapitalgesellschaft, S. 93 ab, der von der Aushöhlung der Geschäftsführungsbefugnisse spricht.

171 Sofern es sich hingegen um einen Strohmanngeschäftsführer handelt, dessen Position und Kompetenzrahmen von sämtlichen Beteiligten einvernehmlich festgelegt wird, kann nicht von einem derartigen Interesse ausgegangen werden.

172 Dazu unten S. 46f.

173 Diesen Aspekt greift insbesondere *Hachenburg/Mertens*, § 37 Rz. 20 als entscheidenden Grund für die Ablehnung eines weisungsfreien Mindestbereichs auf. Allerdings

Doch selbst die von zwei Ansätzen vorgenommenen Differenzierungen werden dem Bedürfnis nach Rechtssicherheit nicht gerecht.

Ein differenzierender Argumentationsansatz von *Hommelhoff* gliedert die Kompetenzbereiche der Gesellschafter in Grundsätze der Unternehmenspolitik, bestehend aus Sach- und Personalkompetenz, außergewöhnlichen Maßnahmen und laufender Geschäftsführung[175]. Die Grundsätze der Unternehmenspolitik werden aus §§ 46 Nr. 1, 5, 7, 37 I 1, 38 I GmbHG und die Entscheidung über außergewöhnliche Maßnahmen aus § 49 II GmbHG hergeleitet und folgerichtig der Gesellschafterversammlung zugewiesen. Die laufende tägliche Geschäftsführung sei hingegen mangels entsprechender Zuweisung im GmbHG alleine dem Geschäftsführer vorbehalten. Dadurch sei eine gesetzliche Zuständigkeitsregelung getroffen, die eine anderweitige Kompetenzverteilung ausschließe. Begründet wird diese Differenzierung mit dem Argument, der Katalog der Gesellschafteraufgaben in §§ 48, 45 GmbHG habe bei einem anderen Verständnis der Normzusammenhänge keinen über eine rein formale Ordnungsfunktion hinausgehenden materiellen Sinn. Dies könne jedoch nicht die Absicht des Gesetzgebers gewesen sein. Infolge dessen sei eine Bestimmung im Gesellschaftsvertrag erforderlich, die auch verdichtete Einzelweisungen im Bereich der laufenden Geschäftsführung zulasse, um in das unternehmerische Initiativ- und Entscheidungszentrum einzugreifen[176].

Die vorgeschlagenen Bereiche lassen sich jedoch in der täglichen Unternehmenspraxis nicht eindeutig genug abgrenzen. Inwieweit eine bestimmte Weisung tatsächlich die laufende Geschäftsführung betrifft, mag sich zwar in bestimmten Einzelfällen festlegen lassen, das Kriterium eignet sich allerdings nicht als jederzeit handhabbare Abgrenzungsformel[177].

Ein neuerer Ansatz von *Gieseke* hebt ebenfalls auf systematische Zusammenhänge ab, indem eine Wechselwirkung zwischen Pflichtenkollission und weisungsfreiem Mindestbereich hergestellt wird[178]. Sofern die Weisung der Gesellschafter mit gewöhnlichen Pflichten des Geschäftsführers kollidiere, die Fehlerhaftigkeit der Weisung sich jedoch nicht eindeutig festlegen lasse, könne der Geschäftsführer vielfach seine Handlungspflicht nicht mehr beurteilen[179]. Diese Pflichtenkollission finde vor allem im Rahmen sogenannter „Kardinalpflichten“

---

wird nicht weiter erläutert, zu welchen exakten Folgen dieser Umstand führt. Vielmehr beschränken sich die Ausführungen auf die Feststellung, es fehle an einer brauchbaren Abgrenzungsleitlinie, wodurch im Konfliktfall die Gefahr eines dauernden Machtkampfs heraufbeschworen werden könnte.

174 Vgl. u.a. *Härer*, Erscheinungsformen, S. 95 Fn. 220; *Baumbach/Hueck/Zöllner*, § 37 Rz. 10f.; *Immenga*, Kapitalgesellschaft, S. 93ff.

175 *Hommelhoff*, ZGR 1978, 119, 124ff.

176 So auch *Wiedemann*, Gesellschaftsrecht I, S. 336.

177 Vgl. dazu *Rowedder/Koppensteiner*, § 37 Rz. 22; *Scholz/Schneider*, § 37 Rz. 38 sowie *Hachenburg/Mertens*, § 37 Rz. 20, der vor allem betont, eine quantitative Abgrenzung stieße zumindest auf erhebliche Schwierigkeiten.

178 *Gieseke*, GmbHR 1996, 486ff.

179 *Gieseke*, GmbHR 1996, 486, 488.

statt, die dem Geschäftsführer eine erhöhte Sorgfaltspflicht auferlegten[180]. Um dem Geschäftsführer innerhalb dieser Pflichten eine teilweise nur schwer vorzunehmende Rechtmäßigkeitsprüfung zu ersparen, müsse ihm in diesem Rahmen ein Mindestbereich eigenverantwortlicher Geschäftsführung zugewiesen werden[181].

Diesem Lösungsansatz gelingt es ebensowenig, eine praxisgerechte Abgrenzung anzubieten[182]. Zwar wird konkretisierend dargelegt, es handele sich neben steuerlichen Angelegenheiten um solche von existentieller Bedeutung zum Schutz von Leib, Leben, Eigentum und Gesundheit, jedoch wird mit dieser Eingrenzung lediglich ein unbestimmter Rechtsbegriff in mehrere Teilbegriffe aufgegliedert, die im Einzelfall nicht minder auslegungsbedürftig sein können. Eine sichere Abgrenzung läßt sich mit deren Hilfe ebenfalls nicht vornehmen.

Von den Befürwortern eines weisungsfreien Mindestbereichs wird dieses „Manko“ entweder ignoriert oder mit dem Hinweis eingeräumt, bei der Frage nach einer praxistauglichen Abgrenzungsleitlinie handele es sich um ein Folgeproblem, welches erst in einem weiteren Schritt erörtert werden müsse. Es sei nicht zulässig, das vorgreifliche Problem eines weisungsfreien Mindestbereichs mit dem Argument fehlender Abgrenzungskriterien zu beantworten[183]. Dogmatisch ist die Frage nach dem Mindestbereich tatsächlich vorrangig. Gleichwohl vermag dies im vorliegenden Problem nicht die ausschlaggebende Bedeutung des Arguments zu schmälern. Die Konsequenzen fehlender Abgrenzungsmaßstäbe führen nämlich in der Praxis zu Nachteilen, denen kein adäquater Nutzen gegenübersteht. Zum einen kommt dem Bedürfnis nach rechtssicheren Abgrenzungsleitlinien stets dann große Bedeutung zu, wenn sie, wie in diesem Fall, den täglichen Alltag der Betroffenen bestimmen. Zum anderen kann der angebliche Vorteil eines weisungsfreien Mindestbereichs durch das Fehlen einer rechtssicheren Abgrenzung in sein Gegenteil verkehrt werden. Dies soll durch zwei für den Geschäftsführer äußerst nachteilige Fallkonstellationen illustriert werden.

(b) Konsequenzen für das Interesse des Geschäftsführers

Sofern es zu innergesellschaftlichen Konflikten kommt, da Gesellschafter und Geschäftsführer ihre Kompetenzen nicht voneinander abgrenzen können und weder die beiden Organe noch ein eventuell konsultierter Rechtsberater mit der nötigen Sicherheit bestimmen kann, wie sich die Kompetenzen im Einzelfall verteilen, besteht die Gefahr eines dauerhaften Machtkampfs, der in der Regel zu Lasten des Geschäftsführers enden wird. Den Gesellschaftern steht insbeson-

---

180 Als derartige Kardinalpflichten bezeichnet *Gieseke*, GmbHR 1996, 491 insbesondere steuerliche Pflichten sowie Pflichten zum Schutze von Leib, Leben, Eigentum und Umwelt.

181 *Gieseke*, GmbHR 1996, 486, 490f.

182 So *Gieseke*, GmbHR 1996, 486, 491 unter Bezugnahme auf ein Urteil des BFH, GmbHR 1985, 30ff., in dem der Sorgfaltspflicht in steuerlichen Angelegenheiten eine hohe Bedeutung beigemessen wurde.

183 So *Härer*, Erscheinungsformen, S. 95, der sich damit eines dogmatisch durchaus interessanten Arguments bedient, das sich in der praktischen Umsetzung der hier in Rede stehenden Problematik jedoch als wenig hilfreich erweist.

dere die Möglichkeit zu, die Bestellung des Geschäftsführers gemäß § 38 I GmbHG jederzeit zu widerrufen, es sei denn, die Satzung sieht Beschränkungen im Sinne von § 38 II GmbHG vor, die insbesondere bei Fremd- aber auch bei Minderheitsgesellschaftergeschäftsführern seltener sind, da sich die Anteilseigner bzw. deren Mehrheit in der Regel einen Machtvorsprung erhalten wollen[184]. Von Seiten der Gesellschafter lassen sich die innergesellschaftlichen Konflikte häufig durch eine Abberufung des Geschäftsführers lösen. Doch selbst wenn diese Möglichkeit infolge einer entsprechenden Satzungsregelung fehlt, stehen den Gesellschaftern durch ihr sonstiges Weisungsrecht ausreichend Mittel zur Verfügung, dem Geschäftsführer eine „normale, befriedigende Tätigkeit" zu verwehren[185]. Kaum ein Geschäftsführer wird auf Dauer Interesse daran haben, seine Tätigkeit in Disharmonie mit den Anteilseignern zu verrichten. Sein Interesse ist daher zwangsläufig auf eine eindeutige Regelung gerichtet, die nur in einer Weisungsabhängigkeit bestehen kann, deren Umfang transparent und daher auch in ihrer potentiellen Entwicklung voraussehbar ist. Selbst wenn sich ein solcher Mindestbereich im Einzelfall abgrenzen läßt, ist dem Geschäftsführer kaum damit gedient, wenn sich die Gesellschafter bewußt darüber hinwegsetzen. Wer sich ständig auf einen derartigen Freiraum beruft, wird selten mit dem Wohlwollen der Anteilseigner rechnen können. Ein permanenter Konflikt im Hinblick auf die Abgrenzung der Geschäftsführungskompetenzen läßt die Tätigkeit des Geschäftsführers auf längere Sicht unzumutbar werden. Sofern keine Zweifel über den Umfang der Gesellschafterkompetenzen bestehen, entfällt dieses Konfliktpotential.

Die zweite, wesentlich bedeutsamere Konstellation betrifft Weisungsbeschlüsse mit wirtschaftlich nachteiligem Charakter. In diesem Fall ist der Geschäftsführer gezwungen, die Rechtmäßigkeit des Beschlusses zu untersuchen, da er in der Regel nur bei Ausführung einer rechtlich verbindlichen Weisung kein Haftungsrisiko eingeht. Sofern der Geschäftsführer darüber hinaus gezwungen wird zu überprüfen, ob der Beschluß in seinen autonomen Entscheidungsrahmen eingreift, kommt ein weiterer Prüfungsgesichtspunkt hinzu. Dieser könnte im Einzelfall zu einem zusätzlichen Haftungsrisiko führen, sofern der Beschluß gerade wegen des Eingriffs in den Mindestbereich eigenverantwortlicher Geschäftsführung fehlerhaft ist. Mangels rechtssicherer Abgrenzungskriterien ist dieses Risiko nur schwer kalkulierbar. An einem nur schwer kalkulierbaren Risiko kann ein Geschäftsführer bei realistischer Betrachtungsweise jedoch kaum ein Interesse haben. Im Rahmen von Konflikt- und Haftungssituationen ist das Interesse des Geschäftsführers mithin auf ein unbeschränktes Weisungsrecht gerichtet.

---

184 Anders kann dies bei Gesellschaftergeschäftsführern sein, denen mitunter die Geschäftsführung als Sonderrecht in der Satzung eingeräumt wird, vgl. insoweit: *Höhn*, Geschäftsleitung, S. 215ff.

185 Die entsprechenden Einflußnahmen können, ohne den Geschäftsführer zu einem Exekutivorgan zu degradieren, so intensiv werden, daß ein eigenständiges Arbeiten kaum noch möglich ist. Insbesondere über eine Ausweitung der in der Satzung regelmäßig enthaltenen Liste zustimmungspflichtiger Geschäftsführungsmaßnahmen wäre es beispielsweise zulässig, den Geschäftsführer zu zwingen, bei jedem Kaufabschluß über DM 100,-- die Zustimmung der Gesellschafter einzuholen. Ob dies im Einzelfall opportun ist, mag dahingestellt sein. Zumindest wird ein Geschäftsführer eine derartige Beschränkung auf Dauer nur schwer ertragen.

c) Konkrete Abwägung der ermittelten Interessen

Nach Ermittlung der einzelnen Interessen von Gesellschaftern und Geschäftsführer ist im nächsten Schritt zu analysieren, inwieweit diese miteinander in Einklang zu bringen sind bzw. im Rahmen von Interessengegensätzen durch Abwägung einer von beiden Interessen Vorrang einzuräumen ist.

Das in Konflikt- bzw. Haftungssituationen bestehende Interesse des Geschäftsführers an einem unbeschränkten Weisungsrecht deckt sich mit dem bereits beschriebenen[186], naturgemäß bestehenden Interesse der Gesellschafter. Mithin läßt sich in diesen Bereichen ein Interessengleichlauf von Gesellschaftern und Geschäftsführer feststellen, der einen weisungsfreien Mindestbereich entbehrlich machen würde. Gleichwohl wird damit nur ein Teil der Fragestellung erfaßt, da die Interessen im Rahmen von konflikt- und haftungsfreien Normalsituationen gegensätzlicher Natur sind. Das Bestehen oder Nichtbestehen eines Mindestbereichs eigenverantwortlicher Geschäftsführung kann allerdings nicht jeweils an das Vorliegen einer Konflikt- oder Haftungssituation geknüpft werden, da sich eine derartige Situation gerade durch eine Weisung ergeben kann. Dies würde dazu führen, daß die Gesellschafter dem Geschäftsführer in einer konfliktfreien Normalsituation in bestimmten Bereichen keine Weisungen erteilen könnten, jedoch in der Lage wären, durch Herbeiführung eines derartigen Konflikts, ihre Weisungskompetenz selbständig zu erweitern. Um der offensichtlichen Mißbrauchsgefahr vorzubeugen, kann der Umfang des Weisungsrechts daher nur einheitlich im Wege einer Gesamtabwägung bestimmt werden.

Als Ausgangspunkt ist jedoch nicht eine Konflikt- oder Haftungssituation, sondern die beschriebene Normalsituation zu wählen, da bei Bestellung des Geschäftsführers durch die Mehrheit der Gesellschafter in der Regel von einem allgemeinen Konsens zwischen den beiden Organen auszugehen ist. Ansonsten würde es gar nicht erst zu einer Berufung in ein derartiges Amt kommen. In dieser Situation hat der Geschäftsführer Interesse an einem weisungsfreien Mindestbereich, um eine für ihn befriedigende, unternehmerisch zielorientierte Unternehmenspolitik zu betreiben. Dieses Interesse kann sich jedoch aus verschiedenen Gründen nicht gegen das der Gesellschafter durchsetzen.

Zunächst ist das Gewicht der Geschäftsführerinteressen an der Hierachiestruktur der GmbH zu orientieren. Die Anteilseigner sind die „Herren der Gesellschaft", denen der Geschäftsführer nach dem gesetzlichen Grundkonzept untergeordnet ist[187]. Die Weisungsabhängigkeit ist somit als typisches Merkmal der Geschäftsführung einer GmbH anzusehen, da der Geschäftsführer in fremdem Namen und für fremde Rechnung handelt[188]. Daher besteht ein grundsätzliches Interessenübergewicht der Gesellschafter.

---

186 Vgl. oben S. 41.

187 So insbesondere *Feine*, GmbH, S. 467; *Rowedder/Koppensteiner*, § 37, Rz. 22, die den allgemein anerkannten Grundsatz, die Gesellschafter seien die „Herren der Gesellschaft" zum Vorreiter ihrer Ansicht machen.

188 Vgl. dazu auch *Wank*, GmbHR 1980, 121, 123, der den Geschäftsführer mit Arbeitnehmern und Beamten vergleicht, die ebenfalls in fremdem Namen und für fremde Rech-

Diesem Ausgangspunkt könnte entgegengehalten werden, daß durch die Einführung eines begrenzten weisungsfreien Mindestbereichs die grundlegende Hierachiestruktur der GmbH nicht wesentlich beeinträchtigt wird, da das Weisungsrecht als solches fortbesteht. Gleichwohl bliebe bei diesem Einwand außer Betracht, daß sich ein konkretes Maß an Beeinträchtigung nicht festlegen läßt. Wie zuvor ausgeführt, scheitern sämtliche Versuche, einen weisungsfreien Mindestbereich zu bestimmen an unlösbaren Abgrenzungsschwierigkeiten[189]. Folglich ist gar nicht feststellbar, inwieweit sich dieser Mindestbereich tatsächlich auf die Hierachiestruktur der GmbH auswirkt. Vielmehr führen die Abgrenzungsschwierigkeiten zur Rechtsunsicherheit, die neben dem bereits grundsätzlich bestehenden Interessenübergewicht der Gesellschafter eine Abwägung zugunsten des Geschäftsführers nicht zuläßt.

Vor dem Hintergrund der Abgrenzungsprobleme erhärtet sich dieses Ergebnis, leitet man von der Ausgangssituation zu einer Konflikt- und Haftungssituation über. Das entstehende Maß an Rechtsunsicherheit kann dazu führen, daß sich Gesellschafter und Geschäftsführer in der Praxis nicht auf den genauen Umfang der eigenverantwortlichen Sphäre des Geschäftsführers einigen und sich die konflikt- und haftungsfreie Normalsituation in eine Konfliktsituation wandelt. Dieser Wechsel wird genau in den Fällen eintreten, in denen sich der Geschäftsführer auf seinen Bereich eigenverantwortlicher Geschäftsführung beruft, wohingegen die Gesellschafter der Auffassung sind, der in Rede stehende Fall werde von ihrem Kompetenzrahmen noch erfaßt. Damit würde der vermeintliche Vorteil für den Geschäftsführer in entscheidenden Situationen in sein Gegenteil verkehrt.

Die Abwägung kommt daher zu dem Ergebnis, daß Geschäftsführern in der mitbestimmungsfreien GmbH kein weisungsfreier Bereich eigenverantwortlicher Geschäftsführung zusteht.

C. Einfluß eines fakultativen Aufsichts- oder Beirats gemäß § 52 GmbHG

Der Einfluß eines fakultativen Aufsichts- bzw. Beirats muß sich an den zuvor bereits dargelegten Grundsätzen[190] orientieren. Danach handelt es sich um ein von den Gesellschaftern freiwillig geschaffenes, zusätzliches Organ, das der Verwirklichung unterschiedlicher Ziele dient. Der Einfluß auf die Weisungsabhängigkeit des Geschäftsführers hängt maßgeblich von diesen Zielen ab. Die Begründung eines weisungsfreien Kernbereichs für den Geschäftsführer ist jedoch ein besonders intensiver Eingriff in die Kompetenzen der Gesellschafter, da in dessen Anwendungsgebiet die Zuständigkeit und Einflußmöglichkeiten der Anteilseigner auf die Unternehmensführung ausgeschlossen werden. Eine derartige Kompetenzeinbuße kann nicht durch die bloße Schaffung eines zusätzlichen

---

nung innerhalb einer Organisation tätig und vor allem weisungsabhängig sind. Er wehrt sich im übrigen dagegen, dem Geschäftsführer ein, wie er es nennt, „Naturrecht auf Unabhängigkeit" zuzubilligen.

189 Vgl. dazu oben S. 42ff. sowie *Scholz/Schneider*, § 37 Rz. 38; *Hachenburg/Mertens*, § 37 Rz. 20.

190 Vgl. oben S. 15.

Gesellschaftsorgans beabsichtigt sein. Vielmehr bedarf es eines eindeutigen Willens der Gesellschafter, einen derartigen Mindestbereich einzurichten. Sofern es an einem solchen Willen in Form eines entsprechenden Gesellschafterbeschlusses, einer Satzungsregelung oder Geschäftsordnung des Aufsichtsrats fehlt, kann ein fakultativer Aufsichtsrat keinen Einfluß auf das unbeschränkte Weisungsrecht der Gesellschafter nehmen[191]. Ergibt sich hingegen die Einrichtung eines Mindestbereichs, muß dieser als zulässig angesehen werden, da es den Gesellschaftern als „Herren der Gesellschaft"[192] überlassen bleiben muß, ihren Kompetenzrahmen einzugrenzen. Auszunehmen sind lediglich Zuständigkeiten, derer sich die Gesellschafter aufgrund ihrer gesetzlichen Wertung nicht begeben können, da sie die Grenze zwischen Unternehmensführung und Kontrolle durch die Anteilseigner verschieben. Dazu gehören insbesondere Maßregeln zur Prüfung und Überwachung der Geschäftsführer aus § 46 Nr. 6 GmbHG, Entscheidungen über die Geltendmachung von Ersatzansprüchen gegen die Geschäftsführer aus § 46 Nr. 8 GmbHG sowie die Entlastung der Geschäftsführer gemäß § 46 Nr. 5 GmbHG[193]. Nach überwiegender und zutreffender Ansicht zählt dazu auch das Recht zur Bestellung und Abberufung der Geschäftsführer aus § 46 Nr. 5 GmbHG[194], da in dieser Zuständigkeit die Kontrollfunktion der Gesellschafterversammlung in besonderem Maße zum Ausdruck kommt. Diese liegt bei der Abberufung auf der Hand, zeigt sich jedoch gleichsam bei der Bestellungskompetenz, da durch die Berufung zusätzlicher Geschäftsführer die bereits amtierenden in ihren Aufgaben und Befugnissen eingeschränkt werden und zusätzlichen Prüfungen ausgesetzt werden können. Diese Funktionen dürfen nicht durch eine Übertragung auf das kontrollierte Organ selbst unterlaufen werden.

D. Einfluß eines obligatorischen Aufsichtsrats gemäß § 77 I 2 BetrVG 1952

Die Frage nach einem weisungsfreien Kernbereich des Geschäftsführers in der durch das BetrVG 1952 drittelparitätisch mitbestimmten GmbH ist ebenfalls unter Berücksichtigung der vorangegangenen Ausführungen zur Zwecksetzung des obligatorischen Aufsichtsrats zu beantworten[195]. Dabei hat sich ergeben, daß durch die gesetzliche Schaffung eines Aufsichtsrats zwar die Unternehmensverfassung der GmbH, insbesondere die Kontrollbefugnisse der Gesellschafter verändert werden, ohne jedoch die sonstige innergesellschaftliche Kompetenzverteilung anzutasten[196]. Aus der Regelung des BetrVG 1952 sind auch keine Gesichtspunkte zu entnehmen, die den Einwänden im Hinblick auf einen Mindestbereich in der mitbestimmungsfreien GmbH entgegengesetzt werden könnten.

---

191 *Bardorf*, Gesellschaftereinfluß, S. 69 sowie all diejenigen, die auch in der mitbestimmten GmbH einen Mindestbereich ablehnen: u.a. *Scholz/Schneider*, § 37 Rz. 36ff.; *Hachenburg/Mertens*, § 37 Rz. 19ff.

192 Vgl. zu diesem Begriff wiederum *Baumbach/Hueck Zöllner*, § 37 Rz. 10.

193 *Baumbach/Hueck/Zöllner*, § 46 Rz. 62.

194 Vgl. dazu insbesondere *Hachenburg/Hüffer*, § 46 Rz. 74, der von unzulässiger Selbstentmachtung der Gesellschafter ausgeht sowie *Baumbach/Hueck/Zöllner*, § 46 Rz. 62; a.A. *Scholz/Schmidt*, § 46 Rz. 3, 72; *Roth/Altmeppen*, § 46 Rz. 16.

195 Vgl. oben S. 17f.

196 Vgl. oben S. 18.

Die Problematik der Abgrenzungsschwierigkeiten läßt sich durch das BetrVG 1952 nicht überwinden[197].

Dadurch besteht auch im Anwendungsbereich des BetrVG 1952 kein weisungsfreier Mindestbereich.

E. Einfluß eines obligatorischen Aufsichtsrats gemäß §§ 1 I, 25 I Nr. 1 MitbestG

I. Grundsätzlicher Einfluß auf die Geschäftsführung

Ein gefestigter Kompetenzrahmen des Geschäftsführers ist infolge der weitergehenden Befugnisse des hälftig mit Arbeitnehmern besetzten Aufsichtsrats umstritten[198].

Dabei muß sich die Frage nach einem Mindestbereich zunächst wiederum an der Untersuchung im Rahmen der mitbestimmungsfreien GmbH orientieren. Im Rahmen der Interessenabwägung schied ein weisungsfreier Mindestbereich durch das Interessenübergewicht der Gesellschafter sowie mangels klarer, zur Rechtssicherheit führender Abgrenzungsleitlinien[199] aus. Diese Defizite lassen sich auch in der mitbestimmten GmbH nicht vermeiden - vielmehr sind die zur Disposition gestellten Abgrenzungsmethoden mit denen in der mitbestimmungsfreien GmbH identisch. Vor diesem Hintergrund stellt sich die Frage, inwieweit das MitbestG zwingende Regelungen enthält, die sich gegen derartige Defizite durchsetzen können.

Zugunsten eines weisungsfreien Mindestbereichs werden im wesentlichen folgende Aspekte angeführt[200]. Sofern die Gesellschafter berechtigt wären, den Geschäftsführer zu einer reinen Marionette zu degradieren, würde das MitbestG sinnentleert[201]. Ein umfassendes Weisungsrecht konterkariere die Doppellegiti-

---

197 *Scholz/Schneider*, § 37 Rz. 40; *Wank*, GmbHR 1980, 121, 123 zum MitbestG; *Schmidt*, Gesellschaftsrecht, § 36 IV, 2; *Bardorf*, Gesellschaftereinfluß, S. 70ff.

198 Die in diesem Rahmen angebotenen Lösungen reichen von einer Beibehaltung der Gesellschafterweisungsrechte, so *Wank*, GmbHR 1980, 123ff.; *Schmidt*, Gesellschaftsrecht, § 36 IV, 2; *Bardorf*, Gesellschaftereinfluß, S. 74ff., über verschiedene Ansätze den Mindestbereich einzugrenzen, so auch *Gieseke*, GmbHR 1996, 486ff.; *Hommelhoff*, ZGR 1978, 119, 139; *Härer*, Erscheinungsformen, S. 87f. bis hin zu einer völligen Beseitigung des Weisungsrechts durch das MitbestG, vgl. *Naendrup*, AuR 1977, 225, 231f.; *Reich/Lewerenz*, AuR 1976, 261, 272; *Vollmer*, ZGR 1979, 135, 142; *Reuter/König*, ZHR 140 (1976), 494ff.

199 Insoweit ausführlich oben S. 46f.

200 Dabei bleiben die schon im Rahmen der mitbestimmungsfreien GmbH angeführten Aspekte außer Betracht, da sie bereits ausführlich diskutiert wurden, vgl. oben S. 37ff.

201 *Fitting/Wlotzke/Wißmann*, MitbestG § 25 Rz. 63; *Säcker*, DB 1977, 1845f.; *Zöllner*, ZGR 1977, 319, 326; *Hommelhoff*, ZGR 1978, 119, 139, der jedoch annimmt, die durch das MitbestG herbeigeführte Doppellegitimation des Geschäftsführers verbiete lediglich, Gesellschafterweisungen im Bereich der laufenden Tagesgeschäfte derart zu intensivieren, daß das unternehmerische Initiativ- und Entscheidungszentrum auf die Gesellschafterebene verlagert wird - eine Differenzierung, die bereits im Rahmen der mitbestimmungsfreien GmbH durch ihre mangelhaften Abgrenzungsleitlinien nicht zu überzeugen vermochte.

mation des Geschäftsführers durch den Aufsichtsrat als eines der wichtigsten Elemente paritätischer Mitbestimmung. Es könne nicht Sinn der mitbestimmungsrechtlichen Regeln sein, den Geschäftsführer einerseits durch den Aufsichtsrat bestellen und abberufen zu lassen und ihn andererseits vollumfänglich an den Willen der Gesellschafter zu binden. Er würde dadurch in eine „ausweglose Konfliktsituation" manövriert.

Diesen Argumenten stehen jedoch entscheidende Einwände entgegen. Zum einen widerspricht eine derartige Konstellation nicht der mitbestimmungsrechtlichen Regelung, da sie in die gesellschaftsrechtlichen Rahmenbedingungen einzubinden ist und in der GmbH die Gesellschafterversammlung trotz mitbestimmungsrechtlicher Aspekte das dominierende Organ bleibt[202]. Ferner stehen dem Aufsichtsrat weitgehende Rechte aus § 25 I Nr. 2 MitbestG i.V.m. § 111 IV AktG zu. Es bleibt ihm unbenommen, den Katalog zustimmungspflichtiger Geschäfte so zu organisieren, daß die Gesellschafter ohne ihre Zustimmung keinen zu weitgehenden Einfluß auf die Geschäftsführung nehmen können. Sofern sie diese Möglichkeiten nicht ausschöpfen, vermag dies nicht ein Defizit der gesetzlichen Regel zu begründen. Letztlich ist anzuführen, daß der Geschäftsführer und die Gesellschafter unnötigem Konfliktpotential ausgesetzt werden, wenn sich der weisungsfreie von dem weisungszugänglichen Bereich nicht in rechtlich zweifelsfreier Weise abgrenzen läßt[203].

II. Einfluß auf den Arbeitsdirektor

Dieses Ergebnis findet ferner auf den durch § 33 MitbestG zwingend vorgeschriebenen Arbeitsdirektor Anwendung, der als gleichberechtigtes Mitglied der Geschäftsführung bestellt werden muß. Zwar liegt die Vermutung nahe, diesem Geschäftsführer müsse infolge der besonderen personellen und sozialen Zuständigkeiten ein eigenverantwortlicher Mindestbereich zugebilligt werden[204]. Jedoch wird in § 33 I 2 MitbestG gerade die Gleichberechtigung des Arbeitsdirektors in Stellung und Erledigung seiner Aufgaben im Verhältnis zu den übrigen Mitgliedern der Geschäftsführung hervorgehoben. Ein weisungsfreier Sonderstatus läßt sich daraus gerade nicht ableiten[205]. Im Einzelfall könnte überdies die Weisungsbefugnis der Gesellschafter gegenüber den übrigen Geschäftsfüh-

202 Dazu bereits ausführlich oben S. 21f.

203 Vgl. dazu oben S. 41ff.

204 So *Hoffmann*, BB 1977, 17, 18ff., der zwar von einem Kernbereich ausgeht, den er nach einzelnen Angelegenheiten bestimmt, jedoch das Letztentscheidungsrecht über die Maßnahmen innerhalb des Kernbereichs der Gesellschafterversammlung zuweist. Dabei betont er allerdings, daß ein quantitatives Extrem darin umschlagen könnte, daß gar kein Arbeitsdirektor bestehe. Letztlich will er den Arbeitsdirektor jedoch nicht gegenüber den anderen Geschäftsführern privilegieren. *Säcker*, DB 1977, 1845f. spricht sich zwar ebenfalls für eine Gleichbehandlung aller Geschäftsführer aus, betont allerdings in besonderem Maße die weitergehende Zuständigkeit des Arbeitsdirektors.

205 So auch BGHZ 89, 48, 57; *Overlack*, ZHR 141 (1977) 125, 140f.; selbst *Hommelhoff*, ZGR 1978, 119, 139 betont, daß sich durch die Zuweisung personeller und sozialer Angelegenheiten keine Differenzierung ergebe, da zum einen das Gesetz sonst eine klare Aussage hätte treffen müssen und zum anderen ein derartiger Sonderstatus Entscheidungsbrüche herbeiführen würde, die die Funktionsfähigkeit des Unternehmens beeinträchtigen könnten.

rern leerlaufen. Sofern grundsätzliche Weisungen (z.B. Aufgabe oder Verlegung eines Geschäftsbetriebs) Arbeitnehmerinteressen tangierten und der Arbeitsdirektor die Ausführung wegen Eingriffs in den Mindestbereich eigenverantwortlicher Geschäftsführung verweigerte, könnten selbst strategische Maßnahmen der Gesellschafter blockiert werden. Überdies stellt sich in diesem Zusammenhang erneut das Problem einer klaren Kompetenzabgrenzung. Die besondere Regelung des § 33 MitbestG erschöpft sich demgemäß in der Verpflichtung der Anteilseigner, ein Mitglied der Geschäftsleitung speziell mit personellen und sozialen Angelegenheiten zu betrauen.

F. Ergebnis

Als Ergebnis läßt sich somit festzustellen, daß dem Geschäftsführer weder in der mitbestimmungsfreien noch in der mitbestimmten GmbH ein Mindestbereich eigenverantwortlicher Geschäftsführung zusteht, der dem Weisungseinfluß der Gesellschafterversammlung entzogen wäre. Damit wurde eine transparente, rechtlich eindeutige Grundlage für das Weisungsrecht geschaffen.

§ 5 RECHTLICHE GRENZEN DES WEISUNGSRECHTS AUF GRUNDLAGE DES BESCHLUSSMÄNGELRECHTS

Nach Klärung von Zuständigkeit, Art der Beschlußfassung und Umfang des Weisungsrechts der Gesellschafter ist als Kernstück potentieller Risikofaktoren für den Geschäftsführer der rechtlich zulässige Inhalt von Weisungen zu erörtern. Dabei ist zum einen die BGH-Rechtsprechung zur Unbeachtlichkeit von Gesellschafterweisungen und zum anderen das allgemeine System der Gesellschafterbeschlußmängel zu analysieren, da sich die genauen Grenzen des Weisungsrechts nur aus einer Gesamtdarstellung ergeben.

A. Grundsätze der BGH-Rechtsprechung zur Unbeachtlichkeit von Gesellschafterweisungen

Mangels genauer gesetzlicher Regelungen zur Beachtlichkeit von Gesellschafterweisungen im Hinblick auf die sich daraus ergebenden Konsequenzen für den Geschäftsführer ist zunächst die höchstrichterliche Rechtsprechung als Maßstab heranzuziehen. Der BGH hat bereits zu einem sehr frühen Zeitpunkt diejenigen Weisungen als unbeachtlich qualifiziert, die gegen das Gesetz, die guten Sitten und die Satzung verstoßen[206]. Später fügte er als weiteren Unwirksamkeitsgrund die Mißachtung der gesellschaftsrechtlichen Treuepflicht hinzu[207].

Zur Bestimmung der Grenzen des Weisungsrechts und Vermeidung einer Haftung des Geschäftsführers läßt sich daraus jedoch nur sehr begrenzter Nutzen ziehen. Dies ist weniger darauf zurückzuführen, daß die Begriffe in besonderem Maße auslegungsbedürftig sind[208], als vielmehr auf den Umstand, daß selbst de-

---

206 BGHZ 31, 258, 278.

207 BGHZ 65, 15, 20.

208 Ähnlich *Konzen*, NJW 1989, 2977, 2981.

ren Kenntnis dem Geschäftsführer keine Klarheit über die rechtlichen Folgen einer Weisung für seine Handlungspflichten verschafft. Da er im Rahmen seiner Tätigkeit an die Grundsätze des allgemeinen Beschlußmängelrechts gebunden ist, ergeben sich seine Handlungspflichten letztlich nicht nur aus den vom BGH genannten vier Unwirksamkeitsgründen, sondern vor allem aus den Rechtsfolgen der verschiedenen Beschlußmängel. Die Mangelkategorien entsprechen jedoch nicht den Unbeachtlichkeitsgründen des BGH. Sofern lediglich diese herangezogen werden, müßte jede Weisung, die gegen die guten Sitten, die Gesetze, die Satzung oder gegen die gesellschaftsrechtliche Treuepflicht verstößt als unbeachtlich qualifiziert werden. Dies würde der Vielgestaltigkeit des Beschlußmängelrechts widersprechen. Eine Weisung, die beispielsweise gegen gesetzliche Regelungen verstößt, kann zu unterschiedlichen rechtlichen Konsequenzen und damit zu unterschiedlichen prozessualen Gegenmaßnahmen führen. Sie kann entweder nichtig sein und wäre in diesem Fall tatsächlich unbeachtlich. Ferner kann der Gesetzesverstoß lediglich zur Anfechtbarkeit des Beschlusses führen und wäre damit zunächst beachtlich. Überdies ist es denkbar, daß der Gesetzesverstoß zur Unwirksamkeit des Beschlusses führt und somit nur schwebend ungültig ist[209].

Aus diesem Grund ist für den Geschäftsführer nicht allein die Kenntnis der BGH-Rechtsprechung relevant, sondern insbesondere das allgemeine gesellschaftsrechtliche System der Beschlußmängel. Nur auf dessen Grundlage läßt sich in den weiteren Teilen der Arbeit erörtern, wie er sich im Fall fehlerhafter Weisungen zur Vermeidung einer Haftung verhalten muß. Um diesen Unterschied zwischen den Unwirksamkeitsgründen des BGH und den Mangelformen im Rahmen von Gesellschafterbeschlüssen sowie den daraus resultierenden Folgepflichten aufzuzeigen, werden im Folgenden die relevanten Kategorien fehlerhafter Gesellschafterbeschlüsse erarbeitet und an entsprechender Stelle der Bezug zu den Unwirksamkeitsgründen des BGH hergestellt.

B. Kategorien fehlerhafter Gesellschafterbeschlüsse unter besonderer Berücksichtigung der Grundsätze der BGH-Rechtsprechung zur Unbeachtlichkeit von Gesellschafterweisungen

Das GmbHG selbst enthält keine Bestimmungen zur Mangelhaftigkeit von Gesellschafterbeschlüssen[210]. In der Rechtsprechung ist daher anerkannt, auf die Grundsätze des Aktienrechts zu rekurrieren - eine Handhabung, die bereits auf reichsgerichtliche Entscheidungen zurückgeht[211] und vom BGH weitergeführt

---

209 *Schmidt*, Gesellschaftsrecht, § 15 II 1 c) weist in diesem Zusammenhang zutreffend darauf hin, daß bei aller Komplexität der Beschlußmängel und bislang immer noch unausgereifter Dogmatik Klarheit darüber bestehen sollte, daß es keine Beschlüsse geben kann, die zugleich nichtig, anfechtbar und unwirksam sind, sondern im Fall mehrfacher Mängel lediglich an Nichtigkeits- , Anfechtungs- oder Unwirksamkeitsmängeln leiden.

210 Vgl. zur Rechtsentwicklung im Beschlußmängelrecht *Hachenburg/Mertens,* § 47 Anh. Rz. 1ff.; *Baumbach/Hueck/Zöllner,* § 47 Anh. Rz. 1. Einen Überblick zu den Beschlußmängeln und innergesellschaftlichen Klagen bietet *Saenger*, GmbHR 1997, 113.

211 RGZ 131, 141, 144; 166, 129, 131.

wurde[212]. Das AktG unterscheidet zwei Arten von Mangelhaftigkeit - die Nichtigkeit im Sinne von § 241 AktG sowie die Anfechtbarkeit im Sinne von § 243 AktG. Das Schrifttum folgt dieser Linie im Bereich der Nichtigkeitsgründe einhellig[213]. Im Rahmen der Anfechtungsgründe mehrte sich jedoch in jüngerer Zeit die Kritik an der Übernahme aktienrechtlicher Regelungen[214], da diese Grundsätze nicht der überwiegend personalistischen Struktur der GmbH Rechnung trügen.

Überdies wurden weitere Kategorien entwickelt, um der Vielfalt möglicher Fehler bei Gesellschafterbeschlüssen gerecht zu werden. Diese haben unter den Begriffen Unklarheit des Beschlußergebnisses, Unwirksamkeit, Wirkungslosigkeit, Nicht- und Scheinbeschlüsse Eingang in die Rechtswissenschaft gefunden[215].

Soweit das Schrifttum die Grenzen des Weisungsrechts zu bestimmen versucht, fällt auf, daß sich die Ausführungen überwiegend auf Nichtigkeits- und Anfechtbarkeitsgründe beschränken[216]. Die übrigen Kategorien werden in der Regel ausgespart. Nichtigkeit und Anfechtbarkeit eines Gesellschafterbeschlusses übertreffen die übrigen Kategorien fraglos in ihrer Praxisrelevanz[217]. Im Zuge einer für den Geschäftsführer notwendigen Transparenz ist jedoch eine umfassende Darstellung des gesamten Systems der Beschlußmängel vorzunehmen. Dies ist um so wichtiger, als die übrigen Mangelformen sowohl gesellschaftsrechtlich als auch prozessual unterschiedliche Konsequenzen hervorrufen. Allerdings kommt nicht jeder dieser zusätzlich vorgeschlagenen Kategorien eine selbständige Existenzberechtigung zu, da sie teilweise von anerkannten Mangelformen konsumiert werden. Insofern ist ebenfalls festzulegen, welche Mangelformen für die weitere Untersuchung relevant sind.

I. Nichtigkeitsgründe

Da sich Nichtigkeitsgründe anerkanntermaßen aus der entsprechend anwendbaren Regelung des § 241 AktG[218] ergeben, beschränken sich die Ausführungen

---

212 BGHZ 11, 231, 235 - allerdings wurden an dieser Stelle auch grundlegende Unterschiede z.B. im Rahmen der Anfechtungsfristen herausgearbeitet, vgl. auch BGHZ 51, 209, 210.

213 *Hachenburg/Raiser*, Anh. § 47 Rz. 3; *Baumbach/Hueck/Zöllner*, Anh. § 47 Rz. 19ff.; *Rowedder/Koppensteiner,* § 47 Rz. 73ff.

214 *Noack*, Fehlerhafte Beschlüsse, S. 133ff.; *Zöllner/Noack*, ZGR 1989, 525, 532ff.; *Hachenburg/Raiser*, Anh. § 47 Rz. 9ff.; *Raiser*, FS Heinsius, S. 645, 655ff.

215 *Baumbach/Hueck/Zöllner,* Anh. § 47 Rz. 7ff.; *Hachenburg/Raiser,* Anh. § 47 Rz. 21ff.; *Hüffer,* AktG § 241 Rz. 4ff.; *Großkommentar/Schmidt*, § 241 Rz. 8ff.; *Kölner Kommentar/Zöllner*, § 241 Rz. 4ff.

216 *Scholz/Schneider*, § 43 Rz. 95ff.; *Ebenroth/Lange*, GmbHR 1992, 69, 72f.; *Konzen*, NJW 1989, 2977, 2981; *Kion*, BB 1984, 846, 867; *Fleck*, GmbHR 1974, 224, 227; *Baumbach/Hueck/Zöllner*, § 43 Rz. 23.

217 *Hachenburg/Mertens*, Anh. § 47 Rz. 19f.

218 Std. Rspr.: RGZ 166, 129, 131f; BGHZ 11, 231, 235; 15, 382, 384f.; 36, 207, 210f.; 87, 1, 2; 89, 48, 50; *Baumbach/Hueck/Zöllner,* Anh. § 47 Rz. 19ff.; *Scholz/Schmidt*, § 45 Rz. 62.

zu dieser Mangelform auf ihre inhaltliche Ausgestaltung. § 241 AktG enthält einen „numerus clausus" möglicher Nichtigkeitsgründe[219]. Dabei lassen sich drei Kategorien der Nichtigkeit unterscheiden.

1. Verfahrensverstöße

Zunächst sind Verfahrensverstöße anzuführen[220]. Infolge der sehr formalisierten Regelung zur Einberufung von Gesellschafterversammlungen hat dieser Nichtigkeitsgrund für Weisungen eine recht hohe Bedeutung. Gerade in personalistisch strukturierten Unternehmen besteht die Gefahr, daß aus Unwissenheit oder Verkennung der rechtlichen Bedeutung auf die Einhaltung strenger Formvorschriften verzichtet wird.

2. Überschreitung von Gesellschafterkompetenzen

Ein weiterer Nichtigkeitsgrund ist die signifikante Überschreitung von Kompetenzen der Gesellschafter, sofern gegen zwingende gesetzliche Normen verstoßen wird[221].

3. Schwerwiegende inhaltliche Mängel gemäß § 241 Nr. 3, 4 AktG analog

Die Nichtigkeit wegen Unvereinbarkeit mit dem Wesen der GmbH aus § 241 Nr. 3 1. Alt. AktG analog[222] hat für Weisungen nur geringe Bedeutung[223].

Wichtiger ist hingegen § 241 Nr. 3 2. Alt. AktG, der Beschlüsse, die gegen Gläubigerschutzvorschriften mit zwingendem Charakter verstoßen, mit der

---

219 Entgegen der Auffassung des BGH, GmbHR 1989, 120, 122 ist *Scholz/Schmidt*, § 45 Rz. 62 der Ansicht, dieser Katalog könne erweitert werden, sofern ein Bedürfnis dafür entstünde.

220 Diese können in Form von Einberufungsmängeln gemäß § 243 I Nr. 1 vorliegen, sofern nicht alle Gesellschafter erschienen oder zumindest vertreten sind, vgl. BGHZ 11, 231, 235; BGH, NJW 1983, 1677, 1678f.; OLG Celle, GmbHR 1983, 273, 274f.; *Scholz/Schmidt*, § 45 Rz. 64; *Hachenburg/Raiser*, Anh. § 47 Rz. 33; *Baumbach/Hueck/Zöllner*, Anh. § 47 Rz. 20; *Lutter/Hommelhoff*, Anh. § 47 Rz. 12; *Rowedder/Koppensteiner*, § 47 Rz. 80; vgl. auch § 191 Nr. 1 RegE GmbHG 1971, BT-DruckS. 6/3088. Ferner handelt es sich um Verletzungen der notariellen Beurkundungspflicht, vgl. OLG Köln, GmbHR 1993, 164f.; *Scholz/Schmidt*, § 45 Rz. 66; *Baumbach/Hueck/Zöllner*, Anh. § 47 Rz. 22 sowie Verstöße gegen Formvorschriften beim Jahresabschluß.

221 Diese Nichtigkeitsfolge wird in der Literatur nicht einheitlich behandelt. Die Abberufung des Geschäftsführers in der durch das MitbestG 1976 mitbestimmten GmbH durch die Gesellschafter wird zum einen als wirkungsloser, so *Lutter/Hommelhoff*, Anh. § 47 Rz. 4; *Baums*, ZHR 142 (1978), 582, 583f., zum anderen als nichtiger Beschluß qualifiziert, so *Roth/Altmeppen*, § 47 Rz. 95; *Scholz/Schmidt*, § 45 Rz. 71.

222 Dazu *Scholz/Schmidt*, § 45 Rz. 73; *Lutter/Hommelhoff*, Anh. § 47 Rz. 18.

223 Dies ist darauf zurückzuführen, daß dem Nichtigkeitsgrund in der Praxis generell keine besondere Bedeutung beigemessen wird, vgl. *Meyer-Landrut/Miller/Niehus*, § 47 Rz. 71; *Scholz/Schmidt*, § 47 Rz. 73; *Hachenburg/Raiser*, Anh. § 47 Rz. 52; differenzierend *Rowedder/Koppensteiner*, § 47 Rz. 85.

Nichtigkeitsfolge versieht[224]. In diesem Zusammenhang ist auch das MitbestG zu berücksichtigen[225], dessen Zielsetzung nicht beim Umfang, sondern bei der inhaltlichen Ausgestaltung des Weisungsrechts Beachtung finden muß[226]. Sofern Weisungen dem Zweck des MitbestG zuwiderlaufen, ohne daß bereits die Rechtsfolge des § 241 Nr. 3 AktG eintritt, da der Weisungsbeschluß weder Gläubiger noch öffentliche Interessen verletzt, ist die Nichtigkeitsfolge von § 241 Nr. 4 AktG heranzuziehen[227]. Diese Fallgruppe ist für den Geschäftsführer besonders wichtig, da auch etwaige Haftungsbegrenzungsmöglichkeiten wegen des vorrangigen Gläubigerschutzes nur sehr eingeschränkt möglich sind[228].

Ferner sind gemäß § 241 Nr. 3 3. Alt. AktG Beschlüsse anzuführen, die gegen Vorschriften im öffentlichen Interesse verstoßen. Obwohl die genaue Bedeutung dieses Interesses umstritten ist, wird es grundsätzlich extensiv ausgelegt[229]. Dadurch existiert ein breites Spektrum an Weisungen, die aufgrund dieses Tatbestands nichtig sein können. Weisungen, die der BGH wegen Gesetzesverstößen für unbeachtlich hält, sind daher nur unter diesen eingeschränkten Voraussetzungen nichtig.

Letztlich kommen gemäß § 241 Nr. 4 AktG Beschlüsse in Betracht, die gegen die guten Sitten verstoßen[230]. Dabei handelt es sich um Mängel, die inhaltlich[231] so gravierend sind, daß sie dem Anstandsgefühl aller billig und gerecht Denkenden widersprechen[232] und ein Zuwarten auf die Geltendmachung einer Anfech-

---

224 Dazu gehören u.a. die Verletzungen der Kapitalerhaltungsvorschriften (§§ 30, 31, 33 GmbHG), Buchführungspflichten (§ 41 GmbHG), Konkursantragspflicht (§ 64 GmbHG), Verstöße gegen die Abgabenordnung und eine Verletzung der §§ 4, 5 GmbHG, vgl. BGHZ 89, 48, 50; *Rowedder/Koppensteiner*, § 47 Rz. 86; *Baumbach/Hueck/Zöllner*, Anh. § 47 Rz. 24.

225 BGHZ 83, 106, 110.

226 Vgl. oben S. 49f.

227 Der BGH hat die Nichtigkeitsfolge insbesondere bei der Verletzung von Vorschriften angenommen, die den Aufsichtsrat betreffen (§§ 25ff. MitbestG); vgl. BGHZ 83, 106, 109ff.; BGHZ 89, 48, 50; *Hachenburg/Raiser*, Anh. § 47 Rz. 50; *Scholz/Schmidt*, § 45 Rz. 75 i.V.m. 76; *Lutter/Hommelhoff*, Anh. § 47 Rz. 20; *Rowedder/Koppensteiner*, § 47 Rz. 86; *Raiser*, NJW 1981, 2166f.; *Steindorff/Joch*, ZHR 146 (1982), 336, 337f.; *Martens*, ZGR 1983, 237, 244.

228 Vgl. insbesondere die Ausführungen zur Verschuldens- und Haftungssummenbegrenzung S. 194ff., 280ff., Beweislastumkehr S. 354f. und Verjährungsverkürzung, S. 304ff.

229 Entscheidend ist im Grunde nicht das öffentliche Interesse als Gegenstand der Regelung, sondern in erster Linie die Frage, ob dieses Interesse die Nichtigkeitsfolge erfordert. Nach einer allgemeinen Formel liegt Nichtigkeit in diesem Sinne insbesondere dann vor, wenn die vorläufige Geltung des Beschlusses, die lediglich durch eine Anfechtungsklage beseitigt werden kann, unter Berücksichtigung des öffentlichen Interesses nicht mehr hinnehmbar ist. Davon betroffen sind in erster Linie Bestimmungen des Strafrechts sowie zwingende Normen des öffentlichen RechtS. Vgl. spezifisch zu § 241 Nr. 3 AktG: *Hüffer*, § 241 Rz. 18ff.

230 RGZ 131, 141, 145; BGHZ 15, 382, 385; *Scholz/Schmidt*, § 45 Rz. 76; *Baumbach/Hueck/Zöllner*, Anh. § 47 Rz. 25; *Hachenburg/Raiser*, Anh. § 47 Rz. 53f.; *Meyer-Landrut/Miller/Niehus*, § 47 Rz. 73; *Roth/Altmeppen*, § 47 Rz. 95.

231 RGZ 131, 141, 145; BGHZ 15, 382, 385, wonach der Wortlaut des Beschlusses allein nicht ausreichend ist.

232 RGZ 80, 219, 221; BGHZ 10, 228, 232; 69, 295, 297, wobei diese Formel bereits in den Motiven zum BGB (II S. 125) zu finden ist.

tungsklage, mit der die vorläufige Wirksamkeit beseitigt würde, nicht mehr möglich ist[233]. Die Grenze zur Sittenwidrigkeit ist jedoch hoch anzusetzen und liegt erst bei Verstößen schwerster Art vor[234]. Die Erkennbarkeit sittenwidriger Beschlüsse wird insoweit erleichtert, als sich die Sittenwidrigkeit in der Regel aufdrängt. Diese Fallgruppe stimmt mit den Grundsätzen des BGH zur Unbeachtlichkeit von Weisungen überein.

Sofern ein Beschluß an einem Nichtigkeitsmangel leidet, ist er ohne Rücksicht auf einen Kausalzusammenhang zwischen Mangel und Beschlußinhalt nichtig[235] und entfaltet keine Rechtswirkungen mehr. Überdies kann die Nichtigkeit von jedermann geltend gemacht werden. Eine besondere Nichtigkeitsfeststellungsklage ist zwar möglich, jedoch nicht erforderlich[236].

Bei den Unbeachtlichkeitsgründen des BGH handelt es sich demnach nur im Fall der Sittenwidrigkeit stets um nichtige Beschlüsse. Satzungs- und Gesetzesverstöße sind nur unter eingeschränkten Voraussetzungen als nichtig zu qualifizieren.

II. Anfechtungsgründe

1. Probleme der Geltung aktienrechtlicher Regelungen

Soweit die Regeln zur Anfechtbarkeit von Hauptversammlungsbeschlüssen gemäß § 243 AktG analog angewandt werden[237] kann ein Beschluß angefochten werden, sofern er an einem der relevanten Anfechtungsmängel leidet. Der Beschluß ist jedoch solange als wirksam anzusehen, bis er durch ein rechtskräftiges gerichtliches Urteil für nichtig erklärt wird[238].

Diese Grundsätze können auch nicht durch den in jüngerer Zeit vorgeschlagenen Ansatz *Noacks* in Frage gestellt werden, nachdem es ausreichend sei, wenn der anfechtungsbefugte Gesellschafter dem Beschluß bei einem Fehler i.S.d. § 243

---

233 Die Rechtsprechung hat einen Verstoß gegen die guten Sitten vor allem im Rahmen von Weisungen angenommen, die außenstehende Gläubiger der Gesellschaft beeinträchtigen, ohne daß diese gegen den Beschluß prozessual vorgehen können, vgl. RGZ 161, 129, 144; 166, 129, 132; BGHZ 15, 382, 386; 24, 119, 123; *Konzen,* NJW 1989, 2977, 2982; *Hachenburg/Raiser,* § 47 Rz. 54.

234 *Scholz/Schmidt* § 45 Rz. 76; *Konzen*, NJW 1989, 2977, 2982.

235 Diese Frage kann allenfalls unter ganz besonderen Umständen Bedeutung erlangen, so z.B. wenn es darauf ankommt, ob es sich um einen „schweren Verstoß" handelt, vgl. BGH, BB 1965, 564 zur Problematik einer fehlenden Zustimmung zur Abtretung eines Geschäftsanteils, wenn der Abtretende selbst bei der Beschlußfassung fehlte. In diesem Fall wurde der Beschluß nicht als nichtig angesehen.

236 Es handelt sich gewöhnlich um eine Feststellungsklage i.S.v. § 256 ZPO, die lediglich inter partes zwischen den Parteien wirkt (reiner Feststellungsstreit) oder aber eine Klage eines Gesellschafters, die auf die für jedermann verbindliche „Nichtigerklärung" der Weisung gerichtet ist (kassatorische Klage). So *Scholz/Schmidt*, § 45 Rz. 81ff.; *Hachenburg/Raiser*, Anh. § 47, 256; *Lutter/Hommelhoff*, Anh. § 47 Rz. 36; *Baumbach/Hueck/Zöllner*, Anh. § 47 Rz. 33.

237 BGHZ 11, 231, 235; 36, 207, 210f.; 51, 209, 210; 101, 113, 120.

238 *Scholz/Schmidt*, § 45 Rz. 39, 94ff.; *Lutter/Hommelhoff*, Anh. § 47 Rz. 1, 41.

AktG lediglich widerspricht[239]. Damit werde eine interne Nichtigkeit hervorgerufen[240], die eine Bindungswirkung des Beschlusses entfallen lasse[241]. Eines gerichtlichen Urteils bedürfe es nur dann, wenn dem Beschluß rechtliche Außenwirkung zukomme[242].

Rechtsformspezifische Unterschiede zwischen AG und GmbH lassen sich nicht als Rechtfertigung für dieses Modell anführen[243]. Vielmehr wird in einer erst jüngst erschienenen Untersuchung von *Koch* überzeugend nachgewiesen, daß die analoge Anwendung des aktienrechtlichen Anfechtungserfordernisses notwendig ist[244], da die Interessenlage in der AG und GmbH ausreichende Vergleichbarkeit aufweist[245]. Der typischerweise kleinere und geschlossenere Gesellschafterkreis und in der Regel personalistische Zuschnitt der GmbH erfordert in dieser Hinsicht kein signifikant geringeres Maß an Rechtssicherheit als in der AG[246]. Ferner würde die Lösung von Konflikten zwischen Gesellschaftermehrheit- und minderheit im Wege einer lediglich informellen Geltendmachung des Beschlußmangels[247] weitestgehend auf Kosten des Geschäftsführers erzielt. Die ansonsten vom Gericht vorgenommene Rechtmäßigkeitsprüfung verlagerte sich nahezu gänzlich auf ihn. Sofern ein Minderheitsgesellschafter sich gegen die Wirksamkeit eines Beschlusses wendet, der Mehrheitsgesellschafter hingegen auf der Durchführung des Beschlusses besteht, würde der Geschäftsführer in eine nur schwer lösbare Konfliktsituation gedrängt, da er bei unzulässigem Widerspruch und Weigerung eine Weisung auszuführen, in ein Haftungsrisiko geriete. Zur Lösung dieses Problems müßte entweder der Geschäftsführer eine gerichtliche Klärung des Beschlusses herbeiführen oder die Gesellschaft bliebe auf Dauer handlungsunfähig. Läßt sich eine klare Rechtslage letztlich nur durch eine gerichtliche Überprüfung des Widerspruchs herbeiführen, verfehlt der Widerspruch seinen Sinn[248].

Überdies vermag auch der Hinweis auf die durch eine steigende Zahl unnötig belasteter Gerichte nicht zu überzeugen[249]. Vielmehr bestünde die Gefahr, daß durch die vergleichsweise einfache Geltendmachung von Beschlußmängeln eine

---

239 *Noack*, Fehlerhafte Beschlüsse, S. 152; *Zöllner/Noack*, ZGR 1989, 525, 535; zustimmend: *Hachenburg/Raiser*, Anh. § 47 Rz. 9ff.

240 *Noack*, Fehlerhafte Beschlüsse, S. 64f.

241 *Noack*, Fehlerhafte Beschlüsse, S. 74.

242 *Noack*, Fehlerhafte Beschlüsse, S. 153; *Zöllner/Noack*, ZGR 1989, 525, 539f. unter Hinweis auf Unternehmensverträge und Genehmigung der Übertragung vinkulierter Geschäftsanteile.

243 So aber *Noack*, Fehlerhafte Beschlüsse, S. 153; *Zöllner/Noack*, ZGR 1989, 525, 532ff.; *Hachenburg/Raiser*, Anh. § 47 Rz. 9ff.

244 Dazu sehr ausführlich *Koch*, Anfechtungsklageerfordernis, S. 173ff.

245 Im Einzelnen *Koch*, Anfechtungsklageerfordernis, S. 180ff.

246 Vgl. wiederum *Koch*, Anfechtungsklageerfordernis, S. 159ff., 180ff.

247 *Hachenburg/Raiser*, Anh. § 47 Rz. 9.

248 Ähnlich *Ziemons*, Einflußnahme, S. 49, die betont, eine „Entprozessualisierung werde in den neuralgischen Fällen nicht erreicht".

249 Auch zur Eindämmung von Prozessen in teilweise „trivialsten Angelegenheiten" sei die informelle Geltendmachung der Anfechtungsmängel indiziert, vgl. *Zöllner/Noack*, ZGR 1989, 525, 535.

Vielzahl von Gesellschaftern bei den geringsten Zweifeln über die Wirksamkeit des Beschlusses Widerspruch erheben. Selbst wenn diese Gefahr nicht bei sämtlichen Gesellschaftern besteht, da die Bereitschaft zum Widerspruch maßgeblich von der individuellen Einstellung der Gesellschafter und deren Verhältnis untereinander abhängt, wird durch die Vereinfachung der Anreiz deutlich erhöht. Auf diese Weise kann eine kontinuierliche Unternehmensführung gefährdet werden[250]. Daher ist am Erfordernis der Anfechtungsklage festzuhalten[251].

2. Arten der Anfechtungsgründe

a) Verfahrensverstöße

Zunächst sind Verfahrensverstöße anzuführen[252]. Im Unterschied zu formellen Nichtigkeitsgründen wird für die verfahrensrechtlich begründete Anfechtbarkeit eines Beschlusses ein kausaler Zusammenhang zwischen Mangel und Beschlußergebnis[253] vorausgesetzt[254].

b) Inhaltliche Mängel

Eine weitere Gruppe von Anfechtungsgründen sind inhaltliche Mängel, die auf Verstöße gegen zwingendes Recht zurückzuführen sind und nicht bereits zur Nichtigkeit des Beschlusses führen. Dabei handelt es sich vor allem um Verstöße gegen das „Gleichbehandlungsgebot“ [255] und die „gesellschaftsrechtliche Treuepflicht“[256]. Mit letzterem ist überdies einer der ausdrücklichen Unbeacht-

---

250 *Schröder*, GmbHR 1994, 532, 534 spricht von „Unregierbarkeit“ der Gesellschaft; *Ziemons*, Einflußnahme, S. 49 von „Handlungsunfähigkeit“.

251 Ebenso *Lutter/Hommelhoff*, Anh. § 47 Rz. 1; *Henze*, ZGR 1988, 542, 548ff.; *Rowedder/Koppensteiner*, § 47 Rz. 73; *Scholz/Schmidt*, § 45 Rz. 36.

252 Dazu gehören z.B. Fehler im Rahmen der Versammlungsleitung, der Abstimmung, der Feststellung des Beschlußergebnisses, bei der Vorbereitung der Beschlußfassung sowie die Nichteinhaltung der Ladungsfrist, vgl. dazu *Scholz/Schmidt*, § 48 Rz. 98; *Hachenburg/Raiser*, Anh. § 47 Rz. 11.

253 BGHZ 14, 264, 267f.; 36, 121, 139 (zum Vereinsrecht); BGHZ 119, 1, 19 (zum Aktienrecht); *Vogel*, Gesellschafterbeschlüsse, S. 212; *Scholz/Schmidt*, § 45 Rz. 100.

254 Dabei reicht nach allgemeiner Auffassung die Möglichkeit aus, daß der Beschluß auf dem Mangel beruht, vgl. RGZ 110, 194, 198; a.A. *Kölner Kommentar/Zöllner*, § 243 Rz. 81ff., der auf das Merkmal der „Relevanz“ abstellt; zustimmend *Scholz/Schmidt*, § 45 Rz. 100.

255 Danach sind Differenzierungen unter den Gesellschaftern verboten, die weder sachlich noch durch Zustimmung des(der) benachteiligten Gesellschafter(s) gerechtfertigt werden können, BGHZ 111, 224, 227; 116, 359, 373; *Baumbach/Hueck/Zöllner*, Anh. § 47 Rz. 48; *Scholz/Schmidt*, § 45 Rz. 105.

256 Die gesellschaftsrechtliche Treuepflicht ist seit langem anerkannt, vgl. RGZ 164, 257, 262; 170, 358, 373; BGHZ 9, 157, 163; 14, 25, 38; 65, 15, 18f.; 80, 346, 349; *Baumbach/Hueck/Zöllner*, § 13 Rz. 21ff.; *Hachenburg/Raiser*, § 14 Rz. 52ff.; *Scholz/Schmidt*, § 14 Rz. 50ff.; *Zöllner*, Schranken, S. 335ff.; *Wolany*, Rechte und Pflichten, S. 103ff.; *Immenga*, Kapitalgesellschaft, S. 168ff.; *Teichmann*, Gestaltungsfreiheit, S. 167ff.; *Winter*, Treuebindungen, S. 43ff. sowie speziell zu den Rechtsfolgen: *Korehnke*, Treuwidrige Stimmen, S. 87ff., 131ff.

lichkeitsgründe des BGH anzuführen. Die gesellschaftsrechtliche Treuepflicht[257] verbietet insbesondere der Mehrheit, ihre Herrschaftsmacht gegenüber der Minderheit zu mißbrauchen. Der einzelne Gesellschafter ist verpflichtet, sich aufgrund seiner Stellung gegenüber der Gesellschaft und seinen Mitgesellschaftern redlich und sozial zu verhalten. Die Feststellung von Treuepflichtverstößen ist in der Regel schwierig, da nicht jede für die Minderheit nachteilige Weisung einen Verstoß der Mehrheit gegen die ihr obliegende Pflicht zu rechtlich, loyalem Verhalten entsprechend dem statutarischen Zweck des Gemeinschaftsverhältnisses begründet[258]. Grundsätzlich wird man jedoch davon ausgehen können, daß ein Gesellschafter seine Stimmacht nicht zum Erlangen gesellschaftsfremder Vorteile oder sonstiger zweckwidriger Rechtsausübung auf Kosten der GmbH oder Mitgesellschafter ausnutzen darf[259].

c) Verstöße gegen die Satzung

Als weiteren Anfechtungsgrund sind Verstöße gegen die Satzung[260] zu nennen, die ebenfalls zu den Unwirksamkeitsgründen des BGH zählen[261]. Die Erkennbarkeit satzungswidriger Beschlüsse wird dem Geschäftsführer üblicherweise geringere Schwierigkeiten bereiten, da ihm das Regelungsstatut zumindest bekannt sein dürfte[262].

---

257 Sie wird im Laufe der Untersuchung überdies im Rahmen der formellen Anforderungen für Haftungsvereinbarungen und als Möglichkeit zur Herleitung einer Formpflicht für Weisungen zu Rate gezogen, vgl. unten S. 190ff.

258 Vgl. *Konzen*, NJW 1989, 2977, 2982; *Winter,* Treuebindungen, S. 106f. Entscheidend sind dabei die Umstände des EinzelfallS. Dazu zählen insbesondere die Art und Gegenstand der Weisung; der Gesellschaftszweck, BGHZ 65, 15, 19; besonderes Vertrauen, RG, DR 1941, 1307; die Zahl der Gesellschafter und deren Beteiligungshöhe; die finanzielle Situation des Unternehmens; die Intensität der gesellschaftlichen Bindung der Gesellschafter untereinander, BGHZ 9, 157, 163; 14, 25, 38; 65, 15, 19; 98, 276, 279; Umfang und Dauer der Beteiligung, BGHZ 65, 15, 19 sowie Rechtspositionen, die einem Gesellschafter insgesamt im Unternehmen eingeräumt wurden, RGZ 113, 188, 196; 165, 68, 79; BGHZ 65, 15, 20.

259 Vgl. BGH, GmbHR 1977, 129, 130 zur Ausnutzung von Geschäftsvorteilen der GmbH sowie BGHZ 89, 162, 165ff. zum unmittelbaren Wettbewerb durch den/die herrschenden Gesellschafter.

260 *Vogel*, Gesellschafterbeschlüsse, S. 211; *Baumbach/Hueck/Zöllner*, Anh. § 47 Rz. 59; *Hachenburg/Raiser*, Anh. § 47 Rz. 135; *Scholz/Schmidt*, § 45 Rz. 114.

261 Eine Ausnahme bilden insoweit lediglich satzungsdurchbrechende Beschlüsse, bei denen es sich um Dauerregelungen handelt, die Satzungsregelungen außer Kraft setzen und weder der qualifizierten Mehrheit entsprechen noch notariell beurkundet sind, vgl. dazu: *Boesebeck*, NJW 1960, 2265ff.; *Priester*, ZHR 151 (1987), 40, 44ff.; *Habersack*, ZGR 1994, 354ff.; *Tieves*, ZIP 1994, 1341ff.

262 Zumindest ist es einfacher, den Weisungsbeschluß mit der jederzeit verfügbaren und inhaltlich begrenzten Satzung als mit der schwierigen Kasuistik zu gesellschaftsrechtlichen Treuepflichtverletzungen bzw. Sittenwidrigkeit oder der Vielfalt übriger Normen im öffentlichen Interesse zu vergleichen.

d) Verstöße gegen den Gesellschaftszweck

Darüber hinaus sind Verstöße gegen den Gesellschaftszweck[263] und gegen schuldrechtliche Abreden der Gesellschafter anzuführen, sofern diese verbindlichen und organisationsrechtlichen Charakter aufweisen.

e) Bedeutung einer fehlenden Beschlußfeststellung

Von besonderer Bedeutung ist letztlich das Fehlen der Beschlußfeststellung. Im Gegensatz zum Aktienrecht gehört die förmliche Feststellung des Beschlußergebnisses gemäß § 130 II AktG im GmbH-Recht nicht zu den Wirksamkeitsvoraussetzungen der Beschlußfassung[264]. Im Hinblick auf die Anfechtbarkeit von Gesellschafterbeschlüssen ist nach ständiger Rechtsprechung gleichwohl zwischen festgestellten und nicht festgestellten Beschlüssen zu unterscheiden[265]. Wurde ein Beschluß wirksam festgestellt oder war das Ergebnis der Abstimmung am Ende der Gesellschafterversammlung nicht streitig, so ist der Beschluß wirksam[266] und kann nur im Wege einer Anfechtungsklage beseitigt werden[267]. Sofern der Beschluß nicht festgestellt wurde und Streitigkeiten über Inhalt oder wirksames Zustandekommen des Beschlusses auftreten, entsteht ein Schwebezustand, dem nicht durch eine Beschlußanfechtung begegnet werden kann. Da nicht sicher wäre, wogegen sich eine Anfechtung richten sollte, kann der Beschlußinhalt nur durch eine Beschlußfeststellungsklage gerichtlich geklärt werden[268]. Gleichwohl ist der Beschluß in diesem Fall bei Erfüllung seiner formellen und materiellen Voraussetzungen mit seinem rechtlich zutreffenden Ergebnis gefaßt worden[269], da die Beschlußfeststellung gerade nicht zu den Wirksamkeitsvoraussetzungen zählt.

Abschließend ist zu betonen, daß sich die Abgrenzung zwischen Anfechtungs- und Nichtigkeitsgründen schwierig gestaltet[270], wodurch im Einzelfall die richtige Klageart zweifelhaft sein kann. Der BGH nimmt jedoch nun in Abkehr zu seiner bisherigen Rechtsprechung[271] an, daß Anfechtungs- und Nichtigkeitsklage dieselben Rechtsschutzziele verfolgen[272] und schließt sich damit der Auffas-

---

263 Die Verknüpfung mit der Satzung besteht vor allem darin, daß der Unternehmensgegenstand dort festgelegt ist, vgl. *Hachenburg/Raiser*, Anh. § 47 Rz. 137f.; *Scholz/Schmidt*, § 45 Rz. 115; *Zöllner*, Schranken, S. 318ff.

264 Unstreitig: vgl. nur *Hachenburg/Raiser*, Anh. § 47 Rz. 89.

265 BGHZ 14, 25, 36; 51, 209, 211ff.; 104, 66, 69.

266 Vorausgesetzt der Beschluß leidet nicht an einem Nichtigkeits- oder Unwirksamkeitsmangel.

267 BGHZ 104, 66, 69.

268 Dazu ausführlich *Baumbach/Hueck/Zöllner*, Anh. § 47 Rz. 90aff.

269 BGHZ 104, 66, 69; 51, 209, 211; vgl. auch *Hachenburg/Raiser*, Anh. § 47 Rz. 89ff.; *Baumbach/Hueck/Zöllner*, Anh. § 47 Rz. 63ff.

270 Insbesondere bei Gesetzesverletzungen kann es zweifelhaft sein, ob die Norm, gegen die eine Weisung verstößt, überwiegend im öffentlichen Interesse gegeben und der Beschluß gemäß § 241 Nr. 3 AktG nichtig oder gemäß § 243 AktG lediglich anfechtbar ist, vgl. *Scholz/Schmidt*, § 45 Rz. 75.

271 Vgl. RGZ 170, 83, 87f.; BGHZ 32, 318, 322.

272 BGH, GmbHR 1997, 732, 733.

sung des herrschenden Schrifttums an[273]. Daher kann eine Anfechtungsklage auch mit einem Nichtigkeitsantrag wirksam erhoben werden[274].

III. Unklare Beschlüsse

In Anknüpfung an die fehlende Notwendigkeit einer Feststellung der gefaßten Beschlüsse ergibt sich als erste gesetzlich nicht geregelte Form des Beschlußmangels die „Unklarheit des Beschlußergebnisses". Soweit demnach keine verbindliche Feststellung des Beschlußergebnisses vorgenommen wurde und über das Ergebnis der Abstimmung bzw. deren Inhalt Uneinigkeit zwischen den Gesellschaftern herrscht, ist zur Klärung des rechtlich wirksamen Beschlußergebnisses eine Beschlußfeststellungklage erforderlich[275]. Dieser Umstand rechtfertigt eine eigenständige Benennung dieses Beschlußmangels, der bei jeder Weisung unabhängig von ihrem jeweiligen Inhalt eingreifen kann.

IV. Unwirksame Beschlüsse

Unwirksame Beschlüsse kennzeichnen einen Mangel, dessen Ursprung im Fehlen einer zur Wirksamkeit erforderlichen Voraussetzung liegt. Dabei lassen sich die fehlende Zustimmung bestimmter Gesellschafter[276], das selten einschlägige Fehlen vormundschaftlicher Genehmigungen[277] sowie Beschlüsse unterscheiden, die unter einer Bedingung gefaßt werden bzw. gegen ein Verbot mit Erlaubnisvorbehalt verstoßen[278]. Da es sich dabei um Gesetzesverletzungen handelt, kann der gleichnamige Unbeachtlichkeitsgrund des BGH auch an dieser Stelle Bedeutung erlangen. Unwirksame Weisungen sind rechtlich als lediglich schwebend unwirksam zu qualifizieren, da sie durch die Nachholung der fehlenden Voraussetzungen wirksam werden können[279]. Insofern lassen sie sich in der Rechtsfolge von den übrigen Fallgruppen abgrenzen. Sofern dies nicht geschieht, besteht die Möglichkeit, Unwirksamkeitsfeststellungsklage gemäß § 256 ZPO zu erheben[280]. Daraus ergibt sich der eigenständige Charakter dieser Fallgruppe.

---

273 *Baumbach/Hueck/Zöllner*, Anh. § 47 Rz. 83; *Scholz/Schmidt*, § 45 Rz. 48; *Hachenburg/Raiser*, Anh. § 47 Rz. 195; *Hüffer*, § 246 Rz. 13ff.; *Schmidt*, JZ 1988, 729, 733ff.

274 BGH, GmbHR 1997, 732.

275 *Baumbach/Hueck//Zöllner*, Anh. § 47 Rz. 9a. Im Ergebnis auch BGHZ 51, 209, 211; 76, 154, 157; 104, 66, 69; *Rowedder/Koppensteiner*, § 47 Rz. 9; *Meyer-Landrut/Miller/Niehus*, § 48 Rz. 14; *Saenger*, GmbHR 1997, 113, 116.

276 *Vogel*, Gesellschafterbeschlüsse, S. 215; *Spörlein/Tausend*, Geschäftsführer, S. 243; *Baumbach/Hueck/Zöllner*, Anh. § 47 Rz. 10; *Hachenburg/Raiser*, Anh. § 47 Rz. 21; *Lutter/Hommelhoff*, Anh. § 47 Rz. 3; *Rowedder/Koppensteiner*, § 47 Rz. 74; *Meyer-Landrut/Miller/Niehus*, § 47 Rz. 79; *Scholz/Schmidt*, § 45 Rz. 54.

277 In der Regel betrifft die Genehmigung nicht den Beschluß, sondern das auszuführende Geschäft. Als Ausnahme läßt sich die Erteilung einer Prokura in der Einmann-GmbH anführen, die gemäß § 1822 Nr. 11 BGB eine solche Genehmigung erfordert.

278 Als Beispiel sei ein Verstoß gegen § 1 GWB angeführt, der gemäß §§ 2ff. GWB einer Freistellung zugänglich ist.

279 *Baumbach/Hueck/Zöllner*, Anh. § 47 Rz. 10; *Scholz/Schmidt*, § 45 Rz. 53, 58ff.; a.A. *Baums*, ZHR 142 (1978), 582, 588, der von heilbarer Nichtigkeit ausgeht.

280 BGHZ 15, 177, 181; *Baumbach/Hueck/Zöllner*, Anh. § 47 Rz. 10.

Ferner könnte sich anbieten, im Rahmen der vorliegenden Untersuchung in diese Kategorie eine fehlende Zustimmung des Aufsichtsrats gemäß § 111 IV 2 AktG einzuordnen. Allerdings bliebe dabei außer acht, daß der Beschluß selbst dieser Zustimmung nicht bedarf, sondern lediglich die damit ausgesprochene Maßnahme. Daher würde zumindest aus dogmatischer Sicht die Unterscheidung zwischen Gesellschafterbeschluß und der Weisung unterlaufen. Im Rahmen der Untersuchung der Haftungsrisiken und Pflichten aus § 43 II, III GmbHG wird dieser Mangel separat behandelt[281].

V. Nicht- oder Scheinbeschlüsse

Als weitere Kategorie sind „Nicht- oder Scheinbeschlüsse" anzuführen. So werden mitunter Beschlüsse gekennzeichnet, deren Inhalt lediglich behauptet wird, die von einem nicht zuständigen Gremium gefaßt oder aber die Versammlung von einer nicht zuständigen Person einberufen wurde. Dabei geht die Rechtsprechung von der Notwendigkeit aus, eine zusätzliche Mangelform zu schaffen[282]. Im Schrifttum wird sie hingegen überwiegend abgelehnt[283]. Es gebiete vor allem die Rechtssicherheit, auf diese Konstellationen Nichtigkeitsvorschriften anzuwenden. Eine klare Abgrenzung zu § 241 Nr. 1 und 3 AktG, die derartige Mängel zum Teil ausdrücklich abdecken, sei ohnehin kaum möglich.

Die Einwände des Schrifttums überzeugen jedoch nicht gänzlich. Wenngleich einige Fallgruppen der sogenannten Nicht- oder Scheinbeschlüsse tatsächlich unter § 241 AktG zu subsumieren sind, wie z.B. die Einberufung durch einen außenstehenden Dritten, auf die sich durchaus § 241 Nr. 1 AktG anwenden läßt, rechtfertigt zumindest eine Fallkonstellation die terminologische Differenzierung. Sofern der Beschluß ohne Gesellschafterversammlung von einzelnen Gesellschaftern, Aufsichtsratsmitgliedern oder einem außenstehenden Dritten gefaßt bzw. behauptet wird, liegt begrifflich ein Gesellschafterbeschluß nicht vor. Daher scheitert eine Anwendung der §§ 241, 243 AktG analog. In diesen Fällen ist mithin tatsächlich von einem Nichtbeschluß[284] auszugehen[285]. Diese Mangelform ist daher auf sämtliche Weisungen anwendbar, die unter Verstoß gegen die Zuständigkeitsvorschriften erteilt werden[286]. In den verbleibenden Konstellatio-

---

281 Vgl. unten S. 126.

282 BGHZ 11, 231, 236; 18, 334, 337f.

283 *Baumbach/Hueck/Zöllner*, Anh. § 47 Rz. 14; *Hachenburg/Raiser*, Anh. § 47 Rz. 30; *Rowedder/Koppensteiner*, § 47 Rz. 75.

284 Die Bezeichnung Scheinbeschluß sollte hingegen vermieden werden, da sie weniger deutlich zum Ausdruck bringt, daß es sich de facto um keinen Gesellschafterbeschluß handelt.

285 Ähnlich *Scholz/Schmidt*, § 45 Rz. 50ff., der die Kategorie des Scheinbeschlusses nur in besonderen Fällen terminologisch anerkennt, in denen tatsächlich überhaupt kein Beschluß vorliegt. Dieser könne auch keinerlei Rechtswirkungen hervorrufen. Sofern der Beschluß hingegen protokolliert und festgestellt wurde, solle er als anfechtbar eingestuft werden.

286 Aus diesem Grund wird die Kategorie der Nichtbeschlüsse bei der Untersuchung von Risiken und Folgepflichten des Geschäftsführers im Rahmen fehlerhafter Weisungen Bestandteil der Fallgruppe „Zuständigkeitsmängel" sein, wohingegen die vorangegangenen Mängel jeweils unter ihrer genannten Bezeichnung Eingang in die Prüfung finden.

nen muß im Zuge einer rechtssicheren und transparenten Lösung § 241 AktG angewendet werden[287].

VI. Wirkungslose Beschlüsse

Überflüssig ist es hingegen von „wirkungslosen Beschlüssen" auszugehen. Darunter werden Beschlüsse verstanden, die entweder ihre beabsichtigte Wirkung nicht bzw. nicht sinnvoll entfalten können[288] oder gegen zwingende Schranken der Gesellschafterkompetenzen verstoßen[289]. Diese Beschlüsse sind jedoch entweder nichtig, da sie gemäß § 241 I Nr. 3 AktG analog gegen das Wesen der GmbH oder gegen Gläubigerrechte verstoßen bzw. eine schwere Kompetenzüberschreitung beinhalten, oder anfechtbar, da sie gemäß § 243 AktG analog der Satzung widersprechen[290]. Eine eigenständige Fallgruppe ist mithin entbehrlich.

VII. Ergebnis

Die Grenzen des Weisungsrechts ergeben sich mithin aus den Mangelgruppen der Gesellschafterbeschlüsse und können nichtig, anfechtbar, unklar oder unwirksam sein. Überdies kann es sich lediglich um einen Nicht- oder Scheinbeschluß handeln. Die Tatsache, daß diese Mängel jeweils unterschiedliche Voraussetzungen, Konsequenzen und Möglichkeiten ihrer Geltendmachung aufweisen zeigt, daß die vereinfachten Feststellungen des BGH, gesetzes-, satzungs-, sitten- und treuewidrige Weisungen seien unbeachtlich, die Komplexität des Beschlußmängelrechts nicht ausreichend erfassen können.

§ 6 ZUSAMMENFASSUNG UND AUSGANGSLAGE

In diesem ersten Teil der Untersuchung wurden die Voraussetzungen einer wirksamen Weisung herausgebildet. Dabei hat sich gezeigt, daß den Gesellschaftern ein nahezu unbeschränktes Maß an Einflußnahme auf die Geschäftsführer zusteht.

An diesen Voraussetzungen wird sich die gesamte nachfolgende Analyse der Haftungsrisiken und Begrenzungsmöglichkeiten orientieren. Daher seien die wesentlichen Grundsätze nochmals in Erinnerung gerufen. Die Zuständigkeit für die Erteilung der Weisung liegt in den Händen der Gesellschafterversammlung oder dem Alleingesellschafter in der Einmann-GmbH. Im Fall mitbestimmungs-

---

287 *Hachenburg/Raiser*, Anh. § 47 Rz. 30; *Baumbach/Hueck/Zöllner*, Anh. § 47 Rz. 14, der betont, daß auch die von *Scholz/Schmidt*, § 45 Rz 50 verwendete Formel, nach der ein Scheinbeschluß vorliege, sofern elementare Voraussetzungen für das Zustandekommen fehlen, wenig hilfreich sei, da es sich in der Regel um nichtige Beschlüsse handele.

288 *Hachenburg/Raiser*, Anh. § 47 Rz. 27.

289 *Hachenburg/Raiser*, Anh. § 47 Rz. 28f.; *Lutter/Hommelhoff*, Anh. § 47 Rz. 4.

290 Vgl. insoweit die zweifelhaften Bedenken von *Hachenburg/Raiser,* Anh. § 47 Rz. 29, wonach Gesellschafterbeschlüsse, die sich gegen satzungsgemäße Kompetenzverteilungen richten, die Eigenständigkeit dieser Mangelform begründen; dagegen auch *Baumbach/Hueck/Zöllner,* Anh. § 47 Rz. 12.; *Scholz/Schmidt*, § 45 Rz. 41 geht im Rahmen der ersten Kategorie davon aus, daß es sich nicht um wirkliche Beschlüsse, sondern eher um formlose „Entschließungen" handelt.

rechtlicher Einflüsse sind je nach Grad der Mitbestimmung die Kompetenzen des Aufsichtsorgans zu berücksichtigen. Dem Geschäftsführer steht bis auf die gesetzliche Zuständigkeitsverteilung kein Mindestbereich eigenverantwortlicher Geschäftsführung zu. Dadurch kann er zu einem reinen Exekutivorgan der Gesellschafter degradiert werden. Die Weisungen selbst finden ihre Grenzen an den allgemeinen Gesellschafterbeschlußmängeln, deren Vorliegen zur Fehlerhaftigkeit der Weisung führt. Die Konsequenzen dieser Fehler werden in den sich anschließenden Teilen der Untersuchung analysiert. Dabei wird zunächst erörtert, in welchen Fällen der Ausführung der Weisung für den Geschäftsführer ein zumindest theoretisches Haftungsrisiko besteht.

2. TEIL: ENTSTEHUNG EINES HAFTUNGSRISIKOS UND DESSEN BEGRENZUNG IM RAHMEN DES GESETZLICHEN HAFTUNGSTATBESTANDS AUS § 43 II, III GMBHG

Das Haftungsrisiko des Geschäftsführers gegenüber der GmbH im Rahmen von Gesellschafterweisungen ergibt sich aus § 43 II, III 1 GmbHG. Danach entsteht gemäß Absatz II grundsätzlich ein Schadensersatzanspruch, wenn der Geschäftsführer eine Pflicht, die ihm persönlich gegenüber der Gesellschaft obliegt, durch die Ausführung einer Weisung schuldhaft verletzt und dadurch einen adäquat kausalen Schaden verursacht hat[1]. § 43 III 1 GmbHG begründet einen speziellen Tatbestand dieser Haftung für den Fall, daß die Ausführung der Weisung gegen die Kapitalerhaltungsvorschriften verstößt oder das Verbot verletzt wird, eigene Anteile der GmbH zu erwerben. Obgleich es sich um unterschiedliche Haftungstatbestände handelt, werden sie im Folgenden gemeinsam untersucht, da sowohl die deliktsrechtliche Grundstruktur identisch ist, die möglichen Einreden und Einwendungen für beide Tatbestände gleichermaßen bedeutsam sind, als auch eine Vielzahl der Argumente für und gegen einzelne Haftungsrisiken und Haftungsbegrenzungsmöglichkeiten durch einen unmittelbaren Vergleich beider Haftungsnormen verständlicher werden[2]. Um die notwendige dogmatische Basis für eine Analyse der Haftungsrisiken und -beschränkungen zu erhalten, ist es zunächst erforderlich, sich Klarheit über Rechtsnatur und Funktion der Haftung zu verschaffen.

§ 7 DOGMATISCHE GRUNDLAGEN DES SCHADENSERSATZANSPRUCHS AUS § 43 II, III GMBHG

A. Rechtsnatur der Haftung

Die Rechtsnatur des § 43 II GmbHG ist Gegenstand einer Kontroverse. Herrschend ist die Auffassung, es handele sich um einen organisationsrechtlichen Haftungstatbestand[3], wohingegen ein Teil des Schrifttums der Meinung ist, die Norm habe anstellungsvertraglichen Charakter[4]. Aus dogmatischen Gründen muß § 43 II GmbHG jedoch als organisationsrechtlich bezeichnet werden. Zum einen ist der Schadensersatzanspruch von der Existenz eines Anstellungsvertrags unabhängig. Mit der Bestellung und Übernahme des Amtes werden dem Geschäftsführer die Organpflichten auferlegt und der persönliche Anwendungs-

---

1 *Scholz/Schneider*, § 43 Rz. 21ff.; *Hachenburg/Mertens*, § 43 Rz. 2ff.; vgl. auch die schematische Darstellung bei *Dahnz*, Berufsrisiko, S. 22f.

2 So insbesondere im Rahmen möglicher Verschuldensbegrenzung aufgrund vertraglicher Vereinbarungen, vgl. unten S. 130ff., sowie aufgrund einer Anwendung der Grundsätze beschränkter Arbeitnehmerhaftung, vgl. unten S. 159ff.

3 BGH, WM 1974, 689; WM 1992, 691; *Rowedder/Koppensteiner*, § 43 Rz. 3; *Roth/Altmeppen*, § 43 Rz. 1; *Hachenburg/Mertens*, § 43 RZ. 10; *Scholz/Schneider*, § 43 Rz. 12; *Sonnenberger*, GmbHR 1973, 25; ebenso *Baumbach/Hueck/Zöllner*, § 43 Rz. 7, der jedoch keine Anspruchskonkurrenz zur Verletzung anstellungsvertraglicher Pflichten, sondern einen einheitlichen organisationsrechtlichen Tatbestand annimmt, der auch die Verletzung anstellungsvertraglicher Pflichten umfasse.

4 *Baums*, Geschäftsleitervertrag, S. 213; *Konow*, GmbHR 1968, 219; *Hueck*, DB 1954, 274.

bereich der Norm eröffnet. Sollte der Geschäftsführer Pflichten verletzen, die sich nur aus seinem Anstellungsverhältnis ergeben, so kommt ein Anspruch aus pVV in Betracht[5]. Auf diese Weise wird der von der Gegenmeinung im Fall fehlenden bzw. fehlerhaften Anstellungsverhältnisses angewandte dogmatische „Umweg“ über die Grundsätze faktischer Anstellungsverhältnisse[6] vermieden. Darüber hinaus weist *Schneider* zutreffend auf die Funktionsverantwortung im Rahmen der Unternehmensleitung hin. Dem Geschäftsführer ist die Vertretungsmacht und Leitung zugewiesen, wodurch er verpflichtet wird, die gemäß § 43 I GmbHG normierte Sorgfalt eines ordentlichen Geschäftsmannes einzuhalten[7]. Auch daraus läßt sich der korporative Grundtypus von § 43 II GmbHG ableiten.

B. Funktion des Haftungstatbestands

I. Allgemeine Funktionen der Organhaftung

Die Funktion der Haftung von Organen wird unterschiedlich beurteilt. Dabei lassen sich zwei grundsätzliche Ansätze differenzieren.

1. Wirtschaftspolitischer Ansatz

Zunächst ist ein wirtschaftspolitisches Modell anzuführen. Danach bestimmt sich die Funktion der Haftung nach einem Prinzip, das sich durch die Einheit von „Leitungsmacht bzw. Herrschaft und Haftung“ auszeichnet[8]. Innerhalb dessen soll der Wettbewerb zu einer natürlichen Auslese der Unternehmen und ihrer Leitungsorgane führen[9]. Die Gültigkeit dieser Auffassung wird in der Literatur bestritten[10]. Der wirtschaftspolitische Ansatz setzt bei konsequenter Anwendung auf die Haftung des Geschäftsführers voraus, daß diese nur dort ihren Sinn erfüllen kann, wo der Geschäftsführer tatsächlich die Macht im Unternehmen ausübt[11]. Im GmbHG kann jedoch kaum von einer konsequenten Durchführung dieses Prinzips ausgegangen werden, da gerade die weisungsberechtigten Gesellschafter infolge des Trennungsprinzips gemäß § 13 II GmbHG grundsätzlich keiner persönlichen Haftung unterliegen. Obwohl es eine Vielzahl von Ansätzen gibt, auch eine Haftung der Gesellschafter für die Ausübung der

---

5 *Scholz/Schneider*, § 43 Rz. 13; *Rowedder/Koppensteiner*, § 43 Rz. 3; *Baumbach/Hueck/Zöllner*, § 43 Rz. 1c.

6 Vgl. dazu *Weimar*, GmbHR 1997, 473, 478.

7 *Scholz/Schneider*, § 43 Rz. 12.

8 *Immenga*, Kapitalgesellschaft, S. 117ff sowie *Eucken*, Wirtschaftspolitik, S. 279ff.

9 *Eucken*, Wirtschaftspolitik, S. 279ff., 281.

10 *Limbach*, Theorie und Wirklichkeit, S. 107ff.; *Teichmann*, Gestaltungsfreiheit, S. 125f. sowie *Scholz/ Schneider*, § 43 Rz. 7, der vor allem darauf abstellt, daß sich weder an den Voraussetzungen noch am Umfang der Haftung etwas ändere, sofern das Organ eine am Umsatz orientierte Tantieme bezieht oder wenn es sich um einen Gesellschaftergeschäftsführer handelt. Gerade diese Umstände müßten jedoch im Rahmen eines Ansatzes, der die Haftung an die Herrschaft bindet, eine ausschlaggebende Bedeutung erlangen. Vgl. zu § 93 AktG: *Kölner Kommentar/Mertens*, § 93 Rz. 4, 7.

11 So auch *Scholz/Schneider*, § 43 Rz. 7; *Heisse*, Beschränkung, S. 119.

Leitungsmacht in der GmbH einzuführen[12], so bleibt doch die Haftung des Geschäftsführers davon unberührt. Obwohl sich mit diesem Ansatz nur schwerlich die Funktion der Haftung erklären läßt, wird zumindest der Grundgedanke einer Verbindung zwischen Herrschaft und Haftung als Argumentationshilfe in die Untersuchung von Haftungsbeschränkungsmöglichkeiten[13] und der Haftung der Gesellschafter für Einflußnahmen auf die GmbH einbezogen.

2. Gesellschaftsrechtlicher Ansatz

Ein weiterer Ansatz zielt eher auf gesellschaftsrechtliche Gesichtspunkte ab. Die Haftung dient danach der Leistungserbringung, da den Gläubigern eine weitere Vollstreckungsmöglichkeit zur Verfügung gestellt werden solle, der Verhaltenskontrolle, da eine Inanspruchnahme als Sanktion für fehlende Sorgfalt in der Unternehmensführung anzusehen sei sowie dem Kapitalersatz, da dem Unternehmen zusätzliche finanzielle Absicherung gewährt werden müsse[14].

II. Gläubigerschutz im Rahmen des § 43 II, III GmbHG

Fraglich ist mithin, wie sich der gesellschaftsrechtliche Ansatz im Hinblick auf die spezielle Funktion des § 43 II GmbHG darstellt. Im Rahmen der Geschäftsführerhaftung wird der Schwerpunkt auf die Verhaltenshaftung gelegt. Im Vordergrund stehe dabei weder ein Sach- noch ein Geldleistungszweck, sondern eine Präventivfunktion, durch die der Geschäftsführer sich in seiner Unternehmensführung der erforderlichen Sorgfalt bedienen solle[15]. Dabei wird allerdings ähnlich wie im Rahmen des wirtschaftspolitischen Ansatzes betont, dies setze zumindest eine potentielle Einflußnahmemöglichkeit auf die Unternehmensorganisation voraus[16]. Fraglich ist jedoch, wie genau diese Präventivfunktion in § 43 GmbHG ausgeprägt ist.

Dabei läßt sich der Regelung - insbesondere § 43 III GmbHG - entnehmen, daß neben den Interessen der naturgemäß geschützten Anteilseigner und des Unternehmens selbst auch die der Gläubiger geschützt werden sollen. Indes bleibt zu

---

12 Vgl. die Ansätze zur Begründung einer Haftung der Gesellschafter für Einflußnahmen auf die Geschäftsführer von *Wilhelm*, Rechtsform, S. 285, der von einer Haftung für die fremdbezogene Machtausübung ausgeht oder *Stein*, Faktisches Organ, S. 185ff., die eine Haftung für faktische Geschäftsführung befürwortet. Beide stützen sich im Grunde auf § 43 II GmbHG analog. Darüber hinaus *Krebs*, Leitung, S. 230 für die Ausübung von Leitungsmacht aus den §§ 302 II, 317 III, 323 I, 2 i.V.m. 309 II AktG, sowie die Durchgriffshaftung und Haftung im qualifiziert faktischen Konzern.

13 Insbesondere im Rahmen der Verschuldens- und Haftungssummenbegrenzung, Vereinbarungen zur Abkürzung der Verjährung und Verteilung der Beweislast wird dies eine Rolle spielen, vgl. dazu unten S. 130ff., 260ff., 281ff., 290ff.

14 *Wiedemann*, Gesellschaftsrecht I, S. 536.

15 *Wiedemann*, Gesellschaftsrecht I, S. 537; *Scholz/Schneider*, § 43 Rz. 7f.; *Heisse*, Beschränkung, S. 120.

16 *Wiedemann*, Gesellschaftsrecht I, S. 537, wenngleich diese Einschränkung im Vergleich zu dem wirtschaftspolitischen Ansatz nicht von einer konsequenten Korrelation von Haftung und Verantwortung ausgeht.

untersuchen, ob diese Interessensphären gleichwertig im gesamten Anwendungsbereich des § 43 II, III GmbHG nebeneinanderstehen, da sich von diesem Ansatz aus die Zulässigkeit von weiteren Einschränkungen der Haftung, insbesondere im Rahmen des Verschuldens zumindest mitbeantworten läßt.

1. Unmittelbarer Gläubigerschutz im Rahmen von § 43 III GmbHG

Unstreitig hat der Gesetzgeber die Interessen der Gläubiger im Rahmen des § 43 III GmbHG in besonderem Maße geschützt[17]. Überdies nahm er dazu auch eigens Stellung[18]. Daher konzentrieren sich die Ausführungen darauf, ob und inwieweit § 43 II GmbHG in seinem Anwendungsbereich die Gläubiger ebenso schützt wie die Gesellschafter.

2. Mittelbarer Gläubigerschutz im Rahmen des § 43 II GmbHG

Diese Frage wird vom Schrifttum unterschiedlich beantwortet. Einer Auffassung nach sollen die Gläubiger durch die Haftung des § 43 II GmbHG in vollem Umfang geschützt werden. § 43 III 3 GmbHG sei lediglich ein Bereich, in dem der Gesetzgeber die Gläubiger in besonderem Maße in den Schutzumfang der Norm einbezogen hat[19]. Dieser Ansatz stützt sich auf die zuvor angeführte dreiteilige Haftungsfunktion und führt an, daß der Geschäftsführer in seinem gesamten Tätigkeitsbereich durch die Präventionswirkung der Haftung sorgfältig mit dem Gesellschaftsvermögen umgehen solle, welches den Gläubigern als einzige Vermögensmasse zur Verfügung stünde. Die Funktion der darüber hinaus besonders geschützten Ansprüche ergebe sich aus dem Befriedigungsinteresse und diene den Gläubigern als zusätzliche Vollstreckungsmöglichkeit[20]. Daraus wird folgerichtig einen Haftungsausschluß des Geschäftsführers im Bereich seiner Geschäftsführungspflichten in jedweder Form abgelehnt[21]. Nur im Rahmen von Pflichten, die nicht zu denen der Geschäftsführung gehören, wie z.B. das verkehrsgerechte Führen eines PKW, könne nicht von einem Schutz der Gläubiger ausgegangen werden[22].

Dieser Ansatz erscheint zunächst einleuchtend, da er mit Hilfe der Differenzierung in Befriedigungs- und Präventionsfunktion einen umfassenden Schutz der Gläubiger zu begründen versucht. Er geht jedoch von einer nur schwer haltbaren Prämisse aus. Der im Rahmen des Präventionsinteresses beabsichtigte

---

17 Allgemeine Meinung: vgl. *Scholz/Schneider*, § 43 Rz. 8; *Lindacher*, JuS 1984, 672, 673; *Fleck*, GmbHR1974, 224, 229; *Kion*, BB 1984, 864, 867.

18 Amtliche Begründung zum Entwurf eines GmbHG von 1891, S. 99.

19 Vgl. insbesondere *Heisse*, Beschränkung, S. 122.

20 *Heisse*, Beschränkung, S. 122 nimmt damit zwei der dreigliedrigen Haftungsfunktionen von *Wiedemann*, Gesellschaftsrecht I, S. 537f. auf und überträgt sie auf den § 43 II GmbHG.

21 *Heisse*, Beschränkung, S. 122f.; im Ergebnis wohl ähnlich, jedoch teilweise ohne in so differenzierter Form auf die Funktion der Haftung einzugehen: *Lutter/Hommelhoff*, § 43 Rz. 2; *Baums*, Geschäftsleitervertrag, S. 213; *Ebenroth/Lange*, GmbHR 1992, 69, 76; ausführlicher *Bastuck*, Enthaftung, S. 90ff.

22 *Heisse*, Beschränkung, S. 107f.

Gläubigerschutz wird unmittelbar mit dem Gesellschaftsvermögen verknüpft. Mit diesem müsse der Geschäftsführer auch zugunsten der Gläubiger sorgsam umgehen, da es ihnen als einzige Vermögensmasse zur Verfügung stehe. Einer derartigen Interpretation stehen allerdings zwei wesentliche Einwände entgegen. Zunächst ist festzustellen, daß den Gläubigern unter bestimmten Voraussetzungen sowohl die Gesellschafter im Wege einer sogenannten Durchgriffshaftung[23] als auch der Geschäftsführer durch eine in der Rechtsprechung anerkannte Eigenhaftung[24] persönlich haften können, sofern ein besonderes Bedürfnis vorliegt. Daher steht den Gläubigern nicht ausschließlich das Gesellschaftsvermögen als Haftungsmasse zur Verfügung. Überdies läuft die Argumentation darauf hinaus, der Geschäftsführer und durch ihn als vertretungsberechtigtes Organ auch das Unternehmen seien in bestimmtem Umfange verpflichtet, eine pfändbare Vermögensmasse für die Gläubiger zur Verfügung zu stellen. Diese Verpflichtung widerspricht jedoch der Möglichkeit der Gesellschafter, dem Unternehmen ökonomische Schäden nach weitgehend eigenem Belieben zuzufügen, da es in ihren eigenen Verantwortungsbereich eingreift und die Verfügungsbefugnis über das ihnen zustehende Vermögen tangiert. Das GmbHG hat für gläubigerschädigende Maßnahmen und deren zwingenden Ausgleich unter anderem im Rahmen der §§ 43 III, 3, 64 II, 82ff. GmbHG ausreichend Sorge getragen. Insofern wird der Gläubigerschutz im Anwendungsbereich des § 43 II GmbHG nicht zwingend im gleichen Maße berücksichtigt wie im § 43 III GmbHG.

Nach einer differenzierenden Ansicht wird auf die einzelnen Pflichten im Bereich der Geschäftsführung abgestellt, um den Gläubigerschutz des § 43 II GmbHG einzugrenzen[25], da offensichtlich sei, daß zumindest einige Pflichten außerhalb des § 43 III ebenfalls dem Schutz der Gläubiger dienten[26], wie beispielsweise das Verbot der Kreditgewährung aus gebundenem Vermögen gemäß § 43a GmbHG[27].

Unabhängig von dem Problem, die jeweils besonders geschützten Bereich einer rechtsicheren Abgrenzung zuzuführen, mag diesen Ansätzen zugestanden werden, daß in bestimmten Pflichtenbereichen des Geschäftsführers außerhalb des § 43 III GmbHG der Gläubigerschutz stärker ausgeprägt zu sein scheint als in

---

23 Vgl. *Rowedder/Koppensteiner*, § 13 Rz. 22ff., 27ff.; *Scholz/Emmerich*, § 13 Rz. 75ff.; *Hachenburg/Mertens*, Anh. § 13 Rz. 1ff.; *Baumbach/Hueck/Zöllner*, § 13 Rz. 15; *Geißler*, GmbHR 1993, 71ff.

24 Abgesehen von einer grundsätzlich möglichen Deliktshaftung aus z.B. § 826 BGB ist insbesondere die Eigenhaftung aus c.i.c. bei Inanspruchnahme persönlichen Vertrauens oder Vorliegens eines erheblichen Eigeninteresses anzuführen, vgl. dazu *Rowedder/Koppensteiner*, § 43 Rz. 66; *Wellkamp*, DB 1994, 869ff.

25 *Lindacher*, JuS 1984, 672, 674; *Schneider*, FS Werner, S. 795, 810, der eine Pflichteneinteilung in Kapitalerhaltung, Kapitalaufbringung, Risikotrennung sowie Liquiditätssicherung zum einen und die Pflicht zur ordnungsgemäßen Unternehmensleitung zum anderen vornimmt; ähnlich *Scholz/ Schneider*, § 43 Rz. 185.

26 *Hachenburg/Mertens*, § 43 Rz. 5 geht ohne nähere Begründung davon aus, daß bestimmte Pflichtenbereiche des § 43 I GmbHG und somit auch die Haftung aus § 43 II GmbHG dem Schutz der Gläubiger dienen.

27 *Schneider*, FS Werner, S. 795, 810.

den übrigen Bereichen des § 43 II GmbHG. Ein Indiz dafür ist tatsächlich die Gewährung von Darlehen aus dem gebundenen Vermögen der Gesellschaft gemäß § 43a GmbHG[28], der die Gläubiger durch eine dadurch provozierte Insolvenz ohne Zweifel zu schädigen vermag[29].

Gleichwohl läßt sich daraus nicht bereits ableiten, der Gesetzgeber beabsichtige, die Gläubiger auf diese Weise besonders zu schützen. Vielmehr hätte dies durch Einbeziehung in den Anwendungsbereich des § 43 III GmbHG erfolgen können. Überzeugender ist vielmehr, daß die Gläubiger im gesamten Anwendungsbereich des § 43 II GmbHG geschützt sind, da bei sämtlichen Pflichtverletzungen ein zumindest mittelbarer Einfluß auf die Gläubiger besteht. Selbst bei Pflichten, die interne Organisationsfragen der GmbH betreffen, können die Gläubiger durch die Insolvenz des Unternehmens infolge mangelhafter kaufmännischer oder technischer Organisation in Mitleidenschaft gezogen werden. Dies ist auch den Meinungen entgegenzuhalten, die einen Schutz der Gläubiger gänzlich bestreiten[30]. Dabei handelt es sich jedoch lediglich um einen reflexartigen Schutz, der sich weniger aus dem Willen des Gesetzgebers als aus der faktischen Betroffenheit ergibt. Vor diesem Hintergrund wird letztlich auch der Rechtssicherheit ausreichend Rechnung getragen, die durch eine kaum durchführbare, sachliche Abgrenzung besonderer Pflichtenbereiche[31] gefährdet würde[32].

III. Ergebnis

Als Ergebnis bleibt daher zu konstatieren, daß der Gläubigerschutz in § 43 III GmbHG nicht in gleicher Weise ausgeprägt ist wie im Rahmen des § 43 II GmbHG. Gleichwohl werden die Gläubiger in dessen Regelungsbereich berücksichtigt. Dabei lassen sich zwar Bereiche mit stärkerer und weniger intensiver Schutzwirkung für potentielle Gläubiger der Gesellschaft differenzieren. Insgesamt ist jedoch von einem reflexartigen Schutz der Gläubiger im gesamten Pflichtenbereich des Geschäftsführers auszugehen, der zu einer Inanspruchnahme nach § 43 II GmbHG führen kann. Die Beantwortung der Frage, inwieweit dieser im Hinblick auf einzelne Haftungsbegrenzungsmöglichkeiten eine Rolle spielt, bleibt den entsprechenden Untersuchungen vorbehalten.

---

28 Daher subsumiert *Schneider*, FS Werner, S. 795, 809f. die aus § 43a GmbHG resultierenden Pflichten in seine Kategorie der Risikotrennung, vgl. zum Grundsatz der sog. Risikotrennung auch *Schneider*, GmbHR 1982, 197ff.

29 Vgl. zu den Problemen und Voraussetzungen der Kreditgewährung und Haftung im Einzelnen: *Peltzer*, FS Rowedder, 325, 343ff.

30 So insbesondere *Fleck*, GmbHR 1974, 224, 229; *Kion*, BB 1984, 864, 867.

31 Vgl. insoweit *Schneider*, FS Werner, S. 795, 810, der eine Einteilung derartiger Pflichten im Rahmen der Kapitalerhaltung, Kapitalaufbringung, Risikotrennung und Liquiditätssicherung vornimmt.

32 Dies zeigt sich auch daran, daß die einschlägige Kommentarliteratur in aller Regel auf eine genaue Spezifizierung verzichtet und allgemein von gläubigerschützenden Pflichten ausgeht, vgl. dazu exemplarisch *Hachenburg/Mertens*, § 43 Rz. 5.

§ 8 PFLICHTWIDRIGKEITSVORWURF

A. Pflichtwidrigkeit als Grundlage des Haftungsrisikos

Die erste Tatbestandsvoraussetzung eines Schadensersatzanspruchs aus § 43 II bzw. III 1 GmbHG und damit Grundlage eines Haftungsrisikos ist die Verletzung einer dem Geschäftsführer obliegenden Pflicht. Im Rahmen der vorliegenden Untersuchung geht es allein um Pflichtverletzungen im Rahmen von Gesellschafterweisungen, die der Geschäftsführer ausgeführt hat. Daher muß zunächst das Verhältnis zwischen Pflichtwidrigkeit und Weisungen bestimmt und erörtert werden, zu welchen grundlegenden Auswirkungen dies im Hinblick auf das Haftungsrisiko aus § 43 II, III 1 GmbHG führt.

I. Grundsatz und Rechtsnatur der haftungsbefreienden Wirkung rechtmäßiger Weisungen und Verhältnis zur Pflichtwidrigkeit

Sofern eine Weisung vorliegt, die den im ersten Teil dieser Arbeit dargestellten Voraussetzungen entspricht, d.h. die von der Gesellschafterversammlung erlassen wurde, ohne unklar, anfechtbar, unwirksam oder gar nichtig zu sein, ist der Geschäftsführer grundsätzlich verpflichtet sie auszuführen. Eine Haftung scheidet in diesem Fall aus, da die Weisung den Geschäftsführer entlastet[33]. § 75 IV Regierungsentwurf des GmbHG 1971 sah dies sogar explizit vor: „Die Ersatzpflicht tritt nicht ein, wenn die Handlung in Übereinstimmung mit dem Gesetz und dem Gesellschaftsvertrag erfolgt, auf einem Beschluß der Gesellschafter oder einer für den Geschäftsführer verbindlichen Weisung beruht[34].

Fraglich ist nun, welche Rechtsnatur der haftungsbefreienden Wirkung einer Weisung zukommt. Zunächst könnte der Grundsatz venire contra factum proprium als Maßstab herangezogen werden[35]. Vor diesem Hintergrund wäre die Weisung lediglich als eine spezielle Form der Arglisteinrede anzusehen. Jedoch würde eine derartige Lösung der Bedeutung der Weisung als wesentlichem Teil der gewöhnlichen Pflichten des Geschäftsführers kaum gerecht und ist somit abzulehnen.

Ferner könnte der Wortlaut des Regierungsentwurfs herangezogen werden. Er geht vom Nichteintritt der Ersatzpflicht aus, wenn die Handlung auf einer rechtmäßigen Weisung beruht. Da der Begriff „Nichteintritt der Ersatzpflicht" allgemeiner Art ist und die Haftung daher aus einer Vielzahl von Gründen scheitern kann, lassen sich daraus nur bedingt Rückschlüsse ziehen. Denkbar

---

33 BGHZ 31, 258, 278; 75, 321, 326; BGH, GmbHR 1974, 131, 132; *Hachenburg/Mertens*, § 43 Rz. 69; *Baumbach/Hueck/Zöllner*, § 37 Rz. 12; *Immenga*, Kapitalgesellschaft, S. 278; *ders.*, GmbHR 1973, 7ff.; *Fleck*, GmbHR 1974, 224, 226; *Konow*, GmbHR 1968, 219f.; *Scholz/Schneider*, § 43 Rz. 95; *Konzen*, NJW 1989, 2977, 2983; *Gieseke*, GmbHR 1996, 486f.; *Ziemons*, Einflußnahme, S. 34.

34 BT-Drucks. 6/3088 S. 21.

35 *Fleck*, GmbHR 1974, 224, 226; *Immenga*, GmbHR 1973, 5, 7f.; *Rowedder/Koppensteiner*, § 43 Rz. 26.

wäre allenfalls, daraus eine Art Rechtfertigungsgrund besonderer Art zu entnehmen, der sich gegen ein ansonsten pflichtwidriges Verhalten durchsetzt.

Dieser Ansatz stimmt zumindest im Ergebnis mit einem Teil der Auffassung von *Mertens* überein. Dieser führt aus, es könne sich sowohl um einen Rechtfertigungsgrund als auch um einen fehlenden Schaden handeln, soweit die Vermögensminderung dem objektiven Willen der Gesellschaft entspreche[36]. Gleichwohl lassen beide Ansätze außer acht, daß die Wirkung der Haftungsbefreiung bereits an einer dogmatisch vorrangigen Voraussetzung im Rahmen des § 43 II GmbHG eingreifen kann. Sofern die Weisung rechtmäßig ist, fehlt es bereits an der Tatbestandsmäßigkeit der Haftung. Es ist allgemein anerkannt, daß im Fall einer rechtmäßigen Weisung der Geschäftsführer ungeachtet sonstiger Pflichten dem Willen der Gesellschafter uneingeschränkt Folge leisten muß[37], selbst wenn sie ökonomisch nachteilig ist. Die Folgepflicht im Rahmen rechtmäßiger Weisung überlagert demzufolge die sonstigen Pflichten des Geschäftsführers. In diesem Fall kann er notwendigerweise nicht mehr gegen sie verstoßen. Eine rechtmäßige Weisung stellt daher keinen Rechtfertigungsgrund dar. Vielmehr handelt der Geschäftsführer in Ausführung der Weisung bereits nicht pflichtwidrig[38]. Dies kann auch mit dem dürftigen Wortlaut der BGH-Rechtsprechung in Einklang gebracht werden, die lediglich feststellt, der Geschäftsführer hafte im Rahmen wirksamer Weisungen der Gesellschafter nicht[39]. Daraus läßt sich schließen, die Befolgung rechtmäßig-weisungsgemäßen Verhaltens könnte keine Sorgfaltspflichtverletzung im Sinne des § 43 II GmbHG darstellen. Der Schaden kann aus dogmatischen Gründen ebenfalls keine Bedeutung mehr haben, da im Rahmen des § 43 II, III GmbHG ein pflichtwidriges Verhalten vorausgesetzt wird. Aus diesen Gründen liegt die Rechtsnatur der Haftungsbefreiung im pflichtwidrigkeitsausschließenden Charakter der Weisung.

II. Begriff des Haftungsrisikos

Vor diesem Hintergrund kann von einem tatsächlichen Haftungsrisiko des Geschäftsführers im Fall der Ausführung einer für die GmbH wirtschaftlich nachteiligen Weisung nur dann ausgegangen werden, wenn die Weisung ihn nicht in jedem Fall von einer Haftung freistellt. Anders gewendet: ein Haftungsrisiko entfällt, wenn die ausgeführte Weisung ihn in jedem Fall von einer Haftung freistellt, ohne daß er über die reine Ausführung hinaus bestimmte Pflichten erfüllen muß, zu denen beispielsweise die Mitteilung eventueller Bedenken, die Herbeiführung eines neuen Beschlusses oder das sorgfältige Abwägen der mit der Ausführung verbundenen Vor- und Nachteile zählen.

---

36 *Hachenburg/Mertens*, § 43, Rz. 57, 69.

37 BGHZ 31, 258, 278; OLG Düsseldorf, ZIP 1984, 1476, 1478; *Lutter/Hommelhoff*, § 43 Rz. 18; *Immenga*, Kapitalgesellschaft, S. 247, 278; *Boesebeck*, GmbHR 1960, 118ff.; *Fleck*, GmbHR 1974, 224, 226.

38 So auch im Ergebnis *Ebenroth/Lange*, GmbHR 1992, 69, 77.

39 Vgl. dazu insbesondere BGHZ 31, 258, 278; 75, 321, 326.

Im Rahmen der folgenden Untersuchung wird demnach analysiert, in welchen Fällen einer Weisungsausführung ohne weiteres eigenes Zutun des Geschäftsführers ein Haftungsrisiko ausgeschlossen ist. In diesen Fällen erübrigen sich weitere Ausführungen zu denkbaren Handlungsmöglichkeiten, die einen Schaden für das Unternehmen verhindern könnten. Relevant ist in diesem Zusammenhang lediglich, daß im Fall einer Weisungsausführung keine Pflichtwidrigkeit des Geschäftsführers i.S.d. § 43 II, III 1 GmbHG mehr möglich ist. In den verbleibenden Fällen erfolgt hingegen eine Darlegung der Pflichten, die ein Haftungsrisiko reduzieren bzw. ausschließen können.

B. Haftungsrisiken und Pflichten im Rahmen der Ausführungshandlung

Soweit der Geschäftsführer bei Ausführung der Weisung die ihm als Unternehmensleiter gemäß § 43 I GmbHG obliegenden Sorgfaltspflichten eines ordentlichen Geschäftsmannes verletzt[40], entfaltet die Haftungsbefreiung keine Wirkung, selbst wenn sie wirksam ist. Diese Risiken bleiben trotz Weisung erhalten, da sie sich nur auf Konsequenzen erstrecken kann, die den Inhalt der von ihr getroffenen Entscheidung betreffen[41]. Die dadurch entstehenden Schäden werden selbstverständlich nicht durch die Weisung abgedeckt, da sich ihre Folgepflicht sachlich nicht auf sie bezieht. Die Weisung kompensiert lediglich den Verstoß gegen die „gewöhnliche Pflicht" des Geschäftsführers, im Rahmen einer ökonomisch sinnvollen Kosten-Nutzen-Relation zu wirtschaften, nicht jedoch den Verstoß gegen die Sorgfaltspflichten im Rahmen der konkreten Ausführungshandlung. Derartige Haftungsrisiken können den Geschäftsführer jedoch auch unabhängig vom Vorliegen einer Weisung treffen. Um einer Haftung in diesem Bereich zu entgehen, muß der Geschäftsführer seine „üblichen" organschaftlichen und anstellungsvertraglichen Pflichten erfüllen. Dabei handelt es sich um vier allgemeine Pflichtenkreise, denen weitere Einzelpflichten zuzuordnen sind[42]. Diese leiten sich zum Teil aus der Satzung, dem GmbHG (§§ 30, 31, 41, 65 GmbHG), aus dem Anstellungsvertrag sowie aus speziellen gesetzlichen Regelungen und allgemeinen Rechtsgrundsätzen ab.

Dazu gehören die Pflicht zur ordnungsgemäßen Geschäftsführung[43], die allgemeine Treuepflicht[44] gegenüber der Gesellschaft und den Gesellschaftern, die

---

40 Zum allgemeinen Sorgfaltsmaßstab und dem Pflichtenkreis des Geschäftsführers vgl. *Scholz/Schneider*, § 43 Rz. 42ff.; *Hachenburg/Mertens*, § 43 Rz. 18ff.

41 Vgl. dazu auch *Scholz/Schmidt*, § 43 Rz. 95, der diese Differenzierung insofern anspricht als er betont, daß der Geschäftsführer nur noch für Fehler bei der Ausführung hafte.

42 Diese Einteilung kann beliebig ausdifferenziert oder anders benannt werden. Vgl. die einzelnen Einteilungen bei *Scholz/Schneider,* § 43 Rz. 26ff.; *Lutter/Hommelhoff*, § 43 Rz. 5ff.; *Rowedder/Koppensteiner*, § 43 Rz. 6ff.; *Höhn*, Geschäftsleitung, S. 184ff. Inhaltlich stimmen die angebotenen Schemata überein. Die vorliegend gewählte Einteilung folgt weitgehend dem Vorschlag von *Hachenburg/Mertens*, § 43 Rz. 18ff.

43 Vgl. zur Vielzahl der davon umfaßten Bereiche *Hachenburg/Mertens*, § 43 Rz. 18ff.

44 Die Treuepflicht des Geschäftsführers gegenüber der GmbH ist einhellig anerkannt, ohne ausdrücklich normiert zu sein, vgl. BGHZ 10, 187, 192; 49, 30, 31; BGH, GmbHR 1977, 43; *Hachenburg/Mertens*, § 43 Rz. 35ff.; *Scholz/Schneider*, § 43 Rz. 121; *Rowedder/Koppensteiner*, § 43 Rz. 18. Zu ihr zählt insbesondere die Pflicht zum loyalen Einsatz für die Gesellschaft, welche durch ein Wettbewerbsverbot geprägt ist, vgl. *Mer-*

allgemeine Verschwiegenheitspflicht[45], die sich selbst über die Amtszeit fortsetzt[46] sowie spezielle Pflichten aus dem Anstellungsvertrag, die über die genannten Bereiche hinausgehen[47].

Sollte der Geschäftsführer bei Ausführung der Weisung gegen eine dieser Pflichten verstoßen, wird ihn die Weisung der Gesellschafter nicht entlasten. Da sich die Untersuchung auf diese Aspekte jedoch nicht erstreckt, kann eine weitere Ausführung dahinstehen.

C. Haftungsrisiken und Pflichten im Rahmen rechtmäßiger Weisungen

Selbst wenn eine Weisung den Voraussetzungen entspricht, die im ersten Teil der Untersuchung ausgearbeitet wurden[48] und sie sich grundsätzlich auf die vom Geschäftsführer vorgenommene Maßnahme erstreckt, mag es Fälle geben, in denen die haftungsbefreiende Wirkung ausscheidet bzw. zumindest Zweifeln unterliegt.

I. Haftungsrisiken und Pflichten im Rahmen einer pflichtwidrigen Einflußnahme auf die Beschlußfassung

Die Weisung kann trotz Erfüllung sämtlicher Wirksamkeitsvoraussetzungen inhaltlich auf einer fehlenden oder mangelhaften Information der Gesellschafter beruhen, die durch ein pflichtwidriges Verhalten (Tun oder Unterlassen) des Geschäftsführers hervorgerufen wurde. Soweit die Mitteilung dieser Informationen in seinen Pflichtenbereich fällt oder generell die Weisung beeinflussen kann, löst die Weisung keine Folgepflicht aus und kann den Geschäftsführer demgemäß nicht vor einer möglichen Haftung bewahren.

Dogmatisch lassen sich für dieses Haftungsrisiko zwei Begründungsansätze heranziehen. Zum einen könnte die Einflußnahme auf die Beschlußfassung als selbständige Pflichtverletzung qualifiziert werden, die von der haftungsbefreienden Wirkung der Weisung nicht erfaßt wird[49] und somit eine Haftung aus

---

tens/Cahn, FS Heinsius, S. 545ff.; *v. der Osten*, GmbHR 1989, 450ff.; *Tillmann*, GmbHR 1991, 26ff.; *Timm*, GmbHR 1981, 177ff; das Verbot, die Organstellung im eigenen Interesse auszunutzen, vgl. *Schießl*, GmbHR 1988, 53; 547ff.; *Kübler*, FS Werner, S. 437ff.; die Pflicht zur angemessenen Berücksichtigung von Unternehmensinteressen im Privatbereich sowie die Pflicht zur Ermöglichung einer angemessenen Kontrolle durch die Gesellschafter.

45 Im Gegensatz zu § 93 I 1 AktG und § 34 I 2 GenG fehlt eine Normierung dieser Pflicht im GmbHG. Gleichwohl leitet sie sich aus der allgemeinen Pflicht zur Förderung der Unternehmensinteressen her, vgl. BGH, WM 1975, 678.

46 BGHZ 91, 1, 6; *Hachenburg/Mertens*, § 43 Rz. 49.

47 Dazu gehört unter anderem ein nachvertragliches Wettbewerbsverbot, das sich nicht bereits aus dem Gesetz ergibt, vgl. dazu BGH, GmbHR 1977, 43, 44; OLG Hamm, GmbHR 1988, 344, 346, eine Residenzpflicht, vgl. *Hachenburg/Stein*, § 35 Rz. 321 sowie eine Pflicht, die Dienste innerhalb festgelegter Zeiten zu erbringen, vgl. BGH, NJW-RR 1988, 420.

48 Vgl. oben S. 51ff.

49 *Hachenburg/Mertens*, § 43 Rz. 74.

§ 43 II GmbHG auszulösen vermag. Zum anderen ist es denkbar, die Ausführung der Weisung als pflichtwidrig anzusehen, sofern die Einflußnahme auf die Beschlußfassung die in diesem Zusammenhang ansonsten eintretende haftungsbefreiende, d.h. pflichtwidrigkeitsausschließende Wirkung[50] der Weisung aufhebt.

Die zweite Alternative trägt jedoch nicht der Tatsache Rechnung, daß der Geschäftsführer grundsätzlich Informations- und Treuepflichten unterliegt, deren Verletzung getrennt bzw. zusätzlich zu prüfen sind[51]. Außerdem kann die Einflußnahme die Rechtmäßigkeit der Weisung selbst nicht berühren, da sie lediglich zu einer fehlerhaften Tatsachenvorstellung der Gesellschafter und damit deren Beurteilungsgrundlage führt, nicht hingegen zur Veränderung der gesetzlichen Wirksamkeitsvoraussetzungen. Aus diesem Grund hebt die Einflußnahme nicht die haftungsbefreiende Wirkung der Weisung auf, sondern stellt eine selbständige Pflichtverletzung dar, die eine Haftung des Geschäftsführers zur Folge haben kann.

Einer Pflichtverletzung kann der Geschäftsführer mithin nur entgehen, wenn er sich der Ausführung der Weisung enthält, die Gesellschafter über die pflichtwidrige Einflußnahme aufklärt und diese gegebenenfalls eine neue Weisung beschließen oder erklären, daß sie an der ursprünglichen Weisung trotz pflichtwidriger Einflußnahme festhalten.

II. Haftungsrisiken und Pflichten im Rahmen unzweckmäßiger Weisungen

Ferner ist die haftungsbefreiende Wirkung von sogenannten unzweckmäßigen Weisungen zu untersuchen. Derartige Weisungen genügen zwar den beschriebenen Wirksamkeitsvoraussetzungen, sind jedoch unternehmerisch nicht sinnvoll[52]. In diesem Rahmen werden dem Geschäftsführer teilweise spezielle Pflichten auferlegt[53], deren Verletzung die Haftungsentlastung der Weisung in Frage stellen kann. Dabei wird vom Geschäftsführer unter Berufung auf seine Treuepflicht verlangt, er müsse jede Weisung auch im Hinblick auf ihre Zweckmäßigkeit untersuchen, und den Gesellschaftern etwaige Bedenken unverzüglich mitteilen. Damit soll ihnen die Möglichkeit eingeräumt werden, den Beschluß nochmals zu überdenken. Die Weisung selbst befinde sich während dieser Zeit in einer Art „Schwebezustand“, der dem des anfechtbaren Beschlusses entspreche.

---

50 Vgl. oben S. 71f.

51 Im Ergebnis ebenso, jedoch ohne Begründung *Scholz/Schneider*, § 43 Rz. 96.

52 Zur Begriffsbestimmung, *Ziemons*, Einflußnahme, S. 32 Fn. 31, die damit auf den allgemeinen Wortsinn und nicht auf eine spezifisch gesellschaftsrechtliche Interpretation des Begriffs abstellt, da es nicht um einen Widerspruch zum satzungsgemäßen Gesellschaftszweck geht.

53 *Ziemons*, Einflußnahme, S. 32f., 40f., die sich zusätzlich auf *Wiedemann*, FS Heinsius, S. 949, 957ff. beruft; ebenso *Lutter/Hommelhoff*, § 37 Rz. 13; *Baumbach/Hueck/Zöllner*, § 37 Rz. 13; *Boesebeck*, GmbHR 1960, 118, 120.

Die Folgen einer Verletzung dieser Pflicht werden unterschiedlich beurteilt. Während *Boesebeck* einen Schadensersatzanspruch aus § 43 II GmbHG befürwortet[54], lehnt der übrige Teil des Schrifttums eine Ersatzpflicht ab[55].

Ferner soll der Geschäftsführer unter bestimmten Umständen verpflichtet sein, von der Weisung abweichende Ausführungshandlungen vorzunehmen[56], sofern er annehmen kann, daß diese von den Gesellschaftern gebilligt werden und ein Warten auf die Antwort der Gesellschafter mit einer Gefahr für die Gesellschaft verbunden ist[57].

Obgleich die Treuepflicht des Geschäftsführers gegenüber der Gesellschaft sehr weitreichender Natur ist[58], vermag dieses „Pflichtenverständnis" aus mehreren Gründen nicht zu überzeugen. Zunächst widerspricht die Möglichkeit einer Haftung für unzweckmäßige Weisungen der BGH-Rechtsprechung und dem im ersten Teil ausgeführten System der Gesellschafterbeschlußmängel. Unzweckmäßige Weisungen lassen sich weder in eine der Beschlußmängelkategorien einordnen[59] noch stehen sie im Einklang mit der Entscheidung des BGH, nach der für einen GmbH-Geschäftsführer lediglich die Weisungen unbeachtlich sind, die gegen das Gesetz, die guten Sitten, die Satzung[60] und die gesellschaftliche Treuepflicht[61] verstoßen.

Überdies obliegen dem Geschäftsführer bereits eine Fülle von Informationspflichten, durch die er gezwungen ist, die Gesellschafter über die wesentlichen Angelegenheiten des Unternehmens in Kenntnis zu setzen. Im Rahmen der §§ 42, 42a GmbHG werden rein finanzielle bzw. bilanztechnische Aspekte erfaßt[62]. § 49 III GmbHG verpflichtet ihn, unverzüglich eine Gesellschafterversammlung einzuberufen, wenn sich aus einer Bilanz ergibt, daß die Hälfte des

---

54 *Boesebeck*, GmbHR 1960, 118, 120, der jedoch betont, die Anforderungen an eine, wie er es nennt, „Gegenvorstellung" dürften nicht überspannt werden, da es eine Frage des Takts sei, inwieweit der Geschäftsführer mit seiner Prüfung und Vorstellung seiner Ansichten gehen könne.

55 *Ziemons*, Einflußnahme, S. 40; *Fleck*, ZHR 149 (1985), 387, 408.

56 *Ziemons*, Einflußnahme, S. 33; *Lutter/Hommelhoff*, § 37 Rz. 23; *Baumbach/Hueck/Zöllner*, § 37 Rz. 13.

57 Die Vertreter dieser Pflichten sind sich bei der Festlegung der rechtlichen Grundlage uneinig: *Baumbach/Hueck/Zöllner*, § 37 Rz. 13 leitet sie direkt aus § 665 BGB ab, wohingegen *Lutter/Hommelhoff*, § 37 Rz. 23 und insbesondere *Ziemons*, Einflußname, S. 33 nur den Rechtsgedanken des § 665 BGB heranziehen. Es wird angeführt, die Folgepflicht des Geschäftsführers habe eine Doppelnatur, da sie dienstvertraglichen und organschaftlichen Charakter aufweise. Insofern könne lediglich für den dienstvertraglichen bzw. schuldrechtlichen Teil der Folgepflicht § 665 BGB direkt angewendet werden. Die an dieser Stelle relevante gesellschaftsrechtliche Folgepflicht sei darunter jedoch nicht zu subsumieren. Insoweit sei lediglich der Rechtsgedanke anwendbar.

58 Vgl. oben S. 73f.

59 Vgl. oben S. 51ff.

60 BGHZ 31, 258, 278.

61 BGHZ 65, 15, 20.

62 Vgl. dazu *Rowedder/Wiedemann*, § 42 Rz. 7ff., 55ff.; § 42a Rz. 1ff.

Stammkapitals verloren ist[63]. Vor allem statuiert jedoch § 51a GmbHG einen Auskunftsanspruch der Gesellschafter, der sich auf sämtliche Angelegenheiten der Gesellschaft erstreckt und ein umfassendes Recht auf Einsicht in die Bücher des Unternehmens gewährt. Dabei wird der Begriff Angelegenheit extensiv ausgelegt und erfaßt sämtliche Informationen, die sich auf die Geschäftsführung, die wirtschaftlichen Verhältnisse der GmbH sowie ihre Beziehungen zu Dritten und zu verbundenen Unternehmen bezieht[64]. Selbst ein besonderes Informationsbedürfnis ist nach herrschender Ansicht nicht erforderlich[65]. Letztlich besteht auch keine dem § 131 I 1 AktG entsprechende Beschränkung auf die Ausübung in der Gesellschafterversammlung[66]. Vielmehr hat ein Gesellschafter das Recht, jederzeit Auskunft zu verlangen. Grenzen ergeben sich lediglich aus § 51a II GmbHG, wonach die Auskunft verweigert werden kann, sofern gesellschaftsfremde Zwecke verfolgt werden und mit der Erteilung dem Unternehmen ein nicht unerheblicher Nachteil zugefügt wird[67]. Mit dieser Fülle an Rechten wird ihrem Informationsbefürfnis in ausreichendem Maße Rechnung getragen.

Ferner muß den Gesellschaftern abverlangt werden, sich im Rahmen der von ihnen gefaßten Beschlüsse die notwendigen Informationen zu beschaffen, um die Zweckmäßigkeit einer Weisung hinreichend zu beurteilen. Dabei können sie selbstverständlich den Geschäftsführer anweisen, die entsprechenden Unterlagen bereitzustellen. Sofern er dabei pflichtwidrig falsche oder unvollständige Informationen vorlegt, würde die Weisung ihn nicht von einer Haftung befreien. Es besteht jedoch keine Veranlassung, den Geschäftsführer bei der Erfüllung ureigenster Interessen der Gesellschafter ohne besondere zusätzliche Weisung über das Maß der beschriebenen, gesetzlich vorgesehenen Informationspflichten hinaus zu belasten.

Dieser Gedanke scheint letztlich der Grund zu sein, der einen Teil des genannten Schrifttums dazu veranlaßt, eine Schadensersatzpflicht bei fehlender Zweckmäßigkeitsprüfung abzulehnen[68]. Die dogmatische Begründung für das Scheitern eines Schadensersatzanspruchs trotz pflichtwidriger und schuldhafter

---

63 Vgl. im Einzelnen dazu *Hachenburg/Hüffer*, § 49 Rz. 21ff. Überdies wird eine Verletzung dieser Vorschrift gemäß § 84 I Nr. 1 GmbHG strafrechtlich sanktioniert.

64 OLG Hamm, GmbHR 1986, 384; OLG Düsseldorf, GmbHR 1991, 18; *Lutter*, AG 1985, 117; *Tietze*, Informationsrechte, S. 7ff.; *Grunewald*, ZHR 146 (1982), 211, 214; *Baumbach/Hueck/Zöllner*, § 51a Rz. 9; *Lutter/Hommelhoff*, § 51a Rz. 5; *Hachenburg/Hüffer*, §51a Rz. 21; *Scholz/Schmidt*, § 51a Rz. 19.

65 *Roth/Altmeppen*, § 51a Rz. 6; *Grunewald*, ZHR 146 (1982), 211, 222; *Rowedder/Koppensteiner*, § 51a Rz. 12; *v. Bitter*, ZIP 1981, 825, 829; a.A. *Scholz/Schmidt*, § 51a Rz. 8; *Baumbach/Hueck/Zöllner*, § 51a Rz. 20.

66 *Hachenburg/Hüffer*, § 51a Rz. 21 i.V.m. Rz. 1 betont, daß eine derartige Einschränkung auch sachwidrig sei, da das Auskunftsrecht des GmbH-Gesellschafters seinem Zweck nach über eine reine Hilfsfunktion bei der Wahrnehmung von administrativen Aufgaben hinausgehe, als Kontrollrecht und der Ausübung der Stimmrechte diene.

67 Genauer dazu *Grunewald*, ZHR 146 (1982) 211, 226ff.; *Baumbach/Hueck/Zöllner*, § 51a Rz. 23ff.; *Scholz/Schmidt*, § 51a Rz. 28ff.

68 *Ziemons*, Einflußnahme, S. 40; *Fleck*, ZHR 149 (1985), 387, 408.

Verursachung eines Schadens bleibt dabei jedoch im Unklaren[69]. Die von *Boesebeck* vorgeschlagene Ersatzpflicht im Rahmen rechtmäßiger Weisungsbeschlüsse führt hingegen zu nicht mehr tragfähigen Ergebnissen. Durch einen derartigen Anspruch würden die Grenzen zwischen Folgepflicht und Haftung aufgehoben.

Schwerer wiegt indes die Gefahr möglicher Pflichtenkollisionen. Der Geschäftsführer ist letztlich verpflichtet, auch unzweckmäßige, d.h. wirtschaftlich nachteilige Weisungen auszuführen[70], wenn die Gesellschafter darauf beharren[71]. Sofern ihm jedoch gleichzeitig die Pflicht auferlegt wird, Zweckmäßigkeitsprüfung vorzunehmen und damit die Ausführung zumindest zeitlich zu verschieben, verschwimmen im Einzelfall die für eine sorgfältige Unternehmensführung klaren Handlungsmaßstäbe. Der Geschäftsführer wird mitunter nicht mehr beurteilen können, zu welchem Zeitpunkt er die Pflicht hat, gegen die Weisung aus Zweckmäßigkeitsgesichtspunkten Einwände zu erheben und eine Ausführung vorübergehend zu verweigern und wann die Pflicht einsetzt, die Weisung dennoch auszuführen.

Letztlich vermag eine Pflicht, deren Verletzung keine Schadensersatzfolgen hervorruft, die Gesellschafter auch nicht in besonderem Maße zu begünstigen. Im Gegenzug belastet sie jedoch den Geschäftsführer. Selbst außerhalb des oben beschriebenen Szenarios kann das allgemeine Verständnis des Begriffs im Einzelfall einen Nährboden für Konflikte zwischen Gesellschaftern und Geschäftsführern schaffen, die nicht selten zu Lasten der Unternehmensleitung ausgehen werden. Da die Gesellschafter in der Regel juristische Laien[72] sind, werden sie mit dem Begriff „Pflicht" üblicherweise eine Aufgabe verbinden, die zum einen juristisch durchsetzbar ist und zum anderen Schadensersatzfolgen auslösen kann. Selbst bei korrektem Verständnis können sich die Gesellschafter als Kompensation zum fehlenden Schadensersatzanspruch bei Verletzung der Pflicht zur Zweckmäßigkeitsprüfung veranlaßt sehen, den Geschäftsführer abzuberufen, sofern dies ohne wichtigen Grund möglich ist. Derartige Konflikte können auch ohne Ersatzpflicht aus § 43 GmbHG zu weitreichenden finanziellen Einbußen, wie z.B. dem Verlust von Pensionsansprüchen führen[73].

Aus diesem Grund ist der Begriff „Pflicht" für das Verhältnis zwischen Gesellschafter und Geschäftsführer terminologisch wenig förderlich. Es kann somit nicht von einer Pflicht, sondern allenfalls von einem Recht zur Zweckmäßig-

69 *Ziemons*, Einflußnahme, S. 40 geht von einer „nicht zum Schadensersatz verpflichtenden Pflichtverletzung" aus. Unklar ist dabei jedoch, ob der Geschäftsführer durch die haftungsbefreiende Wirkung der Weisung gerechtfertigt sein soll oder, ob die Pflichtverletzung selbst lediglich keine Haftungsfolgen auszulösen vermag.

70 Vgl. dazu das erst kürzlich ergangene Urteil des OLG Frankfurt, ZIP 1997, 450ff.

71 Dies räumt sogar *Ziemons*, Einflußnahme, S. 32 ein.

72 Rein statistisch muß davon ausgegangen werden, daß bei über 795.000 GmbH, vgl. *Hansen*, GmbHR 1998, 582f., die wenigsten Gesellschafter über eine juristische Ausbildung verfügen.

73 Diese Risiken werden von den Verfechtern einer Zweckmäßigkeitsprüfung entweder übersehen oder zumindest stillschweigend als unwesentlich behandelt. Sie finden jedenfalls keinen Eingang in die entsprechenden Überlegungen.

keitsprüfung ausgegangen werden, das dem Geschäftsführer im Rahmen seiner Aufgaben als Führungskraft der Gesellschaft zusteht[74]. Ein Haftungsrisiko besteht für den Geschäftsführer in diesen Fällen daher nicht.

III. Haftungsrisiken und Pflichten im Rahmen existenzbedrohender Weisungen

Sofern die Gesellschafter nicht gegen Kapitalerhaltungsvorschriften verstoßen sind sie berechtigt, den Geschäftsführer mit entsprechend haftungsbefreiender Wirkung auch zu ökonomisch nachteiligen Geschäften anzuweisen[75].

Davon wird jedoch von einem Teil der Literatur eine Ausnahme gemacht, sofern die Weisung die Gesellschaft in ihrem wirtschaftlichen Bestand gefährden würde. Bei Ausführung derartiger Weisungen soll der Geschäftsführer nicht entlastet werden. Er habe die Ausführung vielmehr zu verweigern, selbst wenn sie weder das Gesetz, die guten Sitten, die Satzung noch die gesellschaftliche Treuepflicht verletzten[76]. In einer Mehrpersonen-GmbH verstoßen derartige Weisungen in aller Regel ohnehin gegen eine dieser Grenzen. Mehrheitsgesellschafter, die den Geschäftsführer gegen den Willen der Gesellschafterminderheit anweisen, offensichtlich existenzbedrohende Geschäfte zu tätigen, werden sich nur schwer dem Vorwurf des Machtmißbrauchs oder der Schmälerung des Gewinnanteils der Minderheitsgesellschafter entziehen können. Diese begründen jedoch bereits einen Verstoß gegen die gesellschaftsrechtliche Treuepflicht[77]. In der Einmann-GmbH scheiden derartige Gründe mangels Mitgesellschafter allerdings aus. Der Geschäftsführer würde in diesem Rahmen einem außerordentlich hohen Haftungsrisiko ausgesetzt. Der Anspruch wird regelmäßig im Konkurs geltend gemacht, da die Pflichtverletzung häufig zur Vernichtung des Unternehmens führen wird. Den potentiellen Schaden könnte er kaum absehen, da der Konkursverwalter bestrebt wäre, sämtliche Gläubiger des Unternehmens mit Hilfe des Anspruchs gegen den Geschäftsführer zu befriedigen. Die Gründe für eine solche Pflicht sollten daher einer genauen Prüfung unterzogen werden.

---

74 *Schmidt*, FS Werner, S. 795, 810f. lehnt ebenfalls eine Haftung für unzweckmäßige Weisungen ab. Zwar geht er von einer Pflicht des Geschäftsführers zur Überprüfung der Zweckmäßigkeit von Maßnahmen im Rahmen eigener Unternehmensleitung aus, bei der dem Geschäftsführer ein weiter Ermessensspielraum zukomme, betont jedoch, daß die Gesellschafter bei Maßnahmen, die der Geschäftsführer für unzweckmäßig hält, gegenteilige Weisungen erteilen können. Damit wird zwar keine genaue Aussage über die Pflichten getroffen, die dem Geschäftsführer nach Erhalt einer Weisung obliegen. Jedoch läßt sich zumindest schlußfolgern, daß eine Pflicht zur Überprüfung der Zweckmäßigkeit in diesem Bereich entweder nicht besteht oder sie zumindest modifiziert ist.

75 Vgl. zuletzt OLG Frankfurt, GmbHR 1997, 346, 348.

76 *Lutter/Hommelhoff*, § 43 Rz. 18; *Fleck*, ZHR 149 (1985), 387, 394f., 408; *Ziemons*, Einflußnahme, S. 40f. So wohl auch OLG Frankfurt, ZIP 1997, 450, 451f., das eine Grenze dort ansetzt, wo die Erfüllung von Weisungen gleichbedeutend damit wäre, die GmbH sehenden Auges in den Konkurs zu führen.

77 Vgl. dazu umfassend *Winter*, Treuebindungen , S. 43ff.

Diese erscheinen auf den ersten Blick durchaus einleuchtend. Es wird ein übergreifender Zweck des Sorgfaltsgebots in § 43 I GmbHG konstruiert, der die Sorge des geschäftsführenden Organs um den Kernbestand des Unternehmens und den Schutz der Gläubiger zum Inhalt hat. Die Erhaltung des Stammkapitals im Rahmen der gesetzlichen Vorschriften reiche nicht aus, da dessen Vorhandensein nicht den Fortbestand des Unternehmens und den angeblich darüber hinaus notwendigen Gläubigerschutz gewährleiste[78]. Zwar sei es bisweilen möglich, im Wege einer rechtzeitigen Liquidation die Gläubiger zu befriedigen. Jedoch könnten selbst in diesem Fall durch Abwicklungskosten und Sozialplanansprüche noch Forderungsausfälle auftreten[79]. Gleichwohl wird betont, das Argument einer jederzeit möglichen Liquidation verfange nicht, da es ein signifikanter Unterschied sei, ob das Unternehmen in Zusammenarbeit mit dem Betriebsrat aufgrund wirtschaftlicher Planung und unter Berücksichtigung der Folgen für die Belegschaft abgewickelt wird oder infolge wirtschaftlichen Ruins[80].

Bei dieser Sichtweise bleiben jedoch wesentliche Aspekte außer Betracht. Zunächst ist, ebenso wie im Rahmen unzweckmäßiger Weisungen, anzuführen, daß eine Haftung für die Ausführung existenzbedrohender Weisungen der BGH-Rechtsprechung und dem im ersten Teil ausgeführten System der Gesellschafterbeschlußmängel widerspricht. Existenzbedrohende Weisungen, die nicht gegen die gesellschaftsrechtliche Treuepflicht verstoßen, können weder in eine der Beschlußmängelkategorien eingeordnet werden[81], noch entsprechen sie der Entscheidung des BGH, nach der ein GmbH-Geschäftsführer bei der Ausführung von Weisungen nur dann haftet, wenn sie gegen das Gesetz, die guten Sitten, die Satzung[82] und die gesellschaftsrechtliche Treuepflicht[83] verstoßen. Das OLG-Frankfurt hat erst kürzlich betont, daß in der Einmann-GmbH lediglich das Interesse des Alleingesellschafters maßgeblich sei. Dieser verfüge über das Recht, den Geschäftsführer zu offensichtlich nachteiligen Weisungen bis zur Grenze des Konkurses anzuweisen, da keine anderweitigen schutzwürdigen Interessen tangiert würden[84].

In diesem Kontext ist zu betonen, daß dem Schutzbedürfnis der Gläubiger und der Öffentlichkeit tatsächlich durch die Vielzahl an Pflichten in ausreichendem Maße Rechnung getragen wird, denen der Geschäftsführer in seiner täglichen Praxis ausgesetzt ist. Der Gesetzgeber hat die Gläubiger insbesondere durch die Kapitalaufbringungs- und Kapitalerhaltungsvorschriften aus §§ 5, 9, 9a, 9b, 22, 24, 30, 31, 32, 32a, 32b, 33 GmbHG sowie die Konkursantragspflicht aus § 64 GmbHG in ausreichendem Maße geschützt. Gleiches gilt für die Öffentlichkeit,

78 *Fleck*, ZHR 149 (1985), 387, 395 unter Berufung auf *Flume*, Juristische Person, S. 61f, 128, der sich ebenso zur Einmann-GmbH äußert; vgl. auch *Stapelfeld*, Haftung, S. 53ff. zu den Pflichten im Rahmen einer Krise, sofern keine Weisung erteilt wurde.

79 *Fleck*, ZHR 149 (1985), 387, 396.

80 So im wesentlichen *Fleck*, ZHR 149 (1985), 387, 395.

81 Vgl. oben S. 51ff.

82 BGHZ 31, 258, 278.

83 BGHZ 65, 15, 20.

84 OLG Frankfurt, GmbHR 1997, 346, 348.

die Arbeitnehmer und weitere Interessengruppen durch die Vielzahl an arbeitsrechtlichen, betriebsverfassungsrechtlichen, mitbestimmungsrechtlichen, registerrechtlichen, steuerrechtlichen, sozialversicherungsrechtlichen, umweltrechtlichen und vielen anderen Normen, mit denen der Geschäftsführer in seiner täglichen Praxis konfrontiert wird[85]. Auch die Minderheitsgesellschafter sind durch die Grundsätze der Gleichbehandlung und der gesellschaftsrechtlichen Treuepflichten[86] gegen Übergriffe der Mehrheitsgesellschafter geschützt. Überdies hat die Legislative auf diese Weise zum Ausdruck gebracht, daß der Geschäftsführer verpflichtet ist, im Rahmen der gesetzlichen Regeln die Interessen Dritter zu beachten und vor allem für den Erhalt der Gesellschaft Sorge zu tragen. Eine darüber hinausgehende Verpflichtung, den Geschäftsführer selbst bei Einhaltung normierter rechtlicher Pflichten für eine Existenzgefährdung des Unternehmens haften zu lassen, geht über den gesetzlichen Rahmen hinaus. Eine klare Linie potentieller Haftung, auf die er sich einstellen könnte, würde damit verwischt. Risikoreiche Geschäfte, zu denen der Geschäftsführer angewiesen wird, sind keine Seltenheit. Es ist bei einem Geschäft nicht möglich, die mit ihm verbundenen Risiken stets eindeutig abzuschätzen und zu beurteilen, ob eine existenzbedrohende Situation vorliegt. Die ökonomische und rechtliche Komplexität sowie die Schnellebigkeit des wirtschaftlichen Alltags lassen dies nicht zu. Als Folge ergeben sich zwangsläufig Abgrenzungsprobleme, die wiederum der Rechtsunsicherheit Vorschub leisten und ausschließlich zu Lasten des Geschäftsführers gingen.

Dieser Argumentationsführung könnte der Vorwurf angelastet werden, sie orientiere sich zu sehr an dem Bestreben, das Haftungsrisiko des Geschäftsführers zu reduzieren und vernachlässige dabei die Interessen der Gesellschaft, lediglich fahrlässig handelnder Gesellschafter, der Arbeitnehmer und Gläubiger sowie die der Öffentlichkeit. Jedoch bliebe dabei außer acht, daß der Geschäftsführer, ebenso wie im Rahmen unzweckmäßiger Weisungen, jederzeit das Recht hat, die Gesellschafter über die eventuell schwerwiegenden Konsequenzen aufzuklären. Will man diesen Schutz jedoch mit einer schadensersatzauslösenden Pflicht versehen, wird über die vorhandenen Schutzinstitute eine zusätzliche Haftung für die Ausführung rechtlich wirksamer Weisungen etabliert. Diese Sichtweise ist auch mit den Ergebnissen der Wirksamkeitsvoraussetzungen für Weisungen und der BGH-Rechtsprechung zur Haftung bei Ausführung von Gesellschafterweisungen in Einklang zubringen. Aus diesen Gründen darf eine derartige Haftung nicht das weisungsausführende Organ, sondern kann allenfalls deren Initiatoren, respektive die Gesellschafter, treffen[87]. Eine existenzbedrohende Weisung mag daher regelmäßig zu einer Ersatzpflicht der anweisen-

85 Vgl. dazu die instruktive Auflistung der Haftungsrisiken bei *Stehle*, GmbH-Geschäftsführer, S. 183ff. sowie die Ausführungen zur Haftung des Geschäftsführers gegenüber Dritten bei *Mertens/Stein*, Recht des Geschäftsführers, § 43 Rz. 110ff.

86 Vgl. dazu oben S. 58f.

87 Vgl. dazu grundsätzlich *Ziemons*, Einflußnahme, S. 57ff., die ein Konzept zur Haftung der Gesellschafter für Einflußnahmen auf die Geschäftsführung entwickelt hat.

den Gesellschafter führen[88]. Auf diese Weise werden die genannten Rechtskreise auch ohne eine Ersatzpflicht des Geschäftsführers ausreichend geschützt.

Insofern ist der Geschäftsführer von einer Haftung bei Ausführung existenzbedrohender Weisungen grundsätzlich freizustellen, sofern die Weisung sich ansonsten innerhalb der im ersten Teil der Untersuchung erarbeiteten Grenzen bewegt. Daher besteht für ihn in diesem Fall kein Haftungsrisiko.

D. Haftungsrisiken und Pflichten im Rahmen von Weisungen, deren Beurteilungsgrundlage sich nachträglich geändert hat

Problematisch sind die Fälle, in denen sich die rechtliche oder tatsächliche Beurteilungsgrundlage[89] für eine Weisung ändert, bevor der Geschäftsführer sie ausgeführt hat.

I. Haftungsrisiken und Pflichten bei nachträglicher Änderung rechtlicher Umstände

Sofern die Weisung ursprünglich rechtlich nicht zu beanstanden war und für den Geschäftsführer eine Folgepflicht mit entsprechend haftungsbefreiender Wirkung hervorgerufen hat, wird dies nun in Frage gestellt. Die Pflichten des Geschäftsführers und damit auch die haftungsbefreiende Wirkung der Weisung hängen zwangsnotwendig von den neuen rechtlichen Umständen ab. Die Änderung dieser Umstände kann die Rechtmäßigkeit der Weisung unberührt lassen oder zur Nichtigkeit, Anfechtbarkeit oder Unwirksamkeit führen. Aus diesem Grund ist es nicht möglich, den Geschäftsführer im Fall einer Ausführung stets von einer Haftung freizustellen. Er setzt sich daher grundsätzlich einem Risiko aus. Die Berechtigung zur Ausführung bzw. die übrigen Handlungspflichten hängen in diesem Fall von der Art des jeweiligen Mangels ab. Daher gelten die nachfolgenden Ausführungen zu den Handlungspflichten im Rahmen fehlerhafter Weisungen entsprechend[90]. Sollte sich die Änderung der Rechtslage auf den Beschluß hingegen nur nachteilig auswirken, läßt sich dies im Hinblick auf die Pflichten des Geschäftsführers in die nachfolgende Fallgruppe einer Änderung tatsächlicher Umstände einordnen. Das Entstehen derartiger Nachteile ist dabei gerade das Risiko, welches jeder Änderung tatsächlicher Umstände inne-

---

88 Vgl. *Ziemons*, Einflußnahme, S. 143, nach der eine die Gesellschafter zum Schadensersatz verpflichtende Weisung vorliegt, sofern der Beschluß „bei Berücksichtigung aller ex anter Umstände und der voraussehbaren Entwicklung geeignet ist, das Gesellschaftsinteresse zu verletzen, wie z.B. im Fall von Risikogeschäften, bei denen ein günstiger Verlauf entweder überhaupt nicht oder mit geringer Wahrscheinlichkeit erwartet werden kann, oder bei denen ein nicht unwahrscheinlicher Fehlschlag den Bestand der Gesellschaft gefährden würde."

89 Erstaunlicherweise wird eine Differenzierung zwischen der Änderung rechtlicher und tatsächlicher Umstände nicht vorgenommen. In der Regel erstrecken sich die Ausführungen lediglich auf Veränderungen tatsächlicher Art, vgl. *Scholz/Schneider*, § 43 Rz. 95; *Lutter/Hommelhoff*, § 37 Rz. 23; *Baumbach/Hueck/ Zöllner*, § 37 Rz. 13 und *Ziemons*, Einflußnahme, S. 30ff.

90 Vgl. dazu unten S. 84ff.

wohnt und für die Festlegung der Pflichten des Geschäftsführers maßgeblich ist. Daher müssen die Pflichten in beiden Fällen gleich sein.

Sofern die Weisung hingegen ursprünglich fehlerhaft war und durch eine rechtliche Änderung der Beurteilungsgrundlage ex tunc rechtmäßig wird, besteht für den Geschäftsführer bei Ausführung kein Haftungsrisiko, da die Weisung einem von Anfang an fehlerfreien Beschluß gleichzustellen ist.

II. Haftungsrisiken und Pflichten bei nachträglicher Änderung tatsächlicher Umstände

Ferner können sich tatsächliche Umstände nach der Beschlußfassung ändern. Sollten diese für die Beschlußfassung von Bedeutung gewesen sein, läßt sich ein Haftungsrisiko des Geschäftsführers nicht ausschließen, wenn er die Weisung direkt ausführt. Bei diesen Umständen kann es sich stets um Aspekte handeln, deren Kenntnis zum Zeitpunkt der Beschlußfassung den Inhalt der Weisung beeinflußt hätte oder zumindest hätte beeinflussen können. Sofern die Gesellschafter die neu eingetretenen Fakten zum Anlaß nähmen, den bestehenden Beschluß zu ändern oder einen völlig anderen Beschluß zu fassen, fehlt es an der sachlichen Grundlage für den Beschluß. Der Geschäftsführer ist jedoch nicht in der Lage *stets* zu beurteilen, welchen Einfluß die neu eingetretenen Fakten auf den Entscheidungsprozeß nehmen würden.

Der Geschäftsführer muß in diesem Rahmen nach pflichtgemäßem Ermessen beurteilen, ob aufgrund der neuen Umstände die Ausführung des Beschlusses auszusetzen ist und den Gesellschaftern die neuen Umstände vorgetragen werden sollten[91]. Teilweise wird sogar die Auffassung vertreten, den Geschäftsführer könne die Pflicht treffen, von der Weisung abweichende Ausführungshandlungen vorzunehmen. Dieser Ansatz wird maßgeblich auf den Rechtsgedanken aus § 665 BGB gestützt[92]. Auf den ersten Blick erscheint dies bedenklich, da grundsätzlich zu berücksichtigen ist, daß sich die sachlichen Grundlagen der Weisung und damit ihre Entlastungswirkung verändert haben. Der Geschäftsführer kann in einem solchen Fall mit einer Pflichtenkollision konfrontiert werden, wenn er einerseits die Gesellschafter über die neuen Umstände informieren muß, er andererseits in bestimmten Fällen dennoch verpflichtet sein soll, die Weisung auszuführen, ohne eine Entscheidung der Gesellschafter abzuwarten. Dabei mag er in beiden Fällen mit einem Haftungsrisiko aus § 43 GmbHG konfrontiert werden[93]. Um dieser Pflichtenkollision entgegenzuwirken, könnte dem Geschäftsführer das Recht, nicht jedoch die Pflicht auferlegt werden, Weisungen in den Fällen des § 665 BGB auszuführen. Dadurch würde er im Fall einer Ausführung entlastet. Außerdem wäre er nicht dem Risiko ausgesetzt, infolge

---

91 *Hachenburg/Mertens*, § 43 Rz. 85 geht in selbstverständlicher Weise von einer Pflicht zur Vorlegung der Weisung für eine erneute Beschlußfassung aus, deren Verletzung grundsätzlich zur Haftung führe.

92 *Baumbach/Hueck/Zöllner*, § 37 Rz. 13 und *Lutter/Hommelhoff*, § 37 Rz. 23.

93 Welche haftungsrechtlichen Konsequenzen durch eine derartige Pflicht hervorgerufen werden bleibt sowohl bei *Baumbach/Hueck/Zöllner*, § 37 Rz. 13 als auch bei *Lutter/Hommelhoff*, § 43 Rz. 23 unbeantwortet.

unberechtigter Ausführungsverweigerung einen eventuell entgangenen Gewinn kompensieren zu müssen. In derartigen Fällen würde er mithin stets ein Risiko vermeiden, führte er die Weisung nicht aus, bevor die Gesellschafter über ihre Gültigkeit erneut entschieden haben. Dennoch findet sich für eine derartige Rechtsfolge keine Stütze im Gesetz. Sofern der Geschäftsführer eine Entscheidung nach pflichtgemäßem Ermessen treffen muß, ist es grundsätzlich denkbar, daß er aufgrund einer Ermessensreduzierung auf Null gezwungen wird, abweichende Ausführungshandlungen vorzunehmen bevor er in der Lage ist, die Gesellschafter vorab zu kontaktieren. Das Risiko des Geschäftsführers ist jedoch noch erträglich, da eine derartige Situation wohl äußerst selten vorkommen wird.

E. Haftungsrisiken und Pflichten im Rahmen ursprünglich fehlerhafter Weisungen

I. Haftungsrisiken und Pflichten im Rahmen nichtiger Weisungen

Soweit der Weisungsbeschluß nichtig ist, muß zwischen materieller und formeller Nichtigkeit unterschieden werden, da der Geschäftsführer in beiden Fällen unterschiedlichen Risiken und Pflichten ausgesetzt ist.

1. Materiell nichtige Weisungen

Einigkeit besteht darin, daß inhaltlich nichtige Weisungen vom Geschäftsführer in keinem Fall ausgeführt werden dürfen[94]. Dies wird maßgeblich auf den Schutz des allgemeinen Rechtsverkehrs, der öffentlichen Ordnung und der Gläubiger gestützt[95]. Die Schutzrichtung ergibt sich bereits aus dem Wortlaut von § 241 Nr. 3 AktG[96]. Dabei dürfen Gläubigerschutzvorschriften (z.B. §§ 30, 43 Absatz 3, 64 GmbHG) und sonstige Normen im öffentlichen Interesse nicht konterkariert werden. Dem Geschäftsführer muß daher bei Ausführung einer materiell nichtigen Weisung stets der Vorwurf pflichtwidrigen Handelns angelastet werden. Auch ein Ermessensspielraum kann ihm infolge dieser Schutzzwecke nicht eingeräumt werden.

Pflichtgemäß und risikolos handelt der Geschäftsführer somit nur dann, wenn er die Weisung gar nicht ausführt oder für einen neuen Beschluß Sorge trägt, der die erwünschte Maßnahme eventuell mit anderen Mitteln erreicht.

---

94 BGH, GmbHR 1974, 131f.; 1980, 127; *Scholz/Schneider,* § 43 Rz. 98; *Hachenburg/Mertens,* § 43 Rz. 77; *Fleck*, GmbHR 1974, 224, 227; *Boesebeck*, GmbHR 1960, 118, 120; *Baumbach/Hueck/Zöllner,* § 43 Rz. 23.

95 *Mertens/Stein*, Recht des Geschäftsführers, § 43 Rz. 77; *Roth/Altmeppen*, § 43 Rz. 56; *Scholz/Schneider*, § 43 Rz. 98; *Fleck*, GmbHR 1974, 227.

96 *Geßler/Hefermehl/Hüffer*, § 41 Rz. 44; *Großkommentar/Schmidt*, § 241 Rz. 60; *Scholz/Schmidt*, § 45 Rz. 74.

2. Formell nichtige Weisungen

Da es sich bei formellen Nichtigkeitsgründen um Mängel handelt, die eher gesellschaftsinternen Charakter aufweisen, könnte angenommen werden, die Haftungsrisiken seien geringer und die Pflichten weniger intensiv als im Rahmen materiell nichtiger Weisungen. Denkbar ist in diesem Zusammenhang, daß die Ausführung grundsätzlich pflichtwidrig ist[97], der Beschluß zumindest als Anregung aufgefaßt werden kann, die Maßnahme auf eigene Gefahr auszuführen oder dem Geschäftsführer ein Ermessen in der Ausführung zugebilligt wird[98], da der Beschluß inhaltlich nicht zu beanstanden ist[99].

Sofern angenommen wird, der Geschäftsführer handele durch die Ausführung grundsätzlich pflichtwidrig[100], weist das Schrifttum darauf hin, es bestehe kein Anlaß, formnichtige Weisungen anders zu behandeln als materiell nichtige. Die Gesellschafter dokumentierten mit ihrem Beschluß, daß sie die beabsichtigte Geschäftsführungsmaßnahme ausschließlich auf Grundlage einer Weisung ausgeführen wünschen. Damit entstünde eine Sperre für die Durchführung einer nicht durch Gesellschafterbeschluß gedeckten Maßnahme[101]. Bei dieser Sichtweise bleiben jedoch wesentliche Aspekte außer acht. Zunächst ist der Beschluß inhaltlich nicht zu beanstanden. Daraus läßt sich durchaus ableiten, der Geschäftsführer könne die Weisung zumindest in eigener Verantwortung ausführen[102]. Anders gewendet: gäbe es die Weisung nicht, könnte der Geschäftsführer die Maßnahme grundsätzlich auch in eigener Initiative vornehmen. Des weiteren dienen formelle Voraussetzungen vorrangig dem Schutz der Gesellschafterinteressen[103], da durch deren Verletzung lediglich Gesellschaftsinterna tangiert werden, wie z.B. Einberufungsmängel im Sinne von § 241 I Nr. 1

97 So insbesondere *Rowedder/Koppensteiner* § 43 Rz. 31 und *Ziemons*, Einflußnahme, S. 29 unter Hinweis auf BGHZ 11, 231, 239, wonach ein an Einberufungsmängeln leidender Beschluß unabhängig davon nichtig ist, ob er von den an seinem Zustandekommen Beteiligten gebilligt wird. Damit ist aber noch keine Aussage zur genauen Handlungspflicht des Geschäftsführers getroffen.

98 So insbesondere *Fleck*, GmbHR 1974, 224, 227; *Scholz/Schneider* § 43 Rz. 98; *Hachenburg/Mertens* § 43 Rz. 80, wobei letzterer einschränkend anmerkt, daß der Geschäftsführer einen solchen Beschluß dann nicht auszuführen berechtigt sei, wenn er laut Satzung oder einem früheren Gesellschafterbeschluß nur nach Einholung der Zustimmung der Gesellschafterversammlung handeln darf.

99 Genau dagegen wendet sich *Ziemons*, Einflußnahme, S. 28, indem sie die Möglichkeit ablehnt, den formell nichtigen Beschluß als Anregung aufzufassen, ein bestimmtes Geschäft durchzuführen.

100 Vgl. dazu bereits oben S. 73f. sowie *Rowedder/Koppensteiner,* § 43 Rz. 32; *Ziemons*, Einflußnahme, S. 29.

101 *Ziemons*, Einflußnahme, S. 29; sowie im Ergebnis auch *Baumbach/Hueck/Zöllner*, § 37 Rz. 12 und *Lutter/ Hommelhoff*, § 37 Rz. 22.

102 Genau dagegen wendet sich *Ziemons*, Einflußnahme, S. 28, indem sie die Möglichkeit ablehnt, den formell nichtigen Beschluß als Anregung aufzufassen, ein bestimmtes Geschäft durchzuführen.

103 In diese Richtung zielen die Argumentationen von *Fleck*, GmbHR 1974, 224, 227 und *Scholz/Schneider*, § 43 Rz. 98, ohne es explizit auszusprechen. Die in diesem Zusammenhang vorgenommene Gegenüberstellung von materiell nichtigen Weisungen, deren Gründe insbesondere dem Schutz der Gläubiger oder dem öffentlichen Interesse dienen und formell nichtigen Weisungen deutet auf diesen Unterschied hin.

AktG, die für die GmbH infolge ihrer eher personalistischen Struktur einen anderen Stellenwert haben als für die AG. Zwar erfüllen Formerfordernisse auch in der GmbH wichtige Zwecke, indem sie innerorganisatorische Abläufe regulieren. Daraus jedoch unmittelbar eine Sperre für jegliches Handeln des Geschäftsführers abzuleiten geht zu weit. Insbesondere darf die Handlungsfähigkeit der GmbH nicht durch einen lediglich formell fehlerhaften, inhaltlich jedoch einwandfreien Beschluß eingeschränkt werden.

Daher ist dem Geschäftsführer zumindest zuzubilligen, nach pflichtgemäßem Ermessen die erforderlichen Maßnahmen in eigener Verantwortung zu treffen[104]. Dabei kommt sowohl die Ausführung als auch die Herbeiführung eines neuen Gesellschafterbeschlusses in Betracht, der den fehlenden formellen Anforderungen genügt[105]. Jedoch kann die Weisung selbst den Geschäftsführer nicht mehr entlasten, sofern er erkannt hat, daß sie formell nichtig ist[106]. Seine Entscheidung richtet sich nicht mehr nach den Handlungspflichten im Rahmen fehlerhafter Weisungen, sondern nach den sonstigen Pflichten ordnungsgemäßer Unternehmensführung[107]. Der Geschäftsführer hat daher zu überprüfen, ob er die mit der Weisung begehrte Maßnahme auch in eigener Initiative zulässigerweise durchführen könnte, oder es sich um ein Geschäft handelt, zu dessen Durchführung er grundsätzlich die Zustimmung der Gesellschafterversammlung oder eines Aufsichts- bzw. Beirats einholen müßte. Darüber hinaus muß er die möglichen Handlungsalternativen und die Informationen ermitteln, die für eine Entscheidung notwendig sind, entsprechend den ihm grundsätzlich obliegenden Pflichten eine Abwägung der einzelnen Alternativen vornehmen und die für das Unternehmen Günstigste zu wählen. *Mertens* betont in diesem Zusammenhang, daß der Geschäftsführer einen solchen Beschluß dann nicht auszuführen berechtigt sei, wenn er laut Satzung oder einem früheren Gesellschafterbeschluß nur nach Einholung der Zustimmung der Gesellschafterversammlung handeln

---

104 So insbesondere *Fleck*, GmbHR 1974, 224, 227; *Scholz/Schneider,* § 43 Rz. 98.

105 *Ziemons*, Einflußnahme, S. 30 sieht dies als zentrale Pflicht des Geschäftsführers an, sofern der Beschluß aus formellen Gründen nichtig ist. Allerdings kann auch sie nicht die Notwendigkeit leugnen, die Handlungsfähigkeit der Gesellschaft zu erhalten und räumt dem Geschäftsführer das Recht ein, bei akutem Handlungsbedarf die notwendigen Maßnahmen zu ergreifen, respektive den Beschluß im Extremfall auszuführen. Dabei stützt sie ihre Erwägungen auf den allgemeinen Rechtsgedanken, daß ein an sich Unzuständiger tätig werden kann, wenn dies im Interesse eines anderen oder im öffentlichen Interesse nötig ist und führt dabei die Regeln der Geschäftsführung ohne Auftrag, insbesondere §§ 677, 681 S. 1 BGB, das Auftragsrecht gemäß § 665 S.1 und 2 sowie das Recht der Gemeinschaft in § 744 II BGB an. Ein Rückgriff auf dieses allgemeine Rechtsprinzip erübrigt sich jedoch, sofern man dem Geschäftsführer gemäß der hier vertretenen Ansicht einen Ermessensspielraum einräumt, der diese Möglichkeit umfaßt. Im übrigen läßt sich dies bereits der ihm obliegenden Unternehmensleitungsfunktion entnehmen.

106 Darauf weist insbesondere *Fleck*, GmbHR 1974, 224, 227 ausdrücklich hin. Zustimmend *Hachenburg/Mertens*, § 43 Rz. 80, der jedoch überdies betont, daß der Geschäftsführer nach der Lage des Einzelfalls auch verpflichtet sein könne, eine neue Gesellschafterversammlung einzuberufen.

107 Vgl. dazu den Pflichtenkatalog des Geschäftsführers oben S. 73ff. sowie zu den Grundsätzen des Ermessens im Bereich der üblichen Unternehmensentscheidungen unten S. 103ff.

darf[108]. Dem ist zuzustimmen, da durch diese grundsätzliche Stellungnahme der Gesellschafter in diesen Konstellationen sein Ermessen auf Null reduziert ist.

Letztlich ist zu erwähnen, daß dem Geschäftsführer im Rahmen formeller und materieller Nichtigkeitsgründe nach überwiegender Meinung[109] die Möglichkeit zusteht, gemäß § 249 AktG eine gesellschaftsrechtliche Nichtigkeitsklage zu erheben[110]. Zu Recht wird betont, es bestehe kein Anlaß, dem Geschäftsführer die Gestaltungswirkung des § 249 AktG zu versagen[111], da sogar unbeteiligte Dritte im Rahmen einer allgemeinen Feststellungsklage gemäß § 256 ZPO dieselben Ergebnisse erzielen könnten.

3. Auswirkungen einer Heilung nichtiger Weisungsbeschlüsse

Nichtigkeitsgründe sind jedoch in bestimmtem Umfang heilbar. Diese Heilung kann entscheidende Auswirkungen auf das Haftungsrisiko des Geschäftsführers haben. Die verschiedenen Möglichkeiten einer Heilung richten sich dabei nach der Art des Nichtigkeitsgrundes. Gleichwohl sind absolute Kompetenzverletzungen sowie objektiv unmögliche oder satzungsdurchbrechende Beschlüsse von einer Heilung grundsätzlich ausgenommen[112].

a) Auswirkungen einer Heilung durch Rügeverzicht

Sofern ein Beschluß wegen Einberufungsfehlern im Hinblick auf die Zuständigkeit, die Frist oder die Form, aufgrund eines Ladungsfehlers oder durch Übergehen eines Gesellschafters bei der schriftlichen Abstimmung nichtig ist, könnte der Mangel durch einen Rügeverzicht des (der) nicht erschienenen, vertretenen bzw. von der schriftlichen Beschlußfassung ausgenommenen Gesellschafter(s) geheilt werden. § 192 I RegE 1971 sah einen derartigen Rügeverzicht explizit vor, sofern er schriftlich erklärt wurde. Mangels ausdrücklicher Regelung im GmbHG werden dazu unterschiedliche Ansichten vertreten.

Im Hinblick auf praktische Bedürfnisse und die durch einen Verzicht ausreichend gewahrten Interessen des betroffenen Gesellschafters geht die überwiegende Meinung davon aus, es sei auch de lege lata möglich, durch einen Verzicht den nichtigen Beschluß zu heilen[113]. Die Gegenauffassung beruft sich darauf, eine derartige Heilungsmöglichkeit sei nicht mit dem Begriff der Nichtig-

---

108 *Hachenburg/Mertens*, § 43 Rz. 80.

109 *Scholz/Schmidt*, § 45 Rz. 134; *Baumbach/Hueck/Zöllner*, Anh. § 47 Rz. 33; *Hachenburg/Raiser*, Anh. § 47 Rz. 194; a.A. *Lutter/Hommelhoff*, Anh. § 47 Rz. 33, der jedoch eine Ausnahme zuläßt, sofern es um einen Beschluß geht, dessen Ausführung eine Schadensersatzpflicht oder strafrechtliche Konsequenzen auslösen könnte.

110 Vgl. zur Anerkennung einer Klagebefugnis des Aufsichtsrats als weiteres Organmitglied BGHZ 89, 48, 50; BGH, NJW 1966 1458f.; OLG Hamburg, WM 1983, 130, 132.

111 Vgl. insb. *Hachenburg/Raiser*, Anh. § 47 Rz. 194.

112 Vgl. OLG Hamburg, AG 1991, 21f. zur Vereinbarung eines mit Rückwirkung versehenen Beherrschungsvertrags sowie grundsätzlich *Scholz/Schmidt*, § 45 Rz. 84.

113 OLG Frankfurt, GmbHR 1984, 99, 100; *Scholz/Schmidt*, § 45 Rz. 87; *Lutter/Hommelhoff*, Anh. § 47 Rz. 15; *Roth/Altmeppen*, § 51 Rz. 5; *Hachenburg/Raiser*, Anh. § 47 Rz. 78.

keit zu vereinbaren[114]. Eine Antwort auf die sich zwangsläufig anschließende Frage, auf welchen Gründen diese angebliche Unvereinbarkeit beruht, bleiben die Vertreter dieser Auffassung jedoch weitgehend schuldig[115]. Ein BGH-Urteil aus dem Jahr 1983[116] greift diese Frage nur am Rande auf. Dabei wurde der Beschluß einer Gesellschafterversammlung, die durch einen nichtbefugten Gesellschafter einberufen wurde, für nichtig erklärt. Eine Heilung kam mangels Rügeverzicht eines weiteren Gesellschafters, der an der Versammlung nicht teilgenommen hatte, jedoch bereits aus tatsächlichen Gründen nicht in Betracht. Dadurch beschränken sich die Urteilsgründe in diesem Rahmen auf die Feststellung: „Der Mangel hätte durch eine Vollversammlung oder durch einen Rügeverzicht geheilt werden können[117]", ohne daß eine exakte Prüfung vorgenommen wurde. Gleichwohl läßt sich dieser Formulierung entnehmen, daß die heilende Wirkung eines Verzichts dogmatisch in Betracht kam.

Im Hinblick auf eine potentielle Inanspruchnahme des Geschäftsführers scheint diese Frage vordergründig eine eher untergeordnete Bedeutung einzunehmen, da es selbst bei fehlender Heilungswirkung eines Verzichts naheliegt, einer Inanspruchnahme des Geschäftsführers den Einwand unzulässiger Rechtsausübung entgegenzuhalten. Ohne auf die Einzelheiten einer derartigen Einwendung einzugehen, ist jedoch in jedem Fall ein dogmatischer Aspekt zu berücksichtigen. Sofern der Beschluß seine Nichtigkeitsfolge verlöre, mangelte es bereits an einer Pflichtverletzung des die Weisung ausführenden Geschäftsführers, da diese durch das nachträgliche Aufleben des pflichtwidrigkeitsausschließenden Charakters[118] der Weisung entfallen würde. Damit würde es bereits am Tatbestand des Schadensersatzanspruchs fehlen. Bei einer unzulässigen Rechtsausübung handelt es sich hingegen um eine Einwendung gegenüber einem bestehenden Anspruch. Insoweit ist die Wirkung des Verzichts in diesem Zusammenhang durchaus erheblich.

Die Gegner einer heilenden Wirkung des Verzichts berufen sich darauf, die Nichtigkeit eines Gesellschafterbeschlusses wirke für und gegen jedermann. Dadurch könne sich auch jedermann auf sie berufen[119]. Der zwingende Cha-

---

114 *Rowedder/Koppensteiner*, § 47 Rz. 83, der jedoch betont, die Frage der Nichtigkeit stelle sich nicht, wenn vor Abhaltung der Versammlung ein Verzicht des betroffenen Gesellschafters erklärt wird.

115 Das OLG München BB 1978, 471, 472 begnügt sich mit der Feststellung, ein nachträglicher Verzicht heile die nichtigen Beschlüsse einer fehlerhaft einberufenen Gesellschafterversammlung nicht. *Baumbach/Hueck/Zöllner*, Anh. § 47 Rz. 38 ist zwar grundsätzlich der Auffassung, die nachträgliche Heilung eines nichtigen Gesellschafterbeschlusses mit ex-tunc Wirkung sei unzulässig und es komme lediglich eine Neuvornahme in Frage, die sämtlichen Voraussetzungen entsprechen müsse. Er läßt jedoch gerade für Ladungsmängel eine Ausnahme durch Beschlußgenehmigung oder Verzicht auf die Rüge des Beschlußmangels durch den betroffenen Gesellschafter zu. BGHZ 11, 231, 239 führt schlicht aus, die Nichtigkeit einer fehlerhaft einberufenen Versammlung lasse sich auch nicht durch nachträgliche Zustimmung sämtlicher Gesellschafter heilen, da sich jeder auf die Nichtigkeit berufen könne.

116 BGHZ 87, 1, 2ff.

117 BGHZ 87, 1, 4.

118 Vgl. zur Rechtsnatur oben S. 71ff.

119 BGHZ 11, 231, 239.

rakter wird jedoch durch die Schutzrichtung der zu heilenden Mängel in Frage gestellt. Ladungs- und Einberufungsmängel dienen weder dem Schutz der Öffentlichkeit noch dem der Gläubiger. Sie sollen vielmehr dem einzelnen Gesellschafter die rechtmäßige Teilnahme an der Entscheidungsfindung im Unternehmen gewährleisten. Sofern die geschützte Person auf die Geltendmachung ihrer Rechte verzichtet, läßt sich eine Sanktion nur noch rechtfertigen, wenn es sich um Rechtsgüter von derart überragender Bedeutung handelte, daß sie der Dispositionsfreiheit der geschützten Person entzogen werden müssen. Davon kann jedoch bei Ladungs- und Einberufungsregeln nicht ausgegangen werden, da diese Rechte bzw. ihre Voraussetzungen durch gesellschaftsvertragliche Regelungen modifiziert werden können[120]. Insofern ist das Argument des Charakters der Nichtigkeitsgründe nicht zwingend.

Entscheidend ist hingegen, daß sich die Personen, zu deren Schutz die Einberufungs- und Ladungsvorschriften geschaffen wurden, sich durch einen Verzicht dieses Schutzes begeben. Der durch einen Verzicht geheilte Beschluß steht aus diesem Grund einem von Beginn an wirksamen Beschluß gleich. Eine Pflichtverletzung des Geschäftsführers bei Ausführung eines durch Rügeverzicht geheilten Beschlusses scheidet somit aus. Der Geschäftsführer ist vielmehr verpflichtet, einen derartigen Beschluß auszuführen. Einem Haftungsrisiko setzt er sich folglich nicht aus.

b) Auswirkungen einer Heilung durch Eintragung in das Handelsregister

aa) Heilung einer mangelhaften Beurkundung

Beschlüsse, deren Nichtigkeit auf dem Mangel einer notwendigen Beurkundung beruht, können durch Eintragung ins Handelsregister geheilt werden. Insoweit hat der BGH unlängst § 242 I AktG analog in dieser Hinsicht auf die GmbH angewandt[121]. Die Literatur ist sich in dieser Frage ebenso einig[122]. Der Unterschied zur vorgenannten Heilungsmöglichkeit besteht darin, daß es sich bei der Heilung durch Eintragung um ein allgemeines Prinzip handelt, das auch im Rahmen anderer Rechtsgebiete Geltung beansprucht. Ihre Notwendigkeit ergibt sich vorrangig aus dem Interesse der Rechtsordnung an der Aufrechterhaltung abgeschlossener Tatbestände sowie dem der Beteiligten am dadurch eintretenden Rechtsfrieden. Überdies geht mit der Heilung ein erhöhtes Maß an Rechtssicherheit einher[123]. Sie genießt daher abschließenden Charakter. Dieses Ergebnis wird ferner durch die Tatsache gestützt, daß selbst eine gemäß § 144 II FGG normalerweise nach Heilung noch mögliche Löschung der Eintragung von

---

120 Vgl. *Eickhoff*, Gesellschafterversammlung, Rz. 74ff.; *Scholz/Schmidt*, § 49 Rz. 34ff.

121 BGH, NJW 1996, 257. Für die in § 242 II, 1 AktG geregelten Fälle der Nichtigkeit wegen Ladungsmangels und Gesetzes- oder Sittenverstoßes ergingen bereits zuvor entsprechende Urteile, vgl. insbesondere BGHZ 80, 212, 216.

122 *Hachenburg/Raiser*, Anh. § 47 Rz. 79; *Hachenburg/Ulmer*, § 53 Rz. 92; *Baumbach/Hueck/Zöllner*, Anh. § 47 Rz. 36; *Lutter/Hommelhoff*, Anh. § 47 Rz. 29f.; *Scholz/Priester*, § 54 Rz. 65; *Rowedder/Zimmermann*, § 53 Rz. 59.

123 Vgl. BGH, NJW 1978, 1577; BGHZ 82, 398, 403ff.

Amts wegen bei einer Heilung gemäß § 242 I AktG nicht mehr möglich ist[124]. Die Frage der Heilungswirkung läßt sich daher problemloser beantworten als im Rahmen des Verzichts. Der Geschäftsführer ist somit nach Eintragung des an einem Beurkundungsmangel leidenden Weisungsbeschlusses verpflichtet, die entsprechende Maßnahme durchzuführen[125]. Ein Haftungsrisiko scheidet für den Geschäftsführer nach Eintragung daher aus.

bb) Heilung sonstiger formell oder materiell nichtiger Weisungsbeschlüsse

Letztlich ist fraglich, wie sich die Eintragung von Beschlüssen ins Handelsregister auswirkt, die aus anderen Gründen formell oder materiell nichtig sind. Ausgangspunkt dieses Problems ist wiederum § 242 II AktG, der bei Verstößen gegen § 241 I Nr. 1, 3, 4 AktG grundsätzlich eine Heilung nach Ablauf von drei Jahren nach Eintragung vorsieht, d.h. sofern der Beschluß wegen Einberufungsmängeln, Verstoß gegen das Wesen der AG, gegen Vorschriften zum Schutze der Gläubiger oder der Öffentlichkeit oder wegen Sittenwidrigkeit nichtig ist. Die Anwendung dieser Norm auf die GmbH ist allgemein anerkannt[126]. Wie bereits zuvor könnte daher angenommen werden, daß eine Heilung den Geschäftsführer stets entlaste. Gleichwohl wird diese Schlußfolgerung nur vereinzelt gezogen[127]. Die Konsequenzen dieser Eintragung auf die Haftung des Geschäftsführers sind wie bereits im Zusammenhang mit der Heilungsmöglichkeit des Verzichts problematisch.

(1) Einwände gegen eine mögliche haftungsbefreiende Wirkung der Heilung im Rahmen materiell oder formell nichtiger Weisungsbeschlüsse

Das Schrifttum versagt dem Geschäftsführer die haftungsbefreiende Wirkung eines durch Eintragung geheilten materiell nichtigen Beschlusses im Fall seiner Ausführung[128]. Obgleich eine Nichtigkeitsklage nach Heilung des entsprechenden Mangels aus Gründen der Rechtssicherheit nicht mehr statthaft ist - und die mit dem Beschluß bezweckten Rechtsfolgen gegen den Willen der Gesellschafter nicht mehr reversibel sind[129] - werde damit noch keine Aussage über

---

124 Allg. Meinung: OLG Hamm, BB 1981, 259, 260ff.; *Bumiller/Winkler*, FGG, § 144 Anm. 4 a, b. Eine Amtslöschung nach § 144 II FGG ist nur bei der Verletzung zwingender Vorschriften des Gesetzes und gleichzeitigem öffentlichen Interesse möglich. Dazu wird die Verletzung von Verfahrensvorschriften zu Recht nicht gezählt.

125 So auch *Scholz/Schneider*, § 43 Rz. 100; *Fleck*, GmbHR 1974, 224, 227.

126 Std. Rspr. seit BGHZ 11, 235, 239; *Hachenburg/Raiser*, Anh. § 47 Rz. 78f.; *Rowedder/Koppensteiner* § 47 Rz. 94f.; *Scholz/Schmidt*, § 45 Rz. 89; *Koch*, Anfechtungsklageerfordernis, S. 234ff., 238ff. *Baumbach/Hueck/Zöllner*, Anh. § 47 Rz. 38; *Lutter/Hommelhoff*, Anh. § 47 Rz. 30.

127 Zumindest teilweise in BGHZ 33, 175, 176.

128 *Scholz/Schneider*, § 43 Rz. 99; *Hefermehl*, FS Schilling, S. 151, 168f. zum Vorstand einer AG; wohl differenzierend *Hachenburg/Mertens*, § 43 Rz. 77, dessen Wortlaut darauf schließen läßt, daß eine Entlastung zumindest bei Ausführung vor der Heilung nicht eintritt.

129 Darin herrscht innerhalb der die sonstigen Rechtsfolgen kontrovers diskutierenden Auffassungen Einigkeit: *Hachenburg/Raiser*, Anh. § 47 Rz. 78f.; *Rowedder/Koppensteiner*, § 47 Rz. 94f.; *Scholz/Schmidt*, § 45 Rz. 89; *Baumbach/Hueck/Zöllner*, Anh. § 47 Rz. 38;

die materiellrechtliche Wirksamkeit des Beschlusses getroffen[130]. Obgleich daraus keine unmittelbare auf den Geschäftsführer bezogene Begründung angeführt wird, läßt sich schlußfolgern, daß der Geschäftsführer, dem als vertretungsberechtigtem Organ die gesetzmäßige Organisation der GmbH kraft Amtes obliegt[131], an nichtige Beschlüsse nicht gebunden sein kann. Diese Ableitung überzeugt nicht. Selbst dem Registerrichter, der für die ordnungsgemäße Eintragung von Gesellschafterbeschlüssen Sorge tragen muß, ist es verwehrt, einen versehentlich eingetragenen Beschluß zu beachten, da auch er an die Heilungswirkung gebunden ist[132]. Vor diesem Hintergrund leuchtet eine unterschiedliche Behandlung des Geschäftsführers nicht ein. Ferner wird angeführt, er sei gerade im Bereich der Kapitalerhaltung gemäß § 43 III 3 GmbHG einer Haftung unterworfen, die eine Pflichtverletzung von einem Weisungsbeschluß loslöse[133]. Der Schutzzweck der Nichtigkeitsgründe stünde daher einer haftungsbefreienden Wirkung der Heilung entgegen. Aus diesen Gründen müsse zwischen der Heilungswirkung des Beschlusses und der tatsächlichen Rechtmäßigkeit im Hinblick auf die Pflichten bzw. Haftung des Geschäftsführers differenziert werden[134]. Der Schutz der Kapitalerhaltungsvorschriften wird in zutreffender Weise betont. In diesem Rahmen hat der Gesetzgeber der Haftung aus § 43 III 3 GmbHG einen besonders hohen Stellenwert beigemessen, da der Erhalt des Mindestkapitals zum Schutz der lediglich darauf beschränkten Gläubiger von essentieller Bedeutung ist. Gleichwohl läßt sich mit diesem Argument die Berufung auf die entlastende Wirkung der Heilung nicht gänzlich versagen, da es lediglich im Hinblick auf die Kapitalerhaltungsvorschriften Geltung beanspruchen kann.

Die Rechtsprechung scheint diese Problematik bei oberflächlicher Betrachtung anders zu beurteilen[135]. Der BGH stellte in einem Urteil aus dem Jahr 1960 fest, die Nichtigkeit eines eingetragenen Hauptversammlungsbeschlusses könne nach Ablauf der Drei-Jahresfrist nicht mehr geltend gemacht[136] bzw. dessen Ausführung dem Vorstand nicht mehr angelastet werden. Dabei wird scheinbar eindeutig konstatiert, der Vorstand habe gesetzmäßige Beschlüsse - in diesem Fall einen wegen Fristablauf irreversiblen Kapitalerhöhungsbeschluß - der Hauptversammlung auszuführen[137]. Gleichwohl muß die Allgemeingültigkeit des in

---

Lutter/Hommelhoff, Anh. § 47 Rz. 30. Fraglich ist in diesem Zusammenhang vielmehr, ob der Beschluß damit auch materiellrechtlich wirksam wird.

130 *Hefermehl*, FS Schilling, S. 151, 168f.

131 *Hachenburg/Mertens*, § 43 Rz. 22.

132 *Hachenburg/Mertens*, Anh. § 47 Rz. 79.

133 *Rowedder/Koppensteiner*, § 47 Rz. 94ff.

134 So die wohl herrschende Meinung für die GmbH: *Scholz/Schneider*, § 43 Rz. 99; *Hachenburg/Mertens*, § 43 Rz. 77; *Hefermehl*, FS Schilling, S. 151, 168; *Stein*, ZGR 1994, 472, 480f; eher unsicher *Fleck*, GmbHR 1974, 224, 227, der zumindest bezweifelt, ob das Verhalten des Geschäftsführers auch dann im Verhältnis zur GmbH zu rechtfertigen sei, wenn es sich um einen Gesetzes- oder Sittenverstoß handelt.

135 BGHZ 33, 175, 176f. mit einem Verweis auf den Sachverhalt von BGHZ 21, 354ff.

136 BGHZ 33, 175, 176.

137 BGHZ 33, 175, 178f.

diesem Themenbereich regelmäßig zitierten[138] Urteils bezweifelt werden. Bei dem in Rede stehenden Hauptversammlungsbeschluß handelte es sich um eine Grundkapitalerhöhung durch Ausgabe neuer Aktien unter Ausschluß des Bezugsrechts der Altaktionäre, die wegen Verletzung von Vorschriften im öffentlichen Interesse und wegen Sittenverstoßes nichtig gewesen sein soll. Es sei beabsichtigt gewesen, die Minderheitsaktionäre aus ihrer Position zu drängen. Es wurden somit keine Kapitalerhaltungsvorschriften verletzt. Insofern kann sich der Aussagewert des Urteils zwangsläufig nur auf Nichtigkeitsgründe beziehen, die außerhalb der Kapitalerhaltungsvorschriften liegen. Aufgrund der strengen Ausgestaltung des § 43 III 3 GmbHG kann der Geschäftsführer für die Ausführung derart fehlerhafter Weisungen selbst durch deren Eintragung ins Handelsregister nicht entlastet werden.

Auch im Bereich eingetragener, formell nichtiger Weisungsbeschlüsse wird dem Geschäftsführer eine Entlastung teilweise versagt[139]. Die Verfechter dieser Auffassung lassen eine Begründung für ihre Ansicht hingegen vermissen[140]. Entscheidend ist in diesem Zusammenhang, daß formelle Nichtigkeitsgründe vorrangig gesellschaftsinternen Charakter aufweisen. Die Interessen der Gläubiger oder die öffentliche Ordnung werden allenfalls mittelbar tangiert. Zwar ist die Einhaltung formeller Beschlußvoraussetzungen als Teil der öffentlichen Ordnung anzusehen. Eine besonders schützenswerte Rechtsposition für außerhalb des Unternehmens liegende Interessen, die eine fehlende Entlastung rechtfertigen könnte, läßt sich daraus jedoch nicht ableiten[141]. Daher spricht sich die überwiegende Meinung für eine haftungsbefreiende Wirkung aus[142].

(2) Neuer Begründungsansatz zur haftungsbefreienden Wirkung einer Heilung materiell und formell nichtiger Weisungsbeschlüsse

Aus den vorangegangenen Ausführungen hat sich ergeben, daß die genannten Einwände nur teilweise Geltung beanspruchen können. Auf dieser Grundlage eine haftungsbefreiende Wirkung der Heilung grundsätzlich oder zumindest im Hinblick auf die Verletzung von Kapitalerhaltungsvorschriften zu begrenzen, würde jedoch wesentliche Gesichtspunkte außer acht lassen. Nach der hier vertretenen Auffassung ist zur Lösung dieses Problems ein anderer Ansatz zu wählen.

---

138 Vgl. *Hachenburg/Mertens*, § 43 Rz. 77; *Scholz/Schneider*, § 43 Rz. 99.

139 *Hachenburg/Mertens*, § 43 Rz. 80; *Rowedder/Koppensteiner,* § 43 Rz. 32, der lediglich für den Fall nachträglicher Zustimmung der betroffenen Gesellschafter eine Ausnahme zuläßt.

140 *Rowedder/Koppensteiner*, § 43 Rz. 32; *Hachenburg/Mertens*, § 43 Rz. 80.

141 Vgl. dazu *Fleck*, GmbHR 1974, 224, 229; *Scholz/Schneider*, § 43 Rz. 100.

142 Insbesondere *Fleck*, GmbHR 1974, 224, 229; *Scholz/Schneider*, § 43 Rz. 100, der ausdrücklich betont, ein solcher Beschluß stehe einem von vornherein wirksamen Beschluß gleich.

(a) § 144 II FGG als maßgeblicher Lösungsansatz

Ausgangspunkt der Haftungsbefreiung ist die Heilung des nichtigen Beschlusses durch Eintragung und Ablauf der entsprechenden Frist gemäß § 242 II AktG. Insoweit muß zunächst geklärt werden, ob die Heilung tatsächlich zur endgültigen Bestandskraft des nichtigen Beschlusses führt. Nur in diesem Fall kann überhaupt eine entlastende Wirkung für den Geschäftsführer bestehen. Literatur und Rechtsprechung orientieren sich dabei allein an der Heilungswirkung des § 242 II 1 AktG[143]. Da sie jedoch zu Recht das Problem erkennen, daß die Schutzrichtung einzelner Nichtigkeitsgründe konterkariert werden könnte, beschränken sie in der Regel die haftungsbefreiende Wirkung auf bestimmte Nichtigkeitsgründe[144]. Anhand dieser Norm allein läßt sich jedoch noch nicht der Wille des Gesetzgebers entnehmen, einem ehemals nichtigen Beschluß endgültige Bestandskraft zu gewähren, da gemäß § 242 II 3 AktG i.V.m. § 144 II FGG auch nach Ablauf der Frist des § 242 II 1 AktG der Handelsregistereintrag in bestimmten Fällen noch von Amts wegen gelöscht werden kann. Insofern gibt das Gesetz selbst darüber Auskunft, welche nichtigen eingetragenen Beschlüsse nach Ablauf der Frist effektiv bestandskräftig geworden sind. Die Frage, in welchen Fällen der Geschäftsführer von der Heilung eines nichtigen Beschlusses profitieren sollte, kann daher nur unter Einbeziehung des § 144 II FGG beantwortet werden.

§ 142 FGG, der eine Löschung von Amts wegen für den Fall vorsieht, daß die Eintragung ins Handelsregister wegen Fehlens einer wesentlichen Voraussetzung mangelhaft ist, wird insoweit verdrängt[145].

(b) Voraussetzungen des § 144 II FGG

Zu prüfen ist folglich, unter welchen Voraussetzungen ein durch Eintragung geheilter Beschluß noch einer Amtslöschung nach § 144 II FGG zugänglich ist. Zum einen muß es sich um einen nichtigen Beschluß handeln, dessen Inhalt gegen zwingende Vorschriften des Gesetzes verstößt und zum anderen seine Beseitigung im öffentlichen Interesse geboten sein.

Infolge der Beschränkung auf inhaltliche Mängel ist die Löschung von Beschlüssen, deren Nichtigkeit auf der Verletzung formeller Voraussetzungen be-

---

143 § 242 II AktG differenziert nicht zwischen der Heilung formeller und materieller Fehler. Nach Eintragung und Ablauf der Drei-Jahresfrist ist jeder gegen § 241 Nr. 1, 3 und 4 AktG verstoßende Beschluß geheilt.

144 Selbst *Fleck*, GmbHR 1974, 224, 227, der ansonsten für eine weitestgehende Haftungserleichterung des Geschäftsführers eintritt, hat Bedenken, ob ein geheilter sittenwidriger Beschluß den Geschäftsführer zu entlasten vermag.

145 OLG Hamm, BB 1981, 259, 260ff.; OLG Karlsruhe, ZIP 1986, 711. Dazu umfassend: *Lutter/Friedewald*, ZIP 1986, 691ff. § 144 II FGG, der sich speziell mit nichtigen Gesellschafterbeschlüssen befaßt, soll verhindern, daß die Löschung von Eintragungen einer AG, KGaA oder einer GmbH nur unter engen Voraussetzungen möglich ist. § 142 FGG gilt daher nur für Gesellschaften und Beschlüsse, die in Abteilung A des Handelsregisters einzutragen sind, z.B. OHG, KG; vgl. *Bumiller/Winkler*, FGG, Vor §§ 144-144b, Anm. 3.

ruht, ausgeschlossen. Fraglich ist an dieser Stelle jedoch, ob für diese Mängel nicht ein Rückgriff auf § 142 FGG möglich ist. Die Rechtsprechung[146] und ein Teil des Schrifttums[147] verneinen dies unter Berufung auf die Rechtsnatur des § 144 II FGG als abschließende Sonderregelung. Die Gegenmeinung[148] befürwortet hingegen einen derartigen Rückgriff. Sie vermag jedoch den berechtigten Einwand nicht zu widerlegen, der Schutzzweck des § 144 II FGG würde unterlaufen, sofern trotz geringfügiger Fehler eine Löschung leichter möglich wäre als bei gravierenden Mängeln[149]. Die Anwendung des § 142 FGG erfordert im Gegensatz zu § 144 II FGG kein zwingendes Interesse der Öffentlichkeit. Insofern muß die Heilungswirkung bei formellen Nichtigkeitsmängeln endgültig sein. Ist jedoch selbst eine Löschung von Amts wegen nicht mehr möglich, besteht kein berechtigter Grund mehr, dem Geschäftsführer dennoch die Entlastungswirkung der Heilung zu versagen.

Des weiteren muß es sich um zwingende Vorschriften des Gesetzes handeln. Dabei ist vor allem auf Beschlüsse abzustellen, die nicht mit dem Wesen der GmbH vereinbar sind, gegen die guten Sitten verstoßen oder gegen Normen, die ausschließlich oder überwiegend dem Schutze der Gläubiger der Gesellschaft oder dem öffentlichen Interesse dienen[150]. Ob eine Vorschrift zwingend ist, läßt sich abstrakt nicht abschließend bestimmen, sondern ergibt sich in der Regel aus ihrem Wortlaut. Dazu gehören in erster Linie die §§ 5, 17, 30, 31 GmbHG[151].

Letztlich muß die Beseitigung des Beschlusses im öffentlichen Interesse geboten sein. Ob ein derartiger Fall vorliegt, hat das Registergericht nach Lage des Sachverhalts zu beurteilen[152]. Dabei ist zu beachten, daß ein Interesse der Gesellschafter nicht relevant ist. Als entscheidend wird vielmehr das Interesse der

---

146 OLG Karlsruhe, ZIP 1986, 711, 713; OLG Hamm, BB 1981, 259, 261.

147 *Lutter/Friedewald*, ZIP 1986, 691, 692; *Großkommentar/Schilling*, § 242 Rz. 16; *Hachenburg/Raiser*, Anh. § 47 Rz. 59.

148 *Jansen*, FGG, § 144 Rz. 6; *Geßler/Hefermehl/Eckardt/Kropff/Hüffer*, § 241 Rz. 70; *Baumbach/Hueck/ Zöllner*, Anh. § 47 Rz. 27, der seine Auffassung zumindest insoweit einschränkt, als die Eintragung des mangelhaften Beschlusses konstitutive Wirkung haben müsse, um eine Löschung nach § 142 FGG zu ermöglichen.

149 So insbesondere: OLG Karlsruhe, ZIP 1986, 711, 713; OLG Hamm, BB 1981, 259, 261 und *Hachenburg/Raiser*, Anh. § 47 Rz. 59, der überdies betont, die praktische Bedeutung dieses Streitstands sei relativ gering. Bei Einberufungsmängeln i.S.v. § 241 Nr.1 AktG handele es sich nicht um eine wesentliche Eintragungsvoraussetzung i.S.d. § 143 FGG; eine fehlende Beurkundung berechtige sowieso nicht zur Amtslöschung und der ansonsten noch relevante Fall eines fehlenden oder durch eine unbefugte Person vorgenommenen Eintragungsantrags werde von § 144 II FGG nicht erfaßt, da es bereits an einer erforderlichen wirksamen Eintragung fehle. Insofern könne dieser Fall über § 142 FGG abgedeckt werden.

150 BGHZ 8, 348, 356; 15, 382, 385; 21, 354, 357.

151 *Bumiller/Winkler*, FGG, § 144 Anm. 4.

152 BayOLG 56, 303, 313.

Gläubiger angesehen[153]. Insofern besteht ein Einschätzungsspielraum für den Richter[154].

(c) Schlußfolgerungen

Sofern die Frage nach der Entlastungswirkung der Heilung für die Haftung des Geschäftsführers an diesen Maßstäben orientiert wird, löst sich das ursprüngliche Problem eines angeblich materiellrechtlichen Wirkungsdefizits formell bestandskräftiger Beschlüsse. Bezieht man die Möglichkeit des § 144 II FGG in die Überlegungen ein, so besteht ein solches Defizit nicht. Dadurch wird eine einheitliche Handhabung von formeller und materieller Wirkung der Eintragung gewährleistet und Rechtssicherheit für sämtliche beteiligten Rechtskreise, insbesondere für den Geschäftsführer, geschaffen.

Um ein Wirkungsdefizit formell geheilter Beschlüsse im Hinblick auf ihre materielle Entlastung des Geschäftsführers zu vermeiden und ein erhöhtes Maß an Rechtssicherheit zu schaffen, darf die Ausführung einer Weisung, die wegen Verletzung des Wesens der GmbH, von Vorschriften im öffentlichen oder im Interesse der Gläubiger nichtig ist, dem Geschäftsführer nach Eintragung und Fristablauf nicht als pflichtwidriges Verhalten angelastet werden, sofern auch eine Amtslöschung nach § 144 II FGG nicht mehr in Betracht kommt. Ohne Zweifel fließt damit ein Unsicherheitsfaktor in die Beurteilung der potentiellen Haftung des Geschäftsführers ein, da die Frage nach dem Interesse der Öffentlichkeit an einer Amtslöschung am Einzelfall orientiert ist. Gleichwohl wird durch diese Lösung ein dogmatischer Bruch zwischen formeller Heilung und Entlastungswirkung vermieden und den Interessen sämtlicher Beteiligten Rechnung getragen.

Mit Eintragung tritt die heilende Wirkung jedoch nicht unmittelbar ein, sondern gemäß § 242 II 1 AktG erst nach Ablauf von drei Jahren. Inwieweit diese Frist auch auf die GmbH zu übertragen ist, wird ebenfalls kontrovers diskutiert. Zur Disposition stehen zwei Alternativen: zum einen die wortlautgetreue Anwendung der Drei-Jahresfrist[155] sowie zum anderen eine lediglich angemessene Frist[156]. Diese Frage erfordert wiederum eine Berücksichtigung der Interessen der Gesellschafter, des Unternehmens, des Geschäftsführers, der Öffentlichkeit und der Gläubiger.

---

153 OLG Karlsruhe, ZIP 1986, 711, 713; *Bumiller/Winkler*, FGG, § 144 Anm. 4; *Jansen*, FGG, § 144 Rz. 15; *Scholz/Schmidt*, § 45 Rz. 83.

154 Davon zu unterscheiden ist die Frage, wie bei vorliegendem öffentlichen Interesse zu entscheiden ist. Dabei hat der Richter keinen Ermessensspielraum mehr. Es handelt sich vielmehr um eine gebundene Entscheidung, vgl. *Geßler/ Hüffer*, § 241 Rz. 31; *Baums*, Eintragung, S. 116f.

155 Dafür die neuere Rechtsprechung seit BGHZ 80, 212, 216f.; bestätigt in BGH, WM 1984, 473.

156 Rechtsprechung bis 1978 - Vgl. noch BGHZ 11, 231, 239 ff.; BGH, WM 1978, 551, 552; *Hachenburg/ Raiser*, § 47 Anh. Rz. 80; *Däubler*, GmbHR 1968, 4, 6f.

Das Interesse des Geschäftsführers könnte auf die Gewährung einer angemessenen Frist abzielen, da sie häufig kürzer sein kann und die Haftungsbefreiung früher eintreten würde. Andererseits ist das Kriterium der Angemessenheit vom Einzelfall abhängig und mindert die Rechtsklarheit. Gleiches gilt für die Interessen der Öffentlichkeit und Gläubiger. Zu Recht betont der BGH, daß diese Rechtsklarheit nur anhand objektiver Kriterien, respektive dem Zeitpunkt der Eintragung und dem Ausbleiben einer Nichtigkeitsklage nach Ablauf der Drei-Jahresfrist beurteilt werden kann. Gerade der Umstand, daß sich jedermann auf die Nichtigkeit berufen kann, erfordere eine für jeden erkennbare Handhabe[157]. Daran könne auch das bislang vorherrschende Gegenargument nichts ändern, nachdem in einem überschaubaren Gesellschafterkreis möglichst auf die vielfach engen Beziehungen der Gesellschafter Rücksicht genommen werden solle. Dadurch wird eine Nichtigkeitsklage in der Regel erst nach Ausschöpfung sämtlicher anderer Möglichkeiten in Betracht gezogen[158]. Bei einer Frist von drei Jahren bliebe jedoch auch den auf enge persönliche Beziehungen Rücksicht nehmenden Gesellschaftern genügend Zeit, sich für oder gegen eine Klage zu entscheiden[159]. Im Sinne einer für alle betroffenen Rechtskreise transparenten und eindeutigen Regelung ist daher die Drei-Jahresfrist heranzuziehen.

Trotz dieser Heilungswirkungen bleibt aus zwei Gründen ein nicht unerheblicher Risikofaktor für den Geschäftsführer. Zunächst ist ein Zeitraum von drei Jahren, verglichen mit der Schnellebigkeit des wirtschaftlichen Alltags, relativ lange. Sofern in der Zwischenzeit ein Schadensersatzanspruch gegen den Geschäftsführer prozessual geltend gemacht wird, hängt der Lauf der Heilungsfrist davon ab, ob zusätzlich eine Nichtigkeitsfeststellungsklage erhoben wurde, die einen Fristablauf hemmen würde[160].

Überdies kann eine eventuell noch mögliche Amtslöschung bei materieller Nichtigkeit kaum eindeutig ausgeschlossen werden.

II. Haftungsrisiken und Pflichten im Rahmen anfechtbarer Weisungen

Eine der Hauptrisiken des Geschäftsführers besteht im Rahmen anfechtbarer Weisungen, da Gesellschafterbeschlüsse trotz ihres Mangels bis zur gerichtlichen Nichtigkeitserklärung wirksam sind. Durch das Urteil büßen sie diese Wirksamkeit jedoch rückwirkend ein. Für den Geschäftsführer sind dabei verschiedene Konstellationen zu unterscheiden, die zum Teil unterschiedliche Auswirkungen auf die Haftungsrisiken und Pflichten haben. Eine Weisung kann anfechtbar oder bereits angefochten und die Frist zur gerichtlichen Geltendmachung abgelaufen oder eine Anfechtungsklage bereits rechtskräftig abgewiesen worden sein.

157 BGHZ 80, 212, 216f.

158 BGHZ 11, 231, 239ff.

159 BGHZ 80, 212, 217.

160 Vgl. nur *Hachenburg/Mertens*, Anh. § 47 Rz. 77.

1. Fälle laufender Anfechtungsfristen und angefochtener Weisungsbeschlüsse

a) Haftungsrisiken und Pflichten im Rahmen laufender Anfechtungsfristen

Dogmatischer Ansatzpunkt der Frage nach Haftungsrisiken bei noch laufender Anfechtungsfrist ist mithin der Umstand, daß nur die erfolgreiche Anfechtung zur Nichtigkeit des Beschlusses führt[161] und der Beschluß bis zu diesem Zeitpunkt wirksam ist. Fraglich ist daher, wie sich das Haftungsrisiko und die Handlungspflichten des Geschäftsführers in der Zwischenzeit bestimmen. Man wird in diesem Zusammenhang drei Ansätze differenzieren müssen. Der weit überwiegende Teil des Schrifttums plädiert dafür, dem Geschäftsführer bei seiner Entscheidung einen Ermessensspielraum einzuräumen[162], dessen konkrete Ausprägung allerdings unterschiedlich behandelt wird[163]. Demgegenüber stehen die folgenden zwei Auffassungen, die für eine vermeintlich klarere Lösung eintreten.

Boesebeck vertritt die Meinung, ein Geschäftsführer hafte bei Ausführung anfechtbarer Beschlüsse in keinem Fall[164]. Vielmehr solle ein Gesellschafter, der gegen den Beschluß vorzugehen beabsichtigt, das gesamte Risiko tragen und auf eine einstweilige Verfügung gegen die Ausführung verwiesen werden[165], da der Geschäftsführer weder wissen könne, ob der Beschluß innerhalb der Anfechtungsfrist angefochten, noch ob der Anfechtungsprozeß erfolgreich sein wird. Auf diese Weise würde der Geschäftsführer jedoch praktisch von jeder Prüfungsverantwortung entbunden. Dies kann nicht mit seinem Status als Verwalter fremder Vermögensinteressen in Einklang gebracht werden. Letztlich muß der Ansicht *Boesbecks* auch entgegengehalten werde, daß es ihr an der nötigen Konsistenz fehlt. Sofern behauptet wird, der Geschäftsführer könne selbst im Rahmen rechtmäßiger Weisungen bei fehlender Zweckmäßigkeitsprüfung haften[166], ist es widersprüchlich, eine Haftung im Rahmen anfechtbarer und damit fehlerhafter Weisungen grundsätzlich abzulehnen.

Einen anderen Weg wählt *Büchler*, der die Frage von Haftungsrisiken und Pflichten mit dem Anfechtungsrecht des Geschäftsführers verknüpft. Seiner Ansicht nach komme dem einzelnen Geschäftsführer ein Anfechtungsrecht bei Beschlüssen zu, deren Ausführung zu einer Schadensersatzpflicht, Verwirklichung einer Straftat oder Ordnungswidrigkeit führen würde[167]. Als Korrelat zu diesem Recht müsse dem Geschäftsführer jedoch die Berufung auf die entlastende Wirkung des Beschlusses versagt werden, wenn er davon keinen Gebrauch macht,

---

161 Vgl. *Rowedder/Koppensteiner*, § 47 Rz. 98.

162 Vgl. nur *Scholz/Schneider*, § 43 Rz. 101ff.; *Rowedder/Koppensteiner*, § 43 Rz. 33; *Baumbach/Hueck/ Zöllner*, § 43 Rz. 23; *Lutter/Hommelhoff*, § 43 Rz 19.

163 Dazu unten S. 102ff.

164 *Boesebeck*, GmbHR 1960, 118, 121.

165 *Boesebeck*, GmbHR 1960, 118, 121.

166 *Boesebeck*, GmbHR 1960, 118, 120, vgl. dazu oben S. 76.

167 *Büchler*, Anfechtungsrecht, S. 91ff., 108.

den Beschluß ausführt und danach ein Gesellschafter den Beschluß erfolgreich anficht[168]. Interessant ist vor allem der Ausgangspunkt für diesen Ansatz, da *Büchler* behauptet, die „angebotenen Alternativen" lieferten aus der „Sicht des Geschäftsführers" keine überzeugenden Ergebnisse. Zunächst ist dabei festzustellen, daß die Ansicht von *Boesebeck* nicht berücksichtigt wird, wodurch es bereits an einer vollständigen Analyse der „angebotenen Alternativen" mangelt. Doch auch aus sachlichen Gründen kann diesem Ansatz nicht gefolgt werden. Der Vorwurf, aus der Sicht des Geschäftsführer führe die Unsicherheit einer Ermessensentscheidung zu fehlender Handhabbarkeit in der Praxis, die gerade durch die vorgeschlagene Lösung vermieden werde[169], kann nicht als deren Argumentationsgrundlage dienen.

Zunächst ist ein gewisses Maß an Unsicherheit einer Ermessensentscheidung wesensimmanent. Gleichwohl handelt es sich bei dem Prinzip des Ermessens um einen Grundsatz, der gerade aufgrund seiner Flexibilität in vielen Bereichen des Gesellschaftsrechts und auch im öffentlichen Recht verwendet wird. Sofern man dieses Maß an Rechtsunsicherheit für nicht tragbar hält, wird damit implizit ein grundsätzliches Merkmal dieses Prinzips kritisiert. In diesem Fall sollte jedoch auch eine grundsätzliche Problemlösung angeboten werden. Statt dessen gilt die Lösung einer Anfechtungspflicht selbst nach *Büchler* dann nicht mehr, wenn der Geschäftsführer die Anfechtbarkeit des Beschlusses verkannt hat[170]. Dadurch kann sein Ansatz das vermeintliche Defizit an Rechtsunsicherheit nicht gänzlich verhindern. Wichtiger ist jedoch, daß diese Lösung gerade aufgrund der von *Büchler* selbst eingenommenen Sicht des Geschäftsführers bedenklich erscheint. Die Möglichkeit des Anfechtungsrechts wird faktisch in eine Anfechtungspflicht umgewandelt. Diese ist für den Geschäftsführer allerdings wesentlich unangenehmer, als die Möglichkeit nach pflichtgemäßem Ermessen zu entscheiden. Er wird dadurch gezwungen, die Lösung des Problems durch eine gerichtliche Auseinandersetzung publik zu machen, wenn nach sonstigen ökonomischen Gesichtspunkten eine sofortige Ausführung der Weisung geboten wäre. Dadurch ist weder dem Unternehmen oder den Gesellschaftern noch dem Geschäftsführer geholfen. Gerichtliche Auseinandersetzungen sind kostenintensiv, beeinträchtigen die kontinuierliche Unternehmensführung, schüren zusätzliches Konfliktpotential und können zu erheblichen Imageverlusten für sämtliche Beteiligten führen. Daher ist es aus der Sicht des Geschäftsführers interessengerechter, innerhalb eines Ermessensspielraums zu handeln.

Jedoch erscheint der Ansatz auch aus anderen Gründen problematisch. Entgegen der Behauptung fügt sich die Haftungsfolge bei unterlassener Anfechtung nicht ohne weiteres in die Dogmatik des § 43 GmbHG ein. Es leuchtet nicht ein, daß der Geschäftsführer dadurch die Obliegenheiten eines sorgfältigen Geschäftsmannes verletzt. Bei der Führung seiner Geschäfte kommt ihm unbestritten ein unternehmerisches Ermessen zu[171]. Dieses Ermessen muß notwendi-

---

168 *Büchler*, Anfechtungsrecht, S. 93f.

169 *Büchler*, Anfechtungsrecht, S. 94f.

170 *Büchler*, Anfechtungsrecht, S. 94.

171 Vgl. nur *Scholz/Schneider*, § 43 Rz. 44ff.

gerweise auch die Ausübung eines ihm eingeräumten Anfechtungsrechts umfassen, ansonsten müßte man bereits aus dogmatischer Sicht von einer Anfechtungspflicht ausgehen. Die unterlassene Anfechtung wäre somit nur dann als grundsätzliche Verletzung seiner Pflichten zu qualifizieren, wenn der Geschäftsführer aufgrund einer Ermessensreduzierung auf Null stets diese Alternative wählen müßte. Da jedoch durch die angesprochenen Risiken einer Anfechtungsklage nicht auszuschließen ist, daß es im konkreten Einzelfall opportun sein kann, auf eine Anfechtung zu verzichten und den Beschluß dennoch auszuführen, läßt sich die unterlassene Anfechtung in diesen Fällen nicht als pflichtwidrig bezeichnen.

Aus diesem Grund ist es sachgerecht, dem Geschäftsführer im jeweiligen Einzelfall eine Prüfung abzuverlangen, innerhalb derer er abschätzen muß, inwieweit die Möglichkeit einer Anfechtung durch einen oder mehrere Gesellschafter und eines stattgebenden Urteils besteht und welche Auswirkungen dies auf die Ausführung der Weisung hat[172].

Allerdings sind dabei die Handlungspflichten des Geschäftsführers näher zu konkretisieren. Die Literatur ist einhellig der Auffassung, der Geschäftsführer habe grundsätzlich eine Abwägung zwischen den Folgen vorzunehmen, die durch das Abwarten der Ausführung entstehen können, und den Konsequenzen einer sofortigen Ausführung, sofern die Weisung im Wege einer Anfechtungsklage für nichtig erklärt würde[173]. Da diese Abwägung vielschichtig sei, müsse er die Anfechtungswahrscheinlichkeit, die potentiellen Erfolgsaussichten einer Klage sowie den möglichen Rückabwicklungsschaden einerseits sowie den Nutzen einer sofortigen Ausführung im Verhältnis zum möglichen Schaden einer späteren Ausführung andererseits berücksichtigen[174]. Einem derartigen Abwägungsprozeß ist grundsätzlich zuzustimmen, da zu diesem Zeitpunkt noch keine klare Aussage über die denkbare Wirksamkeit der Weisung möglich ist. Problematisch gestalten sich allenfalls die Rechtsfolgen, die aus bestimmten Abwägungsergebnissen gezogen werden. Unter bestimmten Voraussetzungen soll nämlich eine Pflicht zur Ausführung der Weisung entstehen. Dabei werden in der Regel zwei Fallkonstellationen genannt: zum einen soll der Geschäftsführer zur Ausführung verpflichtet sein, wenn er mit Sicherheit davon ausgehen kann, daß eine Anfechtung nicht erfolgt[175] bzw. zumindest mit einer Anfechtung nicht zu rechnen ist[176]; zum anderen soll eine Ausführungspflicht bestehen, sofern ein ordentlicher Unternehmensleiter nach pflichtgemäßer Prüfung

---

172 *Scholz/Schneider*, § 43 Rz. 101ff.; *Rowedder/Koppensteiner*, § 43 Rz. 33; *Baumbach/Hueck/Zöllner*, § 43 Rz. 23; *Lutter/Hommelhoff*, § 43 Rz. 19.

173 *Scholz/Schneider*, § 43 Rz. 102; *Hachenburg/Mertens*, § 43 Rz. 83; *Baumbach/Hueck/Zöllner*, § 43 Rz. 23; *Lutter/Hommelhoff*, § 43 Rz. 19; *Meyer-Landrut/Miller/Niehus*, § 37 Rz. 87; *Konzen*, NJW 1989, 2977, 2982; *Fleck*, GmbHR 1974, 224, 228; *ders.*, ZHR 149 (1985), 387, 407; *Ziemons*, Einflußnahme, S. 31.

174 Dazu *Ziemons*, Einflußnahme, S. 31.

175 *Hachenburg/Mertens*, § 43 Rz. 81.

176 *Baumbach/Hueck/Zöllner*, § 43 Rz. 23.

der Ansicht ist, die sofortige Ausführung sei trotz der Fehlerhaftigkeit des Beschlusses im Interesse der Gesellschaft geboten[177].

Dieser Folgepflicht stehen jedoch erhebliche Bedenken entgegen. Dadurch könnte dem Geschäftsführer selbst dann pflichtwidriges Verhalten i.S.d. § 43 II GmbHG vorgeworfen werden, wenn er die Ausführung einer fehlerhaften Weisung verweigert. Die Verletzung der Folgepflicht würde einen Verstoß gegen die Pflichten aus § 43 II GmbHG begründen. Sollte die Gesellschaft dadurch eine Gewinnmöglichkeit nicht realisieren können, müßte der Geschäftsführer auf der Grundlage von § 252 BGB für den entgangenen Gewinn einstehen. Dies würde den Geschäftsführer einem zusätzlichen Haftungsrisiko aussetzen. Ein derartiges Risiko läßt sich jedoch aus den nachfolgenden Gründen in keinem der beiden Fälle rechtfertigen.

Im Hinblick auf die erste Fallkonstellation kann nicht sicher davon ausgegangen werden, daß eine Anfechtung tatsächlich unterbleibt. Selbst ein schriftlicher Verzicht auf eine Anfechtung kann unter bestimmten Umständen rückgängig gemacht werden[178]. Sofern der Geschäftsführer dies hätte erkennen können, befindet er sich wiederum in einem Haftungsrisiko. Der Geschäftsführer ist daher im Zweifel nicht in der Lage abschließend zu beurteilen, ob eine Anfechtung tatsächlich unterbleibt. Noch weniger wird der Geschäftsführer die Erfolgsaussichten der potentiellen Klage einschätzen können. Vielmehr wird man von ihm grundsätzlich ein hohes Maß an Vorsicht erwarten müssen. Die angebliche Sicherheit, der Beschluß werde nicht angefochten oder eine Anfechtung habe keine Aussicht auf Erfolg, bietet daher keine geeignete Grundlage für eine Folgepflicht. In jedem Fall empfiehlt es sich, für den Geschäftsführer auch in diesem Fall einen rechtswirksamen Beschluß herbeizuführen[179].

Im Hinblick auf die zweite Fallkonstellation kann hingegen ausnahmsweise eine Folgepflicht indiziert sein, da der Geschäftsführer bei pflichtgemäßer Abwägung zu einer Ermessensreduzierung auf Null kommen könnte. Da er als Unternehmensleiter Schaden vom Unternehmen abwenden muß, wird man von einer derartigen Ermessensreduzierung ausgehen müssen, wenn die unverzügliche Ausführung des anfechtbaren Beschlusses für die Abwendung einer drohenden Insolvenz erforderlich ist, sofern es zeitlich nicht mehr möglich ist, die Gesellschafter über ein weiteres Vorgehen erneut zu befragen. Insbesondere handelt es sich dabei um Fallgestaltungen, bei denen eine Ausführung der Weisung die Konkursantragspflicht aus § 64 I GmbHG abwenden würde, die dem Geschäftsführer in diesem Rahmen zur Verfügung stehende Drei-Wochenfrist die Einho-

177 *Hachenburg/Mertens*, § 43 Rz. 81; *Ziemons*, Einflußnahme, S. 31.

178 Dabei ist streitig, ob die §§ 116ff. BGB Anwendung finden. Nach einer Auffassung handelt es sich beim Rügeverzicht nicht um eine rechtsgeschäftliche Willenserklärung, vgl. insb. *Scholz/Schmidt*, § 45 Rz. 139, der jedoch dennoch aus Gründen der Billigkeit die §§ 119ff. BGB anwenden will, bzw. im Fall des § 123 BGB gar nicht erst von einem wirksamen Verzicht ausgeht. A.A. *Lutter/Hommelhoff*, Anh. § 47 Rz. 56, der die §§ 119ff. BGB unproblematisch anwendet. Unabhängig vom Ergebnis dieses Problems läßt sich jedoch konstatieren, daß selbst im Fall eines Verzichts Möglichkeiten bestehen, sich davon zu lösen.

179 Vgl. auch *Fleck*, GmbHR 1974, 224, 228.

lung weiterer Instruktionen jedoch nicht mehr zuläßt. Dies entspricht auch dem Ergebnis im Rahmen von Weisungen bei nachträglicher Änderung tatsächlicher Umstände[180].

Bis auf diese Ausnahme steht dem Geschäftsführer somit stets eine Handlungsalternative zur Verfügung, die kein Haftungsrisiko auslöst. Sofern er sich weigert, die anfechtbare Weisung auszuführen, wird ihm dies nicht angelastet[181]. Ansonsten muß er im Rahmen seiner Abwägung selbst entscheiden, wie sinnvoll eine Ausführung ist. Mithin steht ihm ein Ermessensspielraum zu[182], in den sämtliche erforderlichen Abwägungsparameter einfließen müssen. In welchem Maße diese Entscheidung justitiabel ist, wird sich im Weiteren Verlauf der Untersuchung zeigen, in deren Rahmen auch die nachfolgend ausgeführte Fallgruppe der angefochtenen Weisungsbeschlüsse einzubeziehen ist.

b) Haftungsrisiken und Pflichten im Rahmen angefochtener Weisungsbeschlüsse

Soweit Anfechtungsklage[183] erhoben wurde, steigert sich die Sorgfaltspflicht des Geschäftsführers[184]. Ihm wird in diesem Fall zur Kenntnis gebracht, daß der Weisungsbeschluß eventuell mangelhaft ist. Demgemäß kann er sich nicht mehr auf fehlende Kenntnis der Anfechtbarkeit berufen. Gleichwohl handelt es sich immer noch um eine Entscheidung, die der Geschäftsführer im Rahmen seines Ermessens trifft, da die Weisung noch nicht gerichtlich für nichtig erklärt wurde[185]. Sofern der Geschäftsführer die Weisung gleichwohl ausführt und die Klage erfolgreich ist, mag es jedoch schwierig sein, die Ausführung als Ergebnis einer pflichtgemäßen Ausübung seines Ermessens anzusehen, da es der allgemeinen Lebenserfahrung entspricht, daß der Ausgang gerichtlicher Auseinandersetzungen infolge der Komplexität und Fülle verschiedener rechtlicher Ansatzpunkte, Lösungsmöglichkeiten und Beweisschwierigkeiten häufig ungewiß ist. Diese Ungewißheit muß der Geschäftsführer in seine Überlegung ein-

---

180 Vgl. dazu oben S. 83f.

181 So auch *Fleck*, GmbHR 1974, 224, 227; *Eisenhardt*, FS Pfeiffer, S. 839, 849f. Widersprüchlich sind insoweit die Ausführungen von *Scholz/Schneider*, § 43 Rz. 102, der einerseits ausführt, eine Folgepflicht bestehe bei anfechtbaren Beschlüssen nicht, andererseits dennoch eine Folgepflicht für den Fall vorsieht, daß mit einer Anfechtung nicht zu rechnen sei, ähnlich: *Ebenroth/Lange*, GmbHR 1992, 69, 73.

182 So *Fleck*, GmbHR 1974, 224, 227f.; *Rowedder/Koppensteiner*, § 43 Rz. 32.

183 Die Klage ist analog § 246 II AktG gegen die Gesellschaft zu richten und nicht gegen andere Gesellschafter. Dadurch wird sie dem Geschäftsführer als vertretungsberechtigtem Organ zugestellt. Dies entspricht der ganz herrschenden Meinung vgl. BGH, NJW 1981, 1041; *Rowedder/Koppensteiner*, § 47 Rz. 125; *Hachenburg/Mertens*, Anh. § 47 Rz. 196; *Baumbach/Hueck/Zöllner*, Anh. § 47 Rz. 81; a.A. *Joost*, ZGR 1984, 71, 97f., der bei personalistisch strukturierten, auch mehrgliedrigen GmbH die Passivlegitimation dem/den Urheber(n) des angefochtenen Beschlusses zuweist; zumindest zweifelnd: *Lindacher*, ZGR 1987, 128ff. Dem Geschäftsführer wird die Klage als vertretungsberechtigtem Organ zugestellt.

184 *Fleck*, GmbHR 1974, 224, 228; *Scholz/Schneider*, § 43 Rz. 103; *Konzen*, NJW 1989, 2977, 2982; *Ebenroth/Lange*, GmbHR 1992, 69, 73.

185 *Scholz/Schneider*, § 43 Rz. 103 führt hingegen aus, der Geschäftsführer trage in jedem Fall für sein Handeln die volle Verantwortung.

beziehen[186]. Inwieweit eine derartige Abwägung ausgestaltet ist bzw. welchen Pflichten der Geschäftsführer in diesem Rahmen unterliegt, wird die Untersuchung der in die Ermessensentscheidung aufzunehmenden Abwägungsparameter ergeben, die aus Gründen des Sachzusammenhangs gemeinsam mit der Entscheidung bei lediglich anfechtbaren Beschlüssen erfolgt[187].

c) Ermessensentscheidung im Rahmen anfechtbarer oder angefochtener Weisungsbeschlüsse

Fraglich ist jedoch woran sich eine Ermessensentscheidung im Bereich anfechtbarer bzw. angefochtener Weisungen im Einzelnen orientieren muß und worauf sich eine gerichtliche Überprüfung erstrecken kann.

aa) Vergleich zwischen Beschlußausführungs- und unternehmerischem Ermessen

Die Abwägung, in deren Rahmen der Geschäftsführer die eventuell widerstreitenden Interessen der Gesellschafter, gesetzliche Regelungen sowie die Konsequenzen einer Ausführung gegenüberstellen und gewichten muß, um zu einem vertretbaren Ergebnis zu gelangen, ist eine Ermessensentscheidung[188]. Fraglich ist, ob dieses Ermessen mit dem unternehmerischen Ermessen vergleichbar ist, das dem Geschäftsführer innerhalb seiner Pflicht zur ordnungsgemäßen Unternehmensführung, d.h. innerhalb des Rahmens der Gesetze, des Gesellschaftsvertrags und der Berücksichtigung der Interessen der Gesellschafter, Öffentlichkeit, Arbeitnehmer, Gläubiger und der Gesellschaft zusteht[189]. Dieser Grundsatz beruht darauf, daß die Leitung eines Unternehmens nicht mit starren Normen und Prinzipien möglich ist, sondern eine flexible, dynamische und am jeweiligen Einzelfall orientierte Bandbreite an möglichen und zulässigen Entscheidungsalternativen erfordert, die sich lediglich an bestimmte Maßstäbe und vielfältig beschriebene Grenzen halten muß. Daher wird dem Geschäftsführer ein weiter Ermessensspielraum zugebilligt[190]. Somit geht es in beiden Fällen darum, verschiedene Entscheidungsalternativen gegeneinander abzuwägen, ohne sichere Kenntnis darüber zu haben, welche Alternative letztlich die zweckmäßigste sein wird.

Gleichwohl sind zwei wichtige Unterschiede zu berücksichtigen. Zum einen können bei einer unternehmerischen Ermessensentscheidung sämtliche Hand-

---

186 Dazu genauer unten S. 106ff.

187 Vgl. unten S. 105ff.

188 *Hachenburg/Mertens*, § 43 Rz. 83; *Ebenroth/Lange*, GmbHR 1992, 69, 73; *Rowedder/Koppensteiner*, § 43 Rz. 32; *Fleck*, GmbHR 1974, 224, 227; *Ziemons*, Einflußnahme, S. 31.

189 Dazu ausführlich *Heisse*, Beschränkung, S. 28ff.; *Heermann*, ZIP 1998, 761ff.; *Meyke*, Haftung, Rz. 23ff.

190 *Lutter/Hommelhoff*, § 43 Rz. 6; *Scholz/Schneider*, § 43 Rz. 44b; *Mertens*, FS Goerdeler, S. 349, 357ff.; *Ebenroth/Lange*, GmbHR 1992, 69, 71; *Hachenburg/Mertens*, § 43 Rz. 19ff. Vgl. zum Vorstand der AG das jüngste BGH-Urteil BGH, WM 1997, 970ff. sowie *Kindler*, ZHR 162 (1998), 101ff.

lungsalternativen gleichwertig sein[191], wohingegen bei einer Entscheidung über die Ausführung einer Weisung stets die Fehlerhaftigkeit miteinbezogen werden muß, wodurch die Alternative „Ausführung“ tendenziell nachteiliger ist. Bei der Beurteilung, ob eine Weisung, die anfechtbar ist, im konkreten Fall ausgeführt werden soll, sind die genannten Anknüpfungspunkte hingegen wenig hilfreich. Entscheidend ist vielmehr, ob der Mangel prozessual geltend gemacht wird und eine Klage Aussicht auf Erfolg hätte. Dabei ist ein Aspekt bereits zu Beginn ersichtlich - ein anfechtbarer Beschluß ist fehlerhaft. Zum anderen ist die Entscheidung im Rahmen des unternehmerischen Ermessens vor allem wirtschaftlicher Art und fällt damit in die ureigensten Kompetenzen eines Unternehmensleiters. Im Rahmen des Beschlußausführungsermessens handelt es sich hingegen sehr oft um juristische Fragestellungen, für deren Beantwortung dem Geschäftsführer häufig die Kompetenz fehlen wird. Die Vielzahl juristischer Probleme ergibt sich daraus, daß in diesem Rahmen das gesamte Gesellschafterbeschlußmängelrecht relevant ist, das aufgrund seiner nur begrenzten Kodifizierung und Komplexität auch für Juristen eine komplizierte Materie darstellt. Diese Unterschiede wirken sich wiederum bei der Art der jeweiligen Abwägungsparameter aus.

bb) Justitiabilität des unternehmerischen Ermessens

Einer Ermessensentscheidung ist wesensimmanent, daß in der Bandbreite möglicher Entscheidungen - mit Ausnahme einer Ermessensreduzierung auf Null - stets mehrere denkbare und daher auch gerichtlich nicht nachprüfbare Alternativen existieren[192]. Inwieweit sich diese Nachprüfbarkeit allerdings in der Praxis vollzieht, läßt sich nicht eindeutig bestimmen.

Dabei ist eine klare Linie in der Rechtsprechung nur schwer erkennbar. Der BGH hat in der Vergangenheit bereits gezeigt, daß er Ermessensentscheidungen mitunter voll inhaltlich, d.h. auch hinsichtlich der Zweckmäßigkeit ex-ante überprüft[193]. In seiner *ARAG/Garmenbeck* Entscheidung aus jüngster Vergangenheit betont der BGH jedoch ausdrücklich, daß dem Vorstand einer AG ein weiter Handlungsspielraum zukomme, innerhalb dessen Fehlentscheidungen nicht als Pflichtverletzungen i.S.d. § 93 II 1 AktG zu werten seien[194]. Danach

---

191 Im Rahmen des unternehmerischen Ermessens ist bei einer Erwerbsgesellschaft die Kosten-Nutzen-Relation (sprich die Effizienz oder der ökonomische Ertrag), bei einer Gesellschaft, die idealistische oder karitative Zwecke verfolgt, deren spezielle Aufgabe das relevante Beurteilungskriterium. Sie werden erst durch ihre Anwendung auf die konkrete Unternehmenssituation und den Unternehmenszweck vorteil- oder nachteilhafter.

192 *Heisse*, Beschränkung, S. 28ff.; *Fleck*, GmbHR 1974, 224, 225; *Bastuck*, Enthaftung, S. 69; *Stelkens/Bank/Sachs*, VwVfG, § 40 Rz. 7.

193 Vgl. u.a. BGH, AG 1985, 165f. bezüglich des Kaufs einer EDV-Anlage zu ungünstigen Konditionen, in dem der BGH den nachteiligen Vertragsschluß als pflichtwidrig einstuft und eine Angemessenheitsprüfung vornimmt. Die Tatsache, daß der Geschäftsführer eines Sozialversicherungsträgers keinen Berater hinzugezogen hatte, wird jedoch lediglich im Rahmen des Verschuldens geprüft, obgleich dies eigentlich bereits im Rahmen der Pflichtwidrigkeit relevant wird. *Heisse*, Beschränkung, S. 32 weist zutreffend darauf hin, daß die Pflichtverletzung darin lag, alleine zu entscheiden, nicht im Ergebnis der Entscheidung, was sich daraus ergebe.

194 BGH, DB 1997, 1068ff.

wurden die Prinzipien eines ermessensgerechten und daher haftungsfreien Handelns in drei positiv und zwei negativ formulierte Grundsätze unterteilt. Das Handeln des Geschäftsführer müsse von Verantwortungsbewußtsein getragen, ausschließlich am Unternehmenswohl orientiert, auf sorgfältiger Ermittlung der Entscheidungsgrundlage gegründet sein und dürfe die Risikobereitschaft nicht in unverantwortlicher Weise überspannen oder aus anderen Gründen als pflichtwidrig angesehen werden[195]. Dabei kann die Deutlichkeit, mit der dem Leitungsorgan einer Kapitalgesellschaft ein gerichtlich nicht überprüfbarer Handlungsspielraum zugebilligt wird, durchaus als Novum bezeichnet werden[196]. Gleichwohl wird bei näherer Analyse deutlich, daß der vordergründige Gewinn eines reduzierten Haftungsrisikos in der gerichtlichen Praxis durch den letzten Grundsatz nahezu vollständig eingebüßt werden kann. Sofern der Vorstand aus „anderen Gründen" nicht pflichtwidrig handeln darf, hat der BGH sich für künftige Entscheidungen eine „Hintertür" offengelassen, die es ihm erlaubt, das vermeintlich nicht justitiable Ermessen durch nicht näher konkretisierte Pflichtenbindungen zu unterlaufen und doch einer gerichtlichen Nachprüfbarkeit zu unterwerfen. Solange jedoch diese Gefahr besteht, wird der BGH der tatsächlichen Bedeutung des Grundsatzes unternehmerischen Ermessens bei seiner Interpretation der Justitiabilität immer noch nicht gerecht.

Wesentlich fruchtbarer sind indes die Ausführungen des OLG Düsseldorf, welches bereits in zwei Fällen die Zweckmäßigkeitsüberprüfung von Entscheidungen eines Gesellschaftsorgans abgelehnt und dies mit der Anwendung der Grundsätze des verwaltungsgerichtlichen Ermessens begründet hat. Bei der ersten Entscheidung handelte es sich um das zweitinstanzliche Urteil des *ARAG/Garmenbeck* Falls[197], bei dem die Überprüfbarkeit des Ermessens des Aufsichtsrats einer AG im Rahmen seiner Entscheidung über die Geltendmachung eines Schadensersatzanspruchs gegen ein Vorstandsmitglied abgelehnt wurde. Diese Entscheidung hat der BGH allerdings im Hinblick auf diese konkrete Aufgabe des Aufsichtsrats verworfen, da ihm als Kontrollorgan bei Feststellung eines Schadensersatzanspruchs gegen den Vorstand gerade kein Ermessen zustehe[198]. Allerdings bezieht sich dieses Urteil lediglich auf die Überwachungstätigkeit des Aufsichtsrats und nimmt unternehmerische Entscheidungen wie beispielsweise die Bestellung und Abberufung des Vorstands oder Fälle des § 111 IV 2 AktG explizit aus[199]. Insofern ist das Urteil in diesem Bereich nach wie vor von Bedeutung. Im Rahmen der zweiten Entscheidung wurde die Zweckmäßigkeitsprüfung eines GmbH-Gesellschafterbeschlusses unter Hinweis

---

195 BGH, DB 1997, 1068, 1070.

196 *Kindler*, ZHR 162 (1998), 101, 103.

197 OLG Düsseldorf, ZIP 1995, 1183ff.

198 BGH, DB 1997, 1068, 1070f. Gleichwohl handelt es sich nicht gänzlich um eine gebundene Entscheidung, da dem Aufsichtsrat insofern eine Abwägung zugestanden wird, als er von der Geltendmachung von Ansprüchen gegen den Vorstand absehen dürfe, „wenn gewichtige Belange der Gesellschaft dafür sprechen, den ihr entstandenen Schaden ersatzlos hinzunehmen." *Kindler*, ZHR 162 (1998), 101, 118f. hält dieses Entscheidungsermessen für inkonsequent.

199 BGH, DB 1997, 1068, 1070.

auf die verwaltungsrechtlichen Ermessensgrundsätze und das dem Geschäftsführer der GmbH zustehende Ermessen abgelehnt[200].

In der Literatur wurde die Anwendung der Prinzipien der verwaltungsgerichtlichen Ermessenskontrolle zur Bestimmung der gerichtlichen Prüfungskompetenz bereits vor den beiden Entscheidungen des OLG Düsseldorf herangezogen. *Heisse* betont, der GmbH stehe ähnlich wie dem Bürger kein Anspruch auf eine bestimmte inhaltliche Entscheidung zu, sondern nur auf eine vertretbare Maßnahme[201]. Daher könne der Fall des unternehmerischen Ermessens mit dem des Auswahlermessens der Verwaltung verglichen werden. Danach sei die gerichtliche Nachprüfung darauf beschränkt, die Entscheidung des Geschäftsführers auf Ermessensfehler zu untersuchen[202], ohne jedoch im Einzelfall eine Zweckmäßigkeitsprüfung vornehmen zu dürfen[203]. Diese Grundsätze genießen den Vorteil, daß sie auf bekannten Prinzipien aufbauen und entsprechend konkretisierbar sind. Vor allem werden sie jedoch dem Ruf des Schrifttums gerecht[204], dem Geschäftsführer tatsächlich einen nicht überprüfbaren Raum an Entscheidungen zuzubilligen. Vor dem Hintergrund der bereits erarbeiteten Vergleichbarkeit des Beschlußausführungs- und unternehmerischen Ermessens werden im Folgenden die Abwägungsparameter für eine ermessensfehlerfreie Entscheidung des Geschäftsführers im Rahmen anfechtbarer und angefochtener Weisungen erarbeitet.

cc) Grundsätze zur gerichtlichen Überprüfung der Ermessensentscheidung im Rahmen anfechtbarer oder angefochtener Weisungen

Eine Entscheidung ist demgemäß nur pflichtwidrig, wenn der Geschäftsführer sein Ermessen unter- oder überschreitet, es fehlerhaft gebraucht oder verkennt, daß eine Ermessensreduzierung auf Null vorliegt[205]. Im Weiteren werden die für den Geschäftsführer geltenden Ermessensfehler analysiert und die Abwägungsparameter dargelegt, auf die sich eine gerichtliche Überprüfbarkeit erstrecken kann.

200 Vgl. OLG Düsseldorf, GmbHR 1996, 689, 693ff. zur Anwendung der verwaltungsrechtlichen Ermessensgrundsätze gemäß § 114 VwGO auf die Entscheidungen der Gesellschafterversammlung einer GmbH unter Berufung auf BVerwGE 4, 283, 284; *Erichsen/Ossenbühl*, Verwaltungsrecht, § 10 Rz. 13; *Kopp*, VwVfG, § 114 Rz. 1 m.w.N.

201 *Heisse*, Beschränkung, S. 28.

202 Im Fall von Rechtsgeschäften mit sich selbst befürwortet allerdings auch *Scholz/Schneider*, § 43 Rz. 150 eine Angemessenheitskontrolle.

203 *Heisse*, Beschränkung, S. 31.

204 *Dreher*, ZHR 158 (1994), 614ff. im Hinblick auf Entscheidungen des Aufsichtsrats; *Kust*, WM 1980, 658ff.; *Ebenroth/Lange*, GmbHR 1992, 69, 71.

205 Allg. dazu: *Erichsen/Ossenbühl*, Verwaltungsrecht, § 10 Rz. 13ff.; *Wolff/Bachhof/Stober*, Verwaltungsrecht I, § 31 Rz. 45ff.; *Stelkens/Bonk/Leonardt/Sachs*, VwVfG, § 40 Rz. 34ff.; *Knack*, VwVfG, § 49 Anm. 9.2.ff., 9.3.ff., 9.4.ff.; *Eyermann/Fröhler*, VwGO, § 114 Rz. 15ff. sowie konkret *Heisse*, Beschränkung, S. 30, 32 und OLG Frankfurt, GmbHR 1996, 698, 694.

(1) Ermessensunterschreitung

Eine Ermessensunterschreitung ist dadurch gekennzeichnet, daß der zur Ausübung des Ermessens Berechtigte nicht erkennt, daß ihm überhaupt ein Ermessen zusteht und somit annimmt, es läge eine gebundene Entscheidung vor[206]. Dies würde auf einen Geschäftsführer zutreffen, der nicht erkennt, daß er verschiedene Möglichkeiten hat, auf die Weisung zu reagieren. Demzufolge wäre eine Entscheidung bereits ermessensfehlerhaft, wenn der Geschäftsführer nicht feststellt, daß er die Weisung erneut den Gesellschaftern zur Entscheidung vorlegen, deren Ausführung verweigern, sie ausführen oder diese Alternativen kombiniert anwenden kann.

(2) Ermessensüberschreitung

Eine Ermessensüberschreitung ist dadurch gekennzeichnet, daß eine Maßnahme gewählt wird, die außerhalb der Kompetenzen des Berechtigten liegt[207]. Dies wäre bei einem Geschäftsführer der Fall, der den Rahmen seiner Entscheidungskompetenz überschreitet. Insofern muß der Geschäftsführer bei seiner Entscheidung eine Alternative wählen, die im Rahmen der durch die Weisung abgedeckten Handlungsmöglichkeiten sowie seiner Vertretungsmacht und Geschäftsführungsbefugnisse liegt.

(3) Ermessensfehlgebrauch

Ein Ermessensfehlgebrauch liegt in einem durch fehlerhafte Ermittlung oder Auswertung der Sachverhaltsgrundlage bedingten Abwägungsdefizit[208]. Dabei sind die sachgerechten Erwägungen im Rahmen von anfechtbaren oder angefochtenen Weisungsbeschlüssen in drei Komplexe zu unterteilen: zum ersten ist zu erörtern, ob der Beschluß angefochten wird, wobei diese Frage notwendigerweise entfällt, sofern bereits Klage erhoben wurde; zum zweiten, ob eine Klage Aussicht auf Erfolg hätte; zum dritten, ob die Ausführung grundsätzlich oder nur im Fall einer Rückabwicklung der Maßnahme zu einem Schaden der Gesellschaft führen würde sowie damit in Zusammenhang stehend, ob das Zuwarten bis zum Ende der Anfechtungsfrist oder zum Urteilsspruch der Gesellschaft nicht einen noch größeren Schaden zufügen könnte als eine sofortige Ausführung des Beschlusses. Abwägungselemente außerhalb dieser Kategorien würden zu einem Ermessensfehlgebrauch führen.

(a) Wahrscheinlichkeit einer Anfechtung

Um zu beurteilen, ob der Beschluß zum Gegenstand einer gerichtlichen Klage gemacht wird, muß der Geschäftsführer sämtliche relevanten Fakten zusammenstellen und sich dabei aller ihm zugänglichen Informationsquellen bedie-

---

206 *Knack*, VwVfG, § 40 Anm. 9.2.1.; *Hufen*, Verwaltungsprozeßrecht, § 25 Rz. 30.

207 *Knack*, VwVfG, § 40 Anm. 9.3.; *Wolff/Bachhoff/Stober*, Verwaltungsrecht I, § 31 Rz. 46; *Stelkens/Bonk/Sachs*, VwVfG, § 40 Rz. 75.

208 *Redeker/v. Oertzen*, VwGO, § 114 Rz. 10; *Knack*, VwVfG, § 40 Anm. 9.4.; *Kopp*, VwGO, § 114 Rz. 8.

nen. Soweit sämtliche Fakten zusammengetragen sind, hat der Geschäftsführer die Möglichkeit einer Anfechtung zu analysieren. Dabei lassen sich die Abwägungsparameter in personenbezogene, rechtliche und wirtschaftliche Bereiche unterteilen.

(aa) Personenbezogene Abwägungselemente

Da es sich bei der Wahrscheinlichkeit einer Anfechtung um eine individuelle Frage handelt, sind zunächst persönliche Faktoren relevant. In diesem Rahmen ist vor allem die grundsätzliche Einstellung der Gesellschafter zur Anfechtung von Gesellschafterbeschlüssen bedeutsam. Sofern bereits einmal angefochten wurde, ist die Hemmschwelle zur Erhebung einer Klage mitunter geringer. Des weiteren sind die persönlichen Verhältnisse der Gesellschafter untereinander heranzuziehen, da sie Aufschluß über die Art der Entstehung und Beilegung von Konflikten geben können. Sofern die Gesellschafter enge freundschaftliche Beziehungen verbinden, ist eine außerprozessuale Einigung wahrscheinlicher als zwischen Anteilseignern, die in ständigem Zwist miteinander leben. Außerdem können etwaige juristische Kenntnisse der Gesellschafter wichtig sein, da sie ein prozessuales Vorgehen in der Regel realistischer einschätzen können und somit die Gefahr vor übereilten und unüberlegten Klagen geringer ist. Weiterhin ist das Abstimmungsergebnis in die Abwägung einzubeziehen. Sofern in einem Unternehmen mit vielen Gesellschaftern der Beschluß lediglich mit geringer Mehrheit gefaßt wurde, wächst durch die hohe Zahl an Gegnern des Beschlusses notwendigerweise die Zahl an potentiellen Klägern, die sich mitunter gegenseitig zur Anfechtung motivieren.

(bb) Rechtliche Abwägungselemente

Darüber hinaus ist mit der Restlaufzeit der Anfechtungsfrist[209] auch ein rechtlicher Abwägungsparameter relevant. Sofern es ohne Schwierigkeiten möglich ist, die Ausführung des Beschlusses nach deren Ablauf vorzunehmen, muß der Geschäftsführer in Zweifelsfällen zuwarten.

(cc) Wirtschaftliche Abwägungselemente

Letztlich sind wirtschaftliche Gesichtspunkte zu berücksichtigen. Dabei ist der ökonomische Stellenwert des Beschlußinhalts für das Unternehmen relevant. Je bedeutsamer die Weisung ist, desto eher werden Gesellschafter im Einzelfall bereit sein, das Risiko einer prozessualen Auseinandersetzung einzugehen.

Sollte der Geschäftsführer bei der Abwägung unter Einbeziehung sämtlicher angesprochener Faktoren zum Ergebnis gelangen, daß eine Anfechtung ausgeschlossen ist, kann er die Weisung ausführen, ohne den Ausgang eines gerichtlichen Urteils in die Abwägung einzubeziehen.

209 Zur Anfechtungsfrist selbst vgl. unten S. 116ff.

(b) Erfolgsaussichten einer Klage

Sollte bereits Klage erhoben worden sein, so beginnt die Abwägung mit dieser Prüfung. Auch dabei ist der Geschäftsführer verpflichtet, die notwendigen Fakten zu beschaffen, die denkbaren Handlungsalternativen zu ermitteln und entsprechend abzuwägen[210].

(aa) Notwendigkeit und Methoden einer juristischen Beurteilung für den Geschäftsführer

Es tritt jedoch eine Besonderheit hinzu. Da es sich bei der Frage nach prozessualen Erfolgsaussichten per se um juristische Sachverhalte handelt, stellt sich ein Kompetenzproblem. Die wenigsten Geschäftsführer einer GmbH sind selbst Juristen[211]. Gleichwohl obliegt ihnen die Sorge für das rechtmäßige Verhalten der Gesellschaft nach außen[212]. Daraus folgt, daß sie über die Kenntnis der Rechtslage in den für die GmbH maßgeblichen Fällen verfügen müssen. Darüber hinaus hat das GmbH-Recht durch die richterliche Rechtsfortbildung eine Dynamik entwickelt, die selbst einem juristisch versierten Ökonomen als Geschäftsführer kaum noch erlaubt, stets auf Höhe der neuesten Rechtsprechung zu sein[213], die zur Beurteilung der geschäftlichen Praxis erforderlich ist. Im übrigen sind sich Rechtsprechung und Literatur selbst nur allzu häufig uneinig in der Beantwortung von Rechtsfragen. Da der Geschäftsführer in der Regel nicht über die nötige Kompetenz verfügt, die Erfolgsaussichten einer Klage selbst zu beurteilen[214], wird es in der Regel erforderlich sein, einen Rechtsberater zu konsultieren. Die Frage, unter welchen Voraussetzungen der Geschäftsführer das Problem selbst lösen kann, muß der vollen gerichtlichen Nachprüfung unterliegen. Dabei kommen lediglich zwei Fallkonstellationen in Betracht. Zunächst würde eine ausreichende Sachkenntnis des Geschäftsführers einen zusätzlichen juristischen Rat entbehrlich machen, wobei selbst bei einem Juristen als Geschäftsführer nicht grundsätzlich vermutet werden kann, er verfüge über entsprechende Kenntnisse. Mitunter handelt es sich um äußerst schwierige Fragen, deren Beantwortung einen Spezialisten erfordert. Des weiteren ist juristischer Rat im Rahmen wirtschaftlich unbedeutender Sachverhalte entbehrlich. Sofern durch die Einholung eines entsprechenden Gutachtens Kosten entstünden, die den potentiellen Schaden im Fall einer Ausführung überstiegen, handelte es sich um eine wirtschaftlich sinnlose Ausgabe. Sollte das Unternehmen über eine eigene Rechtsabteilung verfügen, könnte dieses Mißverhältnis hinge-

---

210 So auch grundsätzlich *Heisse*, Beschränkung, S. 32, der dies pauschal für jegliche Form der unternehmerischen Ermessensentscheidung ausführt.

211 *Wuppermann*, Geschäftsführer, S. 133 dokumentierte bereits in einer empirischen Analyse aus dem Jahr 1989, daß ca. 72 % aller Geschäftsführer über eine akademische Ausbildung verfügen. Davon entfielen 38,8 % auf wirtschaftswissenschaftliche und 32,3 % auf ingenieurwissenschaftliche Studiengänge. Eine gesonderte Erhebung über den Anteil von Juristen enthält die Untersuchung nicht, jedoch kann der mögliche Anteil an rechtswissenschaftlichen Ausbildungen aufgrund der genannten Daten nur denkbar gering sein.

212 Vgl. dazu oben S. 73f.

213 *Claussen*, GmbHR 1987, 37ff.

214 Vgl. dazu auch *Klumpp*, Haftung, S. 22 und *Dahnz*, Berufsrisiko, S. 38.

gen als Grund für eine fehlende Konsultation nicht herangezogen werden, da die laufenden Kosten der Rechtsabteilung unabhängig von einer Inanspruchnahme im Einzelfall anfallen.

Fraglich ist jedoch, ob der Geschäftsführer seinen Pflichten bereits damit genügt, daß er im Bedarfsfall juristischen Rat einholt und sich demgemäß verhält. Das auftretende rechtliche Problem einem ausgebildeten Juristen anheim zu stellen, ist zweifellos die sicherste Methode, eine fundierte Entscheidungsgrundlage zu erhalten. Dabei einen beliebigen Rechtsberater beauftragen zu dürfen würde jedoch die Gefahr begründen, dem Geschäftsführer durch ein ebenso beliebiges juristisches Gutachten einen Haftungsfreibrief auszustellen[215]. Sachgerechter ist es hingegen, die Pflicht des Geschäftsführers in eine Kontrollpflicht zu transformieren[216], die ihm auferlegt, den Rechtsberater sorgfältig auszuwählen, über alle vorliegenden Fakten zu informieren, und im Rahmen seiner Möglichkeiten zu überwachen[217]. Dabei muß es dem Gericht wiederum möglich sein, die dabei gebotene Sorgfalt zu überprüfen.

Zu Recht wird darauf hingewiesen, die Beauftragung eines externen oder internen Beraters sei unterschiedlich zu beurteilen[218]. Allein die Existenz eines internen Rechtsberaters berechtigt den Geschäftsführer nicht bereits, ihn auszuwählen. Dieser muß auch die erforderlichen Qualifikationen erfüllen. Daran sind gerade bei Mitarbeitern hohe Anforderungen zu stellen, da der Geschäftsführer sich nicht durch eine gewohnheitsmäßige Delegation entlasten soll. Im übrigen besteht bei internen Beratern durch deren regelmäßige Weisungsabhängigkeit die Gefahr fehlender bzw. mangelhafter Objektivität. Es existiert per se die Möglichkeit der Einflußnahme des Gesellschafters, um ein von ihm erwünschtes Ergebnis zu erhalten[219]. Die Sorgfaltsanforderungen sind daher bei einem internen Berater erhöht.

(bb) Maßstäbe einer juristischen Beurteilung durch den Geschäftsführer

Grundsätzlich ist davon auszugehen, daß der Geschäftsführer unabhängig von einem Rechtsgutachten nicht von der höchstrichterlichen Rechtsprechung abweichen darf. Sollte zu einem Problem keine höchstrichterliche Rechtsprechung vorliegen, kommt es darauf an, ob die sonstige Rechtsprechung umfassend und aussagekräftig genug ist, um ein einheitliches Bild erkennen zu lassen, auf dessen Grundlage davon auszugehen ist, daß die Gerichte des potentiellen Instan-

---

215 *Klumpp*, Haftung, S. 22 betont zurecht, daß der Geschäftsführer sich sachkundig beraten lassen muß.

216 So zu Recht *Heisse*, Beschränkung, S. 33.

217 So auch *Heisse*, Beschränkung, S. 33; vgl. zu diesem Problemkreis allg. *Hachenburg/Mertens*, § 43 Rz. 20.

218 *Heisse*, Beschränkung, S. 33; KG, JR 1978, 166, 168.

219 Insoweit auch KG, JR 1978, 166, 168, wonach ein Verbotsirrtum trotz Konsultation eines Hausjuristen, der eine strafrechtlich relevante Handlung als unbedenklich bezeichnete, abgelehnt wurde, da die Lebenserfahrung ergäbe, daß die eigene Rechtsabteilung wohl tendenziell bestrebt sei, „sich am Rande der Legalität zu bewegen". In kritischen Situationen müsse daher der Rechtsrat eines unabhängigen fachkompetenten Anwalts eingeholt werden.

zenzugs, die mit der in Rede stehenden Frage befaßt werden könnten ebenso entscheiden würden. In diesem Fall müßte der Geschäftsführer eine entsprechende Entscheidung treffen, da ansonsten die Gefahr von Nachteilen für die Gesellschaft zu groß würde. Sollte sich daraus hingegen keine eindeutige Antwort ableiten lassen oder keine Rechtsprechung vorliegen, so ist die Rechtslage zweifelhaft. Für diese Fälle wird grundsätzlich angeführt[220], der Geschäftsführer könne sich auf den für die Gesellschaft günstigen Standpunkt stellen, obgleich er auch dieses Risiko zu berücksichtigen habe und die Ausnutzung einer objektiv zweifelhaften Rechtslage unterlassen müsse, wenn sich daraus schwere Nachteile für das Unternehmen ergeben können. Im Rahmen von anfechtbaren Weisungen ist es jedoch schwer, grundsätzlich von einer für das Unternehmen günstigen Rechtslage auszugehen, da die Weisung mitunter lediglich die anweisende Gesellschaftermehrheit begünstigt. Diese Position kann der Geschäftsführer bei zweifelhafter Rechtslage jedoch wegen seiner Treuepflicht gegenüber der GmbH nicht einnehmen. Daraus folgt, daß der Geschäftsführer bei unklarer Rechtslage die Ausführung stets verweigern muß. In diesem Fall wird der Unterschied zwischen unternehmerischem und Beschlußausführungsermessen relevant. Die bestehenden Handlungsalternativen haben ungleiches Gewicht. Der anfechtbare, jedoch ohne entsprechende Klage wirksame Beschluß ist rechtlich gesehen fehlerhaft. Dieser gesetzgeberischen Wertung muß der Geschäftsführer Rechnung tragen. Sofern die Abwägung zu gleichwertigen Handlungsalternativen führt, ist er daher verpflichtet, die Ausführung zu verweigern.

(c) Wahrscheinlichkeit und Höhe eines Schadens

Der Eintritt des Schadens ist zunächst eine weitere Voraussetzung des Anspruchs aus § 43 II GmbHG und damit unabhängig von einer Pflichtverletzung. Gleichwohl beeinflußt er die Abwägung im Rahmen des Ermessens. Die Frage nach der Wahrscheinlichkeit und Höhe eines möglichen Schadens läßt sich in zwei Aspekte gliedern. Zum einen kann die Ausführung der Maßnahme selbst bereits einen Schaden hervorrufen. Zum anderen kann aber auch erst nach einer gerichtlichen Nichtigerklärung der Weisung und daraus resultierender Rückabwicklung des getätigten Geschäfts ein Schaden hervorgerufen werden. Diese beiden Schadensursachen haben unterschiedlichen Einfluß auf die Abwägung. Ist bereits das Geschäft selbst schadensträchtig, so liegt der Schadenseintritt zwangsläufig näher als bei einer möglichen Rückabwicklung. Je wahrscheinlicher der Schadenseintritt ist, desto unwahrscheinlicher muß die Möglichkeit einer Anfechtung bzw. ein stattgebendes Urteil sein, damit die Ausführung ermessensfehlerfrei ist. Sofern ein Schaden mit an Sicherheit grenzender Wahrscheinlichkeit eintreten wird, kann die Ausführung auch bei geringer Anfechtungswahrscheinlichkeit nicht mehr ermessensfehlerfrei sein.

Der Geschäftsführer muß überdies in seine Abwägung einfließen lassen, ob das Zuwarten bis zum Ende der Anfechtungsfrist oder zum Urteilsspruch der Gesellschaft nicht einen noch größeren Schaden zufügen könnte als eine sofortige Ausführung des Beschlusses. In diesem Fall ergäbe sich ein zusätzlicher Grund,

---

220 *Hachenburg/Mertens*, § 43 Rz. 20.

die Weisung auszuführen. Darüber hinaus ist es problematisch, inwieweit berücksichtigt werden kann, ob entstehende Schäden für die GmbH irreparabel wären oder Regreßmöglichkeiten gegenüber den beschlußverantwortlichen Gesellschaftern oder anderen Organen bestünden. Entgegen der Ansicht von *Mertens*[221], der unter Hinweis auf die ITT-Entscheidung des BGH[222] anführt, die Möglichkeit eines Regreßanspruchs könne die Ausführung eines problematischen Beschlusses durchaus eher rechtfertigen als wenn die Schäden irreparabel wären, darf dieser Gesichtspunkt jedoch keinen Eingang in den Abwägungsprozeß finden. Zum einen ist eine derartige Inanspruchnahme von einer Vielzahl prozessualer Unwägbarkeiten abhängig, die durch Beweisschwierigkeiten, Verjährung oder Fehler im Rahmen der Prozeßführung die Durchsetzung eines bestehenden Anspruchs vereiteln können. Zum anderen kann sich selbst ein erfolgreich erstrittener Titel als wertlos erweisen, wenn der Inanspruchgenommene illiquide ist und eine Zwangsvollstreckung faktisch ins Leere geht.

(4) Ermessensreduzierung auf Null

In Ausnahmefällen wird eine Entscheidung im Sinne einer Ermessensreduzierung auf Null[223] vorliegen, die der Geschäftsführer wählen muß. Dabei handelt es sich um Situationen, in denen sich aufgrund der Abwägung ergibt, daß dem Geschäftsführer lediglich eine rechtmäßige Alternative zur Verfügung steht. Wie bereits an anderer Stelle erörtert, gehören dazu insbesondere Fälle, in denen die Weisung sofort auszuführen ist, wenn nur auf diese Weise der Konkurs des Unternehmens verhindert werden kann[224]. Gleiches gilt für den potentiellen Eintritt von Schäden, die eine Ausführung der Weisung hervorrufen würden und eine existentielle Bedrohung für die Gesellschaft zur Folge hätten. Auch in diesen Fällen ist von einer Ermessensreduzierung auf Null auszugehen, da dem Wohl der Gesellschaft gegenüber dem zu dieser Zeit fehlerhaft geäußerten Willen der Gesellschafter Vorrang gebührt. Dieses Ergebnis steht auch nicht im Widerspruch zu einer fehlenden Pflicht, *wirksame* aber existenzbedrohende Weisungen unter der Gefahr eines Schadensersatzanpruchs nicht ausführen zu dürfen[225], da anfechtbare Weisungen *fehlerhaft* sind.

Sofern der Geschäftsführer eine Abwägung vornimmt, die zu keinem der genannten Ermessensfehler führt und seine Entscheidung an den zulässigen Abwägungsparametern orientiert, handelt er nicht pflichtwidrig.

d) Anerkennung eines Anfechtungsrechts für den Geschäftsführer

Selbst unter Berücksichtigung dieses nur eingeschränkt überprüfbaren Ermessensspielraums würde die Anerkennung eines Anfechtungsrechts die Risikolage zusätzlich entspannen, da es der Geschäftsführer selbst in der Hand hätte, den

---

221 So z.B. *Hachenburg/Mertens*, § 43 Rz. 83.

222 BGHZ 65, 15, 18ff.

223 Allg. dazu *Kopp*, VwGO, § 114 Rz. 6; *Hufen*, Verwaltungsprozeßrecht, § 26 Rz. 23.

224 Dazu oben S. 83ff., 100.

225 Vgl. oben S. 79ff., 81.

Beschlußmangel prozessual geltend zu machen[226]. Ein solches Anfechtungsrecht ist jedoch äußerst umstritten.

aa) Mögliche Einwände gegen die Anerkennung eines Anfechtungsrechts

Ein Teil des Schrifttums versagt dem Geschäftsführer diese Möglichkeit gänzlich[227]. Als Begründung wird darauf verwiesen, es sei lediglich den Anteilseignern als „Herren der Gesellschaft" erlaubt, die von ihnen gefaßten Beschlüsse anzufechten, da sie als Inhaber des Unternehmens keiner Kontrolle unterlägen. Durch ein Anfechtungsrecht des Geschäftsführers würde im Grund die Rangordnung der „GmbH-Organe" unterlaufen[228], da es der einzelne Gesellschafter nicht mehr selbst in der Hand hätte, durch Verstreichenlassen der Anfechtungsfrist der Weisung Bestandskraft zu verleihen[229]. Eine analoge Anwendung des § 245 Nr. 4 AktG scheide aus, da die Rechtsposition von Vorstand und Geschäftsführer aus den genannten Gründen zu unterschiedlich seien[230]. Ferner wird darauf verwiesen, die Gesellschaft könne im Fall der Anfechtung durch den Geschäftsführer nicht wirksam vertreten werden[231]. Vielmehr müsse ein besonderer Vertreter bestellt werden, was nicht zur alltäglichen Erscheinung werden dürfe.

bb) Mögliche Beschränkung des Anfechtungsrechts auf Fälle einer Schadensersatzpflicht bei Ausführung der Weisung

Ein anderer Teil der Literatur vertritt den Standpunkt, der Geschäftsführer sei anfechtungsberechtigt, wenn er bei Ausführung des Beschlusses schadensersatzpflichtig bzw. einen Straftatbestand oder eine Ordnungswidrigkeit verwirklichen würde[232]. In diesem Fall verfüge er über ein berechtigtes Interesse, den Beschluß anzufechten.

cc) Mögliche Differenzierung in verschiedene Anfechtungsgründe

Raiser hingegen billigt dem Geschäftsführer ein Anfechtungsrecht zu, sofern der Anfechtungsgrund nicht offenkundig dem Schutz der Minderheitsgesellschafter dient, sondern der Beschluß infolge von sonstigen Gesetzesverstößen

---

226 So auch *Konzen*, NJW 1989, 2977, 2982.

227 *Däubler*, GmbHR 1968, 4, 8; *Immenga*, GmbHR 1973, 5, 8; *Brodmann*, GmbHG, § 47 Anm. 4 h; *Meyer-Landrut/Miller/Niehus*, § 47 Rz. 82; *Feine*, GmbH, S. 551; *Eisenhardt*, FS Pfeiffer, S. 839, 851; *Verhoeven*, Innenrecht, S. 96; *Hachenburg/Schilling/Zutt*, 7. Aufl., Anh. § 47 Rz. 127; *Sudhoff*, Gesellschaftsvertrag, S. 339; BGHZ 76, 154, 159.

228 *Lehmann*, Anwendung, S. 103 mit einer Ausnahme für die personalistisch strukturierte GmbH.

229 BGHZ 76, 154, 159.

230 BGHZ 76, 154, 159; *Meyer-Landrut/Meyer-Landrut*, § 47 Rz. 82; *Verhoeven*, Innenrecht, S. 97.

231 *Däubler*, GmbHR 1968, 4, 6.

232 *Lutter/Hommelhoff*, Anh. § 47 Rz. 64 i.V.m. 33; *Rowedder/Koppensteiner*, § 47 Rz. 124; *Lehmann*, Anwendung, S. 104f.

oder Streben nach Sondervorteilen anfechtbar ist[233]. Nur im Rahmen dieser Anfechtungsgründe bestünde ein Bedürfnis nach Anfechtung durch den Geschäftsführer.

dd) Mögliche Differenzierung zwischen Anfechtungsrechten der Geschäftsführung als Gesamtorgan und des einzelnen Geschäftsführers

Ein neuer Ansatz von *Büchler* differenziert hingegen zwischen dem Anfechtungsrecht der Geschäftsführung als Gesamtorgan, die bereits anfechtungsbefugt sei, wenn es sich um ausführungsbedürftige Beschlüsse handelt[234]. Der einzelne Geschäftsführer könne einen Beschluß hingegen lediglich anfechten, sofern er sich durch dessen Ausführung einer drohenden Innenhaftung aussetze[235]. Diese Differenzierung wird aus der entsprechenden Anwendung der § 245 Nr. 4, 5 AktG abgeleitet.

ee) Notwendigkeit eines grundsätzlichen Anfechtungsrechts jedes Geschäftsführers bei ausführungsbedürftigen Beschlüssen

Letztlich wird die Ansicht vertreten, der Geschäftsführer habe bei ausführungsbedürftigen Beschlüssen stets ein Anfechtungsrecht[236]. Dieser Ansatz ist aus verschiedenen Gründen der einzige, der das vorliegende Problem sachgerecht löst.

Eine gänzliche Ablehnung eines Anfechtungsrechts des Geschäftsführers ist in keinem Fall vertretbar. Zugegebenermaßen sind anfechtbare Beschlüsse grundsätzlich wirksam, da sie weder gegen Regelungen verstoßen, die überwiegend Interessen Dritter bzw. der Öffentlichkeit schützen, noch den guten Sitten widersprechen - ansonsten wären sie gemäß § 241 Nr. 3, 4 AktG analog nichtig. Daraus läßt sich gleichwohl nicht folgern, sie beträfen ausnahmslos Interessen der Gesellschafter. Nur in diesem Fall wäre ein auf die Anteilseigner beschränktes Anfechtungsrecht zwingend.

Der Einwand, die Bestellung eines Prozeßvertreters dürfe nicht zur Alltäglichkeit werden, ist ebensowenig überzeugend. Sofern das Gesetz explizit die Möglichkeit schafft, einen Prozeßvertreter gemäß § 46 Nr. 8 GmbHG zu bestellen, handelt es sich um eine gewöhnliche, von der Legislative vorgesehene Fallkonstellation, die von der Gesellschaft nach Belieben ausgenutzt werden kann[237].

---

233 *Raiser*, Kapitalgesellschaften, S. 417; *Hachenburg/Raiser*, Anh. § 47 Rz. 163, ähnlich jedoch eingeschränkter formuliert *Ziemons*, Einflußnahme, S. 51, die ein Anfechtungsrecht bei Mängeln ablehnt, die offensichtlich dem Schutz von Minderheitsgesellschaftern dienen.

234 *Büchler*, Anfechtungsrecht, S. 64ff., 90.

235 *Büchler*, Anfechtungsrecht, S. 91ff., 108f.

236 *Baumbach/Hueck/Zöllner*, Anh. § 47 Rz. 75; *Scholz/Schmidt*, § 45 Rz. 134; *Reese*, DStR 1995, 532, 535; *Reuter*, Mitbestimmung, S. 25.

237 Dieses Erfordernis ergibt sich bei sämtlichen Prozessen zwischen Gesellschaft und Geschäftsführer. Daher regelt § 46 Nr. 8 GmbHG diesen Fall ausdrücklich. Er gilt für sämtliche Aktiv- und Passivprozesse der GmbH, nicht nur für Schadensersatzansprüche,

Letztlich spielt auch die Rangordnung der GmbH-Organe keine Rolle, sofern das Anfechtungsrecht auf ausführungsbedürftige Beschlüsse beschränkt wird, da der Geschäftsführer die Ausführung anfechtbarer Beschlüsse im Rahmen seines Ermessens ebenfalls verweigern kann[238]. Eine Folgepflicht im Rahmen der Weisungsgebundenheit besteht lediglich bei rechtmäßigen oder bestandskräftigen anfechtbaren Weisungen. Der Geschäftsführer ist vielmehr verpflichtet, die Weisungen zu überprüfen, um danach über die Ausführung zu entscheiden. Wer jedoch zur rechtlichen Überprüfung von Gesellschafterbeschlüssen verpflichtet ist, dem kann nicht verwehrt werden, sich durch eine gerichtliche Überprüfung abzusichern[239]. Zutreffend wird betont, es könne auch nicht von einer Kontrolle der Gesellschafter ausgegangen werden, da es sich um ein Verfahren gegen die Gesellschaft und nicht gegen die Gesellschafter handelt[240].

Der entscheidende Aspekt ist mithin die Ausführungsbedürftigkeit eines Beschlusses[241]. Vor deren Hintergrund sind die übrigen Auffassungen zu beurteilen. Die von *Raiser* vorgenommene Beschränkung auf bestimmte Anfechtungsgründe verkennt[242], daß der Geschäftsführer die Rechtmäßigkeit von jedem ausführungsbedürftigen Beschluß prüfen muß, unabhängig davon, ob er gegen Minderheitsschutzrechte einzelner Gesellschafter verstößt. Insofern wird der Geschäftsführer durch jeden Beschluß tangiert. Daher ist es nicht sachgerecht, dem Geschäftsführer lediglich ein Anfechtungsrecht einzuräumen, sofern er sich durch den Beschluß schadensersatzpflichtig macht oder eine Ordnungswidrigkeit begeht. Vor allem stößt diese Ansicht jedoch in der Praxis auf nur schwer überwindbare Prüfungshindernisse. Das Gericht müßte im Rahmen der Klagebefugnis erörtern, ob der Geschäftsführer durch die Ausführung der Weisung schadensersatzpflichtig würde. Dies läßt sich allerdings insbesondere vor Ausführung von Weisungen, die unternehmerische Entscheidungen betreffen und in die Geschäftsführung der GmbH eingreifen, häufig noch nicht beurteilen. Man denke nur an einen Beschluß, der dem Geschäftsführer auferlegt, ein vordergründig nachteiliges Geschäft abzuschließen, welches sich nach Ausführung wider Erwarten als gewinnträchtig erweist. Dadurch fehlte es an einem für § 43 II GmbHG erforderlichen Schaden. Andererseits könnte sich eine Maßnahme zunächst als vorteilhaft darstellen und ein Schaden erst nach Ablauf der Anfechtungsfrist eintreten. Die Klagebefugnis basierte somit vielfach auf Hypothesen und wäre nur schwer mit der Rechtssicherheit in Einklang zu bringen. Genau diese Gründe sind auch der Ansicht *Büchlers* entgegenzuhalten, der lediglich dem Gesamtorgan der Geschäftsführung ein Anfechtungsrecht einräumen will, dem einzelnen Geschäftsführer hingegen nur bei Beschlüssen, deren Ausführung eine strafbare Handlung oder Ordnungswidrigkeit darstellen oder zur

---

vgl. *Roth/Altmeppen*, § 46 Rz. 47; *Hachenburg/Hüffer*, § 46 Rz. 101; *Scholz/Schmidt*, § 46 Rz. 166.

238 Im Ergebnis wohl ähnlich *Scholz/Schmidt*, § 45 Rz. 134, der ausführt, der Einwand der Beschlußkompetenz passe bei Eingriffen in den Handlungsbereich des Geschäftsführers nicht.

239 Ähnlich *Ziemons*, Einflußnahme, S. 52.

240 *Ziemons*, Einflußnahme, S. 52; a.A. *Joost*, ZGR 1984, 71, 97.

241 Vgl. auch *Ziemons*, Einflußnahme, S. 52.

242 *Raiser*, Kapitalgesellschaften, S. 417; *Hachenburg/Raiser*, Anh. § 47 Rz. 163.

Schadensersatzpflicht führen würde. Die von ihm angeführte Notwenigkeit einer substantiierten Darlegung des Beschlußgegenstands, der Ausführungsbedürftigkeit sowie der Art und Weise der Ausführung, aus der sich die drohenden Gefahren ergeben[243], können dieser Unsicherheit nicht abhelfen, da es schlicht nicht möglich ist, etwas nachzuweisen, von dessen Existenz zur Zeit der Klageerhebung noch niemand wissen kann. Sofern lediglich auf die Möglichkeit einer Schadensersatzpflicht abgestellt würde, liefe das Erfordernis ohnehin leer, da im Rahmen jedes ausführungsbedürftigen Beschlusses durch entsprechende Pflichtverletzungen ein Schadensersatzanspruch denkbar ist. Zugegebenermaßen sind nach § 245 Nr. 5 AktG einzelne Vorstands- und Aufsichtsratsmitglieder ebenfalls nur dann anfechtungsberechtigt, wenn sie durch die Ausführung eines Beschlusses eine strafbare Handlung oder eine Ordnungswidrigkeit begehen oder schadensersatzpflichtig würden. Gleichwohl kann das Problem eines Nachweises in diesem Rahmen nicht in dieser Form relevant werden. Der Vorstand einer AG führt die Geschäfte des Unternehmens gemäß § 76 I AktG in eigener Verantwortung und ist dabei keinen Weisungen der Hauptversammlung unterworfen. Daher kann es zu den beschriebenen Problemen nicht in einem vergleichbaren Maße kommen. Möglich ist allenfalls, daß der Vorstand gemäß § 119 II AktG von der Hauptversammlung verlangt, über eine Frage der Geschäftsführung zu entscheiden. In diesem Fall wird der Vorstand jedoch nur selten ein Interesse daran haben, den Beschluß anzufechten, da er ansonsten von vornherein von der Einholung der Weisung hätte absehen können.

Konsequent ist es daher, dem Geschäftsführer bei sämtlichen ausführungsbedürftigen Beschlüssen die Möglichkeit zuzubilligen, den Beschluß anzufechten, ohne die Reaktionen eines Gesellschafters abzuwarten[244]. Auf diese Weise wird auch dem unterschiedlichen Model der Leitungsverantwortung in der GmbH und AG Rechnung getragen. Dadurch entledigt der Geschäftsführer sich zunächst der Abhängigkeit von teilweise unsicheren Gesellschaftern, die lange zögern, bevor sie sich für die Anfechtung des Beschlusses entscheiden. Die Gesellschafter können sich überdies nicht darauf berufen, es würden Kontrollmechanismen in Gang gesetzt, die Beschlüsse überprüften, welche ihre ureigensten Interessen betreffen[245], da es sich lediglich um ausführungsbedürftige Weisungen handelt. Letztlich sprechen auch keine strukturellen Einwände gegen eine derartiges Anfechtungsrecht, da es in jedem Fall in die Satzung aufgenommen werden kann[246].

---

243 *Büchler*, Anfechtungsrecht, S. 118f.

244 Im Ergebnis ebenso *Baumbach/Hueck/Zöllner*, Anh. § 47 Rz. 75; *Ziemons*, Einflußnahme, S. 52.

245 So aber *Immenga*, GmbHR 1973, 5, 8.

246 *Rowedder/Koppensteiner*, § 47 Rz. 100; *Vogel*, Gesellschafterbeschlüsse, S. 217.

2. Fälle abgelaufener Anfechtungsfristen oder rechtskräftig abgewiesener Anfechtungsklage

a) Haftungsrisiken und Pflichten im Rahmen abgelaufener Anfechtungsfristen oder rechtskräftig abgewiesener Anfechtungsklagen

Sofern die Anfechtungsfrist hingegen abgelaufen ist oder eine Anfechtungsklage bereits rechtskräftig abgewiesen wurde, steht der Beschluß einer ursprünglich fehlerfreien Weisung gleich. Für den Geschäftsführer entsteht eine unbeschränkte Folgepflicht mit entsprechender Entlastungswirkung[247]. Im Fall einer Ausführung der Weisung ist er mithin keiner Haftungsgefahr ausgesetzt. Je länger jedoch der Zeitraum andauert, während dessen die Gesellschafter gegen einen Beschluß prozessual vorgehen können, desto länger befindet sich der Geschäftsführer in einem Schwebezustand, dem noch ein Haftungsrisiko immanent ist[248]. Im Folgenden ist dieser für den Geschäftsführer so entscheidende Zeitpunkt, respektive der Fristablauf für die Anfechtung einer Weisung zu untersuchen.

b) Problematik der Anfechtungsfrist

Soweit eine Satzungsregelung die Anfechtungsfrist festlegt, ist sie infolge der Dispositionsfreiheit für Gesellschafter und Geschäftsführer verbindlich[249]. Problematisch ist die Rechtslage vielmehr, wenn die Satzung dazu schweigt, da im GmbHG Angaben zu Anfechtungsfristen fehlen. Die entscheidende Frage ist in diesem Zusammenhang, ob § 246 I AktG, der für die aktienrechtliche Anfechtungsklage eine Frist von einem Monat nach Beschlußfassung vorsieht, auch für die GmbH Geltung erlangt[250] oder ob es sich mangels anderweitiger gesetzlicher Regelung lediglich um eine angemessene Frist handelt[251], die nach bestimmten Leitlinien individuell festzulegen ist[252]. Für den Geschäftsführer hat dieses Ergebnis ausschlaggebende Bedeutung. Mit der Bestimmung einer zeitlich festgelegten Frist werden seine Pflichten und Haftungsrisiken wesentlich

---

247 BGHZ 33, 175, 176, 178 für die AG, wobei für die GmbH nichts anderes gelten würde; *Hachenburg/Mertens*, § 43 Rz. 81; *Scholz/Schneider*, § 43 Rz. 101; *Konzen*, NJW 1989, 2977, 2982; *Fleck*, GmbHR 1974, 224, 228; *ders.*, ZHR 149 (1985), 387, 407; *Ebenroth/Lange*, GmbHR 1992, 69, 73.

248 Dazu oben S. 96ff.

249 Obgleich die Satzung den Maßstab der Frist konkretisieren kann, *Sudhoff*, Gesellschaftsvertrag, S. 340, muß die Frist angemessen sein, da sie ansonsten mit der Unabdingbarkeit des Anfechtungsrechts kollidieren könnte, vgl. *Scholz/Schmidt*, § 45 Rz. 144. Nach BGHZ 104, 66 muß sie mindestens einen Monat betragen.

250 *Scholz/Schmidt*, 6.Aufl., § 45 Rz. 87; *Lehmann*, Anwendung, S. 106 f.; *Raiser*, Kapitalgesellschaften, S. 253 sowie *Koch*, Anfechtungsklageerfordernis, S. 247ff., 249f.

251 Dazu BGHZ 101, 113, 117; OLG Koblenz, ZIP 1986, 1120; OLG Hamm, GmbHR 1989, 79 sowie *Scholz/Schmidt*, § 45 Rz, 141ff., 143; *Baumbach/Hueck/Zöllner*, Anh. § 47 Rz. 79aff.; *Rowedder/Koppensteiner*, § 47 Rz. 118; *Sudhoff*, Gesellschaftsvertrag, S. 339; *Zöllner/Noack*, ZGR 1989, 525, 531; *Ziemons*, Einflußnahme, S. 54. Genauer unten S. 121f.

252 Dabei werden auch bestimmte Höchstgrenzen angeboten: vgl. u.a. *Lutter/Hommelhoff*, Anh. § 47 Rz. 59; *Rohleder*, GmbHR 1989, 236, 241; *Roth/Altmeppen*, § 47 Rz. 124; *Hachenburg/Raiser*, Anh. § 47 Rz. 182. Genauer dazu unten S. 121f.

transparenter. In diesem Fall wüßte er genau zu welchem Zeitpunkt er die Weisung gefahrlos ausführen kann, da sie rückwirkend nicht mehr für nichtig erklärt werden kann. Damit wäre er auch in der Lage, seiner zu diesem Zeitpunkt eintretenden Folgepflicht sorgfaltsgerecht nachzukommen, deren Verletzung ebenfalls zu Ansprüchen aus § 43 II GmbHG führen könnte. Im Weiteren werden daher die mögliche Anwendbarkeit von § 246 I AktG, eventuelle Alternativen und Auswirkungen auf den Geschäftsführer analysiert.

aa) Möglichkeit einer entsprechenden Anwendung des § 246 I AktG

Die entsprechende Anwendung von Aktienrecht auf die GmbH ist grundsätzlich anerkannt, soweit die Zwecksetzung der Norm und die jeweiligen Interessenlagen der Betroffenen trotz struktureller Unterschiede zwischen GmbH und AG übereinstimmen[253].

(1) Eingeschränkte Vergleichbarkeit des Regelungszwecks

Zweck der Regelung in § 246 I AktG ist es, so schnell wie möglich rechtsbeständige Beschlüsse herbeizuführen, um für sämtliche durch die Beschlußfassung der Hauptversammlung betroffenen Rechtskreise entsprechende Rechtssicherheit zu schaffen. Dazu gehören die Aktionäre, die Öffentlichkeit, die Gläubiger und der Vorstand[254].

Die Rechtssicherheit zugunsten der Aktionäre läßt sich dabei nur schwer auf die Gesellschafter einer GmbH übertragen. Zunächst ist die Zahl der Gesellschafter in der Regel wesentlich geringer, da die Anteilseigner eine AG regelmäßig als Investitionsobjekt ansehen, wohingegen die GmbH häufig mitunternehmerbestimmt bzw. personalistisch strukturiert ist. Ein Teil des Schrifttums behauptet dabei, die geringere Zahl an Gesellschaftern allein schmälere nicht das Bedürfnis nach Rechtssicherheit[255]. Außerdem gäbe es in der GmbH wesentlich häufiger Gesellschafterversammlungen, wodurch das Bedürfnis nach frühzeitiger Rechtssicherheit sogar anstiege[256]. Dem ist entgegenzuhalten, daß gerade infolge der geringeren Gesellschafterzahl die Breitenwirkung der Beschlüsse schwächer ausfällt, wodurch das Bedürfnis nach einer zeitlichen Begrenzung in der GmbH geringer ist[257]. Überdies wird durch die regelmäßig engeren Beziehungen der Gesellschafter untereinander die Möglichkeit außergerichtlicher Verständigungsmöglichkeiten gefördert, aufgrund derer sich die mit einer Anfechtungsklage stets verbundenen hohen Kosten[258] vermeiden lassen. Dies gilt un-

---

253 RGZ 166, 129, 131; BGHZ, 11, 231, 235; 14, 25, 30; 15, 382, 384; *Lehmann*, Anwendung, S. 90; *Däubler*, GmbHR 1968, 4; *Scholz/Westermann*, Einleitung Rz. 58f.; *Rowedder/Rittner-Leithoff*, Einleitung Rz. 43.

254 *Hüffer*, § 246 Rz. 1; *Lehmann*, Anwendung, S. 106f.

255 *Lehmann*, Anwendung, S. 106f.

256 *Scholz/Schmidt*, 6. Aufl., § 45 Rz. 87 ist der Ansicht, es sei inkonsequent, nach Entnahme der Anfechtungsklage aus dem Aktiengesetz nicht auch die Frist zu übernehmen.

257 So bereits BGHZ 11, 231, 243.

258 Nach allgemeiner Ansicht wird der Streitwert analog § 247 I, 1 AktG bemessen, wobei auch § 247 II und III AktG anwendbar sind, vgl. *Roth/Altmeppen*, § 47 Rz. 130; *Ha-*

abhängig davon, ob mehr oder weniger Gesellschafterversammlungen als Hauptversammlungen durchgeführt werden. Außerdem besteht durch den kleinen Gesellschafterkreis, der häufig auch an der Geschäftsführung beteiligt ist, die Gefahr, daß eine Anfechtungsklage die kontinuierliche Geschäftspolitik der Gesellschaft beeinträchtigt und damit Imageverluste in der Öffentlichkeit auftreten können[259]. Das Interesse an Rechtssicherheit ist somit für die Gesellschafter einer GmbH nicht im selben Maß erforderlich wie für die Aktionäre einer AG.

Im Hinblick auf die Interessen der Öffentlichkeit ergibt sich dasselbe Ergebnis. Die fehlende Breitenwirkung der Beschlüsse reduziert deren Effekt auf die Öffentlichkeit. Überdies muß die Börsenfähigkeit der AG hervorgehoben werden. Der mit einer Börsennotierung verbundene Einfluß auf die Öffentlichkeit und die nationalen und internationalen Finanzmärkte, der bei der GmbH so nicht bestehen kann, rechtfertigt auch hier eine unterschiedliche Behandlung.

Für die gleichartigen Interessen der Gläubiger wird regelmäßig angeführt, im Rahmen von GmbH-Beschlüssen würden ebenfalls häufig gesellschaftsfremde Personen tangiert, so z.B. im Rahmen von Kapitalherabsetzung und -erhöhung, Einforderung von Nachschüssen, Geltendmachung von Ersatzansprüchen und ähnlichem[260]. Dem ist zwar grundsätzlich zuzustimmen, jedoch reicht dies nicht aus, um zu einer tatsächlich vergleichbaren Interessenlage zu gelangen[261]. Durch die Möglichkeit der AG, Fremdfinanzierungsinstrumente öffentlich anzubieten, wird ein wesentlich größerer und vielschichtigerer Gläubigerkreis betroffen. Dabei geht es weniger um Kunden und Lieferanten als vielmehr um die Inhaber von Schuldverschreibungen, Wandelschuldverschreibungen, Genußscheinen, Pfandbriefen, Optionsscheinen, Futures und ähnlichen Derivaten[262]. Die Rechtsform der AG beherrscht auf diese Weise den Kapitalmarkt. Das Bedürfnis an Rechtssicherheit für die Gläubiger ist somit auch vor diesem Hintergrund festzulegen. Natürlich unterhält die GmbH ebenfalls Kunden- und Lieferantenbeziehung und ist auf Fremdfinanzierungsmittel angewiesen, sie kann ihren Bedarf jedoch nicht auf einem mit der AG vergleichbaren Markt decken. Daher ist im Hinblick auf die Gläubiger erneut nicht von einer Interessengleichheit auszugehen.

---

chenburg/Raiser, Anh. § 47 Rz. 230. Gleichwohl wird eine Streitwertobergrenze i.S.v. § 247 I, 2 AktG als typische Schutzvorschrift zugunsten kleinerer Aktionäre abgelehnt, OLG Karlsruhe, GmbHR 1995, 302; *Roth/Altmeppen*, § 47 Rz. 130; *Baumbach/Hueck/Zöllner*, Anh. § 47 Rz. 87; *Däubler*, GmbHR 1968, 4, 9; a.A. *Scholz/Schmidt*, § 45 Rz. 153; differenzierend *Hachenburg/Raiser*, Anh. § 47 Rz. 229, der von der Obergrenze absehen will, wenn die Sache für den Kläger besondere Bedeutung hat.

259 BGHZ 104, 66, 71; *Zöllner/Noack*, ZGR 1989, 525, 530.

260 *Lehmann*, Anwendung, S. 106f.

261 Vgl. zur Vergleichbarkeit *Larenz/Canaris*, Methodenlehre, S. 202ff.; *Bydlinsky*, Methodenlehre, S. 475ff.; *Zippelius*, Methodenlehre, S. 62f.

262 Vgl. zu den verschiedenen Arten der Wertpapiere und ihren Derivaten: *Claussen*, Bank- und Börsenrecht, S. 345ff., 359ff., 369ff.; *Keßler/Appel*, Wertpapiergeschäft, S. 5ff.

Anders gestaltet sich die Vergleichbarkeit hingegen bei Vorstand und Geschäftsführer. Für beide Organe besteht gleichermaßen das Risiko einer Schadensersatzpflicht bei Ausführung einer anfechtbaren Weisung[263]. Dieses Risiko erlischt erst, sobald die Anfechtungsfrist abgelaufen ist. In diesem Fall ergibt sich wiederum eine Folgepflicht[264], deren Verweigerung zum Schadensersatz führen kann[265]. Dieser Umstand bleibt im Rahmen der gesamten Überlegungen sowohl bei der Rechtsprechung als auch bei der Literatur völlig außer acht. Überdies ist zu berücksichtigen, daß der Vorstand in einer wesentlich günstigeren Lage als der Geschäftsführer ist, da er als grundsätzlich weisungsunabhängiges Organ nicht den durch die Weisungsabhängigkeit bedingten Risiken und Schwierigkeiten ausgesetzt wird. Das Fehlverhalten der Gesellschafter, deren mangelnde Entscheidungskraft, gegen einen anfechtbaren Beschluß tatsächlich prozessual vorzugehen oder sonstige Imponderabilien werden im Rahmen von Weisungsbeschlüssen vor allem zu Lasten des Geschäftsführers ausgetragen. Daher ist das Interesse des Geschäftsführers an Rechtssicherheit zumindest ebenso groß wie das eines Vorstandsmitglieds. Fraglich ist indes, ob sich aus dieser nur eingeschränkten Vergleichbarkeit ein Analogieschluß rechtfertigen läßt.

(2) Möglichkeit einer beschränkten Analogie

Entscheidend ist dabei, welches Maß an Vergleichbarkeit für eine Analogie erforderlich ist. Anerkannt ist, daß es keiner Identität der beiden zu vergleichenden Regelungskonstellationen bedarf[266]. Vielmehr müssen jene Elemente übereinstimmen, die nach der ratio legis für die jeweilige Rechtsfolge entscheidend sind[267]. In dieser Hinsicht führt *Sauer* zutreffend aus, entscheidend für Ausgestaltung der Analogie sei „die gleichartige, normgemäße Behandlung von Rechtsfällen: bei gleichen Voraussetzungen gleiche Rechtsfolgen, bei unterschiedlichen Voraussetzungen entsprechend abweichende Rechtsfolgen“[268]. Fraglich ist insoweit, ob für das im GmbH-Recht nicht geregelte Problem der Anfechtungsfrist aufgrund der nur eingeschränkten Vergleichbarkeit mit der Fallgestaltung im Aktienrecht, die dort geregelte Einmonats-Frist beschränkt, d.h. lediglich im Hinblick auf die entsprechenden Gemeinsamkeiten als GmbH-rechtliche Frist übernommen werden kann. Dabei mag sich jedoch auch erge-

---

263 Vgl. zu diesen Problemen im Hinblick auf den Vorstand einer AG *Vohlhard*, ZGR 1996, 55ff.

264 *Hachenburg/Mertens*, § 43 Rz. 81; *Scholz/Schneider*, § 43 Rz. 101; *Konzen*, NJW 1989, 2977, 2982; *Fleck*, GmbHR 1974, 224, 228; *ders.*, ZHR 149 (1985), 387, 407; *Ebenroth/Lange*, GmbHR 1992, 69, 73.

265 So z.B., wenn dadurch ein möglicher Gewinn nicht realisiert wird.

266 *Sauer*, Methodenlehre, S. 20; *Zippelius*, Methodenlehre, S. 62; *Larenz/Canaris*, Methodenlehre, S. 202.

267 Vgl. *Larenz/Canaris*, Methodenlehre, S. 202.

268 *Sauer*, Methodenlehre, S. 20. Diese Formulierung wird an einer Formel deutlich gemacht, in der sich *a* zu *m* wie *b* zu *x* verhalte. Soweit der Fall *a* durch die normierte Rechtsfolge *m* geregelt werde, sei für den nicht normierten, aber vergleichbaren Fall *b* die der Rechtsfolge *m* entsprechende Rechtsfolge *x* zu wählen. Insoweit sich jedoch *b* von *a* unterscheide, solle auch *x* von *m* abweichen.

ben, daß die jeweiligen Situationen so unterschiedlich sind, daß es an der für eine Analogie erforderlichen Vergleichbarkeit insgesamt fehlt[269].

Wie zuvor erarbeitet, stimmt der Normzweck von § 246 I AktG lediglich im Hinblick auf den Rechtsschutz zugunsten des Vorstands und des Geschäftsführers überein. Mithin wäre es denkbar, die Monatsfrist lediglich insoweit zu übertragen als sie dem Zweck der beiden Fallkonstellationen entspricht, respektive begrenzt auf den Geschäftsführer. Der Zweck der kurzen Frist für den Vorstand besteht darin, nach Ablauf eines Monats die Gewißheit der Rechtmäßigkeit des Beschlusses zu haben und entsprechende Ausführungshandlungen risikolos vornehmen zu können. Soweit § 246 I AktG auf diesen Zweck beschränkt auf die GmbH angewandt würde, müßte die analoge Anwendung so aussehen, daß die Gesellschafter ungeachtet der aktienrechtlichen Regelung die Beschlüsse der Gesellschafterversammlung anfechten können, dem Geschäftsführer jedoch nach Ablauf der Monatsfrist die haftungsentlastende Wirkung der Weisung trotz nachträglicher erfolgreicher Anfechtung nicht mehr versagt werden kann. Im Gegensatz zu einem bestandskräftigen Beschluß würde der Geschäftsführer jedoch nur dann entlastet, wenn er die Weisung erst nach Ablauf dieser Frist ausführt und nicht bereits bei vorheriger Ausführung und nachträglichem Fristablauf. Diese Einschränkung wäre notwendig, da es nur um eine Risikominderung des Geschäftsführers im Fall überlanger Rechtsunsicherheit ginge. In diesem Fall träte die Haftungsentlastung erst mit tatsächlicher Bestandskraft des Beschlusses ein. Eine Pflicht zur Ausführung der Weisung könnte somit erst mit Ablauf der auch für die Gesellschafter geltenden Frist entstehen.

Die dogmatische Durchführbarkeit dieser „beschränkten Analogie" erscheint allerdings äußerst problematisch. Zwar läßt sich eine derartige Beschränkung praktisch durchführen und wäre im Sinne des Schutzgedankens auch für den Geschäftsführer wünschenswert. Jedoch muß berücksichtigt werden, daß es an dem für eine Analogie insgesamt erforderlichen Maß an Vergleichbarkeit fehlen und die nur beschränkte Analogie der Norm ihre Identität nehmen könnte.

Im Hinblick auf die Vergleichbarkeit ist festzustellen, daß bereits aus „quantitativer Sicht" eine tatsächliche Vergleichbarkeit zweifelhaft ist. Lediglich eine von vier Interessensphären von AG und GmbH lassen sich miteinander in Einklang bringen. Ferner ist eine auf die Interessen des Geschäftsführers beschränkte Übernahme von § 246 I AktG auch nicht in einer Weise möglich, in der die übrigen Interessenbereiche unangetastet bleiben. Den anfechtenden Gesellschaftern wird die Möglichkeit abgeschnitten, nach erfolgreicher Anfechtung, gegebenenfalls im Wege einer actio pro socio, einen etwaigen Anspruch aus § 43 II GmbHG durchzusetzen. Dadurch kann eine auf das Haftungsrisiko des Geschäftsführers beschränkte Anwendung nicht konsequent durchgeführt werden. Die Vernetzung der einzelnen Interessen ist eher ein Zeichen dafür, daß es insgesamt an einer Vergleichbarkeit der Norm fehlt, und es sich nicht lediglich um eine nach Interessensphären getrennte Anwendung handelt. Durch eine derartige Übernahme ginge letztlich auch die Identität der Regelung verloren,

269 *Zippelius*, Methodenlehre, S. 62; *Larenz/Canaris*, Methodenlehre, S. 202ff.

die gerade darin besteht, daß der Ablauf der Anfechtungsfrist eine dogmatisch einheitliche Rechtsfolge im Hinblick auf sämtliche beteiligten Rechtskreise hervorruft. Soweit aus diesem System eine Interessengruppe herausgenommen wird, deren gesonderte Behandlung gleichwohl noch Auswirkungen auf die übrigen Interessensphären hat, steht fest, daß eine uneinheitliche Behandlung der Betroffenen auf Grundlage eines Analogieschlusses nicht angezeigt ist.

Methodische Grundlage einer derart beschränkten Anwendung könnte lediglich eine teleologische Reduktion sein[270], deren Zweck darin liegt, daß der Anwendungsbereich der Norm nach dem Regelungszweck oder Sinnzusammenhang des Gesetzes auf das erforderliche Maß reduziert wird. Dazu muß eine Norm jedoch bereits grundsätzlich und nicht erst nach einer Analogie anwendbar sein. Ansonsten ist die Notwendigkeit einer Reduktion gerade als Ursache für die fehlende Vergleichbarkeit einer entsprechenden Anwendung zu qualifizieren.

Daher läßt sich § 246 I AktG weder in seiner Gesamtheit noch in eingeschränkter Form analog anwenden.

bb) Notwendigkeit einer angemessenen Frist

Aus den genannten Gründen ist dem BGH zu folgen, der in seinem Urteil vom 14.05.1990 die Monatsfrist ausdrücklich für unanwendbar erklärt und sie lediglich als Leitbild zur Bestimmung einer angemessenen Frist[271] qualifiziert hat. Danach kann die Monatsfrist überschritten werden, sofern der Gesellschafter durch Berücksichtigung zwingender Umstände daran gehindert war, die Klage frühzeitiger einzureichen[272]. In diesem Fall muß er die Anfechtung jedoch mit aller zumutbaren Beschleunigung erheben. Dadurch sind im Einzelfall unterschiedliche Fristen möglich. So sieht die Judikatur im Einzelfall eine Klageerhebung nach zwei Monaten und zehn Tagen noch als angemessen an[273], verneint jedoch in der Regel eine Anfechtung, die erst nach drei und mehr Monaten erfolgt[274], obwohl auch diese per definitionem noch möglich wäre.

Das überwiegende Schrifttum folgt im Tenor der Rechtsprechung. Teilweise werden dabei der Angemessenheitsbegriff und die einzelnen Kriterien zu dessen Ermittlung übernommen[275]. Die Frist weicht einer möglichen Verwirkung des

---

270 Dazu *Canaris/Larenz*, Methodenlehre, S. 210ff.

271 BGHZ 101, 113, 117. Zuvor hatte der BGH die Frage einer Analogie offengelassen, sich jedoch der Sache nach bereits für eine Leitbildfunktion des § 246 AktG entschieden, vgl. BGH, GmbHR 1989, 120, 122; NJW 1966, 2055; ebenso die Oberlandesgerichte, vgl. OLG Koblenz, ZIP 1986, 1120; OLG Hamm, GmbHR 1989, 79.

272 BGHZ 101, 113, 117; 111, 224, 227; BGH, GmbHR 1995, 303, 305.

273 BGHZ 111, 224, 227; ähnlich OLG Koblenz, ZIP 1986, 1120.

274 BGH, GmbHR 1989, 120, 123: sechs Monate; BGH, GmbHR 1995, 303, 305: neun Monate trotz individueller Verlängerung um vier Monate; BGH, NJW 1993, 129, 130: drei Monate und siebzehn Tage; OLG Stuttgart, NJW 1973, 2027, 2028: fünf Monate und zwei Wochen.

275 *Scholz/Schmidt*, § 45 Rz, 141ff., 143; *Baumbach/Hueck/Zöllner*, Anh. § 47 Rz. 79aff.; *Rowedder/Koppensteiner*, § 47 Rz. 118; *Sudhoff*, Gesellschaftsvertrag, S. 339; *Zöllner/Noack*, ZGR 1989, 525, 531; *Ziemons*, Einflußnahme, S. 54; *Boujong*, GmbHR

Anfechtungsrechts[276]. Andere Stimmen in der Literatur bieten bestimmte Mindest- oder Höchstfristen zwischen einem Monat über sechs Wochen bis hin zu 3 Monaten an, um den Angemessenheitsbegriff zu bestimmen[277]. Diese Höchstgrenzen lassen sich allerdings ebensowenig dogmatisch herleiten wie die Anwendbarkeit des § 246 I AktG. Mangels methodischer Absicherung müssen sie daher abgelehnt werden, so daß es bei dem insgesamt unsicheren Angemessenheitsbegriff bleibt.

c) Einbeziehung des Leitbildes aus § 246 I AktG in die Ermessensentscheidung des Geschäftsführers hinsichtlich der Ausführung einer Weisung

Dieses Ergebnis ist für den Geschäftsführer zweifellos mißlich, leidet er doch in besonderem Maße unter der individuell festzulegenden Frist. Gleichwohl wird diese Unsicherheit insofern etwas abgemildert, als er im Rahmen seiner Ermessensentscheidung[278] das Leitbild des § 246 I AktG einbeziehen kann. Soweit in der jeweiligen Situation keine besonderen Umstände vorliegen, die eine Überschreitung des Leitbildes von einem Monat zulassen, wird in der Regel die Einmonats-Frist gelten[279]. Die zur Beurteilung einer Überschreitung herangezogenen Kriterien sind dabei vor allem schwierige tatsächliche oder rechtliche Fragen[280], laufende Verhandlungen zwischen den Gesellschaftern über einen Änderungsbeschluß[281] oder Vergleichsgespräche, individuelle Kenntnisse und Fähigkeiten des Anfechtungsbefugten[282], die Struktur der Gesellschaft[283] sowie die Dringlichkeit einer Entscheidung für die GmbH[284]. Eine Haftung kommt daher nur insoweit in Betracht, als der Geschäftsführer ermessensfehlerhaft gehandelt hat[285].

1992, 207, 210; *Schmidt*, Gesellschaftsrecht, § 36 III, 4 b); *Saenger*, GmbHR 1997, 113, 115f.

276 *Baumbach/Hueck/Zöllner*, § 47 Rz. 79a; *Zöllner/Noack*, ZGR 1989, 525, 531f.

277 *Lutter/Hommelhoff*, Anh. § 47 Rz. 59 hält einen Zeitraum von drei Monaten für grundsätzlich unangemessen, wohingegen *Rohleder*, GmbHR 1989, 236, 241 der Auffassung ist, daß sechs Wochen grundsätzlich ausreichen und darüber hinaus eine Klageerhebung nur in besonderen Fällen möglich sei; ähnlich *Roth/Altmeppen*, § 47 Rz. 124 mit einer Frist von einem Monat. *Hachenburg/Raiser*, Anh. § 47 Rz. 182 hält sogar drei Monate für grundsätzlich zulässig und will darüber hinaus nur noch außergewöhnliche Umstände zulassen.

278 Allg. dazu oben S. 105ff.

279 Vgl. dazu allg. *Roth/Altmeppen*, § 47 Rz. 124.

280 BGHZ 101, 113, 117; 111, 224, 227f.

281 Nach Scheitern der Verhandlungen ist die Klage innerhalb eines Monats zu erheben, vgl. OLG Hamm, GmbHR 1995, 736, 738.

282 Dabei ist jedoch anwaltliche Beratung einzubeziehen, vgl. BGH, NJW 1993, 129, 130.

283 In der personalistischen GmbH scheint eine schnellere Klageerhebung indiziert zu sein, wobei dies in BGHZ 111, 224, 226 relativiert wurde, da die Grundsätze der Leitbildfunktion auch für kleinere Gesellschaften, deren Gesellschafter verwandtschaftlich miteinander verbunden sind, herangezogen werden müßten.

284 BGHZ 111, 224, 226.

285 Insgesamt zur Ermessensentscheidung oben S. 105ff.

III. Haftungsrisiken und Pflichten im Rahmen unklarer Weisungen

Sofern der Inhalt einer Weisung unklar ist, da über das Ergebnis unter den Gesellschaftern kein Einvernehmen besteht, kann eine Ausführung für den Geschäftsführer notwendigerweise nicht risikolos sein, da die haftungsbefreiende Wirkung der Weisung von ihrem klar bestimmbaren Inhalt abhängt. Im Fall einer derartigen Uneinigkeit bestehen verschiedene Möglichkeiten, die Weisung zu interpretieren. Sollte der Geschäftsführer den Beschlußinhalt so auslegen, wie er letztlich im Rahmen einer positiven Beschlußfeststellungsklage bestimmt wird, ist er von einer Haftung befreit. Gleiches gilt für den Fall, daß die Gesellschafter die Unklarheit des Beschlusses hinnehmen und den Geschäftsführer gewähren lassen. Sofern jedoch ein Beschluß gerichtlich festgestellt wird, der sich inhaltlich nicht mit der vom Geschäftsführer ausgeführten Weisung deckt, gerät er in ein Haftungsrisiko.

Die Verhaltenspflichten und Probleme des Geschäftsführers in diesem Rahmen sind denen im Bereich anfechtbarer Weisungen sehr ähnlich. Die Weisung wurde mit einem rechtlich wirksamen Ergebnis gefaßt, sofern ansonsten keine formellen oder materiellen Mängel vorliegen[286]. Da die Gesellschafter sich jedoch über dieses Ergebnis streiten, ist die Beschlußlage in einem Schwebezustand. Daraus folgt zunächst, daß der Beschluß keine Folgepflicht hervorrufen kann[287]. Überdies ist *Raiser* der Auffassung, der Geschäftsführer dürfe keine Ausführungshandlungen vornehmen[288]. Diese Schlußfolgerung hält jedoch weder einem Vergleich mit den Pflichten des Geschäftsführers im Rahmen von Anfechtungsmängeln stand, noch ist sie mit der grundsätzlichen Wirksamkeit des Beschlusses vereinbar. Sofern der Geschäftsführer im Rahmen von anfechtbaren Beschlüssen, die unstreitig fehlerhaft sind, die Möglichkeit hat, den Beschluß nach pflichtgemäßem Ermessen auszuführen, so kann ihm das bei Beschlüssen, über deren Beschlußinhalt zunächst lediglich Streit herrscht, nicht verwehrt sein. Daher muß der Geschäftsführer die Möglichkeit haben, im Rahmen dieses Ermessens pflichtgemäß über die Ausführung des Beschlusses zu entscheiden. Handelt er im Rahmen seines Ermessensspielraums, so haftet er nicht.

Dabei gelten die oben angeführten Ermessensgrundsätze entsprechend[289]. Lediglich die Abwägungsparameter sind an diesen Beschlußmangel anzupassen. Auszugehen ist dabei von dem Beschlußergebnis, das die Gesellschaftermehrheit als gültig ansieht. Im Hinblick darauf muß der Geschäftsführer zunächst untersuchen, ob von den übrigen Gesellschaftern Beschlußfeststellungsklage erhoben wird, wobei diese Frage notwendigerweise entfällt, sofern bereits Klage erhoben wurde; des weiteren, ob das angerufene Gericht ein anderes Beschlußergebnis feststellen würde und letztlich, ob die Ausführung grundsätzlich oder nur im Fall einer Rückabwicklung der Maßnahme zu einem Schaden der

286 Vgl. BGHZ 104, 66, 69.

287 So auch *Ziemons*, Einflußnahme, S. 25.

288 *Hachenburg/Raiser*, Anh. § 47 Rz. 91.

289 Vgl. oben S. 105ff.

Gesellschaft führen würde sowie damit in Zusammenhang stehend, ob das Zuwarten bis zum Ende der Anfechtungsfrist oder zum Urteilsspruch der Gesellschaft einen noch größeren Schaden zufügen könnte als die sofortige Ausführung des Beschlusses. Das Risiko des Geschäftsführers ist in diesem Fall relativ groß, da im Gegensatz zur Anfechtungs- für die Beschlußfeststellungsklage keine Fristen bestehen. Insoweit greift lediglich der Verwirkungsgedanke ein, der die Erhebung im Fall längeren Hinnehmens der Ausführungshandlung und entstehenden Vertrauens der Geschäftsführung und übrigen Gesellschafter rechtsmißbräuchlich werden läßt[290].

Das prozessuale Mittel der Beschlußfeststellungsklage steht auch dem Geschäftsführer zu[291], so daß er selbst in der Lage ist, sich auf gerichtlichem Wege Klarheit über den Beschlußinhalt zu schaffen.

IV. Haftungsrisiken und Pflichten im Rahmen unwirksamer Weisungen

Im Bereich unwirksamer Weisungen werden die Handlungsalternativen des Geschäftsführers ähnlich restriktiv ausgelegt wie im Rahmen nichtiger Beschlüsse. Der Unterschied zur Nichtigkeit besteht allein darin, daß unwirksame Beschlüsse durch Behebung des Mangels grundsätzlich wirksam werden können, nichtige Beschlüsse einer Heilung jedoch nur in seltenen Fällen zugänglich sind[292]. Risikoreich sind somit nur die Situationen bestehender Unwirksamkeit.

1. Fälle nachträglicher Beseitigung des Unwirksamkeitsgrundes

Nur im Fall nachträglicher Beseitigung der Unwirksamkeitsgründe (so z.B., wenn die fehlende Zustimmung eines mit Sonderrechten ausgestatteten Gesellschafters nachgeholt wird) sowie der Eintragung des unwirksamen Beschlusses ins Handelsregister und Ablauf der Wartefrist entsteht eine Folgepflicht mit Entlastungswirkung[293]. Ein Risiko besteht für den Geschäftsführer in diesen Fällen nicht mehr.

2. Fälle bestehender Unwirksamkeit

Soweit der Unwirksamkeitsgrund hingegen noch vorliegt, scheidet eine Entlastung aus, da es zur Wirksamkeit des Beschlusses an einer Voraussetzung fehlt. Eine derartige Weisung kann den Geschäftsführer nicht grundsätzlich entlasten. Sofern der Geschäftsführer eine unwirksame Weisung ausführt, gerät er demgemäß in ein Haftungsrisiko. Im Hinblick auf die Handlungspflichten[294] wird

---

290 Vgl. dazu *Baumbach/Hueck/Zöllner*, Anh. § 47 Rz. 90b; *Hachenburg/Raiser*, § 47 Rz. 255.

291 Vgl. nur *Hachenburg/Raiser*, Anh. § 47 Rz. 254.

292 Vgl. die Fälle des § 242 AktG analog und den Rügeverzicht des betroffenen Gesellschafters auf den Weisungsbeschluß S. 87ff. oben.

293 In diesem Zusammenhang stellen sich grundsätzlich dieselben Fragen wie im Rahmen von geheilten nichtigen Weisungen. Insoweit kann auf die entsprechenden Ausführungen auf den S. 87ff. oben verwiesen werden.

294 *Rowedder/Koppensteiner*, § 47 Rz. 74; *Scholz/Schmidt*, § 45 Rz. 58.

allerdings zum Teil verlangt, der Geschäftsführer müsse einen wirksamen Beschluß herbeiführen, soweit dies in seine Kompetenz falle[295]. Eine Entscheidung nach pflichtgemäßem Ermessen wäre danach ausgeschlossen.

Dieser Ansatz erscheint auf den ersten Blick undifferenziert, da die Unterscheidung in verschiedene Arten von Unwirksamkeitsgründen nicht berücksichtigt wird. Einerseits kann der Weisungsbeschluß unwirksam sein, weil ein die Interessen der Gläubiger oder der Öffentlichkeit schützendes Element fehlt, wie z.B. die Zustimmung der Kartellbehörde gemäß § 25 GWB. Dieser Mangel kommt den Nichtigkeitsgründen des § 241 Nr. 3, 4 AktG gleich. Daraus eine Pflicht zur Verweigerung seiner Ausführung abzuleiten, erscheint folgerichtig. Andererseits kann es an einer Voraussetzung fehlen, die ausschließlich gesellschaftsinterne Interessen berührt, wie z.B. bei Eingriffen in Sonderrechte von Gesellschaftern. Dieser Mangel entspricht eher einem Anfechtungsgrund, in dessen Rahmen sich die Entscheidung des Geschäftsführers am pflichtgemäßen Ermessen orientiert. Dennoch verbietet sich eine Differenzierung, da in beiden Fällen der Weisung ein Wirksamkeitsmerkmal fehlt.

Selbst im Fall von Sonderrechten einzelner Gesellschafter kann die restriktive Handhabung der Unwirksamkeitsgründe zu deren Schutz indiziert sein. So wird der Mehrheitsgesellschafter mitunter versuchen, auf den Geschäftsführer derart Druck auszuüben, daß dieser einen länger anhaltenden Schwebezustand ignoriert. Aus diesen Gründen handelt der Geschäftsführer bei Ausführung der Weisung unabhängig von der Art des Unwirksamkeitsgrundes pflichtwidrig.

V. Haftungsrisiken und Pflichten im Rahmen von Nicht - oder Scheinbeschlüssen

Soweit die Weisung an einem Zuständigkeitsmangel leidet, liegt ein Nicht- oder Scheinbeschluß vor[296], der für den Geschäftsführer keine Rechtswirkungen hervorrufen kann. Eine Ausführung der Weisung kann daher für den Geschäftsführer grundsätzlich keine entlastende Wirkung haben, da der Geschäftsführer eine Ausführung verweigern muß[297]. Diese konsequente Linie ist erforderlich, da es sich beim Weisungsrecht um die entscheidende Möglichkeit unternehmerischer Einflußnahme handelt, deren Mißbrauch zu gravierenden Konsequenzen führen kann. Die Zuständigkeit hat als Ausgangsbasis für die Weisung grundlegende Bedeutung. Zwar handelt es sich nur um eine formelle Voraussetzung, deren Verletzung, wie im weiteren Verlauf der Untersuchung zu sehen ist, in der Regel für den Geschäftsführer weniger risikoreich ist, jedoch gebietet der Minderheitenschutz in diesem Fall strenge Sanktionen[298]. Daher besteht in diesem Zu-

---

295 So ist wohl *Hachenburg/Raiser,* Anh. § 47 Rz. 22 zu verstehen.

296 Dazu oben S. 62.

297 *Konzen*, NJW 1989, 2977, 2981; *Hachenburg/Mertens*, § 43 Rz. 76; *Scholz/Schneider*, § 43 Rz. 97; *Rowedder/Koppensteiner*, § 43 Rz. 27; *Bäcker/Prühs*, Haftungsrisiken, S. 27; *Lutter/Hommelhoff*, § 43 Rz. 18; *Meyer-Landrut/Miller/Niehus*, § 43 Rz. 12.

298 Ein anschauliches Beispiel für die Risiken bei einer Weisung des Mehrheitsgesellschafters führt *Höhn*, Geschäftsleitung, S. 3f. an, indem er das Dilemma des Geschäftsführers schildert, einerseits zu wissen, daß die Weisung zwar unverbindlich ist, andererseits auf

sammenhang für den Geschäftsführer ein Haftungsrisiko, wenn er die Weisung ausführt[299].

VI. Haftungsrisiken und Pflichten im Rahmen von Weisungen, denen die notwendige Zustimmung eines Aufsichts- oder Beirats fehlt

Sofern es sich um eine mitbestimmte GmbH nach §§ 1, 25 I Nr. 1 MitbestG 1976 handelt, stehen dem Aufsichtsrat die Zustimmungskompetenzen aus § 111 IV AktG zu. Der Geschäftsführer unterliegt in diesem Rahmen den im ersten Teil der Untersuchung bereits erörterten Pflichten, die sich danach richten, ob eine Weisung bereits in den Zustimmungsbereich des Aufsichtsrats fällt und von diesem schon verweigert wurde[300]. Sollte der Geschäftsführer diesen Pflichten nicht nachkommen, kann ihn der ansonsten wirksame Beschluß nicht entlasten. Es besteht auch keine Möglichkeit dem Geschäftsführer infolge dieser grundsätzlichen Beschlußwirksamkeit Ermessen einzuräumen, da auf diesem Weg die durch eine Bestellung des Aufsichtsrats geschützten Interessen der Arbeitnehmer unterlaufen würden.

Die Probleme des Geschäftsführers beschränken sich in diesem Fall darauf, die Situationen zu erkennen, in denen ein Aufsichtsorgan auf die Weisung Einfluß nehmen kann. Da im vorangegangenen Kapitel die Zuständigkeiten und Einflüsse eines etwaigen Aufsichts- oder Beirats transparent herausgearbeitet wurden, ist ein damit verbundenes Risiko jedoch denkbar gering. Der Geschäftsführer ist dadurch nicht der Prüfung eines Katalogs von Voraussetzungen ausgesetzt, deren Vorliegen sich in der Praxis kaum beurteilen läßt. Nach der hier vertretenen Ansicht eines auch durch weitere Organe obligatorischer oder fakultativer Natur nicht eingeschränkten Weisungsrechts lassen sich die Kompetenzen des Geschäftsführers zwar auf ein Minimum reduzieren, mindern jedoch gleichzeitig Unsicherheiten in der Fehleranalyse.

---

sein Wohlwollen bei der Frage einer möglichen Abberufung angewiesen ist. Der Mehrheitsgesellschafter wird häufig Druck auf den Geschäftsführer ausüben, Einzelweisungen auch ohne Gesellschafterbeschluß auszuführen. Da der Geschäftsführer faktisch allein vom Mehrheitsgesellschafter abhängig ist und ohne eine die Abberufung auf das Vorliegen wichtiger Gründe beschränkende Satzungs- bzw. Vertragsregelung die Möglichkeit besteht, den Geschäftsführer jederzeit abzuberufen, wird er gerade bei unklarer Rechtslage geneigt sein, dem Druck nachzugeben. Je unklarer die Rechtslage ist, desto größer sind die Gefahren einer derartigen Einflußnahme. Je eindeutiger sich daher der Pflichtenumfang des Geschäftsführers und die daraus erwachsenden Konsequenzen darstellen lassen, desto eher wird dieser in die Lage versetzt, dem Druck des Mehrheitsgesellschafters standzuhalten.

299 *Konzen*, NJW 1989, 2977, 2981; *Hachenburg/Mertens*, § 43 Rz. 76; *Scholz/Schneider*, § 43 Rz. 97; *Rowedder/Koppensteiner*, § 43 Rz. 27f.; *Lutter/Hommelhoff*, § 43 Rz. 18; *Meyer-Landrut/Miller/Niehus*, § 43 Rz. 12.

300 Vgl. dazu oben S. 47ff.

F. Ergebnis

I. Weisungen, deren Ausführung grundsätzlich keine Pflichtverletzung begründet

Trotz etwaiger wirtschaftlich nachteiliger Folgen für das Unternehmen besteht keine Haftungsgefahr für den Geschäftsführer, wenn er unzweckmäßige oder existenzbedrohende Weisungen ausführt. Ebenso risikolos sind nichtige Weisungen, die durch Rügeverzicht oder Eintragung und Ablauf der Drei-Jahresfrist geheilt wurden, sofern die Eintragung nicht mehr von Amts wegen gelöscht werden kann. Ferner entlasten ihn anfechtbare Weisungen nach Ablauf der angemessenen Frist. Letztlich scheidet eine Haftung aus, sofern eine gegen den Beschluß gerichtete Anfechtungsklage rechtskräftig abgewiesen wurde. In der Praxis kann es jedoch auch im Rahmen dieser Konstellationen zu einer Geltendmachung von Schadensersatzansprüchen kommen, da bestimmte Tatsachen nicht nachweisbar oder unbekannt sind oder die GmbH, der Insolvenzverwalter oder ein pfändender Gläubiger ohne sichere Erfolgsaussichten eine Schadensersatzklage erheben. Zum Schutz vor derartigen unberechtigten Klagen sind die Möglichkeiten zu einer Haftungsvermeidung, die sich auf den Haftungsprozeß und eventuelle Regreßmöglichkeiten beziehen, auch für diese Fälle relevant.

II. Weisungen, deren Ausführung eine Pflichtverletzung begründen kann

In den folgenden Fällen besteht hingegen grundsätzlich ein Haftungsrisiko, das darauf zurückzuführen ist, daß die Weisung entweder gar nicht oder nur unter bestimmten Umständen zu einer Haftungsbefreiung führen kann. Zunächst sind diejenigen Fälle zu nennen, in denen der Geschäftsführer pflichtwidrig auf die Beschlußfassung Einfluß nimmt oder sich die Beurteilungsgrundlage nachträglich ändert. Überdies besteht ein Haftungsrisiko bei Nicht- oder Scheinbeschlüssen, die auf einen Zuständigkeitsmangel zurückzuführen sind sowie im Rahmen nichtiger Weisungen, die nicht nachträglich geheilt wurden. Ferner sind die Fälle problematisch, in denen die Weisung anfechtbar ist, sofern die Anfechtungsfrist noch läuft bzw. bereits Anfechtungsklage erhoben wurde. Letztlich weisen unklare und unwirksame sowie solche Weisungen Risikofaktoren auf, denen die notwendige Zustimmung eines Aufsichts- oder Beirats fehlt.

Gleichwohl hat sich im Rahmen dieser Weisungen gezeigt, daß die Einräumung eines Ermessensspielraums einen wesentlichen Beitrag zur Eingrenzung des Haftungsrisikos leisten kann. Sofern sich der Geschäftsführer im Rahmen der erarbeiteten Ermessens-prüfung hält, kann ihm zumindest im Rahmen von anfechtbaren, angefochtenen, unklaren und formell nichtigen Weisungen kein pflichtwidriges Verhalten vorgeworfen werden. Ein weiterer Faktor zur Begrenzung seiner Risiken ist die Zubilligung der Anfechtungsmöglichkeit. Im Fall unwirksamer, materiell nichtiger, mit Zuständigkeitsmängeln behafteter oder unter fehlender Aufsichtsratszustimmung leidender Weisungen muß der Geschäftsführer die Ausführung hingegen in jedem Fall verweigern. Führt er sie dennoch aus, handelt er grundsätzlich pflichtwidrig. Für Eingrenzungen der Pflichtwidrigkeit in Form eines Ermessensspielraums ist insofern kein Raum.

Soweit die Ausführung einer Weisung unter Berücksichtigung dieser Umstände pflichtwidrig war, kommt es im weiteren Prüfungsverlauf auf ein Verschulden des Geschäftsführers an. Auch in diesem Rahmen bieten sich Möglichkeiten, sein Risiko zu mildern.

§ 9 VERSCHULDENSVORWURF

§ 43 II GmbHG erfordert als Ausprägung der Verschuldenshaftung eine „schuldhaft" begangene Pflichtverletzung[301]. Dies gilt auch für § 43 III 1 GmbHG, der die Haftung insoweit verschärft, als der Anspruch zum einen der Disposition der Gesellschaft entzogen ist und zum anderen eine Weisung nicht zur Freistellung führt[302]. Der Geschäftsführer muß demgemäß vorsätzlich oder fahrlässig handeln[303]. Um die Möglichkeiten einer Haftungsbeschränkung im Bereich des Verschuldens zu erörtern, ist zunächst der gesetzlich vorgesehene Verschuldensmaßstab zu erörtern.

A. Gesetzlicher Verschuldensmaßstab

Entscheidend ist das dem Geschäftsführer obliegende Maß an Sorgfalt. Dabei sind § 43 I GmbHG und § 276 I 2 BGB voneinander abzugrenzen sowie gegebenenfalls Anwendungsmöglichkeiten von §§ 708, 277 BGB in Betracht zu ziehen.

I. Verhältnis zwischen § 43 I GmbHG und § 276 I 2 BGB

Da § 43 GmbHG keinen eigenständigen Fahrlässigkeitsbegriff kennt[304], gilt insoweit § 276 I 2 BGB, der die allgemeine Begriffsbestimmung der Fahrlässigkeit für das gesamte Privatrecht innerhalb und außerhalb des BGB statuiert[305]. Der konkrete Sorgfaltsmaßstab wird jedoch durch § 43 I GmbHG erhöht[306]. Danach hat der Geschäftsführer in den Angelegenheiten der Gesellschaft die Sorgfalt eines ordentlichen Geschäftsmanns anzuwenden[307]. Darunter ist die

---

301 Unstreitig, vgl. *Rowedder/Koppensteiner*, § 43 Rz. 8; *Hachenburg/Mertens*, § 43 Rz. 55; *Espey/von Bittner*, Haftungsrisiken, S. 16; *Müller/Jegutidse*, GmbH-Geschäftsführer, S. 185.

302 Unstreitig, vgl. *Hachenburg/Mertens,* § 43 Rz. 92.

303 Vgl. auch *Wissmann*, Haftung, S. 27; *Bäcker/Prühs*, Geschäftsführerhaftung, S. 17f.; *Hübner*, Managerhaftung, S. 36.

304 *Scholz/Schneider,* § 43 Rz. 165; *Fleck*, GmbHR 1974, 224.

305 *Palandt/Heinrichs,* § 276 Rz. 4; *Primus*, GmbH-Geschäftsführer, S. 89.

306 Vgl. *Müller/Jegutidse*, GmbH-Geschäftsführer, S. 188f. und *Kust,* WM 1980, 758, 759, dessen Untersuchung sich an dieser Stelle zwar primär auf § 93 I AktG bezieht, jedoch die Organe mit Geschäftsleiterbefugnissen anderer Gesellschaftsformen, insbesondere der GmbH einbezieht. *Roth*, 2. Aufl., § 43 Anm. 2.1 spricht von einer gruppenbezogenen Differenzierung des objektiven Fahrlässigkeitsmaßstabs nach Verkehrskreisen.

307 Da der Geschäftsführer als Vertreter fremder Vermögensinteressen tätig wird, ist sein Pflichtenmaßstab gegenüber dem eines Kaufmanns noch erhöht, *Roth/Altmeppen,* § 43 Rz. 3.

Sorgfalt zu verstehen, die ein selbständiger, treuhänderischer Verwalter fremder Vermögensinteressen[308] zu wahren hat[309].

II. Objektiver Sorgfaltsmaßstab des § 43 I GmbHG

§ 43 I GmbHG beinhaltet einen objektiven Sorgfaltsmaßstab, der im Wege normativer Wertung festzulegen ist[310]. Persönliche Eigenschaften, fachliche Qualifikation, Erfahrungen und die körperliche Verfassung der Person haben nach allgemeiner Auffassung keine sorgfaltsmindernden Auswirkungen[311], können den Maßstab jedoch durchaus erhöhen[312]. Zu Recht wird darauf hingewiesen[313], daß Art und Größe des Unternehmens sowie die Bedeutung der einzelnen Maßnahmen den Verschuldensmaßstab nicht beeinflussen[314], sondern vielmehr bereits als Abwägungsgesichtspunkte in die Ermessensentscheidung einfließen[315].

Die naheliegende Anwendung des subjektiven Sorgfaltsmaßstabs aus §§ 708, 277 BGB für einen Gesellschaftergeschäftsführer muß ebenfalls abgelehnt werden[316] - auch für die Ausführung von Weisungen. Ungeachtet grundsätzlicher

---

308 Vgl. RGZ 64, 254, 257; OLG Koblenz, GmbHR 1991, 416, 417; OLG Düsseldorf, GmbHR 1995, 227; *Lutter/Hommelhoff*, § 43 Rz. 17; *Hachenburg/Mertens*, § 43 Rz. 16; *Rowedder/Koppensteiner*, § 43 Rz. 6; *Baumbach/Hueck/Zöllner*, § 43 Rz. 9; *Heisse*, Beschränkung, S. 8; *Ebenroth/Lange*, GmbHR 1992, 69, 70.

309 Ausnahmen mögen allenfalls im Rahmen von Tätigkeiten in Betracht kommen, die nicht von der eigentlichen Geschäftsführung erfaßt werden, wie z.B. das Führen eines Firmenfahrzeugs. In diesem Rahmen ist kaum einzusehen, daß der Geschäftsführer einem anderen Sorgfaltsmaßstab unterliegt als ein gewöhnlicher Arbeitnehmer der Gesellschaft.

310 *Rowedder/Koppensteiner*, § 43 Rz. 6; *Kion*, BB 1984, 864, 866; *Reese*, DStR 1995, 532, 534; *Espey/von Bittner*, Haftungsrisiken, S. 18f.

311 BGH, 1981, 440, 442; OLG Köln, GmbHR 1972, 65; *Scholz/Schneider*, § 43 Rz. 165; *Baumbach/Hueck/Zöllner*, § 43 Rz. 10; *Meyke*, Haftung, Rz. 59; *Jula*, Haftung, S. 46; *Müller/Jegutidse*, GmbH-Geschäftsführer, S. 192; *Dahnz*, Berufsrisiko, S. 34; *Heisse*, Beschränkung, S. 37; abweichend insoweit *Roth/Altmeppen*, § 43 Rz. 4, der individuelle Defizite wie z.B. Alter oder Behinderungen berücksichtigen will, sofern die Gesellschaft gezielt einen solchen Geschäftsführer einstellt.

312 *Scholz/Schneider*, § 43 Rz. 165; *Dahnz*, Berufsrisiko, S. 35.

313 Vgl. BGH, WM 1981, 440, 442.

314 So aber OLG Bremen, GmbHR 1964, 8, 9, wonach die Sorgfalt gegenüber „gerade dieser GmbH" betont wird, ebenso *Lutter/Hommelhoff*, § 43 Rz. 17; *Rowedder/Koppensteiner*, § 43 Rz. 6.

315 *Heisse*, Beschränkung, S. 40f. betont, im Rahmen des Verschuldens seien an den Geschäftsführer eines multinationalen Konzerns keine anderen Sorgfaltspflichten zu stellen als an den Geschäftsführer einer kleinen Handels-GmbH.

316 Dies entspricht der herrschenden Auffassung in Rechtsprechung und Literatur: BGHZ 75, 321, 327; OLG Bremen, GmbHR 1964, 8, 9; *Lindacher*, JuS 1984, 674; *Scholz/Schneider*, § 43 Rz. 166; *Brodmann*, GmbHG, § 43 Anm. 1a); *Primus*, GmbH-Geschäftsführer, S. 90; *Baums*, Geschäftsleitervertrag, S. 213; *Bäcker/Prühs*, Geschäftsführerhaftung, S. 22; *Wissmann*, Haftung, S. 28. A.A. ist jedoch *Heisse*, Beschränkung, S. 38, der § 708 BGB bei der personalistischen GmbH anwenden will. Dabei beschränkt er sich jedoch auf Situationen außerhalb der normalen Geschäftsleitung. Gleichwohl gesteht er zu, daß es zum einen Abgrenzungsprobleme gebe und zum anderen die Grundsätze der BGH-Rechtsprechung im Wege stünden, die eine individuelle Sorgfaltsbeschränkung im Straßenverkehr ablehnt, vgl. BGHZ 46, 313, 317f.

Bedenken, die vor allem auf die Bedeutung des § 43 I GmbHG als Sonderregelung zurückzuführen sind, scheitert die Berücksichtigung der „Sorgfalt in eigenen Angelegenheiten" im Rahmen der Weisungsfälle bereits daran, daß es sich gerade nicht um eigene Angelegenheiten des Geschäftsführers - selbst eines Gesellschaftergeschäftsführers - handelt. Er ist vielmehr dem Willen des ihn anweisenden Organs unterworfen. Der Grund für die Regelung des § 708 BGB liegt im persönlichen Vertrauensverhältnis, aufgrund dessen die Gesellschafter sich so nehmen sollen, wie sie sind[317]. Dieser Normzweck kann im vorliegenden Kontext jedoch nicht herangezogen werden, da es den anweisenden Gesellschaftern bei Erteilung der Weisung darauf nicht ankommt. Ansonsten könnten sie sich auf die durchzuführende Maßnahme einigen, ohne den Geschäftsführer anzuweisen[318]. Soweit es jedoch bereits an der Vergleichbarkeit der Anwendungssituationen fehlt, scheidet der Maßstab des § 708 BGB von vornherein aus. Es bleibt daher beim objektiven Sorgfaltsmaßstab des § 43 I GmbHG.

Der strenge Verschuldensmaßstab des Geschäftsführers läßt sich jedoch eventuell abmildern. Zum einen ist die Möglichkeit einer Vereinbarung über eine Begrenzung des Verschuldensmaßstabs in Betracht zu ziehen, mittels derer eine Haftung des Geschäftsführers bei lediglich fahrlässigem Handeln ausgeschlossen werden könnte. Darüber hinaus könnten unter bestimmten Voraussetzungen die Grundsätze der beschränkten Arbeitnehmerhaftung auf den Geschäftsführer anwendbar sein. Dabei wird die Prüfung einer Haftungsvereinbarung vorangestellt, da sich anhand der dort ergebenden Resultate bereits wesentliche Aspekte einer möglichen Anwendung der Grundsätze zum innerbetrieblichen Schadensausgleich erschließen.

B. Vereinbarungen zur Beschränkung des Verschuldensmaßstabs

Die Zulässigkeit einer Beschränkung des Verschuldensmaßstabs gehört fraglos zu den umstrittensten Problemen im Rahmen der Geschäftsführerhaftung aus § 43 GmbHG. Da sich diese Frage im wesentlichen nach der Disponibilität der Haftungsnorm entscheiden wird, die wiederum maßgeblich von der Funktion des Haftungstatbestands abhängt, muß zwischen § 43 II und III GmbHG differenziert werden.

---

317 Insoweit zum Zweck der Regelung RGZ 143, 215ff.; *Jauernig/Stürner*, § 708 Rz. 1; *Staudinger/Keßler*, § 708 Rz. 2. Gleichwohl ist diese Norm im Laufe der Zeit auch zum Gegenstand rechtspolitischer Kritik geworden. Zum einen könne nicht grundsätzlich eine persönliche Verbundenheit vorausgesetzt werden, zum anderen werde die Haftungsbeschränkung nicht den Grundsätzen eines, auf die ordnungsgemäße Erfüllung der übernommenen Aufgaben angelegten Geschäftsverkehrs angeglichen, sondern passe allenfalls auf Gelegenheitsgesellschaften, vgl. *Soergel/Schultze/von Lasaulx*, § 708 Rz. 1; *Münchener Kommentar/Ulmer*, § 708 Rz. 2; vgl. allg. zum stark persönlichen Charakter der Regelung *Staudinger/Keßler*, Vorbem. zu § 705 Rz. 23ff.

318 Abgesehen von dem Fall, daß Gesellschafter und Geschäftsführer kollusiv zusammenwirken und der Beschluß ausschließlich dazu dient, den Geschäftsführer vor etwaigen Regreßansprüchen zu bewahren. In diesem Fall handeln die Beteiligten jedoch vorsätzlich, wodurch eine Anwendung von § 708 BGB scheitert.

I. Keine Verschuldensbeschränkung im Rahmen des § 43 III GmbHG

Eine Verschuldensbegrenzung bei Pflichtverletzungen im Rahmen des § 43 III GmbHG wird nahezu einhellig abgelehnt[319]. Zu Recht wird darauf verwiesen, der Gesetzgeber habe durch den besonders geregelten Anspruch aus § 43 III 1, 2 i.V.m. § 9b und § 43 III 3 GmbHG die Gläubiger in besonderem Maße geschützt. Gleichwohl vertreten einige Stimmen im Schrifttum die Auffassung, eine Haftungsvereinbarung sei in diesem Bereich möglich, soweit der Anspruch nicht zur Befriedigung der Gläubiger erforderlich ist[320]. Der Normzweck des § 43 III werde erfüllt, sofern dies gesichert sei. Dagegen muß jedoch eingewandt werden, daß sich das durch § 43 III geschützte Befriedigungsinteresse der Gläubiger[321] nicht nur auf den Schadensersatzanspruch selbst, sondern auf die Erhaltung des Stammkapitals bezieht. Diese Funktion würde durch die Zulassung einer Verschuldensbegrenzung bei Befriedigungsmöglichkeit der Gläubiger unterlaufen. Im Rahmen des § 43 II GmbHG ist das Ergebnis hingegen weniger eindeutig.

II. Möglichkeit einer Verschuldensbeschränkung im Rahmen des § 43 II GmbHG

Das Problem einer Verschuldensbegrenzung wird allgemein ohne Bezug zu der hier in Rede stehenden Problematik fehlerhafter Gesellschafterweisungen behandelt. Die Frage rankt sich vielmehr um die generelle Zulassung einer solchen Begrenzung[322]. Die folgende Analyse bezieht sich daher auf diese grundsätzliche Zulässigkeit. Gleichwohl werden Weisungsfälle innerhalb der Untersuchung eine ausschlaggebende Rolle spielen. Die Untersuchung wird sich weitgehend mit dem Schrifttum auseinandersetzen, da höchstrichterliche Rechtsprechung zu dieser konkreten Fragestellung nicht vorliegt[323] und aus der dürf-

---

319 *Scholz/Schneider*, § 43 Rz. 185; *Baumbach/Hueck/Zöllner*, § 43 Rz. 1d; *Roth/Altmeppen*, § 43 Rz. 50; *Rowedder/Koppensteiner*, § 43 Rz. 4; *Haas*, Geschäftsführerhaftung, S. 298; *Hachenburg/Mertens*, § 43 Rz. 5; *Köhl*, DB 1996, 2597, 2598; *Rehbinder*, ZHR 148 (1984), 555, 573; *Lutter/Hommelhoff*, § 43 Rz. 2; *Heisse*, Beschränkung, S. 109; *Schaub*, DStR 1992, 985, 987; *Klumpp*, Haftung, S. 50f.; *Meyke*, Haftung, Rz. 66; *Jula*, Haftung, S. 50.

320 *Wagner*, Stellung, S. 30; ähnlich *Lindacher*, JuS 1984, 672, 674, der ausführt, die Gesellschaft könne sich in diesem Fall nicht auf die Unwirksamkeit der Haftungsbeschränkung berufen.

321 Zur Funktion des § 43 III GmbHG, vgl. oben S. 67f.

322 Zur theoretischen Vielzahl von Haftungsbegrenzungsmöglichkeiten, die in der Praxis angeboten werden, vgl. das Handbuch von *Romberg*, Absicherungsmöglichkeiten, Teil. 4/3 zur persönlichen Haftung bei Verletzung von allgemeinen Sorgfaltspflichten und Teil 4/4 zur persönlichen Haftung bei Verletzung von besonderen Sorgfaltspflichten.

323 In BGHZ 64, 238, 244 wurde die Zulässigkeit einer Haftungsvereinbarung zugunsten eines Aufsichtsratsmitglieds einer Publikums-GmbH & Co KG untersucht, die eine Haftung gesellschaftsvertraglich auf den Gesellschaftsanteil beschränkte und eine Verjährungsfrist von drei Monaten, beginnend mit der Beendigung der ordentlichen Gesellschafterversammlung, vorsah. Die Regelung wurde jedoch unter diesen strengen Voraussetzungen als sittenwidrig gegenüber den Kommanditisten und der Gesellschaft angesehen und läßt im Grunde keine Rückschlüsse auf die grundsätzliche Möglichkeit einer Verschuldensbegrenzung zu.

tigen OLG-Rechtsprechung keine grundsätzlichen Schlüsse gezogen werden können[324].

1. Verschuldensbegrenzung als möglicher Vertrag zu Lasten Dritter

Frühe Gegner einer Verschuldensbegrenzung beriefen sich darauf, eine Haftungsbeschränkung begründe einen unzulässigen Vertrag zu Lasten Dritter[325]. Zwar habe eine Verschuldensbeschränkung keine direkten Auswirkungen für potentielle Gläubiger, da sie aus § 43 II GmbHG keinen unmittelbaren Anspruch gegen den Geschäftsführer ableiten könnten. Gleichwohl werde durch eine derartige Maßnahme das Vermögen der GmbH geschmälert, so daß sich die Gesamtzugriffsmasse zu Lasten der Gläubiger verringere[326].

Gegen diese Ansicht lassen sich jedoch dogmatische Einwände erheben. Das Prinzip der Unzulässigkeit von Verträgen zu Lasten Dritter leitet sich aus einem ungerechtfertigten Eingriff in die rechtsgeschäftliche Willens- und Handlungsfreiheit eines Dritten ab. Sofern zwei Vertragsparteien Rechte eines Dritten ohne dessen Mitwirkung vereiteln oder ihm zusätzliche Pflichten auferlegen, verstoßen sie gegen die Privatautonomie und die Prinzipien der allgemeinen Handlungsfreiheit. Jedoch sind die Gläubiger der Gesellschaft im Hinblick auf Ansprüche aus § 43 GmbHG nicht aktivlegitimiert[327]. Sie haben lediglich die Möglichkeit, im Rahmen eines Titels gegen die GmbH deren Anspruch gegen den Geschäftsführer zu pfänden[328]. Die Rechtsposition ist somit allenfalls als Befriedigungsmöglichkeit zu qualifizieren, da sie nur auf der Grundlage eines bereits titulierten Anspruchs relevant wird.

2. Systematik des Gesetzes als mögliches Hindernis für eine Verschuldensbegrenzung

Darüber hinaus wird auf die innere Systematik des Gesetzes abgestellt, nach der Regelungen überall dort zwingend seien, wo eine Änderungsmöglichkeit nicht explizit zugelassen werde[329]. Dies gelte insbesondere für Pflichten und eine Haftungsnorm wie § 43 GmbHG.

---

324 Das OLG Hamburg, OLGZ 9, 266 lehnt eine Haftungsbeschränkung ab; das OLG Bremen, GmbHR 1964, 8, 9 hat die Frage hingegen offengelassen.

325 *Brönner/Bünz*, GmbH und Co KG, 4. Aufl., S. 153, wobei in der aktuellen 6. Aufl. *Brönner/Rux/Wagner*, GmbH & Co KG auf den thematisch entsprechenden S. 119ff. zu diesem Problem nicht mehr Stellung genommen wird.

326 *Brönner/Bünz*, GmbH und Co KG, 4. Aufl., S. 153.

327 Insoweit besteht ein Unterschied zu § 93 V AktG, der den Gläubigern das Recht einräumt, einen Anspruch unmittelbar gegen den Vorstand geltend zu machen. § 75 VI RegE GmbHG 1971, BT-Drucks. 6/3088, der eine Angleichung des GmbH-Rechts an die aktienrechtliche Regelung vorsah, ist nicht umgesetzt worden.

328 Nach allgemeiner Auffassung setzt dies nicht eine Beschlußfassung der Gesellschafterversammlung nach § 46 Nr. 8 GmbHG voraus, die im Fall einer Geltendmachung des Anspruchs durch die Gesellschaft erforderlich wäre, vgl. *Baumbach/Hueck/Zöllner*, § 43 Rz. 21; *Hachenburg/Mertens*, § 43 Rz. 99. Gleichwohl läßt dies die Befriedigungsmöglichkeit nicht zu einem tatsächlichen Anspruch erstarken, da es sich trotzdem nur um eine Pfändungsmöglichkeit aufgrund eines bereits erstrittenen Titels handelt.

329 *Bastuck*, Enthaftung, S. 92f.

Dieser Einwand überzeugt ebenfalls nicht. Bereits aus § 25 GmbHG, der bestimmte Vorschriften explizit für zwingend erklärt, läßt sich ableiten, daß nicht sämtliche Normen unabdingbar sein können, denen eine ausdrückliche Abweichungsmöglichkeit fehlt[330].

3. Wille des historischen Gesetzgebers als mögliches Hindernis für eine Verschuldensbegrenzung

Ferner wird der Wille des historischen Gesetzgebers bemüht. Aus der amtlichen Begründung zum Entwurf eines GmbH-Gesetzes von 1891 ergebe sich, daß kein geringerer als der gesetzliche Maßstab an das Verschulden des Geschäftsführers gelegt werden könne[331]. Daraus sei abzuleiten, daß der Sorgfaltsmaßstab neben den Kapitalaufbringungs- und Kapitalerhaltungsvorschriften einen wesentlichen Bestandteil des Gläubigerschutzes darstelle[332].

Der Hinweis auf die amtliche Begründung zum Entwurf eines GmbH-Gesetzes ist durchaus nachvollziehbar, da er die Intention der Legislative bei Schaffung des Gesetzes dokumentiert. Gleichwohl läßt sich daraus allein nicht die zwingende Rechtsnatur des § 43 II GmbHG ableiten, da inzwischen über 100 Jahre vergangen sind und das Bedürfnis nach einer Haftungsbeschränkung für den Geschäftsführer im Laufe der Zeit gewachsen ist. Die Überlast an öffentlich-rechtlichen Pflichten[333] ist nahezu uferlos, seine Haftungsrisiken kaum noch überschaubar. Wenngleich die GmbH als wichtigste Unternehmensform heutiger Zeit[334] einem hohen Insolvenzrisiko ausgesetzt ist[335], kann nicht die Tendenz befürwortet werden, die Risiken des Geschäftsführers stetig anzuheben. Vielmehr müssen Möglichkeiten erwogen werden, im Bedarfsfall Anpassungen vorzunehmen[336]. Die historische Auslegung kann daher nur insoweit Bedeutung erlangen, wie sie mit dem Zweck der Norm in Einklang zu bringen ist.

---

330 Insoweit fehlt es an einer § 23 V AktG entsprechenden Generalklausel. So auch *Ulmer*, FS Werner, S. 911, der betont, die Aufnahme weiterer fakultativer Elemente im GmbH-Recht sei zulässig, da das GmbHG nur Mindestinhalte regele. *Heisse*, Beschränkung, S.113 lehnt diese Ansicht überdies als zu formalistisch ab.

331 In dieser Begründung heißt es zu § 43 GmbHG: „Ein geringerer Maßstab darf an die Verantwortlichkeit derselben nicht angelegt werden, zumal es sich dabei nicht nur um die Interessen der Gesellschafter, sondern auch um diejenigen der Gesellschaftsgläubiger handelt."

332 *Haas*, Geschäftsführerhaftung, S. 296.

333 Vgl. dazu *Scholz/Schneider*, § 43 Rz. 11; *Schmidt*, ZIP 1997, 329ff., die beide die ausufernde Tendenz beklagen, den Geschäftsführer „für alles verantwortlich machen zu wollen, was in der GmbH schief läuft".

334 Die GmbH ist nach gesamtwirtschaftlicher Betrachtung die bedeutendste Form wirtschaftlicher Organisationen mit dem größten Haftungskapital, vgl. *Hansen*, GmbHR 1997, 204ff.; *Raiser*, Kapitalgesellschaften, § 5 Rz. 2; *Haas*, Geschäftsführerhaftung, S. 1.

335 Im Jahre 1995 waren von ca. 22000 Unternehmenskonkursen ca. 14000 GmbH-Insolvenzen zu verzeichnen, vgl. Statistisches Jahrbuch 1996, S. 137.

336 Dies stellt *Baumbach/Hueck/Zöllner*, § 43 Rz. 1d bei seiner Befürwortung der vertraglichen Haftungsbegrenzung in den Vordergrund.

4. Normzweck als entscheidender Argumentationsansatz für die Möglichkeit einer Verschuldensbeschränkung

a) Normzweck als Ausschlußgrund für eine Verschuldensbegrenzung

Im Hinblick auf den Normzweck gerät nun der Gläubigerschutz in das Zentrum der Diskussion. Die Gegner einer Haftungsbeschränkung berufen sich auf die angeblich umfassende gläubigerschützende Funktion der Haftung aus § 43 II GmbHG[337]. Teilweise erschöpft sich die Begründung in der bloßen Feststellung, auch im Rahmen des § 43 II sei der Gläubigerschutz in einem Maße berücksichtigt, der eine Begrenzung nicht zulasse[338]. Überwiegend geht das Schrifttum jedoch differenzierter auf die Funktion der Haftung ein, die einer Begrenzung des Verschuldensmaßstabs entgegenstehe[339]. Im Rahmen des § 43 II GmbHG werde zwar nicht mehr das Befriedigungsinteresse der Gläubiger geschützt, jedoch diene die Haftung ebenfalls der Prävention, d.h. der Verhaltenskontrolle[340]. Der Geschäftsführer solle zur entsprechenden Sorgfalt angehalten werden[341], da den Gläubigern durch das Trennungsprinzip des § 13 II GmbHG grundsätzlich nur die Vermögensmasse der GmbH haftet[342]. Diese Funktion würde durch eine Herabsetzung der Sorgfalt unterlaufen.

b) Normzweck als Grundlage für differenzierende Ansätze

Differenzierende Ansätze[343] nehmen aus Gründen des Gläubigerschutzes eine Aufteilung in bestimmte Pflichtenbereiche vor.

Mertens lehnt Modifikationen im Bereich der Organpflichten ab, hält jedoch Beschränkungen im Rahmen anstellungsvertraglicher und allgemeiner Verkehrspflichten für zulässig[344]. Dabei werden die Organpflichten in die Pflicht zur ordnungsgemäßen Geschäftsführung, unter die nahezu sämtliche herkömmlichen Pflichten subsumiert werden, die Treuepflicht gegenüber der Gesellschaft sowie die Verschwiegenheitspflicht unterteilt[345]. Im Grund wird dieser Bereich

---

337 *Lutter/Hommelhoff*, § 43 Rz. 2; *Haas*, Geschäftsführerhaftung, S. 295ff., 297; *Bastuck*, Enthaftung, S. 93; *Immenga*, Kapitalgesellschaft, S. 267; *Heisse*, Beschränkung, S. 110f., 122.

338 So u.a. *Lutter/Hommelhoff*, § 43 Rz. 2.

339 *Haas*, Geschäftsführerhaftung, S. 298; *Baums*, Geschäftsleitervertrag, S. 213; *Heisse*, Beschränkung, S. 119.

340 Vgl. das Modell zur dreifachen Funktion der persönlichen Haftung im Gesellschaftsrecht von *Wiedemann*, Gesellschaftsrecht, § 10 III, 1 a, aa sowie *Heisse*, Beschränkung, S. 120ff.

341 *Ebenroth/Lange*, GmbHR 1992, 69, 76; *Heisse*, Beschränkung, S. 122; *Haas*, Geschäftsführerhaftung, S. 298.

342 *Heisse*, Geschäftsführerhaftung, S. 122.

343 *Lindacher*, JuS 1984, 672, 674; *Scholz/Schneider*, § 43 Rz. 185; *Schneider*, FS Werner, S. 795, 811; *Hachenburg/Mertens*, § 43 Rz. 5; *GmbH-Handbuch/Axhausen*, S. 232: *Köhl*, DB 1996, 2597, 2598f.; *Wagner*, Stellung, S. 30; *Roth/Altmeppen*, § 43 Rz. 50, 54, 56; *Rowedder/Koppensteiner*, § 43 Rz. 4f.

344 *Hachenburg/Mertens*, § 43 Rz. 5.

345 Vgl. *Hachenburg/Mertens*, § 43 Rz. 18ff.

derart extensiv ausgelegt, daß der verbleibende Raum für den Geschäftsführer im Rahmen seiner gewöhnlichen Tätigkeit kaum noch einer Haftungsbeschränkung zugänglich ist. Begründet wird diese restriktive Auslegung ebenfalls mit dem aus den Organpflichten resultierenden Gläubigerschutz.

Schneider unterscheidet drei Pflichtenbereiche. Zunächst nennt er die Pflichten zur Kapitalerhaltung, Kapitalaufbringung, Risikotrennung und Liquiditätssicherung, die sich insbesondere in den Vorschriften §§ 9a I, 30, 33 i.V.m. § 43 III, 57 IV und § 64 II GmbHG widerspiegelten und einer Haftungsbegrenzung entzogen seien, da sie explizit gläubigerschützenden Charakter hätten[346]. Darüber hinaus wird die Pflicht zur ordnungsgemäßen Unternehmensleitung unterschieden, in deren Anwendungsbereich Raum für Haftungsbegrenzungen bestehen soll[347]. Dieser wird zum einen mit dem weiten Ermessensspielraum des Geschäftsführers im Rahmen seiner Tätigkeit und zum anderen mit der Zulässigkeit von Weisungen der Gesellschafter begründet, die unzweckmäßigen und sogar schädigenden Charakter haben können. Dadurch sei die Haftung des Geschäftsführers in gewissem Umfang sowieso dem Gläubigerschutz entzogen[348]. Gleichwohl werden die Wirksamkeitsgrenzen von Gesellschafterweisungen auf eine Haftungsbeschränkung übertragen. Da insbesondere Weisungen unwirksam sind, die gegen die guten Sitten oder gegen Normen verstoßen, die im öffentlichen Interesse liegen oder nicht mit dem Wesen der GmbH vereinbar sind, wären Haftungsbegrenzungen in diesem Bereich unwirksam. Da jedoch anfechtbare und unklare Weisungen offensichtlich nicht erfaßt werden, ist eine Haftungsbeschränkung in diesen Fällen zulässig. Der letzte Bereich bezieht sich auf die Loyalitäts- und Obhutspflichten, die keinen Beschränkungen unterliegen sollen, da die Gläubigerinteressen im Grund nicht tangiert würden[349].

Die übrigen Ansätze berufen sich ebenfalls auf den Gläubigerschutz, um die Zulässigkeit einer Haftungsmilderung in bestimmtem Umfang zu begründen. Ihre Differenzierungen unterscheiden sich zum Teil lediglich terminologisch, zum Teil jedoch auch sachlich von den zuvor genannten Ansichten. Danach wird eine Begrenzung in folgenden Konstellationen abgelehnt: im Rahmen von Normen, die das Befriedigungsinteresse der Gläubiger schützen, wie beispielsweise §§ 30, 33, 57 IV, 64 II, 49 III, 43a und 41 GmbHG[350]; sofern der Gläubigerschutz eine Grenze fordere, die aus einer Auslegung des § 43 III GmbHG über ihren Wortlaut abzuleiten sei[351]; soweit die Durchsetzung zur Befriedigung des

---

346 *Schneider*, FS Werner, S. 795, 809ff.

347 *Schneider*, FS Werner, S. 795, 809ff.

348 In diesem Rahmen wird betont, es gäbe Bereiche, in denen weder der Geschäftsführer noch die Gesellschafter haften, vgl. zu dieser überaus umstrittenen Fragestellung die umfassende Darstellung bei *Ziemons*, Einflußnahme, S. 75ff.

349 Zu diesen Pflichten zählt *Schneider* insbesondere die allgemeine Pflicht zum sorgsamen Umgang mit dem Unternehmenseigentum (Obhut) und das Verbot, Kenntnisse über das Unternehmen zu dessen Nachteil auszunutzen (Loyalität); vgl. FS Werner, S. 795, 812f. sowie *Scholz/Schneider*, § 43 Rz. 185.

350 So *Köhl*, DStR 1996, 2597, 2598, der jedoch ansonsten lediglich § 276 BGB als Grenze eines zulässigen Verschuldensmaßstabs ansieht.

351 *Roth/Altmeppen*, § 43 Rz. 50, 54, 56, der damit auch Weisungen erfassen will, die zu Lasten des Stammkapitals gehen, ohne daß es sich um Einlagenrückgewähr handelt.

Anspruchs erforderlich sei, ohne Unterschied zwischen § 43 II oder III GmbHG[352], oder wenn der Geschäftsführer allgemein Pflichten verletzte, die ihm auch zum Schutze der Gläubiger auferlegt sind[353].

c) Normzweck als Grundlage für die Zulässigkeit einer Verschuldensbeschränkung

Einige Autoren halten eine Begrenzung des gesetzlichen Verschuldensmaßstabs unter Berufung auf den Normzweck außerhalb des § 43 III GmbHG für grundsätzlich zulässig, wobei die Ansichten im Hinblick auf die Grenze der Verschuldensmodifikation differieren. Ein Teil dieses Schrifttums läßt einen Haftungsausschluß bis zum Vorsatz zu[354], andere nehmen auch grobe Fahrlässigkeit von einer Begrenzung aus[355].

Zunächst berufen sich einige Autoren schlicht darauf, für Begrenzungen des § 43 II GmbHG sei ausschließlich das Gesellschafterinteresse maßgebend, da die Gläubiger bereits durch § 43 III GmbHG ausreichend geschützt würden[356]. Die Berücksichtigung gläubigerschützender Pflichten sei daher entbehrlich.

Dieser Ansatz wird bisweilen durch einen Hinweis auf die Weisungsbefugnis als Argument unterstützt[357], da auf diese Weise ein eventueller Gläubigerschutz weitgehend zur Disposition der Gesellschafter gestellt und eine Haftung ausgeschlossen würde[358].

---

352 *Wagner*, Stellung, S. 30.

353 *Rowedder/Koppensteiner*, § 43 Rz. 4f. nimmt darüber hinaus aus Gründen des Minderheitenschutzes eine weitere Differenzierung zwischen mehrgliedrigen und Einmann-GmbH vor. Dabei bleibt jedoch unklar, ob er eine Beschränkung im Rahmen mehrgliedriger GmbH ablehnt oder sie bei einstimmiger Beschlußlage letztlich doch zulassen will. Bei der Einmann-GmbH sei die Beschränkung nur für einen Fremdgeschäftsführer und bis zur Grenze grober Fahrlässigkeit möglich. In jedem Fall hält er eine entsprechende Satzungsbestimmung für erforderlich.

354 *Fleck*, GmbHR 1974, 224, 229; *Kion*, BB 1984, 864, 867; *Konow*, GmbHR 1968, 219, 221; *Espey/von Bittner*, Haftungsrisiken, S. 24; *Brodmann*, § 43 Anm. 1; *Vogel*, § 43 Rz. 2; zur ähnlichen Frage der Haftung des Geschäftsführers im Bereich der Vorgesellschaft vgl. *Brock*, Vorgesellschaft, S. 81ff., 83; wohl auch *Ossola-Haring*, Anstellungsvertrag, S. 14 sowie *Weimar/Grote*, Krisenmanagement, S. 65.

355 *Baumbach/Hueck/Zöllner*, § 43 Rz. 1d; *Meyer-Landrut/Miller/Niehus*, § 43 Rz. 21; *Uhlenbruck*, WiB 1996, 466, 467; *Sudhoff*, Gesellschaftsvertrag, S. 245f.; *Reese*, DStR 1995, 532, 535f.; *Klumpp*, Haftung, S. 50f.

356 *Schaub*, DStR 1992, 985, 987; *Baumbach/Hueck/Zöllner*, § 43 Rz. 1d; *Reese*, DStR 1995, 532, 535f.; *Fleck*, GmbHR 1974, 224, 229; wohl ebenso *Bäcker/Prühs*, Geschäftsführerhaftung, S. 29, jedoch ohne nähere Ausführungen.

357 *Kion*, BB 1984, 864, 867; *Jula*, Haftung, S. 50. Damit argumentiert auch *Schneider*, FS Werner, S. 795, 811, der jedoch eine Haftungsmilderung nur außerhalb der speziell gläubigerschützenden Normen zuläßt.

358 Bei diesem Argument zeigt sich deutlich, daß die allgemeine Diskussion über Verschuldensbegrenzung nicht im Hinblick auf fehlerhafte Gesellschafterweisungen geführt wird. Ansonsten hätte ein Argument, das gerade eine wirksame Weisung voraussetzt, keine Aussagekraft.

Andere Autoren führen überdies die Möglichkeit der Gesellschafter ins Feld, den Umfang der nicht gläubigerschützenden Pflichten des Geschäftsführers im Anwendungsbereich des § 43 II GmbHG beispielsweise durch die Satzung oder eine Geschäftsordnung zu bestimmen[359]. Soweit Einschränkungen bei den objektiven Haftungsvoraussetzungen vorgenommen werden dürften, sei es gerechtfertigt, Begrenzungen auch innerhalb des Verschuldensmaßstabs zuzulassen[360].

Mitunter wird dieses Argument noch unter Hinweis darauf gestützt, daß die Gesellschafter über eine weitreichende Dispositionsbefugnis im Hinblick auf Schadensersatzansprüche gegen den Geschäftsführer verfügen, da sie berechtigt sind, auf derartige Ansprüche zu verzichten[361]. Diese weitreichende Dispositionsbefugnis über Schadensersatzansprüche könne ebenso im Rahmen von vereinbarten Begrenzungen des Verschuldensmaßstabs vor Entstehen eines solchen Anspruchs Geltung beanspruchen[362]. Soweit die Gesellschafter auf einen Anspruch verzichten können, müsse auch eine Vereinbarung möglich sein, die bereits sein Entstehen hindert[363]. Als Grenze gelte in gesellschaftsvertraglicher Hinsicht lediglich § 43 III 1, 2 i.V.m. § 9b GmbHG[364].

d) Stellungnahme und eigener Ansatz für die Zulässigkeit einer Verschuldensbeschränkung im Rahmen von Weisungsfällen

Eine Analyse der zum Normzweck vorgebrachten Argumente wird allerdings zeigen, daß keiner der drei Ansätze letztlich zwingend ist. Wie bereits festgestellt wurde, ist der Schutz der Gläubiger im Rahmen des § 43 III GmbHG stärker ausgeprägt als in § 43 II GmbHG. Innerhalb des letzteren bestehen zwar qualitative Unterschiede, jedoch sind die Gläubiger zumindest reflexartig bzw. mittelbar in dessen gesamten Anwendungsbereich geschützt[365]. Wie sich im Folgenden ergeben wird, ist im Rahmen einer potentiellen Verschuldensbeschränkung eine nähere Konkretisierung entbehrlich. Nach der hier vertretenen

---

359 Davon ausgenommen sind Pflichten des Geschäftsführers, die gesetzlich nicht entzogen werden dürfen. Insoweit sei auf die Ausführung zur Frage des gesetzlichen Mindestbereichs eigenverantwortlicher Geschäftsführung verwiesen, oben S. 35f.

360 *Kion*, BB 1984, 864, 867; *Klumpp*, Haftung, S. 50f.

361 *Scholz/Schneider*, § 43 Rz. 187; *Hachenburg/Mertens*, § 43 Rz. 86; *Baumbach/Hueck/Zöllner*, § 43 Rz. 26; *Schaub*, DStR 1992, 985, 988; *Reese*, DStR 1995, 532, 535.

362 *Brodmann*, GmbHG, § 43 Anm.1; *Espey/v. Bittner*, Haftungsrisiken, S. 24; *Fleck*, GmbHR 1974, 224, 229; *Kion*, BB 1984, 864, 867; *Schaub*, DStR 1992, 985, 987.

363 *Fleck*, GmbHR 1974, 224, 229; *Kion*, BB 1984, 864, 867; *Schaub*, DStR 1992, 985, 987.

364 Der Verzicht hat rechtsgeschäftlichen und gesellschaftsrechtlichen Charakter, da es neben der Vereinbarung gemäß § 397 BGB eines zusätzlichen Gesellschafterbeschlusses bedarf. Daher sind sowohl die gesellschaftsrechtlichen als auch die schuldrechtlichen Grenzen, wie beispielsweise §§ 116ff., 134, 138 BGB zu beachten. Gleichwohl spielen letztere im Hinblick auf den Gläubigerschutz neben § 43 III GmbHG keine ausschlaggebende Rolle mehr, vgl. zu den doppelten Voraussetzungen BGH, GmbHR 1998, 278ff.; *Scholz/Schneider*, § 43 Rz. 187ff.; *Rowedder/Koppensteiner*, § 43 Rz. 35ff. sowie unten S. 235ff.

365 Vgl. zur Funktion des § 43 II, III GmbHG oben S. 129ff.

Ansicht tritt der gesamte reflexartige Schutz im Rahmen des § 43 II GmbHG unter bestimmten rechtlichen Voraussetzungen zurück.

Das in diesem Zusammenhang angeführte Weisungsrecht kann allerdings nicht herangezogen werden[366], da die Gesellschafter nur insoweit die Möglichkeit haben, den Geschäftsführer von einer Haftung zu entbinden, als die Weisungen selbst rechtlich einwandfrei sind. Ist die Weisung beispielsweise sittenwidrig oder verstößt sie gegen zwingende Normen im öffentlichen Interesse, so wird der Geschäftsführer nicht entlastet[367]. Gleichwohl wird die Weisung im weiteren Verlauf der Begründung noch von ausschlaggebender Bedeutung sein.

Ebensowenig zwingend erscheint die pauschale Bezugnahme auf die Möglichkeit der Gesellschafter, auf Schadensersatzansprüche gegen den Geschäftsführer außerhalb des § 43 III GmbHG zu verzichten. Daraus ergebe sich, daß eine Haftungsbegrenzung in entsprechendem Umfang möglich ist[368]. Dagegen wird zu Recht eingewandt, die Gesellschafter seien bei einem nachträglichen Verzicht auf etwaige Schadensersatzansprüche bereits in der Lage, den gesamten Sachverhalt zu beurteilen. Bei einer Vereinbarung im voraus könnten die eventuell daraus erwachsenden Folgen kaum abgeschätzt werden[369].

Der Hinweis auf den Verzicht läßt sich jedoch nutzbringend konkretisieren, wenn der Blick auf die ebenfalls mögliche Generalbereinigung gelenkt wird. Im Wege einer derartigen Generalbereinigung können die Gesellschafter nicht nur auf bekannte, sondern auch auf unbekannte Ansprüche verzichten[370]. Dabei ist es unerheblich, welche Dimensionen derartige Ansprüche haben. Selbst wenn es sich um einen Schadensersatzbetrag handelt, dessen Erstattung für die Gesellschaft existentielle Bedeutung hat, entfällt mit der Generalbereinigung die Möglichkeit einer Inanspruchnahme des Geschäftsführers. Ausnahmen bestehen lediglich im Rahmen der Ansprüche aus § 43 III GmbHG, auf die das Unternehmen nicht verzichten kann, sofern sie für die Befriedigung der Gläubiger er-

---

366 *Schneider*, FS Werner, S. 795, 811f.; *Scholz/Schneider*, § 43 Rz. 185.

367 *Haas*, Geschäftsführerhaftung, S. 297 führt überdies an, durch eine Weisung fände letztlich eine Verhaltenssteuerung statt, die mit der des § 43 I GmbHG vergleichbar sei. Bei der Weisung werde lediglich ein inhaltliches Element der Verhaltenssteuerung durch ein anderes ersetzt. Dieses neue Element bilde zumindest in seinem Leitbild durch die Angst vor Übervorteilung und Mißgunst eine Garantie für die Richtigkeit der von der Gesellschafterversammlung beschlossenen Maßnahmen. Daher setzte sich die Verhaltenssteuerung im „sozialen Rollenverhalten, d.h. in der interessenausgleichenden Mehrheitsbildung der Gesellschafter in veränderter Gestalt fort".

368 So insbesondere: *Fleck*, GmbHR 1974, 224, 229; *Kion*, BB 1984, 864, 867, der darüber hinaus betont, daß es möglich sei, durch Einschränkung und Ausdehnung der Pflichten im Wege von Gesellschafterbeschlüssen oder im Gesellschafts- und Anstellungsvertrag die Haftung zu beeinflussen. Daher könnten auch gegen eine Haftungsvereinbarung keine Bedenken erhoben werden.

369 So auch *Rowedder/Koppensteiner*, § 43 Rz. 4, der ausführt, ein derartiger Verzicht habe eine andere Qualität als eine Haftungsmilderung im voraus. Ebenso *Heisse*, Beschränkung, S. 115.

370 BGH, GmbHR 1975, 182f.; *Hachenburg/Hüffer*, § 47 Rz. 72; *Scholz/Schmidt*, § 46 Rz. 105; *Ebenroth/Lange*, GmbHR 1992, 69, 76.

forderlich sind[371]. Mit der Möglichkeit einer Generalbereinigung kann sich die Gesellschaft somit Ansprüchen begeben, deren Existenz, Tragweite, Bedeutung und vor allem Umfang ihr vollkommen fremd sind. Diese Möglichkeit ist durchaus mit dem Fall zu vergleichen, in dem die Gesellschaft im voraus durch eine vertragliche Verschuldensbegrenzung die Haftung beschränkt bzw. ausschließt. Auch in diesem Fall geht die Gesellschaft Ansprüchen verlustig, deren Existenz, Tragweite, Umfang und Bedeutung ihr unbekannt sind. Gleichwohl läßt sich daraus noch nicht schließen, eine Begrenzung des Verschuldensmaßstabs sei in allen Fällen möglich, in denen die Gesellschaft eine Generalbereinigung vereinbaren kann. Selbst bei unbekannten Ansprüchen wird verlangt, daß der Verzichtende sich der Möglichkeit des Rechts bewußt sein muß, auf das er verzichtet[372]. Daran fehlt es notwendigerweise, wenn die Gesellschafter eine generelle Haftungsminderung vereinbaren, da ihnen die Maßnahmen, die der Geschäftsführer vornehmen wird, nicht im voraus bekannt sind und daher kein Bewußtsein über mögliche Rechte bzw. Ansprüche entstehen kann. Eine andere Beurteilung rechtfertigt sich jedoch im Rahmen von Weisungen. Wenn die Gesellschafter den Geschäftsführer zur Vornahme einer bestimmten Handlung anweisen, ist ihnen notwendigerweise bewußt, daß der Geschäftsführer sich mit der Ausführung einer konkreten, von ihnen im voraus festgesetzten Maßnahme beschäftigt. Soweit nun die Möglichkeit einer Herabsetzung des Verschuldensmaßstabs bei einer Haftung aus § 43 II GmbHG nur im Rahmen von Weisungen der Gesellschafter zugelassen wird, kann der Gläubigerschutz im Grund nicht stärker beeinträchtigt werden als bei einer Generalbereinigung, unabhängig davon, wie stark dieser im Einzelnen ausgeprägt ist. Das hinsichtlich eines Verzichts auf unbekannte Ansprüche erforderliche Bewußtsein möglicher Ansprüche ergibt sich aus der Beschränkung auf Maßnahmen in Ausführung einer Weisung. Dabei handelt es sich um einen sachlich abgegrenzten Bereich, da den Gesellschaftern notwendigerweise bewußt sein muß, daß es in diesem Rahmen zu Schäden für die Gesellschaft kommen kann. In beiden Fällen werden Ansprüche betroffen, die der Gesellschaft unbekannt sind. Zwar erfolgt die Verschuldensbegrenzung bevor der Geschäftsführer überhaupt tätig wurde und die Generalbereinigung erst im Anschluß daran. Die damit einhergehende genauere Kenntnis der Unternehmenssituation hat jedoch rechtlich keinerlei Einfluß auf den Verzicht völlig unbekannter Ansprüche. Es ist ohne weiteres möglich, daß die Gesellschaft auf Ansprüche verzichtet, deren Geltendmachung das Unternehmen zur Vermeidung einer Insolvenz benötigt hätte, zu diesem Zeitpunkt jedoch darüber keine Kenntnisse vorlagen. Dem Einwand, daß in diesem Fall ein qualitativer Unterschied besteht, der den Gläubigerschutz in stärkerem Maße beeinträchtigt, lassen sich die unterschiedlichen Grenzen von Generalbereinigung und Verschuldensbeschränkung entgegenhalten. Diese werden im gesellschaftsrechtlichen Bereich lediglich durch § 43 III 1, 2 GmbHG festgelegt und greifen nur ein, wenn der Anspruch zur Befriedigung der Gläubiger erforderlich ist. Im Rahmen der Verschuldensbegrenzung im voraus wurde der Bereich des § 43 III GmbHG hingegen gänzlich ausgenommen[373]. Auf diesem Wege werden

---

371 Dazu genauer unten S. 240f.

372 RGZ 148, 257, 264; *Münchener Kommentar/von Feldmann*, § 397 Rz. 2; *Soergel/Zeiss*, § 397 Rz. 5.

373 Dazu oben S. 131.

die Gläubiger im Bereich der Kapitalerhaltung umfassend und vor allem weitergehender geschützt als im Bereich einer nachträglichen Generalbereinigung. Aus diesen Gründen kann die Funktion der Haftung den Gesellschaftern nicht verwehren, eine Begrenzung des Verschuldensmaßstabs zumindest im Rahmen von Weisungen vorzunehmen.

Mit dieser Differenzierung läßt sich schließlich eine Haftungsmilderung auf die Konstellationen reduzieren, in denen der Geschäftsführer besonders schutzwürdig ist. Soweit er aufgrund einer freien Willensentscheidung in der Lage ist, die rechtliche und wirtschaftliche Bedeutung seines Handelns zu beurteilen, handelt es sich um die wirtschaftliche Normalsituation. In diesem Rahmen ist er grundsätzlich in der Lage, von den sich ihm bietenden Handlungsalternativen die rechtlich bedenkenlose zu wählen. Dabei steht ihm im übrigen bei unternehmerischen Entscheidungen ein ausgedehnter Ermessensspielraum zu[374], der eine zusätzliche Pufferzone bildet. Anders gestaltet sich seine Situation hingegen, wenn er lediglich zur Durchführung bereits entschiedener Maßnahmen angewiesen und ihm damit weite Teile seiner eigenverantwortlichen Entscheidungskompetenz entzogen werden. In diesem Fall hat der Geschäftsführer ein vitales Interesse daran, die Einbuße an Entscheidungsfreiheit mit einem reduzierten Maß an Haftungsrisiko zu kompensieren.

Als Ergebnis ist somit zu konstatieren, daß der Verschuldensmaßstab von § 43 II GmbHG im Rahmen von Weisungsbeschlüssen vertraglich beschränkt werden kann.

III. Zulässiger Verschuldensmaßstab

1. Kein Ausschluß für Vorsatz

Der Maßstab des Verschuldens läßt sich jedoch nicht beliebig herabsetzen. Gemäß § 276 II BGB scheidet ein Haftungsausschluß im voraus für vorsätzliches Handeln per se aus.

2. Problem eines Ausschlusses für grobe Fahrlässigkeit

Fraglich ist, ob dies gleichsam für grobe Fahrlässigkeit gilt[375]. Sofern dem Geschäftsführer eine Haftungsbeschränkung in diesem Bereich eingeräumt werden kann, läßt sich die Haftung für eine besonders schwerwiegende Außerachtlassung der im Verkehr erforderlichen Sorgfalt ausschließen. Damit bestünde die Gefahr, daß der Geschäftsführer nicht mehr zu einem Mindestmaß an Sorgfalt angehalten wird, das zur Führung des Unternehmens erforderlich ist. Vielmehr

---

374 Dabei sollte in Erinnerung gerufen werden, daß auch riskante Geschäfte nicht von vornherein als pflichtwidrig angesehen werden, sondern erst, wenn sich die Maßnahmen nicht mehr im Bereich nachvollziehbarer Entscheidungsfindung bewegen. Dazu BGHZ 69, 207, 213; BGH, WM 1981, 440, 441; *Kölner Kommentar/Mertens*, § 93 Rz. 48; *v. Gerkan*, ZHR 154 (1990), 39, 55f.

375 *Köhl*, DB 1996, 2597, 2598; *Fleck*, GmbHR 1974, 224, 229 und *Kion*, BB 1984, 864, 867 halten die Grenze des § 276 II BGB für ausreichend.

könnte durch diese Sicherheit eine Form von Nachlässigkeit hervorgerufen werden, die den Bestand des Unternehmens gefährden würde.

Daher ist es möglich, daß der Minderheitenschutz in der GmbH eine Ausnahme für grobe Fahrlässigkeit verlangt. Ein derartiger Schutz ist jedoch nur dann bedeutsam, wenn die Minderheit überhaupt beeinträchtigt werden kann. Davon wäre nicht auszugehen, wenn eine Haftungsbeschränkung für grobe Fahrlässigkeit nur aufgrund einer einstimmigen Entscheidung der Gesellschafter vereinbar ist. In diesem Fall hätten es die Minderheitsgesellschafter selbst in der Hand, durch ihr Veto eine entsprechende Haftungsbeschränkung zu verhindern. Sollte es jedoch möglich sein, gegen die Stimmen der Gesellschafterminderheit einen Ausschluß der Haftung für grobe Fahrlässigkeit zu vereinbaren, wäre die Gesellschaftermehrheit in der Lage, einen Geschäftsführer derart mit Haftungsprivilegien zu versorgen, daß sie durch zielgerichtete Einflußnahmen aufgrund von Weisungen den Geschäftsführer dazu verleitet, die erforderliche Sorgfalt in schwerwiegendem Ausmaß vermissen zu lassen. Damit könnte das Unternehmen auf Kosten der Minderheitsgesellschafter besonders geschädigt werden.

Die Frage ist mithin, ob der Minderheitenschutz durch einstimmige Beschlußfassung oder durch ein Verbot der Haftungsmilderung für grobe Fahrlässigkeit gewährleistet wird. Dabei wird sich die Antwort maßgeblich aus der Bedeutung der sich gegenüberstehenden Interessensphären ergeben. Neben dem Minderheitenschutz und der Vertragsfreiheit zur Vereinbarung einer Verschuldensbegrenzung handelt es sich um das Mehrheitsprinzip, welches zu einem der Grundpfeiler des GmbH-Rechts zählt.

Die Willensbildung in der GmbH erfolgt gemäß § 47 II GmbHG grundsätzlich mit einfacher Mehrheit der abgegebenen Stimmen. In bestimmten, hauptsächlich gesetzlich vorgesehenen Fällen ist eine qualifizierte Mehrheit erforderlich[376]. Die Zustimmung sämtlicher Gesellschafter ist vom Gesetz hingegen überhaupt nicht vorgesehen. Gleichwohl wird sie nach umstrittener, jedoch herrschender Ansicht in zwei außergewöhnlichen Situationen verlangt, die überaus drastisch in die rechtlichen und mitgliedschaftlichen Grundpositionen aller Gesellschafter eingreifen: zum einen bei einer Änderung des Gesellschaftszwecks[377] und zum anderen bei Beherrschungs- und/oder Gewinnabführungsverträgen[378]. Bei einer Änderung des Gesellschaftszwecks wird das unter

[376] Dazu zählen insbesondere die Satzungsänderung gemäß § 53 II GmbHG, Auflösung gemäß § 60 I Nr. 2, Formwechsel gemäß §§ 193 I , 240 UmwG ,Verschmelzung gemäß §§ 13 I, 50 I UmwG, Aufspaltung gemäß 125 I, 50 I GmbHG, Vermögensübertragung gemäß §§ 176 I, 13 I, 50 I UmwG.

[377] *Müller/Erzbach*, Mitgliedschaft, S. 58ff.; *Baumbach/Hueck/Zöllner*, § 53 Rz. 14; *Lutter/Hommelhoff*, § 53 Rz. 21; *Roth/Altmeppen*, § 53 Rz. 30; a.A. *Wiedemann*, Gesellschaftsrecht I, S. 156f.

[378] Obgleich der BGH in BGHZ 105, 324, 332 diese Frage bisher offengelassen hat, scheint die Tendenz zumindest in diese Richtung zu weisen. Die herrschende Auffassung im Schrifttum verlangt hingegen explizit Einstimmigkeit, vgl. nur *Hachenburg/Ulmer*, § 53 Rz. 145; *Baumbach/Hueck/Zöllner*, GmbH-KonzernR, Rz. 39; *Schilling*, ZHR 140 (1976), 528, 535; *Fleck*, ZGR 1988, 104, 134; *Timm*, GmbHR 1989, 11,14; *ders.*, GmbHR 1992, 213, 215; *Ebenroth/Müller*, BB 1991, 358, 359; *Priester*, ZGR-Sonderheft Nr. 6, S. 151, 162; *Ulmer*, BB 1989, 10, 14; *Kleindiek*, ZIP 1988, 613, 616;

den Gesellschaftern gemeinsam vereinbarte Ziel zur Realisierung des Unternehmensgegenstands modifiziert und damit auch die Natur der Mitgliedschaft verändert[379]. Sofern Unternehmensverträge abgeschlossen werden, büßen die Gesellschafter ihren herrschenden Einfluß auf die GmbH und/oder ihre Gewinnrechte ein[380]. Die Aufrechterhaltung des Mehrheitsprinzips muß daher dem Schutz der Minderheitsgesellschafter vor dem Verlust wesentlichster Rechte weichen. Vergleicht man diese Einbuße mit den Risiken einer Verschuldensbegrenzung bei grober Fahrlässigkeit so wird ein signifikanter Qualitätsunterschied deutlich. Das Risiko einer Verletzung von Minderheitsschutzrechten liegt durchaus vor und kann bei einer Verletzung auch schwerwiegende Folgen auslösen. Jedoch geht es dabei lediglich um den Verlust bestimmter Ersatzmöglichkeiten, nicht um eine strukturelle Umgestaltung des Unternehmens mit tiefgreifenden Einschnitten in die Mitgliedschaftsrechte. Als Gegenmittel scheidet eine einstimmige Beschlußfassung aufgrund der höheren Bedeutung des Mehrheitsprinzips mithin aus. Der Minderheitenschutz muß daher an der Möglichkeit einer Beschränkung des Verschuldens generell ansetzen. In dieser Hinsicht sind allerdings keine grundlegenden Prinzipien des GmbH-Rechts zu überwinden. Vielmehr ist die Haftungsbegrenzung eine individuelle Maßnahme, die in den Haftungstatbestand des § 43 II GmbHG eingreift. Dieser Vereinbarung generelle Grenzen zu setzen, würde lediglich in die Dispositions- bzw. Vertragsfreiheit der Gesellschaft und des Geschäftsführers eingreifen. Setzt man diese in Verhältnis zum Minderheitenschutz, muß man zu einem anderen Ergebnis als im Rahmen der Mehrheitserfordernisse gelangen. Dem Schutz der Minderheitsgesellschafter ist gegenüber der Vertragsfreiheit Vorrang einzuräumen. Der Gesellschafterschutz hat in dieser Abwägung als ein im GmbH-Recht geltendes Prinzip höhere Bedeutung als die Vertragsfreiheit als allgemeine privatrechtliche Maxime, die sich im Rahmen des GmbH-Rechts deren speziellen Schutzgütern beugen muß.

Aus diesem Grund scheidet zum Schutz der Minderheitsgesellschafter, die im Wege des Mehrheitsprinzips überstimmt werden können, eine Verschuldensbegrenzung für grobe Fahrlässigkeit aus. Welche genauen Mehrheitserfordernisse einzuhalten sind, bleibt aus systematischen Gründen einer späteren Erörterung im Rahmen der formellen Anforderungen vorbehalten[381].

Anders gestaltet sich die Rechtslage hingegen in der Einmann-GmbH, da es keine Minderheitsgesellschafter gibt. In diesem Rahmen könnte der Alleingesellschafter ohne Rücksicht auf derartige Belange auch die Haftung für grobe Fahrlässigkeit ausschließen, es sei denn, der Gläubigerschutz erfordert einen Ausschluß für grobe Fahrlässigkeit. Dabei ist jedoch anzumerken, daß es sich lediglich um einen reflexartigen Schutz handelt. Überdies ist auch innerhalb eines Verzichts bzw. einer Generalbereinigung ein Anspruchsverlust für grob

---

a.A. *Lutter/Hommelhoff*, Anh. § 13 Rz. 44; *Rowedder/Koppensteiner*, § 53 Rz. 29; *Richter/Stengel*, DB 1993, 1861ff.

379 Vgl. *Lutter/Hommelhoff*, § 53 Rz. 21; *Scholz/Priester*, § 53 Rz. 183.

380 Dazu allg. *Baumbach/Hueck/Zöllner*, GmbH-KonzernR, Rz. 36ff.

381 Dazu unten S. 154ff.

fahrlässige Pflichtverletzungen möglich[382]. Daher kann der Gläubigerschutz in der Einmann-GmbH keine ausschlaggebende Bedeutung erlangen. Dadurch ist es möglich in einer GmbH mit nur einem Gesellschafter eine Vereinbarung zu treffen, die eine Haftung selbst für grobe Fahrlässigkeit ausschließt.

IV. Formelle Anforderungen an die Vereinbarung einer Verschuldensbegrenzung

1. Zuständigkeit

Die Zuständigkeit für eine Verschuldensbegrenzung liegt in den Händen der Gesellschafterversammlung[383]. Ist sie für Beschränkungen der Haftung nach deren Entstehen gemäß § 46 Nr. 8 GmbHG zuständig, so fallen Beschränkungen im voraus erst recht in ihren Kompetenzbereich[384].

2. Regelungscharakter

a) Problem einer Satzungsregelung als notwendige Regelungsgrundlage

Soweit eine Begrenzung des Verschuldens für zulässig gehalten wird, herrscht im Schrifttum Streit über deren formelle Ausgestaltung. Die angebotenen Lösungen reichen von einer Regelung, die nur in der Satzung getroffen werden kann[385], über die Alternative eines einfachen Gesellschafterbeschlusses[386], der Regelung in einer Geschäftsordnung bis hin zu einer Vereinbarung im Anstellungsvertrag[387]. Auffällig ist dabei, daß vielfach keine oder zumindest keine ausreichende Begründung für die Wahl der formellen Voraussetzungen gegeben wird.

---

382 Grenzen ergeben sich lediglich aus §§ 43 III 2, 57 IV i.V.m. § 9b GmbHG.

383 Obgleich die Übertragung des Weisungsrechts nicht Gegenstand dieser Arbeit ist, so sei dennoch angemerkt, daß im Fall einer derartigen Weisung die Zuständigkeit für Haftungsbegrenzungen ohne spezielle Regelung bei der Gesellschafterversammlung bleiben muß, da mit der Übertragung des Weisungsrechts nicht gleichzeitig die Dispositionsbefugnis über Schadensersatzansprüche mit übertragen wird.

384 *Schneider*, FS Werner, S. 795, 814; *Meyer-Landrut/Miller/Niehus*, § 43 Rz. 21; *Heisse*, Beschränkung, S. 134; *Klumpp*, Haftung, S. 50.

385 *Baumbach/Hueck/Zöllner*, § 43 Rz. 1d; *Rowedder/Koppensteiner*, § 43 Rz. 4; *Merkt*, ZHR 159 (1995), 423, 431, 452.

386 *Heisse*, Beschränkung, S. 137; *Roth/Altmeppen*, § 43 Rz. 50 hält eine Regelung in der Satzung und durch einstimmigen Gesellschafterbeschluß für zulässig.

387 *Scholz/Schneider*, § 43 Rz. 186; *Meyer-Landrut/Miller/Niehus*, § 43 Rz. 21; *Hachenburg/Mertens*, § 43 Rz. 5; *Konzen*, NJW 1989, 2977, 2984; *Schneider*, FS Werner, S. 795, 814; *Fleck*, GmbHR 1974, 224, 229; *Ossola-Haring*, Anstellungsvertrag, S. 14; *Romberg*, Absicherungsmöglichkeiten, Teil 4/4.14.2; *Klumpp*, Haftung, S. 51f. halten eine Regelung im Wege sämtlicher angeführter Methoden für zulässig. Gleichwohl ist die Bedeutung dieser Meinung für den vorliegenden Fall wenig aussagekräftig, da sie eine Verschuldensbegrenzung lediglich außerhalb der tatsächlichen Geschäftsführungspflichten zuläßt und somit im Grunde keine gläubigerschützenden Gesichtspunkte berücksichtigen muß.

Im Hinblick auf die Notwendigkeit einer Satzungsregelung können nach der hier vertretenen Auffassung drei Begründungsansätze herangezogen werden. Zum ersten ist es denkbar, daß eine Aufnahme in den Gesellschaftsvertrag, als organisationsrechtliches Statut, zwingend ist, da mit der Haftungsvereinbarung auch ein organisationsrechtlicher Haftungstatbestand modifiziert wird. Zum zweiten könnte sich die Notwendigkeit aus einer Einzel- oder Gesamtanalogie zu anderen, eine Satzungsregelung erfordernden, Normen des GmbHG ergeben. Letztlich ist es denkbar, daß sich die Aufnahme in die Satzung schlicht aus der damit verbundenen Bedeutung für die betroffenen Rechtskreise ergibt.

aa) Notwendigkeit einer Satzungsregelung aus organisationsrechtlichen Gründen

Wie bereits ausgeführt, handelt es sich bei § 43 II, III GmbHG um einen organisationsrechtlichen Haftungstatbestand, weil er die Verletzung organschaftlicher Pflichten sanktioniert[388]. Da durch eine Verschuldensvereinbarung dieser Tatbestand modifiziert wird, könnte infolge der dogmatischen Verknüpfung *stets* eine Verankerung im Organisationsstatut erforderlich sein. Gleichwohl ist diese Schlußfolgerung nicht zwingend. Zum einen ist anerkannt, daß organschaftliche Pflichten des Geschäftsführers auch aufgrund eines reinen Gesellschafterbeschlusses modifiziert, respektive abgemildert werden können[389]. Auf diese Weise wird der Haftungstatbestand ebenfalls tangiert. Darüber hinaus weisen Gesellschafterbeschlüsse eine organisationsrechtliche Rechtsnatur auf[390], so daß in dieser Hinsicht ebenfalls eine entsprechende methodische Anknüpfung möglich ist.

bb) Notwendigkeit einer Satzungsregelung aus einem Analogieschluß

§ 3 I GmbHG enthält die allgemeine Vorschrift zum zwingenden Inhalt des Gesellschaftsvertrags. Überdies finden sich im GmbHG eine Vielzahl anderer Normen, die für bestimmte Regelungen die Aufnahme in die Satzung zwingend vorschreiben. Dabei handelt es sich um die §§ 5 IV, 15 V, 17 III, VI, 19 V, 26 I, 28 II, 29 III, 34 I, 37 I, 38 II, 1, 45 II, 52 I, 53 III, 60 I Nr. 2, II, 66 und 72 S. 2 GmbHG. Daraus könnte sich entweder im Zuge einer Einzel- oder Gesamtanalogie die Notwendigkeit einer Satzungsregelung ergeben.

(1) Einzelanalogie zu § 38 I GmbHG

Die einzige Norm, welche für eine Einzelanalogie überhaupt in Betracht kommen könnte, ist § 38 II GmbHG, der für eine Beschränkung der jederzeit möglichen Abberufung des Geschäftsführers auf wichtige Gründe die Aufnahme in die Satzung vorschreibt. Unabhängig vom Vorliegen einer planwidrigen Geset-

---

388 Vgl. *Scholz/Schneider*, § 43 Rz. 12 sowie oben S. 65f.

389 Dazu zählt beispielsweise das organschaftliche Wettbewerbsverbot, welches sich aus dem Verbot zur eigennützigen Ausnutzung der Organstellung ergibt, vgl. *Hachenburg/Mertens*, § 43 Rz. 42.

390 Dies ergibt sich bereits aus ihrem Wesen als Ergebnis der Willensbildung bei Gesellschafterversammlungen als Beschlußorgan einer GmbH.

zeslücke entsprechen sich die Interessenlagen allerdings nicht. Zwar handelt es sich in beiden Fällen um die Modifikation organisationsrechtlicher Aspekte, sie weisen indes unterschiedliche rechtliche Qualitäten und Zwecksetzungen auf. Die jederzeitige Abberufungsmöglichkeit ist Ausdruck der Machtvollkommenheit der Gesellschafter in der GmbH[391] und entspricht dem Prinzip, daß die Anteilseigner als „Herren der Gesellschaft" anzusehen sind[392]. Diese tragende Säule des GmbH-Rechts soll nach der Vorstellung des Gesetzgebers lediglich durch Gesetz[393] oder eine den strengen Voraussetzungen des § 53 GmbHG unterliegenden Satzungsbestimmung modifiziert werden. Der Haftungstatbestand des § 43 II GmbHG sichert dagegen die Gesellschaft gegen Pflichtverletzungen des Geschäftsführers. Dessen Stellenwert wird im Vergleich zur Bedeutung der freien Abberufbarkeit jedoch dadurch relativiert, daß im Zuge einer Entlastung, eines Verzichts oder Vergleichs die Disponibilität des Anspruchs den Gesellschaftern bereits im Wege eines Gesellschafterbeschlusses zugestanden wird[394]. Eine Analogie scheidet daher aus.

(2) Gesamtanalogie zu den §§ 5 IV, 15 V, 17 III, VI, 19 V, 26 I, 28 II, 29 III, 34 I, 37 I, 38 II 1, 45 II, 52 I, 53 III, 60 I Nr. 2, II, 66 und 72 S. 2 GmbHG

Aus einer Gesamtanalogie zu den genannten Normen läßt sich ein Mehrheitserfordernis ebenfalls nicht herleiten. Das Prinzip der Gesamtanalogie besteht darin, aus einer Reihe gesetzlicher Normen, die auf unterschiedlichen Tatbeständen beruhen, jedoch dieselbe Rechtsfolge vorsehen, die ratio legis herauszuarbeiten und auf deren Grundlage einen allgemeinen Rechtsgrundsatz abzuleiten[395]. Den in Rede stehenden Bestimmungen ist hingegen kein übergeordneter, allgemein gültiger Rechtsgrundsatz aller oder zumindest eines abgrenzbaren Teils der Bestimmungen zu entnehmen. Die Regelungen von §§ 5 IV bis § 34 I sowie §§ 45 II, 52 II GmbHG betreffen dabei die Errichtung der Gesellschaft, die Rechtsverhältnisse der GmbH und Gesellschafter sowie die allgemeinen Rechte der Gesellschafter und eines etwaigen Aufsichtsrats, wohingegen die §§ 53 bis § 72 S. 2 sich mit den Abänderungen des Gesellschaftsvertrags und der Auflösung der GmbH beschäftigen. Rückschlüsse auf die Erforderlichkeit einer Satzungsbestimmung für eine Verschuldensmilderung im Rahmen des § 43 II GmbHG lassen sich daraus nicht herleiten. Einzig die Regelungen der §§ 37 I und 38 II GmbHG beschäftigen sich überhaupt mit dem Geschäftsführer. Ihre Regelungsgegenstände sind mit der Beschränkung der Geschäftsführungsbefugnis und der freien Abberufbarkeit allerdings derart un-

391 Vgl. auch *Baumbach/Hueck/Zöllner*, § 38 Rz. 2; *Lutter/Hommelhoff*, § 38 Rz. 2.

392 *Rowedder/Koppensteiner*, § 38 Rz. 2.

393 Als eine gesetzliche Ausnahme sei die nur aus wichtigem Grund zulässige Abberufung des Geschäftsführers in der mitbestimmten GmbH gemäß § 31 MitbestG genannt, vgl. dazu *Fitting/Wlotzke/Wißmann*, § 31 Rz. 25; *Immenga*, ZGR 1977, 249, 257; *Zöllner*, ZGR 1977, 319, 323.

394 Sämtlichen Rechtsinstituten ist gemein, daß sie ohne Eintragung in die Satzungsregelung zum Erlöschen des Anspruchs führen, vgl. zum Verzicht und Vergleich *Scholz/Schneider*, § 43 Rz. 187f. sowie unten S. 233ff. und zur Entlastung *Hachenburg/Hüffer*, § 46 Rz. 59 sowie unten S. 240ff.

395 Vgl. zur ratio legis bei der Gesamtanalogie *Larenz/Canaris*, Methodenlehre, S. 204ff.; *Bydlinsky*, Methodenlehre, S. 478f.; *Sauer*, Methodenlehre, S. 312f.

terschiedlich, daß sich auch daraus kein Ertrag für die in Rede stehende Frage einer Haftungsbeschränkung ergibt.

cc) Notwendigkeit einer Satzungsregelung aufgrund ihrer Bedeutung für die betroffenen Rechtskreise

Daher verbleibt der Ansatz der allgemeinen Bedeutung einer Satzungsregelung. Die Aufnahme in den Gesellschaftsvertrag hat verschiedene Konsequenzen, die jeweils für Gesellschafter und Gläubiger von großem Nutzen sein können.

(1) Notwendigkeit aufgrund ihrer Bedeutung für die Gesellschafter

(a) Konsequenzen und Bedeutung für die Gesellschafter

Sofern es sich um korporative Satzungsbestandteile handelte[396], wäre für den Beschluß über die Haftungsvereinbarung gemäß § 53 II 2 GmbHG qualifizierte Mehrheit erforderlich. Damit würde die Gesellschafterminderheit zumindest in gewissem Umfang geschützt. Ferner ist der Beschluß in diesem Fall gemäß § 53 II 1 1. Hs. notariell zu beurkunden. Dabei ist zu berücksichtigen, daß die Verschuldensbegrenzung einen wesentlichen Einschnitt in das Haftungssystem der GmbH darstellt. Die Gesellschaft reduziert die im Fall eines durch den Geschäftsführer zugefügten Schadens bestehenden Kompensationsmöglichkeiten. Diese Maßnahme bedarf reiflicher Überlegung und erfordert die Einbeziehung und Abwägung sämtlicher Interessen. Durch die Mitwirkung des Notars und die erhöhten formellen Anforderungen würden die Gesellschafter auf die Bedeutsamkeit der Maßnahme hingewiesen und vor unbedachten Schritten bewahrt[397].

(b) Keine Erforderlichkeit der Satzungsregelung für die Gesellschafter

Fraglich ist mithin, ob dieser Nutzen für die Gesellschafter unentbehrlich ist, so daß es einer Satzungsregelung bedarf. Die Erfordernisse und der Nutzen einer qualifizierten Mehrheit sowie der notariellen Beurkundung für eine Satzungsregelung sind jedoch kaum als zwingende Gründe einzuordnen. Zunächst würde dies lediglich auf Satzungsbestimmungen zutreffen, die als korporativ, d.h. mitgliedschaftlich eingestuft werden können[398]. Dabei handelte es sich ausnahmslos um Haftungsvereinbarungen zugunsten von Gesellschaftergeschäftsführern,

---

396 Diese werden zum Teil auch echte, BGHZ 38, 155, 161; BGH, ZIP 1981, 1205, 1206 oder körperschaftsrechtliche Satzungsbestandteile genannt, BGHZ 123, 347; vgl. auch *Rowedder/Koppensteiner*, § 53 Rz. 6ff.

397 Die Bedeutung der notariellen Beurkundung ist nicht unumstritten. Problematisch ist insbesondere die Frage, ob neben dem Warn- und Beweiszweck der Beurkundung im Rahmen des § 53 GmbHG i.V.m. §§ 36, 37 BeurkG auch die nach § 17 BeurkG geltende Prüfungs- und Belehrungspflicht Platz greift; ablehnend: BGHZ 80, 76, 79; zustimmend: *Lerch*, DB 1992, 670ff.; *Heckschen*, DB 1990, 161ff.; *Schervier*, NJW 1992, 593ff., die sich der Frage im Rahmen der Zulässigkeit von Auslandsbeurkundungen annehmen.

398 Vgl. dazu auch unten S. 149ff.

da eine mitgliedschaftliche Zuordnung bei Fremdgeschäftsführern nicht möglich ist[399].

Im Hinblick auf die Mehrheitserfordernisse ist zusätzlich anzumerken, daß es auch ohne Satzungserfordernis dogmatisch möglich ist, eine anstellungsvertragliche oder durch Gesellschafterbeschluß vorgenommene Haftungsvereinbarung nur bei qualifizierter Mehrheit oder gar Einstimmigkeit zuzulassen. Neben einer Satzungsbestimmung ließe sich ein derartiges Erfordernis zumindest rein methodisch allein aus einer analogen Anwendung von § 53 II GmbHG herleiten. Somit können die Mehrheitserfordernisse keine zwingende Satzungsregelung erfordern.

Hinsichtlich der notariellen Beurkundung ist überdies festzustellen, daß der Schutz vor Übereilung und die Hinweise auf die Bedeutsamkeit der Maßnahme zwar wünschenswert sind, jedoch keine zwingende Notwendigkeit darstellen. Vielmehr ist den Gesellschaftern als Anteilseignern und vielfach Mitunternehmern zuzumuten, im eigenen Interesse eine abgewogene Entscheidung zu treffen. Daher ist eine Satzungsregelung aus Gründen des Gesellschafterschutzes nicht erforderlich.

(2) Notwendigkeit aufgrund ihrer Bedeutung für die Gläubiger

(a) Konsequenzen und Bedeutung für die Gläubiger

Unabhängig davon, ob die entsprechende Regelung korporativen Charakter hat oder nicht, würde die Verankerung der Haftungsvereinbarung in der Satzung zu einer erhöhten Transparenz führen. In den Gesellschaftsvertrag kann jedermann, ohne Nachweis eines besonderen Interesses gemäß § 9 HGB Einsicht nehmen[400], da er aufgrund § 8 I Nr. 1 GmbHG zu den Unterlagen zählt, die der Anmeldung des Unternehmens zur Eintragung ins Handelsregister beigefügt werden müssen. Sofern die Gläubiger beabsichtigen, einen Anspruch der Gesellschaft gegen den Geschäftsführer zu pfänden oder Einziehungsklage gegen den Geschäftsführer zu erheben, wird ihnen damit die Möglichkeit eingeräumt, einer Vielzahl von Risiken vorzubeugen. Sie wären damit in der Lage, sich über die Existenz einer derartigen Regelung zu informieren und würden in doppelter Hinsicht geschützt. Zum einen könnten die Gläubiger ihr Geschäftsgebaren gegenüber dem Unternehmen entsprechend ausrichten. Zum anderen wäre auf diesem Wege ein fruchtloser Pfändungsversuch oder gar eine Einziehungsklage gegen den Geschäftsführer bereits im Vorfeld vermeidbar. Zumindest wären Gläubiger in der Lage, die prozessualen Möglichkeiten gegen den Geschäftsführer im Fall einer Pfändung und Überweisung des Schadensersatzanspruchs

399 *Rowedder/Koppensteiner*, § 53 Rz. 7ff.; *Hachenburg/Ulmer*, § 53 Rz. 21.

400 Das Einsichtsrecht ist nach allgemeiner Ansicht weit auszulegen und umfaßt Schriftstücke wie Anmeldungen, beigefügte Schriftstücke, Gesellschaftsverträge, Listen der Gesellschafter nach § 40 GmbHG, Unternehmensverträge, Jahresabschlüsse u.a., vgl. *Baumbach/Hopt*, HGB, § 9 Rz. 1f.; *Staub/Hüffer*, HGB, § 9 Rz. 4; *Heymann/Sonnenschein/Weitemeyer*, HGB, § 9 Rz. 4; *Münchener Kommentar zum HGB/Bokelmann*, § 9 Rz. 3.

realistischer einzuschätzen, ohne auf Informationen von der Gesellschaft oder dem Geschäftsführer selbst angewiesen zu sein. Dies könnte im Einzelfall hohe Kosten sparen. Denkbar ist, daß die Gesellschaft und der Geschäftsführer beabsichtigen, die Gläubiger durch Zurückhaltung von Informationen zu schädigen. Sofern ein Gläubiger der Auffassung ist, er könne einen gepfändeten und ihm überwiesenen Anspruch[401] der Gesellschaft gegen den Geschäftsführer durchsetzen, obwohl aufgrund der wirksamen Haftungsvereinbarung bereits feststeht, daß es an einem Anspruch fehlt, wäre der Geschäftsführer in der Lage, sich auf den Prozeß einzulassen und dem Gläubiger zumindest einen Schaden in Höhe der Prozeßkosten zuzufügen, von Zeit und Arbeitsaufwand einmal abgesehen. Die vom Geschäftsführer gemäß § 840 I Nr. 1 ZPO abzugebende Drittschuldnererklärung verpflichtet ihn lediglich anzugeben, ob und inwieweit er die Forderung als begründet anerkennt und Zahlung zu leisten bereit ist. Gründe für die Ablehnung eines solchen Anerkenntnisses muß er nicht angeben. Ebensowenig ist der Geschäftsführer verpflichtet, Aufschluß über Einzelfragen wie Einreden, Fälligkeit, Bedingungen oder sonstige konkrete anspruchsrelevante Tatsachen zu geben[402]. Das dadurch entstehende Risiko ist mithin nicht nur theoretischer Natur[403].

(b) Keine Erforderlichkeit der Satzungsregelung für die Gläubiger

Der mögliche Nutzen einer Satzungsregelung für die Gläubiger ist damit offensichtlich. Gleichwohl reicht er nicht aus, um eine zwingende Satzungsregelung zu begründen.

Zunächst kann der mögliche theoretische Nutzen aus praktischen Gründen bereits teilweise in Zweifel gezogen werden. Ob und in welchem Ausmaß Gläubiger tatsächlich ins Handelsregister Einblick nehmen, um danach ihren geschäftlichen Umgang mit der GmbH auszurichten, läßt sich nur vermuten. An einer fundierten Basis für die formellen Erfordernisse einer Haftungsvereinbarung fehlt es hingegen.

---

401 Bei einem Antrag auf Pfändung des Anspruchs gegen den Geschäftsführer ist lediglich die mögliche Forderung anzugeben. Dafür genügt es, daß sie der Gesellschaft aus irgendeinem vertretbaren Rechtsgrund zustehen kann. Gepfändet wird in diesem Fall die angebliche Forderung, vgl. *Zöller/Stöber*, ZPO, § 829 Rz. 4; *Stein/Jonas/Brehm*, ZPO, § 829 Rz. 37. Eine mögliche Haftungsbegrenzung, die eine Entstehung des Anspruchs hindern könnte, spielt im Rahmen der Pfändung und Überweisung daher keine Rolle. Sollte sie dem Gläubiger unbekannt sein, wird sie im Extremfall erst bei einer Einziehungsklage gegen den Geschäftsführer relevant.

402 OLG München, NJW 1975, 174, 175; *Thomas/Putzo*, ZPO, § 840 Rz. 5; *Baumbach/Lauterbach/Hartmann*, ZPO, § 840 Rz. 9; *Zöller/Stöber*, ZPO, Rz. 5; *Stöber*, Forderungspfändung, S. 322, der betont, daß Sinn und Zweck des § 840 ZPO nicht darin liege, dem Gläubiger sämtliche für die Durchsetzung des Anspruchs bzw. dessen Vorbereitung erforderlichen Angaben zugänglich zu machen.

403 Dieses Risiko läßt sich auch nicht über eine Anwendung von § 826 BGB eindämmen, dessen Eingreifen bei kollusivem Zusammenwirken von Gesellschaft und Geschäftsführer denkbar ist. Zunächst sind daran hohe Anforderungen zu stellen, vgl. *Münchener Kommentar/Mertens*, § 826 Rz. 40ff. zur Feststellung der Sittenwidrigkeit sowie Rz. 121ff. zur Rechtsvereitelung. Darüber hinaus wird der durch die Gläubiger zu führende Nachweis in aller Regel nur schwer zu erbringen sein, da sie kaum Zugang zu den Vereinbarungen zwischen Gesellschaft und Geschäftsführer erhalten werden.

Im Hinblick auf die Beurteilung prozessualer Möglichkeiten gegen den Geschäftsführer im Fall einer Pfändung und Überweisung des Schadensersatzanspruchs gegen die GmbH ist der Einblick in das Handelsregister weniger spekulativ. Die in diesem Fall regelmäßig eingeschalteten Rechtsberater werden aller Wahrscheinlichkeit nach die zur Verfügung stehenden Informationsmöglichkeiten nutzen. Dennoch begründet auch dieser Umstand keine zwingende Grundlage für eine Satzungsregelung, da die Gläubiger im Grund keiner, über das im konkreten Fall übliche Prozeßrisiko hinausgehenden Benachteiligung ausgesetzt sind. Zwar wird im Fall einer vertraglichen Begrenzung des Verschuldens bereits der gesetzliche Tatbestand modifiziert, wodurch die Gläubiger nicht lediglich einer jeden Klage wesensimmanenten Ungewißheiten tatsächlicher Art gegenüber stehen. Jedoch handelt es sich dabei um typische Risiken, mit denen jeder Gläubiger konfrontiert ist, der einen vermeintlichen Anspruch seines Schuldners gegen einen Dritten pfändet. Inwieweit der Schuldner bereits im Vorfeld mit dem Drittschuldner Vereinbarungen über den betreffenden Anspruch getroffen hat, die sich auch auf die gesetzlichen Tatbestandsmerkmale einer Haftungsnorm beziehen, kann der Gläubiger grundsätzlich nicht beurteilen.

Eine Privilegierung gegenüber einem „normalen Prozeßbeteiligten“ läßt sich dabei ebenfalls nicht rechtfertigen. Die Rechtsstellung der Gläubiger im Hinblick auf die Modifikation der Haftungsnorm wurde bereits eingehend erörtert. Der reflexartige Schutz der Gläubiger im gesamten Anwendungsbereich des § 43 II GmbHG kann im Rahmen von Haftungsvereinbarung bei Weisungsfällen keine über das beschrieben Maß hinaus gehende Bedeutung erlangen[404]. Da die Gesellschafter im Wege einer Generalbereinigung sowieso auf ihnen unbekannte Ansprüche verzichten können, deren Verlust ebenfalls nicht im Gesellschaftsvertrag eingetragen werden muß, kann für die Herabsetzung des Verschuldensmaßstabs nichts anderes gelten.

Aus diesen Gründen ist die Aufnahme der Verschuldensbeschränkung in die Satzung nicht erforderlich.

b) Problem einer zusätzlichen vertraglichen Regelung bei Vorliegen einer Satzungsbestimmung als Regelungsgrundlage

Sollte eine Haftungsvereinbarung jedoch dennoch in der Satzung verankert sein, stellt sich die Frage, ob diese ausreicht, um eine Bindungswirkung zwischen Gesellschaft und Geschäftsführer herzustellen oder ob es darüber hinaus einer zusätzlichen einzelvertraglichen Umsetzung bedarf. Teilweise wird sie grundsätzlich als ausreichend angesehen[405]. Überwiegend wird zur Beantwortung

404 Dazu oben S. 137ff.

405 So *Scholz/Schneider*, § 35 Rz. 153, der eine in der Satzungsregelung festgelegte Haftungsmilderung grundsätzlich auf jeden zu dieser Zeit bestellten Geschäftsführer anwenden will. Im Ergebnis wohl ebenso: *Baumbach/Hueck/Zöllner*, § 43 Rz. 1d.

dieser Frage auf die Rechtsnatur des Anstellungsverhältnisses[406] oder auf die allgemeine Rechtsnatur von Satzungsbestandteilen abgestellt[407] und daraus Rückschlüsse auf die Notwendigkeit zusätzlicher Vereinbarungen gezogen. Zur Erinnerung sei angemerkt, daß das Anstellungsverhältnis entweder rein mitgliedschaftlich in der Satzung oder im Rahmen eines Anstellungsvertrags geregelt werden kann[408]. Bei Satzungsbestandteilen kann es sich zum einen um sogenannte materielle, d.h. korporative Regelungen handeln, deren Aufnahme konstitutiven Charakter hat und die nur unter den strengen Anforderungen der §§ 53ff. GmbHG geändert werden dürfen[409]. Sie sind grundsätzlich an den Geschäftsanteil gebunden und treffen auch künftige Gesellschafter. Zum anderen kann es sich um formelle, nicht-korporative Regelungen handeln, die lediglich deklaratorisch wirken und auch außerhalb der Satzung durch Vereinbarungen zwischen den Gesellschaftern getroffen und abgeändert werden können. Sie beziehen sich nicht auf neu eintretende Gesellschafter und gehören nur faktisch, nicht rechtlich in die Satzung[410]. Die §§ 53ff. GmbHG finden nach allgemeiner Ansicht auf diese Änderungen keine Anwendung[411].

Nach der hier vertretenen Auffassung können diese Aspekte jedoch erst in zweiter Linie eine Rolle spielen. Entscheidend ist vielmehr, ob dem Geschäftsführer eine Satzungsregelung zugerechnet werden kann. Sofern sein Name explizit in der Satzung genannt wird, kann es letztlich keine Rolle spielen, ob es sich um eine materielle oder formelle Satzungsbestimmung bzw. ein rein mitgliedschaftliches Anstellungsverhältnis handelt. Die Gesellschafter haben mit der Regelung für eine individuell ausgewählte Person eine Haftungsregelung beschlossen, die auf einem Gesellschafterbeschluß beruht, der zu einem Zeitpunkt gefaßt wurde, als der Begünstigte bereits bekannt war. Eine Zuweisung über mitgliedschaftliche, sprich korporative Erwägungen, die für Fremdgeschäftsführer kaum möglich wäre, ist mithin entbehrlich. Selbst wer in diesem Fall eine zusätzliche vertragliche Vereinbarung für erforderlich hält, weil er der Auffassung ist, in der Satzung könnten keine originären Rechte Dritter geschaf-

406 *Heisse*, Beschränkung, S. 134ff. befürwortet eine unmittelbare Wirkung der Satzung nur im Fall einer rein mitgliedschaftlichen Tätigkeit des Geschäftsführers, sofern feststeht, daß die Klausel für ihn gelten soll. Bei einem Fremd- oder Gesellschaftergeschäftsführer mit Anstellungsvertrag sei eine zusätzliche Regelung in diesem erforderlich.

407 Dabei scheint eine Bindungswirkung offensichtlich nur bei Gesellschaftergeschäftsführern überhaupt möglich zu sein, da ein Satzungsbestandteil nur für sie korporativen Charakter haben kann; so im Ergebnis wohl: *Rowedder/Koppensteiner*, § 53 Rz. 7ff., 11; *Hachenburg/Ulmer*, § 53 Rz. 21.

408 Dazu näher *Scholz/Schneider*, § 35 Rz. 150ff.

409 Vgl. bereits oben S. 146f.

410 Diese werden im Gegenzug unechte, BGHZ 38, 155, 161 oder individualrechtliche Satzungsbestandteile genannt, *Baumbach/Hueck/Zöllner*, § 53 Rz. 5; § 2 Rz. 28; vgl. wiederum: *Rowedder/Koppensteiner*, § 53 Rz. 8, 13.

411 Vgl. dazu BGHZ 18, 205, 208; *Hachenburg/Ulmer*, § 53 Rz. 10, 27; *Scholz/Priester*, § 53 Rz. 8, 17; a.A. *Baumbach/Hueck/Zöllner*, § 53 Rz. 11a; *Roth/Altmeppen*, § 53 Rz. 5; *Bartl/Fichtelmann/Henkes/Schlarb/ Schulze*, § 53 Rz. 2 im Hinblick auf die Bestellung des Geschäftsführers in der Satzung.

fen werden[412], muß einer Inanspruchnahme des Geschäftsführers bei Pflichtverletzungen, die unter die Haftungsmilderungen fallen, eine Absage erteilen, da sie in jedem Fall rechtsmißbräuchlich wäre[413]. Dieses Problem wird sich in der Praxis jedoch selten stellen, da einer derartigen Verschuldensbegrenzung regelmäßig Absprachen zwischen Gesellschaftern und Geschäftsführer vorausgehen oder der Geschäftsführer bei der beschlußfassenden Gesellschafterversammlung anwesend ist. In diesem Fall wird man wohl von einer konkludenten vertraglichen Regelung ausgehen können. Selbst in der kaum vorstellbaren Konstellation, in der ein Geschäftsführer von der Regelung keine Kenntnis hat, wäre es konstruktiv noch denkbar, den Beschluß der Gesellschafter als unbefristet geltendes Angebot zum Abschluß einer vertraglichen Haftungsmilderung auszulegen, das der Geschäftsführer durch Berufung auf die Regelung im Konfliktfall annimmt. Eine derartige Zusatzvereinbarung wäre purer Formalismus und ist daher entbehrlich.

Sollte der Geschäftsführer nicht namentlich genannt werden, sondern die Satzung lediglich eine generelle Regelung zur Verschuldensbegrenzung von Geschäftsführern enthalten, ist fraglich, für wen die Regelung gilt. Erst in diesem Fall erlangt die Rechtsnatur der Satzungsregelung oder des Tätigkeitsverhältnisses Bedeutung.

Sofern es sich um einen Fremdgeschäftsführer handelt, kann eine Satzungsregelung mangels mitgliedschaftlicher Beziehungen zur Gesellschaft keinen korporativen Charakter haben[414]. Auch aus dem formellen Charakter einer derartigen Regelung lassen sich keine Rückschlüsse im Hinblick auf eine Zurechnung ziehen. Soweit die Regelung vor Amtsantritt beschlossen wurde, scheidet eine Zurechnung aus, da es kaum der Wille der Gesellschafter sein kann, einen eventuell bis dato unbekannten Geschäftsführer mit einer Haftungsbegrenzung zu privilegieren. Diese ist als Ausdruck eines besonderen Vertrauens oder einer besonderen Situation unmittelbar mit der Person des Geschäftsführers verbunden[415]. Sofern die Regelung während seiner Amtszeit eingeführt wird, ist es zwar denkbar, daß er als amtierender Geschäftsführer begünstigt werden sollte. Da er jedoch an der Beschlußfassung keinen Anteil hat, ist es ebenso möglich, daß die Regelung lediglich für Gesellschafter oder zukünftige Geschäftsführer gelten soll. Um derartigen Zweifeln vorzubeugen, muß die Verschuldensbegrenzung zusätzlich in einer vertraglichen Regelung enthalten sein, sei es im

---

412 So insbesondere *Ulmer*, FS Werner, S. 911, 927ff., 930, der betont, es handele sich bei Dritten lediglich um formelle Bestandteile der Satzung, die allenfalls eine bereits schuldrechtlich getroffene Abrede verlautbaren könnten.

413 Dieser Inanspruchnahme stünde in jedem Fall der Einwand unzulässiger Rechtsausübung gemäß § 242 BGB entgegen, da wohl kaum eine noch eindeutigere Vertrauensbasis für eine Haftungsmilderung geschaffen werden kann, vgl. *Münchener Kommentar/Roth*, § 242 Rz. 322ff.; *Jauernig/Vollkommer*, § 242 Rz. 48ff. zur Fallgruppe „widersprüchlichen Verhaltens".

414 *Rowedder/Koppensteiner*, § 53 Rz. 11; *Ulmer*, FS Werner, S. 911, 923ff., der jedoch generell die Begründung von Rechten Dritter in der Satzung ablehnt.

415 So auch *Heisse*, Beschränkung, S. 135f., der allerdings zu anderen Ergebnissen kommt, da er maßgeblich auf die Ausgestaltung der Geschäftsführertätigkeit als mitgliedschaftlich oder anstellungsvertraglich abstellt.

Anstellungsvertrag oder in einer Zusatzvereinbarung. Dabei reicht jedoch eine generelle Bezugnahme auf die Satzung aus, sofern der Geschäftsführer in Anwendung der §§ 133, 157 BGB von der Geltung ausgehen durfte[416].

Handelt es sich hingegen um einen Gesellschaftergeschäftsführer, kann eine generelle Regelung in der Satzung konstitutiv wirken, sofern die Regelung als korporativ eingestuft wird. Als korporativ sind Satzungsbestimmungen anzusehen, wenn der Parteiwille oder die Umstände des Einzelfalls eine derartige Auslegung zulassen[417]. Da eine Haftungsmilderung Ausdruck persönlichen Vertrauens ist, kann nicht davon ausgegangen werden, daß eine solche Regelung jeden amtierenden und zukünftigen Gesellschaftergeschäftsführer begünstigen soll. In einem derartigen Fall liegt somit eine formell, d.h. nicht konstitutiv wirkende Satzungsregelung vor[418]. Später eintretende Gesellschafter, die zu Geschäftsführern bestellt werden, müssen daher ebenso wie der nicht namentlich genannte Fremdgeschäftsführer eine Haftungsmilderung zusätzlich vereinbaren. Gleiches gilt für Gesellschafter, die erst nach Erlaß dieser Regelung zum Geschäftsführer bestellt werden, da ebenfalls nicht davon ausgegangen werden kann, die Gesellschafterversammlung spräche ihnen ein besonderes Vertrauen aus, ohne ihre fachlichen und sozialen Kompetenzen zu kennen. Dem zur Zeit des Beschlusses amtierenden Gesellschaftergeschäftsführer ist die Regelung hingegen zuzurechnen. Zunächst ist er Teil der beschlußfassenden Gesellschafterversammlung und wird das Haftungsprivileg naturgemäß für sich selbst in Anspruch nehmen wollen. Sofern er über die Stimmenmehrheit verfügt, wirkt sich dieser Wille unmittelbar auf das Abstimmungsergebnis aus. Daher ergibt sich bereits aus dem Parteiwillen die Geltung der Haftungsvereinbarung für den amtierenden Geschäftsführer. Sollte er Minderheitsgesellschafter sein, ist anzunehmen, daß er das Vertrauen der Anteilseigner genießt. Sofern er hingegen nicht das Vertrauen der übrigen Anteilseigner besitzt, wird er in der Regel abberufen, da ein derartiger Geschäftsführer kaum dem Wunsch der Gesellschafter entsprechen kann. Soweit sich diese gleichwohl dafür entscheiden, den Geschäftsführer trotz fehlenden Vertrauens weiterhin im Amt zu belassen, ist von einem Einzelfall bzw. einer Ausnahme auszugehen. In diesem Rahmen ist es den Gesellschaftern zuzumuten, einen Zusatz in die entsprechende Satzungsbestimmung aufzunehmen, aus dem sich die fehlende Anwendbarkeit auf den Gesellschaftergeschäftsführer ergibt. Dazu würde eine positive oder negative Formulierung ausreichen, aus der sich entweder ergibt, daß die Anwendung der Haftungsmilderung ausschließlich auf den namentlich genannten Geschäftsführer beschränkt wird oder auf einen anderen namentlich genannten Geschäftsführer keine Anwendung findet.

---

416 Dieses Zugeständnis macht auch *Heisse*, Beschränkung, S. 136.

417 BGHZ 38, 155, 161; BGH, ZIP 1993, 432, 433; *Scholz/Priester*, § 53 Rz. 15; *Hachenburg/Ulmer*, § 53 Rz. 12, 22; *Rowedder/Koppensteiner*, § 53 Rz. 9; *Priester*, DB 1979, 681, 682f. sowie jüngst *Grunewald*, ZGR 1995, 68, 85ff.

418 Dieses Ergebnis läßt sich auch dadurch bekräftigen, daß ähnliche Bestimmungen wie z.B. Pensions- und Gehaltsregelungen ebenfalls nicht als korporative Satzungsbestandteile gelten, vgl. BGHZ 18, 205, 208; *Rowedder/Koppensteiner*, § 53 Rz. 10.

c) Gesellschafterbeschluß als ausreichende Regelungsgrundlage

Vor dem Hintergrund der bisherigen Ausführungen ist eine Regelung durch Gesellschafterbeschluß als ausreichend anzusehen[419]. Da es sich um ein Mittel organisationsrechtlicher Willensbildung handelt, ist auch aus dogmatischen Gründen die Modifikation eines organsisationsrechtlichen Haftungstatbestands zulässig. Sofern damit jedoch eine korporative Satzungsbestimmung abgeändert werden soll[420], müssen die Voraussetzungen des § 53 GmbHG eingehalten werden. Fraglich ist allerdings, ob es unter bestimmten Umständen erforderlich ist, ebenso wie bei einer Satzungsbestimmung, eine zusätzliche vertragliche Vereinbarung zu treffen. Sollte aufgrund des Gesellschafterbeschlusses eine eindeutige namentliche Zuweisung möglich sein, ist eine zusätzliche vertragliche Vereinbarung keinesfalls notwendig[421]. Im Hinblick auf abstrakte Beschlüsse, die lediglich allgemein von Geschäftsführern ausgehen ist die Zuweisung wiederum fraglich. Dabei kann nur bedingt auf die Ausführungen zur Satzungsbestimmung zurückgegriffen werden, da es im Rahmen von Gesellschafterbeschlüssen keine Differenzierung in korporative und nicht korporative Entscheidungen gibt. Daher ist die Zuordnung eines derartigen Beschlusses im Hinblick auf einen Fremdgeschäftsführer nicht bereits aus dogmatischen Gründen problematisch. Entscheidend ist vielmehr, wie der jeweilige Beschluß ausgelegt werden kann. Dafür gelten nach herrschender Auffassung die allgemeinen Auslegungsregeln[422]. Sofern sich daraus ebenfalls keine klare Zuweisung ergibt, so ist für die Geltung der Verschuldensvereinbarung aus Gründen der Rechtssicherheit eine zusätzliche vertragliche Regelung erforderlich. Ergibt die Auslegung hingegen, daß die Einbeziehung amtierender oder gar zukünftiger Geschäftsführer beabsichtigt war, so genügt dieser Beschluß als alleinige Grundlage.

d) Anstellungsvertrag als unzureichende Regelungsgrundlage

Der Anstellungsvertrag allein kann nicht als ausreichende Regelungsgrundlage angesehen werden, da durch die Vereinbarung einer Verschuldensbegrenzung der organisationsrechtliche Haftungstatbestand modifiziert wird[423]. Wie bereits erwähnt, muß diese Änderung aus dogmatischen Gründen ebenfalls auf einer organisationsrechtlichen Grundlage beruhen. Daher bedarf es zumindest einer Satzungsregelung oder eines Gesellschafterbeschlusses, die in den bereits beschriebenen Fällen lediglich um eine vertragliche Regelung zu ergänzen ist. Es ist jedoch sinnvoll, stets eine zusätzliche vertragliche Regelung zu treffen, da Minderheitsgesellschaftergeschäftsführer nur begrenzt und Fremdgeschäftsführer gar keinen Einfluß auf eine durch Gesellschafterbeschluß vorgenommene Abänderung oder Aufhebung nehmen können[424].

---

419 So im Ergebnis auch *Heisse*, Beschränkung, S. 137.

420 Dazu oben S. 149ff.

421 Vgl. oben S. 150ff.

422 OLG Köln, BB 1982, 579; *Scholz/Schmidt*, § 45 Rz. 24; *Meyer-Landrut/Miller/Niehus*, § 47 Rz. 2.

423 Dazu oben S. 65f.

424 Genauer dazu unten S. 156ff.

3. Mehrheitserfordernisse

Wie bereits im Rahmen der zulässigen Grenzen einer Verschuldensvereinbarung dargestellt wurde, ist unabhängig von der formellen Grundlage einer Haftungsvereinbarung keine einstimmige Entscheidung der Gesellschafter erforderlich[425]. Sofern die Regelung im Gesellschaftsvertrag erfolgt und es sich um eine korporative Satzungsbestimmung handelt[426], sind jedoch zumindest die Voraussetzungen des § 53 II GmbHG einzuhalten.

Eine weitere spezielle Regelung, die für diesen Fall qualifizierte Mehrheitserfordernisse verlangt, liegt nicht vor. Daher greift § 47 I GmbHG ein, wonach Gesellschafterbeschlüsse gemäß dem Mehrheitsprinzip mit einfacher Mehrheit gefaßt werden. Soweit dennoch eine qualifizierte Mehrheit in Betracht gezogen werden sollte[427], kann dies aufgrund Fehlens einer entsprechenden Regelung nur im Wege der gesetzesimmanenten[428] oder gar gesetzesübersteigenden Rechtsfortbildung[429] geschehen. Dazu bedarf es allerdings einer Gesetzeslücke, die lediglich dann vorliegt, wenn der in Rede stehende Sachverhalt durch das Gesetz nicht[430] oder auf eine Weise geregelt ist, die eine schlicht unzumutbare Situation entstehen läßt[431].

Der vorliegende Fall ist jedoch durch § 47 I GmbHG abgedeckt, der für alle Gesellschafterbeschlüsse einfache Mehrheit vorsieht, die nicht durch eine spezielle Norm einer qualifizierten Mehrheit bedürfen. Nun könnte aus Gründen des Minderheitenschutzes erwogen werden diese Regelung als unzureichend oder gar als unzumutbar anzusehen.

Dabei bliebe jedoch außer Betracht, daß der Schutz der Minderheitsgesellschafter im GmbH-Recht außerhalb besonderer Mehrheitserfordernisse durch das Verbot mißbräuchlicher Stimmausübung gewährleistet wird[432]. Wenngleich die einzelnen Ausprägungen der Treuepflicht im Hinblick auf das Stimmverhalten in der Gesellschafterversammlung seit jeher Gegenstand kontroverser und konkretisierender Untersuchungen im juristischen Schrifttum waren und

---

425 Vgl. oben S. 140ff.

426 Zur Frage, unter welchen Umständen die Regelung korporativen Charakter hat oben S. 149f.

427 So verlangt *Klumpp*, Haftung, S. 52 ohne jede methodische Absicherung eine qualifizierte Mehrheit.

428 *Larenz/Canaris*, Methodenlehre, S. 191ff.

429 *Larenz/Canaris*, Methodenlehre, S. 232ff.

430 Vgl. zur gesetzesimmanenten Rechtsfortbildung *Larenz/Canaris*, Methodenlehre, S. 191ff.; *Sauer*, Methodenlehre, S. 282ff.

431 Vgl. zur gesetzesübersteigenden Rechtsfortbildung *Larenz/Canaris*, Methodenlehre, S. 245ff.

432 *Heisse*, Beschränkung, S. 139; *Baumbach/Hueck/Zöllner*, § 47 Rz. 74; *Scholz/Schmidt*, § 47 Rz. 26ff.; *Vorwerk/Wimmers*, GmbHR 1998, 717ff.; *Lutter*, ZHR 162 (1998), 164ff.; *Henze*, ZHR 162 (1998), 186ff.

sind[433], so ist ihr weitreichender Umfang und Charakter als Korrelat zum Mehrheitsprinzip allgemein anerkannt[434] und als eine der großen Errungenschaften im Kapitalgesellschaftsrecht zu bezeichnen[435]. Mit ihr wird die Ausübung der Stimmrechtsmacht der Gesellschaftermehrheit zuungunsten der Gesellschafterminderheit beschränkt. Natürlich schützt sie den Minderheitsgesellschafter nicht vor jeder ihm mißfallenden Entscheidung. Dies kann jedoch nicht der Sinn der Treuepflicht sein, da es der Natur des Mehrheitsprinzips entspricht, daß derjenige, der in der GmbH die Kapital- bzw. Stimmenmehrheit hält auch in der Lage ist, die Geschicke der GmbH weitgehend zu bestimmen. Allerdings ist die Gesellschaftermehrheit verpflichtet, auf die unmittelbar oder mittelbar betroffenen Interessen der Gesellschafterminderheit in angemessener Weise Rücksicht zu nehmen[436]. Dazu gehört insbesondere, daß durch die Ausübung der Stimmrechtsmacht die Rechte der Gesellschafterminderheit nicht ausgehöhlt werden dürfen bzw. die Gesellschaftermehrheit auf Kosten der Minderheit keine Sondervorteile in Anspruch nehmen darf[437]. Sofern die Gesellschaftermehrheit eine Haftungsbeschränkung beschließt, die direkt oder indirekt die Gesellschafterminderheit auf eine Art benachteiligt, die ihren schutzwürdigen Interessen entgegengesetzt ist, so wird die Ausübung des Stimmrechts mißbräuchlich. Gemäß der Rechtsnatur der Treuepflicht lassen sich dabei keine klaren, abgrenzbaren Prinzipien aufstellen. Treffend führt *Lutter* dazu jedoch aus, daß sie den Gerichten „eine sachliche und argumentativ ausgewogene, also befriedigende Entscheidung im Binnenstreit hoch komplexer, gesellschaftlich und wirtschaftlich aber ungemein wichtiger Gebilde, genannt Gesellschaften, erlaube, an deren Stabilität durch einen sachgerechten Ausgleich der Rechtsverkehr besonders interessiert sei“[438]. Sofern der Beschluß die Grenzen der Stimmrechtsmacht überschreitet, sind die entsprechenden Stimmen ipso iure unwirksam und dürfen bei der Auszählung nicht mitgezählt werden[439]. Sofern der Beschluß nicht förmlich festgestellt wurde, ist die Einbeziehung der Stimme und der Beschluß unklar, so daß es einer Beschlußfeststellungsklage bedarf. Sollte der Beschluß hingegen unter Mitzählung der Stimme förmlich festgestellt werden ist er an-

---

433 Vgl. dazu auch die jüngste Literatur zum Inhalt, den Grenzen und den Rechtsfolgen der Treuepflicht *Vorwerk/Wimmers*, GmbHR 1998, 717ff.; *Lutter*, ZHR 162 (1998), 164ff.; *Henze*, ZHR 162 (1998), 186ff.; *Korehnke*, Treuwidrige Stimmen, S. 1ff.

434 *Lutter*, ZHR 162 (1998), 164, 166f.; *Vorwerk/Wimmers*, GmbHR 1998, 717; *Zöllner*, Schranken, S. 335ff.

435 Vgl. nur *Immenga*, FS 100 Jahre GmbH-Recht, S. 189ff.; *Winter*, Treuebindungen, S. 324f.; *Wiedemann*, Gesellschaftsrecht I, S. 412ff.; *Schmidt*, Gesellschaftsrecht, S. 591; *Lutter*, ZHR 162 (1998), 164, 184f.

436 *Wiedemann*, DB 1993, 141, 143; *Vorwerk/Willmers*, GmbHR 1998, 717, 720.

437 Vgl. zu den einzelnen Kategorisierungsversuchen u.a. *Lutter*, ZHR 153 (1989), 446, 458ff.; *ders.*, ZHR 162 (1998), 164, 168ff.; *Vorwerk/Wimmers*, GmbHR 1998, 717, 720ff.

438 *Lutter*, ZHR 162 (1998), 164, 185.

439 BGH 102, 178; BGH, NJW 1991, 846; OLG Hamburg, GmbHR 1992, 43; *Zöllner*, Schranken, S. 366ff.; *Lindacher*, ZGR 1987, 127; *Schmidt*, GmbHR 1992, 12; für die AG *Marsch-Barner*, ZHR 157 (1993), 172, 188; *Lutter/Grunewald*, AG 1989, 109, 114; A.A. *Rowedder/Koppensteiner*, § 47 Rz. 32; *Koppensteiner*, ZIP 1994, 1325, 1328; *Korehnke*, Treuwidrige Stimme, S. 143ff., die dafür plädieren, daß die Wirksamkeit des Beschlusses unberührt bleibt und lediglich die Anfechtbarkeit begründet wird.

fechtbar[440]. Dadurch ist der einzelne Gesellschafter bereits ausreichend geschützt.

Im übrigen sind Verzicht und Vergleich auf Ersatzansprüche sowie die Entlastung gemäß § 47 I GmbHG ebenfalls mit einfacher Mehrheit der abgegebenen Stimmen zulässig, sofern es an einer anderweitigen Satzungsregelung fehlt. Zugegebenermaßen könnte dagegen eingewandt werden, Verzicht und Entlastung seien sachlich etwas völlig anderes, da die Beurteilung ex-ante stattfindet[441]. Dabei bliebe jedoch außer acht, daß eine Generalbereinigung selbst unbekannte Ansprüche umfaßt[442] und diese ebenfalls mit einfacher Mehrheit beschlossen werden kann. Letztlich ist zu berücksichtigen, daß der Minderheitenschutz bereits insoweit beachtet wurde, als eine Haftung für grobe Fahrlässigkeit nicht vereinbart werden kann.

Aus diesen Gründen kann nicht davon ausgegangen werden, daß die Anwendung von § 47 I GmbHG zu ungerechten Ergebnissen führt, mithin eine Gesetzeslücke besteht, die aufgrund des Minderheitenschutzes durch Rechtsfortbildung geschlossen werden muß. Vielmehr kann der Minderheitenschutz ebenso durch die gesellschaftsrechtliche Treuepflicht und das Verbot einer Haftungsbeschränkung bei grober Fahrlässigkeit geschützt werden. Letztlich zeigt der Vergleich mit der Generalbereinigung, daß es möglich sein muß, eine Verschuldensvereinbarung mit einfacher Mehrheit zu beschließen.

4. Aufhebung einer Haftungsvereinbarung

Sofern es an einer vertraglichen Zusatzvereinbarung fehlt, entscheidet die Gesellschafterversammlung allein über die Aufhebung einer Verschuldensbegrenzung[443]. Der Geschäftsführer kann in diesem Fall allerdings zur Amtsniederlegung aus wichtigem Grund berechtigt sein[444]. Daher empfiehlt es sich, eine

---

440 Zu den Einzelheiten einer möglichen Beschlußfeststellungs- oder Anfechtungsklage in diesem Fall *Scholz/ Schmidt*, § 47 Rz. 32; *Schmidt*, GmbHR 1992, 9, 12ff.; *Baumbach/Hueck/Zöllner*, Anh. § 47 Rz. 54a, 63ff.

441 So insbesondere *Rowedder/Koppensteiner*, § 43 Rz. 4 sowie *Heisse*, Beschränkung, S. 114f., die sich mit diesem Argument gegen die Möglichkeit des Verzichts als Begründung für die Zulässigkeit einer Verschuldensbegrenzung wenden. Daher ist der Einwand auch in der vorliegenden Konstellation denkbar.

442 BGH, GmbHR 1975, 182f; *Scholz/Schmidt*, § 46 Rz. 105; *Rowedder/Koppensteiner*, § 43 Rz. 36; *Heisse*, Beschränkung, S. 93.

443 Der Versuch, Rechte des Geschäftsführers über eine entsprechende Anwendung der Grundsätze eines echten Vertrags zugunsten Dritter (§§ 328ff. BGB) zu begründen, geht konstruktiv zu weit, da es sich gerade nicht um eine vertragliche Regelung handelt, sondern um eine einseitige Begünstigung des Geschäftsführers durch Gesellschafterbeschluß und Satzungsbestimmung. Selbst aus der Schaffung eines Vertrauenstatbestands gemäß § 242 BGB läßt sich kein Stimmrechtsmißbrauch der Gesellschafter ableiten, da sich dieser lediglich auf treuwidriges Verhalten der Gesellschafter untereinander und gegenüber der Gesellschaft bezieht, vgl. *Rowedder/Koppensteiner*, § 47 Rz. 106ff.; *Schmidt*, GmbHR 1992, 9ff.

444 Geschäftsführer können bei Vorliegen eines wichtigen Grundes unstreitig ihr Amt mit sofortiger Wirkung niederlegen, vgl. BGH, NJW 1980, 2415. Als wichtiger Grund kommt die Unzumutbarkeit zur weiteren Führung der Geschäfte wegen gestiegenen Haftungsrisikos in Betracht, vgl. BGH, DB 1978, 878. Für die Wirksamkeit der Amts-

Haftungsmilderung zusätzlich vertraglich zu vereinbaren. Auf diese Weise kann der Geschäftsführer verhindern, daß zumindest diese Bestimmung ohne seine Zustimmung aufgehoben wird[445]. Sollten die Gesellschafter die Verschuldensbegrenzung trotz vertraglicher Vereinbarung durch Gesellschafterbeschluß „antasten", sind die Auswirkungen auf dessen Wirksamkeit fraglich. Dabei läßt sich eine Parallele zu Stimmrechtsbindungen ziehen. In diesem Rahmen berührt eine bindungswidrige Stimmabgabe nicht die Wirksamkeit des Beschlusses, da die vertragliche Vereinbarung keinen Einfluß auf gesellschaftsrechtliche Stimmabgaben haben kann[446]. Einem Vergleich dieses Ergebnisses mit dem vorliegenden Fall stehen auch nicht die unterschiedlichen Vertragsparteien entgegen. Im Rahmen von Stimmbindungsverträgen besteht zwar eine Vereinbarung mit den Gesellschaftern und einem Dritten, wohingegen im Fall einer Verschuldensbegrenzung eine Vereinbarung zwischen dem Geschäftsführer und der Gesellschaft vorliegt. Diese Unterscheidung hat jedoch hinsichtlich des Effekts auf die Wirksamkeit des Gesellschafterbeschlusses keine materiellen Auswirkungen. Weder ein Vertrag mit der Gesellschaft noch mit den Gesellschaftern kann direkten Einfluß auf die innergesellschaftliche Willensbildung nehmen, die dogmatisch auf einer völlig anderen Ebene liegt. Aus diesem Grund hindert eine Zusatzvereinbarung mit dem Geschäftsführer nicht die Wirksamkeit einer Aufhebung der Haftungsvereinbarung. Im Fall einer Inanspruchnahme könnte sich der Geschäftsführer daher nicht mehr auf eine Haftungsmilderung berufen. Gleichwohl würde ihm ein Schadensersatzanspruch aus pVV der vertraglichen Zusatzvereinbarung oder des Anstellungsvertrags[447] zustehen, da die Aufhebung der Verschuldensvereinbarung gegen seinen Willen als Pflichtverletzung qualifiziert werden müßte.

---

niederlegung kommt es nach der Rechtsprechung nicht einmal auf die Geltendmachung eines wichtigen Grundes an, da eine eventuelle Rechtsunsicherheit für die Beteiligten und den allgemeinen Rechtsverkehr unzumutbar wäre, dazu BGHZ 121, 257, 261; BGH, DB 1995, 1852; *Goette*, GmbH, S. 196; zustimmend *Rowedder/Koppensteiner*, § 38 Rz. 26; *Gustavus*, GmbHR 1992, 15, 16 mit Ausnahme von Fällen des Rechtsmißbrauchs. Der Widerruf ist demnach wirksam bis seine Unwirksamkeit rechtskräftig festgestellt wurde; dazu auch *Höhn*, Geschäftsleitung, S. 238.

445 Denkbar wäre allenfalls eine vertragliche Stimmbindung zwischen einzelnen Gesellschaftern und dem Geschäftsführer, die Satzungsregelung nicht aufzuheben. Eine derartige Vereinbarung wird von der h.M. im Grundsatz bejaht; vgl. BGH, ZIP 1983, 432f.; *Zöllner*, ZHR 155 (1991), 168, 184f., obgleich auch Bedenken angemeldet werden, da die Subordination des Geschäftsführers unter den Willen der Gesellschafter in bestimmten Fällen zwingend sein könnte, vgl. zum Ganzen *Scholz/Schmidt*, § 47 Rz. 41. Auch Stimmrechtsbindungen zugunsten Dritter werden überwiegend für zulässig gehalten, vgl. BGH, ZIP 1983, 432f. zur Vereinbarung des Mehrheitsgesellschafters den Geschäftsführer nur aus wichtigem Grund abzuberufen. Im Hinblick auf Satzungsänderungen wird eine solche Vereinbarung als problematischer angesehen, zustimmend BGH, DStR 1991, 1290f.; *Konzen*, AG 1983, 289, 296ff., 298f.; zu Mitbestimmungsvereinbarungen: *Zöllner*, ZHR 155 (1991), 168, 181f.; abweichend: *Lutter/Hommelhoff*, § 47 Rz. 5; *Hachenburg/Hüffer*, § 47 Rz. 75, 78.

446 So *Baumbach/Hueck/Zöllner*, § 47 Rz. 79; *Scholz/Schmidt*, § 47 Rz. 53. Einer vereinbarten Außenwirkung steht nach Ansicht von *Hachenburg/Hüffer*, § 47 Rz. 79 der Rechtsgedanke des § 137 I BGB entgegen.

447 Dies ist lediglich davon abhängig, auf welche Art die Haftungsvereinbarung abgeschlossen wurde.

5. Folgen anderweitiger Vereinbarungen durch Gesellschafterbeschluß oder im Anstellungsvertrag

Sofern eine Haftungsvereinbarung lediglich durch eine vertragliche Regelung im Anstellungsvertrag oder im Wege einer Zusatzvereinbarung mit dem Geschäftsführer zustande kommt, stellt sich die Frage nach den Auswirkungen dieser unzureichenden Form, respektive den Möglichkeiten des Geschäftsführers, einen entsprechenden Gesellschafterbeschluß herbeizuführen.

Der Geschäftsführer hat einen Anspruch auf Umsetzung der Verschuldensbegrenzung im Wege eines Gesellschafterbeschlusses, sofern eine explizite vertragliche Vereinbarung mit der Gesellschaft besteht, da die Haftungsregelung nach der hier vertretenen Auffassung nur auf diese Weise volle Wirkung entfalten kann. Hierbei läßt sich wiederum eine Parallele zur Durchsetzung eines Stimmbindungsvertrags ziehen, der einklagbar und im Vollstreckungswege durchsetzbar ist[448]. Der Anspruch des Geschäftsführers müßte mit einer Leistungsklage gegen die Gesellschafter durchgesetzt werden. Das Urteil würde ebenfalls gemäß § 894 ZPO den Beschluß ersetzen[449]. Dies mag in Einzelfällen auch im Wege einer einstweiligen Verfügung geschehen[450], sofern ein entsprechender Verfügungsgrund glaubhaft gemacht werden kann[451]. Problematisch daran ist jedoch, daß auf diese Weise zumindest zeitweise die Hauptsache vorweggenommen wird. Da es sich bei der einstweiligen Verfügung um ein Verfahren des „vorläufigen Rechtsschutzes" handelt, ist dies nur dann zulässig, wenn andere erfolgversprechende Maßnahmen nicht möglich sind, um dem vorliegenden Problem zu begegnen bzw. zukünftigen Schwierigkeiten zuvorzukommen und daher irreparable Schäden drohen[452]. Insofern muß es sich um eine besondere Gefahrensituation handeln, die eine Umsetzung der Verschuldensbegrenzung so dringend erforderlich macht, daß dem Geschäftsführer ein Abwarten auf das Ergebnis der Hauptverhandlung nicht zugemutet werden kann. Dies dürfte lediglich dann der Fall sein, wenn die Gesellschafter den Geschäftsführer durch Weisungen sehr stark und ständig in seiner eigenen Entscheidungskompetenz beschneiden, dadurch sein Bedürfnis nach Schutz besonders dringlich ist. Dies ist insbesondere im Rahmen einer projekt- und bereichspezifischen sowie degradierenden Weisungsabhängigkeit[453] der Fall. Darüber hinaus müßte er zu Geschäften angewiesen werden oder worden sein, die in au-

---

448 BGHZ 48, 163, 169ff.; *Lutter/Hommelhoff*, § 47 Rz. 5; *Baumbach/Hueck/Zöllner*, § 47 Rz. 80.

449 Im Rahmen von eingeklagten Stimmbindungsverträgen ist die Vollstreckung problematisch. Sofern es sich um eine inhaltlich bestimmbare Abstimmungsverpflichtung handelt, gilt wohl § 894 ZPO vgl. dazu ausführlich *Scholz/Schmidt*, § 47 Rz. 56.

450 Die Durchsetzung einer stimmbindungsvertraglichen Verpflichtung mittels einstweiliger Verfügung ist hingegen umstritten. Dagegen: *Rowedder/Koppensteiner*, § 47 Rz. 30; *Baumbach/Hueck/Zöllner*, § 47 Rz. 81. Dafür: OLG Koblenz, ZIP 1986, 503; OLG Hamburg, GmbHR 1991, 467, 468; *Lutter/Hommelhoff*, § 47 Rz. 6.

451 Vgl. zum Begriff des Verfügungsgrundes: *Zöller/Vollkommer*, § 940 Rz. 4.

452 OLG Köln, NJW-RR 1995, 546; OLG Düsseldorf, NJW-RR 1996, 123; *Baumbach/Lauterbach/Albers/Hartmann*, ZPO, § 916 Grdz Rz. 6; *Thomas/Putzo*, ZPO, § 940 Rz. 6.

453 Vgl. dazu oben S. 8ff.

ßergewöhnlichem Maße risikoreich sind. Sollten die damit verbundenen Gefahren nur im Wege einer zeitweiligen Vorwegnahme der Hauptsache zu verhindern sein, könnte der Beschluß durch eine einstweilige Verfügung durchgesetzt werden. Zugegebenermaßen wird eine derartige Konstellation nur in wenigen Ausnahmefällen vorliegen. Überdies wird der Geschäftsführer in diesem Fall mit dem Risiko eines anderslautenden Urteils im Hauptsacheverfahren aus § 945 ZPO konfrontiert[454], durch welches er die Wirkung der Haftungsbegrenzung nachträglich einbüßen könnte und eine in der Zwischenzeit erfolgte fahrlässige Pflichtverletzung nun doch zur Haftung aus § 43 II GmbHG führen würde.

Sofern der Anspruch der Gesellschaft gegen den Geschäftsführer bereits gepfändet wurde bevor der Beschluß erfolgt bzw. ein entsprechendes Urteil vorliegt, kann die Verschuldensbegrenzung den Gläubigern jedoch nicht entgegengehalten werden, da ihr die formelle Wirksamkeit fehlt. Der Geschäftsführer würde demzufolge einer vollen Haftung ausgesetzt.

V. Zusammenfassung

Die hier erarbeiteten Grundsätze bieten dem Geschäftsführer einen Schutz im Rahmen von Fallgestaltungen, in denen er besonders schutzbedürftig ist[455]. Zwar werden dabei die Gläubiger beeinträchtigt, jedoch ist die Tragweite durch die Unzulässigkeit bei Vorsatz und grober Fahrlässigkeit deutlich eingeschränkt. Dadurch verliert die Problematik an Schärfe. Darüber hinaus ist die Bedeutung der Haftungserleichterung für den Geschäftsführer insofern zu relativieren, als sie die Mitwirkung der Gesellschafterversammlung erfordert. Sollten die Anteilseigner eine Begrenzung der Haftung im Rahmen der Fahrlässigkeit ablehnen, ist die Zulässigkeit einer derartigen Möglichkeit nur von theoretischem Nutzen. Daher gewinnt die eventuelle Anwendung der Grundsätze zum innerbetrieblichen Schadensausgleich um so mehr an Gewicht. Sie würden ohne Zustimmung der Gesellschafter eingreifen und wären deren Einfluß weitgehend entzogen[456].

C. Verschuldensbeschränkung durch Anwendung der Grundsätze der beschränkten Arbeitnehmerhaftung

I. Entwicklung der Grundsätze

Im Wege der Rechtsfortbildung wurde die Haftung von Arbeitnehmern im Rahmen des Arbeitsverhältnisses beschränkt. Judikatur und Schrifttum hielten es für erforderlich, das Risiko eines nach allgemeinem Schuldrecht in vollem Umfang für alle von ihm verursachten und gemäß § 276 I 2 BGB zu vertreten-

---

454 Vgl. dazu *Zöller/Vollkommer*, ZPO, § 945 Rz. 1ff., 13ff.

455 Vgl. oben S. 140f.

456 Die Grundsätze zum innerbetrieblichen Schadensausgleich sind zwar nicht zwingend, da sie im Rahmen des §§ 134, 138 BGB abbedungen werden können. Jedoch ist im Gegenzug ein angemessener Risikoausgleich zu zahlen, vgl. *Schaub*, Arbeitsrechtshandbuch, § 52 IV, 7 e).

den Schädigungen des Arbeitgebers haftenden Arbeitnehmers aus rechts- und sozialpolitischen Gründen zu mindern[457]. Danach wurde für Schäden bei betrieblich veranlaßten Tätigkeiten, denen eine besondere Gefahrgeneigtheit innewohnt, der gesetzliche Verschuldensmaßstab modifiziert[458]. Nach mehrfachen Änderungen in der konkreten Ausprägung der einzelnen Haftungsstufen[459] bestimmt das dreistufige Haftungsmodell, welches lediglich bei leichtester Fahrlässigkeit zu einem gänzlichen Haftungsausschluß gelangt, die heutige Rechtsprechung. Im Rahmen normaler oder mittlerer Fahrlässigkeit kommt es in der Regel zu einer Haftungsquotelung, wohingegen im Fall grober Fahrlässigkeit und vorsätzlichen Handelns der Arbeitnehmer vollumfänglich haftet[460]. Das Kriterium der Gefahrgeneigtheit wurde jedoch mittlerweile als Anwendungsvoraussetzung aufgegeben[461], so daß eine Begrenzung der Arbeitnehmerhaftung nun für alle Arbeiten gilt, die betrieblich veranlaßt sind und aufgrund eines Arbeitsverhältnisses geleistet werden[462]. Gleichwohl hat dieser Begriff seine Bedeutung nicht gänzlich eingebüßt, sondern wird im Rahmen der Schadensverteilung berücksichtigt[463].

Vergegenwärtigt man sich die nahezu unbeschränkten Einflußnahmemöglichkeiten der Gesellschafter auf den Geschäftsführer einer GmbH und die daraus resultierenden Haftungsrisiken, so liegt der Gedanke nahe, auch ihm die Berufung auf diese Haftungsmilderung zu gewähren.

---

457 Vorgesehen im PrALR von 1794 fand der Gedanke einer Haftungserleichterung erstmals 1936 Eingang in die Rechtsprechung (Urteil eines ArbG in Plauen vom 04.11.1936 ARS 29, 2. Abteilung, 62) und wurde durch einen Beschluß BAG-GS, AP Nr. 4 zu §§ 898, 899 RVO letztlich höchstrichterlich abgesegnet.

458 Die Grundsätze der gefahrgeneigten Arbeit hat der 2. Senat des BAG in Anknüpfung an die Entscheidung des BAG-GS, AP Nr. 8 zu § 611 BGB, Haftung des Arbeitnehmers, formuliert.

459 Zunächst wurde eine dreistufige Haftung entwickelt, die eine volle Haftung bei Vorsatz und grober Fahrlässigkeit, eine quotale Schadensteilung bei mittlerer und einen Haftungsausschluß bei leichter Fahrlässigkeit vorsah. Nachdem zwischenzeitlich der 7. Senat des BAG (BAG, AP Nr. 82 zu § 611 BGB, Haftung des Arbeitnehmers) die Schadensteilung bei mittlerer Fahrlässigkeit zugunsten des Arbeitnehmers aufgab, kehrte der 8. Senat wieder zur ursprünglichen dreistufigen Haftung zurück (BAG AP Nr. 93 zu § 611 BGB, Haftung des Arbeitnehmers). Vgl. zur Entwicklung ausführlich *Münchener Handbuch Arbeitsrecht/Blomeyer,* Band 1, § 57 Rz. 19ff.; *Schaub*, Arbeitsrechtshandbuch, § 52 IV 1.

460 Leitsatz 1 der BAG-Entscheidung vom 24.11.1987 besagt: „Schäden, die der Arbeitnehmer bei gefahrgeneigter Arbeit nicht grob fahrlässig verursacht, sind bei normaler Schuld (auch normale, leichte oder mittlere Fahrlässigkeit genannt) in aller Regel zwischen Arbeitgeber und Arbeitnehmer zu teilen, wobei die Gesamtumstände von Schadensanlaß und Schadensfolgen nach Billigkeitsgrundsätzen und Zumutbarkeitsgesichtspunkten gegeneinander abzuwägen sind."

461 Nach jahrelangen Diskussionen innerhalb des BAG, zweier Vorlagen an den Großen Senat und eine Vorlage an den gemeinsamen Senat der Obersten Bundesgerichte wegen Divergenzen zur BGH-Rechtsprechung (Vorlagebeschluß BAG GS, AP Nr. 101 zu § 611 BGB Haftung des Arbeitnehmers), hat sich der 6. Senat des BGH der geplanten Rechtsprechungsänderung angeschlossen (BGH, NZA1994, 547). Das Verfahren vor dem Gemeinsamen Senat wurde daher eingestellt.

462 BAG GS, DB 1994, 2237.

463 BGH Beschluß, NZA 94, 270; *Ricardi*, NZA 1994, 241ff.; *Schaub*, Arbeitsrechtshandbuch, § 52 IV, 7, d.

II. Überblick zum Meinungsstand hinsichtlich der Anwendung der Grundsätze auf den GmbH-Geschäftsführer

Die Frage einer Anwendung dieser Grundsätze auf den Geschäftsführer einer GmbH ist Gegenstand von Kontroversen. Dabei lassen sich drei Grundpositionen anführen. Teilweise wird die Anwendung dieser Grundsätze auf Vertretungsorgane juristischer Personen apodiktisch abgelehnt[464]. Der BGH[465] und weitere Auffassungen in der Literatur unterscheiden nach Pflichten[466] bzw. Tätigkeitsbereichen[467], nach einer möglichen Einordnung als Arbeitnehmer[468] sowie nach konzernrechtlichen Gesichtspunkten[469]. Haftungsbeschränkungen bei Verletzung typischer Geschäftsleiterpflichten sowie insbesondere im Rahmen von § 43 III GmbHG werden in der Regel ausgenommen. Dabei berufen sich die unterschiedlichen Ansichten im wesentlichen auf die Funktion der Haftung, respektive auf Gründe des Gläubigerschutzes[470] und der Gesellschafterminderheit[471] sowie auf eine fehlende Vergleichbarkeit des Geschäftsführers mit einem Arbeitnehmer[472]. In jüngster Zeit wenden einige Stimmen im Schrifttum die Haftungserleichterung grundsätzlich auch im Rahmen der typischen Geschäftsleiterpflichten an. Dabei sind zum einen die Auffassungen von

---

464 *Baumbach/Hueck/Zöllner*, § 43 Rz. 9; *Lutter/Hommelhoff*, § 43 Rz. 2; *Hueck*, ZfA 1985, 25, 33; *Münchener Handbuch Arbeitsrecht/Blomeyer*, Band 1, § 57 Rz. 67 i.V.m. § 23 Rz. 12ff.; *Roth/Altmeppen*, § 43 Rz. 4; *Jula*, Haftung, S. 47; wohl ebenso *Meyke*, Haftung, Rz. 63.

465 BGH, WM 1975, 467, 469 lehnte eine Anwendung der Grundsätze bei Inanspruchnahme des Vorstands einer eG aus § 34 II GenG wegen Verletzung seiner „normalen Vorstandspflichten" ab. Daraus läßt sich schließen, daß eine Anwendung außerhalb dieser Pflichten zumindest denkbar wäre.

466 *Schneider*, FS Werner, S. 795, 812 unterscheidet dieselben Pflichtenbereiche wie schon im Rahmen einer möglichen Haftungsvereinbarung.

467 *Haas*, Geschäftsführerhaftung, S. 295, der eine Anwendung befürwortet, sofern der Geschäftsführer „nicht unternehmerisch, sondern wie jeder beliebige Dritte auftritt", wie beispielsweise bei Benutzung des Dienstwagens auf Geschäftsreise; ebenso *Heisse*, Beschränkung, S. 55ff., 59ff., 61; *Pullen*, DB 1984, 989, 991; *Brock*, Vorgesellschaft, S. 83; *Gissel*, Arbeitnehmerschutz, S. 138f. *Rowedder/Koppensteiner*, § 43 Rz. 7 lehnt die Anwendung bei Verrichtung „amtstypischer Pflichten" ab; *Stapelfeld*, Haftung, S. 51 verneint die Anwendung im Rahmen „berufstypischer Pflichten".

468 *Wehrmeyer*, Einordnung, S. 191f., wendet die Grundsätze auf die Geschäftsführer an, welche nach typologischer Betrachtungsweise seiner Auffassung nach als Arbeitnehmer einzustufen sind, wobei keine Analyse der Bedeutung des gesellschaftsrechtlichen Haftungstatbestands vorgenommen wird. In diesem Zusammenhang kann auch die Untersuchung von *Diller*, Gesellschafter und Gesellschaftsorgane, S. 97ff. genannt werden, mittels derer die Arbeitnehmereigenschaft von bestimmten Geschäftsführern unter Verwerfung des klassischen Arbeitnehmerbegriffs aufgrund eines wirtschaftlichen Arbeitnehmerbegriffs vorgenommen wird. Zwar geht *Diller* nicht auf die Grundsätze der Arbeitnehmerhaftung ein, jedoch könnte diese sich zumindest aus Einordnung bestimmter Geschäftsführer als Arbeitnehmer schlußfolgern lassen.

469 *Gaul*, GmbHR 1989, 357, 361ff. wendet die Grundsätze der beschränkten Arbeitnehmerhaftung auf den Organvertreter eines beherrschten Unternehmens an.

470 *Haas*, Geschäftsführerhaftung, S. 295; *Heisse*, Beschränkung, S. 55ff., 59ff., 61; *Pullen*, DB 1984, 989, 991; *Gissel*, Arbeitnehmerschutz, S. 138f.; *Rowedder/Koppensteiner*, § 43 Rz. 7; *Schneider*, FS Werner, S. 795, 812.

471 *Lutter/Hommelhoff*, § 43 Rz. 2; *Schneider*, FS Werner, S. 795, 806ff.

472 *Gaul*, GmbHR 1989, 357, 361f.

Frisch[473] und *Höhn*[474] zu nennen, die jedoch zumindest § 43 III GmbHG von der Haftungserleichterung ausnehmen[475] sowie die Auffassung von *Köhl*[476], der selbst § 43 III GmbHG in den Anwendungsbereich einbezieht.

III. Ansatzunabhängige Notwendigkeit einer Überwindung der durch § 43 II, III GmbHG geschützten Interessen

Unabhängig davon, welcher Weg zur Analyse einer Anwendung der Haftungserleichterung auf den Geschäftsführer dabei gewählt wird, muß sich jede Alternative, ebenso wie im Rahmen einer etwaigen Verschuldensvereinbarung, mit der Frage auseinandersetzen, inwieweit die durch § 43 II, III GmbHG geschützten Interessen einer Anwendung der Grundsätze betriebsbedingter Tätigkeit entgegenstehen[477]. Im Unterschied zur Haftung eines gewöhnlichen Arbeitnehmers existiert für den Geschäftsführer ein besonderer organisationsrechtlicher Haftungstatbestand, der vor allem dem Schutz der Gesellschaft, der Gesellschafter und der Gläubiger dient. Erst wenn es möglich ist, diese „Hürde“ zu überwinden, besteht überhaupt Raum für eine entsprechende Haftungserleichterung zugunsten des Geschäftsführers.

1. Gläubigerschutz

Infolge des ausdrücklich gläubigerschützenden Charakters von § 43 III GmbHG muß eine Haftungserleichterung bei Verletzung der Kapitalerhaltungsvorschriften in jedem Fall ausscheiden. Sofern in diesem Bereich nicht einmal eine Haftungsvereinbarung möglich ist, können auch die hier in Rede stehenden Grundsätze keine Geltung beanspruchen. Der Gegenmeinung von *Köhl* ist nicht zu folgen. Seiner Auffassung nach handelt es sich im Rahmen von § 43 III GmbHG lediglich um eine gesellschaftsrechtlich zwingende Haftung. Infolge der Trennung zwischen Bestellung und Anstellung beziehe sie sich lediglich auf die Organstellung des Geschäftsführers[478]. Im Hinblick auf das Anstellungsverhältnis sei die Haftungsbegrenzung hingegen noch möglich und ergebe einen Freistellungsanspruch gegenüber der Gesellschaft[479]. Durch diese Trennung wird jedoch der zwingende, Gläubiger und Gesellschafter schützende Charakter des § 43 III GmbHG unterlaufen.

Im Rahmen des § 43 II GmbHG steht der Gläubigerschutz einer Anwendung der Grundsätze beschränkter Arbeitnehmerhaftung jedoch grundsätzlich nicht ent-

---

473 *Frisch*, Haftungserleichterungen, S. 83ff., 131ff.

474 *Höhn*, Geschäftsleitung, S. 199.

475 *Frisch*, Haftungserleichterungen, S. 228ff., 238f.

476 *Köhl*, DB 1996, 2597, 2601ff.; wohl ebenso *Höhn*, Geschäftsleitung, S. 199; *Brox/Walter*, DB 1985, 1469, 1477.

477 Diese war der Ausgangspunkt der gesamten Untersuchung zur Möglichkeit einer Herabsetzung des Verschuldensmaßstabs durch Vereinbarung bzw. Gesellschafterbeschluß, vgl. oben S. 130ff.

478 *Köhl*, DB 1996, 2597, 2604.

479 *Köhl*, DB 1996, 2597, 2604.

gegen, da es sich lediglich um einen reflexartigen Schutz handelt[480]. Daher kann in diesem Bereich eine Begrenzung des Verschuldensmaßstabs zumindest im Rahmen von Weisungsfällen vereinbart werden. Auf diese Weise kann die Haftung sogar bis zur Grenze grober Fahrlässigkeit bzw. Vorsatz ausgeschlossen werden[481], wohingegen beim innerbetrieblichen Schadensausgleich die Haftung nur bei leichtester Fahrlässigkeit vollständig ausscheidet.

2. Gesellschafts- bzw. Gesellschafterschutz

Problematischer gestaltet sich indes der Schutz der Gesellschaft bzw. der Gesellschafter. Durch die Anwendung der Grundsätze betriebsbedingter Tätigkeit geht der Gesellschaft unter bestimmten Voraussetzungen der Schadensersatzanspruch gegen den Geschäftsführer verloren. Anders als im Hinblick auf die Gläubiger ist die Gesellschaft auch im Rahmen des § 43 II GmbHG unmittelbar und nicht lediglich reflexartig geschützt. Die grundsätzliche Disponibilität des Anspruchs im Rahmen einer Verschuldensbeschränkung durch Gesellschafterbeschluß kann an dieser Stelle nicht zugunsten des Geschäftsführers herangezogen werden. Diese Haftungsminderung greift ohne weiteres Zutun der Gesellschaft bzw. Gesellschafter ein und untergräbt damit die ihnen gesetzlich zugewiesene Ersatzmöglichkeit gegenüber dem Geschäftsführer soweit dieser seine Pflichten schuldhaft verletzt. Sofern sie sich im Rahmen einer Generalbereinigung, eines Verzichts, Vergleichs oder einer Entlastung nachträglich oder durch eine Verschuldensvereinbarung im voraus ihres Schutzes begeben, treffen sie eine eigene Entscheidung. Genau dieser Entscheidungskompetenz gehen sie jedoch im Bereich der Grundsätze betriebsbedingter Tätigkeit verlustig. Aus diesem Grund muß eine generelle Anwendung der Grundsätze ausscheiden.

Um die Entscheidungskompetenz der Gesellschafter in die Überlegungen einzubeziehen wäre es allerdings denkbar, die Haftungsbeschränkung nur im Fall von Weisungen anzuwenden und auf die Bereiche zu begrenzen, in denen der Geschäftsführer besonders schutzbedürftig ist, respektive bei einer degradierenden, projekt- oder bereichsspezifischen Weisungsabhängigkeit.

In einer Mehrpersonen-GmbH würde eine Anwendung auch in diesem Fall scheitern, da der Schutz des Minderheitsgesellschafters entgegensteht. Die Haftungsbegrenzung könnte in diesem Fall allein durch die extrem starke Einflußnahme des Mehrheitsgesellschafters, d.h. auch gegen den Willen der Gesellschafterminderheit ausgelöst werden. Es besteht sogar die Gefahr, daß sich der Mehrheitsgesellschafter einen Strohmanngeschäftsführer gegen den Willen der Minderheit „heranzieht", der überdies noch in den Genuß einer Haftungsprivilegierung kommen kann. Nun mag dagegen einzuwenden sein, daß in der GmbH das Mehrheitsprinzip dominiere und die Gesellschafterminderheit

---

480 Anders aufgrund der unterschiedlichen Meinung zur Frage, inwieweit § 43 II GmbHG dispositiv ist bzw. welche Rolle der Gläubigerschutz im Rahmen des § 43 II GmbH einnimmt: *Schneider*, FS Werner, S. 795, 812; *Haas*, Geschäftsführerhaftung, S. 295; *Heisse*, Beschränkung, S. 55ff., 59ff., 61; *Pullen*, DB 1984, 989, 991; *Gissel*, Arbeitnehmerschutz, S. 138f.; *Rowedder/Koppensteiner*, § 43 Rz. 7.

481 Vgl. oben S. 140ff.

auch mit einer Verschuldensvereinbarung zugunsten des Geschäftsführers rechnen muß. Gleichwohl greift in dieser Hinsicht das Korrektiv der gesellschaftsrechtlichen Treuepflicht ein, durch welches die Gesellschafterminderheit geschützt wird. Sofern der Beschluß, mit dem eine Haftungsvereinbarung zugunsten des Geschäftsführers gefaßt wird, gegen diese Treuepflicht verstößt, sind die betroffenen Minderheitsgesellschafter berechtigt den Beschluß anzufechten[482]. Dieser Schutzmechanismus ist jedoch im Fall einer Anwendung der Grundsätze betriebsbedingter Tätigkeit bei den genannten Arten der Weisungsabhängigkeit nicht wirksam, da der Minderheitsgesellschafter kaum nachweisen kann, der Mehrheitsgesellschafter setze den Geschäftsführer bewußt einer derartigen Weisungsdichte aus, um ihm das Haftungsprivileg und sich auf diese Weise ungerechtfertigte Sondervorteile zukommen zu lassen. Aus Gründen der Praktikabilität kann auch nicht darauf abgestellt werden, ob das erforderliche Maß an Einflußnahme auf den Geschäftsführer überwiegend aufgrund einstimmiger Weisungen oder eher durch Mehrheitsentscheidungen ausgelöst wurde.

Letztlich läßt sich dieser Schutzmechanismus auch nicht vorverlagern. Zwar ist denkbar, den Gesellschaftern zum Zeitpunkt der Bestellung des Geschäftsführers eine Einwirkungsmöglichkeit zuzubilligen. Die Anwendung der Haftungserleichterung könnte von einem einstimmigen Bestellungsakt durch die Gesellschafterversammlung abhängig gemacht werden. Auf diese Weise wäre die Gesellschafterminderheit zumindest in der Lage, zu Beginn der Bestellung über die Anwendung der Haftungsfreistellung zu entscheiden. Sofern sie ebenfalls für eine Bestellung des entsprechenden Geschäftsführers votiert, müßte angenommen werden, daß sie eine Haftungserleichterung auch ohne ihre konkrete Einflußnahme billigt. Dagegen sind jedoch zwei entscheidende Einwände vorzubringen. Zum einen werden sich die wenigsten Gesellschafter bei Bestellung des Geschäftsführers Gedanken darüber machen, daß sie durch die positive Stimmabgabe die Voraussetzungen einer Haftungsbefreiung auslösen. Daher käme die entsprechende Auslegung eines einstimmigen Bestellungsakts einer Fiktion gleich. Überdies kann den Gesellschaftern nicht zugemutet werden, nur deshalb gegen die Bestellung eines neuen Geschäftsführers zu votieren, weil sie eine eventuelle Haftungsbegrenzung ablehnen. Dies würde zu weit in ihre gesellschaftsrechtliche Entscheidungsfreiheit eingreifen. Andere Möglichkeiten, den Schutz der Gesellschafterminderheit zu gewährleisten, stehen nicht zur Verfügung.

Soweit jedoch der Schutz der Minderheitsgesellschafter nicht in ausreichendem Maße gesichert wird[483], ist eine Anwendung der Grundsätze selbst im Rahmen der bereichs- und projektspezifischen sowie degradierenden Weisungsabhängigkeit nicht möglich.

Sofern es sich um eine Einmann-GmbH handelt, gibt es jedoch keine schutzwürdigen Interessen der Minderheit, auf die Rücksicht genommen wer-

---

482 Vgl. oben S. 58f.

483 Im Ergebnis die Grundsätze zumindest auch aufgrund des Minderheitenschutzes ablehnend: *Lutter/Hommelhoff*, § 43 Rz. 2; *Schneider*, FS Werner, S. 795, 806ff.

den müßte. Die Anwendung der Grundsätze scheitert in diesem Rahmen allerdings aus einem anderen Grund. Selbst eine Beschränkung auf Weisungsfälle und die angeführten Kategorien der Weisungsabhängigkeit läuft letztlich auf eine Fiktion der Entscheidungskompetenz hinaus. Sogar wenn der Alleingesellschafter in diesen Fällen auf das Eingreifen der Haftungsbegrenzung Einfluß nehmen würde, ließe sich daraus kein dahingehender Wille entnehmen. Vielmehr würde dem Gesellschafter faktisch unterstellt, er sei sich über die Konsequenzen seiner Einflußnahme bewußt und billige zumindest konkludent die Anwendung der Grundsätze zum innerbetrieblichen Schadensausgleich. Mit der Schutzwürdigkeit des Geschäftsführers allein läßt sich diese Schwierigkeit nicht überwinden. Zwar mag es für ihn wünschenswert sein, im Rahmen von Weisungen automatisch in den Genuß der Verschuldensreduzierung zu gelangen. Aufgrund einer Fiktion kann jedoch kein entsprechender Wille des Alleingesellschafters abgeleitet werden.

IV. Ergebnis

Zusammenfassend ist festzuhalten, daß eine Anwendung der Grundsätze der beschränkten Arbeitnehmerhaftung nicht möglich ist. Damit ist der Geschäftsführer im Hinblick auf mögliche Begrenzungen des Verschuldensmaßstabs allein auf Vereinbarungen mit den Gesellschaftern angewiesen. Er wird jedoch mit Ausnahme der Pflichten im Rahmen des § 43 III GmbHG in die Lage versetzt, seine Haftung im gesamten Weisungsbereich auf Vorsatz und grobe Fahrlässigkeit zu begrenzen und einen wesentlichen eigenen Beitrag zur Risikobegrenzung zu leisten. Sofern die Pflichtverletzung hingegen schuldhaft begangen wurde, bleibt im Weiteren der Schaden zu erörtern.

§ 10 KAUSALE SCHADENSVERURSACHUNG

Die Verursachung eines Schadens im Rahmen des § 43 GmbHG ist für die vorliegende Arbeit eine Ausgangsbasis und Grundvoraussetzung der gesamten Untersuchung, da Weisungen, die der Gesellschaft zum wirtschaftlichen Vorteil gereichen, keine Haftungsrisiken für den Geschäftsführer hervorrufen[484]. Aufgrund des Fehlens einer allgemeinen gesetzlichen Normierung des Schadens, muß eine Begriffsbestimmung vorgenommen werden.

A. Definition des Schadens

Nach der einfachsten Definition ist schlicht jede rechnerische, sich nach der Differenzhypothese[485] ergebende Vermögensminderung als Schaden anzusehen[486]. Obgleich auch die Differenzhypothese als generellem Begriff zur Fest-

---

484 Vgl. dazu oben S. 1.

485 Ausführlich zur Kritik an der Differenzhypothese als generellem Begriff zur Feststellung eines Schadens vgl. *Münchener Kommentar/Grunsky*, Vor § 249 Rz. 6ff.

486 *Scholz/Schneider*, § 43 Rz. 159; *Rowedder/Koppensteiner*, § 43 Rz. 21; *Meyer-Landrut/Miller/Niehus*, § 43 Rz. 13; *Großmann*, Unternehmensziele, S. 187f., 189; *v. Gerkan*, ZHR 154 (1990), 39, 42f.; zur Differenzhypothese allg. BGH, NJW 1978, 262, 263f.

stellung eines Schadens mitunter kritisch betrachtet wird, unterbleibt eine Analyse dieser grundsätzlichen Erwägungen, da sie aufgrund des Sachgegenstands der vorliegenden Arbeit weder geleistet werden kann noch soll. Die Untersuchung beschränkt sich daher auf den Meinungsstand zum Schadensbegriff im Rahmen des § 43 II, III GmbHG. In diesem Zusammenhang hat sich das Schrifttum nicht auf die genannte Formel beschränkt[487]. Vielmehr nehmen einige Definitionsversuche zusätzliche Elemente in den Schadensbegriff auf, um den besonderen gesellschaftsrechtlichen Charakter des organisationsrechtlichen Haftungstatbestands zu unterstreichen, der insbesondere durch die unternehmerisch geprägte Pflichtenstellung des Geschäftsführers gekennzeichnet wird. Um diesen Pflichten gerecht zu werden, bezeichnet ein Teil der Literatur nur diejenige Vermögensminderung als „Schaden", die durch pflichtwidriges Verhalten hervorgerufen wird[488]. Andere beschränken den Schadensbegriff auf Vermögensminderungen, die dem Unternehmenszweck widersprechen, da sich der Geschäftsführer in diesem Rahmen bewegen muß[489]. *Heisse* vereint letztlich beide Thesen und sieht einen Verstoß gegen die Pflicht- oder Zweckwidrigkeit als maßgebliche Beurteilungsgrundlage an[490].

Auf den ersten Blick läßt sich der Eindruck gewinnen, die Einbeziehung dieser Kriterien sei für den Geschäftsführer gerade im Hinblick auf Haftungsrisiken im Rahmen von Gesellschafterweisungen besonders vorteilhaft. Bei näherer Prüfung erweist sich dies jedoch als Trugschluß. Vor dem Hintergrund der Beweislastverteilung muß die Berücksichtigung dieser Gesichtspunkte entweder als widersprüchlich oder überflüssig angesehen werden. Sofern dem Geschäftsführer der Nachweis für objektiv pflichtgemäßes Verhalten auferlegt wird[491], kann er nicht gleichsam der Gesellschaft im Rahmen des Schadens obliegen, den unstreitig sie nachzuweisen hat[492]. Sollte die Beweislast für die Pflichtwidrigkeit hingegen die Gesellschaft tragen[493], so müßte sie im Rahmen des Schadens lediglich einen Nachweis erbringen, der ihr sowieso obliegt[494]. Mitunter wird angeführt, eine derartige doppelte Prüfung sei nicht sinnlos, da die Gesellschaft zunächst den Vermögensschaden nachweisen könne. Sofern dieser bereits der Natur der Sache nach zweckwidrig sei, ergäbe sich daraus prima-facie auch die Pflichtwidrigkeit[495]. Diesem Einwand ist jedoch entgegenzuhalten, daß

487 Eingehend dazu: *Hachenburg/Mertens*, § 43 Rz. 57; ähnlich: *Baumbach/Hueck/Zöllner*, § 43 Rz. 13a; *Fleck*, GmbHR 1974, 224, 232.

488 *Hommelhoff*, Konzernleitungspflicht, S. 204; wohl auch *Roth/Altmeppen*, § 43 Rz. 42.

489 *Hachenburg/Mertens*, § 43 Rz. 57; *Baumbach/Hueck/Zöllner*, § 43 Rz. 13a; *Mertens*, Vermögensschaden, S. 128ff., 165ff.

490 *Heisse*, Beschränkung, S. 52f.

491 *Scholz/Schneider*, § 43 Rz. 167f.; *v. Gerkan*, ZHR 154 (1990), 39, 49ff.; *Hachenburg/Mertens*, § 43 Rz. 66; *Baumbach/Hueck/Zöllner*, § 43 Rz. 24.

492 BGH, GmbHR 1974, 131, 132; BGH, NJW 1992, 1166, 1187; *v. Gerkan*, ZHR 154 (1990), 39, 43ff.; *Fleck*, GmbHR 1974, 224; *Rowedder/Koppensteiner*, § 43 Rz. 34.

493 So *Lutter/Hommelhoff*, § 43 Rz. 21; *Heisse*, Beschränkung, S. 48ff.; *Fleck*, GmbHR 1974, 224; *GmbH Handbuch/Axhausen*, § 5 Rz. 219.

494 So insbesondere *Scholz/Schneider*, § 43 Rz. 160; *Rowedder/Koppensteiner*, § 43 Rz. 21.

495 *Heisse*, Beschränkung, S. 52.

sich dieselbe Wirkung ebenso im Rahmen der Pflichtwidrigkeitsprüfung ergibt, soweit die Vermögensminderung bereits die Zweckwidrigkeit indiziert.

Auf zusätzliche Elemente im Rahmen des Schadensbegriffs ist somit zu verzichten[496]. Die notwendigen Einschränkungen sind vielmehr auf anderer Ebene vorzunehmen.

B. Adäquate Kausalität

Der Zurechnungszusammenhang zwischen Pflichtverletzung und Schaden richtet sich nach den allgemeinen Prinzipien unter Einschluß der Adäquanztheorie[497]. Da der Geschäftsführer die Weisung ausführt, bleibt für Begrenzungen in diesem Bereich wenig Raum. Denkbar ist allenfalls eine Berufung auf rechtmäßiges Alternativverhalten. Dabei handelt es sich um einen Einwand, bei dem nicht die Rechts- bzw. Pflichtwidrigkeit des Handelns sondern dessen Erheblichkeit für den Eintritt des Schadens insofern bestritten wird, als sich dieser auch bei rechtmäßigem Verhalten ereignet hätte[498]. Nach der BGH-Rechtsprechung erlangt dieser Einwand allerdings nur insoweit Bedeutung als der Schutzzweck der verletzten Norm es zuläßt, das Verhalten des Schädigers durch das rechtmäßige Alternativverhalten zu privilegieren[499]. Insofern wird die Berufung auf den Einwand allgemein verwehrt, wenn die verletzte Norm nicht nur die Rechtsgutsverletzung allein verhindern will, sondern noch weitere Interessen schützt[500].

Im Rahmen der Weisungsfälle kommt der Einwand rechtmäßigen Alternativverhaltens nur bei pflichtwidriger Einflußnahme auf die Beschlußfassung sowie einer nachträglichen Änderung der Beurteilungsgrundlage in Betracht. Sofern die Gesellschafter in diesen Kategorien bei Kenntnis der tatsächlichen Sachlage an der Weisung festgehalten hätten, würde es an den Auswirkungen einer Einflußnahme bzw. nachträglichen Änderung der Sachlage auf die Weisung fehlen. Anders gewendet: wenn der Geschäftsführer rechtmäßig gehandelt und die Gesellschafter über die tatsächlichen bzw. veränderten Umstände aufgeklärt hätte und gleichwohl dieselbe Weisung erteilt worden wäre, könnte es an der Erheb-

---

496 Vgl. auch BGH, GmbHR 1994, 459, der dem Begriff der Zweckmäßigkeit im Rahmen der Schadensbestimmung wenig Bedeutung beimißt, da die Verwendung von Geldern zum Schuldenausgleich oder zur Anschaffung anderer Vermögensgegenstände zwar pflicht- bzw. zweckwidrig sei, sofern diese gesetzlich zur Sicherung bestimmter Bauforderungen verwendet werden sollten, dadurch alleine jedoch kein Schaden für die Gesellschaft begründet werde.

497 *Hachenburg/Mertens*, § 43 Rz. 61; grundlegend: *Soergel/Mertens*, Vorb. § 249 Rz. 120ff.

498 Vgl. dazu *Deutsch*, Haftungsrecht, Rz. 186ff.; *Gotzler*, Rechtmäßiges Alternativverhalten im haftungsbegründenden Zusammenhang, S. 39ff.; *Hanau*, Die Kausalität der Pflichtwidrigkeit, S. 83.

499 BGHZ 96, 157, 173. Dieser Interpretation stimmt auch die herrschende Lehre zu, vgl. nur *Staudinger/Medicus*, § 249 Rz. 111f.; *Palandt/Heinrichs*, Vor § 249 Rz. 105ff.; Deutsch, Haftungsrecht, Rz. 188.

500 *Deutsch*, Haftungsrecht I, S. 187f.; *Fikentscher*, Schuldrecht, § 55 V; *Jauernig/Teichmann*, Vor. §§ 249-253 Rz. 48.

lichkeit der Pflichtwidrigkeit fehlen. Fraglich ist insoweit, ob der Schutzzweck der verletzten Pflichten die Berufung auf den Einwand zuläßt. Im Rahmen der pflichtwidrigen Einflußnahme auf die Beschlußfassung sowie der nachträglichen Änderung tatsächlicher Umstände liegt die Pflichtwidrigkeit jeweils darin, daß der Geschäftsführer den Gesellschaftern Informationen von Beginn an oder nachträglich vorenthält, die sich auf Aspekte beziehen, welche die rechtliche Wirksamkeit der Weisung unberührt lassen. Der Geschäftsführer kann sich auf diese grundsätzlich wirksamen Weisungen nur deshalb nicht berufen, weil er gegen Aufklärungs- bzw. Informationspflichten faktischer Art gegenüber den Gesellschaftern verstößt. Insofern dienen diese Pflichten ausschließlich dem Schutz der Gesellschafter. Soweit diese jedoch in Kenntnis der Informationen dieselbe Weisung gefaßt hätten, besteht kein Grund, dem Geschäftsführer die Berufung auf den Einwand rechtmäßigen Alternativverhaltens zu verwehren.

Sollten sich hingegen nachträglich rechtliche Aspekte der Beurteilungsgrundlage ändern, so wird die ursprünglich rechtmäßige Weisung nun unwirksam. In diesen Fällen kommt es darauf an, ob es der Schutzzweck des jeweiligen Unwirksamkeitsgrundes zuläßt, den Einwand zu berücksichtigen. Dies wird insbesondere bei der Verletzung von Gläubigerschutznormen nicht möglich sein. Sofern jedoch die verletzte Norm dem Schutz der Gesellschaft bzw. den Gesellschaftern dient, ist auch in diesem Rahmen der Einwand möglich.

In den übrigen Weisungskategorien ist eine Anwendung der Grundsätze rechtmäßigen Alternativverhaltens hingegen nicht vorstellbar. Selbst wenn der Geschäftsführer nachweisen könnte, daß die Gesellschafter die Maßnahme, zu der er angewiesen wurde, auch im Fall seiner Weigerung durchgeführt hätten, beispielsweise durch Bestellung eines Gesellschafters zum Geschäftsführer, wäre diese nicht als Einwand rechtmäßigen Alternativverhaltens anzusehen, da die schädigende Handlung nicht von diesem, sondern von ihm selbst vorgenommen wurde[501].

Sofern feststeht, daß der Geschäftsführer durch sein pflichtwidriges Verhalten adäquat kausal einen Schaden verursacht hat, kann jedoch ein eventuell zurechenbares Mitverschulden der anweisenden Gesellschafter sein Risiko nochmals mindern.

§ 11 MITVERSCHULDEN DER GESELLSCHAFTER

Da der Geschäftsführer die den Schaden hervorrufende Maßnahme auf Verlangen der Gesellschafter vorgenommen hat, drängt sich ein nach § 254 BGB zurechenbares Mitverschulden seitens der Gesellschafter auf. Dessen Relevanz wird im Rahmen des § 43 GmbHG allerdings nicht einheitlich beurteilt[502]. § 254

501 Vgl. *Soergel/Mertens*, Vorb. § 249 Rz. 164ff.; *Palandt/Heinrichs*, Vorbem. v. § 249 Rz. 96ff., 105ff.

502 So plädieren *Heisse*, Beschränkung, S. 71ff.; *Rowedder/Koppensteiner*, § 43 Rz. 31; *Canaris*, ZGR 1978, 207, 213 für eine analoge Anwendung. Differenzierter argumentieren *Hachenburg/Mertens*, § 43 Rz. 84 und *Ebenroth/Lange*, GmbHR 1992, 69, 73, die ein Mitverschulden nur im Rahmen anfechtbarer Weisungen befürworten, sowie *Baum-*

BGB liegt die Überlegung zugrunde, daß der Schaden bzw. seine Höhe auch auf einem zurechenbaren Verhalten des Geschädigten beruht, und die Ersatzpflicht des Schädigers dadurch gemindert wird. Die Mitwirkung eines Dritten bleibt hingegen unberücksichtigt[503]. Dieser Gedanke wird weitgehend aus dem Prinzip von Treu und Glauben abgeleitet[504]. Die Anwendung des § 254 BGB stößt jedoch auf drei grundsätzliche Bedenken. Aus dogmatischer Sicht erscheint die Subsumtion des Weisungsfalls zunächst problematisch, da die GmbHG als juristische Person gemäß § 13 GmbHG der Geschädigte ist, die Weisung als Beitrag der Mitverursachung jedoch von der Gesellschafterversammlung ausgeht. Fraglich ist damit, inwieweit eine Weisung der Gesellschafterversammlung einen Anspruch der GmbH gegenüber dem Geschäftsführer i.S.v. § 254 BGB beeinflussen kann. Ferner ist die Position der Minderheitsgesellschafters zu berücksichtigen, da die Gesellschaftermehrheit die Weisungen dominiert. Letztlich könnten auch die den Anspruch pfändenden Gläubiger durch § 254 BGB beeinträchtigt werden.

A. Grundsätzliche Anwendungsprobleme

I. Zurechnung der Weisung im Sinne eines Mitverschuldens nach § 254 BGB

Eine Zurechnung über die allgemeinen Regelungen der §§ 31, 278 BGB ist nicht möglich. § 31 BGB scheidet aus, da verfassungsmäßiges Vertretungsorgan lediglich der Geschäftsführer ist[505]. § 278 BGB würde selbst dann nicht eingreifen, wenn die anweisenden Gesellschafter als gewöhnliche Arbeitnehmer der GmbHG tätig wären, da sie bei Erteilung der Weisung nicht in Erfüllung einer Verbindlichkeit der Gesellschaft handeln, sondern ihre organschaftlichen Mitgliedsrechte wahrnehmen. Gleichwohl unterscheidet sich diese Konstellation erheblich vom klassischen Fall der Mitwirkung eines außenstehenden Dritten, der keine Berücksichtigung über § 254 BGB finden kann, wie beispielsweise eines externen Beraters, der dem Geschäftsführer eine Falschinformation gegeben hat, deren Mangel der Geschäftsführer hätte erkennen können. Als Anknüp-

bach/Hueck/Zöllner, § 43 Rz. 25, der den Fall anführt, in dem der Geschäftsführer zu einem nachteiligen Geschäft angewiesen wird, er es aber unterläßt, die Sache nochmals der Gesellschafterversammlung vorzulegen. Diese Konstellation ist jedoch im Rahmen sämtlicher Weisungsmängel denkbar. Gänzlich ablehnend äußern sich die Rechtsprechung: BGH, NJW 1983, 1856f.; OLG Düsseldorf, DB 1985, 105, 106 zum Geschäftsführer einer Innungs-Krankenkasse sowie *Lutter/ Hommelhoff*, § 43 Rz. 20; *Scholz/Schneider*, § 43 Rz. 172 und wohl *Ziemons*, Einflußnahme, S. 39f., deren Haltung sich nicht explizit, jedoch aus dem Zusammenhang entnehmen läßt.

503 *Münchener Kommentar/Grunsky*, § 254 Rz. 1; *Soergel/Mertens*, § 254 Rz. 6.

504 Nach BGHZ 34, 355, 363; 36, 329, 342; 50, 112, 115 handelt sich um einen Unterfall des Grundsatzes „venire contra factum proprium"; vgl. auch *Dunz*, JZ 1961, 406; *ders.*, NJW 1986, 2234; *Palandt/Heinrichs*, § 254 Rz. 2; *Ermann/Kuckuck*, § 254 Rz. 4. Dagegen *Münchener Kommentar/Grunsky*, § 254 Rz. 2, der ausführt, es sei wenig hilfreich § 242 als Grundlage zu nennen, da das gesamte BGB letztlich auf dem Prinzip von Treu und Glauben basiere.

505 Darauf weist *Ziemons*, Einflußnahme, S. 40 besonders hin und betont, daß es für eine Zurechnung keinen konstruktiven Ansatzpunkt gäbe.

fungspunkt für die Zurechnung einer Weisung im Rahmen des § 254 BGB kommen jedoch zwei weitere Aspekte in Betracht.

Zunächst könnten die Gesellschafter bei einem Schaden des Unternehmens als „Geschädigte" i.S.d. § 254 BGB angesehen werden. Der Gesellschaftsanteil stellt einen bezifferbaren Anteil an deren Privatvermögen dar und fließt beispielsweise im Rahmen der zu berechnenden Vermögenssteuer in die Besteuerungsgrundlagen ein. Rein theoretisch kann jeder Schaden des Unternehmens im Wege einer Stichtagsbilanz erfaßt und als Minderung des Privatvermögens der Gesellschafter angesehen werden. Gleichwohl sind diesem Ansatz zwei wesentliche Einwände entgegenzuhalten. Zunächst handelt es sich dabei um eine rein wirtschaftliche Betrachtungsweise, die das Prinzip der eigenen Rechtspersönlichkeit einer GmbH nicht berücksichtigt und daher bereits aus dogmatischen Gründen abzulehnen ist. Doch stößt selbst dieser ökonomische Ansatz auf Grenzen, da die Gesellschafter bei einem mit Null anzusetzenden Wert des Geschäftsanteils keinerlei zusätzliche Einbuße erleiden, das Unternehmen jedoch weiterhin geschädigt werden kann.

Daher ist die innergesellschaftliche Zuständigkeitsverteilung als Ansatzpunkt einer „Zurechnung" zu wählen. Der Haftungstatbestand des § 43 II, III GmbHG ist organisationsrechtlicher Natur[506] und trifft den Geschäftsführer durch seine Organstellung. Damit unterscheidet sich die Grundlage des Anspruchs von der eines externen Dritten, gegen den die Gesellschaft einen vertraglichen oder deliktischen Anspruch hat. In diesem Rahmen wäre eine Zurechnung lediglich über die Regelungen der §§ 31, 278 BGB möglich. Im Hinblick auf das organisationsrechtliche Verhältnis zwischen Geschäftsführer und Gesellschaft wird jedoch auch die innergesellschaftlich Zuständigkeitsverteilung relevant. Diese drückt sich gerade durch das Weisungsrechts aus, das den Gesellschaftern im Rahmen von Gesellschafterversammlungen die Möglichkeit einräumt, den Geschäftsführer intern anzuweisen, externe Handlungen vorzunehmen. Mithin handelt es sich bei dem Weisungsrecht um ein Institut innergesellschaftlicher Willensbildung, welche von der Willensbildung der GmbH im Außenverhältnis unterschieden werden muß, die zumindest formell nur durch den Geschäftsführer gemäß § 35 GmbHG wahrgenommen wird. Diese innergesellschaftliche Zuständigkeitsverteilung führt dazu, daß die Ausübung des Weisungsrechts der Gesellschaft zurechenbar ist und deren Anspruch gegen den Geschäftsführer begrenzen kann. Aus dogmatischen Gründen sind dabei allerdings lediglich Aspekte zurechenbar, die sich unmittelbar aus der Weisung ergeben und nicht etwa aus bestimmten Verhaltensweisen, Maßnahmen oder Äußerungen von einzelnen oder sämtlichen Gesellschaftern außerhalb der Weisung, die aber dennoch die Ausführung beeinflußt haben. Diese Umstände lassen sich nicht aus der innergesellschaftlichen Zuständigkeitsverteilung der Gesellschafterversammlung ableiten, die Grundlage der Zurechnung ist. Derartige Gesichtspunkte könnten jedoch Gegenstand einer unzulässigen Rechtsausübung sein, so-

506 Dazu oben S. 65f.

fern die Gesellschaft den Anspruch gegen den Geschäftsführer geltend macht[507].

Der BGH ist überdies der Auffassung, eine Anwendung des § 254 BGB scheitere bereits an der grundsätzlichen Erwägung, schädigendes Verhalten eines Gesellschaftsorgans könne nicht ein anderes entlasten, da beide nebeneinanderstehende Pflichten zu erfüllen hätten und daher als Gesamtschuldner haften[508]. Jedoch unterscheidet sich der zugrundeliegende Sachverhalt im Hinblick auf die zurechenbare Einflußnahme von dem Fall einer Weisung[509]. Der dem BGH vorliegende Sachverhalt betraf den Einwand schlechter Auswahl und mangelhafter Überwachung der Geschäftsführung. Die schädigende Handlung wurde dabei vom Geschäftsführer in eigener Initiative vorgenommen. Im Fall einer Weisung ist das Maß der Einflußnahme bedeutend intensiver. Der Geschäftsführer fungiert lediglich als verlängerter Arm der Gesellschafter, die aufgrund ihrer fehlenden Vertretungsbefugnis nicht für das Unternehmen handeln können. Die Tatsache, daß dem Geschäftsführer eigene Pflichten obliegen, deren Verletzung sanktioniert werden muß, steht der Zurechnung keineswegs entgegen, da diese Aspekte bei der Schadensquotelung berücksichtigt werden[510].

II. Berücksichtigung des Minderheitenschutzes

Eine weitere Schwierigkeit der Anwendung besteht darin, daß der Mehrheitsgesellschafter durch das einfache Mehrheitsprinzip faktisch in der Lage ist, den Anspruch der Gesellschaft zu begrenzen. Dadurch werden die Minderheitsgesellschafter beeinträchtigt, die dem Beschluß nicht zugestimmt haben. Insofern könnten für eine Anwendung von § 254 BGB nur Weisungen in Betracht kommen, die einstimmig gefaßt wurden oder zumindest nachträglich von den opponierenden Gesellschaftern Zustimmung erfahren haben. Diesem Ansatz mag, wie im Rahmen der Verschuldensbeschränkung, entgegengehalten werden, daß es sich beim Mehrheitsprinzip um eine der tragenden Säulen des GmbH-Rechts handelt und Beschlüsse grundsätzlich nur mit einfacher Mehrheit gefaßt werden, es sei denn aus einem speziellen Beschlußgegenstand ergibt sich ein anderes Mehrheitserfordernis. Der Minderheitenschutz wird hingegen grundsätzlich

---

507 Vgl. dazu unten S. 272f.

508 BGH, NJW 1983, 1856f. sowie OLG Düsseldorf, DB 1985, 105, 106; *Ziemons*, Einflußnahme, S. 40.

509 Dieser Aspekt bleibt im Rahmen der Kritik unberücksichtigt. Selbst *Heisse*, Beschränkung, S. 71ff., der den Ansatz des BGH umfassend überprüft, läßt dies außer acht.

510 Dem BGH wird überdies von *Heisse*, Beschränkung, S. 72f. ein Wertungswiderspruch vorgeworfen, da er zwar eine Zurechnung des mitschädigenden Organs ablehne, aber dessen direkte Haftung gegenüber der GmbH in Betracht ziehe. Sofern es sich bei dem mitschädigenden Organ um den Aufsichtsrat oder einen weiteren Geschäftsführer handele, liege eine Gesamtschuld vor, die im Innenverhältnis wiederum zu einem Ausgleich gemäß §§ 426, 254 BGB führe. Es sei nicht einsehbar, warum der Geschäftsführer schlechter stehen solle, wenn der Schaden gemeinsam mit der Gesellschafterversammlung verursacht wurde, als wenn ein Aufsichtsrat beteiligt gewesen wäre. Dieser Wertungswiderspruch ist jedoch nur schwer erkennbar, denn selbst wenn der BGH im Innenverhältnis zwischen Geschäftsführer und Gesellschafter einen Ausgleich zuließe, handelte es sich qualitativ um etwas völlig anderes, da ein solcher Ausgleich auf die vollständige Haftung gegenüber der GmbH keinerlei Auswirkungen hat.

durch die gesellschaftsrechtliche Treuepflicht gewahrt[511]. Diese Argumentation greift im vorliegenden Fall jedoch zu kurz, da sich die Treuepflicht lediglich darauf bezieht, daß durch eine bestimmte Maßnahme des Mehrheitsgesellschafters die Minderheit in ihren Rechten beeinträchtigt wird und es dem Gesellschafter freisteht, sich gegen diese Beeinträchtigung im Wege einer Anfechtungsklage zur Wehr zu setzen. Der Minderheitenschutz in diesem Zusammenhang bezieht sich jedoch darauf, daß durch eine Weisung eventuell der erst zu einem späteren Zeitpunkt entstehende Schadensersatzanspruch der GmbH gegen den Geschäftsführer zu Lasten der Minderheit verkürzt oder vereitelt wird. Sollte diese den Minderheitsgesellschafter entsprechend schützen, müßte theoretisch die Erteilung jeder Weisung als Treuepflichtverletzung angesehen werden, da sie der Anknüpfungspunkt des Mitverschuldens ist und die Schadensersatzpflicht potentiell beeinflussen kann. Die Treuepflicht ist daher zum Schutz des Minderheitsgesellschafters ungeeignet.

Aus diesem Grund können nur die Weisungen zu einer Berücksichtigung von § 254 BGB führen, die einstimmig gefaßt wurden. Fraglich ist allerdings, ob auch Weisungen ausreichen, bei denen der opponierende Minderheitsgesellschafter nachträglich zu verstehen gibt, daß er den, von der Gesellschafterversammlung ohne oder gegen seine Stimme gefaßten Beschluß hinnehme. Für die Einbeziehung einer derartigen Billigung spricht der im Grunde damit einhergehende Verlust der Schutzbedürftigkeit. Sofern Gesellschafter auf eine Rüge gegen den Mangel verzichten, in irgendeiner Weise für den Beschluß Partei ergreifen oder ihn nachträglich explizit oder konkludent billigen, bringen sie zum Ausdruck, daß sie mit dem Inhalt der Weisung und deren Ausführung durch den Geschäftsführer einverstanden und damit nicht mehr schutzwürdig sind. Gleichwohl können diese Äußerungen im Rahmen von § 254 BGB nicht in Betracht gezogen werden, da die Weisung der einzige dogmatische Anknüpfungspunkt für das Mitverschulden ist. Die Weisung läßt sich nur deshalb als Akt des Mitverschuldens der GmbH zurechnen, weil es sich um das Ergebnis innergesellschaftlicher Willensbildung handelt und die Gesellschafterversammlung im Zuge der innergesellschaftlichen Zuständigkeitsverteilung gegenüber dem Geschäftsführer Maßnahmen vornimmt, die er aufgrund des organschaftlichen Rechtsverhältnisses mit der GmbH ausführt. Äußerungen außerhalb dieser Versammlung können, selbst wenn sie zum Verlust der Anfechtungsbefugnis gegenüber einem Gesellschafterbeschluß führen und damit in enger Verbindung zur Weisung stehen, dogmatisch nicht mehr von der Zurechnung erfaßt werden. Daher sind nur einstimmig gefaßte Weisungen für § 254 BGB bedeutsam.

III. Teilweise entgegenstehender Gläubigerschutz

Letztlich ist fraglich, inwieweit der Gläubigerschutz einer Anwendung des § 254 BGB entgegensteht. Soweit der Geschäftsführer Pflichten im Rahmen von § 43 III GmbHG verletzt, scheidet infolge des gläubigerschützenden Charakters dieser Norm die Anrechnung eines Mitverschuldens aus. Im Hinblick auf die verbleibenden Pflichten im Bereich des § 43 II GmbHG sind die Gläu-

---

511 Vgl. zur Treuepflicht erneut oben S. 65f.

biger lediglich reflexartig geschützt, was sich insbesondere darin zeigt, daß das Verschulden für leichte und mittlere Fahrlässigkeit unter Umständen vertraglich ausgeschlossen werden kann. Damit ist es bereits möglich, den gesetzlichen Haftungstatbestand zu modifizieren. Die Regelung des § 254 BGB ist hingegen ein gesetzlich geregeltes Prinzip, das grundsätzlich auf Schadensersatzansprüche Anwendung findet. Mit einer Minderung des Anspruchs aufgrund eines Mitverschuldens muß ein pfändender Gläubiger daher im Hinblick auf Schadensersatzansprüche grundsätzlich rechnen[512].

Insofern findet § 254 BGB auf den Fall einstimmig gefaßter, nachteiliger Weisungen außerhalb von § 43 III GmbH Anwendung. Zu klären bleibt dessen Umfang.

B. Konkrete Anwendung des § 254 BGB im Rahmen von Weisungen

I. Grundsätzliche Aspekte

Der Umfang bzw. die Quote zurechenbaren Verhaltens der Gesellschafter hängt maßgeblich davon ab, wer den Schaden überwiegend verursacht hat[513]. Darüber hinaus ist das Maß beiderseitigen Verschuldens entscheidend. Obgleich es wesentlich auf die Umstände des Einzelfalls ankommt, lassen sich grundsätzliche Erwägungen voranstellen. Sofern der Geschäftsführer vorsätzlich handelt und den Gesellschaftern lediglich Fahrlässigkeit zur Last fällt, muß ein anrechenbares Mitverschulden ausscheiden, da der Geschäftsführer in diesem Fall nicht schutzwürdig ist. Im umgekehrten Fall ist es hingegen denkbar, daß der Ersatzanspruch auf Null gekürzt wird[514]. Sofern beide Parteien vorsätzlich oder fahrlässig gehandelt haben, ist eine Abwägung anhand der Umstände des Einzelfalls vorzunehmen[515]. Dabei kommt dem Gericht ein Beurteilungsspielraum zu, innerhalb dessen jede Entscheidung rechtmäßig ist[516]. Überdies sind die verschiedenen Formen der Weisungsabhängigkeit in die Beurteilung einzubeziehen, da der Grad der Verursachung durch die Gesellschafter im Rahmen degradierender Weisungsabhängigkeit tendenziell höher sein wird als im Rahmen singulärer Weisungsabhängigkeit.

---

512 Dabei sei zusätzlich angemerkt, daß nicht einmal der BGH in NJW 1983, 1856f. den Gläubigerschutz in seine Überlegungen einbezieht.

513 Vgl. dazu bereits oben S. 168f.

514 Diese Beurteilung ist im Rahmen der gewöhnlichen Anwendung von § 254 BGB zwar grundsätzlich anerkannt, vgl. *Münchener Kommentar/Grunsky*, § 254 Rz. 62; *Soergel/Mertens*, § 254 Rz. 116; *Erman/Kuckuck*, § 254 Rz. 94, sollte jedoch nicht auf das Verhältnis zwischen Geschäftsführer und Gesellschaftern übertragen werden, da sie nicht den Pflichten des Geschäftsführers als treuhänderischem Vertreter fremder Vermögensinteressen gerecht wird.

515 Bei kraß überwiegender Fahrlässigkeit einer Partei ist es sogar denkbar, daß diese den Schaden ganz tragen muß, vgl. BGH, VersR 1967, 187; *Palandt/Heinrichs*, § 254 Rz. 54; *Münchener Kommentar/Grunsky*, § 254 Rz. 63.

516 Dieser Spielraum wird in der Regel aus § 287 ZPO entnommen, vgl. dazu BGH, NJW 1986, 2945, 2946; *Klauser*, JZ 1968, 167, 169; *Soergel/Mertens*, § 254 Rz. 133; *Münchener Kommentar/Grunsky*, § 254 Rz. 67.

II. Fehlende Anwendbarkeit in bestimmten Weisungskategorien

§ 254 BGB hat allerdings nicht im Rahmen sämtlicher Weisungsfälle Bedeutung. Daher werden zunächst die Fälle herausgearbeitet, in denen eine Anwendung von § 254 BGB von vorn herein ausscheidet.

1. Keine Anwendung im Rahmen rechtmäßiger Weisungen

Sofern der Geschäftsführer bei der Ausführung einer rechtmäßigen Weisung nicht sorgfältig handelt, ist ein Mitverschulden der Gesellschafter nicht denkbar. Soweit sich die Weisung nur auf die Maßnahme selbst und nicht auf die Art der Ausführung bezieht, kommt ein Mitverschulden infolge mangelnden Bezugs nicht in Betracht. Sofern die Weisung hingegen rechtmäßige Angaben über die Ausführung der Weisung beinhaltet und der Geschäftsführer die Vorgaben einhält, haftet er sowieso nicht, da ihn die Weisung entlastet. Sollten die Angaben zur Ausführung der Weisung bei ihrer Realisierung zur wirtschaftlichen Unzweckmäßigkeit des Beschlusses führen, wäre ein Mitverschulden ebenfalls unerheblich, da der Geschäftsführer auch in diesem Fall nicht haftet[517].

2. Keine Anwendung im Rahmen pflichtwidriger Einflußnahme auf die Beschlußfassung

Bei pflichtwidriger Einflußnahme auf die Erteilung der Weisung scheidet ein Mitverschulden ebenfalls aus, da der Schwerpunkt der Vorwerfbarkeit in der fehlenden, unvollständigen oder falschen Beratung durch den Geschäftsführer liegt[518]. Die Anwendung des § 254 BGB kann sich nicht auf diese Pflichtverletzung erstrecken, da sie allein vom Geschäftsführer ausgeht und nicht von der Weisung erfaßt wird, die als Anknüpfungspunkt für ein Mitverschulden dient.

3. Keine Anwendung im Rahmen von Nicht- und Scheinbeschlüssen

Sofern aufgrund eines Zuständigkeitsmangels ein Nicht- oder Scheinbeschluß vorliegt, kommt § 254 BGB ebenfalls nicht in Betracht, da es um die Zurechnung eines Verhaltens geht, das nicht vom willensbildenden Organ der Gesellschaft getragen wird. Weisungen einzelner Gesellschafter oder gar gesellschaftsfremder Dritter können infolge des Minderheitenschutzes nicht zu Lasten der gesamten Gesellschafterversammlung ausgelegt werden.

4. Keine Anwendung im Rahmen von Weisungen, denen die notwendige Zustimmung eines Aufsichtsrats fehlt

Auch in diesem Rahmen scheidet die Berücksichtigung des Mitverschuldens aus, da die Gesellschafterversammlung ansonsten die durch den Aufsichtsrat geschützten Interessen der Arbeitnehmer unterlaufen würde.

---

517 Vgl. oben S. 75ff.

518 So auch *Scholz/Schneider*, § 43 Rz. 96; *Hachenburg/Mertens*, § 43 Rz. 74; *Rowedder/Koppensteiner*, § 43 Rz. 26; *Heisse*, Beschränkung, S. 73; *Fleck*, GmbHR 1974, 224, 226.

III. Anwendbarkeit im Rahmen der übrigen Weisungskategorien

1. Mögliche Anwendung bei Änderung der Beurteilungsgrundlage

Im Fall nachträglicher Änderung der Beurteilungsgrundlage kann die ursprüngliche Weisung nicht verschuldensmindernd berücksichtigt werden, soweit der Inhalt infolge der veränderten Verhältnisse nicht mehr zurechenbar ist. Sollte der Inhalt der Weisung trotz veränderter Umstände zurechenbar sein, kommt hingegen ein Mitverschulden in Betracht. Inwieweit § 254 BGB dabei Bedeutung erlangen kann, hängt davon ab, in welchem Maße der Inhalt der Weisung trotz veränderter Umstände noch relevant ist. Dabei wird jedoch der Schwerpunkt des Verschuldens in der Regel beim Geschäftsführer liegen. Zum Zeitpunkt der Ausführung ist ihm bewußt, daß er die Gesellschafter über die veränderten Umstände informieren muß. Es entzieht sich dabei seiner genauen Kenntnis, inwieweit sie ihre Auffassung hinsichtlich der Weisung geändert hätten, wäre ihnen die Möglichkeit zu einer erneuten Beschlußfassung eingeräumt worden. Selbst wenn nach objektiver Beurteilung die Änderung der Umstände auf die Weisung keinen Einfluß hätte nehmen dürfen, kann sich aus subjektiven Gründen die Einstellung einzelner Gesellschafter verändern. Sollte dies nicht der Fall sein, ist der Anwendungsbereich von § 254 BGB eröffnet, da der Inhalt der Weisung immer noch zurechenbar ist. Die exakten Auswirkungen lassen sich lediglich im jeweiligen Einzelfall festlegen.

Überdies kann eine Anwendung des § 254 BGB in Betracht kommen, wenn der Geschäftsführer die Gesellschafter von der Änderung in Kenntnis gesetzt hat und sie dennoch auf Durchführung der Weisung bestehen[519].

2. Mögliche Anwendung im Rahmen nichtiger Weisungen

Im Rahmen nichtiger Weisungen ist eine Anwendung lediglich außerhalb von § 43 III GmbHG möglich[520]. Da sich das Mitverschulden im übrigen Bereich danach richtet, inwieweit der Schaden von der einen oder anderen Partei verursacht wurde, kommt es zum einen darauf an, wie sicher der Geschäftsführer davon ausgehen konnte, daß die Weisung nichtig ist und zum anderen, inwieweit die Gesellschafter von der Nichtigkeit des Beschlusses Kenntnis hatten. Sofern ihnen die Nichtigkeit unverschuldet unbekannt war, muß ein Mitverschulden unterbleiben. Im umgekehrten Fall hängt das Mitverschulden der Gesellschafter davon ab, inwieweit der für die Ausführung der Weisung und deren Rechtmäßigkeitsprüfung zuständige Geschäftsführer trotz Kenntnis der Nichtigkeit zur Ausführung der Weisung bewegt wurde. Die schlichte Erteilung der Weisung reicht dabei nicht aus, da es der Geschäftsführer durch seine Kenntnis selbst in der Hand hat, die Ausführung zu verweigern. Insofern muß es sich um Aspekte handeln, die den Geschäftsführer darüber hinaus zur Ausführung veranlaßt ha-

---

519 So auch *Hachenburg/Mertens*, § 43 Rz. 85; *Hefermehl*, FS Schilling, S. 159, 172; *Ziemons*, Einflußnahme, S. 35.

520 Vgl. oben S. 172.

ben und sich unmittelbar aus der Weisung ergeben[521]. Sollte der Geschäftsführer hingegen die Möglichkeit gehabt haben, die Situation mit den Gesellschaftern zu klären, bleibt für eine Anwendung von § 254 BGB kein Raum, wenn er von dieser abgesehen hat.

3. Mögliche Anwendung im Rahmen anfechtbarer Weisungen

Auch im Rahmen anfechtbarer oder angefochtener Weisungen ist § 254 BGB anwendbar. Entscheidend ist dabei wiederum, ob die Gesellschafter von der Anfechtbarkeit Kenntnis hatten und der Geschäftsführer durch den Beschluß dazu bewegt wurde, die Weisung trotz Kenntnis der Anfechtbarkeit auszuführen. Da die Ausführungspflicht im Rahmen dieser Mangelkategorie auch davon abhängt, inwieweit mit einer Anfechtung zu rechnen war, kommt es überdies darauf an, welche Anhaltspunkte sich aus der Weisung dafür ergeben, daß trotz Anfechtbarkeit keine Anfechtungstendenzen bestehen.

4. Mögliche Anwendung im Rahmen unklarer Weisungen

Soweit die Weisung unklar ist und der Geschäftsführer im Grund nicht weiß, ob der Inhalt tatsächlich so gefaßt wurde, kommt ein Mitverschulden der Gesellschafter wiederum in Betracht, wenn die Weisung trotz fehlender Beschlußfeststellung so gefaßt wurde, daß der Geschäftsführer annehmen konnte, deren Inhalt sei eindeutig. Sofern hingegen lediglich einzelne Gesellschafter den Eindruck erweckt haben der unklare Beschluß sei eindeutig, muß § 254 BGB mangels einer dogmatischen Zurechnungsgrundlage ausscheiden.

5. Mögliche Anwendung im Rahmen unwirksamer Weisungen

Auch im Hinblick auf unwirksame Weisungen ist eine Anwendung des § 254 BGB denkbar. Dabei ist jedoch zu differenzieren, ob die Weisung unwirksam ist, weil die Zustimmung eines Gesellschafters fehlt oder aufgrund anderer Mängel. Im ersten Fall ist die Weisung nicht i.S.v. § 254 BGB zurechenbar, da es gerade an der notwendigen innergesellschaftlichen Willensbildung mangelt, durch die das Gesellschafterverhalten der GmbH zugewiesen wird. Sollte es an anderen Voraussetzungen fehlen ist entscheidend, ob sich aus der Weisung selbst ergibt, inwieweit von der sicheren Nachholung der Rechte oder von einem Verzicht auf deren Ausübung auszugehen ist. Sofern die betroffenen Gesellschafter dem Geschäftsführer gegenüber individuell versichert haben, der Unwirksamkeitsgrund werde noch beseitigt, kann diese mangels Zurechnung ebenfalls nicht in Betracht gezogen werden.

§ 12 ERGEBNIS

Die Untersuchung der einzelnen Tatbestandsmerkmale der Haftungsnorm hat ergeben, daß bei richtigem Verständnis der Weisungssituation eine Vielzahl von

---

521 Dabei mag es sich insbesondere um unlautere Mittel handeln, wie die mittelbare Drohung mit Abberufung oder anderen Sanktionen, die den Geschäftsführer aus Angst um den Erhalt seiner Stellung zur Ausführung bewegen könnten.

Ansatzpunkten besteht, das Haftungsrisiko des Geschäftsführers zu mildern. Im Rahmen der Pflichtwidrigkeit schafft vor allem der teilweise einschlägige Ermessensspielraum eine gewisse Erleichterung. Wenngleich im Hinblick auf das Verschulden die Anwendung der Grundsätze betrieblich veranlaßter Tätigkeit nicht Platz greifen, so eröffnen sich dem Geschäftsführer weitgehende Möglichkeiten, den Verschuldensmaßstab durch eine Haftungsvereinbarung zu reduzieren. Auch die mögliche Anwendung von § 254 BGB kann von Nutzen sein.

Gleichwohl bleibt das Haftungsrisiko beträchtlich, da Ermessensentscheidungen nur in bestimmten Fällen zulässig sind und die Reduzierung des Haftungsmaßstabs als entscheidende Risikobegrenzung lediglich im Wege einer Vereinbarung möglich ist und daher einer Mitwirkung der Gesellschafter bedürfen.

3. TEIL: BEGRENZUNG DES HAFTUNGSRISIKOS IM HINBLICK AUF DIE ERTEILUNG DER WEISUNG

Nachdem sich im Rahmen des gesetzlichen Tatbestands ergeben hat, daß der Geschäftsführer bei Ausführung einer Weisung vielfältigen Haftungsrisiken ausgesetzt wird, die nicht „tatbestandsintern" ausgeräumt werden können, stellt sich nun die Frage, inwieweit diesen Gefahren auf „externen Wegen" zu begegnen ist. Da der gesamte Weisungs-Haftungskonflikt mit der Weisung als Grundlage der potentiellen Haftungsentwicklung beginnt, liegt es nahe, deren Erteilung als Anknüpfungspunkt weiterer Haftungsbeschränkungsmöglichkeiten heranzuziehen. Dabei werden zwei Aspekte einer näheren Prüfung unterzogen: zum einen, ob die Erteilung der Weisung einer besonderen Form unterliegt bzw. unterliegen sollte; zum anderen, ob dem Geschäftsführer bei der beschlußfassenden Gesellschafterversammlung eine Teilnahmemöglichkeit einzuräumen ist. Keine dieser Fragen wird vom Gesetz beantwortet.

§ 13 FORMPFLICHT FÜR WEISUNGEN

A. Problem einer gesetzlichen Dokumentationspflicht für Weisungsbeschlüsse als Anknüpfungspunkt für eine Formpflicht bei Weisungen

Zunächst ist zu erörtern, ob die Beschlußfassung als Grundlage von Weisungen einer besonderen Dokumentationspflicht unterliegt. Auf dieser Basis könnte sich auch eine Formpflicht für die Erteilung der Weisung gegenüber dem Geschäftsführer ergeben.

I. Gesetzliche Einzelfälle einer besonderen Dokumentationspflicht

Die wenigen Fälle gesetzlicher Formerfordernisse differieren zwischen der Einmann- und Mehrpersonen-GmbH. Dabei ist die Protokollierung des Beschlußergebnisses und der Versammlung zu unterscheiden.

Für die Einmann-GmbH wurde die Dokumentationspflicht bereits als Ersatz für eine nicht notwendige förmliche Gesellschafterversammlung dargestellt[1]. Daraus ergibt sich jedoch keine Pflicht, eine Weisung nur schriftlich zu erteilen, da der Verstoß deren Wirksamkeit unberührt läßt. Für die Mehrpersonen-GmbH sieht das GmbHG eine Protokollierungspflicht für Gesellschafterbeschlüsse überhaupt nicht vor.

In besonderen Fällen wird die Einhaltung einer bestimmten Form für die Beschlußfassung jedoch unabhängig von der Zahl der Anteilseigner normiert. So müssen Satzungsänderungen, Umwandlungs-, Spaltungs- und Verschmelzungsbeschlüsse gemäß § 53 II GmbHG, §§ 13 III i.V.m. 50 I, 125, 135 I, 176 I, 177 I, 193 III UmwG[2] notariell beurkundet werden[3]. Diese Pflicht bezieht sich je-

---

1 Vgl. oben S. 34f.

2 Vor Inkraftreten des neuen Umwandlungsgesetzes vom 28. Oktober 1994 regelten die § 24 UmwG 1969 und § 29 KapErhG die Form derartiger Beschlüsse.

doch nur auf die Beschlußfassung, nicht hingegen auf die Protokollierung des Ablaufs der Gesellschafterversammlung[4]. Überdies läßt sich aus diesem Formerfordernis nicht ableiten, daß es sich auch auf die Weisung erstreckt, die entsprechende Maßnahme durchzuführen. Vielmehr sind der Beschluß und eine darauf gerichtete Weisung strikt voneinander zu trennen. Die Formvorschrift würde die Weisung selbst dann nicht erfassen, wenn die Erstellung eines speziellen Protokolls für den Ablauf der Versammlung erforderlich wäre. Im Zweifel könnten die Gesellschafter dem Geschäftsführer die mit der Ausführung des protokollierungspflichtigen Geschäftes notwendigen Weisungen auch im Rahmen einer weiteren Gesellschafterversammlung erteilen. Diese würde von der Beurkundungspflicht sowieso nicht mehr erfaßt.

Die Pflicht zur Protokollierung kann sich jedoch aus der Satzung ergeben. Diese wird häufig eine Regelung enthalten, nach der eine Niederschrift über den Verlauf und die Beschlußfassung der Gesellschafterversammlung anzufertigen ist[5]. Dadurch würde die Weisung an den Geschäftsführer ebenfalls protokolliert.

Weitere Formerfordernisse, insbesondere im Hinblick auf einzelne Weisungen, sieht das GmbHG im Gegensatz zu § 130 AktG, der eine explizite Regelung zur Niederschrift von Gesellschaftsbeschlüssen enthält, nicht vor.

II. Problematik einer weitergehenden grundsätzlichen Dokumentationspflicht

Die Notwendigkeit einer darüber hinaus gehenden Protokollierungspflicht von Gesellschafterbeschlüssen bzw. -weisungen wird nicht einheitlich beantwortet.

Die Einhaltung einer Schriftform ist zunächst bei Erstellung einer Geschäftsordnung für die Geschäftsführung erforderlich, bei der es sich im Grunde um nichts anderes als eine auf Dauer angelegte Vielzahl von Weisungen in allgemeiner Form handelt. Zu Recht wird darauf hingewiesen, nur die schriftliche Fixierung könne eine gleichmäßige Anwendung sicherstellen[6].

Außerhalb von Geschäftsordnungen ist die Protokollierung von Gesellschafterbeschlüssen und damit auch von Weisungen Gegenstand einer Kontroverse.

---

3 Ein Auflösungsbeschluß bedarf hingegen keiner besonderen Form, vgl. BayObLG, BB 1995, 168.

4 *Scholz/Priester*, § 53 Rz. 69.

5 Eine derartige Regelung ist in der Satzung jeder Gesellschaft dringend anzuraten, da Unsicherheiten bzw. Unstimmigkeiten zwischen den Gesellschaftern über den Inhalt, den Ablauf und die Beschlußfassung häufig auftreten. Eine genaue Protokollierung hilft in diesem Zusammenhang, Unklarheiten im Vorfeld einer möglichen Klage zu beseitigen und ist gleichzeitig ein wichtiges Beweismittel in einem potentiellen Gerichtsverfahren. Dazu ausführlich: *Eickhoff*, Gesellschafterversammlung, S. 66ff. Rz. 287ff.; *Vogel*, Gesellschafterbeschlüsse, S. 158.

6 BFH, GmbHR 1985, 30, 32; *Scholz/Schneider*, § 37 Rz. 57; für die AG: *Kölner Kommentar/Mertens*, § 77, Rz. 40; a.A., sofern der Vorstand eine einmalige oder generelle Abweichung beschließt, *Großkommentar AktG/Meyer-Landrut*, § 77 Anm. 10.

Ein Teil des Schrifttums bezieht sich auf die Position eines Versammlungsleiters. Obwohl danach zwar keine grundsätzliche Notwendigkeit besteht, Gesellschafterversammlungen zu protokollieren, sei ein berufener Versammlungsleiter stets zur Erstellung einer Versammlungsniederschrift verpflichtet[7]. Diese Verpflichtung wird als Teil der Sorgfaltsanforderungen angesehen, die an einen Versammlungsleiter gestellt werden müßten[8]. Des weiteren billigen die Vertreter dieser Auffassung dem einzelnen Gesellschafter einen Anspruch auf Erstellung eines Protokolls zu[9]. In diesem Zusammenhang wird insbesondere auf § 83 RegE 1971 verwiesen, der ausdrücklich jeden Gesellschafter ermächtigt, eine Versammlungsniederschrift sowie bei Übernahme der Kosten eine notarielle Beurkundung zu verlangen[10]. Eine andere Auffassung knüpft ebenfalls an die Funktion des Versammlungsleiters an, ohne ihm jedoch eine grundsätzliche Verpflichtung zur Erstellung eines Protokolls aufzuerlegen. Er habe vielmehr einen Ermessensspielraum, innerhalb dessen er entscheiden könne, ob und wie er ein Protokoll anfertigt[11]. Allerdings hafte er im Fall von Schäden, die den Gesellschaftern durch das Fehlen eines Versammlungsprotokolls entstehen. Dabei ist zu berücksichtigen, daß die Bestellung eines Vorsitzenden zweckmäßig[12], jedoch nicht zwingend ist[13].

Ferner wird der Ansatz vertreten, in Ermangelung einer speziellen Satzungsregelung bestehe gar keine Verpflichtung zur Erstellung eines Versammlungsprotokolls, unabhängig davon, ob ein Versammlungsleiter bestellt ist[14]. Entscheidend sei daher eine entsprechende Regelung in der Satzung.

Als Fazit läßt sich konstatieren, daß zwischen Literatur und Rechtsprechung offenbar Einigkeit besteht, ohne Bestellung eines Versammlungsleiters auch keine Protokollierungspflicht anzunehmen. Darüber hinaus ist augenfällig, daß die Person des Geschäftsführers nahezu gänzlich außer acht gelassen wird. Dieser Umstand ist vor dem Hintergrund der angegebenen Zwecksetzung einer Proto-

---

7 *Baumbach/Hueck/Zöllner*, § 48 Rz. 13; *Scholz/Schmidt*, § 48 Rz. 38.

8 Nach *Scholz/Schmidt*, § 48 Rz. 32 gehörten zu seinen Aufgaben neben der Sorge für einen ordnungsgemäßen Ablauf der Versammlung ebenfalls die Einhaltung einer Vielzahl formeller Anforderungen. Dazu zählten wiederum die Feststellung ordnungsgemäßer Einberufung, Aufstellung der Teilnehmerliste, Feststellung des Teilnahmerechts erschienener Personen, Worterteilung, Behandlung der Anträge und vor allem die Protokollierung des Versammlungsablaufs und Feststellung der Beschlußergebnisse.

9 *Scholz/Schmidt*, § 48 Rz. 38.

10 § 83 RegE GmbHG 1971, BT-Drucks. 6/3088.

11 *Feine*, GmbH, S. 541; *Meyer-Landrut/Miller/Niehus*, § 48 Rz. 15. Ebenso, da bereits vom Ansatz weitergehend: *Baumbach/Hueck/Zöllner*, § 48 Rz. 13; *Scholz/Schmidt*, § 48 Rz. 38.

12 Dazu *Hofmann*, GmbHR 1970, 119, 120f.; *Eickhoff*, Gesellschafterversammlung, S. 53.

13 Das GmbHG sieht keine Pflicht zur Bestellung eines Versammlungsleiters vor, vgl. *Hachenburg/Hüffer*, § 48 Rz. 29; *Lutter/Hommelhoff*, § 48 Rz. 9 unter Hinweis auf BGHZ 76, 154, 156; *Meyer-Landrut/Miller/Niehus*, § 48 Rz. 11; *Rowedder/Koppensteiner*, § 48 Rz. 12; *Scholz/Schmidt*, § 48 Rz. 29. Gleichwohl wird die Satzung in der Regel eine Pflicht zur Benennung eines Versammlungsleiters enthalten, vgl. *Eickhoff*, Gesellschafterversammlung, S. 53 Rz. 243.

14 *Rowedder/Koppensteiner*, § 48 Rz. 17; wohl ebenso *Eickhoff*, Gesellschafterversammlung, S. 67 Rz. 288.

kollierung überraschend. Dabei wird zunächst ganz allgemein auf eine Erhöhung der Rechtssicherheit verwiesen[15]. Überdies ist eine Beweiserleichterung im Hinblick auf die gefaßten Beschlüsse relevant[16]. Ferner diene die Protokollierung dazu, unnötige Prozesse zu vermeiden sowie eine effiziente Prozeßführung zu gewährleisten[17]. Keine dieser Zwecke beschränkt sich ausschließlich auf die Gesellschaft oder einzelne Gesellschafter. Vielmehr umfassen diese Schutzzwecke auch den Geschäftsführer. Da er im Rahmen einer Weisung untersuchen muß, ob ihm eine Ausführungs- oder Verweigerungspflicht obliegt, deren Verletzung für ihn zu einem Haftungsrisiko führen kann, ist er in besonderem Maße an Rechtssicherheit interessiert. Diese kann sich vor allem in der Beweisfunktion einer Protokollierung äußern, da die Weisung als Rechtfertigung seiner Handlungsweisen nachweisbar sein muß. Ferner ist auch die Vermeidung von Prozessen für ihn von Bedeutung, weil seine Haftungsrisiken von einer etwaigen Anfechtung und deren Erfolg abhängen[18]. Letztlich ist anzuführen, daß ihm als vertretungsberechtigtem Organ der Gesellschaft auch deren Vertretung in Prozessen obliegt.

Daraus ergibt sich, daß die Interessen des Geschäftsführers im Hinblick auf eine Protokollierungspflicht nicht gänzlich ignoriert werden können. Der folgende Abschnitt untersucht daher, inwiefern den Bedürfnissen des Geschäftsführers in diesem Rahmen Rechnung zu tragen ist.

B. Einführung einer Dokumentationspflicht für Weisungen

Da es vorrangig um die Person des Geschäftsführers geht, soll an dieser Stelle nicht genau untersucht werden, ob den einzelnen Gesellschaftern ein Anspruch auf Erstellung einer Versammlungsniederschrift einzuräumen ist, da der Versammlungsleiter eventuell die Pflicht hat, für eine entsprechende Niederschrift Sorge zu tragen oder er sich im Fall fehlender Protokollierung zumindest schadensersatzpflichtig macht.

Dessen ungeachtet wären diese Ansprüche und Pflichten für den Geschäftsführer aus verschiedenen Gründen nur von begrenztem Nutzen. Zunächst garantieren sie keine schriftliche Ausfertigung der Weisung. Ferner läßt sich aus diesen Pflichten nicht entnehmen, daß die Niederschrift auch dem Geschäftsführer auszuhändigen ist, sieht man von beurkundungspflichtigen Satzungsänderungen und sonstigen Maßnahmen ab, deren Eintragung ins Handelsregister der Geschäftsführer veranlassen muß. Überdies beschränkt sich die Protokollierung

---

15 Vgl. *Eickhoff*, Gesellschafterversammlung, S. 67 Rz. 288 i.V.m. S. 66 Rz. 286.

16 Vgl. *Münchener Vertragshandbuch Gesellschaftsrecht/Heidenhain/Meister*, IV 38. Überdies wird darauf auch aus den Reihen derer hingewiesen, die eine Protokollierungspflicht ablehnen. Dabei sanktioniert u.a. *Hachenburg/Hüffer*, § 48 Rz. 37 die Verletzung einer satzungsmäßigen Protokollierungspflicht nicht mit der Unwirksamkeit des Beschlusses, da es sich bei fehlender anderweitiger Anhaltspunkte lediglich um eine Beweiserleichterung handele. So offenbar auch *Baumbach/Hueck/Zöllner*, § 48 Rz. der die Schriftform lediglich als Ordnungsvorschrift ansieht.

17 *Scholz/Schmidt*, § 48 Rz. 38.

18 Vgl. dazu oben S. 96ff.

nur auf Beschlüsse der Mehrpersonen-GmbH. Eine Weisung durch den Alleingesellschafter in der Einmann-GmbH würde hingegen nicht erfaßt. Letztlich ist festzustellen, daß selbst eine satzungsmäßige Protokollierungspflicht für Gesellschaftergeschäftsführer stets von ihrem jeweiligen Umfang abhängig ist und daher ebenfalls nur untergeordnete Bedeutung haben kann.

Aus diesen Gründen ist für den Geschäftsführer nicht die grundsätzliche Protokollierung von Gesellschafterbeschlüssen relevant, sondern vielmehr die Frage, ob die Weisung selbst protokolliert bzw. schriftlich gefaßt werden muß und welche zusätzlichen Informationen beizufügen sind. Die Rechtsprechung hat sich zu dieser Frage bislang nicht geäußert. Innerhalb des Schrifttums führt lediglich *Roth* aus, Geschäftsführer sollten eine „beweiskräftige Ausfertigung" solcher Gesellschafterbeschlüsse verlangen können, die ihre schutzwürdigen Interessen tangieren[19]. Dabei bezieht er sich auf Beschlüsse, die eine Weisung, einen Verzicht oder einen Vergleich zum Inhalt haben[20]. Als Anspruchsgrundlage wird schlicht auf die Treuepflicht der Gesellschaft verwiesen. Ungeachtet der Tatsache, daß dieser Ansatz als begrüßenswert anzusehen ist, bleiben die eigentlich entscheidenden Aspekte außer Betracht.

Zunächst fehlt es an einer aussagekräftigen Begründung für die Erforderlichkeit eines derartigen Anspruchs, da der kurze Verweis auf schutzwürdige Interessen allein der Komplexität des Problems nicht gerecht wird. Des weiteren läßt *Roth* die genaue dogmatische Herleitung im Unklaren. Dies beruht zum einen darauf, daß er lediglich auf die „Fürsorgepflicht" abhebt. Als Fürsorgepflichten werden herkömmlicherweise arbeits- oder dienstvertragliche, respektive schuldvertragliche Pflichten bezeichnet[21]. Dies ist allerdings nicht mit dem Verweis[22] auf eine Textstelle von *Zöllner*[23] in Einklang zu bringen, die sich auf organschaftliche Treuepflichten der GmbH in Form von Schutz- und Rücksichtspflichten bezieht. Außerdem mangelt es an der erforderlichen Begründung, inwiefern sich aus der Fürsorgepflicht ein solcher Anspruch ergeben kann. Angaben zur inhaltlichen Ausgestaltung einer schriftlichen Weisung sowie zu den Rechtsfolgen, die ein Verstoß gegen das Schriftformerfordernis bzw. einer Erfüllungsverweigerung seitens der Gesellschaft auslösen könnte, fehlen indes gänzlich.

I. Begründung für das Erfordernis einer Dokumentationspflicht bei Weisungen

1. Ableitung der Gründe aus den allgemeinen Funktionen der Schriftform

Die Frage nach einem entsprechendem Erfordernis läßt sich am ehesten anhand der vier Funktionen einer Schriftform verdeutlichen, die der Klarstellung des

19 *Roth/Altmeppen*, § 48 Rz. 15.

20 Dies ergibt sich aus dem Verweis auf *Roth/Altmeppen*, § 43 Rz. 52.

21 Vgl. *Soergel/Teichmann*, § 242 Rz. 67; *Schwerdtner*, Fürsorgetheorie, S. 79ff.; *ders.*, ZfA 1979, 1.

22 *Roth/Altmeppen*, § 48 Rz. 15.

23 *Baumbach/Hueck/*Zöllner, § 35 Rz. 25.

Inhalts, der Beweissicherung im Fall potentieller Konflikte sowie der Warnung ob der Bedeutsamkeit der Maßnahme dient[24]. In bestimmten Fällen kann der Einhaltung einer bestimmten Form zusätzlich die Funktion einer Kontrolle durch Dritte zukommen. Zugegebenermaßen mögen diese Funktionen für eine Vielzahl von Rechtsgeschäften und anderen rechtlich relevanten Handlungen wünschenswert sein. Ausschlaggebend ist daher, inwieweit sie die Notwendigkeit einer Schriftform für Weisungen begründen können. Dabei ist bereits zu Beginn ein wesentlicher Unterschied zu gewöhnlichen Rechtsgeschäften anzuführen, der im weiteren Verlauf stets eine besondere Bedeutung einnehmen wird. Der Geschäftsführer als reines Ausführungsorgan ist im Vergleich zu einem gewöhnlichen Rechtsgeschäft nicht Teil der Vertragsparteien sondern lediglich der Empfänger einer Entscheidung, die von der Gesellschafterversammlung getroffen wird. Damit gehen wesentliche Unterschiede einher. Zunächst kann ein Fremdgeschäftsführer keinen Einfluß auf den Inhalt der Weisung nehmen, die er auszuführen hat - selbst dem Minderheitsgesellschaftergeschäftsführer stehen nur sehr eingeschränkte Einflußmöglichkeiten zu. Insbesondere ist der Geschäftsführer jedoch verpflichtet, eine wirksame Weisung auszuführen, wohingegen im Rahmen der Vertragsfreiheit jeder Partei die Entscheidung über den Abschluß des Rechtsgeschäfts selbst obliegt. Damit ist das persönliche Schutzbedürfnis des Geschäftsführers an einer rechtssicheren Beurteilung der Rechtmäßigkeit im Vergleich zu einer gewöhnlichen Vertragspartei im Hinblick auf ein anstehendes Rechtsgeschäft bereits im Ausgangspunkt höher. Im Folgenden wird daher jeweils untersucht, ob es sich bei den Vorteilen einer Schriftform zugunsten des Geschäftsführers um Verbesserungen handelt, die auch auf jedes gewöhnliche Rechtsgeschäft zutreffen oder gerade im Hinblick auf Weisungen besondere Bedeutung erlangen.

Darüber hinaus bedarf es einer Differenzierung zwischen Fremd- und Minderheitsgesellschaftergeschäftsführern, da aus verschiedenen Gründen eine unterschiedliche Behandlung angezeigt sein könnte. Gesellschaftergeschäftsführer sind berechtigt, an der Versammlung teilzunehmen und erhalten unter Umständen bereits mit der Einladung[25] einige der notwendigen Informationen[26]. Das Anwesenheitsrecht versetzt sie außerdem in die Lage, Aufzeichnungen über den Versammlungsablauf anzufertigen. Letztlich steht ihnen ein Auskunfts- und Einsichtsrecht gemäß § 51a GmbHG zu, das sie ermächtigt, in sämtliche Unterlagen der Gesellschaft Einblick zu nehmen[27]. Dies ermöglicht ihnen mitunter, einige der Informationen eigenständig zu erhalten[28]. Inwieweit diese Aspekte

---

24 *Münchener Kommentar/Förschler*, § 125 Rz. 3ff.; *Palandt/Heinrichs*, § 125 Rz. 1; *Jauernig/Jauernig*, § 125 Rz. 3ff. sowie detailliert zur allgemeinen Ordnungsfunktion der Form *Häsemeyer*, Form der Rechtsgeschäfte, S. 164ff.

25 *Baumbach/Hueck/Zöllner*, § 51 Rz. 3; *Roth/Altmeppen*, § 51 Rz. 4; *Lutter/Hommelhoff*, § 51 Rz. 1.

26 Vgl. zum notwendigen Inhalt *Scholz/Schmidt*, § 51 Rz. 16.

27 Dazu *Bopp*, Informationsrechte, S. 50ff.; *v. Bitter*, ZIP, 1981, 825ff.; *Grunewald*, ZHR 146 (1982), 211ff.; *dies.*, ZGR 1989, 545ff.; *Lutter*, ZGR 1982, 1ff.

28 Dabei könnten jedoch mitunter Probleme auftreten, da gemäß § 51a II GmbHG ein Auskunftsverweigerungsrecht besteht, vgl. *Bopp*, Informationsrechte, S. 74ff.; *Rowedder/Koppensteiner*, § 51a Rz. 17ff. Dabei handelt es sich jedoch um die Verwendung gesellschaftsfremder Informationen und die Gefahr einer erheblichen Nachteilszufügung für

eine Differenzierung erfordern, wird sich im Laufe der Untersuchung zeigen. Sofern gar eine satzungsmäßige Protokollierungspflicht für Gesellschafterversammlungen besteht und in der Niederschrift neben der eigentlichen Weisung sämtliche Angaben enthalten sind, die im Folgenden erarbeitet werden, kann eine zusätzliche schriftliche Erteilung der Weisung unterbleiben, da der Geschäftsführer auf diese Weise bereits ausreichend geschützt ist.

a) Klarstellungsfunktion

Die Klarstellung des Inhalts[29] ist für den Geschäftsführer in verschiedener Hinsicht von Bedeutung.

Zunächst ist der Geschäftsführer im Rahmen von Weisungen verpflichtet, deren Rechtmäßigkeit zu überprüfen, da sich anhand dieser Untersuchung seine Handlungspflichten bestimmen[30]. Durch eine schriftliche Erteilung der Weisung könnte der Geschäftsführer wertvolle Informationen erhalten, die für eine Beurteilung der Rechtmäßigkeit der Weisung erforderlich sind. Wie sich im bisherigen Verlauf der Arbeit gezeigt hat, hängt die Beurteilung der Rechtmäßigkeit von einer Vielzahl einzelner Umstände ab[31]. Eine Weisung kann an verschiedenen Mängeln leiden, die für den Geschäftsführer unterschiedlichste Pflichten auslösen. Dabei sei erneut darauf hingewiesen, daß Weisungen materiell oder formell nichtig, anfechtbar, unwirksam oder unklar sein und im Rahmen eines Nicht- oder Scheinbeschlusses erteilt werden können[32]. Danach mag der Geschäftsführer entweder verpflichtet sein, die Ausführung zu verweigern[33], einen neuen Beschluß herbeizuführen[34] oder abzuwägen, ob die Weisung trotz Fehlerhaftigkeit dennoch auszuführen ist[35]. Welcher Mangel im Einzelnen vorliegt, läßt sich in vielen Fällen nicht allein dem konkreten Inhalt der Weisung entnehmen, da es weiterer Hintergrundinformationen bedarf. Sofern eine Weisung beispielsweise wegen fehlender Einladung bestimmter Gesellschafter gemäß § 241 Nr. 1 AktG analog nichtig ist[36], ergibt sich dies in der Regel nicht aus der Weisung, da sie sich im Zweifel lediglich auf den Inhalt der vom Geschäftsführer vorzunehmenden Maßnahme erstreckt und keine Einzelheiten über ihr Zustandekommen oder die Einhaltung der Einberufungsvoraus-

die Gesellschaft. Diese Verweigerungsgründe können jedoch im Hinblick auf Weisungsbeschlußgegenstände und das Verlangen nach Auskunft zur Rechtmäßigkeitsprüfung keine Bedeutung erlangen. Zum einen sind diese Aspekte gesellschaftsintern, zum anderen können sie bei Aufdeckung von Beschlußmängeln gerade einen Schaden abwenden helfen, der durch die Ausführung fehlerhafter Weisungen entstehen könnte.

29 *Palandt/Heinrichs*, § 125 Rz. 1; *Bernard*, Formbedürftige Rechtsgeschäfte, S. 31ff.

30 Vgl. oben S. 84ff.

31 Vgl. dazu oben S. 84ff.

32 Vgl. dazu oben S. 53ff.

33 So z.B. bei materiell nichtigen, unwirksamen und an Zuständigkeitsmängeln leidenden Weisungen, vgl. oben S. 84f, 124f., 126.

34 So z.B. in Situationen, die ein dringendes Handeln erfordern, die Weisung in der gegenwärtigen Form eine Ausführung nicht zuläßt.

35 So z.B. im Rahmen von anfechtbaren oder unklaren Weisungen, vgl. unten S. 96ff., 123f.

36 Vgl. dazu oben S. 53f.

setzungen enthalten wird. Derartige Angaben lassen sich jedoch rein praktisch in eine schriftlich zu erteilende Weisung problemlos aufnehmen[37]. Sie zählen überdies zu den üblichen Bestandteilen eines ordnungsgemäß geführten Protokolls[38]. Alternativ läßt sich die Einladung als Anlage beifügen, wobei es sich auch hier um eine im Rahmen von Protokollen übliche Vorgehensweise handelt[39]. Sofern vom Geschäftsführer im Rahmen seiner Pflichten ein rechtlich einwandfreies Verhalten erwartet wird, müssen diese Informationen als Mindestanforderungen für dessen Erfüllung angesehen werden. Diese Ausführungen sind nicht nur für den Fremd- sondern auch für den Minderheitsgesellschaftergeschäftsführer von Bedeutung, da es sich bei den Inhalten um Aspekte handeln kann, die sich nicht notwendigerweise aus seinem Anwesenheitsrecht oder einer Einladung ergeben[40]. Im übrigen ist auf die unterschiedliche Bedeutung der Klarstellungsfunktion im Vergleich zu gewöhnlichen Rechtsgeschäften hinzuweisen. Diese ergibt sich bereits daraus, daß den Vertragsparteien keine Prüfungspflichten im Rahmen eines Vertragsverhältnisses auferlegt werden, durch die eine derartige Beurteilung erforderlich wird.

Überdies wird die Gefahr von Mißverständnissen gemindert, die sonstigen Formen der Mitteilung immanent ist[41]. Derartige Mißverständnisse lösen mitunter schwerwiegende Folgen aus, die auch auf die Haftung Einfluß nehmen können. Sofern der Inhalt einer Weisung aus diesen Gründen nicht mit ihrer Ausführung übereinstimmt, vermag auch deren haftungsentlastende Wirkung nicht einzutreten. Dabei handelt es sich um einen Umstand, der für Fremd- und Minderheitsgesellschaftergeschäftsführer gleichermaßen gilt. Im Vergleich zu einem gewöhnlichen Rechtsgeschäft lassen sich ebenfalls Unterschiede feststellen. Die Gefahr von Mißverständnissen ist geringer, wenn die betroffenen Parteien eines Rechtsgeschäfts unmittelbar miteinander kommunizieren, als wenn das Ergebnis eines zwischen den Gesellschaftern getroffenen Beschlusses dem Geschäftsführer erst in einem zweiten Schritt als Weisung mitgeteilt wird. Selbst wenn dies nicht auf einen Gesellschaftergeschäftsführer zutrifft, so dürfte es bei einem von den betroffenen Parteien durchgeführten Rechtsgeschäft jedoch grundsätzlich einfacher sein, durch die faktische Unmittelbarkeit der Rechtsbeziehungen, Mißverständnisse nachträglich zu erkennen und zu beseitigen. Zwischen der Gesellschafterversammlung und dem Geschäftsführer besteht hingegen nach Erteilung der Weisung nicht unbedingt noch ein Kontakt im Hinblick auf die Weisung.

Somit läßt sich bereits im Hinblick auf die Klarstellungsfunktion ein deutliches Interesse des Geschäftsführers an einer schriftlichen Erteilung der Weisung ableiten.

---

37 Vgl. zu den inhaltlichen Erfordernissen unten S. 202ff.

38 Vgl. nur *Eickhoff*, Gesellschafterversammlung, Rz. 287ff.

39 Vgl. wiederum *Eickhoff*, Gesellschafterversammlung, Rz. 287ff.

40 So z.B. die Einhaltung der Einberufungsvoraussetzungen, da diese nicht zwangsläufig auf einer Gesellschafterversammlung diskutiert werden und vollständig aus der Einladung ersichtlich sind.

41 So trivial es auch erscheinen mag, sollten Mißverständnisse akustischer Art bei mündlicher Übermittlung der Weisung nicht unterschätzt werden.

b) Warnfunktion

Ferner ist die Warnfunktion für den Geschäftsführer von Bedeutung. Dabei geht es um das Schaffen eines rechtlichen Bewußtseins, das eine abgewogene Analyse der Weisung gestattet[42]. Der Erhalt einer Weisung in schriftlicher Form wird ihn mitunter dazu veranlassen, genauer oder auch länger über den Inhalt und dessen Rechtmäßigkeit nachzudenken. Dies ist zum einen auf die dauerhaftere und optische Präsenz der Weisung und zum anderen wohl darauf zurückzuführen, daß es in der menschlichen Natur liegt, Schriftstücken eher eine besondere Bedeutung beizumessen als einer mündlichen Erklärung. Selbst wenn diesem Argument ein hypothetisches Element innewohnt, so entspricht es dennoch der allgemeinen Lebenserfahrung. Darüber hinaus könnte gegen diese Argumentation eingewandt werden, es handele sich lediglich um psychologisierende, nicht hingegen um rechtliche Gesichtspunkte. Dabei bliebe jedoch außer acht, daß die Warnfunktion selbst psychologisierende Merkmale aufweist. Der alarmierende Charakter der zur Vorsicht mahnenden Perpetuierung wird gerade aufgrund der Einstellung zu Schriftstücken erzielt. Wenn sich daher das Gesetz bei der allgemeinen Begründung von Schriftformen psychologisierenden Elementen bedient, so können diese zumindest auch in die vorliegende Analyse mit einfließen. Ein Unterschied zwischen der Position eines Fremd- oder Minderheitsgesellschaftergeschäftsführers läßt sich in diesem Rahmen nicht feststellen, da die Wirkung eines schriftlichen Dokuments auf die jeweilige Person nicht von deren Gesellschafterstellung abhängen wird. Zugegebenermaßen handelt es sich bei dieser Funktion der Schriftform um einen Aspekt, der auch auf Rechtsgeschäfte im Allgemeinen Anwendung findet. Gleichwohl läßt sich aus dem Subordinationsverhältnis zwischen Geschäftsführer und Gesellschafterversammlung eine Differenzierung ableiten. Die Tatsache, daß die Gesellschafterversammlung gegenüber dem Geschäftsführer nahezu unbeschränkt weisungsbefugt ist[43], ihn abberufen[44] und auch kündigen[45] kann, wird unter Umständen dazu führen, daß die Bereitschaft, die Rechtmäßigkeit einer Weisung in Frage zu stellen grundsätzlich geringer ist als die einer Vertragspartei, die freiwillig ein Rechtsgeschäft abschließt. Die Konsequenzen, von einem Rechtsgeschäft Abstand zu nehmen, sind grundsätzlich weniger schwerwiegend als die, von der Ausführung einer Weisung abzusehen. Eine drohende Abberufung oder gar Kündigung aus wichtigem Grund kann einen Geschäftsführer durchaus dazu veranlassen, eine Rechtmäßigkeitsprüfung weniger sorgsam durchzuführen. In einem derartigen Fall gewinnt jedoch die bereits angesprochene Warnfunktion einer schriftlichen Weisung an Bedeutung. Sie mag im Einzelfall, eher als im Rahmen gewöhnlicher Rechtsgeschäfte, dazu führen, die Durchführung der

---

42 Vgl. *Westerhoff*, AcP 184 (1984), 341, 348; *Lorenz*, AcP 156 (1957), 381, 193 betonen, daß dies erlauben soll zu einem Ergebnis zu gelangen, das der rechtlichen und auch sozialen Bedeutung des betreffenden Geschäfts entspricht.

43 *Baumbach/Hueck/Zöllner*, § 37 Rz. 12 sowie oben S. 36ff.

44 *Rowedder/Koppensteiner*, § 38 Rz. 3ff. Dabei kann selbst der Anstellungsvertrag die jederzeitige Abberufungsmöglichkeit nicht abändern, vgl. OLG Stuttgart, GmbHR 1995, 229ff.; *Schönle/Enslin*, GmbHR 1969, 103, 106.

45 *Rowedder/Koppensteiner*, § 38 Rz. 32ff.

Maßnahme nochmals zu überdenken. Insoweit bietet auch die Warnfunktion ausreichenden Raum für eine Begründung der Schriftform.

c) Beweissicherungsfunktion

Die Beweissicherung[46] ist für den Geschäftsführer von eminenter Bedeutung. Im Fall eines Schadensersatzprozesses obliegt ihm stets der Nachweis, daß er in Ausführung einer Weisung gehandelt hat[47]. Dabei kann es mitunter bereits schwierig sein, die Weisung als solche nachzuweisen, wenn keine schriftlichen Unterlagen existieren und die Gesellschafter ihre Erteilung leugnen. Vielfach werden jedoch spezielle Einzelheiten der Weisung relevant sein, die eine Pflichtwidrigkeit des Geschäftsführers ausschließen und noch wesentlich schwieriger nachweisbar sind[48]. Im übrigen trägt er in analoger Anwendung der §§ 93 II 2 AktG, 34 II 2 GenG zumindest die Beweislast für fehlendes Verschulden[49], dessen Nachweis in aller Regel nur schwer zu führen sein wird, sofern erst einmal die Pflichtverletzung feststeht. Wie sollte der Geschäftsführer z.B. nachweisen, daß er schuldlos keine Kenntnis von bestimmten Hintergrundinformationen hatte, die für die Beurteilung der Anfechtbarkeit einer Weisung notwendig gewesen wären, wenn sich diese aufgrund veränderter Umstände im nachhinein als offensichtlich erweisen, ohne daß dies zuvor erkennbar gewesen wäre. Nichtwissen läßt sich gewöhnlich nur schwer beweisen. Vergegenwärtigt man sich überdies, daß der Grund einer dem Geschäftsführer auferlegten Beweislast für fehlendes Verschulden in seiner angeblich größeren Beweisnähe gesehen wird, ist die schriftliche Erteilung der Weisung gar zwingend erforderlich[50]. Eine größere Beweisnähe im Hinblick auf die Einhaltung der subjektiven Sorgfaltsanforderungen läßt sich nur dann rechtfertigen, wenn dem Geschäftsführer zumindest all jene Informationen zur Verfügung stehen, die direkt und indirekt mit dem Zustandekommen der Weisung zusammenhängen und auch den Gesellschaftern bekannt sind. Diese Argumente treffen wiederum auf Fremd- und Minderheitsgesellschaftergeschäftsführer gleichermaßen zu. Die Tatsache, daß letztere in der Lage sind, Aufzeichnungen über den Versammlungsablauf anzufertigen, ist in diesem Zusammenhang ohne Bedeutung, da die Beweiskraft eigener Notizen geringer ist als eine formelle Niederschrift, die als

---

46 Dazu *Münchener Kommentar/Förschler*, § 125 Rz. 4; *Palandt/Heinrichs*, § 125 Rz. 1.

47 Unstreitig, vgl. nur *v. Gerkan*, ZHR 154 (1990), 39, 57.

48 Als Beispiel sei der Fall genannt, in dem die Gesellschafter den Geschäftsführer anweisen, einen äußerst verlustreichen Geschäftsbereich trotz drohenden Konkurses und betriebswirtschaftlichem Erfordernis der Schließung weiter zu führen und in diesem Rahmen unter anderem weitere Investitionen in beträchtlichem Umfang fordern. Sofern sich der Geschäftsführer im Konkursfall im Hinblick auf die Weiterführung des Geschäftsbereichs durch die grundsätzliche Weisung entlasten kann, haftet er dennoch, wenn es ihm nicht gelingt, die in diesem Rahmen ebenso entscheidende Einzelheit des zusätzlichen Investitionsverlangens der Gesellschafter nachzuweisen.

49 Rechtsprechung und Literatur gehen im Hinblick auf das Verschulden einhellig von einer analogen Anwendung der §§ 93 II 2 AktG, 34 II 2 GenG aus, nach dem der Geschäftsführer grundsätzlich die Beweislast für fehlendes Verschulden trägt, vgl. BGH, GmbHR 1994, 459; *Roth/Altmeppen*, § 43 Rz. 44; *v. Gerkan*, ZHR 154 (1990), 39, 61; *Hachenburg/Mertens*, § 43 Rz. 66.

50 Vgl. auch dazu unten S. 290ff.

schriftliche Aussage sämtlichen anweisenden Gesellschaftern zurechenbar ist[51]. Letztlich besteht im Hinblick auf die Beweissicherungsfunktion ein besonderes Interesse des Geschäftsführers im Vergleich zu Vertragsparteien eines gewöhnlichen Rechtsgeschäfts, für das eine Schriftform zu Beweiszwecken ebenfalls empfehlenswert wäre. Um sich im Rahmen von Schadensersatzansprüchen zu entlasten, ist stets der Geschäftsführer für das Vorliegen einer Weisung beweispflichtig, wohingegen sich bei gewöhnlichen Rechtsgeschäften die Beweispflicht nach dem jeweiligen Anspruch richtet[52]. Dadurch besteht keine besondere Schutzwürdigkeit der beiden Parteien. Im übrigen ist die gesamte zuvor beschriebene Beweislastverteilung mit den damit einhergehenden Schwierigkeiten eine spezifische Problematik aus § 43 II GmbHG, die sich aus der Weisungsabhängigkeit des Geschäftsführers und deren Auswirkungen ergibt. Eine Vergleichbarkeit dieser Erwägungen mit gewöhnlichen Rechtsgeschäften scheitert daher bereits aus tatsächlichen Gründen. Insofern ist die Beweissicherungsfunktion ein wesentlicher Grund für die schriftliche Erteilung von Weisungen.

d) Kontrollfunktion

Letztlich ist die Kontrollfunktion[53] zugunsten des Geschäftsführers heranzuziehen. Ihm kommt die Aufgabe zu, die Rechtmäßigkeit der Weisung zu überprüfen. Er fungiert daher als zusätzliches gesellschaftsrechtliches Kontrollorgan, das auch dem Schutz des allgemeinen Rechtsverkehrs dient. Diese Aufgabe kommt dem Fremd- ebenso wie dem Minderheitsgesellschaftergeschäftsführer zu. Inwieweit letzterer dabei auf seine Auskunfts- und Einsichtsrechte aus § 51a GmbHG zurückgreifen kann oder sein Anwesenheitsrecht von Bedeutung ist, hängt vom jeweiligen Einzelfall ab. Grundsätzlich stehen ihm jedoch mehr Informationsquellen zur Verfügung als einem Fremdgeschäftsführer. Von einer herkömmlichen Vertragspartei im Rahmen gewöhnlicher Rechtsgeschäfte unterscheidet sich die Position des Geschäftsführer auch in dieser Hinsicht, da ihr grundsätzlich keine Kontrollfunktion zukommt.

e) Zwischenergebnis

Aus diesen Gründen läßt sich die Notwendigkeit zur schriftlichen Erteilung von Weisungen aus den Funktionen ableiten, die das Gesetz mit der Schriftform verbindet. Dabei haben sich zwar Differenzierungen im Hinblick auf die Schutzbedürftigkeit zwischen Fremd- und Minderheitsgesellschaftergeschäftsführer ergeben. Gleichwohl rechtfertigen diese nicht eine insgesamt unter-

---

51 Die äußere Beweiskraft einer privatschriftlichen Urkunde bezeugt dabei, daß der Aussteller die in der Urkunde wiedergegebene Erklärung wirklich abgegeben hat. Die Frage nach der inneren Beweiskraft, respektive ob die Aussage richtig oder falsch ist, unterliegt jedoch der freien richterlichen Beweiswürdigung nach § 286 ZPO, vgl. dazu *Zöller/Geimer*, ZPO, § 416 Rz. 4; *Baumbach/Lauterbach/Albers/Hartmann*, ZPO, § 416 Rz. 5.

52 Nach *Rosenberg*, Beweislast, S. 98ff. ist jede Partei verpflichtet, die ihr günstigen Voraussetzungen zu beweisen.

53 *Palandt/Heinrichs*, § 125 Rz. 1.

schiedliche Behandlung, da diese Unterschiede lediglich im Zuge eines Gesichtspunkts innerhalb der Klarstellungs- sowie unter Umständen in der Kontrollfunktion zur Geltung kommen. Sämtliche andere Gründe für die schriftliche Erteilung von Weisungen, insbesondere im Rahmen der Beweissicherung, lassen sich auf beide Geschäftsführertypen gleichermaßen anwenden. Wie bereits erwähnt, ist eine schriftliche Erteilung gegenüber Gesellschaftergeschäftsführern allenfalls entbehrlich, wenn es eine satzungsmäßige Protokollierungspflicht für Gesellschafterbeschlüsse gibt, und in die Niederschrift neben der Weisung sämtliche Angaben einfließen, die im weiteren Verlauf der Untersuchung als erforderlich angesehen werden[54]. Inwieweit hingegen bestimmte Einzelangaben bei einer Niederschrift für Gesellschaftergeschäftsführer entbehrlich sind, zeigt sich erst im Hinblick auf deren inhaltliche Ausgestaltung[55].

Dieses Ergebnis kann im Weiteren noch durch entgegenstehende Interessen der Gesellschafter sowie dadurch in Frage gestellt werden, daß der Gesetzgeber eine Formpflicht nicht vorsieht und sie sich aus methodischen Gründen nicht herleiten läßt.

2. Fehlende Bedeutung entgegenstehender Interessen der Gesellschafter

Derartige Interessen sind in zweierlei Hinsicht denkbar. Zunächst könnte es den Gesellschaftern gerade darauf ankommen, die dem Geschäftsführer erteilten Weisungen nicht schriftlich zu fixieren, da sie die Dokumentation als späteren Nachweis ihrer Einflußnahme auf die Geschäftsführung fürchten. Ein derartiges Interesse vermag jedoch keine rechtliche Relevanz auszulösen, da es lediglich der Verschleierung von Fakten dient und im Einzelfall von dem Bestreben der Gesellschafter zeugen kann, etwaigen Ansprüchen der Gesellschaft für nachteilige Einflußnahme auf das Unternehmen zu entgehen[56].

Ein weiterer möglicher Einwand ist praktischer Natur. Ein grundsätzliches Schrifterfordernis hat einen höheren Aufwand zur Folge und könnte daher einer schnellen Erteilung von Weisungen entgegenstehen. Gleichwohl bleiben bei dieser Betrachtung wesentliche Aspekte außer acht. Die Erteilung einer Weisung erfolgt im Wege eines Gesellschafterbeschlusses. Der Ablauf der Versammlung sowie die Beschlußfassung wird in aller Regel sowieso protokolliert. Wie bereits ausführlich erörtert[57], handelt es sich dabei nicht um ein gesetzliches Erfordernis. Gleichwohl ist anzunehmen, daß die weit überwiegende Zahl von Satzungen eine entsprechende Protokollierungspflicht enthält. Dies läßt sich bereits aus der Vielzahl von Mustersammlungen schließen, die über eine entsprechende Klausel verfügen[58]. Ferner enthalten Kommentierungen des

---

54 Dazu im Einzelnen unten S. 202ff.

55 Dazu auch unten S. 202ff.

56 Zu den möglichen Ansprüchen der Gesellschaft gegen ihre Anteilseigner vgl. detailliert *Ziemons*, Einflußnahme, S. 58ff.

57 Vgl. oben S. 178ff.

58 Vgl. nur *Hopt*, Vertrags- und Formularhandbuch, S. 171, § 11 (5); *Langenfeld*, Vertragspraktikum, S. 8, § 7 (3); *Priester*, Gestaltung, S. 67, § 12 (7); *Sommer*, Gesellschaftsverträge, S. 19, § 10 (8).

GmbHG regelmäßig den Hinweis, eine Protokollierungspflicht solle aus Gründen der Rechtssicherheit in die Satzung aufgenommen werden[59]. Eine Versammlungsniederschrift entspricht daher weitgehend der allgemeinen Praxis. Sofern die Gesellschafter nun verpflichtet werden, eine derartige Niederschrift anzufertigen, wird damit lediglich eine im Schrifttum bereits bestehende Empfehlung aus Schutzzwecken zugunsten des Geschäftsführers in eine Notwendigkeit transformiert. Soweit an den Inhalt keine umfangreicheren Anforderungen gestellt werden, ist die weitergehende Pflicht, diese Weisung dem Geschäftsführer auszuhändigen, keine relevante zusätzliche Erschwernis.

Aus diesen Gründen stehen einem grundsätzlichen Schriftformerfordernis keine rechtlich relevanten Einwände entgegen. Damit ergibt sich eine Notwendigkeit für die schriftliche Erteilung von Weisungen.

II. Gesetzliche Grundlage eines Schriftformerfordernisses

Im nächsten und entscheidenden Schritt ist zu ermitteln, ob sich eine rechtliche Grundlage für das Formerfordernis herleiten läßt. Die Regelungen des GmbHG enthalten dazu keine ausdrückliche Norm. Aus methodischer Sicht lassen sich in diesem Fall zwei Ansatzpunkte wählen. Zum einen könnte sich eine derartige Formpflicht aus allgemeinen Treue-, Fürsorge- und Schutzpflichten ergeben, die im GmbH-Recht in Form der allgemeinen gesellschaftsrechtlichen Treuepflicht sowie organschaftlichen und anstellungsvertraglichen Nebenpflichten Anwendung finden und weitgehend auf § 242 BGB zurückzuführen sind. Aus dogmatischer Sicht handelt es sich dabei um eine Konkretisierung dieser Pflichten und nicht um eine Rechtsfortbildung, da es lediglich um die inhaltliche Bestimmung und spezifische Ausprägung bereits bestehender Pflichten geht, die dem jeweiligen Rechtsverhältnis immanent sind. Sollte daraus keine befriedigende Lösung hergeleitet werden, könnte von einer Gesetzeslücke ausgegangen werden, deren Ausfüllung lediglich im Rahmen der Rechtsfortbildung möglich ist.

1. Herleitung aus der gesellschaftsrechtlichen Treuepflicht

Zunächst ist die allgemein anerkannte gesellschaftsrechtliche Treuepflicht in Betracht zu ziehen. Sie besteht zwischen den Gesellschaftern und der GmbH sowie zwischen den Gesellschaftern untereinander[60]. Um zu beurteilen, inwieweit sich aus ihr eine Pflicht zur schriftlichen Erteilung von Weisungen ergibt, ist der persönliche und sachliche Anwendungsbereich zu erörtern. Dabei muß eine Differenzierung zwischen Fremd- und Gesellschaftergeschäftsführern vorgenommen werden. Im Hinblick auf einen Fremdgeschäftsführer ist vorab zu klären, ob die gesellschaftsrechtliche Treuepflicht überhaupt auf einen Nichtgesellschafter Anwendung findet. Hinsichtlich eines Gesellschaftergesellschafters

59 *Scholz/Schmidt*, § 48 Rz. 54; *Roth/Altmeppen*, § 48 Rz. 15; *Hachenburg/Mertens*, § 48 Rz. 37; *Lutter/Hommelhoff*, § 48 Rz. 9; *Baumbach/Hueck/Zöllner*, § 48 Rz. 13; *Bartl/Fichtel-mann/Henkes/Schlarb/Schulz*, § 48 Rz. 11.

60 Vgl. dazu bereits schon im Zusammenhang mit den Anfechtungsgründen oben S. 58f. sowie grundlegend *Winter*, Treuebindungen, S. 43ff.

erschöpft sich die Frage hingegen darin, ob die zwischen den Gesellschaftern bestehende Treuepflicht auch für seinen Status als Geschäftsführer gilt.

a) Herleitung im Hinblick auf Fremdgeschäftsführer

Zur Herleitung der Treuepflicht werden drei Ansätze angeboten. Zum einen erfolgt eine Ableitung aus deliktsrechtlichen Grundsätzen, die auf einer Anknüpfung der Mitgliedschaft in einer Kapitalgesellschaft an die geschützten Rechte i.S.v. § 823 II BGB beruht[61]. Ferner wurde der Versuch unternommen, die Treuepflicht aus einer schuldrechtlichen Nebenabrede herzuleiten, die aus einem Vertrag der Mitglieder der Vorgesellschaft resultiert und auch nach der Eintragung der GmbH in das Handelsregister weiterbesteht[62]. Herrschend in der Lehre ist jedoch die Theorie, daß es sich bei der Treuepflicht um eine spezifische gesellschaftsrechtliche Pflicht handelt, die entweder aus der Satzung bzw. aus sich daraus unmittelbar ergebenden Vertragsbeziehungen der Gesellschafter als Mitglieder untereinander abzuleiten ist[63].

Gemeinsamer Anknüpfungspunkt sämtlicher Begründungsansätze ist somit die Gesellschafterstellung. Der Geschäftsführerstatus allein weist allerdings keine mitgliedschaftlichen Bezugspunkte auf. Mithin scheidet die gesellschaftsrechtliche Treuepflicht als Rechtsgrundlage für eine Formpflicht bei Fremdgeschäftsführern aus.

b) Herleitung im Hinblick auf Gesellschaftergeschäftsführer

Steht für den Gesellschaftergeschäftsführer zwar fest, daß er persönlich in den Anwendungsbereich der Treuepflicht einbezogen wird, so ist die Herleitung der Formpflicht für Weisungen hingegen problematisch. Wie zuvor ausgeführt ist die Treuepflicht in sämtlichen Ansätzen mit dem mitgliedschaftlichen Status des Gesellschafters verknüpft. Dabei erfordert sie, auf schutzwürdige Belange der mitgliedschaftlichen Stellung von Mitgesellschaftern Rücksicht zu nehmen und sich redlich und sozial zu verhalten[64]. Daraus können sich sowohl Unterlassungs[65]- als auch Leistungspflichten[66] ergeben, soweit sie im jeweiligen Einzelfall geboten sind, um diese Belange zu wahren. Das durch die Formpflicht zu reduzierende Haftungsrisiko ergibt sich hingegen nicht aus der mitgliedschaftlichen Stellung des Gesellschafters, sondern aus seinem Geschäftsführerstatus. Insofern scheint es bereits an einem dogmatischen Bezugspunkt zu fehlen. Gleichwohl ist es möglich, einem Gesellschafter die Geschäftsführerposition als

---

61 *Mertens*, AcP 178(1978), 227, 243f., 249; *ders.*, FS Fischer, S. 461ff.

62 *Hoffmann*, GmbHR 1963, 61, 63.

63 Vgl. u.a. *Scholz/Schneider*, § 14 Rz. 50ff.; *Baumbach/Hueck*, § 13 Rz. 20; *Lutter/Hommelhoff*, § 14 Rz. 9; *Lutter*, ZHR 153 (1989), 446, 455ff.

64 Vgl. statt vieler *Winter*, Treuepflichten, S. 130ff. zum allgemeinen Inhalt der Treuepflicht gegenüber Mitgesellschaftern sowie zu ausgewählten Einzelfällen S. 220ff. (verdeckte Gewinnausschüttungen), 239ff. (Wettbewerbsverbote), 262ff. (Bezugsrechtsausschluß), 276ff. (Gewinnverwendung).

65 *Scholz/Schneider*, § 14 Rz. 59.

66 *Scholz/Schneider*, § 14 Rz. 60.

mitgliedschaftliches Sonderrecht durch die Satzung zuzuweisen[67]. Die Einräumung dieses Rechts muß sich allerdings zweifelsfrei aus der Satzung ergeben[68]. Folge dieser Satzungsregelung ist ein Recht auf Geschäftsführung, das je nach Ausgestaltung lediglich durch eine Änderung der Satzung[69] oder eine überdies erforderliche Abberufung aus wichtigem Grund entzogen werden kann[70]. Durch die Zuweisung eines derartigen Rechts wird die Geschäftsführerstellung mit dem Mitgliedschaftsstatus der Gesellschafters verbunden. Daher ergibt sich ein Anknüpfungspunkt für die an der Mitgliedsstellung orientierte Treuepflicht.

Fraglich bleibt indes, ob sich aus diesem Anknüpfungspunkt auch eine Rechtsgrundlage für die Pflicht zur schriftlichen Erteilung von Weisungen ergeben kann. Wie bereits angedeutet, beinhaltet die Treuepflicht eine besondere Form der Rücksichtnahme gegenüber den mitgliedschaftlichen Belangen der Mitgesellschafter. Sie verlangt von den Anteilseignern, daß sie bei der Ausübung ihrer Rechte die schutzwürdigen mitgliedschaftlichen Interessen ihrer Mitgesellschafter im Rahmen der Erforderlich- und Verhältnismäßigkeit beachten, wobei dies sogar in Leistungspflichten münden kann[71]. Im Hinblick auf die vorliegende Frage handelt es sich um das Weisungsrecht, zu dessen Ausübung die Gesellschafter aufgrund der gebotenen Rücksichtnahme auf die Geschäftsführerstellung des Mitgesellschafters verpflichtet sein müßten. Die Ausübung des Weisungsrechts betrifft jedoch nicht das mitgliedschaftliche Sonderrecht auf Geschäftsführung als solches. Mit der Erteilung der Weisung wird der Status des Gesellschafters nicht berührt. Lediglich die sich aus der Geschäftsführerposition und der Weisungsabhängigkeit ergebenden Pflichten werden tangiert. Der eigentliche Grund für das Schriftformerfordernis leitet sich letztlich aus der Gefahr ab, genau diese Pflichten zu verletzen und in ein Haftungsrisiko zu geraten, respektive eine komplizierte Rechtmäßigkeitsprüfung der Weisung aufgrund eingeschränkter Informationen vorzunehmen sowie etwaigen Beweisschwierigkeiten ausgesetzt zu sein, die sich aus einer fehlenden schriftlichen Dokumentation ergeben können[72]. Damit wird der Anknüpfungspunkt für die konkrete Ausgestaltung der Treuepflicht von der eigentlichen mitgliedschaftlichen Basis des Sonderrechts auf Geschäftsführung auf eine Grundlage verschoben, die strukturell bereits zwei Ebenen unter dem Ausgangspunkt liegt. Dadurch kann allenfalls eine mittelbare Betroffenheit vorliegen. Das Recht auf Geschäftsführung als schützenswertes mitgliedschaftliches Interesse bleibt hingegen unan-

---

67 Vgl. dazu BGH, WM 1981, 438f.; *Hachenburg/Stein*, § 35 Rz. 160, § 3 Rz 76; *Scholz/Schneider*, § 6 Rz. 30; *Baumbach/Hueck/Zöllner*, § 6 Rz. 15; *Roth/Altmeppen*, § 6 Rz. 18.

68 Dabei reicht die reine Bestellung in der Satzung nicht aus, vgl. *Roth/Altmeppen*, § 6 Rz. 18; *Priester*, DB 1979, 681. Vielmehr müssen sich darüber hinaus entsprechende Hinweise auf einen Willen der Anteilseigner ergeben, einem der Mitgesellschafter ein derartiges Recht einzuräumen, BGHZ 18, 257ff.

69 Dabei handelt es sich um ein sogenanntes „kleines Sonderrecht“, vgl. *Scholz/Schneider*, § 6 Rz. 30.

70 Diese Ausprägung wird als „großes Sonderrecht“ bezeichnet, vgl. *Scholz/Schneider*, § 6 Rz. 30.

71 *Zöllner*, Schranken, S. 351; *Wiedemann*, Gesellschaftsrecht, S. 435; *Winter*, Treuebindungen, S. 144ff.; *Hachenburg/Hüffer*, § 47 Rz. 192.

72 Vgl. oben S. 182f.

getastet. Eine Anwendung der Treuepflicht in diesem Rahmen würde sich nicht mehr mit der ursprünglichen Anknüpfung an das Mitgliedschaftsrecht vereinbaren lassen. Vielmehr könnten auf dieser Grundlage sämtliche mit der Geschäftsführung zusammenhängenden Pflichten und Risiken von ihrem eigentlichen dogmatischen Ursprung gelöst und in die Kategorie mitgliedschaftlicher Pflichten und Risiken verlagert werden. Dies ließe nicht nur den Anwendungsbereich der gesellschaftsrechtlichen Treuepflicht konturenlos werden, sondern wäre auch nicht mit deren Grundlagen vereinbar.

Daher scheidet die Herleitung einer Formpflicht aus der gesellschaftsrechtlichen Treuepflicht ebenfalls aus.

2. Herleitung aus allgemeinen Treue-, Fürsorge- oder Schutzpflichten der Gesellschaft gegenüber dem Geschäftsführer

Weiterhin ist es denkbar, das Schriftformerfordernis aus Treue-, Fürsorge- oder Sorgfaltspflichten der Gesellschaft gegenüber dem Geschäftsführer abzuleiten[73]. Derartige Pflichten der Gesellschaft können sich aus zwei unterschiedlichen Regelungsbereichen ergeben. Gemäß der Trennungstheorie[74] ist die Bestellung des Geschäftsführers von seiner Anstellung zu unterscheiden[75]. Durch den Bestellungsakt wird dem Geschäftsführer der körperschaftliche Organstatus zugewiesen, wohingegen der Anstellungsvertrag die schuldrechtlichen Beziehungen des Geschäftsführers zur GmbH regelt[76]. Mithin wird das Rechtsverhältnis zwischen Gesellschaft und Geschäftsführer von zwei Ebenen erfaßt, die unabhängig voneinander gelten, da die Abberufung des Geschäftsführers das Anstellungsverhältnis grundsätzlich unberührt läßt[77]. Gleichwohl ergänzen sich beide in einer Vielzahl von Aspekten, da der Anstellungsvertrag in der Regel zu dem Zweck abgeschlossen wird, daß der Geschäftsführer die Organstellung übernimmt[78].

---

73 *Roth/Altmeppen*, § 48 Rz. 15 stützt seinen Anspruch auf Aushändigung einer protokollierten Fassung der Weisung auf die Fürsorgepflicht der Gesellschaft gegenüber dem Geschäftsführer. Jedoch erschöpfen sich seine Ausführungen in der pauschalen Feststellung der Rechtsgrundlage. Eine Herleitung dieser Pflicht, deren Konkretisierung und die Beantwortung der Frage, inwieweit sich ein derartiger Anspruch daraus überhaupt herleiten läßt, bleibt hingegen unbeantwortet.

74 BGHZ 10, 187, 191; 79, 38, 41; *Hachenburg/Mertens*, § 35 Rz. 22; *Roth/Altmeppen*, § 6 Rz. 11; *Lutter/Hommelhoff*, Anh § 6 Rz. 1; *Jaeger*, Anstellungsvertrag, S. 21; *Höhn*, Geschäftsführung, S. 212; *Meyer-Landrut/Miller/Niehus*, §§ 35-38 Rz. 100. A.A. war noch *Hachenburg/Schilling*, 6. Aufl., § 35 Rz. 40 , der ein einheitliches Rechtsverhältnis zwischen Anstellung und Bestellung angenommen hatte.

75 Eine umfassende Analyse der Rechtsnatur und Konsequenzen dieser Trennungstheorie findet sich bei *Baums*, Geschäftsleitervertrag, S. 3ff., 54ff., der im Rahmen seiner Untersuchung eine differenzierende Betrachtungsweise im Hinblick auf die sich jeweils stellenden Sachprobleme einnimmt.

76 *Hachenburg/Mertens*, § 35 Rz. 22; *Scholz/Schneider*, § 35 Rz. 150.

77 *Martens*, FS Werner, S. 495, 504ff.; *Roth/Altmeppen*, § 38 Rz. 4; BGH, NJW-RR 1996, 156 m.w.N. Eine genauere Analyse der Zusammenhänge zwischen Beendigung der Bestellung und dem Anstellungsverhältnis findet sich bei *Kosok*, Organmitglieder, S. 154ff.

78 Vgl. dazu *Scholz/Schneider*, § 35 Rz. 151. Auch nach der Rechtsprechung besteht zwischen beiden Rechtsverhältnissen eine so enge Verknüpfung, daß im Anwendungsbereich

Daraus ergibt sich jedoch nicht zwangsläufig, daß jeder Geschäftsführer über die Bestellung hinaus einen schuldrechtlichen Anstellungsvertrag mit der Gesellschaft vereinbart[79]. Vielmehr ist es rechtlich möglich, daß ein Geschäftsführer auch ohne Anstellungsvertrag für das Unternehmen tätig wird. Dabei handelt es sich bei einem Fremdgeschäftsführer wohl lediglich um eine theoretische Möglichkeit, da für einen Nichtgesellschafter in der Regel kein Grund vorliegt, die Geschäftsführerstellung ohne Anstellungsvertrag zu übernehmen[80]. Praktisch vorstellbar ist dies allenfalls bei einem Gesellschaftergeschäftsführer, der seine Tätigkeit allein aufgrund seiner mitgliedschaftlichen Stellung zur GmbH verrichtet[81].

Mithin liegen mit dem schuldrechtlichen und organschaftlichen Rechtsverhältnis zwei Regelungsbereiche zwischen Geschäftsführer und GmbH vor, aus denen sich Pflichten ergeben könnten.

a) Organschaftliche Pflichten der Gesellschaft gegenüber dem Geschäftsführer

Da jeder Geschäftsführer durch den Akt der Bestellung, unabhängig vom Bestehen eines zusätzlichen Anstellungsvertrags, in einem organschaftlichen bzw. organisationsrechtlichen Rechtsverhältnis mit der GmbH steht, ist dies als erster Ansatzpunkt für Pflichten der Gesellschaft gegenüber dem Geschäftsführer zu wählen. Fraglich ist jedoch, ob sich aus diesem Verhältnis Treuepflichten oder zumindest Pflichten entsprechender Art herleiten lassen.

Entscheidungen der Rechtsprechung sind in dieser Hinsicht unergiebig, da sämtliche mit derartigen Pflichten befaßte Urteile auf eine dienstvertragliche Treue- oder Fürsorgepflicht abheben[82]. Das Schrifttum beschränkt sich ebenso weitgehend auf schuldrechtliche Treuepflichten[83]. Lediglich *Zöllner* nimmt explizit das Vorliegen von organschaftlichen Schutz- und Rücksichtspflichten

---

des MitbestG 1976 nicht nur die Bestellung sondern überdies die Anstellung in den Zuständigkeitsbereich des Aufsichtsrats fällt, vgl. BGHZ 89, 48.

79 Dabei wird jedoch in aller Regel zumindest ein konkludent abgeschlossener Anstellungsvertrag vorliegen, vgl. *Hachenburg/Stein*, § 35 Rz. 160.

80 Gleichwohl mag es häufiger vorkommen, daß die Bestellung vor Abschluß eines beabsichtigten Anstellungsvertrags durchgeführt wird und der Geschäftsführer zumindest in der Zwischenzeit seine Tätigkeit ohne schuldrechtliche Bindungen gegenüber der GmbH ausübt.

81 Vgl. *Scholz/Schneider*, § 35 Rz. 152ff.

82 Vgl. nur BGH NJW-RR 1990, 1313f. zur Angemessenheit der Vergütung des Geschäftsführers ohne entsprechende Vereinbarung; BGHZ 10, 187, 192 zur Fortzahlung der Bezüge bei längerer Krankheit; BGH, WM 1975, 761 zur finanziellen Abgeltung von Urlaubsansprüchen.

83 Vgl. nur *Lutter/Hommelhoff*, Anh § 6 Rz. 28; *Hachenburg/Stein*, § 35 Rz. 169; *Fleck*, FS Hilger/Stumpf, S. 196, 207; *Höhn*, Geschäftsleitervertrag, S. 212; *Scholz/Schneider*, § 35 Rz. 196. Lediglich der Aussage von *Hueck*, ZfA 1985, 25, 34, Schutz- und Fürsorgepflichten ergäben sich nur aus dem Anstellungsverhältnis, könnte im Umkehrschluß entnommen werden, die Ableitung von Pflichten dieser oder ähnlicher Art erfolge nicht aus einem organschaftlichen Verhältnis. Eine Begründung für diese Aussage bleibt er jedoch schuldig.

an[84]. Ferner ist der bereits angesprochene, eher verwirrende Verweis von *Roth* auf diese Textstelle zu nennen, der hinsichtlich einer Fürsorgepflicht, die er als Rechtsgrundlage für einen Anspruch auf eine schriftliche Ausfertigung von Weisungen angibt, auf *Zöllner* Bezug nimmt[85]. Aus alledem läßt sich allerdings nur begrenzter Nutzen ziehen, da es an der eigentlichen dogmatischen Herleitung und dem Umfang einer Treuepflicht fehlt.

aa) § 242 BGB als grundsätzlicher Anknüpfungspunkt für organschaftliche Treuepflichten

Als Anknüpfungspunkt kommt der Grundsatz von Treu und Glauben aus § 242 BGB in Betracht, der als Ausdruck allgemeiner rechtlicher Wert- und Moralvorstellungen gilt, die Eingang in jede Form rechtserheblicher Kontakte[86] und nicht nur auf Schuldverhältnisse Anwendung finden[87]. Erforderlich ist nach allgemeiner Ansicht lediglich, daß zwischen den Beteiligten eine rechtliche Sonderverbindung besteht[88]. Dabei wird dieser Begriff allerdings so extensiv ausgelegt[89], daß bereits jeder qualifizierte soziale Kontakt ausreichen soll[90]. Ohne bereits an dieser Stelle auf die konkrete Rechtsnatur des organisationsrechtlichen Bestellungsverhältnisses einzugehen[91], läßt sich dieses als Sonderrechtsverhältnis i.S.d. § 242 BGB einordnen, da mit der Bestellung der Geschäftsführer zum Vertretungsorgan der GmbH wird und somit eine weit über reine soziale Kontakte hinaus gehende enge rechtliche Verbindung entsteht. Damit ist zumindest der Anwendungsbereich von § 242 BGB eröffnet. Dabei ist für die vorliegende Fallgestaltung lediglich dessen Ausprägung im Hinblick auf die Begründung von Nebenpflichten innerhalb von Rechtsverhältnissen relevant[92].

bb) Konkrete Herleitung organschaftlicher Pflichten aus § 242 BGB

Problematisch ist jedoch, ob sich aus dieser Fallgruppe eine Pflichtenbindung der GmbH gegenüber dem Geschäftsführer ergibt, die eine Schriftform für Weisungen umfaßt. Zur Beantwortung dieser Frage sind die Rechtsnatur sowie die Rechte und Pflichten des organschaftlichen Verhältnisses zwischen Geschäftsführer und Gesellschaft näher zu beleuchten.

---

84 *Baumbach/Hueck/Zöllner*, § 35 Rz. 25 i.V.m. 98.

85 Dazu bereits oben S. 182.

86 Vgl. im Einzelnen zur Bedeutung von § 242 BGB *Staudinger/Schmidt*, § 242 Rz 113ff.

87 Vgl. statt vieler *Münchener Kommentar/Roth*, § 242 Rz. 54.

88 Vgl. *Soergel/Siebert*, 11. Aufl., § 242 Rz. 17; *Hueck*, Treuegedanke, S. 10ff.; *Hubmann*, AcP 155 (1956), 85, 87; *Palandt/Heinrichs*, § 242 Rz. 6. A.A. *Staudinger/Schmidt*, § 242 Rz. 161; *Münchener Kommentar/Roth*, § 242 Rz. 56.

89 Aus diesem Grund lehnt *Staudinger/Schmidt*, § 242 Rz. 159 dieses Merkmal u.a. ab.

90 *Palandt/Heinrichs*, § 53 Rz. 6.

91 Dazu genauer unten S. 196ff.

92 Die Lehre von der Geschäftsgrundlage oder die Grundsätze der unzulässigen Rechtsausübung spielen dabei keine Rolle, vgl. zu dieser Einteilung *Ermann/Werner*, § 242 Rz. 50ff. Mitunter wird auch eine Einteilung in Funktionskreise vorgenommen. *Palandt/Heinrichs*, § 242 Rz. 13 unterscheidet daher die Konkretisierungs-, Ergänzungs-, Schranken- und Korrekturfunktion.

(1) Rechtsnatur und grundsätzliches Pflichten- und Rechtsverständnis innerhalb des Organverhältnisses

Die Einordnung des Bestellungsverhältnisses ist durch den Bestellungsakt geprägt, dessen Rechtsnatur nicht einheitlich beantwortet wird. Ursache dafür ist der Wortlaut des § 6 III 2 GmbHG, nach dem die Bestellung entweder im Gesellschaftsvertrag oder nach Maßgabe der Bestimmungen des dritten Abschnitts des GmbHG erfolgt. Eine Mitwirkung des Geschäftsführers wird hingegen nicht normiert. Dadurch entsteht der Eindruck, die Bestellung sei von einer Zustimmung oder Annahme des Geschäftsführers unabhängig. Aufgrund der umfangreichen Pflichten und Haftungsrisiken, die mit der Bestellung einhergehen, muß jedoch davon ausgegangen werden, daß es einer Mitwirkung des Bestellten bedarf[93]. Fraglich ist indes, welche rechtliche Qualität ein solcher Akt der Bestellung verleiht. Zu weit geht die in der Literatur vereinzelt gebliebene These, es handele sich um einen Vertrag[94]. Die Begründung von *Baums*, ein Vertrag entstehe bereits durch die „einvernehmliche privatautonome Begründung eines Rechtsverhältnisses"[95], übersieht die gesellschaftsrechtlichen Besonderheiten des Bestellungsverhältnisses. Aus der gesetzlichen Regelung, die lediglich den Bestellungsakt und nicht die Mitwirkung des Geschäftsführers nennt, läßt sich entnehmen, daß die Bestellung in erster Linie ein durch die Gesellschaft geprägter organisationsrechtlicher Vorgang ist, der nicht aufgrund eines gegenseitigen Aushandelns erzielt wird und dessen Rechte sich vorrangig aus dem Gesetz ergeben. Daher ist die Bestellung mit der herrschenden Meinung als einseitiges Rechtsgeschäft der Gesellschaft anzusehen, aus dem sich jedoch erst nach einer Zustimmung oder Annahme des Geschäftsführers Pflichten ergeben[96]. Insofern kommt dem Bestellungsverhältnis lediglich ein vertragsähnlicher Charakter zu[97].

Durch die Bestellung und der entsprechenden Zustimmung wird der Geschäftsführer zum Organwalter der GmbH und erhält damit eine Vielzahl von Pflichten und Machtbefugnissen[98]. Dabei handelt es sich insbesondere um die Vertretungsmacht, die Pflicht zur Unternehmensleitung, welche mit der Sorgfalt eines ordentlichen Geschäftsmanns i.S.v. § 43 I GmbHG ausgeübt werden muß[99],

---

93 *Hachenburg/Mertens*, § 46 Rz. 44; *Baumbach/Hueck/Zöllner*, § 6 Rz. 13; *Rowedder/Koppensteiner*, § 46 Rz. 19; *Plander*, GmbHR 1968, 201ff.; *Fleck*, ZHR 149 (1985), 387, 396; *Scholz/Schmidt*, § 46 Rz. 79; *Klumpp*, Rechtsstellung, S. 43ff.; *Baums*, Geschäftsleitervertrag, S. 37ff.

94 *Baums*, Geschäftsleitervertrag, S. 40f.; *v. Carolsfeld*, DNotZ 1963, 404, 419.

95 *Baums*, Geschäftsleitervertrag, S. 40 mit einem Hinweis auf *Flume*, Allgemeiner Teil II, S. 618.

96 *Hachenburg/Mertens*, § 46 Rz. 43; *Baumbach/Hueck/Zöllner*, § 6 Rz. 13; *Rowedder/Koppensteiner*, § 46 Rz. 19; *Scholz/Schmidt*, § 46 Rz. 79; zur AG: *Hüffer*, AktG, § 84 Rz. 4.

97 *Soergel/Hadding*, § 27 Rz. 9; *Müller*, GenG, § 24 Rz. 29; *Würdinger*, Aktienrecht, S. 116.

98 *Rowedder/Koppensteiner*, § 35 Rz. 58, § 37 Rz. 6ff., 44ff., § 43 Rz. 6ff.; *Scholz/Schneider*, § 35 Rz. 151, 155.

99 Diese unterteilt sich wiederum in eine Vielzahl von weiteren Pflichten, vgl. dazu *Hachenburg/Mertens*, § 43 Rz. 20ff.

Rechnungslegungs-, Buchführungs- und ähnliche Pflichten[100], Handelsregisterpflichten[101], Treuepflichten[102], besondere Pflichten, die auf die Gesellschafter bezogen sind[103] sowie die Pflicht zur Ausführung von Weisungen[104].

Auffällig ist dabei eine überaus intensive Treuepflicht, die nach allgemeiner Auffassung sogar über § 242 BGB hinausgeht[105]. Sie erfordert ein Maß an Loyalität, Rücksichtnahme und vorbehaltlosen Einsatz zur Förderung der Interessen der Gesellschaft, das ihn verpflichtet, seine eigenen Interessen in weitem Umfang hinter denen der Gesellschaft zurückzustellen[106]. Als Begründung gilt seine Funktion als treuhänderischer Vertreter fremder Vermögensinteressen sowie die außergewöhnliche Vertrauensstellung[107]. Verstärkt werden diese Pflichten ferner durch den nach allgemeiner Ansicht ebenfalls organisationsrechtlichen und sehr strikten Haftungstatbestand aus § 43 II, III GmbHG[108]. Dem steht jedoch nicht etwa ein hohes Maß an Eigenverantwortung gegenüber, das eine derart starke Ausprägung von Pflichten und Haftung erträglicher machen würde. Vielmehr folgt aus dem Organverhältnis auch das Weisungsrecht der Gesellschafter, dessen Ausübung faktisch zu einer völligen Abhängigkeit des Geschäftsführers in Angelegenheiten der Gesellschaft führen kann[109]. Genau dieses Weisungsrecht steht wiederum in unmittelbarem Zusammenhang mit dem Schadensersatzanspruch aus § 43 II, III GmbHG, da die Ausführung bestimmter fehlerhafter Weisungen Haftungsrisiken zur Folge hat[110]. Aus diesem Zusammenspiel ergibt sich eine organschaftliche, auf dem Weisungsrecht begründete Machtvollkommenheit der Gesellschafter, die mit einem ebenfalls organisationsrechtlich geprägten Haftungstatbestand einhergeht.

Vor diesem Hintergrund müssen die Pflichten der Gesellschaft gegenüber dem Geschäftsführer analysiert werden. Dabei würde man zunächst vermuten, daß diese Pflichten der beschriebenen Machtposition der Gesellschafter und dem Haftungsrisiko des Geschäftsführers entsprechend Rechnung tragen. Bei näherer Untersuchung fällt jedoch auf, daß Literatur und Rechtsprechung aus dem organisationsrechtlichen Verhältnis nahezu gar keine Pflichten der Gesellschaft

---

100 Dazu §§ 41 I GmbHG, 264 I HGB.

101 Dazu gehören insbesondere Anmeldungspflichten aus §§ 7, 54, 57, 58 GmbHG sowie Einreichungspflichten aus § 40 GmbHG.

102 Diese umfaßt insbesondere Loyalitäts- und Rücksichtnahmepflichten, vgl. *Hachenburg/Mertens*, § 43 Rz. 35ff.

103 Dazu zählen unter anderem Einberufungs- und Auskunftspflichten aus §§ 49, 51a GmbHG.

104 *Scholz/Schneider*, § 43 Rz. 95ff.

105 *Lutter*, AcP 1980, 84, 108; *Baumbach/Hueck/Zöllner*, § 35 Rz. 19ff.; *Hachenburg/Mertens*, § 43 Rz. 35ff.

106 *Hachenburg/Mertens*, § 43 Rz. 18ff.; *Scholz/Schneider*, § 43 Rz. 121ff.; *Baumbach/Hueck/Zöllner*, § 43 Rz. 19ff.

107 *Hachenburg/Mertens*, § 43 Rz. 35; *Baumbach/Hueck/Zöllner*, § 43 Rz. 19.

108 *Scholz/Schneider*, § 43 Rz. 13; *Rowedder/Koppensteiner*, § 43 Rz. 3; *Baumbach/Hueck/Zöllner*, § 43 Rz. 1c; *Sonnenberger*, GmbHR 1973, 25f. ; *Lindacher*, JuS 1984, 673.

109 Dazu oben S. 36ff.

110 Zu den gesamten Risiken vgl. Teil 2 der Untersuchung oben S. 71ff.

bzw. Rechte des Geschäftsführers ableiten[111]. Ausnahmen bestehen insoweit, als ihm beispielsweise ein Vergütungsanspruch zugebilligt wird[112]. Aufgrund der Trennungstheorie werden die Pflichten der Gesellschaft vielmehr dem schuldrechtlichen Anstellungsverhältnis entnommen, da dieses Rechtsverhältnis die persönlichen Beziehungen zwischen GmbH und Geschäftsführer regele[113]. Dabei ist der grundsätzlichen Trennung von Bestellungs- und Anstellungsverhältnis zuzustimmen, da sie dogmatisch unterschiedlichen Regelungsebenen zugewiesen sind. Jedoch rechtfertigt die Rechtsnatur des Bestellungsverhältnisses, als einseitiges aber zustimmungsbedürftiges Rechtsgeschäft, keine derart restriktive Auslegung des Pflichtenverständnisses. Selbst wenn in diesem Rahmen üblicherweise keine konkreten Ansprüche des Geschäftsführers ausgehandelt werden, so greifen dennoch die Pflichten aus § 242 BGB ein, der als gesetzliche Regelung auch das Bestellungsverhältnis beeinflußt. Gleichwohl muß es sich aus methodischen Gesichtspunkten um Pflichten handeln, die einen dogmatischen Anknüpfungspunkt zum Organverhältnis und nicht zum Anstellungsverhältnis aufweisen. Anders gewendet: Pflichten der Gesellschaft aus dem Organverhältnis können nur mit Pflichten und Risiken des Geschäftsführers gerechtfertigt werden, die ebenfalls auf dem organisationsrechtlichen Verhältnis beruhen.

(2) Formpflicht bei Weisungen als Ausprägung der Schutzpflichten aus § 242 BGB

Die Pflichten des § 242 BGB lassen sich in leistungsbestimmende und leistungssichernde Nebenpflichten sowie Mitwirkungs-, Aufklärungs- und Schutzpflichten unterteilen[114].

Fraglich ist, ob eine Konkretisierung dieser Pflichten ergeben kann, daß sie auch eine Formpflicht für die Erteilung von Weisungen der Gesellschafter gegenüber dem Geschäftsführer einer GmbH umfassen. Dabei kommen in erster Linie Schutzpflichten in Betracht, die darauf abzielen, das Integritätsinteresse der anderen Partei im Hinblick auf seine physische oder vermögensrechtliche Stellung zu wahren. In diesem Zusammenhang geht es um den Erhalt von Rechtspositionen, die aufgrund der bestehenden rechtlichen Sonderverbindung in besonderem Maße dem Einfluß des anderen Beteiligten ausgesetzt sind[115]. Derartige Schutzpflichten variieren naturgemäß von einem Rechtsverhältnis

---

111 Vgl. dazu bereits oben S. 194f.

112 *Scholz/Schneider*, § 43 Rz. 155 betont, es könne nicht erwartet werden, daß der Geschäftsführer sein Amt unentgeltlich ausübt.

113 Allg. Ansicht vgl. nur: *Scholz/Schneider*, § 35 Rz. 151; *Rowedder/Koppensteiner*, § 35 Rz. 73ff.; *Hachenburg/Stein*, § 35 Rz. 136ff.

114 Dazu im Einzelnen: *Soergel/Teichmann*, § 242 Rz. 133; *Münchener Kommentar/Roth*, § 242 Rz. 93ff., 115ff.; *Jauernig/Vollkommer*, § 242 Rz. 19ff.; *Alternativ Kommentar/Teubner*, § 242 Rz. 55ff.; *Ermann/Werner*, § 242 Rz. 59ff.; *Larenz*, Schuldrecht I, S. 6ff.

115 *Münchener Kommentar/Roth*, § 242 Rz. 185; besonders zur Treue- und Fürsorgepflicht: *Jauernig/Vollkommer*, § 242 Rz. 24; *Alternativ Kommentar/Teubner*, § 242 Rz. 56; *Ermann/Werner*, § 242 Rz. 61ff.; *Larenz*, Schuldrecht I, S. 10f.

zum anderen, da sie von dessen jeweiliger Ausgestaltung abhängig sind[116]. Gemeinsamer Anknüpfungspunkt ist jedoch eine besondere Einwirkungsmöglichkeit auf Rechtsgüter, die gerade infolge der spezifischen Sonderverbindung in Gefahr sind[117]. Diese müssen zum einen strikt von Risiken abgegrenzt werden, die dem allgemeinen Lebensrisiko zuzuordnen sind und die Beteiligten bereits durch ihre Teilnahme am allgemeinen Rechtsverkehr treffen können[118]. Zum anderen können innerhalb dieser Verbindung nicht sämtliche Rechtsgüter einbezogen werden, die in irgendeiner Weise betroffen sind, da für deren Wahrung das allgemeine Deliktsrecht ausreichenden Schutz bietet[119]. Für die Annahme darüber hinausgehender Schutzpflichten müssen die betroffenen Rechtsgüter bewußt und notwendigerweise in den Einflußbereich des anderen Beteiligten eingebracht werden und gerade durch die inhaltliche Ausprägung des Rechtsverhältnisses spezifischen Risiken ausgesetzt werden[120].

Das im vorliegenden Fall entscheidende Integritätsinteresse des Geschäftsführers ist der Erhalt seiner vermögensrechtlichen Position. Diese könnte durch die Übernahme der Leitungsfunktion in der GmbH gefährdet und daher Gegenstand bestimmter Schutzpflichten sein. Zweifellos handelt es sich dabei nicht um ein allgemeines Lebensrisiko, da die Haftung aus § 43 II, III GmbHG an das Geschäftsführeramt geknüpft ist. Gleichwohl mag man den Einwand erheben, daß ein erhöhtes Haftungsrisiko dieser Funktion wesensimmanent ist, da der Geschäftsführer als treuhänderischer Vertreter fremder Vermögensinteressen tätig wird. Insofern würde es an der erforderlichen Besonderheit der Situation fehlen. Bei dieser Betrachtungsweise blieben allerdings wesentliche Gesichtspunkte außer acht.

Der vorliegende Fall unterscheidet sich erheblich von der üblichen Haftungssituation, da sie den Geschäftsführer erst infolge der ihm erteilten Weisung trifft. Diese wiederum beruht auf einem Recht der Gesellschafter, das es ihnen erlaubt, den Geschäftsführer in nahezu unbeschränkter Weise bei der Führung der Geschäfte des Unternehmens zu steuern. Insofern ist er einer besonders intensiven Einflußmöglichkeit der Anteilseigner ausgesetzt, die als willensbildendes Organ der GmbH das vermögensrechtliche Integritätsinteresse des Geschäftsführers beeinträchtigen können. Diese Beeinträchtigung äußert sich in zwei unterschiedlichen, jedoch eng verknüpften Gesichtspunkten. Zunächst ist der Geschäftsführer verpflichtet, rechtlich wirksame Weisungen auszuführen, gerät jedoch bei Ausführung bestimmter fehlerhafter Weisungen in ein Haftungsrisiko[121]. Um dieses Haftungsrisiko zu vermeiden, ist er gezwungen, den Wei-

---

116 Vgl. die einzelnen Ausgestaltungen im Rahmen verschiedener Rechtsverhältnisse bei *Münchener Kommentar/Roth*, § 242 Rz. 188ff.

117 *Palandt/Heinrichs*, § 242 Rz. 35; *Soergel/Teichmann*, § 242 Rz. 30ff.; *Münchener Kommentar/Roth*, § 242 Rz. 185.

118 *Konzen*, FS Kissel, S. 571, 601.

119 Vgl. insoweit *Münchener Kommentar/Roth*, § 242 Rz. 186, der betont, daß das Deliktsrecht im Fall derartiger Sonderverbindungen gerade unzureichend ist.

120 Vgl. *Münchener Kommentar/Roth*, § 242 Rz. 185f.; *Soergel/Teichmann*, § 242 Rz. 59; *Canaris*, Vertrauenshaftung, S. 540.

121 Dazu ausführlich oben S. 71ff.

sungsbeschluß im Hinblick auf seine Rechtmäßigkeit zu untersuchen. Sofern die Prüfung aufgrund mangelhafter Informationen mißlingt, kann sich dieses Risiko bereits realisieren. Darüber hinaus ist jedoch auch der von *Roth* als einziger Grund für einen Anspruch des Geschäftsführers auf schriftliche Erteilung der Weisung genannte Aspekt der Beweissicherung von entscheidender Bedeutung[122]. Wie bereits ausgeführt, obliegt dem Geschäftsführer im Rahmen einer Geltendmachung des Anspruchs der Nachweis, daß die in Rede stehende Maßnahme in Ausführung einer Weisung vorgenommen wurde[123]. Sofern die Gesellschafter eine Weisung lediglich mündlich erteilen, erschweren sie dem Geschäftsführer in erheblicher Weise den Schutz seiner vermögensrechtlichen Stellung, da er Gefahr läuft, die Weisung nicht nachweisen zu können.

Um dem Geschäftsführer in dieser Situation den Erhalt seiner vermögensrechtlichen Position zu wahren, respektive eine Haftungsgefahr zu vermeiden, die letztlich auf der Ausübung ebenso organisationsrechtlicher Weisungsrechte beruht, ist es notwendig, dem Geschäftsführer sämtliche Möglichkeiten zur Verfügung zu stellen, die eine realistische Beurteilung dieser Aspekte ermöglichen sowie ihm im Fall einer Inanspruchnahme einen beweiskräftigen Nachweis der an ihn ergangenen Weisungen zu gewähren. Wie bereits ausführlich beschrieben[124], können diese Möglichkeiten zumindest teilweise dadurch geschaffen werden, daß Weisungen an den Geschäftsführer schriftlich erfolgen. Dieser Art der Erteilung stehen auch keine höherrangige Interessen der Gesellschafter entgegen[125]. Sofern nun das vermögensrechtliche Integritätsinteresse des Geschäftsführers der besonderen Einwirkungsmöglichkeit der Gesellschafter ausgesetzt ist, jedoch mittels einer schriftlichen Erteilung der Weisung zumindest in gewissem Umfang geschützt werden kann, lassen sich die aus dem organschaftlichen Verhältnis resultierenden Schutzpflichten insoweit konkretisieren, daß sie eine Pflicht der Gesellschaft gegenüber dem Geschäftsführer umfassen, Weisungen ausschließlich schriftlich zu erteilen und die Informationen hinzuzufügen, die für eine Prüfung der Rechtmäßigkeit notwendig sind[126].

Dabei ist noch zu betonen, daß es keiner unterschiedlichen Behandlung von Fremd- und Minderheitsgesellschaftergeschäftsführer bedarf[127], da sich bereits zuvor gezeigt hat, daß sich die jeweiligen Haftungsrisiken und Schutzinteressen entsprechen[128].

---

122 Dazu oben S. 182.

123 Dazu umfassend oben S. 187f.

124 Vgl. oben S. 182ff.

125 Dazu oben S. 189f.

126 Zum Inhalt der Weisung vgl. unten S. 202ff.

127 Dabei sei erneut darauf hingewiesen, daß Mehrheitsgesellschaftergeschäftsführer nicht Gegenstand der Untersuchung sind, da sie aufgrund ihrer Machtstellung in der Gesellschaft nicht den beschriebenen Risiken ausgesetzt werden, vgl. oben S. 4 Fn. 14.

128 Vgl. dazu oben S. 188.

(3) Ausführung des Schriftformerfordernisses der GmbH durch die Gesellschafter

Problematisch könnte letztlich sein, daß es sich um Pflichten der Gesellschaft gegenüber dem Geschäftsführer handelt, die Dokumentationspflicht selbst hingegen die Gesellschafter trifft. In diesem Fall bedarf es einer Zurechnung der Pflichten. Eine derartige Zurechnung kann allerdings weder über § 31 BGB noch § 278 BGB erfolgen. Zum einen fehlt es an der persönlichen Anwendbarkeit, da die Gesellschafter selbst wenn sie ebenfalls Geschäftsführer oder Angestellte des Unternehmens wären, die Weisung nicht in dieser Eigenschaft erteilen würden. Zum anderen handelt es sich bei der Weisung der Gesellschafter an den Geschäftsführer um einen innergesellschaftlichen Vorgang, der nicht mit Normen zugerechnet werden kann, die auf ein Verhalten im Außenverhältnis zugeschnitten sind. Die Zurechnung muß daher aufgrund der innergesellschaftlichen Zuständigkeitsverteilung im Rahmen des Organverhältnisses erfolgen. Im Hinblick auf Weisungen werden die Pflichten der GmbH gegenüber dem Geschäftsführer gerade durch das Verhalten der Gesellschafter bestimmt. Als Ausdruck gesellschaftsrechtlicher Willensbildung innerhalb der GmbH steht den Gesellschaftern das Recht zur Erteilung von Weisungen zu. Die Folgepflicht für diese Weisungen besteht jedoch nicht gegenüber den Gesellschaftern persönlich, zu denen keine direkten vertraglichen oder organschaftlichen Beziehungen vorliegen, sondern resultiert aus dem Organverhältnis gegenüber der GmbH. Der sich aus diesem Dreiecksverhältnis ergebende „Plichten- und Zuständigkeitsfluß" kann jedoch nicht nur einseitig von den Gesellschaftern über die GmbH gegenüber dem Geschäftsführer wirken, sondern muß spiegelbildlich ebenso in die entgegengesetzte Richtung verlaufen. Durch diese organisationsrechtliche Zuständigkeitsverteilung müssen die Gesellschafter auch für das Unternehmen die Erfüllung der damit einhergehenden Pflichten gegenüber dem Geschäftsführer wahrnehmen.

Abschließend ist festzuhalten, daß sich aus den Schutzpflichten der Gesellschaft gegenüber dem Geschäftsführer gemäß § 242 BGB eine Dokumentationspflicht für Weisungen ergibt. Welche genauen inhaltlichen Anforderungen einzuhalten sind ergibt sich aus einer noch folgenden separaten Prüfung[129].

b) Ergebnis

Zusammenfassend ist zu konstatieren, daß sich eine rechtliche Grundlage für das Schriftformerfordernis aus der organschaftlichen Treue- bzw. Schutzpflicht der Gesellschaft gegenüber dem Geschäftsführer entnehmen läßt. Ob die Formpflicht überdies aus anstellungsvertraglichen Treue- und Fürsorgepflichten ableitbar ist, kann somit dahinstehen. Auf eventuelle Möglichkeiten der Rechtsfortbildung ist ebenfalls nicht mehr einzugehen, da es durch die Herleitung der Formpflicht bereits an einer Gesetzeslücke fehlt.

---

129 Dazu unten S. 202ff.

C. Art der Schriftform

Für die Art der Schriftform bzw. Übermittlung an den Geschäftsführer ist § 127 BGB anwendbar. Auf dieser Grundlage ist auch die telegraphische Übersendung und die mittels Telefax und Fernschreiber[130] zugelassen. Da es sich bei dem Formerfordernis um eine zusätzliche Anforderung handelt, die lediglich eine Weisung schriftlich dokumentieren soll, sind keine Gründe ersichtlich, die ein strengeres Formerfordernis rechtfertigen könnten. Dadurch würden den Gesellschaftern unnötige Lasten auferlegt sowie die Flexibilität und Funktionsfähigkeit des Unternehmens beeinträchtigt.

D. Inhaltliche Ausgestaltung der schriftlichen Dokumentation

Im Weiteren sind die inhaltlichen Anforderungen einer schriftlichen Dokumentation von Weisungen zu konkretisieren. Dabei ergeben sich zwei Anknüpfungspunkte. Zum einen könnte die Regelung des § 130 AktG analog auf die Ausgestaltung der schriftlichen Dokumentation angewandt werden, zum anderen kann sich diese unmittelbar aus dem Schutzzweck der Treue- bzw. Schutzpflichten des Organverhältnisses ergeben, aus denen die Formpflicht abgeleitet wurde.

I. § 130 AktG analog als Grundlage für die Ausgestaltung der Dokumentation

Eine analoge Anwendung der Bestimmungen über die Ausgestaltung einer Hauptversammlungsniederschrift des § 130 AktG stößt jedoch auf dogmatische Bedenken. Unabhängig vom Problem eventueller struktureller Unterschiede zwischen GmbH und AG geht es gerade nicht um die Protokollierung von Gesellschafterbeschlüssen, sondern um die schriftliche Erteilung von Weisungen auf Grundlage dieser Beschlüsse[131]. Daher ist es sinnvoller, die Ausgestaltung speziell auf den eigentlichen Schutzzweck der Formpflicht zuzuschneiden, der sich aus der Schutzpflicht der Gesellschaft gegenüber dem Geschäftsführer ergibt.

II. Unmittelbare Anwendung der Schutzpflicht selbst als Grundlage für die Ausgestaltung der Dokumentation

Entscheidend ist dabei zunächst, welchen Zweck die Pflichten aus dem Organverhältnis im Hinblick auf das Formerfordernis verfolgen, da mit dem Inhalt der Formpflicht deren Ziele in der Praxis umzusetzen sind. Der Geschäftsführer soll durch die schriftliche Erteilung einer Weisung in die Lage versetzt werden, realistischer und sicherer deren Rechtmäßigkeit und daran anknüpfend eine Aus-

---

130 In diesem Rahmen sollte auch auf die Schriftform nach § 48 III GmbHG hingewiesen werden, die selbst dann gewahrt wird, wenn es sich lediglich um einen Brief an eine Behörde handelt, sofern die Absicht zu erkennen ist, den Inhalt des Beschlusses verbindlich darzustellen, vgl. *Scholz/Schmidt*, § 48 Rz. 77.

131 Zum Vergleichbarkeitserfordernis *Zippelius*, Methodenlehre, S. 62ff.

führungs- oder Verweigerungspflicht zu überprüfen[132]. Ferner bezweckt die Schriftform, im Fall einer Inanspruchnahme aus § 43 II, III GmbHG die Erteilung einer Weisung als Entlastung besser nachweisen zu können[133]. Aus der Perspektive des Geschäftsführers ist es daher wünschenswert, sämtliche Informationen in die Dokumentation aufzunehmen, die zu dieser Prüfung beitragen können. Dazu zählen neben einer schriftlichen Ausformulierung der Weisung selbst auch die sonstigen tatsächlichen und rechtlichen Umstände, die das Zustandekommen des Gesellschafterbeschlusses beeinflußt haben. Gleichwohl dürfen in diesem Zusammenhang nicht ausschließlich die Interessen des Geschäftsführers als Maßstab herangezogen werden. Vielmehr muß die Einhaltung der Schriftform auch in der Praxis handhabbar sein. Durch fehlende Praktikabilität würde eine Rechtsunsicherheit auf Kosten der Gesellschafter hervorgerufen, da ihnen die korrekte Ausgestaltung der Weisung obliegt. Aus diesem Grund ist jeweils zu analysieren, ob der für den Geschäftsführer erstrebenswerte Inhalt den Anforderungen der Praxis gerecht werden kann. Entscheidender Maßstab für die Praktikabilität ist dabei der übliche bzw. notwendige Inhalt eines satzungsgemäß erforderlichen Protokolls über den Ablauf und das Ergebnis einer Gesellschafterversammlung[134]. Sofern diese Inhalte der Praxis gerecht werden, läßt sich kaum einwenden, für eine Weisung seien die Anforderungen nicht handhabbar.

Überdies ist im Einzelnen festzustellen, ob die Ausgestaltung im Hinblick auf Gesellschaftergeschäftsführer zu modifizieren ist. Wie bereits angeführt, kann dies auf das Einsichts- und Auskunftsrecht aus § 51a GmbHG sowie deren Teilnahmerecht an Gesellschafterversammlungen zurückzuführen sein. Zu betonen ist wiederum, daß eine satzungsmäßige Protokollierungspflicht für Gesellschafterversammlungen, die zur Niederschrift sämtlicher im Folgenden erarbeiteten Angaben führt, eine zusätzliche schriftliche Erteilung der Weisung entbehrlich macht. Dadurch genügen die Gesellschafter den organschaftlichen Treue- bzw. Schutzpflichten mittelbar und schützen den Geschäftsführer in ausreichender Weise.

1. Spezifische inhaltliche Anforderungen zur Überprüfung der Einberufungsvorschriften

Diese Anforderungen bemessen sich an der Art des Zustandekommens der jeweiligen Weisung, da an deren Rechtmäßigkeit unterschiedliche Voraussetzungen geknüpft sind.

---

132 Vgl. dazu oben S. 184ff.

133 Vgl. dazu oben S. 187f.

134 Vgl. dazu ausführlich *Eickhoff*, Gesellschafterversammlung, Rz. 290; *Vogel*, Gesellschafterbeschlüsse, S. 157f.; *Münchener Vertragshandbuch Gesellschaftsrecht/Heidenhain/Meister*, IV 37, 38, 39, 40.

a) Ausgestaltung in der Mehrpersonen-GmbH

aa) Ausgestaltung bei Beschlußfassung im Rahmen einer Gesellschafterversammlung

Zu den spezifischen Angaben für die Beschlußfassung in der Gesellschafterversammlung[135] zählen dabei zunächst all jene Informationen, die für die Beurteilung einer ordnungsgemäßen Einberufung wesentlich sind. Da sich diese nach §§ 49-51 GmbHG bzw. etwaigen abweichenden Satzungsbestimmungen richtet, sind die eingehaltenen Einberufungsfristen, die Art der Einladung, der Ort und Tag der Gesellschafterversammlung, der Anlaß der Einberufung (ordentliche oder außerordentliche Versammlung, besonderer Anlaß) sowie die Person des Einladenden aufzunehmen. Zur Vereinfachung kann ein Muster der Einladung dem Protokoll als Anlage beigefügt werden. Überdies ist eine Liste der Personen aufzustellen, denen die Einladung zugesandt wurde und die an der Versammlung teilgenommen haben. Mit Hilfe dieser Informationen ist der Geschäftsführer in der Lage, die Ordnungsmäßigkeit der Einberufung zu ermitteln.

Da der Gesellschaftergeschäftsführer die Einladung zu jeder Gesellschafterversammlung erhält, steht ihm ein entsprechendes Muster sowieso zur Verfügung, so daß diese Angaben für ihn entbehrlich sind. Soweit sich daraus nicht die Personen ergeben, denen die Einladung ebenfalls zugesandt wurde, ist diese Angabe aufzunehmen. Obgleich der Gesellschafter eine Liste der anwesenden Teilnehmer selbst erstellen kann, ist aufgrund der erhöhten Beweiskraft einer formellen Niederschrift[136] eine Aufnahme zumindest dieser Angabe auch für Gesellschaftergeschäftsführer relevant.

Diese Angaben entsprechen auch denen eines ordentlichen Versammlungsprotokolls[137].

bb) Ausgestaltung bei sonstiger Beschlußfassung

Da sich die schriftliche Abfassung der Weisung an der Art der Beschlußfassung orientieren muß, ändert sich mit ihr auch der spezifische Inhalt der Niederschrift. Angaben, die lediglich eine Beschlußfassung im Rahmen einer Gesellschafterversammlung betreffen, werden entbehrlich. Hinzu treten jedoch die entsprechenden Angaben zur schriftlichen bzw. mündlichen Beschlußfassung, die auch für ein Versammlungsprotokoll Geltung beanspruchen[138].

---

135 Vgl. *Eickhoff*, Gesellschafterversammlung, Rz. 290.

136 Dazu bereits oben S. 187f.

137 Vgl. dazu *Eickhoff*, Gesellschafterversammlung, Rz. 290.

138 Vgl. *Eickhoff*, Gesellschafterversammlung, Rz. 290; *Münchener Vertragshandbuch Gesellschaftsrecht/Heidenhain/Meister*, IV 39.

(1) Ausgestaltung bei schriftlicher Beschlußfassung

Sofern eine schriftliche Beschlußfassung nach § 48 II GmbHG gewählt wird[139], sind zur Überprüfung der Einberufungsvorschriften unterschiedliche Fakten aufzunehmen.

Zunächst ist anzugeben, ob im Rahmen von § 48 II GmbHG die Feststellung des einstimmigen Beschlusses (1. Alternative) bzw. der einstimmigen Wahl des dann mehrheitlich zu fassenden Beschlusses (2. Alternative) ausgesucht wurde. Ferner ist das schriftliche Einverständnis der Gesellschafter wesentlich. Als Alternative können die entsprechenden Einverständniserklärungen als Anlage beigefügt werden.

Da der Gesellschaftergeschäftsführer über ein umfassendes Einsichts- und Auskunftsrecht gemäß § 51a GmbHG verfügt[140], kann er in die entsprechenden Unterlagen selbst Einblick nehmen. Die Aufnahme dieser Angaben ist daher nur in einer Weisung an Fremdgeschäftsführer erforderlich.

(2) Ausgestaltung bei fernmündlicher Beschlußfassung

Sofern eine fernmündliche Form der Beschlußfassung gewählt wird[141], ist insbesondere die rechtliche Grundlage für diese Art der Abstimmung (Satzung, Gesellschafterbeschluß) einzubeziehen[142]. Ferner müssen das Datum der Konferenzschaltung bzw. sämtliche Daten genannt werden, falls mehrere Telefonate für die Beschlußfassung geführt wurden, da auf diese Weise die Einhaltung der rechtlichen Erfordernisse des § 48 II GmbHG erleichtert wird.

Eine unterschiedliche Behandlung von Gesellschaftergeschäftsführern scheidet insoweit aus, als es sich um Angaben handelt, die der Geschäftsführer nicht durch Einblick in die Unterlagen der Gesellschaft selbst ermitteln kann. Um welche Angaben es sich dabei handelt, richtet sich nach der Ausgestaltung der jeweiligen Satzungsregelung, die eine fernmündliche Beschlußfassung zuläßt.

Letztlich wäre denkbar, eventuelle Widerstände der Gesellschafter gegen diese Art der Beschlußfassung aufzunehmen, um daraus eventuelle Rückschlüsse auf Anfechtungstendenzen zu ziehen. Dabei bliebe jedoch außer acht, daß derartige Widerstände je nach Situation und Persönlichkeitsstruktur des einzelnen Gesellschafters auf unterschiedlichste Art und Weise geäußert werden können, sei es durch ausdrücklichen verbalen Widerstand, Mißmut, Ironie, Sarkasmus oder sonstige mittelbare Kritik. Eine in der Praxis handhabbare Definition ist kaum möglich. Selbst wenn die Formpflicht lediglich auf eindeutige Fälle beschränkt

---

139 Vgl. dazu oben S. 33f.

140 Zum Umfang des Einsichts- und Auskunftsrechts vgl. *Bopp*, Informationsrechte, S. 61ff.; *Tietze*, Informationsrechte, S. 9ff., 52ff.; *Wohlleben*, Informationsrechte, S. 99ff.; *Grunewald*; ZHR 146 (1982), 211ff.; *v. Bitter*, ZIP 1981, 825ff.

141 Vgl. dazu oben S. 33.

142 Aus diesen ergeben sich die Rechtmäßigkeitsvoraussetzungen, die der Geschäftsführer einbeziehen muß, vgl. *Scholz/Schmidt*, § 48 Rz. 73.

würde, obläge die Beurteilung der Eindeutigkeit immer noch dem Protokollanten. Da diese Abgrenzungsschwierigkeiten im Zweifel zur Rechtsunsicherheit führen, ist von der Aufnahme dieser Informationen abzusehen.

b) Ausgestaltung in der Einmann-GmbH

Sofern der Alleingesellschafter Weisungen erteilt, muß er lediglich die Voraussetzungen des § 48 III GmbHG erfüllen[143]. Er kann daher ohne Einhaltung von Form und Frist jederzeit eine Beschlußfassung durchführen[144]. Gleichwohl ist zumindest das jeweilige Datum anzugeben[145], damit im Hinblick auf die zeitliche Abfolge von Weisung und Ausführung keine Zweifel aufkommen können. Differenzierungen zwischen Fremd- und Gesellschaftergeschäftsführer sind in diesem Rahmen entbehrlich, da in einer Einmann-GmbH lediglich der Fremdgeschäftsführer Gegenstand der Untersuchung sein kann[146].

Auch in dieser Hinsicht ist der Inhalt der Niederschrift mit einem ordentlichen Versammlungsprotokoll vergleichbar[147].

2. Spezifische inhaltliche Anforderungen zur Überprüfung formeller Voraussetzungen der Versammlung und Beschlußfassung

Des weiteren sind Informationen aufzunehmen, die Aufschluß über den formellen Ablauf der Versammlung und Abstimmung sowie die damit einhergehenden potentiellen Mängel geben können. Dazu zählen das Ergebnis der Abstimmung (abgegebene Ja- und Nein-Stimmen, Enthaltungen und ungültige Stimmen), die Feststellung des Versammlungsleiters über das Abstimmungsergebnis, Feststellung über die Ordnungsmäßigkeit etwaiger Vollmachten, eventuell vorliegende Stimmverbote sowie im Rahmen einer üblichen Gesellschafterversammlung nach § 49 GmbHG die Art der Abstimmung (Handheben, Stimmkarten usw.), sofern die Satzung ein spezielles Verfahren vorsieht. Diese Inhalte werden üblicherweise ebenfalls in ein ordentliches Versammlungsprotokoll aufgenommen[148].

Obwohl Gesellschaftergeschäftsführer diese Angaben bei seiner Teilnahme an der Versammlung wiederum selbst festhalten können, ist eine unterschiedliche Behandlung im Vergleich zu Fremdgeschäftsführern aufgrund der erhöhten Beweiskraft einer Niederschrift nicht angezeigt[149].

---

143 Vgl. dazu oben S. 34f.

144 BGHZ 12, 337, 339; *Scholz/Schmidt*, § 48 Rz. 75; *Baumbach/Hueck/Zöllner*, § 48 Rz. 28; *Bartl/Fichtelmann/Henkes/Schlarb/Schulz*, § 48 Rz. 30ff.

145 *Scholz/Schmidt*, § 48 Rz. 77; *Lutter/Hommelhoff*, § 48 Rz. 16; *Bartl/Fichtelmann/Henkes/Schlarb/ Schulz*, § 48 Rz. 34.

146 Vgl. dazu erneut die Themenbegrenzung in der Einleitung oben S. 4 Fn. 14.

147 Vgl. *Eickhoff*, Gesellschafterversammlung, Rz. 307 i.V.m. 290; *Münchener Vertragshandbuch Gesellschaftsrecht/Heidenhain/Meister*, IV 40.

148 Vgl. *Eickhoff*, Gesellschafterversammlung, Rz. 290; *Münchener Vertragshandbuch Gesellschaftsrecht/Heidenhain/Meister*, IV 37.

149 Dazu bereits oben S. 188f.

Im Rahmen der Einmann-GmbH sind diese Angaben ohne Bedeutung, da die entsprechenden Formerfordernisse für den Alleingesellschafter keine Geltung haben[150].

3. Spezifische inhaltliche Anforderungen zur Überprüfung materieller Wirksamkeitsvoraussetzungen der Weisung

Um eine inhaltliche Überprüfung der Weisung vorzunehmen, sind die zur Abstimmung gestellten Beschlußanträge und Ergebnisse etwaiger eingeholter Gutachten betreffend die Weisung (wirtschaftliche oder juristische Gutachten, die sich mit der Rechtmäßigkeit der Maßnahme befassen, zu deren Durchführung der Geschäftsführer angewiesen wird) anzugeben. Als Alternative können diese als Anlage beigefügt werden. Auch in diesem Rahmen kann wiederum auf den üblichen Inhalt eines ordentlichen Versammlungsprotokolls verwiesen werden, in das vergleichbare Angaben aufgenommen werden sollten[151].

Auf die Hinzufügung etwaiger Gutachten kann im Hinblick auf Gesellschaftergeschäftsführer verzichtet werden, da diese von ihrem Einsichts- und Auskunftsrecht gemäß § 51a GmbHG umfaßt werden. Die zur Abstimmung gestellten Anträge können, müssen sich jedoch nicht aus der Einladung ergeben, da es in diesem Rahmen ausreicht, daß der eingeladene Gesellschafter generell über die Themen der Versammlung unterrichtet wird[152]. Eigene Aufzeichnungen entbehren wiederum der im Vergleich zur formellen Niederschrift erhöhten Beweiskraft[153].

Ferner wäre es wünschenswert, sonstige Angaben aufzunehmen, die für eine Beurteilung der Rechtmäßigkeit Bedeutung haben könnten. Dabei handelt es sich insbesondere um Hintergrundinformationen, die für eine Erteilung der Weisung relevant sein mögen. Gleichwohl steht der Einbeziehung dieser Angaben erneut der Einwand der Rechtssicherheit entgegen, so daß von deren Aufnahme abzusehen ist.

4. Spezifische inhaltliche Anforderungen zur Überprüfung von Tendenzen der Gesellschafter zur prozessualen Geltendmachung von Beschlußmängeln

Ein weiterer wesentlicher Aspekt ist die Beurteilung etwaiger Absichten, gegen Beschlußmängel prozessual vorzugehen. Dabei sind insbesondere Anfechtungsabsichten relevant, da sich an ihnen orientiert, ob sich ein Anfechtungsgrund überhaupt haftungsrechtlich auswirkt[154]. In diesem Zusammenhang muß wiederum der Grundsatz der Praktikabilität bemüht werden, der eine rechtssichere

---

150 Vgl. oben S. 34f.

151 Vgl. *Eickhoff*, Gesellschafterversammlung, Rz. 290; *Münchener Vertragshandbuch Gesellschaftsrecht/Heidenhain/Meister*, IV 37.

152 Vgl. *Rowedder/Koppensteiner*, § 51 Rz. 8.

153 Dazu bereits oben S. 187f.

154 Vgl. zur Art, Umfang und Bedeutung von Anfechtungsmängeln und dem einhergehenden Haftungsrisiko oben S. 56ff., 96ff.

Abgrenzung der relevanten Informationen zum Ziel hat. Daher können lediglich Angaben aufgenommen werden, die eindeutig und zweifelsfrei feststellbar sind und auch in ein ordentliches Versammlungsprotokoll Eingang finden[155]. Dazu gehören Verzichte der Gesellschafter auf die Rüge von formellen Mängeln sowie etwaige Auskunftsverlangen und Auskunftsverweige-rung.

Diese Angaben sind aus Gründen der erhöhten Beweiskraft ebenfalls für den Gesellschaftergeschäftsführer entscheidend, obwohl er sich im Verlauf der Sitzung eigene Aufzeichnungen erstellen könnte[156].

Von großer Bedeutung wären überdies die Angabe von Widersprüchen gegen die Beschlußfassung sowie weitere unmittelbar oder mittelbar zum Ausdruck gebrachte Prozeßtendenzen von Gesellschaftern. Daraus können sich wichtige Hinweise auf die Möglichkeit einer Anfechtung ergeben, da sie Rückschlüsse auf das allgemeine Stimmungsbild zulassen. Dennoch lassen sich diese Informationen nicht mit dem Grundsatz der Praktikabilität in Einklang bringen. Mangels rechtssicherer Abgrenzungskriterien sind diese Angaben nicht eindeutig zu definieren und somit nicht in die Niederschrift aufzunehmen.

In einer Einmann-GmbH sind diese Aspekte bedeutungslos, da der Alleingesellschafter kaum seinen eigenen Beschluß anfechten wird.

5. Sonstige inhaltliche Anforderungen

Ferner ist wie im Rahmen eines Versammlungsprotokolls[157] der Versammlungsleiter und Protokollant zu nennen, damit dem Geschäftsführer bei eventuellen Verständnisschwierigkeiten oder sonstigen Problemen ein unmittelbarer Ansprechpartner zur Verfügung steht. Diese Angabe ist für den Gesellschaftergeschäftsführer entbehrlich, da er sie durch die Teilnahme an der Versammlung selbst in Erfahrung bringen kann.

Die wünschenswerte Aufnahme weiterer Informationen, die in besonderen Einzelfällen für die Beurteilung der Wirksamkeit der Weisung erforderlich sein können, scheitert erneut an der fehlenden Praktikabilität.

6. Ergebnis

Die Untersuchung hat ergeben, daß aus Gründen der Rechtssicherheit und praktischer Handhabung im Alltag lediglich ein Teil der Informationen Aufnahme in einer Niederschrift der Weisung finden kann, die dem Geschäftsführer eine umfassende Überprüfung der Rechtmäßigkeit der Weisung und seiner Folgepflicht ermöglicht. Damit wird seinem Informationsinteresse zwar nicht in vollem Umfang entsprochen, jedoch kann auf diese Weise ein wichtiger Beitrag zur Redu-

---

155 *Eickhoff*, Gesellschafterversammlung, Rz. 290; *Münchener Vertragshandbuch Gesellschaftsrecht/Heidenhain/Meister*, IV 37.

156 Dabei sei erneut auf die Ausführungen oben S. 187f. verwiesen.

157 *Eickhoff*, Gesellschafterversammlung, Rz. 290; *Münchener Vertragshandbuch Gesellschaftsrecht/Heidenhain/Meister*, IV 37, 38, 39, 40.

zierung seiner Haftungsrisiken geleistet werden. Im übrigen entsprechen die erforderlichen Angaben auch denen eines ordentlichen Versammlungsprotokolls. Dadurch wird den Gesellschaftern inhaltlich lediglich die Erfüllung von Anforderungen auferlegt, die sie auch bei einer satzungsmäßigen Protokollierungspflicht erfüllen müssen.

E. Mögliche Konsequenzen einer Nichterfüllung der Formpflicht

Abschließend ist zu erörtern, welche Folgen hervorgerufen werden, wenn die Gesellschafter bei Erteilung der Weisung gegen das Schriftformerfordernis verstoßen haben, sei es, daß sie die Weisung gar nicht schriftlich erteilt, sämtliche Zusatzangaben weggelassen oder sich auf einige wenige Angaben beschränkt haben. Die Konsequenzen lassen sich dabei an zwei Aspekte anknüpfen. Zum einen könnten sich Verstöße gegen die Schriftform auf die formelle Wirksamkeit der Weisung beziehen - zum anderen mögen materielle Folgen aufgrund der Verletzung einer Schutzpflicht aus § 242 BGB hervorgerufen werden. Da es sich bei der Schriftform weder um eine gesellschaftsvertragliche Beschlußvoraussetzung noch um ein allgemeines gesetzliches oder rechtsgeschäftliches Formerfordernis handelt, ist fraglich, welche Maßstäbe für deren Beurteilung herangezogen werden sollten.

I. Konsequenzen im Hinblick auf die Wirksamkeit der Weisung

1. Anwendung des § 125 BGB analog

Denkbar ist, zunächst die allgemeine Vorschrift des § 125 BGB anzuwenden. Eine direkte Anwendung scheitert daran, daß die Schriftform weder durch Gesetz vorgeschrieben noch durch Rechtsgeschäft bestimmt ist, sondern als organschaftliche Nebenpflicht entwickelt wurde. Doch auch eine analoge Anwendung kommt nicht in Betracht, da die Rechtsfolge einer grundsätzlichen Unwirksamkeit[158] für den vorliegenden Fall nicht angemessen erscheint.

Das Schriftformerfordernis dient ausschließlich den Interessen des Geschäftsführers, dessen Haftungsrisiken im Rahmen von Gesellschafterweisungen reduziert und bei Geltendmachung eines Schadensersatzanspruchs die Beweismöglichkeiten zu seiner Entlastung verbessert werden sollen[159]. Die Unwirksamkeitsfolge des § 125 BGB wird jedoch zumindest der Reduzierung von Haftungsrisiken nicht gerecht. Sofern der Geschäftsführer eine gegen die Formpflicht verstoßende Weisung ausführt, weil ihm das Schriftformerfordernis als solches oder zumindest sein Umfang unbekannt ist, oder er sich über die Erfüllung einzelner Anforderungen im Unklaren ist, büßte die Weisung ihre entlastende Wirkung ein, da sie unwirksam ist. Der Geschäftsführer würde dadurch eine fehlerhafte Weisung ausführen und geriete ebenfalls in ein Haftungsrisiko. Sofern er in Unkenntnis der Mangelhaftigkeit oder aufgrund eines Irrtums die

---

158 Dazu *Münchener Kommentar/Förschler*, § 125 Rz. 28ff.; *Soergel/Hefermehl*, § 125 Rz. 35ff.; *Palandt/Heinrichs*, § 125 Rz. 10ff.

159 Vgl. oben S. 182ff.

Weisung ausführt, mag es mitunter zwar am Verschulden fehlen. Dieser Nachweis obliegt jedoch dem Geschäftsführer[160] und wird in einem derartigen Fall nur schwer zu führen sein[161]. Auf diese Weise könnte der eigentliche Schutzzweck der Formpflicht in sein Gegenteil verkehrt und dem Geschäftsführer nicht weniger, sondern zusätzliche Haftungsrisiken auferlegt werden. Mithin scheidet eine analoge Anwendung von § 125 BGB aus.

2. Anwendung der Grundsätze zur Beurteilung der Verletzung einer satzungsmäßigen Protokollierungspflicht

Des weiteren ist es denkbar, die Grundsätze heranzuziehen, welche im Rahmen der Verletzung einer satzungsmäßigen Protokollierungspflicht gelten.

Dabei kommt es zunächst auf den Gesellschaftsvertrag an, der aufgrund der Satzungsautonomie die Rechtsfolgen explizit festlegen kann[162]. Danach kann mangels Protokollierung ein unbeachtlicher[163] oder gar kein Beschluß vorliegen. Ebenso ist es möglich, die Wirksamkeit des Beschlusses unberührt zu lassen[164]. Daraus läßt sich jedoch kein Nutzen für die in Rede stehende Problematik ziehen, da die entwickelte Formpflicht nicht der Satzungsautonomie unterliegt. Daher können die Rechtsfolgen einer Verletzung nicht auf diese Weise individuell festgelegt werden.

Soweit die Satzung zu den Folgen einer Verletzung der Protokollierungspflicht schweigt, wird das Protokoll in der Regel als einfache Beweisurkunde angesehen, dessen Fehlen keinen Einfluß auf die Wirksamkeit des Beschlusses haben soll[165]. Ein anderes Ergebnis könnte sich allenfalls daraus ergeben, daß durch die Auslegung des Gesellschaftsvertrags eine Bindungswirkung ermittelt wird. In diesem Fall wird die Ansicht vertreten, der Beschluß sei schwebend unwirksam[166] oder lediglich anfechtbar[167].

Problematisch an einer Übernahme dieser Regelungen ist jedoch der unterschiedliche Schutzzweck. Sofern die Anteilseigner eine Protokollierungspflicht für Gesellschafterbeschlüsse normieren, werden sie in erster Linie eigene Zwecke verfolgen. Diese mögen in einer Sicherung der für sie nötigen Beweise liegen, einem geordneten Ablauf der Versammlung oder einer Aufstellung zusätzlicher Wirksamkeitserfordernisse. Häufig werden sie jedoch lediglich einen Mustervertrag übernehmen, ohne über die Bedeutung und den Zweck dieser Be-

160 Vgl. dazu *Roth/Altmeppen*, § 43 Rz. 44; *v. Gerkan*, ZHR 154 (1990), 39, 61 sowie unten S. 290.

161 Vgl. zu einem ähnlichen Problem oben S. 187ff.

162 *Scholz/Schmidt*, § 48 Rz. 55; *Rowedder/Koppensteiner*, § 48 Rz. 17, der mit einem Hinweis auf die Auslegung der Satzung mittelbar darauf abhebt.

163 OLG Stuttgart, BB 1983, 1050.

164 *Scholz/Schmidt*, § 48 Rz. 55.

165 RGZ 104, 413, 415; *Baumbach/Hueck/Zöllner*, § 48 Rz. 13; *Hachenburg/Hüffer*, § 48 Rz. 37; *Roth/Altmeppen*, § 48 Rz. 17.

166 *Rowedder/Koppensteiner*, § 48 Rz. 37.

167 *Baumbach/Hueck/Zöllner*, § 48 Rz. 13.

stimmung zu reflektieren. Es ist kaum anzunehmen, daß die Gesellschafter freiwillig Regelungen in die Satzung zu dem Zweck aufnehmen, den Geschäftsführer durch die Möglichkeit eines Nachweises zu privilegieren, wenn ihnen dies im Einzelfall gerade zum Nachteil gereichen kann. Die Schriftform für Weisungen dient hingegen auch dem Schutz des Geschäftsführers und der Minderung seines Haftungsrisikos und erstreckt sich nicht direkt auf den Beschluß, sondern auf die aus ihm folgende Weisung. Da insofern weder die Schutzzwekke übereinstimmen, noch eine sachliche Vergleichbarkeit vorliegt, können die genannten Grundsätze nicht herangezogen werden.

3. Anwendung der Grundsätze des Beschlußmängelrechts zur Beurteilung der Rechtsfolgen einer Formverletzung

Als Prüfungsmaßstab kommen ferner die allgemeinen Grundsätze der Gesellschafterbeschlußmängel in Betracht. Allerdings erstreckt sich die Schriftform nicht auf den Gesellschafterbeschluß, sondern betrifft lediglich die auf ihm beruhende Weisung. Vor diesem Hintergrund ist die Grundlage dogmatisch ungeeignet.

4. Ergebnis

Da eine Anwendung allgemeiner Grundsätze auf die Verletzung der Schriftform ausscheidet, bleibt als Ergebnis lediglich festzustellen, daß die Weisung auch im Fall der Nichteinhaltung des Formerfordernisses wirksam ist. Dieses Ergebnis steht sowohl mit dem Schutzzweck als auch mit dem dogmatischen Ansatzpunkt der Formpflicht im Einklang. Hinsichtlich der Schutzrichtung ist zu berücksichtigen, daß jede Art von Unwirksamkeitsfolgen letztlich selbst wieder zu einem Haftungsrisiko führen könnte, das mit der Einführung der Formpflicht gerade verhindert werden soll. Im Hinblick auf den dogmatischen Ansatzpunkt muß betont werden, daß die Pflicht zur schriftlichen Erteilung der Weisung, respektive die Pflicht zur Aushändigung einer Niederschrift der Weisung sowie sämtlicher erforderlicher Zusatzelemente, nicht als Rechtmäßigkeitsvoraussetzung einer Weisung hergeleitet wurde, sondern lediglich als eine gegenüber dem Geschäftsführer im Rahmen der organschaftlichen Treue- bzw. Schutzpflichten obliegende Notwendigkeit. Anders gewendet: aus § 242 BGB lassen sich Verhaltenspflichten für die Beteiligten bestimmter Rechtsverhältnisse ableiten, nicht jedoch zusätzliche Wirksamkeitsvoraussetzungen für die Rechtmäßigkeit gesellschaftsrechtlicher Weisungen. Daher kann eine Verletzung der Formerfordernisse keinen Einfluß auf die Wirksamkeit der Weisung nehmen. Die Konsequenzen einer Pflichtverletzung müssen sich vielmehr nach den allgemeinen Sanktionen einer Verweigerung der Erfüllung von organschaftlichen Schutzpflichten aus § 242 BGB richten.

II. Materielle Konsequenzen im Hinblick auf eine Verletzung von Schutzpflichten aus § 242 BGB

1. Amtsniederlegung aus wichtigem Grund

Denkbar ist, dem Geschäftsführer wegen Verletzung der Formpflicht ein Recht zuzubilligen, sein Amt aus wichtigem Grund niederzulegen. Dabei handelt es sich um das „organschaftliche Pendant“ der Kündigung - eine der klassischen Rechtsfolgen einer Verletzung von Schutzpflichten im Rahmen von Dauerschuldverhältnissen[168].

Dabei könnte zunächst die Relevanz dieser Rechtsfolge in Frage gestellt werden, da der Geschäftsführer nach herrschender Auffassung berechtigt ist, sein Amt jederzeit, ohne Angabe von Gründen niederzulegen[169]. Nach der Gegenauffassung ist dies lediglich möglich, wenn ein wichtiger Grund zur Amtsniederlegung oder Kündigung des Anstellungsverhältnisses vorliegt[170]. Gleichwohl ist das Bestehen eines wichtigen Grundes auch im Rahmen der herrschenden Auffassung relevant, da der GmbH bei grundloser Amtsniederlegung Schadensersatzansprüche zustehen können, sofern der Geschäftsführer dadurch anstellungsvertragliche Pflichten verletzt[171]. Überdies mag sich in diesem Fall ein Recht zur Kündigung des Anstellungsverhältnisses ergeben[172]. Insofern hat der Geschäftsführer nur bei einer Amtsniederlegung aus wichtigem Grund keine Sanktionen zu befürchten.

In einer Untersuchung aus jüngster Vergangenheit teilt *Klatte* die zur Amtsniederlegung aus wichtigem Grund berechtigenden Umstände in grobe Pflichtverletzungen und Unfähigkeit zur ordnungsgemäßen Geschäftsführung analog § 38 II GmbHG[173], Entzug des Vertrauens durch die Gesellschafter[174] sowie Unzumutbarkeit der Ausübung des Amtes[175] und weist sie sodann den Verantwortungssphären der Gesellschaft und dem Geschäftsführer zu[176]. Vorliegend ist dabei vor allem der Fall relevant, in dem einem Geschäftsführer die Ausübung seines Amtes nicht mehr zugemutet werden kann[177], da er sich aus Gründen, die

---

168 *Palandt/Heinrichs*, § 242 Rz. 35 i.V.m. § 276 Rz. 127.

169 BGH NJW 1995, 2850; BGH, GmbHR 1993, 216; OLG Frankfurt, NJW-RR 1994, 105; *Klatte*, Amtsniederlegung, S. 113ff., 155; *Hachenburg/Stein*, § 38 Rz. 135; *Meyke*, Haftung, Rz. 67; *Spörlein/Tausend*, Handbuch, S. 186; *Baumbach/Hueck/Zöllner*, § 38c; *Roth/Altmeppen*, § 38 Rz. 58; *Scholz/Schneider*, § 38 Rz. 82; *Lutter/Hommelhoff*, § 38 Rz. 41.

170 *Grothus*, DB 1958; 792; *Gröger*, Rechtspfleger 1976, 286, 287.

171 BGH, NJW-RR 1995, 556, 557; *Hachenburg/Stein*, § 38 Rz. 142; *Baumbach/Hueck/Zöllner*, § 38 Rz. 38c.

172 *Hachenburg/Stein*, § 38 Rz. 142; *Scholz/Schneider*, § 38 Rz. 83.

173 *Klatte*, Amtsniederlegung, S. 242f.

174 *Klatte*, Amtsniederlegung, S. 243ff.

175 *Klatte*, Amtsniederlegung, S. 245f.

176 *Klatte*, Amtsniederlegung, S. 246ff.

177 Vgl. überdies *Schneider/Schneider*, GmbHR 1980, 4, 6f.; *Münch*, DStR 1993, 916ff. sowie die Beispiele bei *Hachenburg/Stein*, § 38 Rz. 143, wozu das systematische Vorenthalten von Informationen zählt, die zur Wahrnehmung der gesetzlichen Aufgaben nötig

in der Verantwortungssphäre der Gesellschafter liegen, einem Haftungsrisiko aussetzt[178]. Die Formpflicht für Weisungen dient gerade dazu, das Haftungsrisiko des Geschäftsführers zu reduzieren[179]. Insofern besteht eine sachliche Verbindung zwischen der Formverletzung und den Grundsätzen einer Amtsniederlegung aus wichtigem Grund. Nun wird man kaum davon ausgehen können, daß jede Verletzung der Formpflicht bereits zur Amtsniederlegung berechtigt. Um die Schwelle der Unzumutbarkeit zu überschreiten, muß die Rechtsposition des Geschäftsführers in intensiver Form beeinträchtigt werden[180]. Dabei kann es sich entweder um eine quantitative oder um eine qualitative Dimension handeln. In qualitativer Hinsicht mag eine einzelne Weisung durch ihre ökonomische Bedeutung das Risiko einer Haftung für den Geschäftsführer zu einer existentiellen Bedrohung ansteigen lassen. Dabei kann das Fehlen einer beweiskräftigen Dokumentation, die im Fall einer Inanspruchnahme den sofortigen Nachweis der entlastenden Weisung erbringen würde, durchaus die Unzumutbarkeit der Amtsweiterführung begründen. Die genauen Umstände hängen dabei jedoch vom jeweiligen Einzelfall ab. Dabei muß neben dem ökonomischen Risiko jedoch gleichsam berücksichtigt werden, ob die Weisung gar nicht schriftlich erteilt wurde oder lediglich die erforderlichen Zusatzinformationen fehlen. Letzteres würde den Verstoß tendenziell schwächer ausfallen lassen, da zumindest ein Teil der Anforderungen erfüllt wären. Darüber hinaus kann in quantitativer Hinsicht eine Vielzahl von Formpflichtverstößen bedeutsam werden. Sofern sich die Gesellschafter trotz entsprechender Hinweise des Geschäftsführers beharrlich wehren, Weisungen dem Formerfordernis entsprechend zu erteilen, verletzen sie nicht nur ihre Pflichten, sondern bringen damit eine permanente Mißachtung der Person und Schutzbedürfnisse des Geschäftsführers zum Ausdruck[181]. Diese dauerhafte Mißachtung kann eine Zusammenarbeit ebenfalls unzumutbar machen. Dabei sind erneut die Umstände des Einzelfalls maßgebend, in denen, wie im Rahmen qualitativer Gesichtspunkte, das Ausmaß der Formverstöße einfließen muß.

Somit ist der Geschäftsführer in bestimmten Einzelfällen berechtigt, sein Amt aus wichtigem Grund niederzulegen.

sind, BGH, NJW 1995, 2850, 2851. Ferner sind in der Regel die Gründe relevant, die zur Kündigung aus wichtigem Grund berechtigen, wobei hier die Kasuistik zur Kündigung der Gesellschaft gegenüber dem Geschäftsführer gilt, vgl. wiederum *Hachenburg/Stein*, § 38 Rz. 146.

178 *Scholz/Schneider*, § 38 Rz. 78; *Hachenburg/Stein*, § 38 Rz. 143; vgl. auch hier *Klatte*, Amtsniederlegung, S. 248.

179 Dazu umfassend oben S. 182ff.

180 Da grundsätzlich die Aspekte zur Kündigung gelten, sind durch die besondere Verantwortung und Vertrauensstellung an die weitere Zusammenarbeit strenge Maßstäbe zu stellen, *Hachenburg/Stein*, § 38 Rz. 146.

181 *Rowedder/Koppensteiner*, § 38 Rz. 25 betont, daß insbesondere eine schwere Störung des Vertrauensverhältnisses zu den anderen Gesellschaftsorganen oder Organmitgliedern zu den wichtigen Gründen zählt.

2. Bestehen eines einklagbaren Anspruchs auf Einhaltung der Schriftform

a) Zulässigkeit der Klagbarkeit von Schutzpflichten

Denkbar ist überdies, daß dem Geschäftsführer ein klagbarer Anspruch auf Einhaltung der Schriftform zusteht, wenn die Gesellschafter sich weigern, ihre Pflichten zu erfüllen. Ein derartiger Anspruch stößt jedoch zunächst auf Bedenken[182], da es sich lediglich um eine Nebenpflicht handelt, deren Klagbarkeit der Gesetzgeber nur in Ausnahmefällen normiert hat[183]. In der Regel führt die Verletzung derartiger Pflichten nur zum Ersatz des entstandenen Schadens sowie zu Kündigungs- bzw. Rücktrittsrechten. *Konzen* führt in diesem Zusammenhang jedoch zutreffend aus, daß bereits diese Form der Haftung in ihrer „modernen Ausprägung ein Produkt der Rechtsentwicklung und ein klagbarer Erfüllungsanspruch lediglich eine folgerichtige Weiterentwicklung" sei[184]. Es erscheint in der Tat nicht sachgerecht, einerseits Pflichten zum Schutz des Integritätsinteresses des Betroffenen zu konstruieren, im Fall der Erfüllungsverweigerung der Partei jedoch andererseits zuzumuten, erst den Eintritt des Schadens abzuwarten, um zu dessen Kompensation im nachhinein einen Ersatzanspruchs geltend zu machen. Der Sinn dieser Pflichten besteht darin, das Integritätsinteresse der anderen Partei zu schützen. Sofern jedoch das Rechtsgut erst verletzt werden muß, bevor der Berechtigte die Möglichkeit zur Einleitung von Sanktionen hat, wird der Schutzzweck der Pflichten konterkariert. Erforderlich ist vielmehr, der betroffenen Partei bereits zuvor das Recht einzuräumen, den Eintritt eines Schadens durch einen klagbaren Anspruch auf Erfüllung der Schutzpflichten zu verhindern. Aus diesem Grund nimmt der wohl überwiegende Teil des Schrifttums heute an, daß auch Schutzpflichten selbständig einklagbar sind[185]. Gleichwohl sind aufgrund der Eigenart dieser Pflichten zwei Einschränkungen geboten. Zum ersten gestalten sich Schutzpflichten nicht in jedem Fall gleich. Vielmehr ist ihre spezifische Ausprägung von der jeweiligen Situation abhängig. Notwendig ist daher, daß sich die jeweils abzuwendende Gefahr und die betreffende Pflicht in hinreichender Weise konkretisieren lassen. Überdies wird gefordert, es dürfe dem Betroffenen nicht zumutbar sein, die rechtliche Bezie-

---

182 *Larenz*, Schuldrecht I, S. 12; *Münchener Kommentar/Roth*, § 242 Rz. 209; *Gernhuber*, Schuldrecht, S. 24f.; *Konzen*, FS Kissel, S. 571, 602f.

183 Positivrechtlich geregelt ist beispielsweise die Einklagbarkeit der Schutzpflichten aus § 550 BGB. Ferner wird auch die Einhaltung der Pflichten aus §§ 536, 618 BGB und § 62 HGB mittels einer entsprechenden Klage für möglich gehalten, vgl. *Münchener Kommentar/Roth*, § 242 Rz. 209.

184 *Konzen*, FS Kissel, S. 571, 603.

185 *Münchener Kommentar/Roth*, § 242 Rz. 209; zustimmend *Soergel/Teichmann*, § 242 Rz. 189; *Palandt/Heinrichs*, § 242 Rz. 35 i.V.m. 25f. *Larenz*, Schuldrecht I, S. 12 betont, es müsse sich um eine ganz bestimmte Maßnahme handeln, die der Verpflichtete sich weigert auszuführen. In der Regel bleibe es jedoch bei Schadensersatz, Rücktritt oder Kündigung. *Stürner*, JZ 1976, 384ff. führt aus, daß lediglich bei reinen Sorgfaltspflichten ein Anspruch ausscheide, nicht hingegen bei Schutzpflichten; vgl. ferner *Motzer*, JZ 1983, 886f.; *Köhler*, AcP 190 (1990), 509f.

hung abzubrechen, da der Schutz der betroffenen Partei ansonsten auch auf herkömmlichem Wege möglich sei[186].

Wie bereits zuvor ausgeführt[187], betont *Roth* in seinem Kommentar zum GmbHG, daß dem Geschäftsführer in jedem Fall ein Anspruch auf Aushändigung einer beweiskräftigen Ausfertigung einer Weisung zustehe, läßt an dieser Stelle jedoch die Begründung offen. Gleichwohl kann sie mittelbar aus seiner Kommentierung zu § 242 BGB entnommen werden, in der *Roth* ebenfalls für die Klagbarkeit von Schutzpflichten eintritt, sofern die mit den Pflichten zu begegnenden Gefahren hinreichend konkretisierbar sind und kein anderweitiger Abbruch der Rechtsbeziehungen zumutbar ist[188].

Zu untersuchen bleibt indes, ob diese Voraussetzungen im Rahmen des vorliegenden Problemkreises erfüllt werden können.

b) Voraussetzungen zur Klagbarkeit von Schutzpflichten

aa) Vorliegen einer hinreichend konkretisierbaren Gefahr

Die Formpflicht für Weisungen dient vornehmlich zwei Zielen: zum einen der Schaffung einer beweiskräftigen Ausfertigung der Weisung und zum anderen der Bereitstellung von Informationen, die eine Beurteilung der Rechtmäßigkeit wesentlich erleichtern bzw. ermöglichen[189]. Sofern die Weisung gar nicht schriftlich erteilt wurde, läßt sich grundsätzlich von einer hinreichend konkretisierten Gefahr ausgehen, da dem Geschäftsführer auf diese Weise ein entscheidender Nachweis der ihn entlastenden Weisung fehlt. Da er im Fall eines Verfahrens die Beweislast für das Vorliegen einer Weisung trägt[190], besteht grundsätzlich die Gefahr, daß er bei der Geltendmachung von Schadensersatzansprüchen Schwierigkeiten hat, den Entlastungsbeweis zu führen. Natürlich steht zu diesem Zeitpunkt noch nicht fest, ob er sich durch die Ausführung in ein Haftungsrisiko begibt. Doch kann es darauf nicht ankommen. Sofern dieser, erst wesentlich spätere Zeitpunkt relevant wäre, müßte der Geschäftsführer zur Geltendmachung des Anspruchs auf Einhaltung der Schriftform gerade die Weisung beweisen, deren Nachweis mit der eingeklagten Schriftform in einem Schadensersatzverfahren erreicht bzw. erleichtert werden soll. Damit würde der Schutzzweck der Formpflicht unterlaufen. Bei gänzlichem Fehlen der Schriftform steht dem Geschäftsführer somit ein klagbarer Anspruch zu.

---

186 *Münchener Kommentar/Roth*, § 242 Rz. 209; *Stürner*, JZ 1976, 384, 386ff.; *Motzer*, JZ 1983, 886f.; *Köhler*, AcP190, 506; ähnlich *Konzen*, FS Kissel, S. 571, 604 im Hinblick auf die Möglichkeit einstweiligen Rechtsschutzes.

187 Vgl. oben S. 182; *Roth/Altmeppen*, § 48 Rz. 15.

188 *Münchener Kommentar/Roth*, § 242 Rz. 209.

189 Dazu oben S. 182ff.

190 Vgl. *v. Gerkan*, ZHR 154 (1990), 39, 56ff. Dabei bezieht sich dies natürlich nur auf Maßnahmen, die der Geschäftsführer ohne Weisung nicht hätte ausführen dürfen, da es ansonsten sowieso an einer Pflichtverletzung fehlte.

Dasselbe muß für die übrigen Informationen gelten, die zur Beurteilung der Rechtmäßigkeit aufzunehmen sind. In diesem Fall liegt die abzuwehrende Gefahr in einer Fehlbeurteilung der Ausführungspflicht bzw. der Rechtmäßigkeit, durch welche Haftung hervorgerufen werden kann. Diese ist auch hinreichend konkret, da es jeweils um spezifische Informationen geht, deren Aufnahme in die Niederschrift erforderlich ist, um das Risiko einer Fehlbeurteilung zu verhindern. Soweit ein Anspruch auf die Erteilung der entsprechenden Zusatzinformationen erst dann bestünde, wenn ein Schadensersatzanspruch der Gesellschaft vorliegt oder behauptet wird, wäre die Einhaltung dieser Pflichten ohnehin obsolet.

bb) Unzumutbarkeit einer Amtsniederlegung

Letztlich kann es dem Geschäftsführer nicht zugemutet werden, aufgrund der Verletzung der Schriftform die Beziehungen zur GmbH abzubrechen. Um den Weisungen der Gesellschafter zu entgehen, müßte er sein Amt niederlegen, da er organisationsrechtlich verpflichtet ist, Weisungen auszuführen. Dabei ist zu berücksichtigen, daß er lediglich unter bestimmten Umständen zur Amtsniederlegung aus wichtigem Grund berechtigt wäre[191] und ihm in den übrigen Fällen bereits infolge drohender Schadensersatzansprüche[192] eine Amtsniederlegung nicht zugemutet werden kann. Überdies kann jedoch von einem Geschäftsführer grundsätzlich nicht verlangt werden, sowohl seine Stellung als auch den damit regelmäßig verbundenen Erhalt der Lebensgrundlage einzubüßen. Der Verlust der Geschäftsführerposition steht dabei völlig außer Verhältnis zu dem Erfordernis, eine Weisung schriftlich zu erteilen.

Aus diesen Gründen verfügt der Geschäftsführer über einen klagbaren Anspruch auf Erteilung einer Weisung, die den vorab beschriebenen Inhaltserfordernissen[193] gerecht wird.

3. Ausführungsverweigerungsrecht im Hinblick auf die Weisung aus § 273 BGB

Denkbar ist ferner, daß der Geschäftsführer die Möglichkeit hat, die Ausführung einer Weisung zu verweigern, sofern sie nicht formgerecht erteilt wird. Als rechtliche Grundlage kommt dabei das Zurückbehaltungsrecht aus § 273 I BGB in Betracht.

a) Anspruch und Gegenanspruch

Erforderlich ist zunächst die Existenz zweier gegenseitiger, fälliger Ansprüche[194]. Die Gesellschaft hat einen Anspruch gegen den Geschäftsführer auf

---

191 Dazu oben S. 212f.

192 Dazu oben S. 212f.

193 Dazu oben S. 202ff.

194 *Gernhuber*, Schuldrecht, S. 673f.; *Medicus*, Schuldrecht I, Rz. 209; *Larenz*, Schuldrecht I, S. 213; *Köbler*, Schuldrecht, S. 67.

Ausführung von wirksamen Weisungen[195], wohingegen dem Geschäftsführer gegen die Gesellschaft ein klagbarer Anspruch auf schriftliche Erteilung genau dieser Weisungen zum Zeitpunkt ihrer Erteilung zusteht[196]. Dabei ist zu betonen, daß auch die Vornahme von Handlungen im Rahmen des § 273 I BGB verweigert werden kann[197].

b) Konnexität

Ferner ist es nötig, daß die beiden Ansprüche auf demselben „rechtlichen Verhältnis" beruhen. Dabei könnte die Anwendung von § 273 I BGB auf Bedenken stoßen, da es sich bei der in Rede stehenden Beziehung zwischen der GmbH und dem Geschäftsführer um ein organschaftliches Rechtsverhältnis handelt und § 273 I BGB ein Zurückbehaltungsrecht im gesetzessystematischen Kontext des Schuldrechts konstituiert. Gleichwohl wird der Anwendungsbereich über das Schuldrecht hinaus auch auf andere Rechtsverhältnisses ausgedehnt[198]. Ausgangspunkt für diese extensive Auslegung ist der Wortlaut von § 273 I BGB, der explizit von einem „rechtlichen Verhältnis", nicht hingegen von einem Schuldverhältnis ausgeht. Der BGH hat den Anwendungsbereich dieser Norm zusätzlich konkretisiert und betont, daß es keine Rolle spiele „aus welchem Rechtsgebiet die Ansprüche stammen und ob sie sich aus Vertrag oder Gesetz ergeben"[199].

Wie bereits an anderer Stelle ausgeführt[200], handelt es sich beim Bestellungsverhältnis um eine Beziehung, die aufgrund eines körperschaftlichen Bestellungsakts durch die Gesellschaft entsteht, der als einseitiges Rechtsgeschäft angesehen wird, und einer entsprechenden Zustimmung des Geschäftsführers bedarf. Damit ist das Bestellungsverhältnis nicht als Vertrag zu qualifizieren. Gleichwohl umfaßt der Wortlaut des BGH aus zwei Gründen auch das vorliegende Rechtsverhältnis.

Zum einen läßt sich das Bestellungsverhältnis aufgrund seiner Struktur zumindest als vertragsähnlich qualifizieren[201], da sich aus ihm beiderseitige Ansprüche ergeben. Wichtiger ist jedoch, daß der Normzweck des § 273 I BGB den vorliegenden Fall erfaßt. Das Zurückbehaltungsrecht zielt auf die Sicherung eines Gegenanspruchs[202] und dient als Druckmittel zu dessen Durchsetzung[203].

---

195 BGHZ 31, 258, 278; *Scholz/Schneider*, § 37 Rz. 30; *Rowedder/Koppensteiner*, § 37 Rz. 25; *Hachenburg/Mertens*, § 37 Rz. 19.

196 Dazu oben S. 214ff.

197 BGHZ 55, 344, 347.

198 Aus diesem Grund wird das Zurückbehaltungsrecht auch auf andere Ansprüche sachen-, familien- und erbrechtlicher Art angewandt, vgl. *Münchener Kommentar/Keller*, § 273 Rz. 2ff.; *Gernhuber*, Schuldrecht, S. 673f.; *Larenz*, Schuldrecht I, S. 213f.

199 BGHZ, 92, 194, 196.

200 Dazu oben S. 195f.

201 Vgl. *Soergel/Hadding*, § 27 Rz. 9; *Müller*, GenG, § 24 Rz. 29; *Würdinger*, Aktienrecht, S. 116.

202 BGH NJW 1981, 1666f.; *Soergel/Wolf*, § 273 Rz. 3; *Gernhuber*, Schuldrecht, S. 671ff.; *Medicus*, Schuldrecht I, Rz. 208; *Fikentscher*, Schuldrecht, Rz. 413; *Larenz*, Schuldrecht I, S. 211ff.; *Keller*, JuS 1982, 665.

Nach Aussage des BGH soll innerhalb eines zusammengehörenden einheitlichen Lebensverhältnisses verhindert werden, daß ein Anspruch ohne Rücksicht auf einen anderen geltend gemacht und verwirklicht werden kann[204]. Dieser Normzweck läßt sich gleichsam auf das Verhältnis zwischen dem Anspruch auf Erteilung der Weisung und dem Anspruch auf Einhaltung der Schriftform übertragen. Die Einhaltung der aus § 242 BGB abgeleiteten Schriftform dient gerade dazu, dem Geschäftsführer zu ermöglichen, seine Pflicht zur Ausführung der Weisung zu überprüfen sowie einer sich daraus eventuell ergebenden Schadensersatzpflicht zu entgehen. Dieser Zweck würde unterlaufen, wenn die Gesellschaft die Ausführung verlangen könnte, ohne die Schriftform für die Weisung einzuhalten. Aus diesem Grund ist unter das rechtliche Verhältnis i.S.v. § 273 I BGB auch ein Organverhältnis zu subsumieren.

Da die genannten Ansprüche auch auf demselben rechtlichen Verhältnis beruhen, weil sich sowohl die Weisungsabhängigkeit als auch die Formpflicht auf dem organschaftlichen Verhältnis zwischen der GmbH und dem Geschäftsführer ergeben[205], ist dem grundsätzlich extensiv ausgelegten Konnexitätsbegriff genüge getan[206].

c) Fehlen von Ausschlußgründen

Dem Verweigerungsrecht stehen ferner keine prinzipiellen Ausschlußgründe[207] entgegen. Gesetzliche Ausschlußgründe[208] sind nicht ersichtlich. Aus der Natur des Organverhältnisses läßt sich ebenfalls keine Einschränkung ableiten. Weder Zweck noch Eigenart[209] der Weisungsfolgepflicht des Geschäftsführers rechtfertigen einen Ausschluß. Der Zweck der Weisungspflicht liegt darin, den Geschäftsführer zu veranlassen, die durch wirksame Weisungen geäußerten Wünsche der Gesellschafter als willensbildendem Organ der GmbH auszuführen. Der Anspruch auf Ausführung beschränkt sich ausschließlich auf wirksame Weisungen. Sofern der Schutzzweck der Formpflicht jedoch gerade darauf abzielt, die Rechtswirksamkeit und Ausführungspflicht der Weisung überprüfen zu können, wäre es sogar widersprüchlich, einen Ausschluß der Ausführungsverweigerung anzunehmen. Auch die Eigenart der Weisung hindert eine Verweigerung nicht, da die Einhaltung der Formpflicht keine besonderen Hindernisse aufstellt, sondern auf einfache Weise erfüllt werden kann. Berücksichtigt man überdies den Beweiszweck als weiteren Hintergrund für eine Formpflicht, so erscheint es zusätzlich unsachgemäß, vom Geschäftsführer eine Ausführung zu verlangen, wenn der ihm im Fall einer Inanspruchnahme aus § 43 II GmbHG obliegende entlastende Nachweis einer Weisung nicht sichergestellt ist. Ledig-

---

203 Motive II, S. 42.

204 Vgl. dazu insb. BGHZ 92, 194, 196.

205 Dazu oben S. 198ff.

206 BGHZ 47, 157, 167; *Keller*, JuS 1982, 665; *Leonard*, Schuldrecht, S. 253; *Medicus*, Schuldrecht I, Rz. 210; *Larenz*, Schuldrecht I, S. 214; *Fikentscher*, Schuldrecht, Rz. 414.

207 Dazu *Medicus*, Schuldrecht I, Rz. 215ff.; *Larenz*, Schuldrecht I, S. 215; *Fikentscher*, Schuldrecht, Rz. 413; *Köbler*, Schuldrecht, S. 68; *Gernhuber*, Schuldrecht, S. 693ff.

208 Vgl. die Aufzählung bei *Gernhuber*, Schuldrecht, S. 693ff.

209 Vgl. *Soergel/Wolf*, § 273 Rz. 36; *Palandt/Heinrichs*, § 273 Rz. 15.

lich ausnahmsweise mag eine Verweigerung gegen Treu und Glauben verstoßen[210], wenn die Ausführung der Weisung von existentieller Bedeutung für die GmbH sein sollte und eine formgerechte Erteilung aus zeitlichen Gründen nicht möglich ist. Überdies ist es jederzeit möglich, eine Vereinbarung über den Ausschluß des Ausführungsverweigerungsrechts zu treffen[211].

Aus diesen Gründen kann der Geschäftsführer bei Verletzung der Formpflicht aus § 273 I BGB die Ausführung der betreffenden Weisung grundsätzlich solange verweigern[212], bis ihm diese in formgerechter Weise ausgehändigt wird.

4. Schadensersatz aus positiver Forderungsverletzung

Letztlich ist es denkbar, daß dem Geschäftsführer ein Schadensersatzanspruch aus pFV zusteht, da die Verletzung von Schutzpflichten im Rahmen von Schuldverhältnissen in erster Linie mit einer derartigen Schadensersatzhaftung sanktioniert wird[213].

a) Organschaftliches Bestellungsverhältnis als Schuldverhältnis i.S.d. pFV

Grundlage eines jeden Anspruchs aus positiver Forderungsverletzung ist das Vorliegen eines vertraglichen oder gesetzlichen Schuldverhältnisses[214]. Bei dem Organverhältnis handelt es sich jedoch nicht um einen Vertrag, sondern um ein einseitiges Rechtsgeschäft der Gesellschaft gegenüber dem Geschäftsführer[215]. Im Rahmen einseitiger Rechtsgeschäfte ist die Anwendung der pFV bei einer Verletzung von Schutzpflichten allerdings sehr problematisch, da es durch den einseitigen Entstehungstatbestand in aller Regel an der Inanspruchnahme von Vertrauen oder dem Eintritt in die Einflußsphäre des anderen Teils mangelt. Ein typisches Beispiel dafür ist die Auslobung, in deren Rahmen ein Schadensersatzanspruch aus den genannten Gründen abgelehnt wird[216].

Wie bereits ausgeführt, entsteht das Organverhältnis allerdings nicht im Zuge eines klassischen einseitigen Rechtsgeschäfts, sondern bedarf der Zustimmung des Geschäftsführers. Mit dieser Zustimmung dokumentiert der Geschäftsführer, daß er mit der Übernehme der Pflichtenlast und Haftungsgefahr einverstanden ist. Aufgrund der besonderen rechtlichen Struktur führt diese Annahme zwar nicht zu einem Vertragsschluß, sie ist jedoch auch nicht als rein einseitige Bestellung zu qualifizieren. Die Zustimmung verleiht dem Organverhältnis

---

210 Zu diesem Ausschlußgrund *Münchener Kommentar/Keller*, § 273 Rz. 80; *Larenz*, Schuldrecht I, S. 215f.; *Gernhuber*, Schuldrecht, S. 696f.

211 RGZ 136, 407, 413; *Palandt/Heinrichs*, § 273 Rz. 13; *Medicus*, Schuldrecht I, Rz. 215; *Larenz*, Schuldrecht I, S. 216.

212 Zur Rechtsfolge vgl. *Medicus*, Schuldrecht I, Rz. 221; *Köbler*, Schuldrecht, S. 68.

213 Dazu allgemein *Münchener Kommentar/Emmerich*, Vor § 275 Rz. 294, 297.

214 Vgl. nur *Medicus*, Bürgerliches Recht, Rz. 306.

215 Vgl. dazu oben S. 195f.

216 Vgl. nur *Münchener Kommentar/Seiler*, § 657 Rz. 20.

vielmehr einen vertragsähnlichen Charakter[217]. Außerdem treffen die Gründe, die zu einer Ablehnung der pFV im Rahmen einseitiger Rechtsgeschäfte herangezogen werden können, nicht auf das Organverhältnis zu. In diesem Rahmen sind die Inanspruchnahme von Vertrauen und die Einflußmöglichkeiten der Gesellschaft auf den Geschäftsführer sogar außergewöhnlich hoch. Diese Umstände haben überhaupt dazu geführt, die Formpflicht als Ausprägung der allgemeinen Schutzpflichten des Organverhältnisses herauszuarbeiten. Sofern jedoch Schutzpflichten aus diesem Rechtsverhältnis hergeleitet werden, ist es nur folgerichtig, die Verletzung dieser Pflichten mit einem Schadensersatzanspruch zu sanktionieren. Daher ist der Anwendungsbereich der pFV eröffnet.

b) Pflichtverletzung

Als Verletzung der Schutzpflichten gilt jede Weigerung, die Formpflicht einzuhalten sowie die fehlende Aufnahme der erforderlichen Informationen.

c) Verschulden

Bei der Frage des Verschuldens ist entscheidend, ob die Gesellschafter die Pflichtverletzung im Rahmen von § 276 I BGB zu vertreten haben. Im Hinblick auf die Zurechnung des schuldhaften Verhaltens kann auf die Ausführungen zur Herleitung der Formpflicht verwiesen werden[218]. Aufgrund der innergesellschaftlichen Zuständigkeitsverteilung, aus dem sich im Rahmen des Organverhältnisses das Weisungsrecht ergibt, sind die Gesellschafter verpflichtet, für die Einhaltung der Formpflicht Sorge zu tragen. Eine Verletzung dieser Pflicht muß der Gesellschaft daher aus denselben Gründen zugerechnet werden wie die Zuweisung der Pflichten selbst.

d) Kausale Herbeiführung eines Schadens

Der für einen Anspruch aus pFV erforderliche Schaden kann in diesem Kontext allein darin bestehen, daß der Geschäftsführer der Gesellschaft aus § 43 II, III GmbHG infolge der Ausführung der Weisung haftet, die unter Verstoß gegen die Formpflicht zustande gekommen ist.

Inwieweit dieser Schaden jedoch auf die Verletzung der Formpflicht zurückgeführt werden kann, ist höchst problematisch. Denkbar sind dabei zwei Alternativen. Zum einen ist es möglich, daß der Schadensersatzanspruch besteht, weil der Geschäftsführer die ihn entlastende Weisung mangels schriftlicher Erteilung nicht nachweisen kann. In diesem Fall hilft ihm jedoch auch der pFV-Anspruch nicht, da er in diesem Rahmen ebenfalls die Existenz einer Weisung beweisen muß. Zum anderen könnte der Geschäftsführer vorbringen, er hätte die unzweifelhaft vorliegende Weisung nicht ausgeführt, wären ihm die erforderlichen Zusatzinformationen bekannt gewesen. Dieser Nachweis wird in der Regel kaum

---

217 Vgl. *Soergel/Hadding*, § 27 Rz. 9; *Müller*, GenG, § 24 Rz. 29; *Würdinger*, Aktienrecht, S. 116.

218 Vgl. oben S. 201.

gelingen, da fehlendes Wissen aus tatsächlichen Gründen nur sehr schwer zu beweisen ist.

e) Mitverschulden

Sollte der Geschäftsführer tatsächlich in der Lage sein, diese Voraussetzungen nachzuweisen, so wird ihm jedoch regelmäßig ein Mitverschulden anzurechnen sein. Da er über das Recht verfügt, die Ausführung der Weisung zu verweigern, hat er es selbst in der Hand, den Schaden zu verhindern. Nimmt er diese Möglichkeit nicht wahr, so trägt er erheblich zur Verursachung des Schadens bei. Sofern er sich bewußt gegen die Verweigerung entschieden hat, muß der Anspruch gar völlig entfallen, da der Geschäftsführer in diesem Fall nicht mehr schutzwürdig ist. Sollte ihm die Möglichkeit einer Ausführungsverweigerung hingegen unverschuldet nicht bekannt gewesen sein, so ist eine Anspruchsteilung in Betracht zu ziehen.

Insgesamt muß die Möglichkeit eines pFV-Anspruchs eher als theoretische Sanktion angesehen werden, da die Beweisschwierigkeiten kaum überwindbar sind und das Mitverschulden den Anspruch entweder gänzlich entfallen läßt oder erheblich reduzieren wird.

5. Ergebnis

Als Ergebnis bleibt festzuhalten, daß der Geschäftsführer im Fall einer Formpflichtverletzung über einen einklagbaren Anspruch auf Einhaltung der Formerfordernisse verfügt, die Ausführung einer formwidrig erteilten Weisung verweigern kann sowie unter bestimmten Umständen berechtigt ist, sein Amt aus wichtigem Grund niederzulegen. In Ausnahmefällen mag auch ein Schadensersatzanspruch aus pFV vorliegen.

§ 14 PFLICHT ZUR EINRÄUMUNG EINER TEILNAHMEMÖGLICHKEIT DES GESCHÄFTSFÜHRERS BEI DER WEISUNGSBESCHLUSSFASSENDEN GESELLSCHAFTERVERSAMMLUNG

Nachdem mit der Schriftform bereits eine wesentliche formelle Änderung für die Erteilung einer Weisung erarbeitet wurde, ist im Weiteren fraglich, ob der Geschäftsführer die Möglichkeit hat, an einer beschlußfassenden Gesellschafterversammlung teilzunehmen. Eine derartige Befugnis würde ihm eine Rechtmäßigkeitsprüfung der Weisung über das Formerfordernis hinaus noch wesentlich erleichtern. Dabei stellt sich diese Frage lediglich für den Fremdgeschäftsführer, da der Gesellschaftergeschäftsführer aufgrund seiner Gesellschafterstellung stets ein Teilnahmerecht hat[219].

---

[219] Das Teilnahmerecht gehört in seinem Kern zu den unentziehbaren Mitgliedschaftsrechten der Gesellschafter, vgl. BGH, GmbHR 1989, 120, 121; *Vogel*, Gesellschafterbeschlüsse, S. 138; *Scholz/Schmidt*, § 48 Rz. 12; *Baumbach/Hueck/Zöllner*, § 48 Rz. 3; *Rowedder/Koppensteiner*, § 48 Rz. 9.

A. Grundsätzliche Ablehnung eines Anwesenheitsrechts des Geschäftsführers bei Gesellschafterversammlungen

Ein Anwesenheitsrecht wird dem Geschäftsführer von der absolut herrschenden Meinung versagt[220]. Selbst wenn die Gesellschaft eigene Anteile hält, stehe dem Geschäftsführer keine Teilnahmebefugnis zu[221]. Lediglich auf Verlangen der Gesellschafter sei der Geschäftsführer zur Anwesenheit verpflichtet[222]. Teilweise wird von einer grundsätzlichen Teilnahmepflicht ausgegangen, die erst erlösche, sofern die Gesellschafter die Versammlung nur im Kreise der Anteilseigner durchführen wollen[223]. Begründet wird dies mit dem Fehlen einer entsprechenden Regelung im Gesetz sowie dem Grundsatz, daß die Gesellschafter als „Herren der Gesellschaft" darüber zu befinden hätten, ob außer ihnen weiteren Dritten das Recht zur Anwesenheit während einer Gesellschafterversammlung eingeräumt wird. Einzig *Vogel* ging ehemals von einem Anwesenheitsrecht des Geschäftsführers aus, da dieser ansonsten der Erfüllung ihm zugewiesener Aufgaben nicht gerecht werden könne[224]. Um welche Aufgaben es sich dabei handelt, wurde jedoch offengelassen.

B. Stellungnahme und Entwicklung einer Pflicht zur Einräumung einer Teilnahmemöglichkeit des Geschäftsführers bei der Beschlußfassung

Zu Recht wird die Herleitung eines Teilnahmerechts aus der Einberufungskompetenz des § 49 GmbHG[225] und der Auskunftspflicht aus § 51a GmbHG[226] des Geschäftsführers abgelehnt, da diese Aspekte nicht zwangsnotwendig ein Recht auf Anwesenheit voraussetzen. Vielmehr kann der Geschäftsführer diesen Aufgaben auch ohne eine derartige Befugnis nachkommen[227]. Im übrigen würde ein grundsätzliches Anwesenheitsrecht dem Interesse der Gesellschafter widersprechen, unternehmensinterne Aspekte, die den Geschäftsführer nicht unmittelbar tangieren, ausschließlich im Kreise der Anteilseigner zu erörtern. Insoweit ist

---

220 *Rowedder/Koppensteiner*, § 48 Rz. 10; *Hachenburg/Hüffer*, § 48 Rz. 20; *Baumbach/Hueck/Zöllner*, § 48 Rz. 5; *Meyer-Landrut/Miller/Niehus*, § 48 Rz. 6; *Lutter/Hommelhoff*, § 48 Rz. 5; *Sudhoff*, Gesellschaftsvertrag, S. 306; *Scholz/Schmidt*, § 48 Rz. 16; *Roth/Altmeppen*, § 48 Rz. 6.

221 So *Lutter/Hommelhoff*, § 48 Rz. 5; zustimmend *Roth/Altmeppen*, § 48 Rz. 6.

222 Vgl. u.a. *Roth/Altmeppen*, § 48 Rz. 6; *Hachenburg/Mertens*, § 48 Rz. 20.

223 So z.B. *Mutze*, GmbHR 1970, 33, 34; *Sudhoff*, Rechte und Pflichten, S. 93.

224 *Vogel*, Gesellschafterbeschlüsse, 1. Aufl. 1968, S. 87; *ders.*, Gesellschafterversammlung, 1. Aufl. 1976, S. 13, der ausführt, ein Anwesenheitsrecht der Geschäftsführer „verstehe sich von selbst". In den Folgeauflagen schließt er sich jedoch ohne Hinweis auf die ursprünglich vertretene Auffassung der herrschenden Meinung an, vgl. *Vogel*, Gesellschafterbeschlüsse, S. 140 sowie *Eickhoff*, Gesellschafterversammlung, Rz. 150, der das Werk von Vogel weiterführt.

225 Argument von *Mutze*, GmbHR 1970, 33, 34, der letztlich ein Anwesenheitsrecht ebenfalls ablehnt.

226 Denkbares Argument von *Lutter/Hommelhoff*, § 48 Rz. 5, der jedoch ebenfalls zu einer Ablehnung gelangt.

227 Auch das Argument, der Geschäftsführer sei im Zweifel Versammlungsleiter vgl. *Sudhoff*, Gesellschaftsvertrag, S. 305 verfängt nicht, da die Gesellschafter mit einfacher Mehrheit einen Versammlungsleiter wählen können. So *Lutter/Hommelhoff*, § 48 Rz. 5; *Rowedder/Koppensteiner*, § 48 Rz. 10; *Scholz/Schmidt*, § 48 Rz. 16.

der herrschenden Meinung zuzustimmen. Fraglich ist jedoch, ob der Gesellschaft bzw. den Gesellschaftern nicht zumindest eine Pflicht obliegt, dem Geschäftsführer die Teilnahme zu ermöglichen, sofern seine schutzwürdigen Interessen betroffen werden.

I. Begründung für das Erfordernis einer Pflicht zur Einräumung eines Teilnahmerechts

Soweit die Gesellschafter einen Weisungsbeschluß fassen, ist der Geschäftsführer verpflichtet, die Rechtmäßigkeit des Beschlusses und eine daraus eventuell erwachsende Folgepflicht zu prüfen[228]. Insofern ist es für ihn von essentieller Bedeutung, möglichst umfassend über alle mit der Weisung im Zusammenhang stehenden Fakten informiert zu werden, da Grundlage einer jeden Rechtmäßigkeitsprüfung die umfassende Kenntnis der dem Beschluß zugrundeliegenden rechtlichen und tatsächlichen Umstände ist. Eine Vielzahl erforderlicher Fakten ergibt sich regelmäßig aus der Gesellschafterversammlung.

Der Notwendigkeit, dem Geschäftsführer Zugang zu diesen Informationen zu verschaffen, könnte jedoch das Interesse der Gesellschafter entgegenstehen, unternehmensinterne Aspekte ausschließlich im Kreise der Anteilseigner zu erörtern. Dabei werden mitunter emotionale und kontroverse Diskussionen geführt, deren Inhalt die Gesellschafter nur ungern anderen Personen zugänglich machen möchten. Eventuell werden sie sogar von der notwendigen Offenheit abgehalten, sofern es ihnen unangenehm ist, bestimmte Aspekte im Beisein des Geschäftsführers anzusprechen. Insofern könnte auch im Rahmen von Weisungen das Interesse der Gesellschafter an einem geschlossenen Teilnehmerkreis überwiegen.

Gleichwohl lassen sich dagegen entscheidende Einwände erheben. Die bei der Versammlung geführten Diskussionen und das Verhalten der Gesellschafter ergeben unerläßliche Hintergrundinformationen und lassen Rückschlüsse auf etwaige Anfechtungsabsichten zu, die sich weniger aus den rechtlichen Umständen als aus der persönlichen Einstellung des/der betroffenen Gesellschafter/s ableiten. Vor allem wenn die Gespräche emotional und kontrovers geführt werden, lassen sich potentielle Anfechtungsabsichten der Gesellschafter realistisch einschätzen. Das Erfordernis einer schriftlichen Erteilung der Weisung mit den dazugehörigen Zusatzinformationen kann aus Gründen der Rechtssicherheit und Praktikabilität nur einen Teil dieser Informationen in beweiskräftiger Form zur Verfügung stellen. Wesentliche Aspekte wie das persönliche Stimmungsbild einzelner Gesellschafter, etwaige Anfechtungstendenzen sowie sonstige Informationen, die im jeweiligen Einzelfall für die Beurteilung der Rechtmäßigkeit von Bedeutung sind, müssen nicht in die Weisung aufgenommen werden[229]. Letztlich kann sie vor allem nicht die Möglichkeit des Geschäftsführers ersetzen, bereits vor Erteilung der Weisung etwaige Bedenken zu äußern, die folgen-

---

[228] Vgl. dazu oben S. 71ff. die einzelnen Pflichten im Rahmen der Weisungen, die jeweils die genaue Kenntnis der Rechtmäßigkeit des Beschlusses voraussetzen.

[229] Vgl. dazu oben S. 207ff.

schwere Konflikte eventuell bereits im Vorfeld vermeiden würden. Sollten sich Gesellschafter durch die Anwesenheit des Geschäftsführers eingeschüchtert fühlen und ihren eigentlichen Gefühlen und Ansichten gerade wegen seiner Anwesenheit keinen Ausdruck verleihen, so kann dies die vorgenannten Argumente nicht entkräften. Zunächst dürfte ein derartiger Fall relativ selten vorkommen, da es letztlich um unternehmerische Entscheidungen geht, die sowieso der Mitwirkung und damit der Kenntnis des Geschäftsführers bedürfen. Zum anderen handelt es sich dabei eher um ein charakterliches Problem von mitunter introvertierten Gesellschaftern, deren Konfliktscheue ihnen das notwendige Maß an Offenheit verwehrt. Dieses Problem kann jedoch keine rechtlich relevante Bedeutung haben, da es auch im Beisein anderer Personen auftreten kann, deren Anwesenheit der einzelne Gesellschafter nicht zu verhindern vermag. So steht den gesetzlichen Vertretern eines Gesellschafters ein aus der Mitgliedschaft abgeleitetes Anwesenheitsrecht zu, aufgrund dessen Eltern, Vormünder, Betreuer, Pfleger, Gesellschaftsorgane und auch Behördenvertreter an einer Versammlung teilnehmen können. Gleiches gilt für Testamentsvollstrecker und den Verwalter im Konkurs eines Gesellschafters[230]. Aufgrund der gesellschaftsrechtlichen Treuepflicht kann überdies eine Pflicht der Anteilseigner bestehen, einen Beistand oder Berater zuzulassen, wenn es sich um wesentliche Entscheidungen handelt, einem der Gesellschafter die erforderliche Fachkenntnis fehlt und diese aufgrund besonderer Umstände in einem speziellen Fall unerläßlich ist[231].

Insgesamt muß es als widersprüchlich angesehen werden, vom Geschäftsführer ein rechtlich einwandfreies Verhalten zu verlangen, ihm jedoch den Zugang zu wichtigen Informationsquellen zu versagen. Das Interesse der Gesellschafter, über die Anwesenheit von Nichtgesellschaftern selbst zu entscheiden, muß daher zurücktreten, sofern es sich um Versammlungen handelt, in denen Weisungen an den Geschäftsführer beschlossen werden. Selbst wenn im Rahmen von Ermessensspielräumen und beim Verschulden noch Möglichkeiten bestehen, ein Haftungsrisiko zu mindern, ist eine präexekutive Risikoverringerung, d.h. bevor es überhaupt zur Ausführung der Weisung kommt, von großer Bedeutung, da sie den Beteiligten ermöglicht, potentielle Konflikte bereits im Vorfeld zu verhindern.

Vor diesem Hintergrund ist es erforderlich, dem Geschäftsführer die Möglichkeit einzuräumen, an einer Versammlung teilzunehmen, die über eine Weisung an ihn entscheidet. Sofern die Gesellschafter im Einzelfall ein besonderes Interesse daran haben, bestimmte Aspekte alleine im Kreise der Anteilseigner zu besprechen, steht ihnen jederzeit die Möglichkeit offen, sich außerhalb einer Versammlung vor der Beschlußfassung zu verständigen. Dieses Recht kann ihnen selbstverständlich niemand verwehren.

---

230 Vgl. *Scholz/Schmidt*, § 46 Rz. 19.

231 Vgl. *Scholz/Schmidt*, § 46 Rz. 22.

II. Organschaftliche Schutzpflichten als rechtliche Grundlage für die Pflicht zur Einräumung einer Teilnahmemöglichkeit

1. Auslegung organschaftlicher Schutzpflichten als dogmatischer Anknüpfungspunkt

Fraglich bleibt jedoch, ob diese Möglichkeit auch dogmatisch hergeleitet werden kann. Wie bereits im Rahmen der Formpflicht, kommt als Anknüpfungspunkt für die Einräumung einer Teilnahmemöglichkeit die Auslegung von Treue- Fürsorge- und Schutzpflichten der Gesellschaft gegenüber dem Geschäftsführer in Betracht. In diesem Zusammenhang wurde die gesellschaftsrechtliche Treuepflicht bereits abgelehnt, da diese aufgrund ihrer Rechtsnatur nicht auf Fremdgeschäftsführer anwendbar ist. Aus dogmatischen Gründen ist daher das Organverhältnis als Ausgangspunkt zu wählen. Instrumentarien der Rechtsfortbildung haben mangels entsprechender Bezugselemente an dieser Stelle keine Bedeutung.

2. Konkrete Herleitung der Pflicht zur Einräumung einer Teilnahmemöglichkeit

Im Hinblick auf die allgemeinen Voraussetzungen des § 242 BGB und der Möglichkeit, Schutzpflichten aus dem organschaftlichen Verhältnis abzuleiten, kann ebenfalls auf die Ausführungen zur Formpflicht verwiesen werden[232]. Entscheidend ist an dieser Stelle, ob die Schutzpflichten der Gesellschaft auch erfordern, daß der Geschäftsführer mittels einer Teilnahmemöglichkeit an der beschlußfassenden Gesellschafterversammlung Gefahren abwendet, denen der Geschäftsführer aufgrund der erhöhten Einwirkungsmöglichkeit der Gesellschafter ausgesetzt ist[233].

Für die Herleitung einer Pflicht zur Einräumung einer Anwesenheitsmöglichkeit kommt wiederum in erster Linie eine Konkretisierung der Schutzpflichten in Betracht, die darauf abzielen, das Integritätsinteresse der anderen Partei im Hinblick auf seine physische oder vermögensrechtliche Stellung zu wahren. Dabei sei in Erinnerung gerufen, daß es um den Erhalt von Rechtspositionen geht, die aufgrund der spezifischen Ausgestaltung der rechtlichen Sonderverbindung in besonderem Maße dem Einfluß des anderen Beteiligten ausgesetzt sind[234]. Im Hinblick auf die in diesem Zusammenhang grundsätzlich bestehenden Bedenken, kann auf die Ausführungen zur Formpflicht verwiesen werden[235].

Fraglich ist indes, ob die Schutzpflichten auch eine Pflicht umfassen, dem Geschäftsführer ein Recht zur Anwesenheit bei der Gesellschafterversammlung einzuräumen. Wie bereits mehrfach betont, unterliegt der Geschäftsführer einer

232 Dazu oben S. 195ff.

233 Zur Definition der Schutzpflichten oben S. 198ff.

234 *Münchener Kommentar/Roth*, § 242 Rz. 185

235 Dazu oben S. 198ff.

unbeschränkten Weisungsabhängigkeit, auf deren Grundlage es überhaupt erst zum Problem einer Haftung und damit zu möglichen Beeinträchtigungen seiner vermögensrechtlichen Integritätsinteressen kommt. Diese Weisungen werden als Gesellschafterbeschlüsse im Rahmen von Gesellschafterversammlungen gefaßt[236]. Da die Ursache für ein mögliches Haftungsrisiko des Geschäftsführers in der Ausführung fehlerhafter Weisungen liegt, und diese auf den Grundsätzen des Gesellschafterbeschlußmängelrechts beruhen, läßt sich eine unmittelbare Verbindungslinie zwischen der Versammlung und der Gefährdung des vermögensrechtlichen Integrationsinteresses aufgrund einer erhöhten Einwirkungsmöglichkeit der Gesellschafter ziehen.

Diesen Gefahren kann insoweit begegnet werden, als dem Geschäftsführer Zugang zu den Informationsquellen verschafft wird, die zur Beurteilung seiner Weisungsausführungspflicht erforderlich sind. Da insbesondere im Rahmen der Gesellschafterversammlung eine Vielzahl der für eine sachgemäße Prüfung entscheidenden Aspekte angesprochen bzw. deutlich wird[237], kann das Integritätsinteresse gerade durch Einräumung einer Teilnahmemöglichkeit für den Geschäftsführer geschützt werden. Dadurch würde er in die Lage versetzt, das Vorliegen von Gesellschafterbeschlußmängeln sachgemäßer zu überprüfen und dadurch die Ausführungspflicht besser zu beurteilen. Dieser Möglichkeit stehen auch keine höherrangigen Interessen der Gesellschafter entgegen[238]. Im übrigen wird die erforderlich Pflichtenkorrelation aus dem Organverhältnis gewahrt[239], da die Gesellschafterversammlung Grundlage der organschaftlichen Weisung ist. Aus diesen Gründen umfassen die organschaftlichen Schutzpflichten ebenfalls die Pflicht der Gesellschafter, dem Geschäftsführer ein Anwesenheitsrecht bei der Gesellschafterversammlung einzuräumen.

Letztlich ist zu betonen, daß auch an dieser Stelle das Ergebnis nicht dadurch in Frage gestellt wird, daß es sich um Pflichten der Gesellschaft gegenüber dem Geschäftsführer handelt, die Pflicht zur Einräumung des Anwesenheitsrechts selbst hingegen die beschlußfassenden Gesellschafter trifft. Das den Gesellschaftern zustehende Weisungsrecht ist ein Bestandteil gesellschaftsrechtlicher Willensbildung, der gerade auf Gesellschafterbeschlüssen beruht, die in Gesellschafterversammlungen gefaßt werden. Die Folgepflicht des Geschäftsführers besteht jedoch gegenüber der GmbH und nicht gegenüber den Gesellschaftern. Der bereits angesprochene „dreiecksähnliche Pflichten- und Zuständigkeitsfluß" von den Gesellschaftern über die GmbH gegenüber dem Geschäftsführer wird an dieser Stelle lediglich um die Gesellschafterversammlung als Grundlage des Weisungsrechts ergänzt. Insofern müssen die Gesellschafter infolge körperschaftlicher Zuständigkeitsverteilung die Erfüllung der Pflichten gegenüber dem Geschäftsführer wahrnehmen.

---

236 Eine Ausnahme besteht dabei lediglich im Hinblick auf die Einmann-GmbH, vgl. dazu oben S. 13f.

237 Dazu oben S. 207f.

238 Dazu ebenfalls detailliert oben S. 223f.

239 Vgl. zu diesem Erfordernis bereits oben S. 198.

Als Ergebnis bleibt daher festzuhalten, daß die Konkretisierung der Schutzpflichten der Gesellschaft gegenüber der GmbH eine Pflicht zur Einräumung einer Teilnahmemöglichkeit des Geschäftsführers an der Gesellschafterversammlung ergibt.

C. Umsetzung der Pflicht in der Praxis durch analoge Anwendung von § 51 I, II, IV GmbHG

Sofern dem Geschäftsführer eine Anwesenheitsmöglichkeit zugebilligt wird, sind jedoch die Maßnahmen zu analysieren, mit denen sie in der Praxis umgesetzt werden kann. Entscheidend ist dabei, daß er überhaupt über eine anstehende Gesellschafterversammlung informiert wird. Da der Geschäftsführer nach § 49 I GmbHG für die Einberufung der Versammlung selbst zuständig ist, bedarf es einer speziellen Regelung nur für den Fall, daß nach der Satzung[240] oder anderen Bestimmungen[241] die Einberufungskompetenz (auch)[242] Dritten zusteht. Dazu bietet sich die entsprechende Anwendung der Regelungen zur Einberufung von Gesellschafterversammlungen an, die sich aus § 51 I, II, IV GmbHG ergeben.

I. Planwidrige Gesetzeslücke

Das Vorliegen einer Gesetzeslücke ergibt sich bereits zwanglos daraus, daß ein Anwesenheitsrecht erst aufgrund der Konkretisierung der organschaftlichen Treue- und Schutzpflichten hergeleitet wurde. An dieser Stelle ist nochmals zu betonen, daß es sich nicht um eine Form der Rechtsfortbildung handelt, sondern lediglich um die nähere Bestimmung von Pflichten im Rahmen des § 242 BGB, die in dieser Weise bislang noch nicht durchgeführt wurde. Durch diese neu gewonnene Erkenntnis ist das Bedürfnis entstanden, die Möglichkeit zur Teilnahme an der Gesellschafterversammlung auch in der Praxis abzusichern, da sie ansonsten leerliefe. Eine derartige Absicherungsmöglichkeit kann noch nicht vorliegen, da es bislang an der Erkenntnis fehlte, daß durch die organschaftlichen Treue- bzw. Schutzpflichten eine Pflicht besteht, dem Geschäftsführer eine Anwesenheitsmöglichkeit bei einer weisungsbeschlußfassenden Gesellschafterversammlung einzuräumen.

Diese Lücke ist auch planwidrig, da dem Gesetzgeber bislang noch unbekannt war, daß sich aus den genannten Pflichten die Anwesenheitsmöglichkeit des Geschäftsführers ergibt.

---

240 *Baumbach/Hueck/Zöllner*, § 49 Rz. 6; *Rowedder/Koppensteiner*, § 49 Rz. ; *Lutter/Hommelhoff*, § 49 Rz. 2; *Scholz/Schmidt*, § 49 Rz. 34; *Roth/Altmeppen*, § 49 Rz. 2.

241 Nach §§ 25 I Nr. 2 MitbestG; 111 III 1 AktG steht in der mitbestimmten GmbH auch dem Aufsichtsrat ein Einberufungsrecht zu.

242 Nach herrschender Auffassung kann das gesetzliche Einberufungsrecht des Geschäftsführers in der Satzung eingeschränkt oder ausgeschlossen werden, *Roth/Altmeppen*, § 49 Rz. 2; *Lutter/Hommelhoff*, § 49 Rz. 2f.; a.A. *Teichmann*, Gestaltungsfreiheit, S. 196.

II. Vergleichbarkeitskriterien

1. Vergleichbare Interessenlage

Der Normzweck von § 51 I, II, IV GmbHG besteht darin, die Gesellschafter rechtzeitig über eine Versammlung in Kenntnis zu setzen und ihnen die Möglichkeit einzuräumen, sich zeitlich auf sie einzustellen und sachlich auf sie vorzubereiten[243]. Dieser Zweck ist mit dem der Formalitäten einer Anwesenheitsmöglichkeit des Geschäftsführers vergleichbar. Auch er soll über Ort und Zeit der Versammlung in Kenntnis gesetzt werden, um an der Gesellschafterversammlung teilzunehmen. Überdies soll er in der Lage sein, sich auf diese vorzubereiten, um die an ihn gerichteten Beschlüsse gegebenenfalls kommentieren zu können[244].

2. Vergleichbare Anwendungsvoraussetzungen

Der Geschäftsführer ist daher ebenso wie ein Gesellschafter gemäß § 51 I GmbHG mit einer Frist von mindestens einer Woche von der Versammlung in Kenntnis zu setzen, sofern die Gesellschafterversammlung von einem Gesellschafter einberufen wird. § 51 II i.V.m. IV GmbHG normiert überdies das Erfordernis, den Gesellschaftern mindestens drei Tage vor jeder Gesellschafterversammlung deren Zweck, in der Regel mittels Tagesordnung, bekannt zu geben[245]. Sollten aus Anlaß der Gesellschafterversammlung Weisungsbeschlüsse gefaßt werden, müßten diese auf der Tagesordnung vermerkt und dem Geschäftsführer in selbigem Zeitraum angekündigt werden. Dabei ist es zwar nicht erforderlich, bestimmte Anträge bereits zu formulieren, da diese im Laufe einer Diskussion noch modifiziert werden können[246] - es müßte jedoch sowohl die Absicht, Weisungsbeschlüsse zu fassen als auch ihr möglicher Inhalt ersichtlich sein[247]. Daher kann eine solche Absicht nicht unter dem Tagesordnungspunkt „Verschiedenes“ subsumiert werden. Dieser reicht als Grundlage nur für untergeordnete Entscheidungen aus[248]. Selbst wenn der Weisungsinhalt im konkreten Einzelfall unbedeutenden Charakter haben sollte, ist im Rahmen dieser Frage

---

243 BGH, ZIP 1987, 1117f.; *Hachenburg/Hüffer*, § 51 Rz. 1; *Roth/Altmeppen*, § 51 Rz. 1; *Lutter/Hommelhoff*, § 51 Rz. 1; *Scholz/Schmidt*, § 51 Rz. 1; *Rowedder/Koppensteiner*, § 51 Rz. 1.

244 Dazu oben S. 225ff.

245 Dabei sei angemerkt, daß die Satzung die Einberufungsmodalitäten selbstverständlich ändern kann. Dabei sind Verschärfungen der Regeln unbedenklich, Erleichterungen hingegen problematisch, vgl. dazu Eickhoff, Gesellschafterversammlung, Rz. 51ff.; zu einzelnen Satzungsbestimmungen *Hachenburg/Hüffer*, § 51 Rz. 34.

246 *Lutter/Hommelhoff*, § 51 Rz. 5; *Scholz/Schmidt*, § 51 Rz. 19.

247 Allgemein wird verlangt, daß jeder Gesellschafter aus der Einladung ersehen kann, um welche Beschlußgegenstände es sich handelt, damit er sich sinnvoll auf die Versammlung vorbereiten kann, BGH, WM 1960, 859, 860; KG Berlin, GmbHR 1993, 663; *Rowedder/Koppensteiner*, § 51 Rz. 8; *Eickhoff*, Gesellschafterversammlung, Rz. 109ff; *Thelen*, GmbHR 1992, 796. Diese Ausgestaltung ist auch für den Geschäftsführer erforderlich.

248 Als einziger Tagesordnungspunkt ist die Formulierung „Verschiedenes“ in jedem Fall unzureichend, vgl. *Roth/Altmeppen*, § 51 Rz. 9; *Eickhoff*, Gesellschafterversammlung, Rz. 109.

auf das mit dem Beschluß verbundene Anwesenheitsrecht des Geschäftsführers abzustellen.

Dem Geschäftsführer wäre daher ebenso wie den Anteilseignern bei fehlender anderweitiger Satzungsbestimmung im Fall potentieller Weisungsbeschlüsse die Einladung und Tagesordnung zuzustellen. Welche Auswirkungen ein Verstoß gegen die Einberufungsvorschriften oder ein faktisches Nichtgewähren der Teilnahme hat, ist im Anschluß zu erörtern.

D. Mögliche Konsequenzen einer Nichterfüllung der Pflichten

I. Anwendung der Grundsätze des Beschlußmängelrechts zur Beurteilung der Rechtsfolgen einer Formverletzung

Auch in diesem Fall können die allgemeinen Regeln zu den Einberufungsmängeln nicht angewandt werden, da sie mit dem Schutzzweck der Anwesenheitsmöglichkeit unvereinbar sind. Das Fehlen einer Einladung würde gemäß § 241 Nr. 1 AktG analog zur Nichtigkeit der gefaßten Beschlüsse führen. Mängel der Tagesordnung bzw. deren Fehlen begründeten hingegen lediglich deren Anfechtbarkeit[249].

Diese Grundsätze sind jedoch aus zwei Gründen nicht auf den vorliegenden Fall übertragbar. Zunächst dienen die Pflicht zur Einräumung einer Teilnahmemöglichkeit sowie die Einhaltung der Einberufungsvorschriften ausschließlich dem Schutz des Geschäftsführers. Sofern die Verletzung dieser Pflichten die Fehlerhaftigkeit der Weisung zur Folge hätte, geriete der Geschäftsführer bei deren Ausführung in ein Haftungsrisiko, wenn er die Weisung aus Unwissenheit seiner Anwesenheitsmöglichkeit oder aus entsprechendem Druck der Gesellschafter dennoch ausführte. Damit würde der genannte Schutzzweck in sein Gegenteil verkehrt. Entscheidender ist jedoch wiederum ein dogmatischer Gesichtspunkt. Die Pflicht zur Einräumung einer Anwesenheitsmöglichkeit betrifft nicht die Rechtmäßigkeit der Weisung als solche, sondern dokumentiert ein aus den organschaftlichen Treue- und Schutzpflichten hergeleitetes Erfordernis, das die Gesellschafter zusätzlich zur Erteilung der Weisung trifft. Aufgrund von Treue- und Schutzpflichten lassen sich zwar Handlungspflichten ableiten, nicht jedoch Wirksamkeitserfordernisse für Weisungen aufstellen. Daher bleibt die Wirksamkeit der Weisung, ebenso wie im Rahmen der Formerfordernisse, durch eine Verletzung der Pflichten unberührt.

II. Amtsniederlegung aus wichtigem Grund

Der Geschäftsführer kann jedoch ebenso wie im Rahmen einer Verletzung der Formpflicht sein Amt aus wichtigem Grund niederlegen. Da die Pflichten im Hinblick auf eine Anwesenheit bei der Gesellschafterversammlung dazu dienen, die Haftungsrisiken zu reduzieren, kann es sich bei einer Verletzung um eine

---

249 *Vogel*, Gesellschafterbeschlüsse, S. 211; *Thelen*, GmbHR 1992, 796; *Hachenburg/Hüffer*, § 51 Rz. 27; *Scholz/Schmidt*, § 51 Rz. 30.

Situation handeln, in der es dem Geschäftsführer nicht mehr zuzumuten ist, sich weiterhin der Haftungsgefahr auszusetzen[250]. Auch an dieser Stelle mag die Schwelle zur Unzumutbarkeit in qualitativer oder quantitativer Hinsicht überschritten werden. Dabei kann bereits ein einzelner Verstoß ausreichen, wenn die wirtschaftliche Bedeutung der Weisung im Fall einer Haftung zu einer Existenzbedrohung des Geschäftsführers werden könnte. Sollten sich die Gesellschafter im Hinblick auf weniger bedeutsame Weisungen beharrlich weigern, dem Geschäftsführer eine Teilnahme zu ermöglichen bzw. gegen die Einberufungsvorschriften verstoßen, kann auch dies die Unzumutbarkeit der Amtsführung begründen. Dabei kommt es allerdings stets auf die Umstände des Einzelfalls an.

Gleichwohl muß in diesem Zusammenhang betont werden, daß eine Verletzung der Einberufungsvorschriften aus § 51 I, II, IV GmbHG dann keine Bedeutung haben kann, wenn der Geschäftsführer trotz Verletzung der Einberufungsvorschriften rügelos an einer Vollversammlung i.S.v. § 51 III GmbHG teilnimmt. Die entsprechende Anwendung dieser Norm ergibt sich folgerichtig aus der Analogie zu § 51 I, II, IV GmbHG, da der Schutzzweck der Norm eine Versammlung auch bei faktischer Anwesenheit zuläßt.

III. Klagbarer Anspruch auf Teilnahme an der beschlußfassenden Gesellschafterversammlung

Ferner verfügt der Geschäftsführer über einen einklagbaren Anspruch auf Einräumung der Teilnahmemöglichkeit an der Versammlung sowie die Einhaltung der Einberufungsvorschriften, wenn sich die Gesellschafter weigern, den genannten Pflichten nachzukommen. Die in diesem Zusammenhang erforderliche konkretisierbare Gefahr[251] liegt wiederum darin, daß der Geschäftsführer aufgrund eines Informationsdefizits jederzeit dem Risiko ausgesetzt werden kann, seine Ausführungspflicht fehlerhaft einzuschätzen und dadurch mit einem Schadensersatzanspruch aus § 43 II, III GmbHG konfrontiert zu werden. Sofern lediglich die Einberufungsvorschriften verletzt wurden, der Geschäftsführer aber dennoch an der Versammlung teilnimmt, wird der Anspruch aufgrund der Erfüllung des Schutzzwecks obsolet. Eine Amtsniederlegung kommt als eine den Anspruch ausschließende Möglichkeit durch die bereits im Rahmen der Formpflichtverletzung angeführten Gründen auch in dieser Hinsicht nicht in Betracht[252].

Ein Problem ergibt sich allerdings, wenn die Gesellschafterversammlung bereits stattgefunden und der Geschäftsführer keine Möglichkeit zur Teilnahme erhalten hat. Dieser Umstand führt zum Erlöschen des Anspruchs auf Teilnahme an dieser konkreten Versammlung, da es aus tatsächlichen Gründen nicht mehr möglich ist, an einer schon durchgeführten Versammlung teilzunehmen. Soweit zu diesem Zeitpunkt bereits eine Klage anhängig war, hat sich die Hauptsache

250 Vgl. zu den Voraussetzungen oben S. 212f.

251 Vgl. auch dazu wiederum oben S. 215f.

252 Vgl. dazu oben S. 216f.

im prozessualen Sinn erledigt[253]. Die einzige Möglichkeit der Abhilfe bestünde darin, die Gesellschafterversammlung einschließlich der Beschlußfassung zu wiederholen. Ein derartiger Anspruch läßt sich jedoch aus zwei Gründen nicht rechtfertigen. Zum einen würde eine solche Wiederholung faktisch zur Unwirksam- bzw. Bedeutungslosigkeit der erteilten Weisung führen. Diese Folge läßt sich indes nur schwer mit dem vorangegangenen Untersuchungsergebnis in Einklang bringen, daß eine Verletzung der hier in Rede stehenden Pflichten die Wirksamkeit der Weisung nicht berührt. Entscheidend ist jedoch, daß dogmatisch aus § 242 BGB lediglich die Pflicht abgeleitet wurde, dem Geschäftsführer eine Teilnahmemöglichkeit an einer konkreten Versammlung einzuräumen und nicht eine Versammlung zu wiederholen. Aus diesen Gründen kann nach Durchführung der Gesellschafterversammlung kein Anspruch auf deren Wiederholung bestehen.

Mithin ist das Anspruchsbegehren des Geschäftsführers darauf beschränkt, Zulassung zu einer noch kommenden Versammlung zu verlangen. Zugegebenermaßen muß der Geschäftsführer dafür überhaupt Kenntnis von einer geplanten Versammlung erhalten. Durch seine gesetzliche Einberufungszuständigkeit aus § 49 I GmbHG wird dies jedoch häufig der Fall sein. Sofern sich die Gesellschafter allerdings bewußt darüber hinwegsetzen, ihn zu einer Versammlung einzuladen, wird dies zweifellos erschwert. In diesem Fall ist der Geschäftsführer gezwungen, seine Amtsposition zu überdenken und eine Niederlegung aus wichtigem Grund in Betracht zu ziehen.

IV. Ausführungsverweigerungsrecht aus § 273 I BGB

Fraglich ist letztlich, ob dem Geschäftsführer bei Verletzung der Einberufungsvorschriften oder faktischer Nichtgewährung der Teilnahmemöglichkeit das Recht zusteht, die Ausführung der Weisung gemäß § 273 I BGB zu verweigern.

Die Anwendung scheitert bereits an einem Fehlen gegenseitiger Ansprüche i.S.v. § 273 I BGB. Zum Zeitpunkt, in dem der Gesellschaft ein Anspruch auf Ausführung einer Weisung zusteht, die im Rahmen einer Gesellschafterversammlung gefaßt wurde, zu der das Vertretungsorgan der GmbH keinen Zugang gewährt oder nicht ordnungsgemäß eingeladen wurde, verfügt der Geschäftsführer nicht über einen entsprechenden Gegenanspruch. Da die in Rede stehende Gesellschafterversammlung bereits durchgeführt wurde, hat sich der Anspruch auf Einräumung der Teilnahmemöglichkeit erledigt bzw. ist erloschen[254]. Mangels eines darüber hinausgehenden Anspruchs auf Wiederholung der Gesellschafterversammlung kommt demgemäß ein Ausführungsverweigerungsrecht nicht in Betracht.

---

253 Zum Begriff der Erledigung *Baumbach/Lauterbach/Albers/Hartmann*, ZPO, § 91a Rz. 24; *Thomas/Putzo*, ZPO, § 91a Rz. 4; *Zöllner/Vollkommer*, ZPO, § 91a Rz. 3.

254 Vgl. dazu oben S. 230f.

V. Schadensersatzanspruch aus positiver Forderungsverletzung

Denkbar ist letztlich noch ein Schadensersatzanspruch aus positiver Forderungsverletzung, deren Anwendbarkeit bereits im Rahmen der Formpflichtverletzung erläutert wurde[255].

Auch im vorliegenden Kontext läge eine Pflichtverletzung bei Nichtgewährung der Teilnahme sowie fehlender oder fehlerhafter Einladung zur Gesellschafterversammlung vor. Ferner müssen die Einladungsberechtigten schuldhaft gehandelt haben. Dabei erfolgt die Zurechnung für Gesellschafter über die innergesellschaftliche Zuständigkeitsverteilung[256]. Sofern das Einberufungsrecht allerdings einem Aufsichts- bzw. Beirat oder sonstigen Dritten eingeräumt wurde, kann deren Verstoß gegen die Einladungspflicht der Gesellschaft nur zugerechnet werden, wenn § 278 BGB einschlägig ist. Ansonsten muß der Geschäftsführer auf die übrigen Sanktionen verwiesen werden.

Im Hinblick auf den Schaden und die Kausalität bestehen ähnliche Probleme wie im Rahmen der Formpflicht. Es wird für den Geschäftsführer nur schwer nachzuweisen sein, daß er die Weisung bei Teilnahme an der Gesellschafterversammlung nicht ausgeführt hätte.

Letztlich spielt auch in diesem Kontext das Mitverschulden eine Rolle. Zwar steht dem Geschäftsführer kein Ausführungsverweigerungsrecht zu, jedoch hat er bei Kenntnis einer bevorstehenden Versammlung die Möglichkeit, seine Teilnahme auf gerichtlichem Wege zu erwirken. Wenn er bewußt davon absieht, muß er sich dies Hinblick auf § 254 BGB anrechnen lassen. In welchem Umfang dies zu einer Minderung seines Anspruchs führt, ist allerdings vom jeweiligen Einzelfall abhängig. Dadurch wird die Möglichkeit eines Schadensersatzanspruchs für den Geschäftsführer auch in diesem Zusammenhang nur selten von Nutzen sein.

VI. Ergebnis

Damit bleibt zu konstatieren, daß dem Geschäftsführer ein klagbarer Anspruch auf Gewährung der Teilnahme an einer kommenden Gesellschafterversammlung sowie eine entsprechende Einladung jedoch nicht auf Wiederholung einer derartigen Versammlung zusteht. Bei Verletzung der Pflichten hat er unter bestimmten Umständen die Möglichkeit, sein Amt aus wichtigem Grund niederzulegen. Darüber hinaus steht ihm in seltenen Fällen ein Schadensersatzanspruch aus pFV zu, dessen Durchsetzbarkeit durch Beweisschwierigkeiten allerdings sehr problematisch ist. Ein Anspruch auf Verweigerung der Ausführung einer Weisung kann ihm indes nicht zugebilligt werden.

---

[255] Vgl. dazu oben S. 219ff.

[256] Vgl. dazu oben S. 201, 220.

4. TEIL: BEGRENZUNGEN DES HAFTUNGSRISIKOS IM HINBLICK AUF ERLÖSCHENSTATBESTÄNDE DER HAFTUNG AUS § 43 II, III GMBHG

Sofern tatbestandsmäßig ein Anspruch gegen den Geschäftsführer vorliegen sollte, kann dieser durch nachträgliche Umstände wieder erlöschen. In diesem Zusammenhang stehen mit dem Verzicht, Vergleich und der Entlastung drei Möglichkeiten zur Disposition. Dabei handelt es sich um gesetzlich vorgesehene oder zumindest gesellschaftsrechtlich anerkannte Haftungsbeschränkungsmöglichkeiten. Durch die daraus zum Ausdruck kommende gesetzgeberische Wertung kann der Gestaltungsspielraum mitunter besser eingeschätzt werden.

§ 15 VERZICHT UND VERGLEICH

Obwohl es an einer gesetzlichen Normierung fehlt, hat die Gesellschaft nach allgemeiner Ansicht die Möglichkeit, auf Ansprüche gegen den Geschäftsführer zu verzichten oder sich über diese zu vergleichen[257]. Dabei handelt es sich jeweils um schuldrechtliche Verträge, die über die vertragsrechtlichen Voraussetzungen zusätzlichen gesellschaftsrechtlichen Anforderungen unterliegen[258]. Da sich sowohl der Vergleich als auch der Verzicht im Hinblick auf Rechtsnatur, Umfang und Wirksamkeitsvoraussetzungen gleichen, bietet sich eine gemeinsame Darstellung an.

A. Arten und Umfang der Haftungsbefreiung

Je nach Ausgestaltung können Verzicht und Vergleich sehr unterschiedliche Formen annehmen. Sie ergeben sich zunächst aus der vertraglichen Vereinbarung und können ausdrücklich und konkludent erfolgen[259].

I. Konkreter Verzicht

In der Regel wird sich ein nicht näher konkretisierter Verzicht lediglich auf sämtliche bekannten Ersatzansprüche beziehen. Infolge der weitreichenden Konsequenzen werden darüber hinausgehende Ansprüche ohne konkrete Vereinbarung nicht erfaßt[260].

---

257 *Scholz/Schneider*, § 43 Rz. 187; *Klumpp*, Haftung, S. 52ff.; *Bäcker/Prühs*, Geschäftsführerhaftung, S. 30f.; *Hachenburg/Mertens*, § 43 Rz. 86; *Baumbach/Hueck/Zöllner*, § 43 Rz. 26, wobei das GmbHG im Gegensatz zum AktG keine spezifischen Regeln für die Zulässigkeit, sondern lediglich für die Grenzen eines Verzichts oder Vergleichs enthält.

258 *Heisse*, Beschränkung, S. 90; obwohl über den grundsätzlichen Einfluß gesellschaftsrechtlicher Wirksamkeitsvoraussetzungen Einigkeit besteht, wird insbesondere über deren Umfang gestritten.

259 So *Hachenburg/Mertens*, § 43 Rz. 86, der unter Hinweis auf RGZ 115, 246, 251 betont, ein Verzicht könne sich auch aus dem Beschluß ergeben, mit dem die Gesellschafter bestimmte Geschäfte genehmigen.

260 So an dieser Stelle zu Recht *Heisse*, Beschränkung, S. 93; anders jedoch im Rahmen der Generalbereinigung.

II. Generalbereinigung

Verzicht oder Vergleich können sich im Wege der Generalbereinigung auf sämtliche bekannten oder unbekannten Ansprüche erstrecken[261].

Fraglich ist dabei, ob der Vergleich regelmäßig als Generalbereinigung anzusehen ist. Einige Stimmen im Schrifttum sprechen sich für eine derartige Auslegung aus, selbst wenn der Wortlaut keine eindeutige Regelung trifft. Zur Begründung wird angeführt, ein Vergleich diene im Zweifel dazu, einen umfassenden Frieden zwischen den Parteien herbeizuführen[262]. Die pauschale Annahme einer Generalbereinigung stößt jedoch auf Bedenken. Für die Auslegung von Vergleichen gelten die allgemeinen Auslegungsregeln der §§ 133, 157 BGB[263]. Danach ist gerade im Hinblick auf die zuvor angesprochene Tragweite eine einschränkende Auslegung indiziert, da die Parteien auch unbekannte Ansprüche verlieren[264]. Im Zweifel handelt es sich daher nicht um eine Generalbereinigung[265].

Gleichwohl ist im Rahmen von Weisungen eine andere Sichtweise geboten. Die Gesellschafter haben bereits zum Ausdruck gebracht, daß sie die Durchführung einer bestimmten Maßnahme vom Geschäftsführer erwarten, für deren Mißlingen er bei Wirksamkeit der Weisung nicht haften würde. Wenn die Gesellschafter nun in Kenntnis dieser Weisung - die Fehlerhaftigkeit mag ihnen eventuell nicht bewußt sein - einen allgemeinen Vergleich im Hinblick auf sämtliche Ansprüche schließen, so läßt sich im Zweifel zumindest annehmen, daß die aus der Ausführung einer fehlerhaften Weisung resultierenden Ansprüche einbezogen werden sollten. Der Unterschied zu anderen unbekannten Ersatzansprüchen liegt darin, daß sie selbst bei Unkenntnis der Weisungsmängel die Maßnahme kennen und bislang glaubten, die Verantwortung treffe sie ohnehin selbst.

III. Umfang der Haftungsbefreiung bei mehreren Geschäftsführern

Probleme können sich ergeben, sofern bei einer mehrgliedrigen Geschäftsführung die Vereinbarung nur mit einem Geschäftsführer getroffen wurde und eine Regelung zur Wirkung der Haftungsbefreiung im Verhältnis zu den Mitge-

---

261 BGH, GmbHR 1975, 182f.; *Sudhoff*, Rechte und Pflichten, S. 142; *Scholz/Schmidt*, § 46 Rz. 103ff.; *Rowedder/Koppensteiner*, § 43 Rz. 36; *Heisse*, Beschränkung, S. 93; *Bäkker/Prühs*, Geschäftsführerhaftung, S. 31.

262 So *Heisse*, Beschränkung, S. 93 unter Hinweis auf *Rowedder/Koppensteiner*, § 43 Rz. 36, der einschränkend ausführt, es werde sich „häufig" um eine Generalbereinigung handeln.

263 Allg. Meinung, statt vieler: *Münchener Kommentar/Pecher*, § 779 Rz. 45; *Staudinger/Marburger*, § 779 Rz. 52.

264 BGH, GmbHR 1975, 182f.

265 Das ALR I, 16 §§ 427f. regelte explizit, daß im Zweifel nicht die Ansprüche erfaßt werden, die dem Berechtigten bei Vertragsschluß unbekannt waren. Obwohl diese Regelung nicht in das BGB aufgenommen wurde, wird allgemein davon ausgegangen, daß ihr Rechtsgedanke in die Auslegungsregeln einfließt. Vgl. *RGRK/Steffen*, § 779 Rz. 31; *Münchener Kommentar/Pecher*, § 779 Rz. 45f.; *Staudinger/Marburger*, § 779 Rz. 52 hinsichtlich der Geltung des Verzichts für unbekannte Ansprüche aus unerlaubter Handlung.

schäftsführern fehlt[266]. In diesem Fall stellt sich die Frage, ob eine Vermutung dafür besteht, daß die Befreiung gemäß § 423 BGB auch im Verhältnis zu den anderen Gesamtschuldnern gilt. Da bei einem anderen Ergebnis im Fall der Inanspruchnahme eines Geschäftsführers dieser den von der Haftung befreiten Geschäftsführer im Innenverhältnis in Regreß nehmen könnte, hätte die Freistellung für ihn im Grunde keinen Nutzen[267]. Der Rückgriffsanspruch der übrigen Geschäftsführer läßt sich im Rahmen des Verzichts nämlich nicht zwischen begünstigtem Geschäftsführer und Gesellschaft ausschließen, da es sich dabei um einen unzulässigen Vertrag zu Lasten Dritter handeln würde[268]. Sofern die Auslegung nicht ein anderes Ergebnis zeitigt, ist daher im Zweifel davon auszugehen, daß die Gesellschaft einen Gesamtteilerlaß zumindest in Höhe des auf den befreiten Geschäftsführer entfallenden Teils vornehmen will[269]. Sofern Ersatzansprüche aus der Ausführung fehlerhafter Weisungen Gegenstand der Haftungsbefreiung sind, ändert sich an dieser Rechtslage nichts.

B. Voraussetzungen eines Verzichts/Vergleichs

Der doppelten Rechtsnatur als vertragliche und organisationsrechtliche Regelung entsprechen auch die Rechtmäßigkeitsvoraussetzungen.

I. Vertragsrechtliche Voraussetzungen

Zunächst müssen die allgemeinen Voraussetzungen eines Verzichts gemäß § 397 BGB bzw. eines Vergleichs gemäß § 779 BGB sowie §§ 116ff. BGB vorliegen[270]. Dazu gehört insbesondere eine besondere Vollmacht zum Ab-

---

266 Sofern eine vertragliche Bestimmung getroffen wurde, ist deren Regelung entscheidend, vgl. *Scholz/Schneider*, § 43 Rz. 189; *Fleck*, GmbHR 1974, 224, 228; *Heisse*, Beschränkung, S. 93.

267 Dieser Gedanke muß grundsätzlich in jede Auslegung der vertraglichen Regelung einfließen, da sie unabhängig von der dem Verzicht/Vergleich zugrunde liegenden causa gilt, vgl. dazu auch *Larenz*, Schuldrecht I, § 37 II Fn. 22; *Wacke*, AcP 170 (1979), 42, 67ff.

268 Dabei ist zu betonen, daß die einzeln wirkende Haftungsbefreiung im Innenverhältnis zwischen den jeweiligen Geschäftsführern keinen Einfluß auf die Ausgleichswirkung hat, vgl. BGHZ 47, 376, 379; 58, 216, 218, 219; *Soergel/Wolf*, § 432, Rz. 1, der überdies von einem Anspruchskarussell spricht, da bei einer anderen Auslegung der im Innenverhältnis in Anspruch genommene Geschäftsführer wieder bei der Gesellschaft Regreß nehmen könnte, wenn er wirklich freigestellt werden sollte; so auch *Münchener Kommentar/Selb*, § 432 Rz. 2 und *Esser/Schmidt*, Schuldrecht I, Teilband 2, S. 328f.

269 *Scholz/Schneider*, § 43 Rz. 189; *Münchener Kommentar/Selb*, § 432 Rz. 2; *Soergel/Wolf*, § 432, Rz. 1; *Heisse*, Beschränkung, S. 94; *Larenz*, Schuldrecht I, § 37 II Fn. 22; a.A. sind jedoch *Hachenburg/Mertens*, § 43 Rz. 88 und *Rowedder/Koppensteiner*, § 43 Rz. 37, der betont, es komme allein auf die der Befreiung zugrunde liegende causa an, die jeweils völlig unterschiedlich sein könne und keine allgemeine Vermutung für einen derartigen Gesamtteilverzicht zulasse.

270 BGH, GmbHR 1975, 182, 183; *Scholz/Schmidt*, § 46 Rz. 104; *Hachenburg/Hüffer*, § 46 Rz. 72, der die Anfechtungsmöglichkeiten besonders erwähnt.

schluß des Vertrages, da sie von der organschaftlichen Vertretungsmacht des Geschäftsführers nicht erfaßt wird[271].

II. Gesellschaftsrechtliche Voraussetzungen

1. Fehlende Anwendbarkeit der aktienrechtlichen Vorschriften

Nach § 93 IV, 3 AktG ist der Verzicht auf oder ein Vergleich über Ersatzansprüche gegen den Geschäftsführer erst drei Jahre nach dessen Entstehung zulässig, bedarf der Zustimmung der Hauptversammlung und darf nicht gegen den Widerspruch von Anteilseignern vereinbart werden, die über zehn Prozent des Grundkapitals verfügen. Diese Norm ist jedoch auf die spezifischen Verhältnisse der AG als Publikumsgesellschaft und die grundsätzliche Weisungsunabhängigkeit des Vorstands zugeschnitten und daher nicht auf die GmbH übertragbar[272].

2. Notwendigkeit und Bedeutung eines zusätzlichen Gesellschafterbeschlusses

a) Grundsätzliche Notwendigkeit eines zusätzlichen Gesellschafterbeschlusses

Nach herrschender Auffassung in der Literatur ist zur Wirksamkeit des Verzichts oder Vergleichs ein Gesellschafterbeschluß gemäß § 46 Nr. 8 GmbHG analog erforderlich[273], der auch stillschweigend darin liegen kann, daß alle Gesellschafter den Verzichts- bzw. Vergleichsvertrag abschließen[274]. Der Grund wird in der Zuständigkeit der Gesellschafter für das Schicksal von Ersatzansprüchen gegen den Geschäftsführer gesehen. Dabei sei unter Geltendmachung im Sinne des § 46 Nr. 8 GmbHG auch die negative Geltendmachung in Form von Verzicht, Erlaß, Klagerücknahme oder Vergleich zu verstehen[275]. Überdies gebiete der Minderheitenschutz einen entsprechenden Beschluß, da ansonsten

---

271 *Scholz/Schmidt*, § 46 Rz 104. Es können jedoch auch noch andere Personen, wie z.B. ein Prokurist aufgrund einer Sondervollmacht den Vertrag abschließen, vgl. BGHZ 49, 117, 120.

272 Unstreitig: *Baumbach/Hueck/Zöllner*, § 43 Rz. 26; *Scholz/Schneider*, § 43 Rz. 187; *Schmidt*, ZGR 1978, 425, 426 verweist überdies auf den Willen des Gesetzgebers im Rahmen des RegE GmbHG 1971, BT-Drucks. 6/3088, §§ 75 V, 77 II, Nr. 1) sowie den unveränderten RegE 1977, nach denen es bei der GmbH-rechtlichen Regelung bleiben sollte.

273 *Baumbach/Hueck/Zöllner*, § 43 Rz. 26; *Scholz/Schmidt*, § 46 Rz. 104, 151; *Rowedder/Koppensteiner*, § 43 Rz. 35; *Fleck*, GmbHR 1974, 224, 228; *Heisse*, Beschränkung, S. 91.

274 So wohl zu Recht *Heisse*, Beschränkung, S. 91.

275 *Roth/Altmeppen*, § 43 Rz. 53 und *Scholz/Schmidt*, § 46 Rz. 151, der anführt, die Beschlußfassung über die Einleitung eines Prozesses könnte den Beschluß für einen Prozeßvergleich abdecken. Diese These ist jedoch nur schwer haltbar, da der Wille zur Geltendmachung eines Schadensersatzanspruchs dem Ansinnen eines Vergleichs in der Regel gerade widersprechen wird. Insofern sind zwei getrennte Beschlüsse erforderlich.

das Stimmrechtsverbot des Gesellschaftergeschäftsführers aus § 47 IV GmbHG konterkariert werden könne[276].

Der BGH hat sich zu dieser Frage bislang zweimal geäußert. Das erste Urteil datiert aus dem Jahre 1975[277] und war steter Anlaß von Kontroversen. Es wurde von Teilen der Literatur[278] so ausgelegt, daß nach Auffassung des BGH die Wirksamkeit des Beschlusses für die des Vertrags grundsätzlich ohne Bedeutung sei[279]. Diese Frage scheint mit dem zweiten, erst kürzlich ergangenen Urteil vom 8.12.1997[280] obsolet zu sein, hat der BGH doch explizit entschieden, daß es auch für den Abschluß eines Anspruchsverzichts bzw. einer Generalbereinigung eines Gesellschafterbeschlusses bedarf.

Gleichwohl darf diese Schlußfolgerung nicht vorschnell gezogen werden. Vielmehr geben die unterschiedlichen Sachverhalte Anlaß zu der Annahme, daß der BGH nicht seine Rechtsprechung änderte, sondern lediglich für den Normalfall klarstellend urteilte, daß zur Wirksamkeit des Verzichts ein Gesellschafterbeschluß notwendig ist. Das Urteil aus dem Jahre 1975 betraf hingegen einen Sonderfall. Dabei wurde zwischen der Gesellschaft und dem Geschäftsführer eine Generalbereinigung vereinbart und durch einen entsprechenden Gesellschafterbeschluß bestätigt. Nachdem der begünstigte Geschäftsführer jedoch aus dem Unternehmen ausgeschieden war, wurde dieser Beschluß angefochten und aufgrund eines Anerkenntnisses durch den neuen Geschäftsführer für nichtig erklärt. Auf diesen Prozeß konnte der bisherige Geschäftsführer keinerlei Einfluß nehmen[281].

Aus dieser Entscheidung hat sich jedoch bereits zum damaligen Zeitpunkt keineswegs eine grundsätzliche Haltung des BGH für die Unabhängigkeit von Verzicht bzw. Vergleich und zugrunde liegendem Beschluß entnehmen lassen, da das Urteil zum Schutz des ausgeschiedenen Geschäftsführers zwingend geboten war. Ansonsten wäre dieser dem Ausgang eines einvernehmlich geführten Anfechtungsprozesses ausgesetzt worden. Insofern überrascht das kürzlich ergangene Urteil nicht. Gleichwohl kann daraus nicht abgeleitet werden, daß die Entscheidung des früheren Urteils nunmehr bedeutungslos ist. Vielmehr betrifft das Urteil vom 8.12.1997 den Normalfall, in dem ein Verzicht gänzlich ohne Gesellschafterbeschluß vereinbart wurde. Das Urteil aus dem Jahr 1975 bezog sich hingegen auf den bereits ausgeführten Sonderfall.

---

276 *Heisse*, Beschränkung, S. 91.

277 BGH, GmbHR 1975, 182f.

278 *Scholz/Schmidt*, § 46 Rz. 104; *Rowedder/Koppensteiner*, § 46 Rz. 26.

279 Zum Teil wird die Bedeutung dieses Urteils vom Schrifttum relativiert, da der Inanspruchnahme des Geschäftsführers sowieso der Arglisteinwand entgegenstehe, vgl. *Heisse*, Beschränkung, S. 91.

280 BGH, GmbHR 1998, 278ff.

281 BGH, GmbHR 1975, 182f.

b) Sonderfall bei nachträglicher Beseitigung des Beschlusses durch einvernehmlich geführten Anfechtungsprozeß

Aus dem Schutzzweck der Entscheidung zugunsten des Geschäftsführers können vielmehr auch jetzt noch gültige, allgemeine Kriterien abgeleitet werden, nach denen die Unwirksamkeit des Gesellschafterbeschlusses von dem zugrundeliegenden Vertrag unabhängig ist. Infolge der zuvor genannten Gründe ist zwar ein Beschluß der Gesellschafter für den Vertrag erforderlich[282]. Dessen nachträgliche Unwirksamkeit kann den Vertrag jedoch nur unter den folgenden Voraussetzungen beeinflussen.

Zunächst kommt es darauf an, ob der Geschäftsführer noch im Dienste des Unternehmens steht. Sollte er bereits ausgeschieden sein, so muß er zumindest die Möglichkeit erhalten, sich an einem Anfechtungs- oder Nichtigkeitsfeststellungsprozeß zu beteiligen, da das zwischen Gesellschaft und Gesellschaftern geführte Verfahren häufig nicht zwischen zwei Parteien unterschiedlicher Interessen geführt wird, sondern beide danach streben, einem Schadensersatzprozeß gegen den Geschäftsführer „den Boden zu ebnen“. Prozessual steht dem ausgeschiedenen Geschäftsführer die Möglichkeit einer Nebenintervention gemäß §§ 66ff. ZPO zu, wonach derjenige, der ein rechtliches Interesse am Obsiegen einer Partei in einem Rechtsstreit hat, dieser zu ihrer Unterstützung beitreten kann[283]. Die Voraussetzungen für eine derartige Streithilfe liegen unproblematisch vor, da der Geschäftsführer nicht mehr gesetzlicher Vertreter der Gesellschaft[284] und die Wirksamkeit des Beschlusses von entscheidendem Interesse für den Bestand seiner Haftungsbefreiung ist. Welche Möglichkeiten der Einflußnahme dem Geschäftsführer im Fall einer Nebenintervention zustehen, muß sich nach den gewöhnlichen zivilprozessualen Vorschriften richten, da dem Geschäftsführer keine Sonderrechte aufgrund der Besonderheit der Situation eingeräumt werden können. Diese Möglichkeit kann er jedoch nur wahrnehmen, wenn er von dem Verfahren Kenntnis erlangt[285]. Insofern ist die Gesellschaft verpflichtet, den Geschäftsführer über das Bestehen des Prozesses zu informieren. Dabei muß sie sämtliche ihr zumutbaren Möglichkeiten ausnutzen, die Adresse des Geschäftsführers zu beschaffen. Die Gesellschaft könnte zwar bei Verletzung dieser Pflicht immer noch den Einwand erheben, der Beschluß sei

282 Dies bestreitet auch der BGH, GmbHR 1975, 182f. nicht, da er nur angibt, aus welchen Gründen der Vertrag in diesem speziellen Fall nicht von dem angefochtenen Beschluß erfaßt wird.

283 Zur Nebenintervention genauer: *Thomas/Putzo*, ZPO, § 66 Rz. 1ff; *Zöller/Vollkommer*, ZPO, § 66 Rz.1ff.

284 Der Rechtsstreit muß zwischen anderen Personen im rechtlichen Sinne stattfinden, wodurch der gesetzliche Vertreter einer Kapitalgesellschaft nicht einem Rechtsstreit des Unternehmens beitreten könnte, vgl. *Baumbach/Lauterbach*, ZPO, § 66 Rz. 3.

285 Zu berücksichtigen ist für den Geschäftsführer jedoch auch das Risiko der Nebeninterventionswirkungen gemäß § 68 ZPO, die ihn in einem nachfolgenden Schadensersatzprozeß der Gesellschaft gegen ihn treffen würden und nach herrschender Auffassung zuungunsten des Nebenintervenienten nicht jedoch zuungunsten der Hauptpartei wirken, vgl. dazu im Einzelnen BGHZ 100, 257, 260ff. m.w.N.; *Zöller/Vollkommer*, ZPO, § 68 Rz. 6; a.A. *Stein/Jonas/Bork*, ZPO, § 68 Rz. 12; *Wiezorek/Schütze/Mansel*, ZPO, § 68 Rz. 141; *Häsemeyer*, JR 1988, 69ff.

unwirksam, müßte jedoch den Nachweis führen, daß der Geschäftsführer selbst im Fall der Benachrichtigung keine Nebenintervention erhoben oder eine solche Nebenintervention auf den Ausgang des Verfahrens keinerlei Einfluß gehabt hätte[286]. Die Gesellschaft hat im Gegenzug die Möglichkeit, dem Geschäftsführer gemäß §§ 72ff. ZPO den Streit zu verkünden, da ihr im Fall des Unterliegens im Anfechtungsprozeß ein Anspruch auf Schadensersatz gegen den Geschäftsführer wegen Wegfalls einer Voraussetzung für den Verzicht zusteht[287].

Sofern der Geschäftsführer noch nicht aus dem Dienst des Unternehmens ausgeschieden ist, entfallen diese Kriterien.

Ferner darf das Urteil nicht lediglich aufgrund eines Anerkenntnisses erstritten worden sein, bei dem die klagenden Gesellschafter die Voraussetzungen ihres Klagebegehrens nicht nachweisen mußten[288]. Vielmehr sind die Gesellschafter verpflichtet, sowohl die formellen als auch materiellen Voraussetzungen einer Anfechtungs- und/oder Nichtigkeitsfeststellungsklage zu beweisen.

Sofern die Wirksamkeit des Beschlusses ohne separates Verfahren im Zuge eines Schadensersatzprozesses der Gesellschaft gegen den Geschäftsführer geprüft wird, den das Unternehmen mit der Begründung führt, der Beschluß sei nichtig, ergeben sich keine Schwierigkeiten, da die Gesellschaft die fehlende Wirksamkeit des Verzichts/Vergleichs als Voraussetzung ihres eigenen Anspruchs nachweisen muß.

Aufgrund dieser Kriterien wird deutlich, daß bei der Beurteilung der erforderlichen Wirksamkeitsvoraussetzungen das Interesse des Geschäftsführers am Erhalt der Früchte der Haftungsvereinbarung stärker berücksichtigt werden muß. Insgesamt läßt sich somit konstatieren, daß sowohl das BGH-Urteil aus dem Jahr 1975 als auch die neue Entscheidung aus dem Jahr 1997 für den Verzicht der Gesellschaft auf Ersatzansprüche gegenüber dem Geschäftsführer relevant sind.

---

286 Sinn dieser Benachrichtigung ist nämlich lediglich, daß der Geschäftsführer die Möglichkeit einer Einflußnahme erhält. Eine solche Schlußfolgerung läßt sich auch aus BGH, GmbHR 1975, 182f. entnehmen.

287 § 72 ZPO gebietet eine über seinen Wortlaut hinausgehende weite Auslegung, vgl. BGHZ 116, 100, 101, die im vorliegenden Fall eine Streitverkündung zulassen müßte, obgleich die Zielrichtungen der beiden Prozesse unterschiedlich sind. Damit handelt es sich nicht um einen klassischen Anwendungsfall des § 72 ZPO, der normalerweise auf die Schadensersatzansprüche zugeschnitten ist, die im wechselseitigen Ausschlußverhältnis stehen, vgl. BGH, NJW 1989, 521, 522. Gleichwohl ist die Zielrichtung mit dem vorliegenden Fall vergleichbar, da die Gesellschaft durch die Streitverkündung die im Anfechtungsprozeß rechtlich erlittenen Nachteile ausgleichen kann. Ob dies durch den Schadensersatzprozeß gegen den Geschäftsführer im Einzelfall zu einem wirtschaftlichen Vorteil umgemünzt werden kann, sollte im Zuge einer einheitlichen Beurteilung derartiger Sachverhalte keine Rolle spielen.

288 Dieser Einwand läßt sich explizit aus BGH, GmbHR 1975, 182f. entnehmen.

C. Grenzen von Verzicht und Vergleich

Als Grenzen lassen sich entsprechend der doppelten Wirksamkeitsvoraussetzungen die gewöhnlichen vertragsrechtlichen Unwirksamkeitsgründe wie z.B. §§ 134, 138 BGB[289] sowie die gesellschaftsrechtlichen Unwirksamkeitsgründe der §§ 241ff. AktG analog anführen[290].

Im Hinblick auf die §§ 241ff. AktG analog ist allerdings zu berücksichtigen, daß die Mängel des ursprünglichen Weisungsbeschlusses grundsätzlich keinen Einfluß auf den Verzichts- bzw. Vergleichsbeschluß haben. Als Beispiel sei ein Ersatzanspruch angeführt, der auf der Ausführung einer Weisung beruht, die wegen Verstoßes gegen Vorschriften des GWB unwirksam war. Soweit die Gesellschafter auf diesen Anspruch verzichten, ist der bestätigende Gesellschafterbeschluß nicht wegen Verstoßes gegen die GWB Vorschriften nichtig.

Eine besondere Rolle nimmt jedoch § 43 III 2 i.V.m. §§ 9b I, 57 IV, 64 II GmbHG ein. Danach ist ein Verzicht/Vergleich unwirksam, sofern die Ersatzansprüche auf einem Verstoß gegen die Kapitalerhaltungs- und Aufbringungsvorschriften beruhen und der Ersatz zur Befriedigung der Gläubiger erforderlich ist[291]. Diese Grenze gilt für die durch den Weisungsbeschluß ausgelöste Haftungsbefreiung ebenso. Der Verzicht ist in diesem Fall allerdings nicht gänzlich unwirksam, sondern lediglich auflösend bedingt durch die fehlende Befriedigungsmöglichkeit der Gläubiger[292].

Dennoch muß abschließend hervorgehoben werden, daß außer der letztgenannten Grenze für den Geschäftsführer bei sämtlichen ausgeführten fehlerhaften Weisungen eine Haftungsbefreiung möglich ist.

§ 16 ENTLASTUNG

Die Entlastung ist der in §§ 46 Nr. 5 und 47 IV GmbHG normierte und gesellschaftsrechtlich übliche Weg, den Geschäftsführer turnusgemäß von einer Haftung zu befreien, sofern die Gesellschafter mit der Leitung des Unternehmens „zufrieden“ waren[293]. Die Entlastung hat allerdings nicht nur im Zusammenhang mit der Führung des Unternehmens und den eventuellen Ersatzansprüchen

---

289 BGH, GmbHR 1975, 182f.

290 Dies ergibt sich bereits aus den Regeln zur Mangelhaftigkeit von Gesellschafterbeschlüssen, vgl. dazu RGZ 166, 129, 131; BGHZ 11, 231, 235; 36, 205, 211; 51, 209, 210; 104, 66, 69; *Scholz/Schmidt*, § 45 Rz. 36; *Lehmann*, Anwendung, S. 90ff.

291 Einschränkend ist anzumerken, daß dies nicht für einen Vergleich gilt, der Teil eines mit der Gesellschaft abgeschlossenen Gesamtvergleichs ist, der gerade einer Abwendung oder Beseitigung des Konkursverfahrens dient, § 9b I 2 GmbHG.

292 Die Unwirksamkeit tritt daher erst ein, wenn die Gesellschaft notleidend wird, d.h. bei Zahlungsunfähigkeit, Überschuldung oder Konkurs, *Rowedder/Rittner/Schmidt-Leithoff*, § 9b Rz. 9. Etwas weitergehend, schon bei anhaltenden Zahlungsschwierigkeiten: *Scholz/Winter*, § 9b Rz. 9; *Hachenburg/Ulmer*, § 9b Rz. 10; *Lutter/Hommelhoff*, § 9b Rz. 2.

293 Ein Gesellschaftergeschäftsführer hat gemäß § 47 IV GmbHG bei der Entscheidung über die Entlastung kein Stimmrecht, wobei diese Regelung auch durch die Satzung nicht abdingbar ist, zuletzt: OLG Stuttgart, GmbHR 1995, 231.

der Gesellschaft große Bedeutung, sondern auch für das gesellschaftliche Image und die generelle Kreditwürdigkeit des Geschäftsführers in seinem Privatleben[294]. Durch das BGH-Urteil vom 20.05.1985[295] hat dieses in der Praxis bedeutsame Rechtsinstitut eine entscheidende Änderung erfahren. Der BGH lehnte die Möglichkeit eines bis dato anerkannten Anspruchs auf Entlastung bei nachgewiesener ordnungsgemäßer Geschäftsführung ab.

A. Rechtsnatur der Entlastung

Die Rechtsnatur der Entlastung war ehemals äußerst umstritten. Nachdem früher noch eine Vielzahl dogmatischer Ansätze vertreten wurde[296], hat sich heute weitgehend die Auffassung durchgesetzt, die eine Entlastung als spezielles gesellschaftsrechtliches Institut und im Gegensatz zum Verzicht und Vergleich nicht als eine vertragliche Regelung ansieht[297]. Die Entlastung wird als einseitige Erklärung durch einen Gesellschafterbeschluß gegenüber dem Geschäftsführer wirksam[298].

B. Inhalt der Entlastung

Die Entlastung ist inhaltlich aus zwei Komponenten zusammengesetzt. Zum einen wird die Amtsführung der Geschäftsleitung gebilligt[299]. Darüber hinaus soll nach herrschender Ansicht dem Geschäftsführer auch das Vertrauen für die künftige Geschäftsführung ausgesprochen werden, sofern nicht die Umstände des Einzelfalls ergeben, daß nur eine Entscheidung für die Vergangenheit beabsichtigt ist[300]. Nach anderer Auffassung gehört weder die Vertrauensbekundung noch die im Rahmen der Billigung getroffene Entscheidung über die Zweckmä-

---

294 Vgl. dazu ein anschauliches Beispiel bei *Höhn*, Geschäftsleitung, S. 204 sowie die Darstellung bei *Schuricht*, Entlastung, S. 19ff.

295 BGHZ 94, 324ff.

296 Eine umfassende Übersicht findet sich bei: *Schönle*, ZHR 126 (1964), 199, 201f. Danach wurden folgende Lösungen angeboten: Erlaß- bzw. Verzichtsvertrag gemäß § 397 I BGB, so RGZ 106, 258, 262; negatives Schuldanerkenntnis gemäß § 397 II BGB, so RG, JW 1926, 2904: Verzichtserklärung eigener Art, so RG, DR 1941, 506, 508; Genehmigung der Geschäftsführung mit Ausschluß von Ersatzansprüchen entsprechend § 684 S. 2 BGB, so *Brox*, BB 1960, 1226; Mittel der Beweiserleichterung zugunsten des entlastenden Organs, so *Schlegelberger/Quassowski*, AktG, § 104 Rz. 3 sowie Quittung über die Rechnungslegung, so *Hoeniger*, JZ 1922, 143, 145.

297 *Scholz/Schmidt*, § 46 Rz. 90f.; *Baumbach/Hueck/Zöllner*, § 46 Rz. 26; *Hachenburg/Hüffer*, § 46 Rz. 57.

298 Ob es einer Kundgabe nach außen bedarf, ist bislang noch ungeklärt, vgl. *Schmidt*, ZGR 1978, 425, 429f.; *Sigle*, DStR 1992, 469.

299 RGZ 167, 151, 166ff.; BGHZ 94, 324, 326; OLG Hamm, GmbHR 1992, 802, 803; *Rowedder/Koppensteiner*, § 46 Rz. 22; *Schmidt*, Gesellschaftsrecht, § 14 VI, 1; *Tellis*, Entlastung, S. 146.

300 So ausdrücklich in BGHZ 94, 324, 326; OLG Hamm GmbHR 1992, 802, 803; während diesem Aspekt zuvor in BGHZ 29, 385, 390 und BGH, WM 1976, 204, 205 noch keine Bedeutung beigemessen wurde. Zustimmend: *Tellis*, GmbHR 1989, 113, 115f.; *Scholz/Schmidt*, § 46 Rz. 89; *Hachenburg/Hüffer*, § 46 Rz. 54; *Rowedder/Koppensteiner*, § 46 Rz. 22.

ßigkeit der Geschäftsführung zum Inhalt der Entlastung[301]. Dieser liege einzig in der Feststellung, der Geschäftsführer habe in den Angelegenheiten der Gesellschaft die Sorgfalt eines ordentlichen Geschäftsmanns walten lassen und darüber ordnungsgemäß Rechnung gelegt. Inwieweit diesen Ansätzen zuzustimmen ist, ergibt sich bei der Frage nach einem Anspruch auf Entlastung[302].

C. Wirkung der Entlastung

Für den Geschäftsführer ist vor allem die mit der Entlastung verbundene Präklusionswirkung bedeutsam, die strikt von ihrem Inhalt getrennt werden muß. Der Inhalt dieser Präklusion ist dabei weitgehend unstreitig, wohingegen die Frage ihres Ursprungs kontrovers diskutiert wird. Zum Teil werden die Wirkungen aus den Konsequenzen eines negativen Schuldanerkenntnisses gemäß § 397 II BGB abgeleitet[303]. Dabei scheint der Gesetzgeber diese Ansicht insoweit zu stützen, als er für die AG in § 120 II, 2 AktG betont, die Entlastung enthalte keine Verzichtswirkungen. Daraus läßt sich schließen, die Wirkungen seien als Verzicht zu qualifizieren. Gleichwohl wird durch die Anlehnung an vertragsrechtliche Regelungen der Charakter der Entlastung als besonderes gesellschaftsrechtliches Institut in Zweifel gezogen[304]. Daher ist es sinnvoller, die Präklusion als Folge eines durch den Entlastungsbeschluß geschaffenen Vertrauenstatbestands aufzufassen. Die Wirkung ergibt sich somit aus dem allgemeinen Prinzip von Treu und Glauben gemäß § 242 BGB[305].

I. Persönlicher Umfang

Der persönliche Umfang richtet sich danach, ob die gesamte, eventuell aus mehreren Geschäftsführern zusammengesetzte Geschäftsleitung oder die Geschäftsführer einzeln entlastet werden. In der Regel wird sich die Entlastung auf das gesamte Organ erstrecken[306]. Eine Einzelentlastung wird nur dann angenommen, wenn es um separate Ansprüche oder Maßnahmen einzelner Geschäftsführer geht, die von der übrigen Geschäftsführung nicht mitgetragen wurden[307].

II. Zeitlicher Umfang

Die Entlastung erstreckt sich in der Regel auf die vorangegangene Entlastungsperiode. Dabei handelt es sich gewöhnlich um das abgelaufene Geschäftsjahr[308].

---

301 *Buchner*, GmbHR 1988, 9, 13, der sich vehement gegen das Urteil BGHZ 97, 324ff. wendet.

302 Dazu unten S. 244ff.

303 BGHZ 94, 324, 327; *Heisse*, Beschränkung, S. 95; *Fleck*, GmbHR 1974, 224, 228.

304 Vgl. dazu im Einzelnen *Tellis*, Entlastung, S. 52ff., 147.

305 *Schmidt*, ZGR 1978, 425, 432; *Sigle*, DStR 1992, 469, 470.

306 Siehe bereits RGZ 55, 75, 76; 65, 241, 243; *Schmidt*, ZGR 1978, 425, 437; *Zöllner*, Schranken, S. 205 hält dies nur bei Anwendung sämtlicher Gesellschafter für möglich.

307 *Vogel*, Gesellschafterbeschlüsse, S. 156; *Scholz/Schmidt*, § 46 Rz. 97.

308 Dies ergibt sich normalerweise, jedoch nicht zwingend aus dem Zusammentreffen von Entlastung und Feststellung des Jahresabschlusses, der sich notwendigerweise auf das

III. Sachlicher Umfang

Zunächst regelt der Gegenstand des Entlastungsbeschlusses den sachlichen Umfang. Die Gesellschaft ist dabei mit sämtlichen Kündigungsgründen[309] und Ersatzansprüchen[310] ausgeschlossen, die bei einer sorgfältigen Prüfung der vorgelegten Unterlagen und Berichte erkennbar gewesen wären[311] oder den Gesellschaftern privat bekannt sind[312]. Dabei genügt die reine Erkennbarkeit der anspruchsbegründenden Tatsachen nicht. Vielmehr ist positive Kenntnis erforderlich, die bei sämtlichen Gesellschaftern vorliegen muß. Darin unterscheidet sich die Entlastung von der zuvor beschriebenen Generalbereinigung, die auch unbekannte Ansprüche erfaßt[313]. Der Beschluß befreit den Geschäftsführer lediglich von der Haftung aufgrund vergangener Pflichtverletzungen. Er hat keine Auswirkung auf Nachteile, die zwar aus einer dieser Pflichtverletzungen resultieren, hingegen immer noch abwendbar sind[314]. Daher wäre der Geschäftsführer nicht entlastet, wenn sich beispielsweise die rechtliche Situation zur Beurteilung einer Weisung ändert, die bereits teilweise ausgeführt wurde, die Weisung dadurch unwirksam wird und der Geschäftsführer es unterläßt, die endgültige Ausführung zu verhindern, obwohl er dazu noch die Möglichkeit hätte.

D. Grenzen der Entlastung

Die rechtlichen Grenzen der Entlastung entsprechen denen des Verzichts und Vergleichs, wonach gemäß § 43 III 2 i.V.m. §§ 9b I, 57 IV, 64 II GmbHG die Haftungsbefreiung unwirksam ist, sofern Ersatzansprüche betroffen sind, die auf einem Verstoß gegen die Kapitalerhaltungs- und Aufbringungsvorschriften beruhen. Diese Grenze wird zwar nicht ausdrücklich geregelt. Für den Gläubigerschutz ist es allerdings bedeutungslos, ob die Gesellschaft einen Anspruch gegen den Geschäftsführer aufgrund einer Verzichts- bzw. Vergleichsregelung oder im Wege der Entlastung verliert[315]. Fraglich ist jedoch, ob die Präklusionswirkung noch weiter einzuschränken ist. Denkbar wäre, ihre Wirkung bereits bei einem Verstoß gegen eine der zuvor genannten Vorschriften entfallen

abgelaufene Veranlagungsjahr erstreckt, vgl. *Baumbach/Hueck/Zöllner*, § 46 Rz. 27; *Hachenburg/Hüffer*, § 46 Rz. 60; *Schmidt*, ZGR 1978, 425, 437.

309 BGH, NJW 1969, 131; *Schmidt*, ZGR 1978, 425, 427; *Rowedder/Koppensteiner*, § 46 Rz. 24; *Höhn*, Geschäftsleitung, S. 203.

310 Erfaßt werden nicht nur Schadensersatz- sondern auch Bereicherungsansprüche, vgl. BGHZ 97, 382 und sonstige Ansprüche, die zum Hauptanspruch gehören, vgl. *Hachenburg/Hüffer*, § 46 Rz. 62. Ausgenommen werden hingegen Auskunftsansprüche im Hinblick auf unbekannte Pflichtwidrigkeiten, vgl. *Scholz/Schmidt*, § 46 Rz. 94.

311 So bereits schon: RGZ 89, 396; BGH, WM 1976, 736, 737; BGHZ 94, 324, 326; *Schmidt*, ZGR 1978, 425, 437; *Hueck*, GmbHR 1959, 189, 192.

312 Vgl. *Hachenburg/Hüffer*, § 46 Rz. 63; *Schönle*, ZHR 126 (1964), 217; *Baumbach/Hueck/Zöllner*, § 46 Rz. 26. Nach BGH, NJW 1959, 192, 194 sogar bei denen, die nicht an der beschlußfassenden Versammlung teilgenommen haben.

313 Vgl. oben S. 233.

314 BGH, BB 1977, 465; *Scholz/Schmidt*, § 46 Rz. 95.

315 BGHZ 97, 382, 389; *Hachenburg/Hüffer*, § 46 Rz. 64; *Baumbach/Hueck/Zöllner*, § 43 Rz. 30, der zu Recht betont, der Beschluß sei dann bereits nichtig und die Entlastungswirkung bedeutungslos.

zu lassen, ohne daß es darauf ankäme, ob die Ersatzleistung zur Befriedigung der Gläubiger benötigt wird[316]. Gegen diese Modifizierung zu Lasten des Geschäftsführers spricht jedoch der Umfang der Präklusionswirkung von Verzicht bzw. Vergleich einerseits und Entlastung andererseits. Es ist nicht einzusehen, daß die Präklusion einer Generalbereinigung erst im Fall der notwendigen Gläubigerbefriedigung entfällt, obwohl diese sogar Ansprüche erfaßt, die den Gesellschaftern unbekannt sind, die eingeschränkter wirkende Entlastung hingegen ohne Rücksicht darauf unwirksam sein soll. Daher setzt der Wegfall der Präklusionswirkung auch im Rahmen der Entlastung voraus, daß der Anspruch zur Befriedigung der Gläubiger erforderlich ist.

E. Entlastungsanspruch

Ein wesentlicher Aspekt im Rahmen der Entlastung ist die Frage, inwieweit dem Geschäftsführer ein durch Leistungsklage gegen die Gesellschaft durchsetzbarer Anspruch auf Entlastung zusteht.

Wie bereits angedeutet, vollzog sich mit dem BGH-Urteil vom 20.05 1985 ein grundlegender Wandel im Recht der Entlastung[317], da der BGH in dieser Entscheidung einen solchen Anspruch abgelehnt hat[318]. Bis zu diesem Zeitpunkt wurde dem Geschäftsführer sowohl von der Rechtsprechung als auch von weiten Teilen der Literatur der Anspruch auf das prozessuale Mittel der Leistungsklage zugebilligt, soweit er in der Lage war, eine ordnungsgemäße Geschäftsführung darzulegen[319]. Das Schrifttum steht dieser Rechtsprechung teilweise positiv[320] und teilweise ablehnend[321] gegenüber. Im weiteren Verlauf der Untersuchung wird analysiert, ob die Argumente des BGH und seiner Anhänger tatsächlich in vollem Umfang zwingend sind.

---

316 Für diese weitere Einschränkung, *Scholz/Schmidt*, §46 Rz. 95, ohne jedoch eine Begründung für die unterschiedliche Behandlung anzugeben. *Hachenburg/Hüffer*, § 46 Rz. 64 hält diese Einschränkung zumindest für erwägenswert.

317 *Buchner*, GmbHR 1988, 9, 10 weist allerdings darauf hin, daß die Frage nach einem Anspruch auf Entlastung bereits in früheren Urteilen Gegenstand des Verfahrens war, jedoch wegen Fehlens rechtlich anerkannter Voraussetzungen nie entschieden werden mußte, vgl. BGHZ 24, 47, 54.

318 BGHZ 94, 324, 326ff., wobei sich der BGH in seiner Argumentation der Ansicht von *Schmidt*, ZGR 1978, 425, 439ff. sowie *Scholz/Schmidt*, § 46 Rz. 100ff. angeschlossen hat.

319 RGZ 89, 396ff.; *Brox*, BB 1960, 1226, 1228; *Feine*, GmbH, S. 502; *Immenga*, Kapitalgesellschaft, S. 338; *Flume*, Juristische Person, S. 354; *Neflin*, NJW 1959, 1666f.; *Zöllner*, Schranken, S. 205. Mit Rechtskraft des stattgebenden Urteils galt die Entlastungswirkung als gegeben bzw. der in Rede stehende Beschluß als ersetzt. Sogar das *Beck'sche Prozeßformularhandbuch/Anschütz*, S. 587ff. enthielt bis dato noch das Muster einer entsprechenden Leistungsklage.

320 *Lutter/Hommelhoff*, § 46 Rz. 15; *Rowedder/Koppensteiner*, § 46 Rz. 25; *Meyer-Landrut/Miller/Niehus*, § 46 Rz. 28; *Tellis*, Entlastung, S. 123ff., 125; *ders.*, GmbHR 1989, 113ff., 117; *Spörlein/Tausend*, Handbuch, S. 224; *Heisse*, Beschränkung, S. 96; *Ahrens*, ZGR 1987, 129ff., 144; *Sigle*, DStR 1992, 469, 472.

321 *Hachenburg/Hüffer*, § 46 Rz. 69; *Baumbach/Hueck/Zöllner*, § 46 Rz. 29; *Buchner*, GmbHR 1988, 14ff.

I. Mögliche Ablehnung eines Anspruchs auf Entlastung unter Berufung auf das Fehlen einer erforderlichen Anspruchsgrundlage

Die einzelnen Auffassungen der Gegner eines Entlastungsanspruchs sind sich darin einig, daß es an einem mit Leistungsklage durchsetzbaren Anspruch fehlt, billigen dem Geschäftsführer jedoch unterschiedliche Rechte zu, sofern die Entlastung unberechtigt verweigert wird.

Der BGH untersucht in seinem Urteil die Inhalte und Wirkungen der Entlastung und gelangt zu dem Schluß, der Geschäftsführer habe auf keinen dieser Aspekte einen Anspruch.

Die Billigung der Geschäftsführung für die Vergangenheit als erste inhaltliche Komponente sei eine typische Ermessensentscheidung. Die Gesellschafterversammlung befinde darüber, ob der Geschäftsführer für die zurückliegende Entlastungsperiode innerhalb der Grenzen des Gesetzes, der Satzung oder Weisungen seine unternehmerischen Entscheidungen zweckmäßig getroffen hat[322]. Eine derartige Ermessensentscheidung gewähre den Gesellschaftern ein breites Spektrum möglicher Erwägungen, die Entlastung zu gewähren oder zu verweigern, ohne gegen das Gesetz zu verstoßen[323]. Vor diesem Hintergrund käme ein Anspruch auf Entlastung allenfalls bei einer Ermessensreduzierung auf Null in Betracht, die jedoch nicht denkbar sei[324]. Auch ein Anspruch auf fehlerfreie Ermessensentscheidung lehnt der BGH ab, da dieser letztlich ebenfalls auf eine Entlastung hinausliefe[325].

Das mit der Entlastung regelmäßig ausgesprochene Vertrauen der Gesellschafter in die künftige Geschäftsführung sei ebenfalls als Ermessensentscheidung zu qualifizieren und könne naturgemäß nicht erzwungen werden[326].

Letztlich führe die Entlastung im GmbH-Recht zu den Folgen eines Verzichts auf bekannte Ersatzansprüche[327]. Auch darauf könne der Geschäftsführer im Grunde keinen Anspruch haben. Sofern der Gesellschaft Ersatzansprüche zustehen, sei kein Grund ersichtlich, warum sie darauf verzichten sollte; sei andererseits die Geschäftsführung ordnungsgemäß gewesen, wodurch ein Ersatzanspruch ausgeschlossen wird, gäbe es nichts, worauf die Gesellschaft verzichten könnte[328]. Dabei nahm der BGH auf eine bereits bestehende Auffassung von

---

322 Der BGH verwendet überdies den Begriff „der glücklichen Hand".

323 BGHZ 94, 324, 326; *Tellis*, GmbHR 1989, 113, 116 ist der Auffassung, daß es dem Wesen der Entlastung widerspräche, einen Verband nach fixierten, normativen Kriterien zu einer Entscheidung zu verpflichten.

324 *Heisse*, Beschränkung, S. 96.

325 BGHZ 94, 324, 327.

326 BGHZ 94, 324, 326; *Tellis*, Entlastung, S. 123f.; *Schmidt*, ZGR 1978, 425, 441 führt sinnigerweise aus, „zur Liebe könne man niemand zwingen", so auch *Scholz/Schmidt*, § 46 Rz. 102; *Ahrens*, ZGR 1987, 129, 132, der überdies anmerkt, es sei bei diesem Verständnis der Entlastung zweifelhaft, ob es überhaupt eine Nichtentlastung „aus offenbar unsachlichen Gründen" gäbe.

327 BGHZ 94, 324, 326.

328 Zustimmend ohne eigene Begründung, *Sigle*, DStR 1992, 469, 472.

Karsten Schmidt Bezug, die davon ausgeht, es habe faktisch bereits vor diesem Urteil keinen durch Leistungsklage durchsetzbaren Anspruch auf Entlastung gegeben[329]. Da ein Anspruch auf Verzicht von Ersatzansprüchen als entscheidende Wirkung der Entlastung nicht existiere, könne das einzig sinnvoll darstellbare Interesse lediglich auf die Feststellung gerichtet sein, daß keine Ersatzansprüche bestehen. Diese Wirkung werde jedoch nicht mittels Leistungs-, sondern nur im Wege einer negativen Feststellungsklage erreicht. Insofern sei eine derartige Klage der Sache nach schon vorher keine Leistungsklage gewesen[330].

Sofern die Gesellschaft die Entlastung verweigert, habe der Geschäftsführer jedoch die Möglichkeit, das Nichtbestehen von Ersatzansprüchen im Wege einer negativen Feststellungsklage gerichtlich feststellen zu lassen[331]. Die Voraussetzungen einer derartigen Feststellungsklage sind wiederum umstritten[332].

Heisse hält zwar den Ausschluß eines Anspruchs auf Entlastung für gerechtfertigt, da es sich bei sämtlichen Inhalten und Wirkungen um Ermessensentscheidungen handele, bei denen eine Ermessensreduzierung auf Null nicht in Frage komme. Gleichwohl sei dem Geschäftsführer ein Anspruch auf eine fehlerfreie Ermessensentscheidung zuzubilligen. Dieser liefe entgegen der Befürchtung des BGH im Ergebnis nicht auf eine Entlastung hinaus, da eine Ermessensreduzierung auf Null wegen der in die Entscheidung einfließenden persönlichen Wertungen nicht denkbar sei[333].

Die sonstigen Auffassungen[334] entsprechen vom Ansatz und der Begründung weitgehend der Ansicht des BGH und unterscheiden sich lediglich in der Frage nach den prozessualen Mitteln des Geschäftsführers gegen die Weigerung der Gesellschafter, ihre Beweggründe für eine Ablehnung der Entlastung anzugeben[335].

II. Befürwortung eines Anspruchs auf Entlastung durch Nachweis einer Anspruchsgrundlage

Die Anhänger eines Anspruchs auf Entlastung wählen zur Begründung drei unterschiedliche dogmatische Ansätze. Eine althergebrachte Auffassung, die insbesondere *Zöllner* vertritt, bestreitet den freien Ermessenscharakter der Entla-

---

329 *Schmidt*, ZGR 1978, 425, 440ff.

330 *Schmidt*, ZGR 1978, 425, 442.

331 BGHZ 94, 324, 327.

332 Dabei ranken sich die Probleme maßgeblich um die Frage, unter welchen Voraussetzungen dem Geschäftsführer ein Feststellungsinteresse zugebilligt werden kann, dazu unten S. 256ff.

333 *Heisse*, Beschränkung, S. 96.

334 *Lutter/Hommelhoff*, § 46 Rz. 15; *Rowedder/Koppensteiner*, § 46 Rz. 25; *Meyer-Landrut/Miller/ Niehus*, § 46 Rz. 28; *Tellis*, Entlastung, S. 123ff., *ders.*, GmbHR 1989, 113; *Ahrens*, ZGR 1987, 129, 144; *Sigle*, DStR 1992, 469, 472.

335 Dazu wiederum unten S. 256ff.

stungsentscheidung[336]. Das den Gesellschaftern zustehende Ermessen sei nicht freies, sondern gebundenes Ermessen[337]. Es handele sich um eine unzulässige Diskriminierung und Verletzung der Treuepflicht der GmbH gegenüber dem Geschäftsführer, wenn die Entlastung ohne sachlichen Grund verweigert wird. Unter rechtsstaatlichen Verhältnissen müsse der Geschäftsführer dagegen vorgehen können. Durch die fehlende Justitiabilität werde er ansonsten der Willkür der Gesellschafterversammlung ausgesetzt[338].

Eine neuere Auffassung von *Buchner* bestreitet hingegen bereits die Funktion und Wirkungen, die der BGH der Entlastung beigemessen hat[339]. Die Funktion und somit der Inhalt der Entlastung liege einzig in der Feststellung, der Geschäftsführer habe in den Angelegenheiten der Gesellschaft die Sorgfalt eines ordentlichen Geschäftsmanns angewandt und über sie ordnungsgemäß Rechnung gelegt[340]. Diese „rechtsformneutrale Definition" der Entlastungsfunktion wird maßgeblich aus zwei Vergleichen mit anderen Rechtsgebieten hergeleitet. Zum einen sei bereits im bürgerlichen Vertragsrecht mit der werkvertraglichen Abnahme aus § 640 BGB ein vergleichbares Rechtsinstitut vorhanden, auf das der Unternehmer unzweifelhaft einen Anspruch habe, sofern die entsprechenden Voraussetzungen vorliegen[341]. Zum anderen wird auf die Rechnungslegung des Konkursverwalters am Ende seiner Amtszeit gemäß § 86 S. 4 KO verwiesen, die ebenfalls eine Präklusionswirkung entfalte und als Entlastung angesehen werde[342]. Aus diesem Vergleich ließe sich die gesellschaftsrechtliche Entlastung als formalisierte Anerkennung pflichtgemäßer Geschäftsführung qualifizieren, da in beiden Fällen ausschließlich pflichtgemäßes Handeln geprüft werde und nicht etwa ermessensgesteuerte Vertrauensbekundungen. Der BGH habe den Inhalt bzw. die Funktion der Entlastung vielmehr unzulässig erweitert[343]. Es handele sich daher nicht um eine Vertrauensbekundung für die künftige Geschäftsführung[344]. Der BGH habe entgegen seiner bisherigen Rechtsprechung[345], die stets nur die Billigung und das Vertrauen in die vergangene Geschäftsführung behandelt habe, einen künstlichen Funktionswandel vorgenommen, der nicht dem eigentlichen Inhalt der Entlastung entspräche[346]. Überdies könne sich die Beurteilung der vergangenen Geschäftsführung nicht auf die Zweckmäßigkeit der Geschäftsführung als zweiten Inhalt der Entlastung er-

336 *Baumbach/Hueck/Zöllner*, § 46 Rz. 28f.

337 *Baumbach/Hueck/Zöllner*, § 46 Rz. 28.

338 *Baumbach/Hueck/Zöllner*, § 46 Rz. 29.

339 *Buchner*, GmbHR 1988, 9ff.

340 *Buchner*, GmbHR 1988, 9, 13f.

341 Diese Abnahme bestehe neben der körperlichen Hergabe vor allem in der Erklärung des Bestellers, das Werk werde als vertragsmäßige Leistung anerkannt, BGHZ 48, 257, 262; *Palandt*, § 640, Anm. 1a. Daran würden ebenso wie an die Entlastung entsprechende Präklusionswirkungen geknüpft, *Buchner*, GmbHR 1988, 9, 11.

342 BGHZ 74, 316, 321.

343 *Buchner*, GmbHR 1988, 9, 13.

344 *Buchner*, GmbHR 1988, 9, 13.

345 BGHZ 29, 385, 390; BGH, WM 1976, 204, 205.

346 *Buchner*, GmbHR 1988, 9, 13.

strecken[347]. Die Gesellschafterversammlung entscheide gerade nicht, ob der Geschäftsführer eine sogenannte „glückliche Hand" gehabt habe. Soweit mit dem Zweckmäßigkeitsbegriff der unternehmerische Entscheidungsspielraum gemeint sei[348], der dem Geschäftsführer innerhalb seiner Aufgabenerfüllung zusteht, so könne sich die mit der Entlastung einhergehende Rechtmäßigkeitskontrolle darauf nicht erstrecken[349]. Wenn der Geschäftsführer sich innerhalb dieses Spielraums bewege, seien die Gesellschafter verpflichtet, ihn selbst dann zu entlasten, wenn die Entscheidungen unzweckmäßig waren[350].

Im übrigen wendet sich diese Ansicht gegen die Wirkung der Entlastung und somit gegen das Verzichtsargument des BGH. Die Wirkung der Entlastung müsse strikt von ihrer unmittelbaren Aussage getrennt werden. Letztere beinhalte rechtsformneutral lediglich die Anerkennung der ordnungsgemäßen Geschäftsführung[351]. Damit werde jedoch grundsätzlich noch nicht über die Präklusionswirkung befunden. Diese hänge vielmehr von verschiedenen Faktoren, wie z.B. gesetzlichen Regelungen ab, die im AktG den Verzicht ausschließen. Lediglich im GmbH-Recht sei die immanente Freistellung von Schadensersatzansprüchen als Konsequenz der Entlastung anerkannt. Insofern müßten hinsichtlich eines Anspruchs auf Entlastung die unmittelbaren Inhalte und Wirkungen getrennt werden[352].

Letztlich ist die Auffassung von *Schuricht*[353] zu nennen, der in der Entlastung die Billigung der Geschäftsführung und die Kundgabe des Vertrauens in die Tätigkeit des Geschäftsführers sieht, auf die ihm ein gewohnheitsrechtlicher Anspruch zustehe[354]. Dieser leite sich daraus ab, daß Schrifttum und Rechtsprechung seit Ende des letzten Jahrhunderts nahezu übereinstimmend einen derartigen Anspruch angenommen haben, ohne daß dieser jemals gesetzlich geregelt wurde[355]. Gegen die Richtigkeit dieser Handhabung hätten sich bis Ende der siebziger Jahren keine Bedenken ergeben. Es sei von einer gewohnheitsrechtlichen Verfestigung auszugehen, da es sich um ein verbindliches Prinzip handelte, von dessen „rechtsethischer Richtigkeit die Allgemeinheit überzeugt gewesen sei"[356]. Insbesondere könne aus der unterschiedlichen Entwicklung der Entlastung im GmbH-Recht und AktG nichts Gegenteiliges hergeleitet werden. Eine analoge Anwendung des § 120 II AktG, der klarstellt, daß die Entlastung keine Verzichtswirkung auf Ersatzansprüche enthält, komme aus historischen Gründen nicht in Frage[357]. Das neue BGH-Urteil sowie die Auffassung

347 *Buchner*, GmbHR 1988, 9, 13f.
348 So offensichtlich *Scholz/Schneider*, § 43 Rz. 44ff.
349 *Buchner*, GmbHR 1988, 9, 13.
350 *Buchner*, GmbHR 1988, 9, 14.
351 *Buchner*, GmbHR 1988, 9, 14.
352 *Buchner*, GmbHR 1988, 9, 14.
353 *Schuricht*, Entlastung, S. 75ff., 79.
354 *Larenz/Canaris*, Methodenlehre, S. 177.
355 *Schuricht*, Entlastung, S. 77; *Buchner*, GmbHR 1988, 9, 13.
356 *Schuricht*, Entlastung, S. 76f.
357 *Schuricht*, Entlastung, S. 15ff., 36ff. führt aus, daß der Ursprung der Abschaffung bereits in der Aktienrechtsreform aus dem Jahre 1937 zu finden sei. Die ehemals in § 260 HGB

Schmidts orientiere sich jedoch an dieser vermeintlichen Parallelität von GmbHG und AktG, ohne auf die genannten Aspekte einzugehen. Daher könne sich an der gewohnheitsrechtlichen Anerkennung durch die Änderung der Rechtsprechung nichts geändert haben. Vielmehr habe der Geschäftsführer auch weiterhin einen Anspruch auf Entlastung[358].

III. Stellungnahme

Ausgangspunkte der Frage, worin eine Grundlage für einen Anspruch auf Entlastung gesehen werden kann, sind der Inhalt und die Wirkungen der Entlastung. Erst wenn diese geklärt sind, ist es möglich, eine fundierte Antwort zur Rechtsgrundlage eines Entlastungsanspruchs zu geben. Dabei wird sich herausstellen, daß sämtliche vertretenen Auffassungen nicht in der Lage sind, das Problem adäquat zu lösen.

1. Grundlagen eines Anspruchs auf Entlastung

a) Wesentliche Bedeutung des Inhalts der Entlastung

Buchners Definition der Entlastungsfunktion ist aus drei Gründen nicht zu folgen. Zunächst widerspricht sie bereits der althergebrachten These des Reichsgerichts, wonach der Zweck der Entlastung im Schaffen klarer Verhältnisse für die Zukunft liege, so daß keine Ansprüche mehr geltend gemacht werden können[359], nicht hingegen in der Feststellung der wirklichen Rechtslage[360]. Darüber hinaus fehlt es den Begründungsansätzen aus § 640 BGB und § 86 S. 4 KO an der nötigen Vergleichbarkeit. Zutreffend wird darauf hingewiesen, die verschiedenen Rechtsfolgen von Abnahme- und Entlastungserklärung seien nicht miteinander in Einklang zu bringen. Im Rahmen der Abnahme handelt es sich grundsätzlich um die Anerkennung eines individuellen Leistungserfolgs, für den der Werkunternehmer einzustehen hat. Darin erschöpft sich die Geschäftsführung für andere bei einer unternehmerischen Tätigkeit in der Regel nicht[361]. Die Vergleichbarkeit mit der Entlastungswirkung der Schlußrechnung des Konkursverwalters scheitert hingegen daran, daß die seine Entlastung hindernden

normierte aktienrechtliche Entlastung wurde bei dieser Reform zwar im neuen § 104 I AktG übernommen, jedoch hat man in § 84 IV 3 AktG geregelt, daß die Gesellschaft auf Ersatzansprüche erst nach fünf Jahren verzichten kann, wodurch die Freistellungswirkung der Entlastung zum Gegenstand von Diskussionen geriet. Diese Unklarheit hat durch die Reform 1965 ihr Ende gefunden, im Zuge derer der neue § 120 II AktG eingeführt wurde. *Schuricht* ist jedoch der Auffassung, die im Rahmen der nationalsozialistischen Gesetzgebungsverfahren ergangene Änderung im Jahre 1937 sei nicht Ausdruck des parlamentarischen Gesetzgebers gewesen, da die Reform im Rahmen der Notverordnung ohne Mitwirkung des Reichstags erlassen wurde.

358 *Schuricht*, Entlastung, S. 21ff., 148.

359 So RG, JW 1926, 2904, wo überdies betont wurde, daß „über die Feststellung der wirklichen Rechtslage hinaus der jetzt bestehende Zustand auch für den Fall, daß die wahre Rechtslage eine andere sein sollte, festgelegt wird“.

360 *Tellis*, GmbHR 1989, 113, 114, der in seinem Aufsatz die Thesen von *Buchner*, GmbHR 1988, 9ff. analysiert.

361 *Tellis*, GmbHR 1989, 113, 114.

Einwendungen sich nicht nur auf Pflicht- sondern auch auf Zweckmäßigkeitserwägungen beziehen können[362]. Lediglich die Aufsichtspflicht des Konkursgerichts erstreckt sich auf die Rechtmäßigkeit[363].

Doch ist auch dem BGH in seiner pauschalen Aussage, der Inhalt der Entlastung umfasse hinsichtlich der Billigung der Geschäftsführung grundsätzlich neben einer Recht- auch eine Zweckmäßigkeitskontrolle, nicht zuzustimmen. Der BGH führt aus, die Gesellschafter beurteilten, ob der Geschäftsführer bei der Unternehmensführung eine „glückliche Hand" gehabt habe[364]. Diese Prüfung kann sich aber notwendigerweise nur auf Maßnahmen erstrecken, deren Zweckmäßigkeit der Geschäftsführer überhaupt prüfen muß. Nur in diesem Fall ist es denkbar, von einer „glücklichen Hand" auszugehen. Die Prüfung kann sich daher nur auf die Pflichten beziehen, die der Geschäftsführer bei seiner Unternehmensleitung erfüllen muß. Im Rahmen von Weisungen der Gesellschafter ist der Geschäftsführer grundsätzlich nur verpflichtet, diese auf ihre Rechtmäßigkeit zu untersuchen. Sofern sie rechtmäßig sind, ist er verpflichtet, sie auszuführen. Er unterliegt in diesem Fall nicht der Pflicht, auch die Zweckmäßigkeit der Weisung zu prüfen[365]. Mithin kann sich die Entlastungsprüfung nicht auf die Zweck-, sondern nur auf die Rechtmäßigkeit erstrecken. Sofern die Rechtmäßigkeitsprüfung ergibt, daß eine Weisung fehlerhaft ist, gestaltet sich die Rechtslage unterschiedlich. Bei bestimmten Mängeln entscheidet der Geschäftsführer über die Ausführung der Weisung nach pflichtgemäßem Ermessen, wie z.B. bei anfechtbaren Weisungsbeschlüssen. Insoweit kann sich die Entlastung auch auf die Zweckmäßigkeit der Entscheidung erstrecken. Bei anderen Mängeln, wie materieller Nichtigkeit, Unwirksamkeit oder im Rahmen von Nicht- bzw. Scheinbeschlüssen ist der Geschäftsführer verpflichtet, die Ausführung zu verweigern, ohne daß es auf eine Zweckmäßigkeitsprüfung ankäme[366]. In diesem Fall kann sich die Entlastung ebenfalls nur auf die Rechtmäßigkeit der Entscheidung erstrecken[367].

Aus diesen Gründen besteht der Inhalt der Entlastung in der Billigung der Rechtmäßigkeit sowie außerhalb von rechtmäßigen und bestimmten fehlerhaften Weisungen auch in der Zweckmäßigkeit der Geschäftsführung. Darüber hinaus wird dem Geschäftsführer das Vertrauen für die Zukunft ausgesprochen, sofern nichts anderes aus der Entlastung zu entnehmen ist[368]. Fraglich ist mit-

---

362 *Tellis*, GmbHR 1989, 113, 114; *Kuhn/Uhlenbruck*, Konkursordnung, § 86 Rz. 7.

363 *Tellis*, GmbHG 1989, 113, 115 unter Hinweis auf *Uhlenbruck*, ZIP 1982, 125, 132 m.w.N.

364 BGHZ 94, 324, 327.

365 Diese Frage wird zwar kontrovers diskutiert, nach der hier vertretenen Ansicht jedoch abgelehnt. Dazu ausführlich oben S. 75ff.

366 Vgl. oben S. 84f., 124f., 125.

367 Insofern ist der Ansicht von *Baumbach/Hueck/Zöllner*, § 46 Rz. 29, der die Entlastungsverweigerung ohne hinreichenden Sachgrund im Rahmen der Entlastung grundsätzlich ablehnt, zumindest im Ergebnis teilweise zuzustimmen. Gleichwohl ist die Begründung, ansonsten werde der Geschäftsführer der Willkür der Gesellschafter ausgesetzt und laufe Gefahr, diskriminiert zu werden, weniger überzeugend.

368 Vgl. oben S. 241.

hin, ob dem Geschäftsführer auf diese inhaltliche Ausgestaltung ein Anspruch zustehen kann, und ob in diesem Rahmen auch die Wirkungen der Entlastung zu berücksichtigen sind.

b) Fehlende Bedeutung der Wirkungen der Entlastung für die Herleitung eines Anspruchs

Im Hinblick auf die Wirkungen der Entlastung stößt die Ansicht des BGH ebenfalls auf Bedenken. Es sei bei der Anspruchsprüfung unter anderem darauf abzustellen, ob der Geschäftsführer einen Anspruch auf die Wirkungen der Entlastung habe, die der BGH aus dem Verzicht gemäß § 397 I oder II BGB ableitet[369]. Einen Anspruch auf den Verzicht von Ansprüchen könne es jedoch nicht geben. Gegen dieses Argument lassen sich zwei Einwände vorbringen. Zum einen ist die Entlastung in ihrer Wirkung entgegen der Auffassung des BGH nicht auf einen Verzicht i.S.v. § 397 I oder II BGB zurückzuführen, sondern, wie oben bereits erläutert wurde, lediglich auf einen Vertrauenstatbestand, dessen Folgen sich aus § 242 ergeben[370]. Darüber hinaus muß bei der Frage, ob der Geschäftsführer einen Anspruch auf Entlastung hat, der Unterschied zwischen Inhalt und Wirkung ausreichend berücksichtigt werden. Gegenstand des Entlastungsbeschlusses ist ausschließlich die Billigung der Geschäftsführung sowie gegebenenfalls das Vertrauen für die Zukunft. Die Präklusionswirkung hingegen ist nur eine Folge dieser Billigung[371]. Dadurch zielt die Entlastung nicht auf den Verzicht oder die Schaffung eines Vertrauenstatbestands ab, sondern ergibt sich lediglich aus ihm. Sofern nun behauptet wird, der Geschäftsführer könne keinen Anspruch auf die Wirkungen der Entlastung haben, werden Inhalt und Folgen miteinander verquickt[372]. Die Frage kann nicht lauten, ob der Geschäftsführer einen Anspruch auf den Verzicht von Ersatzansprüchen hat, sondern vielmehr, ob der Geschäftsführer einen Anspruch auf den Inhalt der Entlastung hat.

Die entscheidende Frage für einen Anspruch kann demzufolge nur unter Berücksichtigung der Inhalte, nicht der Wirkungen beantwortet werden. Diese stellen sowohl im Hinblick auf die Billigung der Recht- und Zweckmäßigkeit der Geschäftsführung als auch auf ein eventuelles Vertrauen für die Zukunft eine Ermessensentscheidung dar. Diesen Umstand verkennt jedoch *Zöllner*, der das Vorliegen einer tatsächlichen Ermessensentscheidung bestreitet[373].

---

369 BGHZ 94, 324, 328.

370 Darauf zielt wohl auch die Argumentation von *Hachenburg/Hüffer*, § 46 Rz. 69 ab, der betont, daß es sich um eine schlüssige Argumentation handeln würde, wenn das Wesen der Entlastung im Schulderlaß gemäß § 397 I oder II BGB läge. Dieses bestünde jedoch darin, daß die Gesellschaft nach ordentlicher Rechenschaft und Kontrolle der Amtsführung nicht mehr auf Vorgänge zurückkommen darf, wenn die Prüfung beanstandungslos erfolgte. Dies könne nicht anders sein, nur weil die Tätigkeit des Organs durch gerichtliche Prüfung ersetzt werde.

371 So auch *Scholz/Schmidt*, § 46 Rz. 91; *Priester*, FS Rowedder, S. 369, 371; *Schmidt*, ZGR 1978, 425, 432.

372 So im Ergebnis wohl auch *Buchner*, GmbHR 1988, 9, 14; *Hachenburg/Hüffer*, § 46 Rz. 69; *Baumbach/Hueck/Zöllner*, § 43 Rz. 29.

373 *Baumbach/Hueck/Zöllner*, § 46 Rz. 28.

2. Konkretisierung eines Anspruchs auf Entlastung aus den organschaftlichen Treue- und Schutzpflichten der Gesellschaft gegenüber dem Geschäftsführer

Gleichwohl kann der Ansatz von *Zöllner* insoweit fruchtbar gemacht werden, als daß sich die grundsätzliche Anspruchsgrundlage für eine Entlastung aus der von ihm genannten Treuepflicht der Gesellschaft gegenüber dem Geschäftsführer[374] herleiten läßt. Unklar bleibt jedoch, ob er damit auf die anstellungsvertraglichen oder organschaftlichen Treuepflichten abhebt. Aus dogmatischen Gründen sind allerdings lediglich organschaftliche Treuepflichten in Betracht zu ziehen, da es sich bei der Entlastung gerade nicht um ein vertragliches, sondern um ein spezifisch gesellschaftsrechtliches Rechtsinstitut handelt[375], in dessen Genuß der Geschäftsführer infolge seiner Organstellung kommt. Im Rahmen dieser Pflichten obliegt es der Gesellschaft, das persönliche und vermögensrechtliche Integritätsinteresse des Geschäftsführers insbesondere in den Bereichen zu wahren, die einer besonderen Einwirkungsmöglichkeit der Gesellschafter ausgesetzt sind[376]. Eine derartige Einflußmöglichkeit besteht jedoch gerade im Hinblick auf die Entlastung. Die rechtlichen, wirtschaftlichen und persönlichen Folgen der Entlastung sind beträchtlich[377]. Die Gesellschaft hat es in der Hand, dem Geschäftsführer durch die Verweigerung der Entlastung neben dem Risiko bestehender Haftungsmöglichkeiten schwere Imageschäden zuzufügen. Überdies gehört eine Entscheidung über die Entlastung, sei es eine positive oder negative, zum turnusgemäßen jährlichen Programm der Gesellschafterversammlung, die auch über den Jahresabschluß befindet. Da es sich bei der Entscheidung über die Entlastung jedoch um eine Ermessensentscheidung handelt, können die Schutzpflichten sich nicht unmittelbar auf einen Anspruch auf Entlastung beziehen. Vielmehr kommt ein derartiger Anspruch nur dann in Betracht, wenn eine Ermessensreduzierung auf Null vorliegt[378]. Aus diesen Gründen ist auch der Ansatz von *Schuricht* abzulehnen, der grundsätzlich von einem Anspruch auf Entlastung ausgeht[379]. Die Frage ob ein derartiger Anspruch sich aus Gewohnheitsrecht ergeben kann, ist daher obsolet.

Insofern ist zu erörtern, in welchen Fällen eine derartige Ermessensreduzierung auf Null vorliegen kann. Anerkanntermaßen ist dies lediglich dann möglich, wenn nur eine richtige Entscheidung denkbar ist, respektive die Verweigerung der Entlastung sowohl im Hinblick auf die Recht- als auch auf die Zweckmäßigkeit ermessensfehlerhaft wäre[380].

---

374 *Baumbach/Hueck/Zöllner*, § 46 Rz. 29.

375 Vgl. dazu oben S. 241

376 Auch dazu bereits oben S. 198ff.

377 Dazu bereits oben S. 241.

378 *Heisse*, Beschränkung, S. 32, 96; zum Verwaltungsrecht: BVerwGE 11, 95, 97; 69, 90, 94; *Martens*, JuS 1962, 245, 247; *Götz*, NVwZ 1984, 211, 216.

379 *Schuricht*, Entlastung, S. 79.

380 Vgl. allgemein zur Ermessensreduzierung auf Null: BVerwG, NJW 1988, 434, 435; *Kopp*, VwVfG, § 40, Rz. 11; *Stelkens/Bonk/Leonard*, VwVfG, § 40 Rz. 31ff.; *Knack*, VwVfG, § 40 Anm. 9ff.; *Erichsen/Erichsen*, Verwaltungsrecht, § 10 Rz. 19ff.; *Maurer*, Verwaltungsrecht, § 7 Rz. 16.

Im Hinblick auf Ermessensfehler ist auf das Verwaltungsrecht zu rekurrieren, nachdem eine Entscheidung ermessensfehlerhaft ist, wenn sie gemäß § 40 VwVfG dem Zweck ihrer Ermächtigung widerspricht oder gegen die gesetzlichen Grenzen des Ermessens verstößt[381]. Denkbar ist vorliegend insbesondere ein Verstoß gegen gesetzliche Grenzen des Ermessens. Solche Grenzen ergeben sich aufgrund von Rechtsvorschriften, allgemeinen Prinzipien des Verfassungsrechts sowie besonders geschaffenen Vertrauenstatbeständen. Dabei ist ebenfalls der das private wie auch öffentliche Recht beherrschende Grundsatz von Treu und Glauben aus § 242 BGB zu berücksichtigen[382]. Gerade letzterer könnte als Anknüpfungspunkt eines Ermessensverstoßes dienen, sofern die Gesellschaft durch die Verweigerung der Entlastung gegen Treu und Glauben verstieße. In diesem Fall wäre das Ermessen auf Null reduziert.

a) Kein Anspruch auf zukünftige Vertrauensbekundung und Billigung der Zweckmäßigkeit der Geschäftsführung

Im Hinblick auf das Vertrauen für die Zukunft ist eine Ermessensreduzierung auf Null ausgeschlossen. Vertrauen kann der Natur der Sache nach nicht durch gesetzliche Regeln erfaßt werden. Jedoch muß die Entlastung nicht grundsätzlich einen Vertrauensausspruch für die Zukunft enthalten, sofern die Umstände im Einzelfall ergeben, daß nur eine Entscheidung für die Vergangenheit beabsichtigt ist[383]. Daraus folgt, daß sich ein Anspruch auf Entlastung, wenn überhaupt, nur auf die vergangene Geschäftsführung erstrecken kann.

Im Hinblick auf die Billigung der Zweckmäßigkeit der Geschäftsführung ist eine Ermessensreduzierung auf Null ebensowenig denkbar. Sie ist von den Folgen, der Reichweite, Durchsetzbarkeit und Effektivität der jeweiligen Entscheidung abhängig[384]. Die Begrenzung auf nur eine zulässige Entscheidungsalternative ist dabei nicht vorstellbar. Selbst wenn die Gesellschafter eine Maßnahme vor der Ausführung angeraten oder befürwortet haben, so können sie retrospektiv der Auffassung sein, sie sei unzweckmäßig gewesen.

b) Möglicher Anspruch auf Entlastungsentscheidungen, die nur die Rechtmäßigkeit der Geschäftsführung umfassen

Im Rahmen von wirksamen sowie fehlerhaften Gesellschafterweisungen, die dem Geschäftsführer keine Zweckmäßigkeitsprüfung zur Ausführung einräumen[385], und sich somit nur auf das „Ob“ und nicht auf das „Wie“ der Weisung

---

381 Die verwaltungsrechtlichen Ermessensgrundsätze können auch im Rahmen der gesellschaftsrechtlichen Ermessensentscheidung angewandt werden. Vgl. dazu OLG Düsseldorf, GmbHR 1996, 689, 693f. sowie oben S. 102ff.

382 Für das Gesellschaftsrecht ist dies selbstverständlich. Jedoch ist auch das öffentliche Recht an diesen Grundsatz gebunden: BVerfGE 49, 168, 184; BVerwGE 44, 333, 336; *Obermayer*, VwVfG, § 40 Rz. 97; *Stelkens/Bonk/Leonard*, VwVfG, § 40 Rz. 47; hierzu allgemein: *Stern*, Staatsrecht, 20 IV 4g.

383 BGHZ 94, 324, 326.

384 *Stelkens/Bonk/Leonardt*, VwVfG, § 49 Rz. 7.

385 Vgl. dazu oben S. 250.

beziehen, erstreckt sich der Inhalt der Entlastung jedoch lediglich auf die Billigung der Rechtmäßigkeit der Maßnahme. Daher könnte zumindest in diesem Bereich eine Ermessensreduzierung auf Null vorliegen. Dazu müßte die Weigerung der Entlastung gegen § 242 BGB verstoßen. Die hier denkbare Alternative ist das Prinzip der „unzulässigen Rechtsausübung“[386]. In diesem Rahmen haben sich eine Vielzahl von Fallgruppen gebildet. Im vorliegenden Fall kommen zwei dieser Fallgruppen in Betracht: die Vereitelung von Rechten der Gegenpartei[387] sowie der Einwand widersprüchlichen Verhaltens[388].

Die erste Alternative ist dem Geschäftsführer wenig hilfreich, da die Rechtsfolge des § 242 BGB in der Wiederherstellung des ursprünglichen Zustands liegt. Seine Rechtsstellung unterscheidet sich ohne Entlastung jedoch nicht von der einer verweigerten Entlastung, da in beiden Fällen noch die Gefahr einer Haftung besteht.

Erfolgversprechender erscheint hingegen die Fallgruppe des „Einwands widersprüchlichen Verhaltens“[389]. Dabei ist das aktuelle mit einem damit in Zusammenhang stehenden früheren Verhalten zu vergleichen. Ein Rechtsmißbrauch wird in zwei Fällen angenommen: zum einen, wenn das frühere mit dem späteren Verhalten sachlich unvereinbar ist[390]; zum anderen, wenn das spätere Verhalten gegen einen durch das frühere Verhalten geschaffenen Vertrauenstatbestand verstößt[391]. Sofern die Gesellschafter den Geschäftsführer selbst mit der Ausführung der jeweiligen Maßnahme beauftragen, haben sie bereits über diese Maßnahme entschieden. Fraglich ist somit, ob die Gesellschafter durch die Weigerung, dem Geschäftsführer im Hinblick auf diese Weisung die Entlastung zu erteilen, unsachlich handeln oder gegen einen durch die Weisung geschaffenen Vertrauenstatbestand verstoßen.

Sofern es sich um rechtmäßige Weisungen handelt, kann die Mißbilligung ihrer Ausführung im Hinblick auf die Rechtmäßigkeit sachlich nicht gerechtfertigt sein. Darin läge ein Widerspruch in sich selbst. Ob darüber hinaus ein geschaffener Vertrauenstatbestand verletzt wird, ist unerheblich.

Im Hinblick auf die verbleibenden Weisungen, bei denen die Entlastung nur eine Rechtmäßigkeitsprüfung umfaßt, ist die Rechtslage unterschiedlich. Dabei sei in Erinnerung gerufen, daß es sich um fehlerhafte Weisungen handelt, deren

---

386 Die Lehre von der unzulässigen Rechtsausübung hat ihren Ausgangspunkt in der Arglisteinrede, die selbst wiederum auf die römisch-rechtliche exeptio doli zurückgeht, vgl. *Münchener Kommentar/Roth*, § 242 Rz. 259.

387 *Münchener Kommentar/Roth*, § 242 Rz. 316ff.; *Soergel/Teichmann*, § 242 Rz. 285ff.; *Staudinger/Schmidt*, § 242 Rz. 636ff.

388 *Staudinger/Schmidt*, § 242 Rz. 681ff.; *Münchener Kommentar/Roth*, § 242 Rz. 255ff.

389 Vgl. diese Kategorie im Zusammenhang mit den allgemeinen Eingruppierungen des § 242 BGB bei *Staudinger/Schmidt*, § 242 Rz. 681ff., der eine umfassende Systematisierung zu den Fallgruppen des Grundsatzes von Treu- und Glauben vorgenommen hat, ansonsten insbesondere: *Münchener Kommentar/Roth*, § 242 Rz. 255ff.

390 *Palandt/Heinrichs*, § 242 Anm. 56 spricht von einem unlösbaren Selbstwiderspruch.

391 *Münchener/Kommentar/Roth*, § 242 Rz. 322.

Ausführung der Geschäftsführer verweigern muß, ohne einen Ermessensspielraum zu haben[392]. Darunter sind unwirksame und materiell nichtige Weisungen sowie Nicht- bzw. Scheinbeschlüsse zu subsumieren. Soweit eine Weisung fehlerhaft ist, läßt sich eine nachträgliche Mißbilligung durch die Gesellschafter zumindest mit dem Grund ihrer Mangelhaftigkeit sachlich rechtfertigen. Es fehlt an einem Vertrauenstatbestand, aus dem sich eine Verpflichtung der Gesellschafter ergeben könnte, den Geschäftsführer zu entlasten. Sofern eine Weisung an derart schwerwiegenden Mängeln leidet, daß der Geschäftsführer ihre Ausführung in jedem Fall verweigern muß, entfällt die Schutzwürdigkeit für einen Vertrauenstatbestand. Zwar hat der Geschäftsführer mitunter die Möglichkeit, einer Inanspruchnahme aus § 43 II GmbHG den Einwand unzulässiger Rechtsausübung entgegenzuhalten[393]. Jedoch unterscheiden sich die beiden Fälle signifikant voneinander, da im Bereich des § 43 II GmbHG der Vertrauenstatbestand den Geschäftsführer vor einer unzulässigen Inanspruchnahme schützen soll, wohingegen er bei der Entlastung ein Recht begehrt. Der Vertrauenstatbestand muß dabei ungleich intensiver wirken, da er zu einer Ermessensreduzierung auf Null führen soll. Im Rahmen der noch verbliebenen fehlerhaften Weisungen kommt ein Anspruch auf Entlastung somit ebenfalls nicht in Betracht. Insofern besteht ein Anspruch auf Entlastung lediglich im Hinblick auf das „ob" der Durchführung von Maßnahmen, die aufgrund von rechtswirksamen Weisungen vorgenommen wurden.

IV. Ergebnis

Als Ergebnis bleibt daher festzuhalten, daß dem Geschäftsführer lediglich im Hinblick auf Maßnahmen, die er aufgrund von rechtswirksamen Gesellschafterweisungen vorgenommen hat, ein per Leistungsklage durchsetzbarer Anspruch auf Entlastung aufgrund der organschaftlichen Treuepflichten der Gesellschaft zusteht. Die Möglichkeit einer Begrenzung der Entlastung auf bestimmte Ansprüche ist in Literatur und Rechtsprechung anerkannt[394]. Nun mag man gegen dieses Ergebnis einwenden, die Beschränkung eines Anspruchs auf Entlastung im Fall rechtmäßig ausgeführter Weisungen mache keinen Sinn, da ein Schadensersatzanspruch bereits infolge einer rechtmäßigen Weisung ausgeschlossen sei. Dadurch trete die mit der Präklusion verbundene Rechtsfolge sowieso ein. Bei dieser Schlußfolgerung blieben jedoch wesentliche Aspekte außer acht. Zunächst ist das Ergebnis dogmatisch folgerichtig und zeigt, daß die Auffassung des BGH sowohl im Hinblick auf den Inhalt als auch auf einen Anspruch auf Entlastung in ihrer pauschalen Aussage kritikwürdig ist. Des weiteren hat die Entlastung eine erhebliche psychologische und politische Bedeutung als eine Art Vertrauens- bzw. Mißtrauensvotum[395]. Diese Gesichtspunkte werden insbesondere im Rahmen der projekt - oder bereichsspezifischen Weisungsabhängigkeit, die einen größeren Umfang der Geschäftsführung betreffen kön-

392 Vgl. dazu oben S. 250ff.

393 Vgl. dazu unten S. 270ff.

394 Vgl. oben S. 242f. zum gegenständlichen Umfang der Entlastung sowie *Scholz/Schmidt*, § 46 Rz. 94; *Schmidt*, ZGR 1978, 425, 437.

395 *Buchner*, GmbHR 1988, 9, 10; *Schmidt*, ZGR 1978, 425, 433; *Höhn*, Geschäftsleitung, S. 204f.

nen, sowie im Hinblick auf eine degradierende Weisungsabhängigkeit relevant. In diesen Bereichen kann dem Geschäftsführer mit der Entlastung ein großes Maß an psychologischem Druck genommen werden. Letztlich hat der Geschäftsführer damit die Möglichkeit, einer potentiellen Inanspruchnahme oder Konflikten, die sich aus Zweifeln hinsichtlich der Rechtmäßigkeit der Weisung ergeben, zuvorzukommen. Zumindest wird ihm ein Druckmittel gegenüber der Gesellschafterversammlung an die Hand gegeben, das ihm gerade im Hinblick auf deren grundsätzlich bestehende Machtfülle von Nutzen sein kann. Letztlich kann sich der Geschäftsführer dadurch Unsicherheiten im Rahmen dieser Weisungen auf gerichtlichem Wege entledigen, ohne daß er dafür ein besonderes rechtliches Interesse im Hinblick auf eine ihm ansonsten zugebilligte Feststellungsklage nachweisen müßte[396].

F. Sonstige Rechtsbehelfe

I. Negative Feststellungsklage

Der Geschäftsführer ist jedoch auch in den verbleibenden Fällen einer verweigerten Entlastung nicht schutzlos. Ihm wird die Möglichkeit eingeräumt, im Wege einer negativen Feststellungsklage das Nichtbestehen von Ersatzansprüchen gegen ihn gerichtlich feststellen zu lassen[397]. Gleichwohl ist fraglich, ob der Geschäftsführer über das notwendige Feststellungsinteresse i.S.v. § 256 I ZPO verfügt, d.h. ein rechtliches Interesse an der baldigen Feststellung des Bestehens oder Nichtbestehens eines Rechtsverhältnisses hat. Zur Geltendmachung eines derartigen Interesses wird vorausgesetzt, daß der Verwirklichung oder dem Bestehen eines Rechts oder einer Rechtslage des Geschäftsführers eine gegenwärtige Gefahr oder Unsicherheit droht, und die Feststellungsklage geeignet ist, diese zu beseitigen[398]. Im Rahmen der negativen Feststellungsklage reicht es danach aus, daß die Gesellschaft ein Recht des Geschäftsführers bestreitet oder sich selbst eines Rechts gegen ihn berühmt[399]. Dies kann ausdrücklich oder auch durch Schweigen oder rein passives Verhalten zum Ausdruck gebracht werden, sofern der Geschäftsführer aufgrund vorangegangenen Verhaltens nach Treu und Glauben eine Erklärung erwarten kann, die seinem Sicherstellungsbedürfnis entspricht[400]. Danach genügt es, wenn die Gesellschaft geltend macht, es könne sich aus einem bestehenden Rechtsverhältnis unter bestimmten, noch ungewissen Voraussetzungen ein Anspruch ergeben[401].

Somit liegt ein ausreichendes Feststellungsinteresse des Geschäftsführers im Grunde nur dann vor, wenn die Gesellschafter die Entlastung unter ausdrücklichem Hinweis auf konkret mögliche Ansprüche verweigern. Bei Anwendung

---

396 BGHZ 94, 324, 328f.; *Schmidt*, ZGR 1978, 425, 433.

397 BGHZ 94, 324, 328f.; *Schmidt*, ZGR 1978, 425, 433.

398 BGHZ 69, 144, 147; *Baumbach/Lauterbach*, ZPO, § 256 Rz. 31; *Thomas/Putzo*, ZPO, § 256 Rz. 5; *Zöller/Greger*, ZPO, § 256, Rz. 7.

399 Allg. dazu: *Thomas/Putzo*, ZPO, § 256 Rz. 5ff.; *Zöller/Greger*, ZPO, § 256, Rz. 7.

400 Allg. dazu: BGH, NJW 1995, 2032, 2033.

401 Allg. dazu: BGH, NJW 1992, 436, 437, wonach die Ankündigung, unter bestimmten Voraussetzungen in die Anspruchsprüfung einzutreten, nicht ausreicht.

der Grundsätze des § 256 I ZPO sind hingegen die folgenden Fälle problematisch. Sofern die Gesellschafter eine Entlastung mit der Begründung verweigern, es bestünde kein Vertrauen mehr in die Geschäftsführung oder es lägen Zweckmäßigkeitsbedenken hinsichtlich der Geschäftsführung vor, ohne daß diese Aspekte näher bezeichnet werden, lassen sich keine konkreten Hinweise auf einen Anspruch entnehmen, dessen Nichtbestehen festgestellt werden könnte. Gleiches gilt für die Konstellation, daß die Gesellschaft pauschal behauptet, der Geschäftsführer habe Pflichten verletzt, ohne daß diese näher bezeichnet werden oder sie die Entlastung gänzlich ohne Angabe von Gründen verweigern[402]. Auch aus diesen Angaben lassen sich keine Schlußfolgerungen auf einen Anspruch entnehmen.

Aus fehlendem Vertrauen und Zweckmäßigkeitsbedenken können sich nur in seltenen Fällen überhaupt Ansprüche ergeben, deren Nichtbestehen als Gegenstand einer negativen Feststellungsklage in Betracht kommen. Da Vertrauen und Zweckmäßigkeit im Hinblick auf Schadensersatzansprüche irrelevant sind, vermögen sie nur im Rahmen einer Kündigung oder Abberufung aus wichtigem Grund Bedeutung zu erlangen[403]. Im Rahmen der übrigen Konstellationen ist das Problem eventuell bestehender Ansprüche vordringlicher.

Der BGH hat zu diesen Konstellationen zwar nicht explizit Stellung genommen, scheint jedoch ein Feststellungsinteresse im Hinblick auf den Bezug zu den engen Voraussetzungen des § 256 I ZPO und vor allem durch die Anerkennung eines Interesses des Geschäftsführers auf Offenlegung der Gründe für die Entlastungserklärung ebenfalls abzulehnen[404]. Mit letzterem gibt er dem Geschäftsführer gerade eine Möglichkeit an die Hand, die zur Erhebung einer negativen Feststellungsklage notwendigen Informationen zu erhalten[405].

Eine Auffassung im Schrifttum will in diesen Bereichen im Wege einer „erweiterten Feststellungsklage" stets ein rechtliches Interesse annehmen[406]. Der Grund dafür wird in einer Sonderrechtsbeziehung zwischen Gesellschaftern und Geschäftsführern gesehen, aus der das Recht des Geschäftsführers erwachse, im Fall ordnungsgemäßer Rechnungslegung von den Gesellschaftern eine Erklä-

---

402 Vgl. *Tellis*, GmbHR 1989, 113, 117.

403 Diese Aspekte vernachlässigt *Tellis*, GmbHR 1989, 113, 117, indem er Zweckmäßigkeit und Vertrauen im außerorganschaftlichen Bereich per se als interessenirrelevant ansieht. Dem ist jedoch entgegenzuhalten, daß diese Aspekte unter bestimmten Umständen sehr wohl eine außerordentliche Kündigung rechtfertigen könnten, die gerade als ultima ratio den Fall einer zerstörten Vertrauensgrundlage und Zweckmäßigkeitserwägungen umfaßt. Dies kann sich auch auf außerdienstliches Verhalten beziehen, sofern z.B. ein besonders schwerer Charaktermangel offenbart wird, der Ansehen und Kredit des Unternehmens gefährden kann, vgl. *Scholz/Schneider*, § 35 Rz. 233; *Rowedder/Koppensteiner*, § 38 Rz. 37, 11; *Hachenburg/Stein*, § 38 Rz. 51.

404 Zu dieser Frage umfassend: *Ahrens*, ZGR 1987, 129, 134ff., der die einzelnen prozessualen Möglichkeiten im Fall der Entlastungsverweigerung analysiert.

405 Dafür ausdrücklich: *Ahrens*, ZGR 1987, 129, 141ff.

406 *Schmidt*, ZGR 1978, 425, 433ff; *Scholz/Schmidt*, § 46 Rz. 101f.; *Rowedder/Koppensteiner*, § 46 Rz. 25.

rung über etwaige Ersatzansprüche zu verlangen[407]. Daraus kann sich jedoch im Grunde kein erweitertes Feststellungsinteresse ergeben, sondern allenfalls ein Anspruch auf Offenlegung der Gründe für die Verweigerung der Entlastung. Selbst aus der anstellungsvertraglichen oder organschaftlichen Treuepflicht der Gesellschaft gegenüber dem Geschäftsführer kann sich aus dogmatischen Gründen kein solches Interesse ergeben. Ausgangspunkt ist die Definition des Feststellungsinteresses. Da es sich lediglich um das Interesse an der Feststellung *konkreter* Ansprüche handelt, kann eine Subsumtion nur erfolgen, wenn sich die Gesellschaft derer berühmt. Eine andere Schlußfolgerung wäre mit der genannten Definition nicht vereinbar. Der Geschäftsführer ist in diesen Fällen somit auf eine Klage auf Offenlegung der Gründe zu verweisen. Selbst wenn dieses Ergebnis umständlich erscheint, läßt sich aus dogmatischen Gründen in den genannten Fällen ein Feststellungsinteresse nicht ableiten.

II. Klage auf Offenlegung der Gründe für die Entlastungsverweigerung

Der Geschäftsführer verfügt jedoch über einen Anspruch auf Offenlegung der Gründe für die Entlastungsverweigerung. Die Entscheidung des BGH läßt diesen Schluß nicht zwingend zu, da mit der Anerkennung eines Interesses auf Offenlegung ebenso eine Obliegenheit der Gesellschafter gemeint sein könnte, die nicht mit einem Erfüllungsanspruch einklagbar ist, sondern allenfalls Schadensersatzansprüche auslösen würde[408]. Gleichwohl ist sie der einzige Weg, um dem Interesse des Geschäftsführers auf Offenlegung wirklich gerecht zu werden. Nur damit wird er in die Lage versetzt, eine negative Feststellungsklage zu erheben und den durch eine „begründungsarme Entlastungsverweigerung" entstandenen Unsicherheitsfaktor zu beseitigen[409]. Ein solcher Anspruch läßt sich aus der organschaftlichen Treuepflicht der Gesellschaft gegenüber dem Geschäftsführer herleiten[410]. Wie bereits erwähnt[411], ist diese darauf zurückführen, daß der Geschäftsführer sich seiner Arbeitskraft begibt, indem er sich in den Dienst des Unternehmens stellt und ihm für diese Aufgabe sehr weitgehende Verantwortung übertragen wird, die auch zu risikoreichen Pflichten führen kann. Das Ausmaß der Treue- bzw. Schutzpflichten der Gesellschaft bemißt sich dabei erneut an dem Grad der Einwirkungsmöglichkeiten der Gesellschafter auf das persönliche und wirtschaftliche Integritätsinteresse des Geschäfts-

---

407 *Schmidt*, ZGR 1978, 425, 443; *Scholz/Schmidt*, § 46 Rz. 101f.; *Rowedder/Koppensteiner*, § 46 Rz. 25.

408 *Ahrens*, ZGR 1987, 129, 141ff.

409 Dagegen *Lutter/Hommelhoff*, § 46 Rz. 15, der anführt, dadurch werde die unternehmerische Komponente der Entlastung verfehlt, da die Gesellschafter gezwungen würden, einzelne Maßnahmen aus dem Gesamtkomplex der Geschäftsführung herauszulösen, sie als unternehmerisches Fehlverhalten und darüber hinaus juristisch als Pflichtverletzung zu qualifizieren. In diesem Fall bliebe dem Geschäftsführer immer noch die Möglichkeit der außerordentlichen Kündigung oder Amtsniederlegung, ähnlich *Rowedder/Koppensteiner*, § 46 Rz. 25.

410 *Heisse*, Beschränkung, S. 97 leitet den Anspruch auf fehlerfreie Ermessensentscheidung hinsichtlich der Entlastung daraus ab und geht damit über einen Anspruch auf Offenlegung sogar hinaus, vgl. ansonsten *Schmidt*, ZGR 1978, 425, 433ff; *Scholz/Schmidt*, § 46 Rz. 101f.

411 Vgl. oben S. 195ff.

führers[412]. Sofern die Gesellschafter trotz Wahrnehmung der Geschäftsführungsangelegenheiten den Geschäftsführer im Unklaren über die möglichen Konsequenzen einer verweigerten Entlastung lassen, sanktionieren sie nicht nur etwaige Pflichtverletzungen, sondern verwehren dem Organ jegliche Möglichkeiten, sich gegen eine unberechtigte Entlastung zu wehren. Daraus können sich erhebliche Imageschäden und weiterbestehende Haftungsrisiken ergeben, die den Geschäftsführer auch bei Verlassen des Unternehmens an seinem beruflichen Fortkommen hindern können[413]. Um dieses Mißverhältnis zwischen der Machtstellung von Gesellschaftern und dem unbeschränkt abhängigen Geschäftsführer auszugleichen, gebieten die organschaftlichen Treue- und Schutzpflichten einen Anspruch auf Offenlegung der Gründe zur Entlastungsverweigerung[414]. Dieser Anspruch belastet die Gesellschafter im Vergleich zu dem Risiko einer Feststellungsklage ohne konkretes Feststellungsinteresse deutlich weniger.

G. Ergebnis

Sofern dem Geschäftsführer die Entlastung verweigert wird, kann er somit im Rahmen von rechtmäßigen Gesellschafterweisungen per Leistungsklage eine auf diesen Bereich beschränkte Entlastung durchsetzen. Ansonsten ist er berechtigt, im Wege einer negativen Feststellungsklage das Nichtbestehen der Ansprüche feststellen zu lassen, derer sich die Gesellschaft konkret berühmt. Sollte die Gesellschaft hingegen keine oder für die Ermittlung eines Feststellungsinteresses ungenügende Angaben zu den Gründen der Verweigerung machen, kann er deren Offenlegung im Wege einer Leistungsklage geltend machen.

§ 17 ZUSAMMENFASSUNG

Verzicht, Vergleich und Entlastung bieten dem Geschäftsführer unter Mithilfe der Gesellschafter umfassende Möglichkeiten von einer tatbestandlich vorliegenden Haftung abzusehen. Dabei haben die Untersuchungen dieses Kapitels wiederum gezeigt, daß sich unter besonderer Berücksichtigung der Weisungssituation neue Ansätze vor allem im Hinblick auf die Generalbereinigung und die Entlastung ergeben können. Gleichwohl kommt dem Geschäftsführer der Nutzen der analysierten Rechtsinstitute nur unter Mitwirkung der Gesellschafter zugute und ist hinsichtlich der Entlastung eher auf einen psychologischen Gesichtspunkt begrenzt.

Sofern keiner dieser Erlöschensgründe eingreift, können einem Schadensersatzanspruch jedoch noch Einwendungen bzw. Einreden entgegenstehen. Gerade in diesem Bereich werden sich noch einige wesentliche Haftungsbegrenzungen ergeben.

---

412 Dazu wiederum oben S. 198ff.

413 Dazu erneut *Höhn*, Geschäftsleitung, S. 204f.

414 Vgl. erneut *Heisse*, Beschränkung, S. 97, jedoch ohne eine Herleitung des Anspruchs.

5. TEIL: BEGRENZUNGEN DES HAFTUNGSRISIKOS IM HINBLICK AUF EINWENDUNGEN UND EINREDEN GEGENÜBER DER HAFTUNG AUS § 43 II, III GMBHG

Im Rahmen der Einwendungen bzw. Einreden sind drei Prüfungspunkte zu untersuchen. Der Inanspruchnahme könnten die Begrenzung der Haftung auf eine bestimmte Höchstsumme, der Einwand unzulässiger Rechtsausübung sowie die Verjährung entgegenstehen.

§ 18 SUMMENMÄSSIGE BEGRENZUNG DES SCHADENSERSATZANSPRUCHS

Begrenzungen der Haftungssumme sind in der wirtschaftlichen Praxis nicht unüblich[1]. Im Hinblick auf die GmbH hat der Gesetzgeber selbst die Haftung des Abschlußprüfers einer prüfungspflichtigen Gesellschaft gemäß § 323 II HGB auf DM 500.000,-- begrenzt[2]. Da eine derartige Summenbegrenzung für den Geschäftsführer ebenfalls von großem Nutzen sein kann, wird im Folgenden untersucht, in welchem Umfang diese Möglichkeit im Rahmen von Weisungen zur Verfügung steht.

A. Möglichkeit einer summenmäßigen Begrenzung im Rahmen von Weisungen

I. Zulässigkeit im Anwendungsbereich einer möglichen Verschuldensbegrenzung

Eine summenmäßige Haftungsbegrenzung muß sich durch den Eingriff in die Gläubiger- und Gesellschafterrechte grundsätzlich an denselben Voraussetzungen messen lassen wie eine Begrenzung des Verschuldens, mithin an der Funktion der Haftung, die sich insbesondere an dem Schutz der Gläubiger, der Gesellschaft und der Minderheitsgesellschafter orientiert. Darüber hinaus ist das Schutzbedürfnis des Geschäftsführers relevant[3].

Um einen Vergleich mit der Verschuldensbegrenzung vorzunehmen, sei zunächst in Erinnerung gerufen, daß die Haftung in Weisungsfällen für leichte und normale bzw. mittlere Fahrlässigkeit bei einer Mehrpersonen-GmbH ausgeschlossen werden kann, soweit keine Pflichten gemäß § 43 III 1 GmbHG verletzt werden[4]. In der Einmann-GmbH ist sogar der Ausschluß für grobe Fahrläs-

---

1 Derartige Haftungsbeschränkungen werden sowohl einzelvertraglich als auch im Rahmen von allgemeinen Geschäftsbedingungen verwendet, vgl. die umfassende Aufzählung möglicher Vertrags- und Branchentypen bei *Palandt/Heinrichs*, § 9 AGBG Rz. 55ff., die alphabetisch von Anzeigenverträgen bis hin zu Unterrichtsverträgen reichen. Gesetzliche Regelungen finden sich beispielsweise für Rechtsanwälte in § 51b BRAO, für Architekten in § 7.4 AVA.

2 Vgl. dazu näher: *Baumbach/Hopt*, HGB, § 323 Rz. 9; *Koller/Roth/Morck*, HGB, § 323 Rz. 7; *Heymann/Herrmann*, HGB, § 323 Rz. 9.

3 Vgl. zu den Kriterien der Verschuldensbegrenzung oben S. 131ff.

4 Vgl. zum Umfang einer Verschuldensbegrenzung oben S. 131ff.

sigkeit möglich. Vor diesem Hintergrund muß eine Begrenzung der Haftung auf eine bestimmte Summe in diesen Bereichen erst recht zulässig sein. Soweit sich die Gesellschaft ihres potentiellen Ersatzanspruchs gänzlich begeben kann, belastet sie die Vereinbarung einer bestimmten Haftungshöchstsumme weniger.

Fraglich ist allein, ob eine Begrenzung der Haftungssumme im Rahmen des § 43 III 1 GmbHG sowie bei grober Fahrlässigkeit in der Mehrpersonen-GmbH und bei Vorsatz denkbar ist.

II. Zulässigkeit einer darüber hinausgehenden summenmäßigen Begrenzung der Haftung

Soweit Pflichten im Rahmen des § 43 III 1 GmbHG verletzt werden, kommt eine summenmäßige Begrenzung nicht in Betracht. Der vom Gesetzgeber besonders intensiv ausgestaltete Schutz der Gläubiger darf durch eine Reduzierung des liquidierbaren Schadens nicht unterlaufen werden[5].

Einer Begrenzung der Haftung auf eine Höchstsumme bei vorsätzlichem Handeln steht das Verbot des § 276 I 1 BGB entgegen, der nicht nur auf die Begrenzung des Verschuldens, sondern überdies auf die Vereinbarung einer bestimmten Haftungssumme Anwendung findet[6]. Auch in dieser Hinsicht soll der Gläubiger nicht der Willkür des Schuldners ausgeliefert werden.

Fraglich ist jedoch, ob eine Summenbegrenzung für grob fahrlässiges Verhalten in der Mehrpersonen-GmbH zulässig ist. Dagegen kann wiederum der Minderheiten- und Gläubigerschutz[7] eingewandt werden. Im Hinblick auf den Minderheitenschutz wurde eine Begrenzung des Verschuldens bei grober Fahrlässigkeit abgelehnt. Dabei ist jedoch der Unterschied beider Haftungsbeschränkungen zu berücksichtigen. Bei der Verschuldensbegrenzung handelt es sich um eine rigide „alles-oder-nichts Entscheidung". Entweder wird der Minderheit durch eine Ablehnung der Begrenzung Rechnung getragen oder durch einen Ausschluß der Haftung eine Absage erteilt. Im Rahmen einer Begrenzung der Haftungssumme sind die Gestaltungsmöglichkeiten hingegen wesentlich flexibler. Die Festlegung einer bestimmten Mindestsumme erlaubt es, einen differenzierten Maßstab zu ermitteln, der auch den Bedürfnissen des Minderheitenschutzes gerecht wird. Dabei ist es letztlich möglich, die Mindestsumme so hoch anzusetzen, daß zur unbeschränkten Haftung nahezu keine Unterschiede mehr bestehen. Insofern lautet die Frage weniger, ob der Geschäftsführer bei grober Fahrlässigkeit eine Haftungssummenbegrenzung vereinbaren kann, sondern vielmehr, wie hoch diese Summe sein muß, um den reflexartigen Schutz der Gläubiger ausreichend zu berücksichtigen. Auch aus diesem Grund ist eine pauschale Ablehnung einer Summenbegrenzung nicht angezeigt. Adäquater

---

5 Sofern eine Summenbegrenzung für zulässig erachtet wird, halten die Autoren diese Grenzen ebenfalls für zwingend, vgl. *Heisse*, Beschränkung, S. 124ff. sowie eher allgemein *Scholz/Schneider*, § 43 Rz. 185.

6 *Staudinger/Löwisch*, § 276 Rz. 94.

7 Dazu oben S. 140ff.

Schutz läßt sich vielmehr ebenfalls einer angemessenen Mindestsumme entnehmen.

Hinsichtlich des Gläubigerschutzes ist wiederum anzumerken, daß es sich im Gegensatz zu § 43 III GmbHG im Rahmen des § 43 II GmbHG um einen reflexartigen Schutz handelt, der in bestimmten Bereichen lediglich erhöht sein kann. Dieser bezieht sich darauf, daß die Gläubiger als außenstehende Dritte durch jede schadensverursachende Maßnahme des Geschäftsführers mittelbar betroffen werden, da das im Fall etwaiger Ansprüche gegenüber der Gesellschaft ihrem Zugriff unterliegende Vermögen gemindert wird[8]. Berücksichtigt man ebenso wie im Hinblick auf den Minderheitenschutz, daß die Gestaltungsmöglichkeiten bei einer Summenbegrenzung größer sind als bei einem gänzlichen Ausschluß des Verschuldens, wird die Bedeutung der Gläubigerinteressen zusätzlich gemindert. Gegen die grundsätzliche Zulässigkeit einer Summenbegrenzung kann der Gläubigerschutz daher ebenfalls nicht eingewandt werden[9]. Fraglich ist allerdings, welche Grenzen für eine derartige Begrenzung bestehen.

B. Grenzen einer summenmäßigen Begrenzung der Haftung aus § 43 II GmbHG

I. Fehlende Mindesthöhe im Anwendungsbereich einer möglichen Verschuldensbegrenzung

Da die Haftung in diesem Bereich auch völlig ausgeschlossen werden kann, unterliegt die Begrenzung keiner Untergrenze.

II. Grenzen in dem darüber hinausgehenden Bereich

1. §§ 138, 242 BGB als entscheidender Maßstab für die Grenze einer Haftungssumme

Haftungssummenbegrenzungen können im Einzelfall wegen Sittenwidrigkeit gemäß § 138 BGB nichtig sein[10]. Dabei bildet das Anstandsgefühl aller billig und gerecht Denkenden eine vom Einzelfall abhängige Grenze, die in die spezifische Ermittlung einer für § 43 II GmbHG geltenden Mindestsumme einfließen kann[11]. Gleiches gilt für den Grundsatz, daß die Haftungsbegrenzung nicht gegen Treu und Glauben gemäß § 242 BGB verstoßen darf[12]. Diese Anforderungen sind im vorliegenden Fall hinsichtlich des Minderheiten- und Gläubigerschutzes zu berücksichtigen.

---

8 Vgl. oben S. 68ff.

9 Vgl. dazu oben S. 131ff., 134ff.

10 Vgl. dazu *Staudinger/Löwisch*, § 276 Rz. 101, der zwar allgemein von Haftungsbeschränkungen ausgeht, darunter in Rz. 94 jedoch explizit Summenbegrenzungen subsumiert.

11 Vgl. unten S. 263ff.

12 Vgl. wiederum *Staudinger/Löwisch*, § 276 Rz. 101 i.V.m. 94.

Im Zuge der Rechtssicherheit ist es erstrebenswert, die Voraussetzungen so konkret wie möglich auszugestalten. Nur auf diese Weise sind Geschäftsführer und Gesellschafter in der Lage, bei entsprechenden Vereinbarungen eine gesetzlich zulässige Regelung zu treffen. Dazu böte sich in erster Linie an, eine generelle Haftungsmindestsumme zu entwickeln, die durch eine Begrenzung in keinem Fall unterschritten werden darf. Eine derartige Summengrenze muß sich jedoch methodengerecht herleiten lassen. Ob dies möglich ist, oder aus dogmatischen Gründen lediglich Leitlinien entwickelt werden können, die im jeweiligen Einzelfall auf ihre Vereinbarkeit mit §§ 138, 242 BGB zu analysieren sind, bleibt im Folgenden zu erörtern.

a) Analoge Anwendung von § 323 II HGB

Denkbar wäre zunächst auf eine bestehende Haftungsobergrenze zurückzugreifen, die den Anforderungen der §§ 138, 242 BGB gerecht werden könnte. Dabei ist eine analoge Anwendung von § 323 II HGB in Betracht zu ziehen, da es sich um eine bereits für das GmbH-Recht geltende Haftungsobergrenze für den Abschlußprüfer in Höhe von DM 500.000,-- handelt. Obwohl der Gesetzgeber damit festgelegt hat, daß im Fall einer fahrlässigen Verletzung der Pflichten des Abschlußprüfers, das Haftungsrisiko des Prüfers und das Interesse der GmbH und der Gläubiger am Erhalt eines bestehenden Schadensersatzanspruchs in Einklang zu bringen sind, fehlt es an der für eine Analogie erforderlichen Vergleichbarkeit. Zugegebenermaßen können durch die Verletzung von Abschlußprüferpflichten durch die fehlerhafte Prüfung einer Gesellschaft schwerwiegende Schäden hervorgerufen werden. Diese mögen sowohl die Gesellschaft als auch Gläubiger der GmbH betreffen, da die Bilanz nicht nur als allgemeine Informationsquelle zur finanziellen Lage der Gesellschaft dient, sondern als Grundlage der Besteuerung und Gewinnausschüttung sowie als Maßstab für die Kreditwürdigkeit des Unternehmens und als Meßlatte für Investitionen in die Expansion geschäftlicher Aktivitäten herangezogen wird. Eine fehlerhafte Beurteilung dieser Aspekte durch eine falsche Bilanz kann ohne weiteres Schäden für die Betroffenen hervorrufen, die eine Summe von DM 500.000,-- weit übersteigen. Dennoch ist die Position des Abschlußprüfers nicht mit der des Geschäftsführers vergleichbar. Letzterer steht gerade nicht nur in einem Dienst- bzw. Geschäftsbesorgungsvertragsverhältnis, sondern ist das verfassungsmäßige Vertretungsorgan der GmbH und wird als treuhänderischer Vertreter fremder Vermögensinteressen tätig. Seine Position ist sowohl in tatsächlicher als auch in rechtlicher Hinsicht wesentlich exponierter als die eines lediglich am Ende eines Geschäftsjahres tätig werdenden Abschlußprüfers. Daher muß eine Analogie ausscheiden.

b) Möglichkeiten zur Entwicklung einer spezifischen Haftungssumme

Da es an anderen Normen fehlt, die für eine Analogie in Frage kommen, wird im Folgenden versucht, anhand selbständiger Kriterien eine Summengrenze herzuleiten. Dabei sind vorab die allgemeinen Parameter festzulegen, mit denen die beiden Interessensphären geschützt werden können. Zunächst ist auf eine Summe abzustellen, die so spürbar hoch ist, daß sie den Geschäftsführer grundsätzlich dazu anhält, die ihm obliegenden Pflichten sorgfältig zu erfüllen. Auf diese Weise wird verhindert, daß der Geschäftsführer zu unsorgsam mit dem ihm anvertrauten Gesellschaftsvermögen umgeht. Damit kann insbesondere dem Interesse der Gesellschaft am Erhalt des Unternehmenswerts Rechnung getragen werden. Notwendigerweise kommt dieser Umstand mittelbar auch den Gläubigern zugute, die zur Befriedigung ihrer Forderungen auf den Erhalt des Unternehmens angewiesen sind. Um deren Interesse direkt in die Bestimmung der Mindestsumme einzubeziehen, könnte der Betrag überdies zumindest teilweise das Interesse an einer Pfändung des Anspruchs berücksichtigen.

aa) Schaden als möglicher Berechnungsparameter

Insofern könnte zunächst der Schaden als Berechnungsparameter einbezogen werden. Dazu bietet sich eine prozentuale Mindestquote an, die dem Gläubiger in jedem Fall zur Verfügung stehen sollte. Fraglich ist jedoch die Höhe einer derartigen Quote. Da sie dazu dient, den Gläubigern einen angemessenen Teil der ihnen zustehenden Forderung zu sichern, ist es denkbar, auf die in § 7 I VerglO festgesetzte Quote von 35% zu rekurrieren[13], die den Gläubigern im Fall einer Insolvenz des Schuldners als Mindestsatz für einen Vergleichsvorschlag angeboten werden muß[14]. Damit hat der Gesetzgeber einen Prozentsatz festgelegt, den er als Minimum für ein Insolvenzverfahren ansieht, bei dem die übersteigende Forderungsquote nur noch als Naturalobligation gilt[15]. Der Grund für diese zwangsweise Reduzierung der Haftungssumme ist der Erhalt des Unternehmens, der langfristig wiederum den Gläubigern und der Gesamtwirtschaft zugute kommen wird, da der Verlust von Arbeitsplätzen verhindert und der Sozialkostenaufwand verringert werden kann[16]. Im Gegenzug verlieren die Gläubiger 65% des Wertes ihrer direkten Ansprüche gegen das Unternehmen, ohne daß sie dies zu Beginn der zum Anspruch führenden Transaktion hätten feststellen können. Die Anwendung dieser Mindestquote könnte für die zu ermittelnde Mindestsumme fruchtbar gemacht werden, da ebenso wie im Rahmen einer Haftungssummenbegrenzung ein den Gläubigern geschuldeter bzw. zu-

---

13 Die Tatsache, daß ab 01.01.1999 die neue Insolvenzordnung in Kraft getreten ist (Art. 110 EGInsO) und damit die bisherigen Regelungen der Konkurs- und Vergleichsordnung ersetzt werden, steht der Heranziehung des Vergleichsmaßstabs nichts entgegen, da es an dieser Stelle lediglich darum geht, eine angemessene Mindestquote für eine Haftungsbegrenzung zu ermitteln und nicht um Insolvenzen. Diesen Maßstab kann die neue Insolvenzordnung überdies auch gar nicht bieten, da sie in ihrer Gesamtkonzeption nicht auf eine Mindestquote abstellt, vgl. Insolvenzordnung vom 05. 10.1994 BGBl. I S. 2866, letztmals geändert am 24.03. 1997, sowie eine Einführung von *Hess*, Insolvenzrecht, S. 219ff.

14 Zur Begründung und auch Kritik der Mindestquote *Bley/Mohrbutter*, VerglO, § 7 Anm. 2; *Böhle-Stammschräder/Kilger*, VerglO, § 7 Anm. 1.

15 Gemäß § 82 II VglO wirkt der bestätigte Vergleich für und gegen alle Gläubiger. Dadurch wird die Durchsetzung aller überschießenden Beträge bis auf Forderungen, die dinglich oder persönlich gesichert sind ausgeschlossen, vgl. *Häsemeyer*, Insolvenzrecht, S. 693f. Dabei müssen die Gläubiger empfangene Mehrleistungen bis zur vollständigen Vergleichserfüllung zwecks Gleichbehandlung aller Gläubiger eventuell benachteiligten Gläubigern erstatten, vgl. auch *Häsemeyer*, Insolvenzrecht, S. 632.

16 Vgl. insgesamt *Bley/Mohrbutter*, VerglO, § 7 Anm. 2; *Böhle-Stammschräder/Kilger*, VerglO, § 7 Anm. 1.

gänglicher Haftungsbetrag reduziert wird. Dabei handelt es sich im Rahmen eines Vergleichs sogar um die Herabsetzung direkter Ansprüche von Gläubigern, wohingegen eine Haftungssummenbegrenzung sie lediglich indirekt belastet, da ihnen der Anspruch allenfalls als Pfändungsobjekt zur Verfügung steht. Gleichwohl spricht ein entscheidendes Argument gegen die Übertragung der Mindestquote auf den vorliegenden Fall. Der Vergleich erfordert gemäß § 74 I VerglO grundsätzlich die Annahme durch die Gläubiger[17]. Damit hat der Gesetzgeber zum Ausdruck gebracht, daß ohne Zustimmung der Verlust der Forderungen gerade nicht eintreten soll. Insofern muß von einer Anwendung der Mindestquote abgesehen werden.

bb) Stammkapital als möglicher Berechnungsparameter

Möglicherweise ergibt sich jedoch aus dem Stammkapital eine Mindestsumme. Vor dem Hintergrund der Grundanforderungen an einen Mindestbetrag, die zumindest teilweise das Interesse an einer Pfändung des Anspruchs berücksichtigen sollten, könnte das gesetzliche Mindeststammkapital von DM 50.000,-- gemäß § 5 I GmbHG herangezogen werden. Mit diesem Kapital wurde ein Betrag festgelegt, den das Gesetz den Gläubigern als Mindestschutz zur Verfügung stellt[18]. Bei dieser Summe handelt es sich jedoch um einen Haftungsfond, der als Ausgleich für eine entfallende persönliche Haftung der Gesellschafter dient[19]. Im vorliegenden Fall soll jedoch eine Mindesthaftung des Geschäftsführers garantiert werden.

Dieser Einwand läßt sich auch der Heranziehung des jeweiligen Unternehmensstammkapitals als Maßstab entgegenhalten. Überdies hätte bei größeren Gesellschaften die Summe für den Geschäftsführer kaum noch Relevanz, da sie häufig sein eigenes Vermögen übersteigen wird[20].

Aus diesen Gründen läßt sich ein spezifischer Mindestbetrag, der auf die Interessen der Gläubiger und der Minderheitsgesellschafter zugeschnitten ist, nicht festlegen. Möglicherweise könnte jedoch mit der Vergütung eine Komponente herangezogen werden, die den Geschäftsführer durch den Abschreckungseffekt einer indirekten Gehaltseinbuße zu sorgsamem Verhalten anhält, so daß den Anforderungen im Rahmen von §§ 138, 242 BGB stets genügt wird.

cc) Geschäftsführerbezüge als möglicher Berechnungsparameter

(1) Jahresvergütung als Anknüpfungspunkt

Den Wert der eigenen Arbeit entnimmt der einzelne Geschäftsführer in der Regel vor allem seiner Vergütung. Sofern der Mindestbetrag mit dem Gehalt für

---

17 Vgl. *Böhle-Stammschräder/Kilger*, VerglO, § 74 Anm. 1).

18 Vgl. dazu *Rowedder/Rittner/Schmidt-Leithoff*, § 5 Rz. 2; *Roth/Altmeppen*, § 5 Rz. 1; *Baumbach/Hueck*, § 5 Rz. 2; *Scholz/Winter*, § 5 Rz. 10ff.

19 *Roth/Altmeppen*, § 5 Rz. 1; *Rowedder/Rittner/Schmidt-Leithoff*, § 5 Rz. 2.

20 *Heisse*, Beschränkung, S. 127.

einen bestimmten Zeitraum in Verbindung gesetzt wird, läßt sich ein besonderer Abschreckungseffekt erzielen, da mit diesem Ansatz unmittelbar die Vorstellung einhergeht, im Fall einer Haftung für genau diesen Zeitraum „umsonst gearbeitet" zu haben. Die rein finanzielle Einbuße erfährt durch die sachliche Verknüpfung mit der Wertlosigkeit der eigenen Arbeitsleistung eine Steigerung. Diese auf psychologische und nicht auf juristische Faktoren basierende Begründung kann im vorliegenden Fall Geltung beanspruchen, da sie dem Zweck der Haftungsmindestsumme dient. Dieser Ansatz entspricht im Grunde der allgemeinen Steuerungsfunktion des Deliktsrechts[21] sowie der Präventionsfunktion der persönlichen Haftung im Gesellschaftsrecht[22]. Im Hinblick auf die allgemeine haftungsrechtliche Steuerungsfunktion wird betont, daß deliktsrechtliche Haftungsgrundlagen zumindest auch dazu dienen, den Nachteil eines schädigenden Verhaltens in Form einer Schadensersatzpflicht festzulegen, um die Bürger vor derartigem Verhalten abzuschrecken[23]. Dies steht auch im Einklang mit der Präventionsfunktion der persönlichen Haftung im Gesellschaftsrecht. Der den Geschäftsführer insgesamt entlastende Betrag muß demnach in seiner Höhe so abschreckend sein, daß die sorgfältige Unternehmensführung gewährleistet wird. *Heisse* schlägt in diesem Zusammenhang den Betrag eines Jahresgehalts vor[24], da dies bereits als ausreichende Sanktion zu werten sei. Fraglich ist allerdings, ob diese Summe im Allgemeinen ausreicht. Dafür muß auf die durchschnittliche Vergütung eines GmbH-Geschäftsführers abgestellt werden. Die Gehaltsstruktur der GmbH-Geschäftsführer hat sich in den letzten Jahren prozentual so deutlich gesteigert, daß selbst nach objektiven Maßstäben ein Abschreckungseffekt erzielt wird, der einer Präventivfunktion zumindest im Grundsatz genügt. Durchschnittlich verdiente ein westdeutscher Geschäftsführer im Jahre 1996 DM 362.000,--. Die Durchschnittsvergütung in den neuen Bundesländern lag nur bei 79 % des Westniveaus[25]. Dabei sind allerdings die gewinnabhängigen Gehaltsbestandteile miteinzubeziehen, da diese zum Teil einen ganz erheblichen Anteil an den Gesamtbezügen einnehmen[26]. Nicht einzu-

---

21 Allg. zu den Funktionen des Haftungsrechts, die *Deutsch*, JZ 1971, 244, 245ff. mit Schadensabnahme, Schadensstreuung, Prävention und Garantie der Güter und Rechte angibt.

22 Vgl. *Wiedemann*, Gesellschaftsrecht I, S. 536 sowie oben S. 67f.

23 *Kötz*, Deliktsrecht, Rz. 40; *ders.*, FS Steindorff, S. 643, 646ff.; *Larenz*, Schuldrecht I, S. 423ff.; *ders.*, NJW 1959, 865ff.; *Deutsch*, JZ 1971, 244, 245f.; *Lange*, Schuldrecht Bd. I, S. 6f.; *Bötticher*, AcP 158 (1959), 385ff.; *Nölle*, Eigenhaftung, S. 54ff.

24 *Heisse*, Beschränkung, S. 128.

25 Vgl. GmbHR 1996, R235. Der signifikante Anstieg der Gehälter zeigt sich in einem Vergleich zur durchschnittlichen Vergütung aus dem Jahre 1986 mit DM 235.000,--, vgl. GmbHR 1985, 336. Gleichwohl muß angemerkt werden, daß die Vergütung in „kleinen GmbH" mit bis zu DM 10 Millionen Jahresumsatz durchschnittlich nur DM 229.000,-- beträgt, vgl. GmbHR 1997, R201.

26 Bei ca. 81% der Gesellschaftergeschäftsführer und 83% der Fremdgeschäftsführer setzt sich das Gehalt aus fixen und variablen Bestandteilen zusammen. Im Durchschnitt beträgt dabei die Höhe des variablen Anteils der Vergütung 26% bei Gesellschafter- und 22% bei Fremdgeschäftsführern, vgl. *Evers/Grätz/Näser*, Gehaltsfestsetzung, S. 33. Obgleich nach einem äußerst umstrittenen Urteil des BFH zur Angemessenheit der Jahresgesamtbezüge von Gesellschaftergeschäftsführern der erfolgsabhängige Anteil nicht mehr als 25% betragen soll, vgl. BFH, GmbHR 1995, 385, liegt der Anteil bei 20% der Gesellschafter-Geschäftsführer bei über 40%, vgl. *Evers/Grätz/Näser*, Gehaltsfestset-

beziehen sind jedoch Gewinne, die der Gesellschaftergeschäftsführer aus seiner Kapitalbeteiligung an der Gesellschaft erhält, da diese nicht mit seiner Organstellung als Geschäftsführer verknüpft sind. Im übrigen würde durch die Einbeziehung der Gesellschaftergeschäftsführer gegenüber dem Fremdgeschäftsführer in derselben GmbH benachteiligt, obwohl beide denselben Weisungen ausgesetzt werden können.

(2) Festlegung des relevanten Jahres

Fraglich bleibt jedoch, auf das Gehalt welchen Jahres abzustellen ist. Dazu bieten sich vier Alternativen an: das Gehalt des Jahres, in dem die Haftungsbegrenzung vereinbart wurde, das Jahr der Pflichtverletzung, des Schadens oder der Geltendmachung des Anspruchs. Diese Frage wird in der Literatur bislang nicht aufgeworfen[27]. Rechtsprechung liegt dazu ebenfalls nicht vor. Gleichwohl hat sie eine erhebliche praktische Bedeutung, da zwischen den einzelnen Zeitpunkten eine mitunter sehr lange Zeitspanne liegen[28] und die Vergütung sich währenddessen durch die variablen Bestandteile und Gehaltserhöhungen[29] erheblich verändern kann.

Das Gehalt zum Zeitpunkt der Vereinbarung scheidet als Maßstab grundsätzlich aus, da sich hier bei extrem langer Betriebszugehörigkeit, frühzeitiger Haftungsvereinbarung und spätem Schadenseintritt ein Zeitraum von mitunter 20 bis 30 Jahren ergeben kann und das Gehalt sich eventuell vervielfacht. Die Haftungssumme würde ihre abschreckende Wirkung und Präventionsfunktion einbüßen, stellte sie nur noch einen Bruchteil des aktuellen Gehalts dar[30].

---

zung, S. 37. Für Fremdgeschäftsführer gibt es keine grundsätzliche Grenze, da das Problem verdeckter Gewinnausschüttungen nicht besteht.

27 Selbst *Heisse*, Beschränkung, S. 127ff., der die Berechnungsparameter relativ ausführlich behandelt, läßt dieses Problem außer acht.

28 Berücksichtigt man die gesetzliche Verjährungsfrist des § 43 IV GmbHG, ergibt sich eine Spanne von fünf Jahren. Da diese gemäß § 198 BGB mit Entstehung des Schadens beginnt, vgl. dazu BGH, WM 1971, 1548, 1549; OLG Bremen, GmbHR 1964, 8; *Scholz/Schneider*, § 43 Rz. 204, ist zwischen der Pflichtverletzung und der Geltendmachung theoretisch ein deutlich längerer Zeitraum denkbar. Rechnet man nun noch den Zeitpunkt der Vereinbarung hinzu, so können ohne weiteres Zeitspannen von bis zu 20, 30 oder mehr Jahren entstehen, sofern ein Geschäftsführer entsprechend lange für das Unternehmen tätig ist und die Vereinbarung bereits bei Eintritt geschlossen wurde.

29 Gemessen an einem von der Kienbaum-Vergütungsberatung erstellten Index von 100 im Jahre 1985 haben sich die Gehälter bis 1995 auf 150 erhöht, vgl. *Evers/Grätz/Näser*, Gehaltsfestsetzung, S. 48. Im Jahre 1996 lag die Erhöhung zwischen 2% und 5%, vgl. GmbHR 1996, R235.

30 An anderer Stelle hat der Gesetzgeber eine vergleichbare Entwicklung im Rahmen von Mindestsummen seit langer Zeit nicht berücksichtigt. So ist die Mindestversicherungssumme bei KfZ-Haftpflichtversicherungen seit 1981 unverändert, vgl. *Feyok/Jacobsen/Lemor*, Kraftfahrtversicherung, § 4 PflVG Rz. 60, Anlage zu § 4 II. Dieses Versäumnis kann jedoch die Notwendigkeit einer Berücksichtigung an dieser Stelle nicht beeinflussen. Die Einbuße der mit einer Mindestsumme im Rahmen des § 43 II GmbHG verbundenen abschreckenden Wirkung sowie der Präventionscharakter ist im vorliegenden Fall offensichtlich.

Der Zeitpunkt der Geltendmachung des Anspruchs erscheint ebenfalls ungeeignet, da es theoretisch denkbar wäre, den Zeitpunkt bewußt in ein ertragreiches Jahr der Gesellschaft zu legen, damit im Fall eines entsprechend hohen Tantiemeanteils die Haftungssumme vergrößert würde. Dies führte jedoch zu einer unangemessenen Benachteiligung des Geschäftsführers. Selbst wenn an dieser Stelle über § 242 BGB ein Ausgleich geschaffen werden könnte, ist diese wenig hilfreich, da die Voraussetzungen der Geschäftsführer im Prozeß nachweisen müßte[31].

Das Jahr des Schadenseintritts bietet ebenfalls keinen geeigneten Ansatz, da in diesem durch den Schaden der körperschaftssteuerrechtliche Gewinn gemindert wird[32], den man in aller Regel als Berechnungsgrundlage für variable bzw. erfolgsorientierte Gehaltsbestandteile heranzieht[33]. Der Geschäftsführer würde somit durch den Schaden gerade in den Genuß einer reduzierten Haftungssumme kommen. Dies widerspricht jedoch dem Sinn der Abschreckungsfunktion.

Letztlich verbleibt das Gehalt des Jahres der Pflichtverletzung. Damit würde auch der eigentliche Steuerungszweck der Mindesthaftung erreicht, da der Geschäftsführer bei seiner täglichen Arbeit vorrangig durch seine aktuelle Vergütung motiviert bzw. gesteuert wird. Auf diese Weise könnte die Haftungssumme präventiv auf gegenwärtiges Verhalten Einfluß nehmen, wodurch der erwünschte Abschreckungseffekt erzielt würde. Gleichwohl besteht in diesem Rahmen die Möglichkeit, daß das Gehalt im Jahr des Schadens höher ausfällt, wenn zwischen Pflichtverletzung und Schaden ein längerer Zeitraum liegt, in der Zwischenzeit das Fixgehalt gestiegen ist und/oder sich die generelle Ertragslage des Unternehmens erheblich verbessert hat. Dadurch würde für den Geschäftsführer ein unangemessener Vorteil erzielt. Diese Vergünstigung muß durch eine Erhöhung der Haftungssumme ausgeglichen werden. Wie bereits zuvor angedeutet liegt ein weiteres Problem darin, daß ein im Jahr der Pflichtverletzung realisierter Schaden zur Minderung der leistungsabhängigen Gehaltsbestandteile führen kann. Diese Minderung ist ebenfalls einzubeziehen. Dabei wären leistungsorientierte Vergütungsbestandteile auf einen Umsatz bzw. Gewinn zu berechnen, der den Schaden unberücksichtigt läßt. Dieser Betrag ist mit dem fixen Jahresgehalt zu addieren.

---

31 Dies entspricht der Beweislastverteilung nach der Normentheorie, vgl. *Rosenberg*, Beweislast, S. 98ff., wonach jede Partei die Voraussetzungen der ihr günstigen Norm zu beweisen hat.

32 Vgl. zur körperschaftssteuerrechtlichen Gewinnermittlung der GmbH: *Knobbe-Keuk*, Steuerrecht, S. 576ff.

33 Obgleich es eine Vielzahl verschiedener Berechnungsmodi gibt, wird am häufigsten auf diese Bezugsgröße abgestellt. Die handelsrechtlichen Gewinnermittlungsvorschriften sind vielfach weniger präzise, Umsatz oder Umsatzsteigerungen sind als Grundlage nur sehr eingeschränkt verwendbar, da sie nur bedingt Aufschluß über den wirtschaftlichen Erfolg geben können. Nur ca. 7% aller Geschäftsführer verfügen daher über umsatzorientierte Tantiemeregelungen, vgl. *Evers/Grätz/Näser*, Gehaltsfestsetzung, S. 35f.

(3) Grenzen der Geschäftsführervergütung als adäquater Berechnungsparameter

Nichtsdestotrotz gibt es Geschäftsführer, die ohne oder nur für eine geringfügige Vergütung tätig sind[34]. In diesen Fällen besteht die Gefahr, daß die durch einen Verlust der Vergütung beeinflußte Verhaltenssteuerung versagt. Denkbar wäre insoweit die Jahresvergütung anzusetzen, die statistisch von Unternehmen dieser Branche, Mitarbeiter-, Größen-, Umsatz und Renditezahlen im jeweiligen Jahr gezahlt wurde. Jedoch können sich aufgrund spezifischer Umstände des in Rede stehenden Unternehmens, der Gesellschafterstruktur und anderen Parametern die Durchschnittszahlen gerade nicht auf die individuelle Situation des jeweiligen Falls übertragen lassen.

Letztlich bleiben im Einzelfall auch Zweifel im Hinblick auf die tatsächliche Effizienz der Steuerungsfunktion. Grundsätzlich negative Einstellungen zu Recht und Ordnung lassen sich bei einigen Menschen auch nicht durch eine Haftungsgefahr beeinflussen. Außerdem mag es Geschäftsführer geben, die von den jeweiligen Gesellschaftern derart unter Druck gesetzt werden, daß sie aus der Angst um den Erhalt ihres Amtes durch die Mindestsumme ebenfalls nicht gesteuert werden können. Ferner gibt es Geschäftsführer, die auf die Vergütung aus ihrer Position aufgrund entsprechender Vermögensverhältnisse nicht angewiesen sind[35]. In diesem Fall würde der Verlust eines Jahresgehalts kaum eine abschreckende Wirkung erzielen.

Aus diesen Gründen ist es letztlich auch nicht möglich, die Jahresvergütung des Geschäftsführers als generelle bzw. allgemein gültige Haftungsmindestsumme heranzuziehen.

2. Ergebnis

Somit weisen sämtliche untersuchten Berechnungsparameter entsprechende Schwächen auf. Entweder sind sie auf den vorliegenden Fall aus methodischen Gründen gar nicht anwendbar oder sie sind zumindest ungeeignet, um einen abschließenden Betrag zu fixieren. Gleichwohl kann das Geschäftsführergehalt in dem Jahr, in welchem die Pflichtverletzung begangen wurde, zumindest als Leitlinie für eine Untergrenze angesehen werden, die in der Regel nicht gegen §§ 138, 242 BGB verstößt. Dieser Maßstab ist im jeweiligen Einzelfall an die individuelle Situation anzupassen.

Das Ergebnis der Untersuchung ist damit zwar nicht völlig zufriedenstellend, da sich die Kriterien für eine Haftungssummengrenze nicht eindeutig festlegen lassen. Jedoch muß sich eine derartige Analyse stets im Rahmen dessen bewegen, was methodisch begründbar ist.

---

[34] Ca. 5% der Geschäftsführer erhalten ein Jahresgehalt von weniger als DM 100.000,--, vgl. *Evers/Grätz/Näser*, Gehaltsfestsetzung, S. 10.

[35] Darauf weist auch *Heisse*, Beschränkung, S. 128 hin.

C. Formelle Anforderungen einer Summenbegrenzung

Im Hinblick auf die formellen Anforderungen einer Summenbegrenzung kann auf die Ausführungen zur Verschuldensbegrenzung verwiesen werden[36], die auch für diese Haftungsbeschränkung gelten, da die abzuwägenden Interessen in beiden Fällen gleich sind. In diesem Fall ist ebenfalls zumindest ein Gesellschafterbeschluß erforderlich, da aus bereits beschriebenen dogmatischen Gründen Modifikationen der organisationsrechtlichen Haftungsnorm aus § 43 II, III GmbHG sowie deren Rechtsfolgen auf organisationsrechtlicher Ebene vorgenommen werden müssen.

Die Mehrheitserfordernisse bleiben ebenfalls gleich, da der Minderheitenschutz im Rahmen der Summenbegrenzung bei grober Fahrlässigkeit gerade durch eine bestimmte Mindestsumme gewährt wird. Der sonstige Schutz der Minderheitsgesellschafter wird über die gesellschaftsrechtliche Treuepflicht gewährleistet, deren Verletzung jeden betroffenen Gesellschafter berechtigt, den Beschluß über die Haftungssummenbegrenzung anzufechten[37].

§ 19 EINWAND UNZULÄSSIGER RECHTSAUSÜBUNG

Der Umstand, daß die zum Schaden führende Maßnahme auf Weisung der Gesellschafterversammlung vorgenommen wurde und dasselbe Organ den daraus resultierenden Anspruch geltend macht[38], legt die Vermutung nahe, die Ausübung dieses Rechts könnte gegen Treu und Glauben gemäß § 242 BGB verstoßen und damit den Einwand unzulässiger Rechtsausübung auslösen. Dieser stellt im Gegensatz zur Verjährungseinrede eine von Amts wegen im Prozeß zu berücksichtigende Einwendung dar[39]. Ebenso wie die Verjährung kann der Einwand auch Dritten, die den Anspruch gepfändet haben[40] oder einem Konkursverwalter entgegengehalten werden[41]. Dadurch wird der Geschäftsführer in besonderem Maße geschützt.

---

36 Dazu oben S. 143ff.

37 Dazu bereits im Rahmen der Verschuldensbegrenzung oben S. 154ff.

38 Der Anspruch wird durch die Gesellschafter geltend gemacht und setzt gemäß § 46 Nr. 8 GmbHG einen entsprechenden Beschluß der Gesellschafterversammlung voraus. Weder einzelne Gesellschafter noch Gläubiger verfügen über ein originäres Klagerecht, vgl. *Rowedder/Koppensteiner*, § 43 Rz. 43, 46; *Hachenburg/Mertens*, § 43 Rz. 99. Möglich ist allenfalls die allgemein anerkannte „actio pro socio", vgl. BGHZ 15, 65ff.; *Berger*, ZHR 149 (1985), 599ff.; *Gehrlein*, ZIP 1993, 1525ff.; *Saenger*, GmbHR 1997, 113, 119ff. Diese setzt nach zutreffender Ansicht allerdings ebenfalls zumindest einen vorherigen Beschluß der Gesellschafterversammlung voraus, da die übliche Kompetenzzuweisung einzuhalten ist, vgl. BGH, GmbHR 1975, 110f.; *Grunewald*, Gesellschafterklage, S. 73; *Eickhoff*, Gesellschafterklage, S. 123ff.; *Zöllner*, ZGR 1988, 392, 410; a.A. *Flume*, ZHR 144 (1980), 61, 63; *Raiser*, ZHR 153 (1989), 1, 22f. BGH, WM 1982, 928f. verzichtet zwar auf einen derartigen Beschluß, jedoch nur deshalb, weil er aufgrund der besonderen Situation eine unzumutbare Hürde dargestellt hätte.

39 *Soergel/Siebert/Knopp*, § 242 Rz. 184; *Münchener Kommentar/Roth*, § 242 Rz. 47; *Larenz*, SchuldR I, § 10 II h).

40 BGHZ 31, 258, 278; *Scholz/Schneider*, § 43 Rz. 106; *Fleck*, GmbHR 1974, 224, 227.

41 BGH, GmbHR 1974, 131, 132; *Rowedder/Koppensteiner*, § 43 Rz. 31; *Hachenburg/Mertens*, § 43 Rz. 78.

A. Grundlagen des Einwands unzulässiger Rechtsausübung

Grundsätzlich erfordert dieser Einwand das Bestehen einer Sonderbeziehung zwischen den Beteiligten, einen objektiven Verstoß gegen das Prinzip von Treu und Glauben sowie eine Abwägung der gegenseitigen Interessen voraus[42]. Ein Verschulden der treuwidrig handelnden Partei ist ebensowenig erforderlich wie fehlendes Verschulden der Gegenpartei[43]. Dennoch werden diese Aspekte im Rahmen der Interessenabwägung berücksichtigt[44]. Durch den Einwand wird der Gesellschaft in der Regel gänzlich verwehrt, den Anspruch durchzusetzen. Ausnahmsweise sind auch Begrenzungen der Schadensersatzsumme möglich[45].

Das Prinzip von Treu und Glauben läßt sich in verschiedene Fallgruppen untergliedern, die insbesondere bei *Roth* in differenzierter Weise ausgeführt werden. Zu diesen Kategorien zählen die mißbilligte Rechtsausübung, d.h. Rechtsmißbrauch im engeren Sinne[46], das mißbilligte frühere Verhalten[47], der Widerspruch zu früherem Verhalten[48], der Mangel korrespondierenden Verhaltens[49] sowie die unzulässige Ausnutzung einer günstigen Rechtslage trotz überragender, objektiv entgegenstehender Interessen eines anderen Beteiligten[50]. Deren Anwendbarkeit auf die Weisungsfälle wird Gegenstand der nachfolgenden Untersuchung sein[51].

B. Anwendung des Einwands unzulässiger Rechtsausübung im Rahmen der Ausführung von Gesellschafterweisungen

Literatur und Rechtsprechung gehen zwar allgemein von einer Anwendung des § 242 BGB im Weisungsbereich aus, vernachlässigen jedoch überwiegend die einzelnen Ausgestaltungen der unzulässigen Rechtsausübung[52]. Obwohl das

---

42 Zu den allgemeinen Voraussetzungen: *Palandt/Heinrichs*, § 242 Rz. 39; *Jauernig/Vollkommer*, § 242 Rz. 32ff.; *Soergel/Teichmann*, § 242 Rz. 280ff. sowie *Staudinger/Schmidt*, § 242 Rz. 236, der eine Systematisierung nach Rechtsgebieten vornimmt.

43 Zum Verschulden der unzulässig handelnden Partei: BGHZ 64, 5, 9; *Soergel/Teichmann*, § 242 Rz. 62; *Erman/Werner*, § 242 Rz. 46; zum Verschulden der Gegenpartei und möglicher Berücksichtigung im Rahmen von § 254 BGB: BGHZ 50, 113, 114; 76, 216, 217.

44 *Münchener Kommentar/Roth*, § 242 Rz. 35ff.; *Jauernig/Vollkommer*, § 242 Rz. 35.

45 *Münchener Kommentar/Roth*, § 242 Rz. 267 spricht von einem „einigermaßen rigiden Alles-oder-Nichts-Prinzip, welches nicht unbedingt geeignet sei, subtileren Interessenbewertungen Ausdruck zu verleihen", verweist jedoch auf Fälle, in denen auch eine summen- bzw. quotenmäßige Beschränkung vorgenommen wurde, so z.B. BGH, LM § 387 BGB Nr. 48 im Hinblick auf eine in Höhe von 10% der Forderung zugelassenen Aufrechnung trotz Rechtsmißbrauchs.

46 *Münchener Kommentar/Roth*, § 242 Rz. 280ff.

47 *Münchener Kommentar/Roth*, § 242 Rz. 286ff.

48 *Münchener Kommentar/Roth*, § 242 Rz. 322ff.

49 *Münchener Kommentar/Roth*, § 242 Rz. 417ff.

50 *Münchener Kommentar/Roth*, § 242 Rz. 433ff.

51 Dabei werden insbesondere sämtliche genannten Fallgruppen im Hinblick auf ihre Bedeutung für die Weisungsfälle analysiert, vgl. unten S. 278ff.

52 Für eine Anwendung: BGH, GmbHR 1974, 131, 132; *Scholz/Schneider*, § 43 Rz. 105ff.; *Rowedder/Koppensteiner*, § 43 Rz. 31; *Hachenburg/Mertens*, § 43 Rz. 78; *Konow*,

grundsätzliche Merkmal der Sonderbeziehung im Verhältnis zwischen Gesellschaft und Geschäftsführer unproblematisch ist, kann die Anwendung des Einwands unzulässiger Rechtsausübung im übrigen durchaus schwierig sein.

I. Spezifische Grundvoraussetzungen für die Anwendung des § 242 BGB im Rahmen von Weisungen

1. Einhaltung bestimmter Beschlußerfordernisse als zusätzliche Voraussetzung für die Anwendung des § 242 BGB im Weisungsbereich

a) Problem zusätzlicher Beschlußerfordernisse

Nach allgemeiner Ansicht[53] unterliegt die Anwendung des § 242 BGB im Rahmen der Weisung zusätzlichen Anforderungen in Form bestimmter Mehrheitserfordernisse. Als Begründung wird zu Recht der Minderheitenschutz angeführt, da sowohl die Weisung selbst als auch die Geltendmachung des Anspruchs vielfach von einer kollektiv besetzten Gesellschaftersammlung ausgesprochen wird. Der Minderheit muß bei Weisungen gegen ihren Willen die Möglichkeit erhalten werden, eventuelle Schadensersatzansprüche auch gegen die Mehrheit durchzusetzen[54].

Sofern die Weisung einstimmig beschlossen wird, spielt dieser Schutzgedanke keine Rolle, da es keine schützenswerte Minderheit gibt[55]. Darüber hinaus sollen die Fälle in den Anwendungsbereich des § 242 BGB fallen, die mit einem einstimmigen Beschluß gleichzusetzen sind[56]. Mit dieser Erweiterung werden alle Konstellationen einer vergleichbaren Interessenlage erfaßt. Im Gegensatz zu dem Einstimmigkeitserfordernis im Rahmen des Mitverschuldens muß es für die Anwendung von § 242 BGB tatsächlich ausreichen, daß sich die betroffenen Gesellschafter nachträglich ihres Schutzes begeben. Anknüpfungspunkt für den

---

GmbHR 1968, 219, 220; *Immenga*, GmbHR 1973, 5, 7f.; *Fleck*, GmbHR 1974, 224, 227; dagegen wohl: *Ziemons*, Einflußnahme, S. 36, 39f.

53 *Scholz/Schneider*, § 43 Rz. 107; *Rowedder/Koppensteiner*, § 43 Rz. 31; *Hachenburg/Mertens*, § 43 Rz. 78; *Konow*, GmbHR 1968, 219, 220; *Fleck*, GmbHR 1974, 224, 227.

54 Ansonsten bliebe den Minderheitsgesellschaftern lediglich die Möglichkeit, gegen die Ausführung des Beschlusses bzw. gegen die Erteilung der Weisung im Wege einer einstweiligen Verfügung vorzugehen, vgl. zu diesen Möglichkeiten OLG Koblenz, GmbHR 1986, 428, 429; OLG Hamburg, GmbHR 1991, 467, 468; OLG Frankfurt, GmbHR 1993, 161; *Lutter/Hommelhoff*, § 47 Rz. 7; *Schmitt*, ZIP 1992, 1212ff. Dadurch würden die Rechte der Minderheit jedoch erheblich beschnitten, vgl. *Hachenburg/Mertens*, § 43 Rz. 78; *Konow*, GmbHR 1968, 219, 220; *Immenga*, GmbHR 1973, 5, 7f.; *Fleck*, GmbHR 1974, 224, 227.

55 Allg. Meinung: *Scholz/Schneider*, § 43 Rz. 107; *Hachenburg/Mertens*, § 43 Rz. 78; *Konow*, GmbHR 1968, 219, 220; *Fleck*, GmbHR 1974, 224, 227; anders lediglich *Rowedder/Koppensteiner*, § 43 Rz. 31, der dem Gesichtspunkt der Einstimmigkeit keine Bedeutung beimißt. Er differenziert lediglich danach, ob die Durchsetzung des Anspruchs zur Befriedigung der Gläubiger notwendig ist oder nicht. Interessen der Minderheitsgesellschafter bleiben dabei offensichtlich außer Betracht.

56 *Hachenburg/Mertens*, § 43 Rz. 78; *Baumbach/Hueck/Zöllner*, § 43 Rz. 22; *Scholz/Schneider*, § 43 Rz. 107.

Einwand unzulässiger Rechtsausübung ist nicht nur die Weisung[57] selbst, sondern auch das übrige Verhalten der Gesellschafter, da es sich an dieser Stelle um den allgemeinen und übergreifenden Grundsatz von Treu und Glauben handelt, der sich auf die mißbilligte Geltendmachung des Schadensersatzanspruchs richtet und nicht bereits die Tatbestandsmäßigkeit beeinflußt[58]. Die Geltendmachung geht über die Weisung hinaus, so daß die dogmatische Anknüpfung weiter gefaßt wird und auch Verhaltensweisen der Gesellschafter außerhalb der eigentlich erteilten Weisung umschließen kann, die eine Geltendmachung des Anspruchs treuewidrig erscheinen lassen.

Es ist jedoch unklar, wie diese Gleichsetzung in der Praxis aussehen soll. Teilweise wird davon ausgegangen, eine nachträgliche Billigung des Beschlusses reiche dazu aus[59], teilweise soll § 242 BGB nur dann angewandt werden, wenn sämtliche Gesellschafter die Ausführung gefordert haben[60]. Letztlich wird die Ansicht vertreten, daß sämtliche Konstellationen genügen, in denen der Beschluß von allen Gesellschaftern getragen wurde[61].

Diese Begriffe weisen zum einen unterschiedliche Bedeutungen bzw. Intensitäten auf und besagen zum anderen nicht, wem gegenüber eine etwaige Billigung ausgesprochen werden muß. Dadurch fehlen klare Leitlinien für die Anwendbarkeit von § 242 BGB. Diese haben für den Geschäftsführer jedoch große Bedeutung, da er im Rahmen einer Klage den Nachweis für die Voraussetzungen der unzulässigen Rechtsausübung erbringen muß.

b) Konkretisierung der Beschlußerfordernisse

Um die Begriffe in der Praxis handhaben zu können, sind daher zwei Aspekte zu erörtern: zum einen die inhaltliche Ausgestaltung der gemeinsamen Billigung, Forderung oder Zustimmung und zum anderen deren Adressat. Dazu ist es erforderlich, die Gründe für die zusätzlichen Beschlußerfordernisse näher zu beleuchten, da sich sowohl die Intensität der Billigung als auch der Adressat daran orientieren müssen.

Neben dem üblicherweise angeführten Argument, die Gesellschafterminderheit müsse durch die zusätzlichen Erfordernisse geschützt werden[62], kann ein weiterer Grund hinzutreten, der sich auf die Zurechnung bezieht. Soweit alle Gesellschafter bei der Beschlußfassung die Möglichkeit hatten, auf die Weisung Einfluß zu nehmen, und der Beschluß lediglich mehrheitlich und nicht einstimmig gefaßt wurde, bestehen für eine Zurechnung keinerlei Hindernisse, da es sich um eine nach Mehrheitsprinzipien ordnungsgemäß zustande gekommene Wei-

57 So aber im Rahmen des Mitverschuldens, vgl. oben S. 171ff.

58 *Münchener Kommentar/Roth*, § 242 Rz. 255ff.

59 *Konow*, GmbHR 1968, 219, 220; *Hachenburg/Mertens*, § 43 Rz. 78, der von Billigung und Forderung ausgeht.

60 So wohl *Baumbach/Hueck/Zöllner*, § 43 Rz. 22.

61 *Scholz/Schneider*, § 43 Rz. 107.

62 *Rowedder/Koppensteiner*, § 43 Rz. 31; *Hachenburg/Mertens*, § 43 Rz. 78; *Konow*, GmbHR 1968, 219, 220; *Fleck*, GmbHR 1974, 224, 227.

sung handelt[63]. Eines Rückgriffs auf die nachträgliche Befürwortung der verbleibenden Gesellschafter bedarf es nicht. Diese ist nur infolge des Minderheitenschutzes erforderlich. Leidet die Beschlußfassung jedoch an einem formellen Fehler, der bestimmten Gesellschaftern die Stimmabgabe erst gar nicht ermöglicht hat, so können hingegen bereits Zweifel daran bestehen, ob der Einwand unzulässiger Rechtsausübung der Gesellschaft zugerechnet werden kann, da nicht das gesamte Organ über den Beschluß entschieden hat. In diesem Fall kann das nachträgliche Verhalten betroffener Gesellschafter über den Minderheitenschutz hinaus auch der Zurechnung des mißbräuchlichen Verhaltens gegenüber dem Geschäftsführer dienen. Diese Differenzierung mag sich wiederum auf die Festlegung der zusätzlichen Verhaltenserfordernisse auswirken.

Soweit lediglich der Minderheitenschutz die zusätzlichen Anforderungen bedingt, kommt es nur darauf an, daß der Gesellschafter sich durch die nachträgliche Reaktion seines Schutzes begibt. Diesen Schutz gibt der Gesellschafter auf, sofern er erkennen läßt, daß er den von der Gesellschafterversammlung ohne oder gegen seine Stimme gefaßten Beschluß hinnehme. Daher ist es erforderlich auf eine Rüge gegen den Mangel zu verzichten, in irgendeiner Weise für den Beschluß Partei zu ergreifen oder ihn nachträglich explizit oder konkludent zu billigen[64]. Insgesamt ist darunter jede Willenskundgabe zu verstehen, mit der ein Gesellschafter zu erkennen gibt, daß er mit dem Beschluß im weitesten Sinne einverstanden ist. In diesem Fall hätte der Gesellschafter auch keine Möglichkeit mehr, den Beschluß anzufechten, da seine Klagebefugnis entfallen würde[65]. An dieser Stelle ist zu betonen, daß bei einer Auslegung stets ein bestimmtes Maß an Restunsicherheit verbleibt, da die Kundgabe eines menschlichen Willens häufig Raum für verschiedene Interpretationen läßt. Beurteilungsmaßstab für eine Auslegung muß dabei § 133 BGB sein, der auch für einseitige Willenserklärungen gilt[66]. Danach ist der wirkliche Wille zu erforschen und nicht an dem buchstäblichen Sinn des Ausdrucks festzuhalten[67]. Ob der betreffende Gesellschafter diese Billigung gegenüber dem Geschäftsführer, den Gesellschaftern oder Dritten äußert, ist ebenso irrelevant wie der Zeitpunkt der Billigung, da es lediglich darauf ankommt, daß er nicht mehr schutzwürdig ist.

---

63 Mehrheitsentscheidungen entsprechen vielmehr den geltenden gesellschaftsrechtlichen Grundsätzen zur Beschlußfassung gemäß § 47 I GmbHG, wobei im Unterschied zur Personengesellschaft nicht die Anzahl der Gesellschafter, sondern der Kapitalanteil entscheidend ist, vgl. zum Zweck der Vorschrift und dem „Beschluß als Technik kollektiver Willensbildung", *Schmidt*, Gesellschaftsrecht, § 15 I 1.

64 Damit würden sämtliche vorgeschlagenen Lösungsmöglichkeiten von *Hachenburg/Mertens*, § 43 Rz. 78; *Konow*, GmbHR 1968, 219, 220; *Baumbach/Hueck/Zöllner*, § 43 Rz. 22 und auch von *Scholz/Schneider*, § 43 Rz. 105 eine Anwendung des § 242 BGB erlauben.

65 Dies entspräche den Grundsätzen, die auch im Rahmen der Anfechtungsbefugnis des Gesellschafters gegenüber anfechtbaren Beschlüssen der Gesellschafterversammlung gelten. Dabei ist einem Gesellschafter die Anfechtungsklage verwehrt, wenn sein ursprüngliches Verhalten gegenüber dem Beschluß sachlich nicht mit einer Anfechtung vereinbar ist, *Scholz/Schmidt*, § 45 Rz. 139; *Baumbach/Hueck/Zöllner*, Anh. § 47 Rz. 73; *Rowedder/Koppensteiner*, § 47 Rz. 113ff.; *Hachenburg/Raiser*, Anh. § 47 Rz. 152.

66 *Münchener Kommentar/Mayer-Maly*, § 133 Rz. 27.

67 Vgl. dazu grundlegend *Bickel*, Erklärungen, 1976, S. 138ff.; *Vollmer*, Auslegung, 1990, S. 20ff.

Sofern die nachträgliche Reaktion des Gesellschafters hingegen auch für die Zurechnung eines unlauteren Verhaltens der Gesellschaft herangezogen werden könnte, fragt sich, ob die zuvor genannten Verhaltensmaßstäbe dazu ausreichen. Hinsichtlich der Intensität muß von diesen Kriterien nicht abgewichen werden. Auch hier genügt die Billigung des Beschlußinhalts, da sie die Forderung nach Ausführung umfaßt. Jedoch könnte die Berufung auf den Einwand des § 242 BGB zusätzlich voraussetzen, daß die Billigung gegenüber dem Geschäftsführer geäußert wird. Im Rahmen des Einwands unzulässiger Rechtsausübung ist jedoch anerkannt, daß ein objektiver Verstoß gegen Treu und Glauben ausreicht[68]. Weder im Rahmen der Fallgruppe „unredlichen" noch in der „widersprüchlichen Verhaltens" ist für § 242 BGB erforderlich, daß der Beklagte Kenntnis von dem treuwidrigen Verhalten haben muß[69]. Insofern reicht in beiden Fällen aus, daß der betreffende Gesellschafter den Beschluß gemäß einer Auslegung nach § 133 BGB ausdrücklich oder konkludent billigt, unabhängig davon, wem gegenüber diese Billigung geäußert wird.

Die Kenntnis des Geschäftsführers von der Billigung der Weisung hat hingegen Auswirkungen auf die Interessenabwägung im Rahmen des § 242 BGB[70], da sich das Maß seiner Schutzwürdigkeit daran messen läßt. Sofern der Geschäftsführer vor der Ausführung einer Weisung keine Kenntnis von der nachträglichen Billigung durch die übrigen Gesellschafter hatte, ist er weniger schutz, da er in diesem Fall davon ausgehen muß, daß bestimmte Gesellschafter keine Möglichkeit hatten, zu dem Beschluß Stellung zu nehmen. In dieser Konstellation mag als Rechtsfolge anstelle des üblicherweise vollständigen Ausschlusses des Schadensersatzanspruchs eine lediglich summenmäßige Teilung in Betracht gezogen werden[71], da ein geringeres Maß an Schutzwürdigkeit im Rahmen der Rechtsfolge berücksichtigt werden kann. Der Geschäftsführer war in diesem Fall nicht in der Lage, bei der Ausführung der Weisung eine einstimmige Billigung in seine Überlegungen einzubeziehen und muß damit in Kauf nehmen, daß einer der Gesellschafter sich gegen den Beschluß wenden könnte.

Zusammenfassend ist somit festzustellen, daß für die tatbestandliche Anwendung des Einwands unzulässiger Rechtsausübung entweder ein einstimmiger oder ein mehrheitlicher Beschluß vorliegen muß, bei dem sich die ursprünglich widersetzenden Gesellschafter nachträglich mit dem Beschluß im weitesten Sinne gemäß der Auslegungsregel des § 133 BGB zumindest einverstanden erklären, ohne daß dem Geschäftsführer dies bekannt sein müßte.

---

68 Zum objektiven Charakter der unzulässigen Rechtsausübung allg.: BGHZ 12, 154, 157; *Jauernig/Vollkommer*, § 242 Rz. 35; *Soergel/Teichmann*, § 242 Rz. 290.

69 Zum objektiven Charakter des „unredlichen Verhaltens" allgemein: *Jauernig/Vollkommer*, § 242 Rz. 44; *Hohmann*, JA 1982, 113ff. m.w.N.; zum objektiven Charakter des „widerspüchlichen Verhaltens" allg.: *Jauernig/Vollkommer*, § 242 Rz. 44, 48; *Münchener Kommentar/Roth*, § 242 Rz. 322f.

70 *Münchener Kommentar/Roth*, § 242 Rz. 35ff.; *Jauernig/Vollkommer*, § 242 Rz. 35.

71 *Münchener Kommentar/Roth*, § 242 Rz. 274; BGH, LM § 387 BGB Nr. 48; OLG Celle, JZ 1973, 246, 248f.

2. Grundsätzliche Grenzen einer Anwendung

Die Anwendung des Einwands unzulässiger Rechtsausübung unterliegt jedoch grundsätzlichen Grenzen, da der Wegfall des Anspruchs zu einer Beeinträchtigung der Gläubiger führt. Dabei kann § 242 BGB im Rahmen eines Schadensersatzanspruchs aus § 43 III 1 GmbHG keine Geltung beanspruchen, da diese Pflichten explizit dem Schutz der Gläubiger dienen[72]. Diese Einschränkung stimmt auch mit den Grenzen der übrigen Haftungsbegrenzungsmöglichkeiten überein[73]. Im Hinblick auf Pflichtverletzungen im Rahmen des § 43 II GmbHG sind die Gläubiger hingegen lediglich reflexartig geschützt[74]. Ein grundsätzlicher Ausschluß des Einwands unzulässiger Rechtsausübung ist daher nicht indiziert[75]. Inwieweit im Einzelfall weitere Grenzen bestehen, wird sich aus der folgenden Analyse ergeben.

II. Konkrete Anwendung der einzelnen Fallgruppen des Einwands unzulässiger Rechtsausübung im Hinblick auf die Weisungskategorien

Wie bereits zuvor ausgeführt, ist der Einwand unzulässiger Rechtsausübung in verschiedene Kategorien unterteilt, deren Anwendbarkeit im Einzelnen untersucht werden soll. Allerdings lassen sich vorab bestimmte Weisungskategorien von der Anwendung des § 242 BGB ausnehmen.

1. Fehlende Anwendungsmöglichkeit des § 242 BGB in bestimmten Weisungskategorien

a) Keine Anwendung im Rahmen der Ausführungshandlung

Sofern der Geschäftsführer bei Ausführung der Weisung pflichtwidrig handelt und dadurch ein Schaden verursacht wird, kann § 242 BGB nicht angewandt werden, da die Ausführung nicht von der Weisung abgedeckt ist[76].

b) Keine Anwendung bei pflichtwidriger Einflußnahme auf die Beschlußfassung

Sollte der Geschäftsführer pflichtwidrig auf die Beschlußfassung Einfluß genommen haben, scheidet die Anwendung von § 242 BGB mangels Anknüpfungspunkt für eine Unlauterbarkeit der Gesellschafter ebenfalls aus. Selbst für

---

72 Unstreitig: BGH, GmbHR 1974, 131, 132; BGHZ 31, 258, 278; *Scholz/Schneider*, § 43 Rz. 107; *Hachenburg/Mertens*, § 43 Rz. 78; *Konow*, GmbHR 1968, 219, 220; *Immenga*, GmbHR 1973, 5, 7f.; *Fleck*, GmbHR 1974, 224, 227.

73 Vgl. exemplarisch die Verschuldensbeschränkung oben S. 130ff., den Verzicht oben S. 240ff., die Entlastung oben S. 243ff. sowie die Haftungssummenbegrenzung oben S. 318ff.

74 Vgl. oben S. 261ff.

75 Aus diesem Grund ist der Auffassung von *Rowedder/Koppensteiner*, § 43 Rz. 31 nicht zu folgen, der im Zuge des Gläubigerschutzes noch weiter geht und dem Geschäftsführer eine Berufung auf § 242 BGB stets verwehrt, wenn der Anspruch zur Befriedigung der Gläubiger erforderlich ist.

76 Dazu bereits schon oben S. 73f.

den Fall, daß die Gesellschafter in Kenntnis der Pflichtwidrigkeit des Geschäftsführers dieselbe Weisung erteilt hätten, kann dieser sich wegen fehlender eigener Schutzwürdigkeit nicht auf den Einwand unzulässiger Rechtsausübung berufen[77].

c) Keine Anwendung bei nachträglicher Änderung der Beurteilungsgrundlage

Im Rahmen nachträglicher Änderung der Beurteilungsgrundlage scheidet eine Anwendung in der Regel ebenso aus, da der ursprüngliche Beschluß nicht mehr das Handeln des Geschäftsführers abdeckt und somit der Anknüpfungspunkt für die Unlauterbarkeit fehlt. Die einzige Ausnahme gilt für das Eingreifen der Grundsätze des rechtmäßigen Alternativverhaltens, respektive, daß die Gesellschafter in Kenntnis der tatsächlichen Sachlage an der Weisung festgehalten hätten[78]. In diesem Fall fehlt es jedoch bereits an der Haftung, so daß sich eine Anwendung von § 242 BGB erübrigt.

d) Keine Anwendung im Rahmen von Beschlüssen, denen die erforderliche Zustimmung eines Aufsichtsrats fehlt

Ebenso wie im Rahmen des Mitverschuldens[79] kann die unzulässige Rechtsausübung bei Verletzung der Zustimmungserfordernisse des Aufsichtsrats keine Berücksichtigung finden, da es die Gesellschafter ansonsten in der Hand hätten, die durch den Aufsichtsrat geschützten Interessen der Arbeitnehmer zu unterminieren.

Im Rahmen der übrigen Weisungskategorien bestehen keine grundsätzlichen Hindernisse für eine Anwendbarkeit des Einwands unzulässiger Rechtsausübung[80].

---

77 Sein pflichtwidriges Handeln und der sich daraus ergebende Schadensersatzanspruch liegen in diesem Fall nämlich bereits in der Einflußnahme auf die Beschlußfassung, so auch *Scholz/Schneider*, § 43 Rz. 96; a.A. *Hachenburg/Mertens*, § 43 Rz. 74, der die Haftung zu Unrecht mit der Aufhebung der haftungsbefreienden Wirkung der Weisung begründet.

78 Vgl. oben S. 165f.

79 Vgl. oben S. 174.

80 Im Rahmen anfechtbarer Weisungen ist der Einwand zwar selten, da bei einstimmiger Beschlußfassung gegen den Beschluß keine Anfechtungsmöglichkeit besteht und bei nachträglicher Billigung der übrigen Gesellschafter deren Anfechtungsmöglichkeit rückwirkend entfällt, vgl. *Hefermehl*, FS Schilling, S. 159, 167f.; *Hachenburg/Mertens*, § 43 Rz. 81; *Eisenhardt*, FS Pfeiffer, S. 839, 848ff.; *Rowedder/Koppensteiner*, § 43 Rz. 33; *Scholz/Schneider*, § 43 Rz. 101. Gleichwohl ist es möglich, daß die Gesellschafter ihre Stimmabgabe nach §§ 119ff. BGB anfechten und sich damit wieder in die Lage versetzen, den Beschluß anzufechten, vgl. *Baumbach/Hueck/Zöllner*, § 47 Rz. 4; *Hachenburg/Hüffer*, § 45 Rz. 41.

2. Anwendbarkeit der Fallgruppen des § 242 BGB im Rahmen der übrigen Weisungskategorien

a) Rechtsmißbrauch im engeren Sinne

Unter einem „Rechtsmißbrauch im engeren Sinne" werden Maßnahmen verstanden, deren einziger Zweck darin liegt, den Betroffenen zu benachteiligen. Dabei sind entweder die Art oder Begleitumstände der Rechtsausübung verwerflich oder es besteht kein schutzwürdiges Interesse des Ausübenden[81].

Diese Fallgruppe ist in sämtlichen verbleibenden Weisungskategorien denkbar, da vornehmlich auf die subjektive Haltung der Gesellschafter bei Geltendmachung des Schadensersatzanspruchs abzustellen ist. Gleichwohl wird ein derart schikanöses Verhalten nur selten nachweisbar sein, da in der Regel zumindest der Finanzbedarf der Gesellschaft als Hintergrund angegeben werden kann[82].

b) Mißbilligtes früheres Verhalten

Des weiteren kann es sich um „mißbilligtes früheres Verhalten" handeln, wonach die Ausübung eines Rechts unzulässig ist, wenn es durch ein gesetzes-, sitten- oder vertragswidriges Verhalten begründet wurde[83].

Ist eine Weisung nichtig, unwirksam oder beruht sie auf einem Schein- oder Nichtbeschluß, wird man regelmäßig bereits das Verlangen nach Ausführung als unlauter ansehen müssen, da es als gesetzes- oder sittenwidrig gilt. Etwas anderes ist jedoch anzunehmen, wenn die Gesellschafter lediglich fahrlässig verkannt haben, daß die Weisung mangelhaft ist. In diesem Fall müssen besondere Umstände hinzukommen, die das Verhalten rechtsmißbräuchlich erscheinen lassen. In diesem Zusammenhang werden insbesondere Maßnahmen eine Rolle spielen, die dazu dienen, den Geschäftsführer trotz Bedenken gegen die Ausführung der Weisung, zu deren Durchführung zu bewegen, da die Gesellschafter damit zum Ausdruck bringen, daß die Ausführung ihnen wichtiger ist als das Einhalten gesetzlicher Regeln.

Sofern die Weisung lediglich unklar ist, kann wegen vorübergehender oder gar endgültiger Wirksamkeit des Beschlusses nicht von einem ursprünglich unlauteren Verhalten ausgegangen werden. Die Unlauterbarkeit liegt vielmehr erst darin, daß die Gesellschafter einen Schadensersatzanspruch geltend machen. Dieses Verlangen ist unter Umständen sachlich nicht mit dem ursprünglichen Beschluß vereinbar. Der Schaden soll nämlich gerade von der Person ersetzt

---

81 *Palandt/Heinrichs*, § 242 Rz. 20, 50 sowie *Jauernig/Vollkommer*, § 242 Rz. 37 weisen in diesem Zusammenhang auch auf die Ähnlichkeit zu § 226 BGB hin.

82 *Münchener Kommentar/Roth*, § 242 Rz. 280 weist darauf hin, daß dies „der eindeutigste, zugleich aber auch relativ unbedeutendste Fall von unzulässiger Rechtsausübung ist".

83 Allgemein dazu BGHZ 94, 125, 131f.; 122, 163; *Jauernig/Vollkommer*, § 242 Rz. 44; *Münchener Kommentar/Roth*, § 242 Rz. 286ff.; *Alternativ Kommentar/Teubner*, § 242 Rz. 43; *Erman/Werner*, § 242 Rz. 80; *Soergel/Teichmann*, § 242 Rz. 76.

werden, die angewiesen wurde, die zu dessen Entstehung kausale Maßnahme vorzunehmen[84].

c) Widersprüchliches früheres Verhalten

Ferner könnte die Kategorie des „widersprüchlichen Verhaltens“[85] vorliegen, bei dem die Geltendmachung eines Rechts entweder sachlich nicht mit einem früheren Verhalten vereinbar ist oder gegen einen Vertrauenstatbestand verstößt[86]. Diese Fallgruppe setzt jedoch nach allgemeiner Meinung voraus, daß das ursprüngliche Verhalten rechtlich einwandfrei war[87].

Aus diesem Grund kommen nichtige und unwirksame Weisungen sowie Nicht- und Scheinbeschlüsse in keinem Fall in Betracht. Möglich ist eine Anwendung allenfalls im Rahmen anfechtbarer oder unklarer Weisungen, da diese bis zum erfolgreichen Abschluß einer Anfechtungs- oder Beschlußfeststellungsklage als wirksam anzusehen sind.

d) Mangel korrespondierenden Verhaltens

Diese Fallgruppe hebt darauf ab, daß der Berechtigte ein Verhalten unterläßt, das infolge der Berufung auf seine Rechtsposition rechtlich erforderlich wäre[88]. *Roth* betont, dazu gehörten insbesondere die Auswirkungen des Prinzips von Leistung und Gegenleistung bei synallagmatischen Schuldverhältnissen. Im Hinblick auf die Geltendmachung eines Schadensersatzanspruchs aus § 43 II GmbHG ist allerdings kein Verhalten denkbar, das die Gesellschaft in diesem Rahmen vorab einhalten müßte, da diese Fallgruppe keine eigene Vertragstreue für eine Inanspruchnahme des Schädigers erfordert[89].

e) Objektive Interessenlage

Als letzte relevante Kategorie ist die allgemeine Schutzwürdigkeit der Beteiligten und ihrer Interessen zu untersuchen. Diese gilt sozusagen als Auffangtatbestand für sämtliche Verhaltensweisen, die nicht in eine der anderen Fallgruppen subsumierbar sind, jedoch im Einzelfall eine Rechtsausübung unzulässig erscheinen lassen[90]. Grundsätzlich geht es dabei um die Frage, ob der An-

---

84 Im Unterschied zur ähnlichen Problematik im Rahmen der Entlastung, vgl. oben S. 308ff. ist hier ein Verstoß gegen § 242 BGB möglich. Im Gegensatz zum dortigen Fall geht es nicht darum, eine Ermessensreduzierung auf Null nachzuweisen, die voraussetzte, daß die aus vielfältigen Gründen mögliche Ablehnung der Entlastung gegen § 242 BGB verstößt, sondern darum, ob die weit darüber hinaus gehende Inanspruchnahme des Geschäftsführers treuwidrig ist.

85 Vgl. *Jauernig/Vollkommer*, § 242 Rz. 48; Erman/Werner, § 242 Rz. 79; *Soergel/Teichmann*, § 242 Rz. 78; *Münchener Kommentar/Roth*, § 242 Rz. 322ff.; *Alternativ Kommentar/Teubner*, § 242 Rz. 31.

86 Vgl. BGH, NJW 1985, 2590; 1986, 2107; *Canaris*, Vertrauenshaftung, S. 301f.

87 *Jauernig/Vollkommer*, § 242 Rz. 48.

88 *Münchener Kommentar/Roth*, § 242 Rz. 417.

89 RGZ 132, 238, 241.

90 *Münchener Kommentar/Roth*, § 242 Rz. 433ff.

spruchsinhaber mit der Ausübung seiner Rechte nicht die Sicherung seiner schutzwürdigen Interessen anstrebt oder die Interessen der Gegenpartei überwiegen. Da sich eine derartige Fallgruppe naturgemäß nur schwer konturieren läßt, hat das Schrifttum in dieser Hinsicht weitere Unterteilungen vorgenommen, von denen vorliegend allerdings nur ein Teil Anwendung findet.

Der Grundsatz „*dolo facit qui petit quod statim redditurus est*"[91] läßt sich heranziehen, sofern dem Geschäftsführer Schadensersatzansprüche gegen die GmbH wegen Verletzung der Pflichten zu schriftlichen Erteilung der Weisung oder zur Einräumung einer Teilnahmemöglichkeit an der Gesellschafterversammlung zustehen[92].

Die Kategorie der Geringfügigkeit von Fehlern der betroffenen Partei[93] hat hingegen keine Bedeutung, da die Rechtsfolgen eines Schadensersatzanspruchs nicht weiter gehen als der Ersatz der für den Ausgleich der Schäden erforderlichen Geldsumme.

Im Rahmen der Verhältnismäßigkeit ist die Rechtsausübung unzulässig, wenn dadurch unverhältnismäßig große Nachteile für den Betroffenen entstehen und den Interessen des Berechtigten auch durch weniger einschneidende Maßnahmen Rechnung getragen werden kann[94]. In diesem Zusammenhang ist einzig die nur teilweise Geltendmachung des Schadensersatzanspruchs denkbar. Da es hierbei um den Ersatz eines entstandenen Schadens geht, ist nur schwer vorstellbar, daß lediglich eine Teilbefriedigung zulässig wäre. Unabhängig von der jeweiligen Weisungskategorie ist dies allenfalls denkbar, wenn die Höhe der Summe so exorbitant ist, daß sie für den Geschäftsführer in jedem Fall einen irreversiblen wirtschaftlichen Ruin zur Folge hat und für die Gesellschaft hingegen rein nominalen Charakter aufweist.

Die wichtigste Kategorie ist hingegen die der mangelnden Schutzwürdigkeit des Berechtigten bzw. überwiegenden Schutzwürdigkeit des Betroffenen[95]. In diesem Rahmen sind sämtliche Umstände des Rechtserwerbs, die Ziele der Anspruchsdurchsetzung, die Folgen für den Betroffenen, die Art der schädigenden Handlung, die fehlende Kenntnis des Geschäftsführers von einer nachträglichen Billigung ursprünglich opponierender Gesellschafter, der von den Gesellschaftern ausgeübte Druck, die Weisung trotz rechtlicher Bedenken auszuführen, Vorteile, die dem Geschäftsführer oder den Gesellschaftern persönlich durch

91 BGH 94, 240, 246; 117, 151, 155; *Jauernig/Vollkommer*, § 242 Rz. 39; *Münchener Kommentar/Roth*, § 242 Rz. 435; *Erman/Werner*, § 242 Rz. 81.

92 Dazu oben S. 219ff., 232.

93 Allgemein zum Überschreiten der Opfergrenze BGH, NJW 1988, 700ff.; ansonsten dazu *Alternativ Kommentar/Teubner*, § 242 Rz. 40; *Münchener Kommentar/Roth*, § 242 Rz. 438.

94 *Hubmann* AcP 155 (1956), 85, 123ff.; *Canaris*, JZ 1987, 993ff.; *Medicus*, AcP 192 (1992), 35ff.; *Münchener Kommentar/Roth*, § 242 Rz. 442; *Jauernig/Vollkommer*, § 242 Rz. 40.

95 BGH, NJW 1991, 974f.; *Jauernig/Vollkommer*, § 242 Rz. 41; *Münchener Kommentar/Roth*, § 242 Rz. 452ff., 467ff.

die Ausführung der Weisung entstanden sind sowie sonstige Aspekte einzubeziehen, die für eine Abwägung gegenseitiger Interessen in Betracht kommen können. Einen besonderen Stellenwert können dabei die einzelnen Arten der Weisungsabhängigkeit einnehmen, da sie ein Maßstab für die Schutzbedürftigkeit des Geschäftsführers sind. Je stärker der Geschäftsführer in seiner täglichen Arbeit durch die Weisungen der Gesellschafter eingeschränkt wird, desto größer wird sein Bedürfnis, mangelnde Eigenverantwortung in der Geschäftsführung mit einer entsprechend geringeren Haftungsverantwortung in Einklang zu bringen. Dabei ist vor allem die projekt- und bereichsspezifische sowie degradierende Weisungsabhängigkeit zu beachten, da der Handlungsspielraum des Geschäftsführer in diesem Rahmen in hohem Maße eingeschränkt wird. Der singulären Weisungsabhängigkeit kommt hingegen keine besondere Bedeutung zu, da sie lediglich den Normalfall beschreibt[96]. Inwieweit die Weisungskategorien dabei eine Anwendung von § 242 BGB begründen bzw. mit begründen können, läßt sich jedoch pauschal nicht darstellen. Vielmehr kommt es auf den jeweiligen Einzelfall an. Die Anwendung kann im Rahmen sämtlicher relevanter Weisungskategorien erfolgen, wobei gerade hinsichtlich der Abwägung von Interessen auch die objektive Bedeutung bzw. rechtliche Qualität der Weisungsmängel eine Rolle spielen muß. Daher wird eine unzulässige Rechtsausübung materiell nichtiger Weisungen tendenziell schwieriger festzustellen sein als im Rahmen lediglich anfechtbarer oder unklarer Weisungen. Eine genaue Analyse der denkbaren Konstellationen kann und soll diese Untersuchung jedoch nicht leisten, da es auf die jeweiligen Bedingungen des Einzelfalls ankommt.

Abschließend ist zu konstatieren, daß der Einwand unzulässiger Rechtsausübung für den Geschäftsführer in vielen Fällen von Bedeutung ist und damit einen wesentlichen Beitrag für die Haftungsbegrenzung zu leisten vermag.

§ 20 VERJÄHRUNGSEINREDE

Im Gegensatz zu einer Beschränkung der Haftung durch Anwendung des § 242 BGB berechtigt die Einrede der Verjährung stets, die Erfüllung des Anspruchs gänzlich zu verweigern, sie wird allerdings nicht von Amts wegen geprüft[97].

A. Übliche Verjährung im Rahmen fehlerhafter Weisungsbeschlüsse

Ansprüche aus § 43 GmbHG verjähren gemäß § 43 IV GmbHG in fünf Jahren. Diese Frist gilt auch, soweit man neben § 43 GmbHG einen konkurrierenden Anspruch aus pVV des Anstellungsvertrags befürwortet[98], da ansonsten die besondere Verjährungsvorschrift des § 43 IV GmbHG konterkariert würde[99].

---

96 Dazu oben S. 8.

97 *Palandt/Heinrichs*, § 222 Rz. 2.

98 Zur Unterscheidung zwischen organschaftlicher und vertraglicher Rechtsnatur des § 43 II GmbHG, vgl. *Scholz/Schneider*, § 43 Rz. 12ff.

99 BGH, WM 1989, 1335; *Scholz/Schneider*, § 43 Rz. 201; *Hachenburg/Mertens*, § 43 Rz. 93; *Rowedder/Koppensteiner*, § 43 Rz. 52; *Lutter/Hommelhoff*, § 43 Rz. 23.

Die Verjährung beginnt gemäß § 198 BGB mit der Entstehung des Anspruchs, d.h. zu dem Zeitpunkt, in dem der Schaden dem Grunde nach entstanden ist bzw. sich eine Verschlechterung der Vermögenssituation eingestellt hat[100]. Es reicht daher aus, daß eine Klage auf Feststellung der Ersatzpflicht zulässig ist. Die Kenntnis der Gesellschafter ist nach einhelliger Auffassung nicht relevant[101]. Soweit der Geschäftsführer allerdings durch die Ausführung der Weisung zugleich eine unerlaubte Handlung begeht, so gilt wegen fehlender Gesetzeskonkurrenz § 852 BGB, wonach der Anspruch zwar in drei Jahren verjährt, die Verjährung jedoch erst mit Kenntnis des Schadens beginnt[102].

Der Umstand, daß die Haftung im Rahmen einer fehlerhaften Weisung entstanden ist, vermag weder an der grundsätzlichen Geltung der fünfjährigen Verjährung noch an deren Beginn etwas zu ändern. Jedoch erlangt dieser Aspekt im Rahmen einer Abkürzung der Verjährung Bedeutung.

B. Abkürzung der Verjährung

I. Grundsätzliche Zulässigkeit einer Abkürzung der Verjährung

1. Allgemeine Zulässigkeit einer Abkürzung der Verjährungsvorschriften anhand von § 225 S. 2 BGB

Ausgangspunkt einer Analyse des vorliegenden Problems muß § 225 S. 2 BGB sein, der auf sämtliche Arten der Verjährung Anwendung findet[103]. Danach sind Erleichterungen der Verjährung, insbesondere deren Abkürzung grundsätzlich zulässig. Der Gesetzgeber hat eine derartige Möglichkeit geschaffen, da sie den Zweck der Verjährungsvorschriften fördert[104]. Dieser liegt überwiegend im Schutz des Schuldners, dem ein Mittel zugestanden wird, sich im Wege einer pauschalen Abwehr gegen die späte Geltendmachung von Ansprüchen zu wehren[105], die andernfalls durch Zeitablauf, den Verlust von Belegen, Erinnerung oder fehlende Erreichbarkeit von Zeugen unzumutbar erschwert werden kann. Überdies dient die Verjährung der Sicherheit des Rechtsverkehrs und damit dem

---

100 BGHZ 55, 340; 100, 228, 231; *Hachenburg/Mertens*, § 43 Rz. 96; *Rowedder/Koppensteiner*, § 43 Rz. 52; abweichend lediglich *Roth/Altmeppen*, § 43 Rz. 6, der die Verjährung im Rahmen des § 43 III GmbHG erst beginnen lassen will, wenn feststeht, daß die Aufwendungen vom Empfänger nicht zurückverlangt werden können.

101 BGH, BB 1995, 2180, 2183; *Rowedder/Koppensteiner*, § 43 Rz. 52; *Hachenburg/Mertens*, § 43 Rz. 96; *Scholz/Schneider*, § 43 Rz. 205; vgl. auch BGHZ 110, 342, 355.

102 BGHZ 100, 190 für § 823 II BGB i.V.m. § 266 StGB; *Scholz/Schneider*, § 43 Rz. 202; *Hachenburg/Mertens*, § 43 Rz. 94; abweichend *Baumbach/Hueck/Zöllner*, § 43 Rz. 31, sofern rein GmbH-rechtliche Normen im Rahmen der Pflichtwidrigkeit betroffen sind.

103 *Münchener Kommentar/v. Feldmann*, § 225 Rz. 6; *Staudinger/Peters*, § 225 Rz. 15. Danach ist sogar die Abkürzung von Ansprüchen aus vorsätzlichem Handeln nach RGZ 135, 174, BGHZ 9, 1, 5 zulässig. Danach soll selbst § 276 S. 2 BGB nicht entgegenstehen.

104 BGHZ 17, 199, 206, der die Funktion einer Beweisersparung anführt. Vgl. auch *Staudinger/Peters*, Vorbem zu §§ 194 ff Rz. 5.

105 Vgl. Motive I zum BGB, S. 346.

Rechtsfrieden[106]. Diese Gründe scheinen für eine grundsätzlich zulässige Abkürzung der Verjährung aus § 43 IV GmbHG zu sprechen. Dennoch könnte diese Verjährungsvorschrift aufgrund eines BGH-Urteils sowie dem Minderheiten- und Gläubigerschutz zwingend sein.

2. Gesellschaftsrechtliche Besonderheiten

a) Bedeutung des BGH-Urteils zur zwingenden Geltung der Verjährung aus § 52 III GmbHG für Schadensersatzansprüche gegen Aufsichtsratsmitglieder

In diesem Rahmen hat der BGH die Verjährungsvorschriften für Aufsichtsratsmitglieder gemäß §§ 93 VI, 116 AktG, § 52 III GmbHG sowie § 34 VI GenG für zwingend erklärt[107]. Da es sich bei Aufsichtsratsmitgliedern ebenfalls um Organe handelt, könnte entsprechend dieser Entscheidung auch § 43 IV GmbHG zwingend sein. Dem Urteil lag die Satzungsklausel einer Publikums-KG zugrunde. Danach verjährten Ansprüche gegen Aufsichtsratsmitglieder wegen Verletzung ihrer gesellschaftsrechtlichen Obliegenheiten, die während des vorangegangenen Kalenderjahres entstanden waren, in drei Monaten nach Beendigung der ordentlichen Gesellschafterversammlung. Überdies war die Haftung auf deren Einlage in der KG beschränkt[108]. Diese Bestimmung verstieß nach Auffassung des BGH gegen § 242 BGB. Eine Übertragung dieses Urteils auf § 43 IV GmbHG im Rahmen von Ansprüchen der GmbH gegen den Geschäftsführer aufgrund der Ausführung von nachteiligen Weisungen scheidet jedoch aus mehreren Gründen aus. Es fehlt dabei sowohl an der sachlichen als auch an der personellen Vergleichbarkeit.

In sachlicher Hinsicht handelte es sich um eine reine Kapitalbeteiligungsgesellschaft in Form einer Publikums-KG. In diesen Gesellschaften beteiligte sich eine unbestimmte Anzahl von Kommanditisten aus Investitionsgründen, die in keinerlei Beziehung untereinander oder zur Gesellschaft standen[109]. Sie nahmen weder Einfluß auf die Gestaltung des Gesellschaftsvertrages, den sie vorformuliert unterzeichneten, noch auf die Geschäftsführung[110]. Im Rahmen der vorliegend untersuchten Weisungsfälle nehmen die Gesellschafter einer GmbH hingegen maßgeblichen Einfluß auf die Unternehmensführung. Daher läßt sich bereits das Schutzbedürfnis der Kommanditisten nicht mit dem der Gesellschafter in Einklang bringen.

In personeller Hinsicht wurde die Verjährung von Ansprüchen gegen Aufsichtsratsmitglieder begrenzt, denen aufgrund der Satzung eine außergewöhnlich einflußreiche Stellung eingeräumt wurde. Ihnen oblag nicht nur die Vertretung der Kommanditisten sowie die Überwachung und die Entlastung der Geschäftsfüh-

---

106 BGHZ 59, 73, 74; *Palandt/Heinrichs*, Vor § 194 Rz. 4.

107 BGHZ 64, 238, 244.

108 BGHZ 64, 238, 240.

109 BGHZ 64, 238, 241.

110 BGHZ 64, 238, 241.

rer. Vielmehr wirkten sie selbst bei der Geschäftsführung mit[111]. Damit verfügten sie über ein Machtpotential, das deutlich über dem der Geschäftsführung lag. Aus diesem Grund gewannen potentielle Haftungsmöglichkeiten als eine der wenigen Methoden der Verhaltenskontrolle[112] an Bedeutung. Die vorliegende Untersuchung bezieht sich hingegen auf den Fremd- oder Minderheitsgesellschaftergeschäftsführer, dessen Kompetenzen im Rahmen einer Weisung auf ein Minimum, sprich auf die Überprüfung der Rechtmäßigkeit, reduziert sind.

Mangels Vergleichbarkeit läßt sich daher der zwingende Charakter von § 47 IV GmbHG nicht aus dem genannten BGH-Urteil entnehmen[113].

b) Schutz der Gläubiger und Minderheitsgesellschafter

Dieser könnte sich jedoch allgemein aus dem im Schrifttum regelmäßig genannten Schutz der Gläubiger[114] ergeben. Fraglich ist mithin, ob eine Verjährungsabkürzung die Gläubiger des Unternehmens entgegen Treu und Glauben unangemessen benachteiligt. Soweit Ansprüche betroffen werden, die ausdrücklich dem Schutz der Gläubiger dienen, würde eine Abkürzung des § 43 IV GmbHG die Gläubiger unzweifelhaft unangemessen benachteiligen, da der Gesetzgeber durch § 43 III GmbHG deren Schutz in besonderem Maße ausgestaltet hat. Daher ist eine Abkürzung in diesem Rahmen unzulässig[115]. Im Anwendungsbereich von § 43 II GmbHG kann auf die Ergebnisse im Zusammenhang mit der Begrenzung des Verschuldens zurückgegriffen werden[116]. Sofern es möglich ist, durch die Herabsetzung des Verschuldensmaßstabs den durch die Gläubiger pfändbaren Anspruch erst gar nicht entstehen zu lassen, kann eine Herabsetzung der Verjährungsfrist, die lediglich auf die Zeit Einfluß nimmt, die zur Geltendmachung des Anspruchs zur Verfügung steht, nicht grundsätzlich unwirksam sein[117].

---

111 BGHZ 64, 238, 239.

112 Zur Bedeutung der Verhaltenskontrolle innerhalb der Funktionen der Haftung, vgl. oben S. 67f.

113 Im Ergebnis ähnlich, jedoch ohne inhaltlichen Vergleich des Urteils mit der Verjährung aus § 43 IV GmbHG, *Heisse*, Beschränkung, S. 132.

114 Diesen Aspekt beziehen sämtliche Ansätze zumindest mittelbar in ihre Analyse ein, unabhängig vom jeweiligen Ergebnis der Untersuchungen. Vgl. allgemein *Lutter/Hommelhoff*, § 43 Rz. 23; *Bastuck*, Enthaftung, S. 93; *Voormann*, Beirat, S. 198f.; *Roth/Altmeppen*, § 43 Rz. 59; *Konow*, GmbHR 1968, 219, 222; *Baumbach/Hueck/Zöllner*, § 43 Rz. 31; *Meyer-Landrut/Miller/Niehus*, § 43 Rz. 20; *Heisse*, Beschränkung, S. 132; *Scholz/Schneider*, § 43 Rz. 207; *Hachenburg/Mertens*, § 43 Rz. 95; *Schaub*, DStR 1992, 985, 988.

115 So auch *Roth/Altmeppen*, § 43 Rz. 59; *Konow*, GmbHR 1968, 219, 222; *Baumbach/Hueck/Zöllner*, § 43 Rz. 31; *Meyer-Landrut/Miller/Niehus*, § 43 Rz. 20; *Klumpp*, Haftung, S. 61. Darunter läßt sich auch *Heisse*, Beschränkung, S. 132 fassen, der nach der Funktion der Haftung differenziert und im Rahmen des durch § 43 III GmbHG geschützten Befriedigungsinteresses eine Abkürzung ablehnt, sie im Bereich des durch § 43 II GmbHG geschützten Präventionsinteresses hingegen für zulässig hält. A.A. *Scholz/Schneider*, § 43 Rz. 207; *Hachenburg/Mertens*, § 43 Rz. 95; *Schaub*, DStR 1992, 985, 988.

116 Vgl. dazu oben S. 131ff.

117 So auch *Lutter/Hommelhoff*, § 43 Rz. 23; *Bastuck*, Enthaftung, S. 93 sowie *Voormann*, Beirat , S. 198f. zur Verjährungsabkürzung bei Ansprüchen gegen Beiratsmitglieder.

Gleiches gilt für den Schutz der Minderheitsgesellschafter. Sofern lediglich die Einrede vertraglich abgeändert wird, gelten keine strengeren Anforderungen als für die Modifikation des gesetzlichen Tatbestands. Problematisch kann in diesem Zusammenhang allenfalls die Untergrenze der Verjährung sein, da sie die Durchsetzung des Anspruchs faktisch außer Kraft setzen könnte.

II. Allgemeine Grenzen einer Abkürzung der Verjährung aus §§ 138, 242 BGB

1. Grundanforderungen an die Grenzen aus §§ 138, 242 BGB

Die Möglichkeit einer Verjährungserleichterung aus § 225 S. 2 BGB unterliegt bestimmten Grenzen. Im Folgenden ist daher zu erörtern, inwieweit diese auch auf § 43 IV GmbHG Anwendung finden. Ebenso wie im Rahmen der Haftungssummenbegrenzung kann die Abkürzung der Verjährung wegen Sitten- oder Treuwidrigkeit gemäß §§ 138, 242 BGB[118] unwirksam sein. Danach müßte die Abkürzung der Verjährung das Anstandsgefühl aller billig und gerecht Denkenden[119] verletzen, das sich maßgeblich an der Rechtsethik orientiert, die der herrschenden Wirtschafts- und Sozialordnung immanent ist[120] bzw. gegen Treu und Glauben verstoßen. Der Grundsatz von Treu und Glauben kommt dabei in der Ausprägung des Rechtsmißbrauchs zur Anwendung. In diesem Fall würde die Berufung auf die Verjährungsabrede als mißbräuchliche früher begründete Rechtsstellung angesehen, da die Vereinbarung einer zu kurzen Verjährungsfrist die Gesellschaft, Minderheitsgesellschafter oder Gläubiger beeinträchtigen kann[121].

Die Grenzen des Verjährungszeitraums werden im vorliegenden Fall durch deren Schutz bestimmt, da die Verjährungsvorschrift aus § 43 IV GmbHG die Durchsetzung eines ihnen unmittelbar oder mittelbar zur Verfügung stehenden Anspruchs betrifft. Es muß sich demgemäß um einen Zeitraum handeln, der die Durchsetzung bzw. Pfändung des Anspruchs nicht unzumutbar erschwert. Zur Ermittlung einer derartigen Zeitspanne lassen sich zwei unterschiedliche Ansatzpunkte heranziehen. Zum einen können Verjährungsvorschriften anderer Ansprüche angewandt werden, da der Gesetzgeber mit deren Einführung bereits dokumentiert hat, daß weder Gläubiger noch Dritte in diesen Bereichen unangemessen benachteiligt werden. In diesem Fall müssen die Ansprüche jedoch vergleichbar sein. Zum anderen ist es möglich, einen speziellen, auf die Bedürfnisse der im vorliegenden Fall betroffenen Rechtskreise zugeschnittenen Maßstab zu entwickeln.

---

118 *Staudinger/Peters*, § 225 Rz. 19.

119 Diese allgemeine Formel geht auf reichsgerichtliche Entscheidungen zurück, vgl. RGZ 80, 219, 221; 120, 144, 148.

120 Vgl. *Münchener Kommentar/Mayer-Maly*, § 138 Rz. 13; LG Münster NJW 1975, 2070, 2073.

121 Vgl. *Münchener Kommentar/Roth*, § 242 Rz. 286, 288ff.

2. Umsetzung der Grundanforderungen

a) Anwendung bestehender Verjährungsvorschriften

aa) § 196 BGB als Maßstab

Zunächst bieten sich die allgemeinen Regeln zur Verjährung gemäß § 196 BGB als Vergleichsmaßstab an. § 196 BGB, der sowohl eine zwei- als auch vierjährige Frist beinhaltet, ist jedoch nur schwerlich als Maßstab heranzuziehen. Der Normzweck kann nicht auf den Anspruch aus § 43 II GmbHG übertragen werden. Die in § 196 BGB aufgeführten Fristen beziehen sich weitgehend auf vertragliche Ansprüche und beruhen auf dem Gedanken, daß die aus Leistungen des täglichen Lebens resultierenden Forderungen in der Regel bald bezahlt, keine Belege ausgegeben oder häufig vernichtet werden[122]. Der Anspruch aus § 43 GmbHG ergibt sich jedoch häufig aus komplizierten Lebenssachverhalten, setzt mitunter schwierige rechtliche Analysen voraus und begründet daher keine alltägliche Forderung.

bb) § 852 BGB als Maßstab

Dies führt zu einem Vergleich mit § 852 BGB. Die kurze Verjährungsfrist von drei Jahren gilt jedoch im Gegensatz zur Verjährung aus § 43 IV GmbHG nicht ab Eintritt, sondern ab Kenntnis des Schadens. Ohne Rücksicht auf diese Kenntnis verjährt der Anspruch erst in dreißig Jahren. Insofern stellt die kurze Verjährung auf eine Voraussetzung ab, die ebenfalls nur schwer mit der des § 43 IV GmbHG vergleichbar ist[123]. Es handelt sich dabei vielmehr um einen spezifischen gesellschaftsrechtlichen Schadensersatzanspruch, dessen Mindestverjährung auch an dessen besonderer Struktur ausgerichtet werden muß.

b) Anwendung eines spezifisch gesellschaftsrechtlichen Maßstabs

aa) Herleitung einer spezifischen Mindestverjährungsfrist

Abzustellen ist hingegen darauf, wann die Gesellschafter nach der gesetzlichen Konzeption des GmbHG die Gelegenheit haben, einen Schadensersatzanspruch gegen den Geschäftsführer zu erkennen und über dessen Durchsetzung zu entscheiden. Dieser Zeitraum darf durch eine Vereinbarung der Verjährung nicht unterlaufen werden, da ansonsten die Durchsetzung des Anspruchs unzumutbar erschwert würde. Ein solcher Schaden läßt sich zumindest einer genauen Analyse der ordnungsgemäß aufgestellten Bilanz und Gewinn- und Verlustrechnung[124] entnehmen, die gemäß § 242 III HGB den Jahresabschluß bilden. Durch eine Analyse des Betriebsergebnisses lassen sich Aufwandsveränderungen fest-

---

122 *Münchener Kommentar/v. Feldmann*, § 196 Rz. 1; *Jauernig/Jauernig*, § 196 Rz. 1; vgl. auch BGHZ 91, 305, 308.

123 Den Rahmen von drei Jahren hält hingegen *Heisse*, Beschränkung, S. 133 für geeignet. Welcher Maßstab herangezogen wurde bleibt hingegen unbeantwortet.

124 Zum Inhalt der Gewinn- und Verlustrechnung als Informationsbasis *Gräfer*, Bilanzanalyse, S. 112ff.

stellen, denen im Wege weiterer Ursachenforschung nachgegangen werden kann[125], da die Gesellschafter gemäß § 51a GmbHG das Recht haben, Einblick in sämtliche Geschäftsunterlagen der Gesellschaft zu nehmen. Der Geschäftsführer muß den Jahresabschluß gemäß § 42a I GmbHG zusammen mit dem Lagebericht unverzüglich nach der Aufstellung den Gesellschaftern vorlegen. Die den Gesellschaftern obliegende Feststellung des Jahresabschlusses muß gemäß § 42a II GmbHG nach acht, bei kleinen Gesellschaften i.S.v. § 267 I HGB nach spätestens elf Monaten nach Ablauf des letzten Geschäftsjahres erfolgen. Zu diesem Zeitpunkt müssen die Gesellschafter den vom Geschäftsführer aufgestellten Jahresabschluß als verbindlich erklären[126]. Von einem zu Beginn des vergangenen Geschäftsjahres eingetretenen Schaden könnten die Gesellschafter nach der gesetzlichen Regelung maximal 23 Monate später Kenntnis erlangt haben, sofern sie die ihnen vorliegenden, ordnungsgemäß aufgestellten Unterlagen sorgfältig prüfen[127]. Diese Prüfung wird für die Gesellschafter dadurch erleichtert, daß sie sich auf einen sachlich abgrenzbaren Bereich erstreckt. Sie bezieht sich lediglich auf die Verjährung von Ansprüchen, die durch die Ausführung nachteiliger Weisungen entstehen. Gerade darin besteht ein wesentlicher Unterschied im Vergleich zu dem bereits angeführten BGH-Urteil[128]. In diesem Fall erstreckte sich die abgekürzte Verjährung auf sämtliche Ansprüche gegen die Aufsichtsratsmitglieder. Dadurch wird die Ermittlung etwaiger Schäden wesentlich erschwert. Es steht den Gesellschaftern überdies frei, von ihrem Informationsrecht gemäß § 51a GmbHG Gebrauch zu machen und detaillierte Aufklärung über die für den Anspruch relevanten Fakten zu verlangen. Sollte der Geschäftsführer unzureichende Informationen als Beurteilungsgrundlage zur Verfügung stellen, erwächst ihnen daraus kein Nachteil. Dies wäre als zusätzliche Pflichtverletzung im Rahmen des § 43 II GmbHG zu qualifizieren und würde von der abgekürzten Verjährung nicht erfaßt.

Sofern die Gesellschafter feststellen, daß der Geschäftsführer einen Schaden verursacht hat, ist es notwendig, den gemäß § 46 Nr. 8 GmbHG zur Geltendmachung eines Ersatzanspruchs gegen den Geschäftsführer erforderlichen Beschluß zu fassen. Da es mitunter schwierig sein kann, die zu diesem Zeitpunkt bereits feststehende Tagesordnung um einen neuen Beschlußgegenstand zu ergänzen[129], ist den Gesellschaftern ein weiterer Zeitraum zuzubilligen, um eine

---

125 Vgl. dazu wiederum *Gräfer*, Bilanzanalyse, S. 147, der betont, es sei durch die Verwendung der Kennzahlen zur Analyse des Betriebserfolgs, wie z.B. Umsatzveränderungen, Bestandsveränderungen (Materialaufwand, Personalaufwand, Abschreibungsaufwand und sonstige betriebliche Aufwendungen) und Wirtschaftlichkeitsbetrachtungen schnell möglich, Auffälligkeiten zu entdecken, deren Ursache dann erforscht werden können.

126 Zu den Wirkungen vgl. *Scholz/Crezelius*, § 42a Rz. 29ff.

127 Dabei kann es nicht auf die Sachkenntnis des einzelnen Gesellschafters ankommen, eine Bilanzanalyse vorzunehmen, da ihm zugemutet werden muß, einen Rechtsanwalt, Steuerberater oder Wirtschaftsprüfer hinzuzuziehen.

128 Vgl. oben S. 383f.

129 Sofern noch genügend Zeit verbleibt, läßt sich eine Ergänzung über § 51 IV GmbHG herbeiführen, der die Hinzufügung von Beschlußgegenständen drei Tage vor Beginn der Versammlung zuläßt, vgl. dazu *Scholz/Schmidt*, § 51 Rz. 21ff. Ansonsten ist die Zustimmung sämtlicher Gesellschafter erforderlich, vgl. dazu *Baumbach/Hueck/Zöllner*, § 51 Rz. 25f.

neue Gesellschafterversammlung einzuberufen. Diese ist nach der gesetzlichen Grundkonzeption gemäß § 51 I GmbHG mit einer Frist von mindestens einer Woche zu bewirken. Um eventuellen Kommunikations-schwierigkeiten zwischen den Gesellschaftern sowie einer durch die Satzung verlängerten Einberufungsfrist[130] gerecht zu werden, ist den Gesellschaftern ein Zeitraum von einem Monat zuzugestehen. Diese Frist ist auch nicht unzumutbar kurz, da in der Regel bereits auf der den Jahresabschluß feststellenden Gesellschafterversammlung über eine Entlastung des Geschäftsführers entschieden wird[131], die zum Wegfall von Schadensersatzansprüchen führt[132]. Zur Einreichung einer Klage genügt eine zusätzliche Zeitspanne von einem Monat. Insofern darf die abgekürzte Verjährung 25 Monate nicht unterschreiten.

Diese Frist beeinträchtigt auch die nur reflexartig geschützten Gläubiger nicht in unangemessener Weise, da sie sowieso damit rechnen müssen, daß der Anspruch gegenüber dem Geschäftsführer im Rahmen der Entlastung wegfällt, die üblicherweise zum Zeitpunkt der Feststellung des Jahresabschlusses durchgeführt wird. Damit kann der Anspruch sogar zu einem früheren Zeitpunkt entfallen[133].

Sollte diese Frist dennoch unterschritten werden, muß die gesamte Verjährungsabkürzung als unwirksam angesehen werden[134] und die gesetzliche Verjährung aus § 43 IV GmbHG aufleben. Sofern aus geltungserhaltenden Gründen lediglich die Untergrenze angesetzt würde, könnte in der Hoffnung, die Regelung werde keiner juristischen Prüfung unterzogen, jede beliebige Zeitspanne gewählt werden. Damit würden jedoch die beschriebenen Schutzinteressen unterlaufen.

bb) Zusätzliche Geltung von § 852 II BGB

Da die GmbH von ihrer gesetzlichen Konzeption und praktischen Verwendung eher personalistisch strukturiert[135] ist und häufig engere persönliche Beziehungen zwischen Gesellschaftern und Geschäftsführer bestehen, muß die vereinbarte Verjährung diesem Umstand Rechnung tragen. Es ist daher sachgerecht, § 852 II BGB entsprechend heranzuziehen und den Lauf der Verjährung solange als gehemmt anzusehen, wie Verhandlungen zwischen Gesellschaftern

---

130 Die Festsetzung der Einberufungsfrist unterliegt der Satzungsautonomie der Gesellschafter, vgl. *Scholz/Schmidt*, § 51 Rz. 4.

131 *Baumbach/Hueck/Zöllner*, § 46 Rz. 27; *Hachenburg/Hüffer*, § 46 Rz. 60; *Schmidt*, ZGR 1978, 425, 437.

132 Vgl. dazu oben S. 240.

133 Mit diesem Argument mindert *Heisse*, Beschränkung, S. 133 die praktische Bedeutung einer Abkürzung der Verjährung gegenüber den Gläubigern.

134 Dies entspricht auch den Rechtsfolgen der §§ 138, 242 BGB, vgl. *Münchener Kommentar/Mayer-Maly*, § 138 Rz. 132ff.; *Münchener Kommentar/Roth*, § 242 Rz. 267f.

135 Obgleich in den beiden letzten Jahrzehnten insbesondere die GmbH & Co KG eine neue Verwendungsform als Publikums- und Anlagegesellschaft gefunden hat, die in der Regel als Abschreibungsgesellschaft eingesetzt wird, ist die überwiegende Zahl der GmbH, selbst bei größerem Anteilseignerkreis, mitunternehmerisch bzw. personalistisch ausgerichtet, vgl. *Rowedder/Schmitt-Leithoff*, Einleitung Rz. 115ff., 120.

und Geschäftsführer über den Ersatzanspruch schweben und nicht eine der Parteien deren Fortsetzung verweigert[136]. Auf diese Weise können im Einzelfall auftretende Unbilligkeiten ausgeglichen werden.

III. Form einer Abkürzung der Verjährung

Die formellen Anforderungen an eine Verjährungsverkürzung entsprechen wiederum denen der Verschuldensbegrenzung[137], da die abzuwägenden Interessen in beiden Situationen gleich sind. Im vorliegenden Fall bedarf es ebenfalls eines Gesellschafterbeschlusses, um den formellen dogmatischen Anforderungen an Modifikationen der organisationsrechtlichen Haftungsnorm aus § 43 II, III GmbHG, zu der auch die spezielle Verjährungsvorschrift aus § 43 IV GmbHG zählt, gerecht zu werden.

§ 21 ZUSAMMENFASSUNG

Die Analyse der möglichen Einwendungen bzw. der Verjährungseinrede hat wiederum ergeben, daß im Rahmen der Weisungsfälle eine Vielzahl von Möglichkeiten besteht, das Haftungsrisiko des Geschäftsführers zu mindern. Besonders wichtig ist dabei der Einwand unzulässiger Rechtsausübung, da die Haftungssummenvereinbarung und Verjährungsabkürzung eine Vereinbarung mit den Gesellschaftern voraussetzen, die der Geschäftsführer im Fall einer schwachen Verhandlungsposition in der Regel nicht durchsetzen kann.

---

136 Dies bietet den Gesellschaftern einen größeren Schutz als der ansonsten denkbare Einwand unzulässiger Rechtsausübung, der dem Geschäftsführer unter bestimmten Voraussetzungen die Berufung auf die Einrede der Verjährung verwehrt. Dabei gelten jedoch strenge Maßstäbe, BGH, NJW 1988, 2245, 2247. So kommt der Einwand in der Regel nur dann in Betracht, wenn der Geschäftsführer im Verlauf der Verhandlungen einen Vertrauenstatbestand schafft, bei dem die Gesellschafter davon ausgehen konnten, daß er mit der Zurückstellung der gerichtlichen Geltendmachung einverstanden ist, der Anspruch außergerichtlich beglichen wird oder er nur Einwendungen in der Sache erhebt, std. Rspr. BGHZ 93, 64, 68; *Palandt/Heinrichs*, Überbl. v. § 194 Rz. 10ff.

137 Dazu oben S. 143ff.

6. TEIL: BEGRENZUNGEN DES HAFTUNGSRISIKOS IM HINBLICK AUF DIE BEWEISLASTVERTEILUNG IM RAHMEN VON § 43 II, III GMBHG

Der sechste Teil der Untersuchung beschäftigt sich mit der Frage, wer bei einer gerichtlichen oder außergerichtlichen Auseinandersetzung im Hinblick auf eine Schadensersatzpflicht aus § 43 II, III GmbHG die Beweislast für das Vorliegen der einzelnen Tatbestandsmerkmale, Erlöschensgründe, Einwendungen und Einreden trägt und ob sich im Rahmen von Weisungen eine besondere Beweislastverteilung ergibt oder Möglichkeiten existieren, von diesen Grundsätzen abzuweichen. Da es sich in der Praxis häufig schwierig gestaltet, die maßgeblichen Tatsachen zu ermitteln, ist die Beantwortung dieser Frage ebenfalls von besonderer Bedeutung[1].

§ 22 ALLGEMEINE BEWEISLASTVERTEILUNG IM RAHMEN DES § 43 II, III GMBHG

Um Milderungsmöglichkeiten für die Haftung des Geschäftsführers im Hinblick auf Weisungen zu analysieren, ist vorab die allgemeine Beweislastverteilung im Rahmen des § 43 II, III GmbHG zu klären.

A. Unstreitige Aspekte der Beweislastverteilung

Die Verteilung der Beweislast ist für den überwiegenden Teil der Tatbestandsmerkmale des § 43 II GmbHG geklärt. Unstreitig hat die Gesellschaft das Vorliegen eines Schadens sowie dessen kausale Verursachung durch den Geschäftsführer nachzuweisen[2]. Dem Geschäftsführer obliegt hingegen der Nachweis, daß er nicht schuldhaft gehandelt hat[3]. Letzteres wird aus einer entsprechenden Anwendung der §§ 93 II 2 AktG, 34 II 2 GenG abgeleitet, die eine solche Beweislastverteilung für den Vorstand einer AG und eG normieren[4].

B. Problem der Beweislast im Hinblick auf die objektive Pflichtwidrigkeit

I. Überblick zum Meinungsstand

Problematisch ist hingegen, wer die Darlegungs- und Beweislast hinsichtlich der objektiven Pflichtverletzung trägt. Diese Frage wird in Literatur und Rechtsprechung nicht einheitlich beantwortet. Teilweise wird die Beweislast dem Ge-

---

1 So auch *v. Gerkan*, ZHR 154 (1990), 39, 40.

2 BGH, GmbHR 1974, 131, 132; BGH, WM 1992, 223, 224; GmbHR 1994, 459; *v. Gerkan*, ZHR 154 (1990), 39, 43ff.; *Bäcker/Prühs*, Geschäftsführerhaftung, S. 24; *Wissmann*, Haftung, S. 29; *Fleck*, GmbHR 1997, 224; *Jula*, Haftung, S. 47; *Meyke*, Haftung, Rz. 72; *Rowedder/Koppensteiner*, § 43 Rz. 34; *Baumbach/Hueck/Zöllner*, § 43 Rz. 24.

3 *Roth/Altmeppen*, § 43 Rz. 44; *v. Gerkan*, ZHR 154 (1990), 39, 61; *Scholz/Schneider*, § 43 Rz. 168; *Hachenburg/Mertens*, § 43 Rz. 66.

4 § 52 I GmbHG verweist lediglich für die Haftung und Beweislastverteilung von Aufsichtsratsmitgliedern auf §§ 93 II, 116 AktG.

schäftsführer[5] und teilweise der Gesellschaft[6] auferlegt. Darüber hinaus sind auch Mittelmeinungen zu nennen. Dabei verlangt *Goette* der Gesellschaft ab, zumindest den Nachweis einer möglichen Pflichtverletzung zu erbringen[7]. *Heermann* äußert sich differenzierend im Rahmen unternehmerischer Ermessensentscheidungen des Geschäftsführers. Dabei müsse die Gesellschaft einen substantiierten Tatsachenvortrag zur Pflichtverletzung erbringen, den der Geschäftsführer mit einem Gegenvorbringen entkräften könne, dessen Anforderungen steigen, je weiter das Leitungsorgan in den Bereich unternehmerischen Ermessenspielraums eindringe[8]. Die reichsgerichtliche Rechtsprechung ging eher von einer Entlastungspflicht des Geschäftsführers aus[9], wohingegen die BGH-Rechtsprechung die Beweislast weitgehend der Gesellschaft auferlegt[10]. Die entsprechenden Formulierungen der BGH-Urteile sind jedoch zumeist obiter dicta[11], weil in den Entscheidungen entweder die objektive Pflichtverletzung bereits feststand[12] und/oder der Gesellschaft der Nachweis des Schadens[13] oder der Kausalität[14] nicht gelang. Den zentralen Gesichtspunkt sämtlicher Ansätze bilden dabei die §§ 93 II 2 AktG, § 34 II 2 GenG, so daß der Inhalt und die tatsächliche Bedeutung dieser Normen anhand der anerkannten Auslegungsregeln zu ermitteln ist.

II. Analyse der Beweislast im Hinblick auf die objektive Pflichtwidrigkeit anhand einer Auslegung der §§ 93 II 2 AktG, 34 II 2 GenG

Da nach der Normentheorie[15] jede Partei die Voraussetzungen der ihr günstigen Norm zu beweisen hat[16], müßte die Gesellschaft den Nachweis für das Vorlie-

---

5 Explizit zur GmbH: *Scholz/Schneider*, § 43 Rz. 167ff., 168; *v. Gerkan*, ZHR 154 (1990), 39, 49ff., 55. Innerhalb dieser Auffassungen nehmen allerdings einige eine Sonderstellung ein, da sie den Schadensbegriff für § 43 II GmbHG anders definieren. Dabei wird nur eine zweck- oder pflichtwidrige Schädigung der Gesellschaft als relevant angesehen, so daß der Gesellschaft dafür im Rahmen des Schadensnachweises auch die Beweislast für die Pflicht- oder Zweckwidrigkeit obliegt. So z.B.: *Hachenburg/Mertens*, § 43 Rz. 66; *Baumbach/Hueck/Zöllner*, § 43 Rz. 24; *Rowedder/Koppensteiner*, § 43 Rz. 21ff. Vgl. auch *Fleck*, GmbHR 1997, der die Relevanz des Pflichtwidrigkeitsnachweises insoweit relativiert, als daß die Verschuldensprüfung die Pflichtwidrigkeit in erheblicher Weise beeinflusse.

6 *Lutter/Hommelhoff*, § 43 Rz. 21; *Heisse*, Beschränkung, S. 48ff.; *Fleck*, GmbHR 1974, 224; *Höhn*, Geschäftsleitung, S. 190; *GmbH-Handbuch/Axhausen*, § 5 Rz. 219; *Parisius/Crüger*, GmbHG, § 43 Anm. 2; *Brodmann*, GmbHG, § 43 Anm. 2.

7 *Goette*, ZGR 1995, 648, 671ff.

8 *Heermann*, ZIP 1998, 761, 767ff.

9 U.a. RGZ 98, 98, 100; RG, JW 1936, 2313.

10 U.a. BGH, WM 1971, 125; WM 1972, 1121f.; BGH, NJW 1978, 425;WM 1982, 523; ZIP 1994, 872, 873.

11 Dazu ausführlich *Goette*, ZGR 1995, 648, 667, der in einer umfassenden Analyse die in diesem Zusammenhang bisher relevanten Urteile untersucht.

12 BGH, WM 1971, 125; WM 1972, 1121f.; WM 1982, 523.

13 BGH, NJW 1978, 425;WM 1982, 523; ZIP 1994, 872.

14 BGH, WM 1992, 223, 224.

15 *Rosenberg*, Beweislast, S. 98ff.

16 Zu den weiteren Ansätzen, denen es nicht gelang, die Normentheorie abzulösen, *Prütting*, Gegenwartsprobleme, S. 190f. zur Verteilung der Beweislast nach Wahrschein-

gen einer objektiven Pflichtverletzung erbringen. Jedoch stößt dieser Grundsatz auf seine Grenzen, wo spezielle Normen die Beweislast ausdrücklich anders verteilen oder sonstige vergleichbare Ansprüche durch die Berücksichtigung übergeordneter Grundsätze eine unterschiedliche Verteilung indizieren[17].

Die einzigen speziellen Vorschriften, aus denen sich eine Beweislast ergeben kann, sind die §§ 93 II 2 AktG, 34 II 2 GenG. Deren Auslegung ergibt jedoch keine zwingenden Argumente für eine Beweislast des Geschäftsführers im Hinblick auf die objektive Pflichtwidrigkeit.

1. Wortlautauslegung

Der Wortlaut läßt eine solche Auslegung nicht zu. Die angesprochene Sorgfaltspflicht weist vielmehr auf das Verschulden hin, da diese Teil des Fahrlässigkeitsbegriffs ist[18].

2. Systematische Auslegung

Zu zwingenden Ergebnissen gelangt man ebenfalls nicht im Wege der systematischen Auslegung. Gleichwohl wird angeführt, die Beweislast für das Verschulden müsse zwangsläufig auch die Beweislast für die Pflichtwidrigkeit umfassen. Bestimmte Umstände seien für die Pflichtwidrigkeit und das Verschulden gleichermaßen bedeutsam. Die Parallelität der Fragestellungen erfordere einen Gleichlauf der Beweislast[19]. Sofern für das Verschulden und die Pflichtwidrigkeit dieselben Umstände relevant seien, werde die Regelung, daß der Geschäftsführer den Nachweis für fehlendes Verschulden erbringen muß, in sein Gegenteil verkehrt, wenn dieselben Umstände zunächst von der Gesellschaft nachgewiesen werden müßten[20]. Die Fälle doppelt relevanter Fragestellungen müßten jedoch nicht näher bestimmt und von anderen Fällen abgegrenzt werden, da es sich im Rahmen des § 43 II GmbHG um ein grundsätzliches Problem handele. Dies ergebe sich aus dem Maß und der Präzisierung der Pflichtanforderungen in § 43 I GmbHG, die deutlich über denen des allgemeinen Zivilrechts lägen[21]. Dieser Ansatz erscheint auf den ersten Blick einleuchtend, vernachlässigt jedoch bei näherer Prüfung wesentliche Gesichtspunkte. Zunächst liegt es in der Natur eines jeden Lebenssachverhalts, daß bestimmte Umstände für mehrere Tatbestandsmerkmale relevant sein können. Je komplexer ein Sachverhalt ist, desto mehr mögen die einzelnen Fakten ineinander verwoben sein und le-

---

lichkeit; *Musielak*, ZZP 100 (1987), 385ff.; *Musielak/Stadler*, Grundfragen, S. 109ff. zum negativen Grundprinzip der Beweislast.

17 *v. Gerkan*, ZHR 154 (1990), 39, 41f. unter Bezugnahme auf *Rosenberg*, Beweislast, S. 130; *Leipold*, Beweislastregeln, S. 44ff.; *Prütting*, Gegenwartsprobleme, S. 257ff., 263f.; *Musielak/Stadler*, Grundfragen, 109f.

18 *Lutter/Hommelhoff*, 3 43 Rz. 21 geht von einer ausdrücklichen Regelung des Verschuldens aus; ebenso *Heisse*, Beschränkung, S. 48. Selbst *Goette*, ZGR 1995, 648, 672 räumt dies ein.

19 *v. Gerkan*, ZHR 154 (1990), 39, 52ff.

20 *v. Gerkan*, ZHR 154 (1990), 39, 53.

21 *v. Gerkan*, ZHR 154 (1990), 39, 53.

diglich die Aufklärung der Gesamtumstände Aufschluß über Pflichtwidrigkeit, Verschulden und Schaden geben. Daraus läßt sich jedoch keine generelle Beweislastumkehr schlußfolgern[22]. Selbst eine am Einzelfall orientierte Verteilung ist faktisch nicht durchführbar, da diese ansonsten nicht mehr von rechtlichen, sondern von ständig wechselnden Umständen abhängen würde, die niemand im voraus bestimmen könnte. Vielmehr müßte in jedem Prozeß von neuem untersucht werden, welche Umstände doppelt relevant sind, was infolge fehlender Voraussehbarkeit zu einer beträchtlichen Rechtsunsicherheit führen würde. Überdies können bestimmte Umstände drei- oder vierfach relevant sein, sprich für die Pflichtwidrigkeit, das Verschulden, den Schaden und die Kausalität. In diesem Fall kann dem Geschäftsführer nicht zugemutet werden, das Nichtvorliegen sämtlicher Tatbestandsmerkmale nachzuweisen. Letztlich leuchtet auch nicht ein, warum dieses Problem infolge der gesteigerten Sorgfaltspflichten des Geschäftsführers gegenüber dem gewöhnlichen Fahrlässigkeitsmaßstab des § 276 I BGB im Rahmen des § 43 II GmbHG virulent sein soll. Der gesteigerte Sorgfaltsmaßstab bestimmt auch die Pflichten des Geschäftsführers. Damit geht ebenfalls eine Beweiserleichterung für die Gesellschaft einher. Aufgrund der hohen Sorgfaltsanforderungen bietet sich ihr ein breiteres Spektrum möglicher Pflichtwidrigkeiten.

3. Historische Auslegung

Darüber hinaus wird die Entstehungsgeschichte der Norm als Argument für die Beweislast des Geschäftsführers angeführt. Danach entsprächen § 93 II 2 AktG und § 34 II 2 GenG den Regelungen, die der Entwurf eines Gesetzes betreffend die KGaA und AG enthielt. In der Begründung zu den ähnlich lautenden Vorschriften sei am Beispiel des Aufsichtsrats erläutert worden, daß die Aktionäre und Gläubiger der Gesellschaft in aller Regel die vielfältigen und von außen kaum überschaubaren Aktivitäten der Aufsichtsräte einer bestimmten Schadensfolge zuordnen können. Ihnen sei es nur selten möglich anzugeben, durch welche konkrete Entscheidung oder Unterlassung der Schaden verursacht wurde[23]. An dieser Begründung müsse auch die heutige Regelung gemessen werden. Dagegen lassen sich jedoch mehrere Einwände vorbringen. Zunächst ist festzustellen, daß die wortlautgetreue Auslegung dieser Begründung dazu führen würde, daß die Gesellschaft nicht einmal nachweisen müßte, daß der Schaden kausal auf eine Pflichtverletzung des Geschäftsführers zurückzuführen ist, weil auch dazu ein Einblick in die Aktivitäten des Unternehmensleiters erforderlich ist. Da jedoch niemand eine derartige Auslegung vornimmt, ist der Wortlaut der Begründung bereits deutlich abzuschwächen. Sollte daraus geschlossen werden, daß die Organe aufgrund ihrer größeren Nähe zu den schadensersatzbegründenden Umständen dem Inhaber des Anspruchs ermöglichen müssen, diesen auch geltend zu machen, stehen mit der Umkehr der Beweislast für das Verschulden und für die Pflichtwidrigkeit zwei Möglichkeiten zur Verfügung. Ein zwingen-

---

22 Diese Umstände werden vielmehr im Rahmen eines Anscheinsbeweises berücksichtigt, der im weiteren Verlauf der Untersuchung noch eine Rolle spielen wird, vgl. unten S. 361.

23 *Goette*, ZGR 1995, 648, 672 unter Verweis auf § 12 Nr. 4 der Begründung des Entwurfs eines Gesetzes betreffend die KGaA und AG von 1884.

der Schluß für beide läßt sich aus der Entstehungsgeschichte allein ohnehin nicht entnehmen, da durch den Wandel der Zeit ein objektivierender Maßstab anzulegen ist[24].

4. Teleologische Auslegung

Entscheidend ist vielmehr der Gesetzeszweck, der vorliegend durch eine lediglich analoge Anwendung der Normen auf den Geschäftsführer zweifach zu prüfen ist[25].

Durch die Umkehr der Beweislast sollen der Gesellschaft realistischere Regreßmöglichkeiten gegen den Geschäftsführer eingeräumt werden. Zu diesem Zweck soll sich der Geschäftsführer im Hinblick auf die Umstände entlasten, zu denen er eine größere sachliche Nähe hat. Da die Gesellschaft einen Anspruch gegen den Geschäftsführer geltend machen will, ist in diesem Zusammenhang auch dessen Interesse an einer adäquaten Verteidigung zu berücksichtigen[26]. Es entspricht nicht einer billigen Beweislast, wenn diese nur infolge einer größeren Nähe zu bestimmten Tatumständen einseitig zu Lasten des Beklagten verteilt wird. Genau darauf läuft diese Beweislastverteilung jedoch letztlich hinaus[27]. Die Gesellschaft ist bereits ausreichend geschützt, wenn der Geschäftsführer sich entgegen der sonst üblichen Beweislast im Rahmen der vertraglichen Schadensersatzhaftung[28] hinsichtlich seiner Sorgfalt entlasten muß. Dies verdeutlicht vor allem ein Vergleich mit anderen Fällen, in denen der Beklagte in größerer Beweisnähe ist, wie z.B. im Rahmen der Produkthaftung[29], der Arzthaftung[30] oder auch der pVV[31]. Dort wird die Beweislast für das Verschulden zwar in Fällen kraß unterschiedlicher Beweisnähe und Schutzwürdigkeit des Klägers umgekehrt. Dennoch muß dieser nachweisen, daß der Beklagte

---

24 Dies gilt unabhängig davon, ob man mit der objektiven Theorie den Willen des historischen Gesetzgebers gänzlich in den Hintergrund drängen und nur am objektiven Telos der Norm anknüpfen möchte, vgl. dazu BGHZ 36, 370, 377 zur Auslegung von § 16 GWB; 67, 339, 341 zur Auslegung von § 227 a I BRAO sowie *Enneccerus/Nipperdey*, AT I, § 54 I, oder mit der subjektiven Theorie den historischen Gesetzgeber zwar für maßgeblich hält, jedoch zwischenzeitliche Wandlungen berücksichtigt, vgl. auch *Münchener Kommentar/Säcker*, Einleitung, Rz. 128; *Hassold*, ZZP 94 (1981), 192, 210.

25 Zunächst muß sich die Untersuchung auf den Zweck der Norm selbst und im Anschluß auf die Möglichkeit der Analogie erstrecken.

26 Nach dem Angreiferprinzip trüge die Gesellschaft die Beweislast für die Pflichtwidrigkeit und das Verschulden. Danach obliegt demjenigen, der eine Veränderung des Besitzstandes begehrt, auch der Nachweis für die Umstände, die sein Verlangen rechtfertigen, *Prütting*, Gegenwartsprobleme, S. 250f.

27 Darauf baut der überwiegende Teil der Literatur seine Argumentation auf, vgl. *Scholz/Schneider*, § 43 Rz. 167ff., 168; *v. Gerkan*, ZHR 154 (1990), 39, 49ff., 55; *Hachenburg/Mertens*, § 43 Rz. 66; *Baumbach/Hueck/Zöllner*, § 43 Rz. 24; *Rowedder/Koppensteiner*, § 43 Rz. 34.

28 Vgl. auch *Heisse*, Beschränkung, S. 49.

29 Vgl. zur Beweislastverteilung *Palandt/Thomas*, § 823 Rz. 219ff.

30 Nur wenn der Behandlungsfehler feststeht, soll in analoger Anwendung des § 282 BGB eine Beweislastumkehr hinsichtlich des Verschuldens möglich sein, vgl. BGH, NJW 1981, 2002, 2004.

31 Vgl. zur Beweislastverteilung *Münchener Kommentar/Emmerich*, Vor § 275 Rz. 343ff.

pflichtwidrig gehandelt hat. Sofern nun für einen Anspruch gegen den Geschäftsführer das Spektrum möglicher Pflichtverletzungen durch die erhöhten Sorgfaltspflichten sogar vergrößert wird, ist nicht einzusehen, daß die Gesellschaft durch eine weitere Beweislastumkehr zusätzlich privilegiert wird.

Doch selbst wenn sich im Rahmen der Vorstandshaftung die Beweislastumkehr des § 93 II 2 AktG und § 34 II 2 GenG auch auf die objektive Pflichtwidrigkeit erstrecken sollte, darf nicht vernachlässigt werden, daß eine Anwendung auf die GmbH nur im Wege einer Analogie vorgenommen werden kann. Die Normen sind jedoch nicht ohne weiteres auf die GmbH übertragbar, da sie auf die Verhältnisse einer AG bzw. eG zugeschnitten wurden. Dies ergibt sich aus zwei Überlegungen. Zunächst geht die zuvor angeführte Begründung des Entwurfs eines Gesetzes betreffend die KGaA und AG von den Schwierigkeiten der Gläubiger aus, Einblick in Gesellschaftsinterna zu erlangen[32]. Dies mag in der AG und eG seine Berechtigung haben, da der Anspruch gemäß § 93 V 1 AktG und § 34 V 1 GenG unter bestimmten Voraussetzungen direkt von den Gläubigern geltend gemacht werden kann. In der GmbH steht den Gläubigern hingegen ein solches Recht nicht zu. Sie sind vielmehr auf die Pfändung des Anspruchs angewiesen. Darüber hinaus darf die Funktion der AG und der eG als Publikumsgesellschaft nicht außer acht gelassen werden, in der die Aktionäre und Genossen weniger Einblick in Unternehmensabläufe haben. In der GmbH gestaltet sich die Sachlage jedoch anders. Die überwiegende Zahl der GmbH sind personalistisch strukturiert[33]. Damit haben die Gesellschafter einen wesentlich besseren Einblick in die Geschehnisse des Unternehmens als der einzelne Aktionär oder Genosse. Doch selbst in der kapitalistisch strukturierten GmbH ist auf die umfassenden Informationsrechte hinzuweisen, die dem GmbH-Gesellschafter im Vergleich zum Aktionär eine ungleich bessere Position einräumen[34].

Daher kann die Beweislast nicht aus den speziellen Vorschriften der § 93 II, 2 AktG oder § 34 II 2 GenG entnommen werden. Vielmehr ist auf allgemeine Grundsätze der Schadensersatzhaftung zu rekurrieren[35].

---

32 Vgl. dazu umfassend *Goette*, ZGR 1995, 648, 672.

33 Vgl. *Rowedder/Rittner/Schmidt-Leithoff*, Einleitung, Rz. 92ff., 120.

34 Vgl. dazu die Unterschiede zwischen § 51a GmbHG und § 131 AktG, der dem Vorstand der AG in Abs. 3 wesentlich umfangreichere Möglichkeiten einräumt, die Auskunft zu verweigern, was infolge der gesetzlichen Ausgestaltung der AG als Publikumsgesellschaft selbstverständlich gerechtfertigt ist. In der Genossenschaft ist ein Auskunftsrecht der Genossen nicht einmal gesetzlich festgelegt. Es ergibt sich aus dem gesellschaftsrechtlichen Verhältnis zwischen eG und den Mitgliedern, umfaßt jedoch lediglich die Angelegenheiten, die zur Meinungsbildung oder ordnungsgemäßen Erledigung von Tagesordnungspunkten bei der Generalversammlung notwendig sind; vgl. *Lang/Weidmüller/Metz/Schaffland,* GenG, § 43 Rz. 43ff.

35 Im Ergebnis ebenso *Heisse*, Beschränkung, S. 49.

III. Analyse der Beweislast im Hinblick auf die objektive Pflichtwidrigkeit anhand der allgemeinen Grundsätze der Schadensersatzhaftung

Diese Grundsätze sind insbesondere aus der pFV abzuleiten, da Ansprüche aus § 43 II GmbHG auch als pFV-Anspruch geltend gemacht werden könnten. Dabei handelt es sich vor allem um Fälle, in denen die Pflichten aus der Organstellung im Anstellungsvertrag näher umschrieben werden. Dieser Tatbestand fällt lediglich im Wege der Anspruchskonkurrenz weg[36]. Danach wäre jedoch die Gesellschaft für die objektive Pflichtwidrigkeit beweispflichtig[37]. In analoger Anwendung des § 282 BGB tritt lediglich im Hinblick auf das Verschulden eine Beweislastumkehr ein[38].

Sollte hingegen bereits die Art des Schadens auf ein pflichtwidriges Verhalten des Geschäftsführers deuten, muß der Nachweis des Verschuldens auch als Anscheinsbeweis für eine Pflichtwidrigkeit des Geschäftsführers gewertet werden[39]. Dabei kommen insbesondere die Fälle in Betracht, in denen sich der Schaden aus einem buchungsmäßigen Fehlbestand an Geldmitteln oder Waren ergibt. In diesem Zusammenhang ist „prima facie" von einer Verletzung der Organisations- oder Kontrollpflichten auszugehen[40].

---

36 Das Verhältnis zwischen pVV und § 43 GmbHG ist umstritten. Die Rechtsprechung geht davon aus, daß § 43 GmbHG eine Haftung aus pVV verdränge. Andere Stimmen im Schrifttum sind der Auffassung, die pVV trete konkurrierend neben § 43 GmbHG, so z.B. *Scholz/Schneider*, § 43 Rz. 13, 208; wobei die pVV keine Bedeutung mehr habe. Letztlich geht ein Teil des Schrifttums davon aus, § 43 GmbHG bilde eine Spezialregelung, die Pflichten des Geschäftsführers aus dem Anstellungsvertrag und der Organstellung in sich aufnehmen, *Baumbach/Hueck/Zöllner*, § 43 Rz. 1c; *Baums*, Geschäftsleitervertrag, S. 212; *Fleck*, ZIP 1991, 1269f.

37 Das Reichsgericht ging ursprünglich sogar von der vollen Beweislast des Gläubigers für den objektiven und subjektiven Tatbestand der pVV aus; vgl. RGZ 97, 116, 117; 169, 84, 97; 171, 168, 171. Nach der BGH-Rechtsprechung trägt der Gläubiger die Beweislast für die objektive Pflichtwidrigkeit und den kausal eingetretenen Schaden. Erst für das Verschulden kommt eine Anwendung des § 282 BGB in Betracht, vgl. BGHZ 3, 162, 174; 59, 303, 309; 100, 185, 188f.

38 *Münchener Kommentar/Emmerich*, Vor § 275 Rz. 346 führt aus, § 282 BGB komme keine hohe Bedeutung mehr zu, da im Hinblick auf den objektiven Fahrlässigkeitsbegriff des Schuldrechts aus § 276 I 2 BGB bei Nachweis der objektiven Pflichtverletzung das Verschulden häufig bereits feststehe.

39 So *Heisse*, Beschränkung, S. 49.

40 Die Rechtsprechung verlangt in einem derartigen Fall vom Geschäftsführer, daß er den Fehlbestand und dessen pflichtgemäße Verwendung aufklärt, ohne daß von einer Beweislastumkehr, vgl. z.B. BGH, WM 1971, 125, 126; WM 1972, 1121, 1122, sondern zum Teil von einer Beweisvermutung ausgegangen wird, vgl. z.B. BGH, WM 1985, 1293f.

§ 23 BEWEISLASTVERTEILUNG IM RAHMEN VON WEISUNGEN

A. Gewöhnliche Beweislastverteilung im Rahmen von Weisungen

I. Beweislast im Hinblick auf die Pflichtwidrigkeit und die Weisung

Da keine Gründe ersichtlich sind, die eine unterschiedliche Verteilung der Beweislast im Hinblick auf den Schaden und die Kausalität rechtfertigen könnten, soll der Blick unmittelbar auf die Pflichtwidrigkeit und die Weisung selbst gelenkt werden.

Sofern der Geschäftsführer eine Weisung ausgeführt hat, ergibt sich die Beweislastverteilung in erster Linie aus der Art der Pflichtverletzung. Sofern diese allein darin liegt, daß der Geschäftsführer die Weisung nicht ausführen durfte, d.h. die Durchführung der geforderten Maßnahme dem Geschäftsführer in eigener Initiative erlaubt gewesen wäre, muß die Gesellschaft die Weisung nachweisen. Ferner trägt die Gesellschaft in Anwendung der zuvor ausgeführten Grundsätze auch die Beweislast für den Mangel, der dem Geschäftsführer eine Ausführung verwehrte.

Handelt es sich hingegen um Pflichtverletzungen, die dem Geschäftsführer nur in Ausführung einer Weisung erlaubt sind, dient sie dem Geschäftsführer als Rechtfertigungsgrund, als Möglichkeit, den Einwand unzulässiger Rechtsausübung geltend zu machen oder sich sonst auf Haftungsbegrenzungen zu berufen, deren Zulässigkeit ein Handeln in Ausführung einer Weisung voraussetzt. Dafür trägt er die Beweislast[41]. Dabei ist eine Weisung der Gesellschafterversammlung nachzuweisen, da die Anordnung eines Mehrheitsgesellschafters oder gesellschaftsfremden Dritten keine Folgepflichten für den Geschäftsführer auslöst. Etwas anderes mag gelten, wenn sämtliche Gesellschafter die Ausführung nachträglich gefordert haben. Damit könnte der Geschäftsführer den Einwand unzulässiger Rechtsausübung nachweisen[42].

II. Beweislast im Hinblick auf das Verschulden

Fraglich ist jedoch, ob dem Geschäftsführer auch im Rahmen von Weisungen die Beweislast für sein sorgfältiges Handeln obliegt. Dazu ist nochmals der Zweck dieser Beweislastverteilung in Erinnerung zu rufen. Infolge der größeren Beweisnähe des Geschäftsführers für die verschuldensrelevanten Umstände soll er bei einem durch Pflichtverletzung kausal herbeigeführten Schaden nachweisen, daß er dennoch sorgfältig gehandelt hat[43]. Der entscheidende Ansatzpunkt ist mithin die Beweisnähe.

---

41 Allg. Meinung, statt vieler: *v. Gerkan*, ZHR 154 (1990), 39, 56ff.

42 Dies läßt sich unproblematisch aus der Normentheorie *Rosenbergs*, Beweislast, S. 90ff. ableiten.

43 *Roth/Altmeppen*, § 43 Rz. 44; *v. Gerkan*, ZHR 154 (1990), 39, 61; *Scholz/Schneider*, § 43 Rz. 168; *Hachenburg/Mertens*, § 43 Rz. 66; BGH, WM 1992, 223, 224.

Sofern die Ausführung der Weisung oder die von ihr geforderte Maßnahme zu einer Pflichtverletzung führt, unterscheidet sich die Beweisnähe zwischen Gesellschaftern und Geschäftsführer im Hinblick auf die Einhaltung der Sorgfaltsanforderungen nicht wesentlich von der auch sonst im Schadensrecht üblichen Beweisnähe zu den verschuldensrelevanten Umständen zwischen Schädiger und Geschädigtem. Der Zugang zu den objektiven Pflichtwidrigkeitsvoraussetzungen ist für beide gleich, da die Gesellschafter die als Beurteilungsgrundlage maßgebliche Weisung erteilen und der Geschäftsführer sie erhält.

Sofern im Rahmen des Verschuldens beurteilt werden muß, ob der Geschäftsführer subjektiv sorgfältig gehandelt hat, hängt die Beweisnähe von der Art des Mangels ab.

Sollte es sich um eine rein rechtliche Beurteilung handeln, d.h. der Geschäftsführer durch die Ausführung der Weisung per se pflichtwidrig handelt, wie im Fall materiell nichtiger, unwirksamer oder an Zuständigkeitsmängeln leidender Weisungen, kann er sich in der Regel nur durch eine entschuldbare Verkennung der rechtlichen Umstände vom Vorwurf mangelhafter Sorgfalt entlasten. Die Frage ist mithin, ob der Geschäftsführer die Unbeachtlichkeit erkannt hat bzw. hätte erkennen können. Nun mag man annehmen, daß die Beantwortung dieser Frage für den Geschäftsführer keineswegs einfacher ist als für die Gesellschaft, da sie sich an juristischen Gesichtspunkten orientiert[44]. Wie bereits im Rahmen der Pflichtwidrigkeit dargelegt, ist der Geschäftsführer verpflichtet, juristischen Rat einzuholen[45]. Ein solches juristisches Gutachten ist den Gesellschaftern in gleichem Maße zugänglich und verständlich wie dem Geschäftsführer. Gleichwohl bliebe dabei außer Betracht, daß ein solches Gutachten nicht immer notwendig ist und über die rein rechtliche Bewertung auch andere Erwägungen für die Feststellung der subjektiven Sorgfalt maßgeblich sein können. Überdies handelt es sich bei den in Rede stehenden Weisungsmöglichkeiten um besonders schwerwiegende Verstöße. Gerade in diesen Fällen darf der Geschäftsführer im Hinblick auf die gesetzliche Ausgangslage der Beweislast nicht privilegiert werden. Etwas anderes wird sich hingegen im Rahmen der Möglichkeiten von Beweislastvereinbarungen ergeben.

Soweit dem Geschäftsführer eine Ermessensentscheidung wie im Rahmen von unklaren oder anfechtbaren Weisungen zusteht, hängt die Beurteilung der Sorgfalt von einer Vielzahl unterschiedlicher Faktoren ab, wie z.B. Wirtschaftlichkeitsgesichtspunkte, Anfechtungswahrscheinlichkeit oder Restlaufzeit der An-

44 Die juristische Kompetenz von GmbH-Geschäftsführern dürfte statistisch nicht größer sein als die von GmbH-Gesellschaftern, vgl. dazu bereits oben S. 78. In diesem Zusammenhang mag zudem eine Rolle spielen, daß sich das Amt der Geschäftsführers in der Regel aus Gründen möglicher Interessenkonflikte nur in seltenen Fällen mit dem Status des Rechtsanwalts als neutralem Organ der Rechtspflege vereinbaren läßt. § 7 Nr. 8 BRAO erfordert nach seiner Neufassung vom 02.09.1994 (BGBl. I, S. 2278) zwar eine Prüfung der Unvereinbarkeit im Einzelfall. Diese ist jedoch im Fall einer kaufmännisch gewerblichen Tätigkeit stets problematisch, vgl. dazu *Feuerich/Braun*, BRAO, § 7 Rz. 88ff. 115ff. Die Stellung als GmbH-Gesellschafter ist hingegen problemlos mit dem Beruf des Rechtsanwalts vereinbar.

45 Vgl. oben S. 108ff.

fechtungsfrist. Die sorgfältige Einbeziehung dieser Abwägungsparameter vermag der Geschäftsführer besser zu beurteilen als die Gesellschafter. Daher ist im Bereich anfechtbarer und unklarer Weisungen die Beweislast für das Verschulden des Geschäftsführers beizubehalten[46].

B. Möglichkeit einer Beweislastumkehr

I. Grundsätzliche Zulässigkeit einer Beweislastumkehr

Vereinbarungen über die Verteilung der Beweislast sind allgemein zulässig[47], da die Beweislastregeln nicht als zwingend angesehen werden[48]. Sie sind allerdings streng von sogenannten Beweisverträgen zu unterscheiden, die in die Ausübung der freien richterlichen Beweiswürdigung eingreifen bzw. die Herabsetzung des Beweismaßes zum Ziel haben. Diese Aspekte stehen nicht zur Disposition der Parteien, da es sich um zwingende Regelungen des Zivilprozeßrechts handelt[49]. Demgegenüber legen Beweislastverträge lediglich fest, welche Partei den Nachweis für das Vorliegen oder Nichtvorliegen eines bestimmten Tatbestandsmerkmals erbringen muß. Der Vertragsgegenstand hat materiellrechtlichen Bezug und unterliegt daher den Prinzipien des materiellen Rechts. Aus diesem Grund finden derartige Vereinbarungen, ebenso wie im Rahmen der Haftungssummenbegrenzung und Verjährungsabkürzung, ihre Grenzen in den allgemeinen Grundsätzen von Treu und Glauben und Sittenwidrigkeit aus §§ 242, 138 BGB. Vereinbarungen über die Beweislast müssen folglich als unwirksam angesehen werden, wenn sie nicht mit dem Schutzzweck der Norm vereinbar sind oder die der anderen Partei auferlegte Beweisführung unzumutbar erschweren.

II. Grenzen einer Beweislastumkehr aus §§ 138, 242 BGB

Fraglich ist mithin, wie die Grenzen bei einer Beweislastumkehr im Hinblick auf § 43 II, III GmbHG aus §§ 138, 242 BGB zu konturieren sind. Bei einer hier in Rede stehenden Umkehr der Beweislast für das Verschulden handelt es sich ebenso wie bei der Verschuldens- und Summenbegrenzung oder Verjährungsverkürzung um einen Eingriff in die Rechte der Gläubiger, der Gesellschaft und

---

46 Im Ergebnis so auch *v. Gerkan*, ZHR 154 (1990), 39, 61, der an dieser Stelle mit der Notwendigkeit des Gleichlaufs der Beweislast für Pflichtwidrigkeit und Verschulden argumentiert und wiederum nicht auf die Beweisnähe abstellt.

47 BGH, DB 1974, 1283; BayOLG, DNotZ 1989, 519, 523; *Thomas/Putzo*, ZPO, Vor § 284 Rz. 38; *Zöller/Geiger*, ZPO, Vor § 284 Rz. 23; *Baumbach/Lauterbach/Albers/ Hartmann*, Anh. § 286 Rz. 6f.; *Stein/Jonas/Leipold*, ZPO, § 286 Rz. 132ff.; *Rosenberg/Schwab*, Zivilprozeßrecht, S. 692; *Musielack*, Grundlagen, S. 27; *Baumgärtel*, Handbuch, Anh. § 282 Rz. 55; *Rosenberg*, Beweislast, S. 87f.

48 Dazu insbesondere *Thomas/Putzo*, ZPO, Vor § 284 Rz. 38.

49 *Zöller/Geiger*, ZPO, Vor § 284 Rz. 23; *Stein/Jonas/Leipold*, ZPO, § 286 Rz. 132ff.; *Weth*, AcP 189 (1989), 301, 333; *Rosenberg/Schwab*, Zivilprozeßrecht, S. 692; a.A. *Baumbach/Lauterbach/Albers/ Hartmann*, Anh. § 286 Rz. 5, der ausführt, diese Vereinbarungen seien zulässig, lösten aber keine Bindungswirkung gegenüber dem Gericht aus.

der Gesellschafter. Wegen Vergleichbarkeit des Benachteiligungsgrads ist an dieser Stelle an dieselben Grundsätze anzuknüpfen.

1. Keine Beweislastumkehr im Rahmen von § 43 III GmbHG

Im Bereich des § 43 III GmbHG scheidet eine Beweislastumkehr ebenso aus wie die Vereinbarung sonstiger Haftungsbegrenzungen[50]. Der durch den Gesetzgeber explizit geregelte Gläubigerschutz steht einer derartigen Regelung entgegen.

2. Möglichkeit einer Beweislastumkehr im Rahmen von § 43 II GmbHG

a) Zulässigkeit einer Beweislastumkehr bei leichter und einfacher Fahrlässigkeit

Sofern im Rahmen von Weisungsfällen die Haftung für leichte und normale Fahrlässigkeit ausgeschlossen werden kann, belastet eine in diesem Rahmen vereinbarte Umkehr der Beweislast die betroffenen Rechtskreise nicht in stärkerem Maße. Vielmehr bleibt ihnen der mit einer unterschiedlichen Beweislast versehene Anspruch erhalten.

Im übrigen ist zu berücksichtigen, daß die Beweisnähe der Gesellschaft zu den verschuldensrelevanten Tatsachen im Rahmen von Weisungsmängeln größer ist als bei einer normalen Pflichtverletzung ohne Weisung, da es häufig um die Beurteilung der Rechtmäßigkeit geht, die Gesellschafter und Geschäftsführer gleichermaßen vornehmen können. Insofern würde die Beweisführung nicht unzumutbar erschwert.

b) Problem der Zulässigkeit einer Beweislastumkehr bei grober Fahrlässigkeit und Vorsatz

Fraglich ist jedoch, ob die Beweislast im Fall grober Fahrlässigkeit und Vorsatz umkehrbar ist. Zunächst ist festzustellen, daß die Beweisführung nicht dadurch erschwert wird, daß der Geschäftsführer grob fahrlässig oder vorsätzlich handelt. Vielmehr könnten die Gesellschafter bzw. die Gesellschaft auch in diesen Situationen ihrer Nachweispflicht der Auskunfts- und Einsichtsmöglichkeiten gemäß § 51a GmbHG nachkommen, da sie sämtliche Unterlagen der GmbH einsehen können. Ein Vergleich mit der Haftungssummenbegrenzung könnte ebenfalls auf die Zulässigkeit einer Beweislastumkehr zumindest für grobe Fahrlässigkeit schließen lassen, da eine Summenbegrenzung auch bei diesem Verschuldensgrad möglich ist. Gleichwohl müssen im Rahmen der §§ 138, 242 BGB die Interessen der Minderheitsgesellschafter und Gläubiger berücksichtigt werden, die durch einen Vergleich dieser Haftungsbegrenzungsmöglichkeiten deutlich werden. Die Vereinbarung einer Beweislastumkehr kann zu einem gänzlichen Wegfall des Anspruchs führen, sofern die Gesellschaft die erforder-

---

50 *Heisse*, Beschränkung, S. 130 hält die Vereinbarung einer Beweislastumkehr wegen der zu schwachen prozessualen Position der Gesellschaft, Gläubiger und/oder Konkursverwalter grundsätzlich für unwirksam.

lichen Nachweise nicht zu erbringen vermag. Zwar ist dies aufgrund der angesprochenen Auskunfts- und Einsichtsrechte nicht der Regelfall. Jedoch wird die Geltendmachung des Anspruchs unmöglich, wenn die entsprechenden Nachweise nicht erbracht werden. Dadurch kann mitunter der Geschäftsführer nicht mehr zu der erforderlichen Sorgfalt angehalten werden, die gerade zum Schutze der Minderheitsgesellschafter erforderlich ist. Anders gewendet: die Steuerungs- bzw. Präventionsfunktion der Haftung, welche im Fall einer Begrenzung der Haftungssumme durch die garantierte Mindestsumme erhalten bleibt und je nach Sachverhalt den gesamten Schaden abdecken kann, würde im Rahmen einer Umkehr der Beweislast für grobe Fahrlässigkeit und Vorsatz gerade nicht mehr gewährleistet. Aus diesem Grund kann die Beweislast für diese Bereiche nicht umgekehrt werden, soweit es sich um eine Mehrpersonen-GmbH handelt.

Im Rahmen einer Einmann-GmbH ist auf den Minderheitenschutz hingegen keine Rücksicht zu nehmen. Da in diesem Bereich auch der Gläubigerschutz keine entscheidende Rolle spielen kann, weil es sich lediglich um eine reflexartige Betroffenheit handelt, ist die Vereinbarung einer Beweislastumkehr in der Einmann-GmbH hingegen in diesen Fällen ebenfalls möglich.

III. Form einer Beweislastumkehr

Hinsichtlich der Form kann erneut auf die bereits zur Verschuldensbegrenzung erarbeiteten Grundsätze zurückgegriffen werden[51]. Auch in dieser Hinsicht ist ein Gesellschafterbeschluß erforderlich, da durch die Beweislastumkehr der Nachweis einzelner Tatbestandsmerkmale des organisationsrechtlichen Haftungstatbestands aus § 43 II, III GmbHG modifiziert wird und dazu ein organisationsrechtlicher Freistellungsakt nötig ist.

51 Vgl. oben S. 143ff.

7. TEIL: GESAMTZUSAMMENFASSUNG

Im Laufe der Untersuchung hat sich gezeigt, daß im Rahmen des komplexen Spannungsverhältnisses zwischen Weisung und Haftung der Zugang zu einer Vielzahl neuer Lösungen, Wertungen, Perspektiven und Argumenten, auch im Rahmen althergebrachter Rechtsinstitute und Streitstände, geöffnet wird. Das Haftungsrisiko des Geschäftsführers in diesem Bereich läßt sich im Zusammenspiel sämtlicher Ansatzpunkte auf ein angemessenes Maß reduzieren. Da es sich um eine beträchtliche Zahl unterschiedlicher Aspekte handelt, werden zur Förderung eines Gesamtüberblicks die wesentlichen Untersuchungsergebnisse entsprechend der Zielrichtungen der Arbeit thesenartig zusammengefaßt.

Voraussetzungen einer Weisung

1. Nach der Art und dem Grad der Weisungsintensität lassen sich in der Praxis die singuläre, die projekt- und bereichsspezifische sowie die degradierende Weisungsabhängigkeit unterscheiden.

2. Zuständig für die Erteilung von Weisungen ist nur die Gesellschafterversammlung bzw. der Alleingesellschafter in der Einmann-GmbH.

3. Mangels anderweitiger Satzungsbestimmungen hat lediglich der nach dem MitbestG bestellte Aufsichtsrat Einfluß auf das Weisungsrecht. Dabei bedürfen einfach mehrheitlich gefaßte Weisungen, die einem im voraus feststehenden Zustimmungskatalog des Aufsichtsrats unterliegen, zur Wirksamkeit eines erneuten, mit dreiviertel Mehrheit gefaßten Beschlusses. Der Aufsichtsrat ist hingegen nicht berechtigt, nach Erteilung der Weisung eine Maßnahme ad hoc an seine Zustimmung zu binden.

4. Dem Geschäftsführer steht außerhalb der gesetzlichen Zuständigkeitserfordernisse kein Mindestbereich eigenverantwortlicher Geschäftsführung zu. Daher sind alle vier Arten der Weisungsabhängigkeit zulässig.

5. Inhaltliche Grenzen des Weisungsrechts ergeben sich aus dem allgemeinen Beschlußmängelrecht in Verbindung mit der BGH-Rechtsprechung.

Entstehung des Haftungsrisikos und dessen Begrenzung im Rahmen des Tatbestands von § 43 II, III GmbHG

1. In den folgenden Weisungsfallgruppen begeht der Geschäftsführer bei Ausführung einer Weisung keine Pflichtverletzung:

- unzweckmäßige Weisungen;
- existenzbedrohende Weisungen;
- nichtige Weisungen, die durch Rügeverzicht oder Eintragung und Ablauf der Drei-Jahresfrist geheilt wurden, sofern die Eintragung nicht mehr von Amts wegen gelöscht werden kann sowie

- anfechtbare Weisungen nach Ablauf der angemessenen Frist oder sofern eine Anfechtungsklage rechtskräftig abgewiesen wurde.

Ein Haftungsrisiko scheidet in diesen Fällen daher grundsätzlich aus.

2. In den folgenden Fällen kann bei Ausführung der Weisung eine Pflichtverletzung vorliegen. Damit besteht grundsätzlich ein Haftungsrisiko in den folgenden Bereichen:

- Pflichtverletzungen im Rahmen der Ausführungshandlung;
- pflichtwidrige Einflußnahme auf die Beschlußfassung;
- nachträgliche Änderung der Beurteilungsgrundlage;
- nichtige Weisungen, die nicht nachträglich geheilt wurden;
- anfechtbare Weisungen, sofern die Anfechtungsfrist noch läuft bzw. bereits Anfechtungsklage erhoben wurde;
- unklare Weisungen;
- unwirksame Weisungen;
- Weisungen aufgrund von Nicht - oder Scheinbeschlüssen sowie
- Weisungen, denen die erforderliche Zustimmung eines Aufsichtsrats nach §§ 1 I, 25 I Nr. 1 MitbestG fehlt.

3. Dem Geschäftsführer steht im Rahmen anfechtbarer, angefochtener, unklarer und formell nichtiger Weisungen ein dem unternehmerischen Ermessen vergleichbarer Beurteilungsspielraum zu, der bei Einhaltung der Ermessensgrenzen einen Spielraum gerichtlich nicht nachprüfbarer Entscheidungen beläßt.

4. Dem Geschäftsführer stehen sämtliche gesellschaftsrechtliche Klagemöglichkeiten gegen einen Weisungsbeschluß zur Verfügung.

5. Für den Geschäftsführer gilt grundsätzlich der strenge Sorgfaltsmaßstab des § 43 I GmbHG. Eine Anwendung des § 708 BGB ist ausgeschlossen.

6. Auf den Geschäftsführer finden die Grundsätze der beschränkten Arbeitnehmerhaftung keine Anwendung.

7. Speziell im Rahmen von Weisungsfällen ist es Gesellschaftern und Geschäftsführer jedoch erlaubt, Begrenzungen des haftungsrelevanten Verschuldens auf Vorsatz und grobe Fahrlässigkeit vorzunehmen. In einer Einmann-GmbH ist es sogar möglich, die Haftung für grobe Fahrlässigkeit auszuschließen.

8. Formell ist für eine Haftungsvereinbarung ein mit einfacher Mehrheit gefaßter Gesellschafterbeschluß erforderlich. Sofern eine Satzungsbestimmung vorliegt, hat diese lediglich für den in der Satzung namentlich genannten Geschäftsführer unmittelbare Geltung oder, im Fall einer generellen Ausgestaltung, für den zur Zeit der Beschlußfassung amtierenden Gesellschaftergeschäftsführer. In den übrigen Fällen bedarf es einer zusätzlichen individuellen Vereinbarung.

9. Der Schaden der Gesellschaft bestimmt sich nach der Differenzhypothese ohne Einfluß von Zweck- oder Pflichtwidrigkeitserwägungen. Im Rahmen einer pflichtwidrigen Einflußnahme auf die Beschlußfassung sowie einer nachträglichen Änderung der Beurteilungsgrundlage ist eine Berufung auf rechtmäßiges Alternativverhalten denkbar, sofern die Gesellschafter auch in Kenntnis der tatsächlichen Sachlage an der Weisung festgehalten hätten.

10. Einstimmige Weisungen der Gesellschafter können unter Anwendung von § 254 BGB im Rahmen von nichtigen, anfechtbaren, unklaren und unwirksamen Weisungen ein der Gesellschaft zuzurechnendes Mitverschulden begründen. Im Fall rechtmäßiger Weisungen, pflichtwidriger Einflußnahme auf die Beschlußfassung, nachträglicher Änderung rechtlicher oder faktischer Umstände, bei Zuständigkeitsmängeln sowie fehlender Zustimmung eines Aufsichtsrats scheidet § 254 BGB aus.

Haftungsbegrenzungen im Rahmen der Erteilung von Weisungen

1. Die Gesellschafter sind aufgrund der aus § 242 BGB abgeleiteten organschaftlichen Treue- und Schutzpflichten der Gesellschaft gegenüber dem Geschäftsführer verpflichtet, Weisungen schriftlich, unter Einhaltung bestimmter inhaltlicher Informationsanforderungen zu erteilen. Die Einhaltung dieser Pflicht ist einklagbar. Der Verstoß gegen die Formpflicht führt jedoch nicht zur Unwirksamkeit der Weisung, sondern berechtigt den Geschäftsführer, die Ausführung gemäß § 273 I BGB zu verweigern und in bestimmten Situationen sein Amt aus wichtigem Grund niederzulegen. Überdies kann unter bestimmten Umständen ein Anspruch aus pFV gegen die Gesellschaft bestehen.

2. Die Gesellschafter sind aufgrund der aus § 242 BGB abgeleiteten Treue- und Schutzpflichten der Gesellschaft gegenüber dem Geschäftsführer ebenfalls verpflichtet, dem Geschäftsführer die Möglichkeit einzuräumen, an Gesellschafterversammlungen teilzunehmen, in denen Weisungsbeschlüsse gefaßt werden. Zu diesen Versammlungen ist der Geschäftsführer ebenso wie ein Gesellschafter analog § 51 I, II, IV GmbHG einzuladen. Diese Pflichten sind einklagbar, solange die betreffende Versammlung noch nicht durchgeführt wurde. Auch in diesem Fall führt eine Verletzung der Anforderungen nicht zur Unwirksamkeit der Weisung, sondern berechtigt den Geschäftsführer unter bestimmten Umständen sein Amt aus wichtigem Grund niederzulegen oder einen Schadensersatzanspruch aus pFV geltend zu machen. Ein Ausführungsverweigerungsrecht besteht hingegen nicht.

Haftungsbegrenzungen im Hinblick auf ein Erlöschen des Anspruchs aus § 43 II, III GmbHG

1. Die Haftung kann im Wege eines Verzichts oder Vergleichs nachträglich erlöschen. Dabei ist ein Vergleich im Hinblick auf etwaige Haftungsfälle im Rahmen von Weisungen grundsätzlich als „begrenzte Generalbereinigung“ anzusehen. Zur Gültigkeit eines Vergleichs oder Verzichts bedarf es grundsätzlich eines Gesellschafterbeschlusses. Gleichwohl wirkt sich dessen Unwirksamkeit

nur unter bestimmten Voraussetzungen auf die Wirksamkeit der beiden Tatbestände aus.

2. Der Geschäftsführer hat im Rahmen rechtmäßiger Weisungen einen Anspruch auf „begrenzte Entlastung", der auch per Leistungsklage durchsetzbar ist. In den übrigen Fällen hat er die Möglichkeit, durch negative Feststellungsklage das Nichtbestehen der Ansprüche feststellen zu lassen, derer sich die Gesellschaft konkret berühmt. Soweit die Gesellschafter keine oder für die Ermittlung eines Feststellungsinteresses ungenügende Angaben zu den Gründen der Verweigerung vortragen, ist er darauf verwiesen, deren Offenlegung im Wege einer Leistungsklage geltend zu machen.

Haftungsbegrenzungen im Hinblick auf Einwendungen und Einreden gegenüber der Haftung aus § 43 II, III GmbHG

1. Der Geschäftsführer kann mit einer Einmann-GmbH im Rahmen von § 43 II GmbHG eine Begrenzung seiner Haftung auf eine beliebige Mindestsumme vereinbaren bis zur Grenze des Vorsatzes vereinbaren, soweit dabei die formellen Voraussetzungen einer Verschuldensbeschränkung eingehalten werden. Im Rahmen von Mehrpersonen-Gesellschaften ist aufgrund von §§ 138, 242 BGB eine Mindesthaftungsgrenze einzuhalten. Dabei läßt sich als Leitlinie die dem Geschäftsführer im Jahr der Pflichtverletzung zustehende Jahresvergütung ansetzen.

2. Dem Anspruch aus § 43 II GmbHG kann der Einwand unzulässiger Rechtsausübung gemäß § 242 BGB entgegengehalten werden. Dazu muß die Weisung entweder einstimmig beschlossen worden sein, oder die verbleibenden Gesellschafter müssen den Beschluß in einer gleichwie gearteten Weise nachträglich gebilligt haben. Sofern der Geschäftsführer bei Ausführung der Weisung von dieser Billigung keine Kenntnis hatte, muß dies im Rahmen der Interessenabwägung berücksichtigt werden. Ausgeschlossen ist die Anwendung allerdings grundsätzlich im Rahmen der Ausführungshandlung, pflichtwidriger Einflußnahme auf die Beschlußfassung, nachträglicher Änderung der Beurteilungsgrundlage sowie fehlender Zustimmung eines Aufsichtsrats nach §§ 1 I, 25 I Nr. 5 MitbestG.

3. Der Geschäftsführer kann unter Einhaltung der formellen Voraussetzung einer Verschuldensbegrenzung mit der GmbH eine Abkürzung der Verjährung vereinbaren. Dabei sind 25 Monate als die sich aus §§ 138, 242 BGB ergebende Untergrenze anzusetzen.

Haftungsbegrenzungen im Rahmen der Beweislastverteilung

1. Im Rahmen eines gerichtlichen Verfahrens trägt die Gesellschaft die Beweislast für die Pflichtwidrigkeit, den Schaden, die Kausalität und die Mangelhaftigkeit einer Weisung. Der Geschäftsführer muß hingegen die Existenz der Weisung sowie fehlendes Verschulden nachweisen.

2. Jedoch ist in einer Einmann-GmbH eine generelle Beweislastumkehr zulässig. In Mehrpersonen-Gesellschaften kann diese aufgrund des Minderheitenschutzes allerdings nur bis zur Grenze grober Fahrlässigkeit vereinbart werden. Die formellen Voraussetzungen richten sich wiederum nach denen der Verschuldensvereinbarung.

ABKÜRZUNGSVERZEICHNIS

a.A./A.A.	anderer Ansicht
a.a.O.	am angegebenen Ort
Abs.	Absatz
Abw.	Abweichend
AcP	Archiv für civilistische Praxis
AG	Die Aktiengesellschaft, Aktiengesellschaft
AktG	Aktiengesetz
Anh.	Anhang
Anm.	Anmerkung
AP	Arbeitsrechtliche Praxis, Nachschlagewerk des BAG (Sammlung der Entscheidungen des Bundesarbeitsgerichts, der Landesarbeitsgerichte und Arbeitsgerichte)
ARS	Arbeitsrechtssammlung mit Entscheidungen des Reichsarbeitsgerichts, der Landesarbeitsgerichte und Arbeitsgerichte
Art.	Artikel
Aufl.	Auflage
BayObLG	Bayerisches Oberstes Landesgericht
BB	Der Betriebsberater
Begr.	Begründung
BertVAG	Gesetz zur Verbesserung der betrieblichen Altersversorgung
BetrVG	Betriebsverfassungsgesetz
BFH	Bundesfinanzhof
BGB	Bürgerliches Gesetzbuch
BGH	Bundesgerichtshof
BGHSt	Entscheidungen des Bundesgerichtshofes in Strafsachen
BGHZ	Entscheidungen des Bundesgerichtshofes in Zivilsachen
BSG	Bundessozialgericht
BT-Drucks.	Bundestagsdrucksache
BVerfGE	Entscheidungen des Bundesverfassungsgerichts
bzw.	Beziehungsweise
CIC	culpa in contrahendo
CMR	Übereinkunft über den Beförderungsvertrag im internationalen Straßengüterverkehr
d.h.	das heißt
DB	Der Betrieb
DBW	Die Betriebswirtschaft
ders.	derselbe
DNotZ	Deutsche Notarzeitschrift
DRiZ	Deutsche Richterzeitschrift
DStR	Deutsches Steuerrecht

etc.	et cetera
EWiR	Entscheidungen zum Wirtschaftsrecht
f.	folgende (Seite)
ff.	folgende (Seiten)
Fn.	Fußnote
FS	Festschrift
GesRZ	Der Gesellschafter
GmbH	Gesellschaft mit beschränkter Haftung
GmbHG	Gesetz betreffend die Gesellschaften mit beschränkter Haftung
GmbHR	GmbH-Rundschau
GmS-OGB	Gemeinsamer Senat der Obersten Gerichtshöfe des Bundes
GS	Großer Senat
h.M.	herrschende Meinung
HGB	Handelsgesetzbuch
hrsg.	herausgegeben
i.E.	im Ergebnis
i.S.v.	im Sinne von
i.V.m.	in Verbindung mit
incl.	inklusiv
JR	Juristische Rundschau
JuS	Juristische Schulung
JW	Juristische Wochenschrift
JZ	Juristenzeitung
KG	Kommanditgesellschaft/Kammergericht
KGaA	Kommanditgesellschaft auf Aktien
KSchG	Kündigungsschutzgesetz
LG	Landgericht
LM	Nachschlagewerk des Bundesgerichtshofs, herausgegeben von Lindenmair, Möhring
LSG	Landessozialgericht
m.	mit
MDR	Monatsschrift für Deutsches Recht
MitbestG	Mitbestimmungsgesetz
MitbestErgG	Mitbestimmungsergänzungsgesetz
Montan-MitbestG	Montan-Mitbestimmungsgesetz
m.w.N.	mit weiteren Nachweisen
NJW	Neue juristische Wochenschrift
Nr.	Nummer

NStZ	Neue Zeitschrift für Strafrecht
NVwZ	Neue Zeitschrift für Verwaltungsrecht
NZA	Neue Zeitschrift für Arbeits- und Sozialrecht
OHG	Offene Handelsgesellschaft
OLG	Oberlandesgericht
pVV	positive Vertragsverletzung
RdA	Recht der Arbeit
RefE	Referentenentwurf
RegE	Regierungsentwurf
RG	Reichsgericht
RGZ	Entscheidungen des Reichsgerichts in Strafsachen
Rz.	Randziffer
RVO	Reichsversicherungsordnung
S.	Seite(n), Satz
s.o.	siehe oben
sog.	sogenannte
StAÄG	Gesetz zur Änderung des Rechts der Staatsanwaltschaft
std. Rspr.	ständige Rechtsprechung
StGB	Strafgesetzbuch
u.a.	unter anderem
UmwG	Umwandlungsgesetz
VermStG	Vermögenssteuergesetz
VersR	Versicherungsverein auf Gegenseitigkeit
vgl.	vergleiche
VVaG	Versicherungsverein auf Gegenseitigkeit
WiB	Wirtschaftsrechtliche Beratung
WM	Wertpapier-Mitteilungen
z.B.	zum Beispiel
ZfA	Zeitschrift für Arbeitsrecht
ZGR	Zeitschrift für Unternehmens- und Gesellschaftsrecht
ZHR	Zeitschrift für das gesamte Handels- und Wirtschaftsrecht
ZIP	Zeitschrift für Wirtschaftsrecht
ZZP	Zeitschrift für Zivilprozeßrecht

LITERATURVERZEICHNIS

Ahrens, Hans-Jürgen — Vom Ende der Entlastungsklage des GmbH-Geschäftsführers und einem Neubeginn des BGH, Zugleich ein Beitrag zur negativen Feststellungsklage,
ZGR 1987, 129 ff.

Bäcker, Roland M./Prühs, Hagen — GmbH-Geschäftsführerhaftung,
Systematische Darstellung der Haftungsrisiken gegenüber Gesellschaft, Gesellschaftsgläubigern, Gesellschaftern, Finanzamt, Sozialversicherung sowie im Konzern,
Bonn 1996

Bäcker, Roland M./Prühs, Hagen — GmbH-Geschäftsführer: ABC der Haftungsrisiken,
Die 80 größten Haftungsrisiken für Geschäftsführer- und wie man sie vermeiden kann,
Bonn 1997

Ballerstedt, Kurt — Der Aufsichtsrat der GmbH nach dem BertVG 1952,
GmbHR 1952, 177 ff.

Ballerstedt, Kurt — Das Mitbestimmungsgesetz zwischen Gesellschafts-, Arbeits- und Unternehmensrecht,
ZGR 1977, 133 ff.

Bardorf, Wolfgang — Der Gesellschaftereinfluß auf die GmbH-Geschäftsführung nach dem Mitbestimmungsgesetz, Eine Untersuchung mit Vergleich zu der mitbestimmungsfreien GmbH, der GmbH nach dem BetrVG 1952 und der GmbH nach dem MontanMitbestG,
Göttingen 1981

Bartl, Harald/Fichtelmann, Helmar/Henkes, Ulrich/Schlarb, Eberhard/Schulze, Hans-Jürgen — GmbH-Recht,
Handbuch und Kommentar,
4. Auflage, München 1997

Bastuck, Burkhard — Enthaftung des Managements: Corporate Indemnification im amerikanischen und deutschen Recht,
Köln, Berlin, Bonn, München 1986

Baumann, Horst GmbH und Mitbestimmung - Überlegungen zum Funktionszusammenhang zwischen Herrschaft, Haftung und Mitbestimmung im Mitbestimmungsgesetz 1976, ZHR 142 (1978), 557 ff.

Baumbach, Adolf/Hopt, Klaus J. Handelsgesetzbuch, Kommentar, 29. Auflage, München 1995

Baumbach, Adolf/Hueck, Alfred GmbH-Gesetz, Kommentar, 16. Auflage, München 1996

Baumbach, Adolf/Lauterbach, Wolfgang/Albers, Jan/Hartmann, Peter Zivilprozeßordnung, Kommentar, 57. Auflage, München 1999

Baumgärtel, Gottfried Handbuch der Beweislast im Privatrecht, Band 1, Allgemeiner Teil und Schuldrecht BGB mit VOB, HOAI, KSchG und ProdhaftG, 2. Auflage, Köln, Berlin, Bonn, München 1991

Baumgärtel, Gottfried Beweislast in der Praxis: die Schwierigkeiten der Beweislastverteilung und die Möglichkeit ihrer Überwindung, Köln, Berlin, Bonn, München 1996

Baums, Theodor Der unwirksame Hauptversammlungsbeschluß, ZHR 142 (1978), 582 ff.

Baums, Theodor Eintragung und Löschung von Gesellschafterbeschlüssen, Heidelberg 1981

Baums, Theodor Geschäftsleitervertrag, Begründung, Inhalt und Beendigung der Rechtsstellung der Vorstandsmitglieder und Geschäftsführer in den Kapitalgesellschaften und Genossenschaften, Köln 1987

Bechthold, Rainer Kartellgesetz, Gesetz gegen Wettbewerbsbeschränkungen, Kommentar, München 1993

Beck'sches Prozeßformularhandbuch hrsg. von Locher, Horst/Mes, Peter, 3. Auflage, München 1985

Berger, Christian Die actio pro socio im GmbH-Recht, ZHR 149 (1985), 588ff.

Bericht des Rechtsausschusses zum Entwurf eines Gesetzes zur Änderung des Gesetzes betreffend die Gesellschaft mit beschränkter Haftung und anderer handelsrechtlicher Vorschriften (BT-Drucks. 8/1347), BT-Drucks. 8/3908

Bernard, Karl-Heinz Formbedürftige Rechtsgeschäfte, Inhaltsermittlung, Umfang und Fassung der Urkundserklärung, Berlin 1979

Bickel, Dietrich Methoden der Auslegung rechtsgeschäftlicher Erklärungen: Kritische Analyse seit dem Inkrafttreten des BGB vertretener Lehrmeinungen und Versuch einer Neubegründung, Marburg 1976

Biedenkopf, Kurt /Säcker, Franz-Jürgen Grenzen der Mitbestimmung in kommunalen Versorgungsunternehmen, ZfA 1971, 211 ff.

v. Bitter, Christian Das Informationsrecht der GmbH-Gesellschafter in §§ 51a, 51b GmbHG, ZIP 1981, 825 ff.

Bley, Erich/Mohrbutter, Jürgen Vergleichsordnung, Großkommentar, Band I: §§ 1-81, 4. Auflage, Berlin , New York 1979

Boeck, Andreas Haftungsbeschränkung zugunsten Dritter, NJW 1969, 1469 ff.

Boesebeck, Ernst Das Weisungsrecht der Gesellschafter einer GmbH, GmbHR 1960, 118 ff.

Boesebeck, Ernst „Satzungsdurchbrechung“ im Recht der AG und GmbH, NJW 1960, 2265 ff.

Böhle-Stamschräder, A./ Kilger, Joachim Vergleichsordnung, 11. Auflage, München 1986

Bopp, Hans-Peter Die Informationsrechte des GmbH-Gesellschafters, Eine rechtsvergleichende Untersuchung des deutschen, französischen und schweizerischen Rechts, Konstanz 1991

Boujong, Karlheinz Zur Auslegung und Fortbildung des GmbH-Rechts in der neueren Judikatur des Bundesgerichtshofs, GmbHR 1992, 207 ff.

Brammsen, Joerg Strafbare Untreue des GmbH-Geschäftsführers bei einverständlicher Schmälerung des GmbH-Vermögens, DB 1989, 1609 ff.

Brock, Ulrich Die Haftungssituation des Geschäftsführers der GmbH und ihre Begrenzung im Bereich der Vorgesellschaft, § 11 Abs. 2 GmbHG: Eine überflüssige Vorschrift, Frankfurt am Main, Berlin, Bern, New York, Paris, Wien 1987

Brodmann, Erich Gesetz betreffend die Gesellschaften mit beschränkter Haftung, Kommentar, 2. Auflage, Leipzig 1930

Brönner, Herbert/Bünz, Vincent Die GmbH & Co KG in Recht und Praxis, 4. Auflage, Freiburg im Breisgau 1981

Brönner, Herbert/Rux, Hans-Joachim/Wagner, Heidemarie Die GmbH & Co KG in Recht und Praxis, 6. Auflage, Freiburg im Breisgau 1992

Brox, Hans Probleme der Entlastung im Gesellschaftsrecht, BB 1960, 1226 ff.

Brox, Hans/Walker, Wolf-D. Die Einschränkung der Arbeitnehmerhaftung gegenüber dem Arbeitgeber, DB 1985, 1469 ff.

Buchner, Herbert Die Entlastung des Geschäftsführers in der GmbH, GmbHR 1988, 9 ff.

Büchler, Frank Anfechtungsrecht der Geschäftsführung in der GmbH, Frankfurt am Main, Berlin, Bern, New York, Paris 1997

Bumiller, Ursula/Winkler, Karl Freiwillige Gerichtsbarkeit, Gesetz über die Angelegenheiten der freiwilligen Gerichtsbarkeit, 6. Auflage, München 1995

Bydlinski, Franz Juristische Methodenlehre und Rechtsbegriff, Wien, New York 1982

Canaris, Claus-Wilhelm Ansprüche wegen „positiver Vertragsverletzung" und „Schutzwirkung für Dritte" bei nichtigen Verträgen, Zugleich ein Beitrag zur Vereinheitlichung der Regeln über die Schutzpflichtverletzungen, JZ 1965, 475 ff.

Canaris, Claus-Wilhelm Risikohaftung bei schadensgeneigter Arbeit in fremdem Interesse, RdA 1966, 41 ff.

Canaris, Claus-Wilhelm Die Vertrauenshaftung im deutschen Privatrecht, München 1971

Canaris, Claus-Wilhelm Die Feststellung von Lücken im Gesetz: eine methodologische Untersuchung über Voraussetzungen und Grenzen richterlicher Rechtsfortbildung praeter legem, 2. Auflage, Berlin 1983

Canaris, Claus-Wilhelm	Verstöße gegen das verfassungsrechtliche Übermaßverbot im Recht der Geschäftsfähigkeit und im Schadensersatzrecht, JZ 1987, 993 ff.
v. Carolsfeld, Ludwig Schnorr	Bemerkungen zum Aktienrecht, DNotZ 1963, 404 ff.
Claussen, Carsten-Peter.	Der GmbH-Geschäftsführer und das Richterrecht, GmbHR 1987, 37 ff.
Claussen, Carsten-Peter	Bank- und Börsenrecht: Handbuch für Lehre und Praxis, München 1996
Däubler, Wolfgang	Fehlerhafte Gesellschafterbeschlüsse bei der GmbH im Lichte des neuen Aktienrechts, GmbHR 1968, 4 ff.
Dahnz, Werner	Manager und ihr Berufsrisiko, Die zivil- und strafrechtliche Haftung von Aufsichtsräten, Vorständen und Geschäftsführern, München 1997
Decher, Christian	Neues zum qualifiziert faktischen GmbH-Konzern - Anmerkungen zum Urteil des BGH vom 20.2.1989, II ZR 167/88, DB 1989, S. 816, DB 1989, 965 ff.
Deutsch, Erwin	Zum Verhältnis von vertraglicher und deliktischer Haftung, Festschrift für Michaelis, hrsg. von H.-M. Pawlowski, F. Wieacker, Göttingen 1972, 26 ff.
Deutsch, Erwin	Allgemeines Haftungsrecht, 2. Auflage, Köln, Berlin, Bonn, München 1996
Dietz, Rolf	Das wirtschaftliche Mitbestimmungsrecht, Insbesondere seine Auswirkungen in den Aufsichtsräten der Handelsgesellschaften, Heft 39 der Schriftenreihe der Juristischen Studiengesellschaft, Karlsruhe 1958

Diller, Martin — Gesellschafter und Gesellschaftsorgane als Arbeitnehmer,
Köln 1994

Drüke, Heiner — Die Haftung der Muttergesellschaft für Schulden der Tochtergesellschaft, eine Untersuchung nach deutschem und US-amerikanischem Recht,
Köln, Berlin, Bonn, München 1990

Duden, Konrad — Zur Mitbestimmung in Konzernverhältnissen nach dem Mitbestimmungsgesetz,
ZHR 141 (1977), 145 ff.

Dunz, Walter — Wesen und Grenzen des „eigenen Mitverschuldens",
JZ 1961, 406 ff.

Ebenroth, Carsten Thomas/Müller, Andreas — Kündigung, Heilung und Mitwirkungspflicht bei fehlerhaften Organverhältnisses im GmbH-Konzernrecht,
BB 1991, 358 ff.

Ebenroth, Carsten Thomas/Lange, Knut Werner — Sorgfaltspflichten und Haftung des Geschäftsführers einer GmbH nach § 43 GmbHG,
GmbHR 1992, 69 ff.

Eckhardt, Bernd — „Der Geschäftsführer der GmbH - ein Arbeitnehmer"
ZfA 1987, 467 ff.

Eickhoff, Andreas — Die Gesellschafterklage im GmbH-Recht, Zur Durchsetzung von Ansprüchen der GmbH durch ihre Gesellschafter,
Köln, Berlin, Bonn, München 1988

Eickhoff, Andreas — Die Praxis der Gesellschafterversammlung bei GmbH und GmbH & Co.,
2. Auflage, Köln 1995

Eisenhardt, Ulrich — Zum Weisungsrecht der Gesellschafter in der nicht mitbestimmten GmbH,
Festschrift für Gerd Pfeiffer, hrsg. von O. F. Freiherr von Gamm, P. Raisch, K. Tiedemann,
Köln, Berlin, Bonn, München 1988, 839 ff.

Enneccerus, Ludwig/Nipperdey, Hans Carl — Allgemeiner Teil des Bürgerlichen Rechts, Band I, 15. Auflage, Tübingen 1959

Ensch, Jürgen — Institutionelle Mitbestimmung und Arbeitnehmereinfluß, Köln, Berlin, Bonn, München 1989

Erichsen, Hans-Uwe — Allgemeines Verwaltungsrecht, 10. Auflage, Berlin, New York 1995

Ermann, Walter — Handkommentar zum Bürgerlichen Gesetzbuch, Band 1, §§ 1-853, 9. Auflage, Münster 1993

Espey, Günther/von Bittner, Christian — Haftungsrisiken des Geschäftsführers, Düsseldorf 1990

Esser, Josef/Schmidt, Eike — Schuldrecht, Band I, Allgemeiner Teil, Teilband 1, 8. Auflage, Heidelberg 1995

Eucken, Walter — Grundsätze der Wirtschaftspolitik, 6. Auflage, Tübingen 1990

Evers, Heinz//Grätz, Frank/Näser, Christian — Die Gehaltsfestsetzung bei GmbH-Geschäftsführern, 4. Auflage, Köln 1997

Eyermann, Erich /Fröhler, Ludwig/Kormann, Joachim — Verwaltungsgerichtsordnung, Kommentar, 9. Auflage, München 1988

Fabricius, Fritz/Kraft, Alfons/Wiese, Günther/Kreuzt, Peter — Betriebsverfassungsgesetz, Band II: §§ 74-132 mit Kommentierung des BetrVG 1952 und des Sozialplangesetzes, Gemeinschaftskommentar, 6. Auflage, Bochum, Jena, Kiel, Mainz, Mannheim 1998

Feine, Hans Erich — Die Gesellschaft mit beschränkter Haftung, Handbuch des gesamten Handelsrechts, hrsg. von Victor Ehrenberg, Dritter Band, III. Abteilung, Leipzig 1929

Feyock, Hans/Jacobsen, Peter/ Lemor, Ulf — Kraftfahrtversicherung, mit Pflichtversicherungsgesetz, Pflichtversicherungsordnung und den Allgemeinen Bestimmungen für die Kraftfahrtversicherung (AKB), Ausländer-Pflichtversicherungsgesetz und Ausland-Schadensersatz, Kommentar, München 1997

Fikenscher, Wolfgang — Methoden des Rechts in vergleichender Darstellung, Band III, Mitteleuropäischer Rechtskreis, Tübingen 1976

Fikenscher, Wolfgang — Schuldrecht, 9. Auflage, Berlin, New York 1997

Fitting, Karl/Wlotzke, Olfried/ Wißmann, Helmut — Mitbestimmungsgesetz mit Wahlordnungen, 2. Auflage, München 1978

Fitting, Karl/Kaiser, Heinrich/ Heither, Friedrich/Engels, Gerd — Betriebsverfassungsgesetz, Handkommentar, 19. Auflage, München 1998

Fleck, Hans-Joachim — Zur Abberufung des GmbH-Geschäftsführers, GmbHR 1970, 223 ff.

Fleck, Hans-Joachim — Zur Haftung des GmbH-Geschäftsführers, GmbHR 1974, 224 ff.

Fleck, Hans-Joachim — Das Organmitglied - Unternehmer oder Arbeitnehmer? Festschrift für Marie Luise Hilger und Herrmann Stumpf, hrsg. von Dietrich T., Gamillscheg F., Wiedemann H. München 1983, 197 ff.

Fleck, Hans-Joachim — Die Drittanstellung des GmbH-Geschäftsführers, ZHR 149 (1985), 387 ff.

Fleck, Hans-Joachim — Schuldrechtliche Verpflichtungen einer GmbH im Entscheidungsbereich der Gesellschafter, ZGR 1988, 105 ff.

Fleck, Hans-Joachim Mißbrauch der Vertretungsmacht oder Treubruch des mit Einverständnis aller Gesellschafter handelnden GmbH-Geschäftsführers aus zivilrechtlicher Sicht,
ZGR 1990, 31 ff.

Fleck, Hans-Joachim Vertrag, unerlaubte Eigengeschäftsführung und Anspruchsverjährung,
Zugleich eine Besprechung des BGH-Urteils vom 12. Juni 1989 - II ZR 344/87, ZIP 1989, 1390,
ZIP 1991, 1269 ff.

Fleck, Hans-Joachim Der Grundsatz der Kapitalerhaltung - seine Ausweitung und seine Grenzen,
Festschrift 100 Jahre GmbH-Gesetz,
hrsg. von M. Lutter, P. Ulmer, W. Zöllner,
Köln 1992, 391 ff.

Fleck, Hans-Joachim Zur Beweislast pflichtwidrigen Organhandelns,
GmbHR 1997, 237 ff.

Fleischer, Fred Die Befugnis der GmbH-Gesellschafter zur Errichtung eines Zusatzorgans,
Eine Betrachtung des GmbH-Beirates zum Organisationsrecht der GmbH,
Wiesbaden 1984

Flume, Werner Die juristische Person,
Berlin, Heidelberg, New York, Tokyo 1983

Flume, Werner Der Gesellschafter und das Vermögen der Kapitalgesellschaft und die Problematik der verdeckten Gewinnausschüttung,
ZHR 144 (19980), 18ff.

Frisch, Burkhard Haftungserleichterungen für Geschäftsführer nach dem Vorbild des Arbeitsrechts,
Berlin 1998

Gaul, Dieter Das Arbeitsrecht im Betrieb von der Einstellung bis zur Entlassung,
8. Auflage, Heidelberg 1986

Gaul, Dieter — Der leitende Angestellte in Doppelfunktion als Organmitglied,
GmbHR 1989, 357 ff.

Gehrlein, Markus — Die Gesellschafterklage und § 48 Nr. 8 GmbHG - ein ungelößtes Problem?,
ZIP 1993, 1525 ff.

Gehrlein, Markus — Beweislastverteilung,
NJW 1997, 1905 ff.

Geißler, Markus — Zukunft, Stillstand oder Geltungsverlust für die Durchgriffshaftung im Recht der GmbH?,
GmbHR 1993, 71 ff.

Geitzhaus, Georg — Die Generalbevollmächtigung – empfehlenswertes Instrument der Unternehmensführung? (II),
GmbHR 1989, 278 ff.

Gerkan, Hartwig von — Die Gesellschafterklage,
Koreferat,
ZGR 1988, 441 ff.

Gerkan, Hartwig von — Die Beweislastverteilung beim Schadensersatzanspruch der GmbH gegen ihren Geschäftsführer,
ZHR 154 (1990), 39 ff.

Gernhuber, Joachim — Das Schuldverhältnis,
Begründung und Änderung, Pflichten und Strukturen, Drittwirkungen,
Tübingen 1989

Gieseke, Horst — Interessenkonflikte der GmbH-Geschäftsführer bei Pflichtenkollission,
GmbHR 1996, 486 ff.

Gissel, Ralf — Arbeitnehmerschutz für den GmbH-Geschäftsführer,
Köln, Berlin, Bonn, München 1987

GmbH-Handbuch — hrsg. von Centrale für GmbH Dr. Otto Schmidt,
13. Auflage, Köln, Loseblatt

Goette, Wulf — Zur Verteilung der Darlegungs- und Beweislast der objektiven Pflichtwidrigkeit bei der Organhaftung,
ZGR 1995, 648 ff.

Goette, Wulf — Die GmbH nach der BGH-Rechtsprechung, Zivilrechtliche Grundlagen steuerlicher Beratung,
München 1997

Götz, Hilmar — Grundzüge des Arbeitsrechts,
Band 1 Arbeitsvertragsrecht,
3. Auflage, München, Wien 1994

Götz, Volkmar — Die Entwicklung des allgemeinen Polizei- und Ordnungsrechts (1981 bis 1983),
NVwZ 1984, 211 ff.

Gotzler, Max — Rechtmäßiges Alternativverhalten im haftungsbegründenden Zurechungszusammenhang,
München 1977

Gräfer, Horst — Bilanzanalyse,
Eine Einführung mit Aufgaben und Lösungen,
6. Auflage, Berlin 1994

Gröger, Eric — Die GmbH ohne eingetragenen Geschäftsführer,
Rechtspfleger 1976, 286 ff.

Grossfeld, Bernhard/Brondics, Klaus — Die Stellung des fakultativen Aufsichtsrates (Beirat) in der Gesellschaft mit beschränkter Haftung und in der GmbH & Co. KG,
AG 1987, 293 ff.

Grothus, Jost — Amtsniederlegung des einzigen Geschäftsführers einer GmbH,
DB 1958, 792 ff.

Großkommentar — zum Aktiengesetz,
1. Band, 2. Halbband §§ 76-147,
3. Auflage, Berlin, New York 1973;
3. Band §§ 179-290,
3. Auflage, Berlin, New York 1973

Großmann, Adolf — Unternehmensziele im Aktienrecht, Eine Untersuchung über Handlungsmaßstäbe für Vorstand und Aufsichtsrat, Köln, Berlin, Bonn, München 1980

Grunewald, Barbara — Einsichts- und Auskunftsrecht des GmbH-Gesellschafters nach neuem Recht, ZHR 146 (1982), 211 ff.

Grunewald, Barbara — Zum Informationsrecht in der GmbH & Co. KG - Besprechung der Entscheidung BGH WM 1988, 1447 -, ZGR 1989, 545 ff.

Grunewald, Barbara — Die Gesellschafterklage in der Personengesellschaft und der GmbH, Tübingen 1990

Grunewald, Barbara — Die Auslegung von Gesellschafterverträgen und Satzungen, ZGR 1995, 68 ff.

Gustavus, Eckhart — Probleme mit der GmbH ohne Geschäftsführer, GmbHR 1992, 15 ff.

Haas, Ulrich — Geschäftsführerhaftung und Gläubigerschutz, Unternehmerische Verhaltenspflichten des GmbH-Geschäftsführers zum Schutz Dritter, München 1997

Habersack, Matthias — Unwirksamkeit „zustandsbegründender" Durchbrechungen der GmbH-Satzung sowie darauf gerichteter schuldrechtlicher Nebenabreden, - Besprechung der Entscheidung BGH, NJW 1993, 2246 -, ZGR 1994, 354 ff.

Hachenburg — Gesetz betreffend die Gesellschaften mit beschränkter Haftung (GmbHG), Großkommentar, Band 2 §§ 13-52, 7. Auflage, Berlin, New York 1979

Hachenburg Gesetz betreffend die Gesellschaften mit beschränkter Haftung (GmbHG), Großkommentar,
Band 1 §§ 1-34,
8. Auflage, Berlin, New York 1992;
Band 2 §§ 35-52,
8. Auflage, Berlin, New York 1997

Härer, Ralf-Dietmar Erscheinungsformen und Kompetenzen des Beirats in der GmbH,
Frankfurt a.M., Bern, New York, Paris 1991

Häsemeyer, Ludwig Die gesetzliche Form der Rechtsgeschäfte, Objektive Ordnung und privatautonome Selbstbestimmung im formgebundenen Rechtsgeschäft,
Frankfurt a.M. 1971

Häsemeyer, Ludwig Anmerkung zum Urteil des BGH v. 26.03.1987 - VII ZR 122/86,
JR 1988, 67 ff.

Häsemeyer, Ludwig Insolvenzrecht,
Köln, Berlin, Bonn, München 1992

Hanau, Peter Die Kausalität der Pflichtwidrigkeit: Eine Studie zum Problem des rechtmässigen Alternativverhaltens im bürgerlichen Recht,
Göttingen 1971

Hanau, Peter/Adomeit, Klaus Arbeitsrecht,
11. Auflage, Neuwied, Kriftel, Berlin 1994

Hanau, Peter/Ulmer, Peter Mitbestimmungsgesetz,
München 1981

Hansen, Herbert Der GmbH-Bestand stieg auf 770.000 Gesellschaften an. Gleichzeitig Anmerkungen zu der Einstellung der statistischen Erhebung bei den Kapitalgesellschaften,
GmbHR 1997, 204 ff.

Hansen, Herbert Gründungen, Auflösungen und Anzahl von GmbH,
GmbHR 1998, 582 ff.

Hassold, Gerhard — Wille des Gesetzgebers oder objektiver Sinn des Gesetzes - subjektive oder objektive Theorie der Gesetzesauslegung, ZZP 94 (1981), 192 ff.

Heckschen, Heribert — Auslandsbeurkundung und Richtigkeitsgewähr, DB 1990, 161 ff.

Heermann, Peter W. — Unternehmerisches Ermessen, Organhaftung und Beweislastverteilung, ZIP 1998, 761 ff.

Hefermehl, Wolfgang — Zur Haftung der Vorstandsmitglieder bei der Ausführung von Hauptversammlungsbeschlüssen, Festschrift für Wolfgang Schilling, hrsg. von R. Fischer, W. Hefermehl, Berlin, New York 1973, 159 ff.

Heinze, Meinhard — Einstweiliger Rechtsschutz im aktienrechtlichen Anfechtungs- und Nichtigkeitsverfahren, ZGR 1979, 293 ff.

Heisse, Matthias — Die Beschränkung der Geschäftsführerhaftung gegenüber der GmbH, Köln 1988

Hennerkes, Brun-Hagen/Binz, Mark/May, Peter — Die Steuerungsfunktion des Beirates in der Familiengesellschaft, Zur notwendigen Anpassung von Gesellschaftsverträgen an geänderte Erfordernisse der Unternehmensführung, DB 1987, 469 ff.

Hensche, Detlef — Erweiterung der Mitbestimmung durch privatautonome Regelung, insbesondere in Unternehmen der öffentlichen Hand, AuR 1971, 33 ff.

Henssler, Martin — Das Anstellungsverhältnis der Organmitglieder, RdA 1992, 289 ff.

Henze, Hartwig Zur Schiedsfähigkeit von Gesellschafterbeschlüssen im GmbH-Recht, ZGR 1988, 542 ff.

Henze, Hartwig Treuepflichten der Gesellschafter im Kapitalgesellschaftsrecht, ZHR 162 (1998), 186 ff.

Heermann, Peter W. Unternehmerisches Ermessen, Organhaftung und Beweislastverteilung, ZIP 1998, 761 ff.

Hess, Harald Insolvenzrecht, 4. Auflage, Köln 1996

Heymann, Ernst Handelsgesetzbuch, Kommentar, Band 1, Erstes Buch, Einleitung: §§ 1-104, 2. Auflage, Berlin, New York 1995

Höhn, Reinhard Die Geschäftsleitung der GmbH: Organisation, Führung und Verantwortung, Kontrolle durch den Aufsichtsrat und Beirat, 2. Auflage, Köln 1995

Hölters, Wolfgang Satzungsgestaltung und Organisationsstruktur von Unternehmen bei Einführung der qualifizierten Mitbestimmung, BB 1975, 797 ff.

Hölters, Wolfgang Der Beirat in der GmbH - Verantwortlichkeit, Haftung und Rechtsschutz, insbesondere unter dem Gesichtspunkt des Minderheitsschutzes, BB 1977, 105 ff.

Hölters, Wolfgang Der Beirat in der GmbH und GmbH und Co. KG, Köln 1979

Hoffmann, Dietrich Zum Rechtsbegriff Arbeitsdirektor gemäß § 33 MitbestG, BB 1976, 1233 ff.

Hoffmann, Dietrich Der Kernbereich des Arbeitsdirektors und andere praktische Fragen bei der Anwendung von § 33 MitbestG, BB 1977, 17 ff.

Hoffmann, Dietrich/Lehmann, Jürgen/Weinmann, Heinz Mitbestimmungsgesetz, Kommentar, München 1978

Hoffmann, Dietrich/Neumann, Nikolaus Aktuelle Fragen des Mitbestimmungsgesetzes für GmbH und GmbH & Co. KG, Bericht über das Centrale-Seminar am 29.09.1977, GmbHR 1978, 56 ff.

Hoffmann-Becking, Michael Der Einfluß schuldrechtlicher Gesellschaftervereinbarungen auf die Rechtsbeziehungen in der Kapitalgesellschaft, ZGR 1994, 442 ff.

Hofmann, Paul Anmerkung zu BGH II ZR 57/67 v. 9.12.68, Konstitutive Wirkung der Feststellung von Beschlüssen durch den Vorsitzenden der Gesellschafterversammlung, GmbHR 1970, 119 ff.

Hohlfeld, Mathias Der GmbH-Geschäftsführer im Spannungsfeld zwischen Arbeitgeberfunktion und Arbeitnehmereigenschaft, GmbHR 1987, 255 ff.

Hohmann, Harald § 242 BGB und unzulässige Rechtsausübung in der Rechtsprechung des BGH, JA 1982, 112 ff.

Hommelhoff, Peter Unternehmensführung in der mitbestimmten GmbH, ZGR 1978, 119 ff.

Hommelhoff, Peter Die Konzernleitungspflicht, Zentrale Aspekte eines Konzernverfassungsrechts, Köln, Berlin, Bonn, München 1982

Hommelhoff, Peter Vereinbarte Mitbestimmung, ZHR 148 (1984), 118 ff.

Hubmann, Heinrich — Grundsätze der Interessenabwägung,
AcP 155 (1956), 85 ff.

Hucke, Anja — Gesellschafter und Geschäftsführer der GmbH,
Juristische und ökonomische Analyse,
Wiesbaden 1995

Hübner, Ulrich — Managerhaftung,
Rechtsgrundlagen und Risikopotentiale einer persönlichen Inanspruchnahme der Unternehmensleiter von Kapitalgesellschaften,
München 1992

Hueck, Alfred — Der Aufsichtsrat der GmbH,
BB 1953, 325 ff.

Hueck, Alfred — Die Entlastung im Recht der GmbH,
GmbHR 1959, 189 ff.

Hueck, Götz — Bemerkungen zum Anstellungsverhältnis von Organmitgliedern juristischer Personen,
Festschrift für M.-L. Hilger und H. Stumpf,
München 1983, 365 ff.

Hueck, Götz — Zur arbeitsrechtlichen Stellung des GmbH-Geschäftsführers,
ZfA 1985, 25 ff.

Hüffer, Uwe — Aktiengesetz,
3. Auflage, München 1997

Hufen, Friedhelm — Verwaltungsprozeßrecht,
2. Auflage, München 1996

Immenga, Ulrich — Die personalistische Kapitalgesellschaft,
Eine rechtsvergleichende Untersuchung nach dem deutschen GmbH-Recht und dem Recht der Corporations in den Vereinigten Staaten,
Bad Homburg 1970

Immenga, Ulrich — Die Problematik der Anfechtungsklage im GmbH-Recht,
GmbHR 1973, 5 ff.

Immenga, Ulrich — Zuständigkeiten des mitbestimmten Aufsichtsrats, ZGR 1977, 257 ff.

Immenga, Ulrich/Werner, Horst — Der Stimmrechtsausschluß eines GmbH-Gesellschafters, GmbHR 1976, 53 ff.

Jansen, Paul — FGG. Gesetz über die Angelegenheiten der freiwilligen Gerichtsbarkeit mit Nebengesetzen und bundesrechtlichen Ergänzungs- und Ausführungsvorschriften, 2. Auflage, Berlin 1969

Jauernig, Otmar/Schlechtriem, Peter/Stürner, Rolf/Teichmann, Arndt/Vollkommer, Max — Bürgerliches Gesetzbuch mit Gesetz zur Regelung des Rechts der Allgemeinen Geschäftsbedingungen, 8. Auflage, München 1997

Joost, Detlev — Die Parteirolle der personalistischen GmbH und ihrer Gesellschafter bei gesellschaftsinternen Klagen, ZGR 1984, 71 ff.

Jula, Rocco — Die Haftung von GmbH-Geschäftsführern und Aufsichtsräten, Haftung, Strafbarkeit, Risikoverminderung und -vermeidung, Versicherungslösungen, Berlin u.a. 1998

Kallmeyer, Harald — Rechte und Pflichten des Aufsichtsrats in der Kommanditgesellschaft auf Aktien, ZGR 1983, 57 ff.

Keller, Rolf — Das Zurückbehaltungsrecht nach § 273 BGB, JuS 1982, 665 ff.

Keßler, Jörg-Ronald/Appel, Klaus — Das Wertpapiergeschäft in Recht und Praxis, Frankfurt am Main 1996

Kienbaum Vergütungsberatung (Hrsg.) — Vergütungsstudie 1995: Geschäftsführer, 25. Auflage, Gummersbach 1995

Kindler, Peter — Unternehmerisches Ermessen und Pflichtenbindung, ZHR 162 (1998), 101 ff.

Kion, Hans-Jürgen — Die Haftung des GmbH-Geschäftsführers, BB 1984, 864 ff.

Kissel, Otto Rudolf — Gerichtsverfassungsgesetz, Kommentar, 2. Auflage, München 1994

Klatte, Ralf — Die Amtsniederlegung des Geschäftsführers einer GmbH, Frankfurt a.M., Berlin, Bern, New York, Paris, Wien 1997

Klauser, Karl-August — Möglichkeit und Grenze richterlicher Schadensschätzung (§ 287 ZPO), JZ 1968, 167 ff.

Klein, Franz /Orlopp, Gerd — Abgabenordnung - einschließlich Steuerstrafrecht -, Kommentar, 6. Auflage, München 1998

Kleindiek, Detlef — Fehlerhafte Unternehmensverträge im GmbH-Recht, ZIP 1988, 613 ff.

Klumpp, Hans-Herrmann — Aktuelle Fragen der Haftung des GmbH-Geschäftsführers, Leitfaden für Normgerechtes Verhalten, 3. Auflage, Renningen-Malmsheim 1998

Knack, Hans-Joachim — Verwaltungsverfahrensgesetz (VwVfG), Kommentar, 4. Auflage, Köln, Berlin, Bonn, München 1994

Knobbe-Keuk, Brigitte — Das Klagerecht des Gesellschafters einer Kapitalgesellschaft wegen gesetzes- und satzungswidriger Maßnahmen der Geschäftsführung, Festschrift für Kurt Ballerstedt, hrsg. von W. Flume, P. Raisch, E. Steindorff, Berlin 1975, 239 ff.

Knobbe-Keuk, Brigitte — Bilanz- und Unternehmenssteuerrecht, 9. Auflage, Köln 1993

Knöpfle, Robert Zur Problematik der Beurteilung einer Norm als Schutzgesetz im Sinne des § 823 Abs. 2 BGB,
NJW 1967, 697 ff.

Koch, Christian Das Anfechtungsklageerfordernis im GmbH-Beschlußmängelrecht,
Frankfurt am Main, Berlin, Bern, New York, Paris, Wien 1997

Köbler, Gerhard Schuldrecht Allgemeiner Teil und besonderer Teil,
2. Auflage, München 1995

Köhler, Helmut Vertragliche Unterlassungspflichten,
AcP 190 (1990), 496 ff.

Köhl, Dietmar Die Einschränkung der Haftung des GmbH-Geschäftsführers nach den Grundsätzen des innerbetrieblichen Schadensausgleichs,
DB 1996, 2597 ff.

Kölner Kommentar zum Aktiengesetz,
Band 2 §§ 76-117 und Mitbestimmung im Aufsichtsrat,
2. Auflage, Köln, Berlin, Bonn, München 1996

Konow, Karl-Otto Probleme der Geschäftsführerhaftung bei der GmbH,
GmbHR 1968, 219 ff.

Konzen, Horst Die Anstellungskompetenz des GmbH-Aufsichtsrats nach dem Mitbestimmungsgesetz,
GmbHR 1983, 92 ff.

Konzen, Horst Paritätische Mitbestimmung im Montanbereich,
AG 1983, 289 ff.

Konzen, Horst Geschäftsführung, Weisungsrecht und Verantwortlichkeit in der GmbH und GmbH & Co. KG,
NJW 1989, 2977 ff.

Konzen, Horst — Grundlagen und Grenzen des vorbeugenden Rechtsschutzes unter Tarifparteien, Festschrift für Otto Rudolf Kissel, hrsg. von M. Heinze, A. Söllner, München 1994, 571 ff.

Kopp, Ferdinand — Verwaltungsverfahrensgesetz, 6. Auflage, München 1996

Koppensteiner, Hans-Georg — Treuwidrige Stimmabgaben bei Kapitalgesellschaften, ZIP 1994, 1325 ff.

Korehnke, Stephan — Treuwidrige Stimmen im Personenhandels- und GmbH-Recht, Sanktionen und prozessuale Behandlung, Baden-Baden 1997

Kort, Michael — Die Änderung der Unternehmenspolitik durch den GmbH-Geschäftsführer, Zugleich Besprechung des BGH-Urteils vom 25.02.1991, II ZR 76/90, ZIP 1991, 509, ZIP 1991, 1274 ff

Kosok, Uwe — Organmitglieder juristischer Personen zwischen Anstellung und Bestellung, Aachen 1995

Krebs, Peter — Geschäftsführerhaftung bei der GmbH & Co. KG und das Prinzip der Haftung für sorgfaltswidrige Leitung, Baden-Baden 1991

Kress, Hugo — Lehrbuch des Allgemeinen Schuldrechts, Unveränderter Neudruck der Ausgabe München 1929 mit einer Einführung und hrsg. von H. Weitmeier, H. Ehman, Aalen 1974

Krieger, Gerd — Personalentscheidungen des Aufsichtsrats, Köln, Berlin, Bonn, München 1981

Kübler, Friedrich — Erwerbschancen und Organpflichten - Überlegungen zur Entwicklung der Lehre von den „corporate opportunities", Festschrift für Winfried Werner, hrsg. von W. Hadding, U. Immenga, H. J. Mertens, K. Pleyer, U.H. Schneider, Berlin, New York 1984, 437 ff.

Kuhlmann, Götz Joachim — Reform ohne Reform? - Kritische Anmerkungen zum Referenten-Entwurf eines Gesetzes zur Änderung des Rechts der Staatsanwaltschaft (StAÄG) -, DRiZ 1977, 266 ff.

Kuhn, Georg/Uhlenbruck, Wilhelm — Konkursordnung, Kommentar, 10. Auflage, München 1986

Kust, Egon — Zur Sorgfaltspflicht und Verantwortlichkeit eines ordentlichen und gewissenhaften Geschäftsleiters, WM 1980, 758 ff.

Lang/Weidmüller/Metz, Egon/Schaffland, Hans-Jürgen — Genossenschaftsgesetz (Gesetz betreffend die Erwerbs- und Wirtschaftsgenossenschaften), Kommentar, 33. Auflage, Berlin, New York 1997

Langenfeld, Gerrit — GmbH-Vertragspraktikum, Gestaltungs- und Beratungsempfehlungen, Verträge und Formulare zum GmbH-Recht, 2. Auflage, Köln 1995

Larenz, Karl — Lehrbuch des Schuldrechts, Zweiter Band Besonderer Teil, 1. Halbband, 13. Auflage, München 1986

Larenz, Karl — Lehrbuch des Schuldrechts, Erster Band Allgemeiner Teil, 14. Auflage, München 1987

Larenz, Karl — Methodenlehre der Rechtswissenschaft, 6. Auflage, Berlin, Heidelberg, New York 1991

Lehmann, Michael — Die ergänzende Anwendung von Aktienrecht auf die Gesellschaft mit beschränkter Haftung, Köln 1970

Lehmann, Michael — Das Privileg der beschränkten Haftung und der Durchgriff im Gesellschafts- und Konzernrecht, Eine juristische und ökonomische Analyse, ZGR 1986, 345 ff.

Leipold, Dieter — Beweislastregeln und gesetzliche Vermutungen insbesondere bei Verweisungen zwischen verschiedenen Rechtsgebieten, Berlin 1966

Leonrad, Franz — Allgemeines Schuldrecht des BGB, München und Leipzig, 1929

Lerch, Klaus — Beurkundung durch ausländischen Notar?, DB 1992, 670 ff.

Limbach, Jutta — Die empirischen Normaltypen der GmbH und ihr Verhältnis zum Postulat von Herrschaft und Haftung, Berlin 1966

Lindacher, Walter F. — Haftung des GmbH-Geschäftsführers und Einwand des Auswahl- und Überwachungsmitverschuldens, BGH, NJW 1983, 1856, JuS 1984, 672 ff.

Lindacher, Walter F. — Fragen der Beschlußfassung und -feststellung nach § 46 Nr. 8 GmbHG - Besprechung der Entscheidung BGHZ 96, 28 -, ZGR 1987, 128 ff.

Lipps, Wolfgang — Nochmals - Verdeckte Gewinnausschüttung bei der GmbH als strafrechtliche Untreue, NJW 1989, 502 ff.

Lorenz, Werner — Das Problem der Aufrechterhaltung formnichtiger Schuldverträge, AcP 156 (1957), 381 ff.

Lutter, Marcus	Zum Informationsrecht der Gesellschafter nach neuem GmbH-Recht ZGR 1982, 1 ff.
Lutter, Marcus	Information und Vertraulichkeit im Aufsichtsrat, 2. Auflage, Köln, Berlin, Bonn, München 1984
Lutter, Marcus	Fragerecht und Informationsanspruch des Aktionärs und GmbH-Gesellschafters im Konzern, AG 1985, 117 ff.
Lutter, Marcus	Die Treuepflicht des Aktionärs, Bemerkungen zur Linotype-Entscheidung des BGH, ZHR 153 (1989), 446 ff.
Lutter, Marcus	Haftungsrisiken des Geschäftsführers einer GmbH, GmbHR 1997, 329 ff.
Lutter, Marcus	Treuepflichten und ihre Anwendungsprobleme, ZHR 162 (1998), 186 ff.
Lutter Marcus/Friedewald, Rolf	Kapitalerhöhung, Eintragung im Handelsregister und Amtslöschung, Anmerkungen zum Beschluß des OLG Karlsruhe vom 18.12.1985 - 11 W 86/85, ZIP 1986, 711, ZIP 1986, 691 ff.
Lutter, Marcus/Grunewald, Barbara	Zur Umgehung von Vinkulierungsklauseln von Aktiengesellschaften und Gesellschaften mbH, AG 1989, 109 ff.
Lutter, Marcus/Hommelhoff, Peter	GmbH-Gesetz, 14. Auflage, Köln 1995
Lutter, Marcus/Krieger, Gerd	Rechte und Pflichten des Aufsichtsrats, 3. Auflage, 1993

Marsch-Barner, Reinhard | Treuepflichten zwischen Aktionären und Verhaltenspflichten bei der Stimmrechtsbündelung, ZHR 157 (1993), 172 ff.

Martens, Klaus- Peter | Die außerordentliche Beendigung von Organ- und Anstellungsverhältnissen, Festschrift für Winfried Werner, hrsg. von W. Hadding, U. Immenga, H. J. Mertens, K. Pleyer, U.H. Schneider, Berlin, New York 1984, 495 ff.

Martens, Wolfgang | Zum Rechtsanspruch auf polizeiliches Handeln, JuS 1962, 245 ff.

Martens, Wolfgang | Mitbestimmungsrechtliche Bausteine in der Rechtsprechung des Bundesgerichtshofs, Besprechung der Entscheidungen BGHZ 83, 106 ff., 144 ff., 151 ff. -, ZGR 1983, 237 ff.

Maurer, Hartmut | Allgemeines Verwaltungsrecht, 12. Auflage, München 1999

Medicus, Dieter | Ansprüche auf Schadensersatz, JZ 1967, 63 ff.

Medicus, Dieter | Der Grundsatz der Verhältnismäßigkeit im Privatrecht, AcP 192 (1992), 35 ff.

Medicus, Dieter | Bürgerliches Recht, 17. Auflage, Köln, Bonn, Berlin, München 1996

Medicus, Dieter | Schuldrecht I Allgemeiner Teil, 9. Auflage, München 1996

Medicus, Dieter | Die interne Geschäftsverteilung und die Außenhaftung von GmbH-Geschäftsführern, GmbHR 1998, 9 ff.

Meilicke, Heinz | Verdeckte Gewinnausschüttung: Strafrechtliche Untreue bei der GmbH?, BB 1988, 1261 ff.

Merkt, Hanno	Unternehmensleitung und Interessenkollision, ZHR 159 (1995), 423 ff.
Mertens, Hans-Joachim	Der Begriff des Vermögensschadens im Bürgerlichen Recht, Stuttgart, Berlin, Köln, Mainz 1967
Mertens, Hans-Joachim	Zuständigkeiten des mitbestimmten Aufsichtsrats, Koreferat, ZGR 1977, 270 ff.
Mertens, Hans-Joachim	Deliktsrecht und Sonderprivatrecht - Zur Rechtsfortbildung des deliktischen Schutzes von Vermögensinteressen, AcP 178 (1978), 227 ff.
Mertens, Hans-Joachim	Die Geschäftsführerhaftung in der GmbH und das ITT-Urteil, Festschrift für Robert Fischer, hrsg. von M. Lutter, Berlin, New York 1979, 461 ff.
Mertens, Hans-Joachim	Zur Auslegung und zum Verhältnis von § 76 Abs. 1 und § 58 AktG im Hinblick auf uneigennützige soziale Aktivitäten der Aktiengesellschaft, Festschrift für Reinhard Goerdeler, hrsg. von H. Havermann, Düsseldorf 1987, 349 ff.
Mertens, Hans-Joachim/Cahn, Andreas	Wettbewerbsverbot und verdeckte Gewinnausschüttung im GmbH-Konzern, Festschrift für Theodor Heinsius, hrsg. von F. Kübler, H.-J. Mertens, W. Werner, Berlin, New York 1991, 545 ff.
Mertens, Hans Joachim/Stein, Ursula	Das Recht des Geschäftsführers der GmbH, 2. Auflage, Berlin, New York 1997
Mettenheim, Heinrich von	Der Aufsichtsrat im Kräftefeld der mitbestimmten GmbH, DB 1977, 447 ff.
Meyke, Rolf	Die Haftung des GmbH-Geschäftsführers, Köln 1998

Miller, Fritz Georg — Zur Abhängigkeit die GmbH-Geschäftsführern, Zugleich eine Besprechung des BGH-Urteils vom 21.01.1981 - II ZR 92/80 - ZIP 1981, 367
ZIP 1981, 578 ff.

Motive — zu dem Entwurfe eines Bürgerlichen Gesetzbuches für das Deutsche Reich,
Band 1, Allgemeiner Teil,
Berlin, Leipzig 1888

Motzer, Stefan — Schutzpflichtverletzungen und Leistungsunmöglichkeit,
JZ 1983, 884 ff.

Müller, Klaus — Kommentar zum Gesetz betreffend die Erwerbs- und Wirtschaftsgenossenschaften,
Erster Band (§§1-33),
2. Auflage, Bielefeld 1991

Müller-Erzbach, Rudolf — Das private Recht der Mitgliedschaft als Prüfstein eines kausalen Rechtsdenkens,
Weimar 1948

Müller, Hans-Jürgen/Jegutidse, Sarina — Der GmbH-Geschäftsführer,
Rechte, Pflichten, Vermeidung von Haftungsrisiken,
2. Auflage, Berlin 1995

Münchener Handbuch — zum Arbeitsrecht,
Band 1 Individualarbeitsrecht,
hrsg. von Richardi, R./Wlotzke, O.,
München 1992

Münchener Handbuch — zum Gesellschaftsrecht,
Band 3 Gesellschaft mit beschränkter Haftung,
hrsg. von Priester, H.-J./Mayer, D.,
München 1996

Münchener Kommentar | zum Bürgerlichen Gesetzbuch, Band 1 §§ 1-241, 3. Auflage, München 1993; Band 2 §§ 242-432, 3. Auflage, München 1994; Band 3 §§ 433-606, 3. Auflage, München 1994; Band 4 §§ 607-704, 3. Auflage, München 1997; Band 5 §§ 705-853 3. Auflage, München 1997

Münchener Kommentar | zum Handelsgesetzbuch, Band 1, Erstes Buch, Handelsstand, München 1996

Münchener Vertragshandbuch | Band 1 Gesellschaftsrecht, hrsg. von Heidenhain, Martin/Meister, Burckhard W., 4. Auflage, München 1996

Musielak, Hans-Joachim/Stadler, Max | Grundfragen des Beweisrechts, - Beweisaufnahme - Beweiswürdigung - Beweislast -, München 1984

Musielak, Hans-Joachim | Gegenwartsprobleme der Beweislast, ZZP 100 (1987), 385 ff.

Mutze, Otto | Recht und Pflicht zur Teilnahme an der Gesellschafterversammlung der GmbH, GmbHR 1970, 33 ff.

Naendrup, Peter-Hubert | Mitbestimmungsgesetz und Organisationsfreiheit (1. Teil), Strategien zur Bekämpfung oder Vermeidung von (Unternehmens-) Mitbestimmung, ArbuR 1977, 225 ff.

Neflin, Hermann | Die Verweigerung der Entlastung von Vorstand und Aufsichtsrat einer AG und deren Rechtsfolgen, NJW 1959, 1666 ff.

Neumann-Duesberg, Horst | Betriebsverfassungsrecht, Ein Lehrbuch, Berlin 1960

NJW Fundheft für Zivilrecht — Systematischer Nachweis der deutschen Rechtsprechung und Zeitschriftenaufsätze,
Band 30: 1984,
1.12.1983 - 30.11.1984,
München 1985;
Band 31: 1985,
1.12.1984 - 30.11.1985,
München 1986;
Band 32: 1986,
1.12.1985 - 30.11.1986,
München 1987;
Band 40: 1994,
1.12.1993 - 30.11.1994,
München 1995;
Band 41: 1995,
1.12.1994 - 30.11.1995,
München 1996;
Band 42: 1996,
1.12.1995 - 30.11.1996,
München 1987

Noack, Ulrich — Fehlerhafte Beschlüsse in Gesellschaften und Vereinen,
Köln, Berlin, Bonn, München 1989

Nölle, Jens-Uwe — Die Eigenhaftung des GmbH-Geschäftsführers für Organisationspflichtverletzungen,
Regensburg 1995

Obermayer, Klaus — Kommentar zum Verwaltungsverfahrensgesetz,
3. Auflage, Neuwied, Frankfurt a.M. 1997

Ossola-Haring, Claudia — Der Anstellungsvertrag des GmbH-Geschäftsführers,
Freiburg 1989

Osten, Dinnies von der — Das Wettbewerbsverbot von Gesellschaftern und Gesellschafter-Geschäftsführern in der GmbH,
GmbHR 1989, 450 ff.

Otto, Harro — Die neuere Rechtsprechung zu den Vermögensdelikten - Teil 2,
II. Vermögensentziehungsdelikte gegen das gesamte Vermögen,
JZ 1985, 69 ff.

Overlack, Arndt — Der Einfluß der Gesellschafter auf die Geschäftsführung in der mitbestimmten GmbH, ZHR 141 (1977), 125 ff.

Palandt — Bürgerliches Gesetzbuch, 58. Auflage, München 1999

Parisius, Ludolf/Crüger, Hans — Das Reichsgesetz betreffend die Erwerbs- und Wirtschaftsgenossenschaften, Kommentar zum praktischen Gebrauch für Juristen, Genossenschaften und ihre Mitglieder, 12. Auflage, Berlin, Leipzig 1932

Peltzer, Martin — Probleme bei der Kreditgewährung der Kapitalgesellschaft an ihre Leitungspersonen - ein Beitrag zu § 43 a GmbH-Gesetz -, Festschrift für Heinz Rowedder, hrsg. von G. Pfeiffer, G. Wiese, K. Zimmermann, München 1994, 325 ff.

Peters, Frank — Vergleichsverhandlungen und Verjährung, NJW 1982, 1857 f.

Planck, Marina — Kleine AG als Rechtsform-Alternative zur GmbH, GmbHR 1994, 501 ff.

Plander, Harro — Zur Bestellung der Geschäftsführer einer mehrgliedrigen GmbH, Gedanken zur Auslegung des § 27 Abs. 1 BGB und der §§ 6 Abs. 2 Satz 2, 46 Nr. 5 in Verbindung mit § 47 Abs. 1 GmbHG, GmbHR 1968, 198 ff.

Priester, Hans-Joachim — Bildung und Auflösung des GmbH-Vertragskonzerns, ZGR Sonderheft Nr. 6, 151 ff.

Priester, Hans-Joachim — Nichtkorporative Satzungsbestimmungen bei Kapitalgesellschaften - Begriff, Abgrenzung, Behandlung -, DB 1979, 681 ff.

Priester, Hans-Joachim — Satzungsänderung und Satzungsdurchbrechung, ZHR 151 (1987), 40 ff.

Priester, Hans-Joachim — Die eigene GmbH als fremder Dritter, Eigensphäre der Gesellschaft und Verhaltenspflichten ihrer Gesellschafter, ZGR 1993, 512 ff.

Priester, Hans-Joachim — Die Gestaltung von GmbH-Verträgen, 5. Auflage, Köln 1996

Primus, Hubertus — Der GmbH-Geschäftsführer, 4. Auflage, München 1992

Prütting, Hans — Gegenwartsprobleme der Beweislast, Eine Untersuchung moderner Beweislasttheorien und ihrer Anwendung insbesondere im Arbeitsrecht, München 1983

Pullen, Heinz-Jürgen — Anwendbarkeit der Grundsätze der gefahrgeneigten Arbeit auf den GmbH-Geschäftsführer?, Beispiel eines Kraftfahrzeugunfalles, BB 1984, 989 ff.

Raiser, Thomas — Besprechung der Entscheidung BGH, NJW, 1957, 1657, ZGR 1976, 105 ff.

Raiser, Thomas — Ein mißglücktes Urteil zum Mitbestimmungsgesetz, NJW 1981, 2166 ff.

Raiser, Thomas — Mitbestimmungsgesetz nebst Wahlordnungen, 2. Auflage, Berlin, New York 1984

Raiser, Thomas — Das Recht der Gesellschafterklagen, ZHR 153 (1989), 1 ff.

Raiser, Thomas — Die Einrede der Anfechtbarkeit von Gesellschafterbeschlüssen in der GmbH, Festschrift für Theodor Heinsius, hrsg. von F. Kübler, H.-J. Mertens, W. Werner, Berlin, New York 1991, 645 ff.

Raiser, Thomas — Recht der Kapitalgesellschaften, ein Handbuch für Praxis und Wirtschaft, Aktiengesellschaft, Gesellschaft mit beschränkter Haftung, Kapitalgesellschaft & Co., Umwandlung, Verschmelzung, Spaltung, Konzernrecht, 2. Auflage, München 1992

Redeker, Konrad/von Oertzen, Hans Joachim/Redeker, Martin — Verwaltungsgerichtsordnung, Kommentar, 12. Auflage, Stuttgart, Berlin, Köln 1997

Reese, Jürgen — Die Haftung der Manager im Innenverhältnis, DStR 1995, 532 ff.

Referentenentwurf — eines Gesetzes zur Änderung des Rechts der Staatsanwaltschaft, hrsg. vom BMdJ, Bonn 1976

Regierungsentwurf — eines Gesetzes über Gesellschaften mit beschränkter Haftung (GmbHG), BT-Drucks. 6/3088

Regierungsentwurf — eines Gesetzes über die Mitbestimmung von Arbeitnehmern (Mitbestimmungsgesetz - MitbestG), BT-Drucks. 7/2127

Regierungsentwurf — eines Gesetzes zur Änderung des Gesetzes betreffend die Gesellschaft mit beschränkter Haftung und anderer handelsrechtlicher Vorschriften, BT-Drucks. 8/1347

Rehbinder, Eckard — Rechtliche Schranken der Erstattung von Bußgeldern an Organmitglieder und Angestellte, ZHR 148 (1984), 555 ff.

Reich, Norbert/Lewerenz, Karl-Jochen — Das neue Mitbestimmungsgesetz (Zugleich ein Beitrag zum Verhältnis von Gesellschaftsrecht und Unternehmensverfassung), ArbuR 1976, 261 ff.

Reuter, Dieter — Die Mitbestimmung als Bestandteil des Normativsystems für die juristische Person des Handelsrechts, Berlin 1987

Reuter, Dieter/König, Jürgen — Mitbestimmung und gesellschaftsrechtliche Gestaltungsfreiheit, ZHR 140 (1976), 494 ff.

Richardi, Reinhard — Abschied von der gefahrgeneigten Arbeit als Voraussetzung für die Beschränkung der Arbeitnehmerhaftung, NZA 1994, 242 ff.

Richardi, Reinhard — Entwicklungstendenzen der Treue- und Fürsorgepflicht in Deutschland, Tomandl (Hrsg.), Treue- und Fürsorgepflicht im Arbeitsverhältnis, 1975, S. 41 ff.

Richter, Wolfgang/Stengel, Arndt — Anforderungen an die Zustimmung der Gesellschafter der abhängigen GmbH zum Abschluß eines Beherrschungs- und/oder Gewinnabführungsvertrags - genügt satzungsändernde Mehrheit?, DB 1993, 1961 ff.

Rittner, Fritz — Die Anstellungsverträge der GmbH-Geschäftsführer und das Mitbestimmungsgesetz, DB 1979, 973 ff.

Rohleder, Michael — Zur Anfechtungsklage gegen einen fehlerhaften Gesellschafterbeschluß in der GmbH - Anmerkungen zum Urteil d. BGH vom 21.03.1988 - II ZR 308/87, GmbHR 1989, 236 ff.

Romberg, Ulf-Jochen — Aktuelle Absicherungsmöglichkeiten gegen das persönliche Haftungsrisiko des GmbH-Geschäftsführers, Loseblattsammlung, Kissing Rechtsstand Juni 1998

Rosenberg, Leo — Die Beweislast auf der Grundlage des bürgerlichen Gesetzbuches und der Zivilprozeßordnung, 5. Auflage, München, Berlin 1965

Roth, Günther H. — Gesetz betreffend die Gesellschaften mit beschränkter Haftung (GmbHG), 2. Auflage, München 1987

Roth, Günther H./Altmeppen, Holger — Gesetz betreffend die Gesellschaften mit beschränkter Haftung (GmbHG), 3. Auflage, München 1997

Rowedder, Heinz — Gesetz betreffend die Gesellschaften mit beschränkter Haftung, 3. Auflage, München 1996

Säcker, Franz Jürgen — Die Anpassung des Gesellschaftsvertrages der GmbH an das MitbestG, DB 1977, 1845 ff.

Saenger, Ingo — Minderheitenschutz und innergesellschaftliche Klagen bei der GmbH, GmbHR 1997, 113 ff.

Sandberger, Andreas — Die Außenhaftung des GmbH-Geschäftsführers, Baden-Baden 1997

Sauer, Wilhelm — Juristische Methodenlehre, Stuttgart, 1940, Neudruck 1970

Schäfer, Helmut — Die Strafbarkeit der Untreue zum Nachteil einer KG, NJW 1983, 2850 ff.

Schaub, Bernard — Die Haftung des Geschäftsführers einer GmbH gegenüber der Gesellschaft und den Gesellschaftern (Teil I), DStR 1992, 985 ff.

Schaub, Günter — Arbeitsrechtshandbuch, 8. Auflage, München 1996

Schervier, Joachim — Beurkundung GmbH-rechtlicher Vorgänge im Ausland, NJW 1992, 593 ff.

Schiessl, Maximilian Die Wahrnehmung von Geschäftschancen der GmbH durch ihren Geschäftsführer, GmbHR 1988, 53 ff.

Schilling, Wolfgang Entwicklungstendenzen im Konzernrecht, ZHR 140 (1976), 528 ff.

Schlegelberger, Franz/Quassowski, Leo/Herbig, Gustav/Geßler, Ernst/Hefermehl, Wolfgang Gesetz über Aktiengesellschaften und Kommanditgesellschaften auf Aktien vom 30. Januar 1937, Kommentar, 3. Auflage; Berlin 1939

Schmidt, Karsten Proviant für die „Albatros", oder: PVV als „Seerechtsproblem"? - KG, OLGZ 1976, 226, JuS 1977, 722 ff.

Schmidt, Karsten Entlastung, Entlastungsrecht und Entlastungsklage des Geschäftsführers einer GmbH - Versuch einer Neuorientierung, ZGR 1978, 425 ff.

Schmidt, Karsten Die isolierte Verlustdeckungszusage unter verbundenen Unternehmen als Insolvenzabwendungsinstrument - Eine Studie über Voraussetzungen und Inhalt der Zusagen sowie über die Rechtsfolgen ihres Fehlschlags, Festschrift für Winfried Werner, hrsg. von W. Hadding, U. Immenga, H.-J. Mertens, K. Pleyer, U.H. Schneider, Berlin, New York 1984, 777 ff.

Schmidt, Karsten Zum Haftungsdurchgriff wegen Sphärenvermischung und zur Haftungsverfassung im GmbH-Konzern - Bemerkungen zum Urteil des BGH vom 16.9.1985, BB 1985, 2074 ff.

Schmidt, Karsten Konzernhaftung oder mitgliedschaftliche Haftung des privaten GmbH-Gesellschafters?, Fragen + Thesen zu Priesters Analyse des BGH-Urteils vom 16.9.1985 - II ZR 275/84, ZIP 1985, 1263, ZIP 1986, 146 ff.

Schmidt, Karsten Nichtigkeitsklagen als Gestaltungsklagen, - Thesen zum besseren Verständnis der §§ 43 VwGO und 249 AktG -, JZ 1988, 729 ff.

Schmidt, Karsten Die Behandlung treuwidriger Stimmen in der Gesellschafterversammlung und im Prozeß, Bemerkungen zum „Cats“-Urteil des Hanseatischen OLG Hamburg, GmbHR 1992, 9 ff.

Schmidt, Karsten Gesellschaftsrecht, 3. Auflage, Köln, Berlin, Bonn, München 1997

Schmitt, Hermann Einstweiliger Rechtsschutz gegen drohende Gesellschafterbeschlüsse in der GmbH?, ZIP 1992, 1212 ff.

Schneider, Uwe H. Kredite der GmbH an ihre Geschäftsführer, - Zugleich eine Untersuchung zum neuen § 43 GmbHG -, GmbHR 1982, 197 ff.

Schneider, Uwe H. Haftungsmilderung für Vorstandsmitglieder und Geschäftsführer bei fehlerhafter Unternehmensleitung?, Festschrift für Winfried Werner, hrsg. von W. Hadding, U. Immenga, H.-J. Mertens, K. Pleyer, U.H. Schneider, Berlin, New York 1984, 795 ff.

Schneider, Uwe H. Neues zum qualifizierten faktischen GmbH-Konzern: Das „TBB-Urteil“, Anmerkungen zu BGH, WM 1993, 687, WM 1993, 782 ff.

Schneider, Uwe H./Ihlas, Horst Die Vermögensschaden-Haftpflichtversicherung des Geschäftsführers einer GmbH, DB 1994, 1123 ff.

Schönle, Herbert Der Entlastungsbeschluß im deutschen Gesellschaftsrecht, ZHR 126 (1964), 199 ff.

Schönle, Herbert /Enslin, Joachim Zur Abberufung eines Gesellschafter-Geschäftsführers gemäß § 38 Abs. 1 GmbHG, GmbHR 1969, 103ff.

Scholz, Franz Kommentar zum GmbH-Gesetz, II. Band §§ 45-85, 6. Auflage, Köln 1983

Scholz, Franz Kommentar zum GmbH-Gesetz, I. Band, § 1-44, 8. Auflage, Köln 1993; II. Band, § 45-85, 8. Auflage, Köln 1995

Schröder, Oliver Neue Konzepte zum Beschlußmängelrecht der GmbH und der Personengesellschaften, GmbHR 1994, 532 ff.

Schwerdtner, Peter Gefahrgeneigte Arbeit und Kaskoversicherung, Obliegenheit zur vorbeugenden Risikobegrenzung - Anmerkungen zu den Entscheidungen des BGH vom 24.11.1987 - 8 AZR 524 und 66/82, DB 1988, 1603, 1606 -, DB 1988, 1799 ff.

Semler, Johannes Leitung und Überwachung der Aktiengesellschaft, Die Leitungsaufgabe des Vorstands und die Überwachungsaufgabe des Aufsichtsrats in der Aktiengesellschaft, 2. Auflage, Köln 1996

Sigle, Axel Die Entlastung des GmbH-Geschäftsführers und ihre Wirkung, DStR 1992, 469 ff.

Soergel, Hs. Th.	Bürgerliches Gesetzbuch, Kommentar, Band 1 §§ 1-240, 12. Auflage, Stuttgart, Berlin, Köln, Mainz 1988; Band 2 §§ 242- 432, 12. Auflage, Stuttgart, Berlin, Köln, Mainz, 1990
Sommer, Michael	Die Gesellschaftsverträge der GmbH & Co. KG, München 1992
Sonnenberger, Hans J.	Gesellschaftsrechtliche Verantwortlichkeit geschäftsführender Organe von Kapitalgesellschaften, Rechtsvergleichende Bemerkungen zum deutschen, englischen und französischen Recht, GmbHR 1973, 25 ff.
Spörlein, Hans/Tausend, Hermann	Handbuch für den Geschäftsführer der GmbH, Rechte-Pflichten-Haftung nach Steuerrecht und nach Handelsrecht, Stuttgart, München, Hannover, Berlin, Weimar, Dresden 1995
Stapelfeld, Ait	Die Haftung des GmbH-Geschäftsführers für Fehlverhalten in der Gesellschaftskrise, Köln 1990
Statistisches Handbuch	von Deutschland 1928-1944, München 1949
Statistisches Jahrbuch	für die Bundesrepublik Deutschland 1996, Wiesbaden 1996
Statistisches Jahrbuch	für die Bundesrepublik Deutschland 1997, Wiesbaden 1997
Statistisches Jahrbuch	für die Bundesrepublik Deutschland 1998, Wiesbaden 1998
Staub, Hermann	Handelsgesetzbuch, Großkommentar, Einleitung § 1-104, 4. Auflage, Berlin, New York 1985

Staudinger, J. von	Kommentar zum Bürgerlichen Gesetzbuch, Zweites Buch. Recht der Schuldverhältnisse, §§ 823-832, 12. Auflage, Berlin 1986; Zweites Buch. Recht der Schuldverhältnisse, Einleitung zu §§ 241ff., §§ 241-243, 13. Bearbeitung, Berlin 1995; Zweites Buch. Recht der Schuldverhältnisse, §§ 328-361, 13. Bearbeitung, Berlin 1995
Stehle, Heinz	Der erfolgreiche GmbH-Geschäftsführer, 6. Auflage, Stuttgart 1998
Stein, Friedrich /Jonas, Martin	Zivilprozeßordnung, Band 1, §§ 1-90, 21. Auflage, Tübingen 1993
Stein, Ursula	Das faktische Organ, Köln, Berlin, Bonn, München 1984
Stein, Ursula	Rechtsschutz gegen gesetzeswidrige Satzungsnormen bei Kapitalgesellschaften, ZGR 1994, 472 ff.
Steindorff, Ernst/Joch, Bernd	Die ersten Urteile des Bundesgerichtshofs zum Mitbestimmungsgesetz, Zu BGH II ZR 123/81 - „Siemens“; BGH II ZR 102/81 - „Dynamit Nobel“; BGH II ZR 145/80 - „Bilfinger + Berger“, ZHR 146 (1982), 336 ff.
Stelkens, Paul	Hindert Vertrauensschutz die Ersetzung eines belastenden Verwaltungsakts durch einen neuen, stärker belastenden Verwaltungsakt?, VGH Kassel, NJW 1981, 596, BVerwGE 67, 129, JuS 1984, 930 ff.
Stelkens, Paul/Bonk, Heinz-Joachim/Sachs, Michael/Leonhardt, Klaus	Verwaltungsverfahrensgesetz, Kommentar, 5. Auflage, München 1998

Stern, Klaus — Staatsrecht der Bundesrepublik Deutschland,
Band I, Grundbegriffe und Grundlagen des Staatsrechts, Strukturprinzipien der Verfassung,
2. Auflage, München 1984

Stimpel, Walter — Haftung im qualifizierten faktischen GmbH-Konzern,
- Besprechung der Entscheidung BGHZ 107, 7ff.,
ZGR 1991, 144 ff.

Stober, Rolf — Das Zurückbehaltungsrecht wegen öfentlich-rechtlicher Forderungen,
DVBl 1973, 351 ff.

Stöber, Kurt — Forderungspfändung,
Zwangsvollstreckung in Forderungen und andere Vermögensrechte,
Erläuterungen für die Praxis mit Mustern und Beispielen,
11. Auflage, Bielefeld 1996

Stodolkowitz, Heinz Dieter — Die Haftung im qualifizierten faktischen GmbH-Konzern nach der Rechtsprechung des Bundesgerichtshofs,
ZIP 1992, 1517 ff.

Stürner, Rolf — Der Anspruch auf Erfüllung von Treue- und Sorgfaltspflichten,
JZ 1976, 384 ff.

Sudhoff, Heinrich/Sudhoff, Martin — Der Gesellschaftsvertrag der GmbH,
Systematischer Kommentar mit Formular und Texthandbuch,
8. Auflage, München 1992

Sudhoff, Heinrich/Sudhoff, Martin — Rechte und Pflichten des Geschäftsführers einer GmbH und GmbH & Co.,
14. Auflage, Köln 1994

Teichmann, Arndt — Gestaltungsfreiheit in Gesellschaftsverträgen,
München 1970

Tellis, Nikolaos — Die Rechtsnatur der gesellschaftsrechtlichen Entlastung und die Entlastungsklage, Ein Beitrag zur rechtsformübergreifenden Betrachtung des Entlastungsinstituts, München 1988

Tellis, Nikolaos — Die Entlastungsklage im GmbH-Recht, Erwiderungen auf Buchner, GmbHR 1988, 9ff., GmbHR 1989, 113 ff.

Theisen, Manuel R. — Die Aufgabenverteilung in der mitbestimmten GmbH, Eine empirische Untersuchung der statutarischen Regelungsstruktur nach dem Mitbestimmungsgesetz 1976, Königstein/Ts. 1980

Thelen, Werner — Die Ankündigung des Zwecks der Gesellschafterversammlung bei der Einberufung, GmbHR 1992, 796 f.

Thöni, Wilfried — Zur Haftung des GmbH-Gesellschafters in Geschäftsführungsangelegenheiten, GmbHR 1989, 187 ff.

Thomas, Heinz/Putzo, Hans — Zivilprozeßordnung, 21. Auflage, München 1998

Thümmel, Roderich C./Sparberg, Michael — Haftungsrisiken der Vorstände, Geschäftsführer, Aufsichtsräte und Beiräte sowie deren Versicherbarkeit, DB 1995, 1013 ff.

Tietze, Joerg — Informationsrechte des GmbH-Gesellschafters, Köln 1985

Tieves, Johannes — Satzungsverletzende und satzungsdurchbrechende Gesellschafterbeschlüsse, Zugleich eine Besprechung des Urteils des Bundesgerichtshofs vom 07.06.1993, BGHZ 123, 15 = ZIP 1993, 1074, ZIP 1994, 1341 ff.

Timm, Wolfram — Wettbewerbsverbot und „Geschäftschancen"-Lehre im Recht der GmbH, GmbHR 1981, 177 ff.

Timm, Wolfram — Unternehmensverträge im GmbH-Recht, Eine Bestandsaufnahme im Anschluß an die „Supermarkt"-Entscheidung des BGH vom 24.10.1988, GmbHR 1989, 11 ff.

Timm, Wolfram — Neuere Entwicklungen im GmbH-(Vertrags)-Konzernrecht, GmbHR 1992, 213 ff.

Uhlenbruck, Wilhelm — Die Prüfung der Rechnungslegung des Konkursverwalters, ZIP 1982, 125 ff.

Uhlenbruck, Wilhelm — Rechte und Pflichten des GmbH-Geschäftsführers in der Unternehmenskrise unter besonderer Berücksichtigung der Insolvenzrechtsreform - Teil II, WiB 1996, 466 ff.

Ulmer, Peter — Begründung von Rechten für Dritte in der Satzung einer GmbH?, Festschrift für Winfried Werner, hrsg. von W. Hadding, U. Immenga, H.-J. Mertens, K. Pleyer, U.H. Schneider, Berlin, New York 1984, 911 ff.

Ulmer, Peter — Verletzung schuldrechtlicher Nebenabreden als Anfechtungsgrund im GmbH-Recht?, NJW 1987, 1849 ff.

Ulmer, Peter — Fehlerhafte Unternehmensverträge im GmbH-Recht, Tragweite und Folgen des BGH-Beschlusses vom 24.10.1988, BB 1989, 10 ff.

Ulmer, Peter/Brandner, Hans Erich/Hensen, Horst-Diether/Schmidt, Harry — AGB-Gesetz, Kommentar zum Gesetz zur Regelung des Rechts der Allgemeinen Geschäftsbedingungen, 8. Auflage, Köln 1997

Verhoeven, Thomas GmbH-Konzern-Innenrecht, Bonn 1978

Vogel, Hermann Die Befristung der Anfechtungsklage bei der GmbH, GmbHR 1953, 5 ff.

Vogel, Hermann GmbHG Kommentar, 2. Auflage, Berlin, Frankfurt a.M. 1956

Vogel, Wolfgang Die Praxis der Gesellschafterversammlung bei GmbH und GmbH & Co., Köln 1976

Vogel, Wolfgang Gesellschaftsbeschlüsse und Gesellschafterversammlung mit Formularanhang für die Praxis, 1. Auflage, Köln 1968; 2. Auflage, Köln 1986

Volhard, Rüdiger Eigenverantwortlichkeit und Folgepflicht - Muß der Vorstand anfechtbare oder angefochtene Hauptversammlungsbeschlüsse ausführen und verteidigen?, ZGR 1996, 55 ff.

Vollmer, Dietrich Auslegung und "Auslegungsregeln", Berlin 1990

Vollmer, Lothar Die mitbestimmte GmbH, Gesetzliches Normalstatut, mitbestimmungsrechtliche Satzungsgestaltungen und gesellschaftsrechtlicher Minderheitenschutz, ZGR 1979, 135 ff.

Voormann, Volker Der Beirat im Gesellschaftsrecht, 2. Auflage, Köln, Berlin, Bonn, München 1990

Vorwerk, Klaus/Wimmers, Jörg Treuebindung des Mehrheitsgesellschafters oder der Gesellschaftermehrheit bei Beschlußfassung in der GmbH-Gesellschafterversammlung, GmbHR 1998, 717 ff.

Wacke, Andreas — Der Erlaß oder Vergleich mit einem Gesamtschuldner,
- Zur Befreiung Mithaftender beim Regreßverlust durch Gläubigerhandeln -,
AcP 170 (1970), 42 ff.

Wagner, Joachim — Stellung und Verantwortlichkeit des Geschäftsführers einer GmbH,
Köln 1976

Wank, Rolf — Der Kompetenzkonflikt zwischen Gesellschaftern und Aufsichtsrat bei der mitbestimmten GmbH,
GmbHR 1980, 121 ff.

Weber, Ulrich/Burmeister, Antje — Die Zuständigkeitsverteilung zwischen der Zivil- und Arbeitsgerichtsbarkeit bei Streitigkeiten von Organvertretern mit „ihrer" juristischen Person,
GmbHR 1997, 778 ff.

Weimar, Robert — Grundprobleme und offene Fragen um den faktischen GmbH-Geschäftsführer,
GmbHR 1997, 473 ff.

Weimar, Robert/Grote, Klaus Peter — Krisenmanagement in der GmbH,
Die Insolvenz vermeiden, Haftungsrisiken vermeiden, erfolgreich sanieren,
Wiesbaden 1998

Wellkamp, Ludger — Ausweitung und Einschränkung der Eigenhaftung des GmbH-Geschäftsführers,
- Eine Bestandsaufnahme der BGH-Rechtsprechung und deren Kritik -,
DB 1994, 869 ff.

Werder, Axel von — Die Führungsorganisation der GmbH - Grundtypen und Konsequenzen,
DWB 1987, 151 ff.

Werder, Axel von — Organisation der Unternehmensleitung und Haftung des Top-Managements,
DB 1987, 2265 ff.

Weth, Stephan — Bürgschaft und Garantie auf erstes Anfordern,
AcP 189 (1989), 333 ff.

Westerhoff, Rudolf — Wie begründen wir Formnichtigkeit?, AcP 184 (1984), 341 ff.

Wiedemann, Herbert — Unternehmensrecht und GmbH-Reform, JZ 1970, 593 ff.

Wiedemann, Herbert — Gesellschaftsrecht, Ein Lehrbuch des Unternehmens- und Verbandsrechts, Band 1 - Grundlagen, München 1980

Wiezoreck, Bernard/Schütze, Rolf — Zivilprozeßordnung und Nebengesetze, Band 1 - 2. Teilband, 3. Auflage, Berlin, New York 1994

Wilde, Christian — Informationsrechte und Informationspflichten im Gefüge der Gesellschaftsorgane, ZGR 1998, 423 ff.

Wilhelm, Jan — Die Vermögensbindung bei der AG und der GmbH und das Problem der Unterkapitalisierung, Festschrift für Werner Flume, Band II, hrsg. von K. Ballerstedt, F.A. Mann, H. H. Jacobs, B. Knobbe-Keuk, E. Picker, J. Wilhelm, Köln 1978, 337 ff.

Wilhelm, Jan — Rechtsform und Haftung bei der juristischen Person, Köln, Berlin, Bonn, München 1981

Wilhelm, Jan — Konzernrecht und allgemeines Haftungsrecht, DB 1986, 2113 ff.

Winter, Heinz — Die Zulässigkeit der uneinheitlichen Stimmabgabe durch den Gesellschafter einer GmbH, GmbHR 1965, 23 ff.

Winter, Martin — Mitgliedschaftliche Treuebindungen im GmbH-Recht, Rechtsformspezifische Aspekte eines allgemeinen gesellschaftsrechtlichen Prinzips, München 1988

Winter, Martin — Organisationsrechtliche Sanktionen bei Verletzung schuldrechtlicher Gesellschaftervereinbarungen,
Eine Skizze zur Abgrenzung von Organisationsrecht und „satzungsergänzendem" Schuldrecht bei der Kapitalgesellschaft,
ZHR 154 (1990), 259 ff.

Winter, Martin — Eigeninteresse und Treuepflicht bei der Einmann-GmbH in der neueren BGH-Rechtsprechung,
ZGR 1994, 570 ff.

Wissmann, Manfred — Die Haftung des GmbH-Geschäftsführers,
Freiburg im Breisgau u.a. 1990

Witte, Andreas — Zum Informationsrecht des Gesellschafters einer mitbestimmten GmbH - Besprechung der Entscheidung BGH, NJW 1997, 1854

Wohlleben, Hermann Peter — Informationsrechte des Gesellschafters,
Köln, Berlin, Bonn, München 1989

Wolany, Josef — Rechte und Pflichten des Gesellschafters einer GmbH,
Köln 1964

Wolff, Hans J./Bachhoff Otto/ Stober, Rolf — Verwaltungsrecht: ein Studienbuch,
10. Auflage, München 1994

Wolf, Manfred/Horn, Norbert/ Lindacher, Walter F. — AGB-Gesetz,
Gesetz zur Regelung des Rechts der Allgemeinen Geschäftsbedingungen,
3. Auflage, München 1994

Wuppermann, Martin — Geschäftsführer in Deutschland,
Frankfurt am Main, New York 1989

Würdinger, Hans — Aktienrecht und das Recht der verbundenen Unternehmen,
Eine systematische Darstellung,
4. Auflage, Heidelberg, Karlsruhe 1981

Ziemons, Hildegard — Die Haftung der Gesellschafter für Einflußnahme auf die Geschäftsführung der GmbH,
Köln, Berlin, Bonn, München 1996

Zippelius, Reinhold Juristische Methodenlehre, Eine Einführung, 6. Auflage, München 1994

Zöller, Richard Zivilprozeßordnung, 21. Auflage, Berlin 1999

Zöllner, Wolfgang Die Schranken mitgliedschaftlicher Stimmrechtsmacht bei den privatrechtlichen Personenverbänden, München, Berlin 1963

Zöllner, Wolfgang GmbH und GmbH & Co. KG in der Mitbestimmung, ZGR 1977, 319 ff.

Zöllner, Wolfgang Die sogenannten Gesellschafterklagen im Kapitalgesellschaftsrecht, - Referat -, ZGR 1988, 392 ff.

Zöllner, Wolfgang Zu Schranken und Wirkungen von Stimmbindungsverträgen, insbesondere bei der GmbH, ZHR 155 (1991), 168 ff.

Zöllner, Wolfgang/Noack, Ulrich Geltendmachung von Beschlußmängeln im GmbH-Recht, ZGR 1989, 525 ff.

FSC
www.fsc.org
MIX
Papier | Fördert
gute Waldnutzung
FSC® C083411

Kolibri 360 GmbH
Ferdinand-Jühlke-Straße 7
99095 Erfurt, Deutschland
produktsicherheit@kolibri360.de

Druck:
CPI Druckdienstleistungen GmbH
im Auftrag der
Kolibri 360 GmbH
Ferdinand-Jühlke-Str. 7
99095 Erfurt